建筑施工、房地产企业
增值税业务操作实务

主审 城 云
主编 刘永庆 张瑞卿 董翠峰 谌 彬

中国财经出版传媒集团
中国财政经济出版社

图书在版编目（CIP）数据

建筑施工、房地产企业增值税业务操作实务 / 刘永庆等主编. --北京：中国财政经济出版社，2021.3
ISBN 978-7-5095-8696-9

Ⅰ.①建… Ⅱ.①刘… Ⅲ.①建筑施工企业-增值税-税收管理-中国②房地产企业-增值税-税收管理-中国　Ⅳ.①F812.424

中国版本图书馆CIP数据核字（2021）第020449号

责任编辑：马　真　　　　　　责任校对：张　凡
封面设计：智点创意　　　　　　责任印制：党　辉

建筑施工、房地产企业增值税业务操作实务
JIANZHU SHIGONG、FANGDICHAN QIYE ZENZHISHUI YEWU CAOZUO SHIWU

中国财政经济出版社 出版

URL：http://www.cfeph.cn
E-mail：cfeph@cfeph.cn

（版权所有　翻印必究）

社址：北京市海淀区阜成路甲28号　邮政编码：100142
营销中心电话：010-88191522
天猫网店：中国财政经济出版社旗舰店
网址：https://zgczjjcbs.tmall.com
北京富生印刷厂印刷　各地新华书店经销
成品尺寸：185mm×260mm　16开　26.5印张　666 000字
2021年3月第1版　2021年4月北京第2次印刷
定价：128.00元
ISBN 978-7-5095-8696-9
（图书出现印装问题，本社负责调换，电话：010-88190548）
本社质量投诉电话：010-88190744
打击盗版举报热线：010-88191661　　QQ：2242791300

前　言

2016年5月1日起，我国在全国范围内全面推开营业税改征增值税试点改革，建筑业、房地产业、金融业、生活服务业四个行业全部被纳入试点范围。财政部和国家税务总局制定下发了《关于全面推开营业税改征增值税试点的通知》（财税〔2016〕36号）及配套出台了《房地产开发企业销售自行开发的房地产项目增值税征收管理暂行办法》等7个行业管理、纳税申报、发票使用方面的公告，国家税务总局专门开通12366"营改增"问题解答专栏。

虽然各单位都开展了全系统"营改增"政策专题培训，对上述文件进行了讲解，但在实际工作中仍有许多困惑。为帮助各单位业务人员更好地学习和理解"营改增"政策精神，熟练掌握操作流程，根据国家税务总局和各地对建筑企业"营改增"出台的相关"营改增"文件进行梳理和整理，结合建筑施工、房地产企业实际情况，我们编写了《建筑施工、房地产企业增值税业务操作实务》一书，供广大建筑施工、房地产企业业务人员学习和参考使用。

本书内容丰富，包括四篇：第一篇为建筑施工企业增值税业务操作实务；第二篇为房地产企业增值税业务操作实务；第三篇为增值税管理信息系统操作实务；第四篇为增值税相关法律法规和问题解答。全书涵盖了增值税政策解读、销项税和进项税操作、增值税核算、分包管理、材料管理、设备管理、责任预算、发票管理、建筑业和房地产业常见问题解答等，基本囊括了广大业务人员关注的热点和难点问题。四大部分既独立成篇，又密切关联，政策解读和实务操作关注重点、表述清晰，试点答疑紧贴热点、语言朴实，相关法律法规力求实用、方便查阅，基本能满足不同业务人员的需求。

本书的编写得到了领导的悉心指导、相关人员的倾力协助和专家的大力支持，久其软件公司提供了信息化技术支持，在此一并表示感谢。由于时间仓促，水平有限，本书难免有错误和疏漏之处，敬请广大读者批评指正。

编者
2021年1月

目 录

第一篇 建筑施工企业增值税业务操作实务

第一章 建筑业增值税 (3)
- 第一节 增值税基本政策 (3)
- 第二节 跨区域提供建筑服务 (25)
- 第三节 税收优惠 (32)
- 第四节 增值税发票管理 (33)
- 第五节 增值税管理中的易发风险及风险应对 (39)
- 第六节 工程项目部增值税纳税抵扣要点 (41)
- 第七节 工程项目税务管理 (48)

第二章 建筑业主要经济业务 (60)
- 第一节 "营改增"后投标报价 (60)
- 第二节 "营改增"后分包管理 (62)
- 第三节 "营改增"后物资材料管理 (103)
- 第四节 "营改增"后设备管理 (111)
- 第五节 施工合同审查要点和法律风险 (117)
- 第六节 "营改增"后责任预算编制 (128)
- 第七节 "营改增"后成本核算 (133)
- 第八节 工程项目上场增值税筹划 (147)

第三章 建筑业增值税核算 (164)
- 第一节 增值税一般计税项目会计核算 (164)
- 第二节 增值税简易计税项目会计核算 (192)

第四章 建筑施工企业常见增值税问题 (210)

第二篇 房地产企业增值税业务操作实务

第五章 房地产增值税 (221)
- 第一节 增值税基本政策 (221)
- 第二节 进项抵扣相关规定 (228)
- 第三节 房地产业务会计核算 (234)

第六章　房地产税务管理 (259)
　　第一节　房地产企业税务管理 (259)
　　第二节　房地产开发企业关注的发票及增值税问题 (263)

第三篇　增值税管理信息系统操作实务

第七章　增值税系统介绍 (275)
第八章　增值税管理系统操作实务 (281)
第九章　增值税管理系统与外部系统集成 (301)

第四篇　增值税相关法律法规和问题解答

国务院关于废止《中华人民共和国营业税暂行条例》和修改《中华人民共和国增值税暂行条例》的决定 (305)
中华人民共和国增值税法（征求意见稿） (309)
国家税务总局关于增值税发票综合服务平台等事项的公告 (314)
国家税务总局关于在新办纳税人中实行增值税专用发票电子化有关事项的公告 (315)
《中华人民共和国发票管理办法（修改草案征求意见稿）》公开征求意见 (317)
关于实施小微企业普惠性税收减免政策的通知 (325)
财政部　税务总局　海关总署关于深化增值税改革有关政策的公告 (326)
关于异常增值税扣税凭证管理等有关事项的公告 (329)
国家税务总局关于取消增值税扣税凭证认证确认期限等增值税征管问题的公告 (331)
国家税务总局关于国内旅客运输服务进项税抵扣等增值税征管问题的公告 (335)
交通运输部　国家税务总局关于收费公路通行费增值税电子普通发票开具等有关事项的公告 (343)
增值税发票开具规定以及优化服务措施解读 (345)
增值税发票开具指南 (348)
2016年征收管理类热点问题 (365)
全面推开"营改增"试点12366知识库问答 (371)
全面推开"营改增"试点12366热点问题解答（一） (395)
全面推开"营改增"试点12366热点问题解答（二） (396)
全面推开"营改增"试点12366热点问题解答（三） (397)
全面推开"营改增"试点12366热点问题解答（五） (399)
建筑业"营改增"26个热点问题 (400)
湖北省"营改增"问题集 (404)

第一篇

建筑施工企业增值税业务操作实务

第一篇

重要工业企业直接行业失业保险办法

第一章 建筑业增值税

第一节 增值税基本政策

一、建筑业增值税纳税人

《中华人民共和国增值税法》（征求意见稿）规定，在中华人民共和国境内（以下称境内）发生增值税应税交易（以下称应税交易），以及进口货物，应当依照本法规定缴纳增值税。

发生应税交易，应当按照一般计税方法计算缴纳增值税，国务院规定适用简易计税方法的除外。进口货物，按照本法规定的组成计税价格和适用税率计算缴纳增值税。

在境内发生应税交易且销售额达到增值税起征点的单位和个人，以及进口货物的收货人，为增值税的纳税人。

增值税起征点为季销售额30万元。销售额未达到增值税起征点的单位和个人，不是本法规定的纳税人；销售额未达到增值税起征点的单位和个人，可以自愿选择依照本法规定缴纳增值税。

（一）建筑业纳税人的确定

在中华人民共和国境内提供建筑服务的单位和个人，为建筑业增值税纳税人。

单位，是指企业、行政单位、事业单位、军事单位、社会团体及其他单位。个人，是指个体工商户和自然人。

（二）建筑业扣缴义务人的确定

单位以承包、承租、挂靠方式经营的，承包人、承租人、挂靠人（以下统称承包人）以发包人、出租人、被挂靠人（以下统称发包人）名义对外经营并由发包人承担相关法律责任的，以该发包人为纳税人。否则，以承包人为纳税人。

境外单位或者个人在境内发生应税行为，在境内未设有经营机构的，以购买方为增值税扣缴义务人，财政部和国家税务总局另有规定的除外。

例：境外X公司（境内无经营机构）向境内S公司销售施工设备（如盾构）并提供这些设备的安装服务。

需要由S公司代扣代缴X公司在境内提供安装服务的增值税。

（三）纳税人的分类

增值税纳税人分为一般纳税人和小规模纳税人。纳税人应税行为的年应征增值税销售额超过财政部和国家税务总局规定标准的，应当向主管税务机关办理一般纳税人资格登记。年应税销售额超过规定标准的其他个人不属于一般纳税人。年应税销售额超过规定标准但不经常发生应税行为的单位和个体工商户，可选择按照小规模纳税人纳税。除国家税务总局另有规定外，一经登记为一般纳税人后，不得转为小规模纳税人。

一般纳税人和小规模纳税人的区分。

1. 应税行为（包括在境内销售服务、无形资产或者不动产）的年应征增值税销售额（以下称应税销售额）超过财政部和国家税务总局规定标准（500万元）的纳税人为一般纳税人，未超过规定标准的纳税人为小规模纳税人。

年应税销售额超过规定标准但不经常发生应税行为的单位和个体工商户，可选择按照小规模纳税人纳税。

2. 年应税销售额未超过规定标准的纳税人，会计核算健全，能够提供准确税务资料的，可以向主管税务机关办理一般纳税人资格登记，成为一般纳税人。

3. 根据《财政部 税务总局关于统一增值税小规模纳税人标准的通知》（财税〔2018〕33号）的规定，从2018年5月1日起，增值税小规模纳税人标准为年应征增值税销售额500万元及以下。按照《中华人民共和国增值税暂行条例实施细则》第二十八条规定，已登记为增值税一般纳税人的单位和个人，在2018年12月31日前，可转登记为小规模纳税人，其未抵扣的进项税额作转出处理。

注：实际工作中主要是查看"三证合一"后的营业执照，营业执照中已明确一般纳税人和小规模纳税人，按规定只能查看营业执照复印件，但需对二维码进行查验。

二、征税范围

建筑服务是指各类建筑物、构筑物及其附属设施的建造、修缮、装饰，线路、管道、设备、设施等的安装以及其他工程作业的业务活动。包括工程服务、安装服务、修缮服务、装饰服务和其他建筑服务（财税〔2016〕36号）。

建筑服务的征税范围依照试点实施办法《销售服务、无形资产或者不动产注释》执行。

物业服务企业为业主提供的装修服务，按照"建筑服务"缴纳增值税（财税〔2016〕140号）。

纳税人将建筑施工设备出租给他人使用并配备操作人员的，按照"建筑服务"缴纳增值税（财税〔2016〕140号）。

（一）工程服务

工程服务，是指新建、改建各种建筑物、构筑物的工程作业，包括与建筑物相连的各种设备或者支柱、操作平台的安装或者装设工程作业，以及各种窑炉和金属结构工程作业。

（二）安装服务

安装服务，是指生产设备、动力设备、起重设备、运输设备、传动设备、医疗实验设备以及其他各种设备、设施的装配、安置工程作业，包括与被安装设备相连的工作台、梯子、栏杆的装设工程作业，以及被安装设备的绝缘、防腐、保温、油漆等工程作业。

固定电话、有线电视、宽带、水、电、燃气、暖气等经营者向用户收取的安装费、初装费、开户费、扩容费以及类似收费，按照安装服务缴纳增值税。

（三）修缮服务

修缮服务，是指对建筑物、构筑物进行修补、加固、养护、改善，使之恢复原来的使用价值或者延长其使用期限的工程作业。

（四）装饰服务

装饰服务，是指对建筑物、构筑物进行修饰装修，使之美观或者具有特定用途的工程作业。

（五）其他建筑服务

其他建筑服务，是指上列工程作业之外的各种工程作业服务，如钻井（打井）、拆除建筑物或者构筑物、平整土地、园林绿化、疏浚（不包括航道疏浚）、建筑物平移、搭脚手架、爆破、矿山穿孔、表面附着物（包括岩层、土层、沙层等）剥离和清理等工程作业。

（六）与建筑相关的服务

1. 设计服务——现代服务。设计服务，是指把计划、规划、设想通过文字、语言、图画、声音、视觉等形式传递出来的业务活动。包括工业设计、内部管理设计、业务运作设计、供应链设计、造型设计、服装设计、环境设计、平面设计、包装设计、动漫设计、网游设计、展示设计、网站设计、机械设计、工程设计、广告设计、创意策划、文印晒图等（财税〔2016〕36号）。

2. 工程勘察勘探服务——现代服务。工程勘察勘探服务，是指在采矿、工程施工前后，对地形、地质构造、地下资源蕴藏情况进行实地调查的业务活动（财税〔2016〕36号）。

3. 测绘服务——现代服务。专业技术服务，是指气象服务、地震服务、海洋服务、测绘服务、城市规划、环境与生态监测服务等专项技术服务（财税〔2016〕36号）。

4. 设备租赁服务——现代服务。按照标的物的不同，经营租赁服务可分为有形动产经营租赁服务和不动产经营租赁服务（财税〔2016〕36号）。

5. 工程造价鉴证、工程监理、建筑图纸审核、环境评估——现代服务。鉴证服务，是指具有专业资质的单位受托对相关事项进行鉴证，发表具有证明力的意见的业务活动。包括会计鉴证、税务鉴证、法律鉴证、职业技能鉴定、工程造价鉴证、工程监理、资产评估、环境评估、房地产土地评估、建筑图纸审核、医疗事故鉴定等（财税〔2016〕36号）。

6. 劳务派遣、劳动力外包——现代服务。人力资源服务，是指提供公共就业、劳务派遣、人才委托招聘、劳动力外包等服务的业务活动（财税〔2016〕36号）。

7. 绿化养护——生活服务中的其他生活服务。绿化养护是指绿地、植被等植物的管理与养护，包括浇水、施肥、修剪、除草、清洁、病虫害防治、防涝防旱和补苗等。

8. 建筑垃圾处理。

（1）纳税人受托对废弃物进行专业化处理，采取填埋、焚烧等方式处理后未产生货物的，实质是提供了一种"服务"，属于"营改增""现代服务"税目中的"专业技术服务"，其收取的处理费用应适用6%的增值税税率。

（2）纳税人受托对废弃物进行专业化处理，处理后产生货物，且货物归属委托方的，根据《增值税暂行条例实施细则》对"加工"的定义，受托方应属于提供"加工劳务"，其收取的处理费用适用13%的增值税税率（国家税务总局公告2020年第9号）。

9. 同时提供设计和装修服务。属于设计服务和建筑服务的兼营行为，分开核算。

10. 境外单位或者个人向境内单位或者个人提供的工程施工地点在境外的建筑服务、工程监理服务，境外单位或者个人发生的行为不属于在境内销售服务（国家税务总局公告2016年第53号）。

11. 混合销售。一项销售行为如果既涉及服务又涉及货物，为混合销售。从事货物的生产、批发或者零售的单位和个体工商户的混合销售行为，按照销售货物缴纳增值税；其他单位和个体工商户的混合销售行为，按照销售服务缴纳增值税（财税〔2016〕36号）。

12. 兼营行为。纳税人兼营销售货物、劳务、服务、无形资产或者不动产,适用不同税率或者征收率的,应当分别核算适用不同税率或者征收率的销售额;未分别核算的,从高适用税率(财税〔2016〕36号)。

三、税率和征收率

根据《财政部 税务总局 海关总署关于深化增值税改革有关政策的公告》(财政部 税务总局 海关总署公告2019年第39号)的规定,自2019年4月1日起,增值率税率调整如下:

"一、增值税一般纳税人(以下称纳税人)发生增值税应税销售行为或者进口货物,原适用16%税率的,税率调整为13%;原适用10%税率的,税率调整为9%。

二、纳税人购进农产品,原适用10%扣除率的,扣除率调整为9%。纳税人购进用于生产或者委托加工13%税率货物的农产品,按照10%的扣除率计算进项税额。

三、原适用16%税率且出口退税率为16%的出口货物劳务,出口退税率调整为13%;原适用10%税率且出口退税率为10%的出口货物、跨境应税行为,出口退税率调整为9%。

2019年6月30日前(含2019年4月1日前),纳税人出口前款所涉货物劳务、发生前款所涉跨境应税行为,适用增值税免抵退税办法的,购进时已按调整前税率征收增值税的,执行调整前的出口退税率,购进时已按调整后税率征收增值税的,执行调整后的出口退税率;适用增值税免抵退税办法的,执行调整前的出口退税率,在计算免抵退税时,适用税率低于出口退税率的,适用税率与出口退税率之差视为零,参与免抵退税计算。

出口退税率的执行时间及出口货物劳务、发生跨境应税行为的时间,按照以下规定执行:报关出口的货物劳务(保税区及经保税区出口除外),以海关出口报关单上注明的出口日期为准;非报关出口的货物劳务、跨境应税行为,以出口发票或普通发票的开具时间为准;保税区及经保税区出口的货物,以货物离境时海关出具的出境货物备案清单上注明的出口日期为准。

四、适用13%税率的境外旅客购物离境退税物品,退税率为11%;适用9%税率的境外旅客购物离境退税物品,退税率为8%。

2019年6月30日前,按调整前税率征收增值税的,执行调整前的退税率;按调整后税率征收增值税的,执行调整后的退税率。

退税率的执行时间,以退税物品增值税普通发票的开具日期为准。

五、自2019年4月1日起,《营业税改征增值税试点有关事项的规定》(财税〔2016〕36号印发)第一条第(四)项第1点、第二条第(一)项第1点停止执行,纳税人取得不动产或者不动产在建工程的进项税额不再分2年抵扣。此前按照上述规定尚未抵扣完毕的待抵扣进项税额,可自2019年4月税款所属期起从销项税额中抵扣。

六、纳税人购进国内旅客运输服务,其进项税额允许从销项税额中抵扣。

(一)纳税人未取得增值税专用发票的,暂按照以下规定确定进项税额:

1. 取得增值税电子普通发票的,为发票上注明的税额;

2. 取得注明旅客身份信息的航空运输电子客票行程单的,为按照下列公式计算进项税额:

航空旅客运输进项税额 =(票价 + 燃油附加费)÷(1 + 9%)× 9%

3. 取得注明旅客身份信息的铁路车票的,为按照下列公式计算的进项税额:

铁路旅客运输进项税额 = 票面金额 ÷(1 + 9%)× 9%

4. 取得注明旅客身份信息的公路、水路等其他客票的,按照下列公式计算进项税额:

公路、水路等其他旅客运输进项税额 = 票面金额 ÷ (1 + 3%) × 3%

七、自 2019 年 4 月 1 日至 2021 年 12 月 31 日,允许生产、生活性服务业纳税人按照当期可抵扣进项税额加计 10%,抵减应纳税额(以下称加计抵减政策)。

(一)本公告所称生产、生活性服务业纳税人,是指提供邮政服务、电信服务、现代服务、生活服务(以下称四项服务)取得的销售额占全部销售额的比重超过 50% 的纳税人。四项服务的具体范围按照《销售服务、无形资产、不动产注释》(财税〔2016〕36 号)执行。

2019 年 3 月 31 日前设立的纳税人,自 2018 年 4 月至 2019 年 3 月期间的销售额(经营期不满 12 个月的,按照实际经营期的销售额)符合上述规定条件的,自 2019 年 4 月 1 日起适用加计抵减政策。

2019 年 4 月 1 日后设立的纳税人,自设立之日起 3 个月的销售额符合上述规定条件的,自登记为一般纳税人之日起,适用加计抵减政策。

纳税人确定适用加计抵减政策后,当年内不再调整,以后年度是否适用,根据上年度销售额计算确定。

纳税人可计提但未计提的加计抵减额,可在确定适用加计抵减政策当期一并计提。

(二)纳税人应按照当期可抵扣进项税额的 10% 计提当期加计抵减额。按照现行规定不得从销项税额中抵扣的进项税额,不得计提加计抵减额;已计提加计抵减额的进项税额,按规定作进项税额转出的,应在进项税额转出当期,相应调减加计抵减额。计算公式如下:

当期计提加计抵减额 = 当期可抵扣进项税额 × 10%

当期可抵减加计抵减额 = 上期末加计抵减额余额 + 当期计提加计抵减额 − 当期调减加计抵减额

(三)纳税人应按照现行规定计算一般计税方法下的应纳税额(以下称抵减前的应纳税额)后,区分以下情形加计抵减:

1. 抵减前的应纳税额等于零的,当期可抵减加计抵减额全部结转下期抵减;

2. 抵减前的应纳税额大于零,且大于当期可抵减加计抵减额的,当期可抵减加计抵减额全额从抵减前的应纳税额中抵减;

3. 抵减前的应纳税额大于零,且小于或等于当期可抵减加计抵减额的,以当期可抵减加计抵减额抵减应纳税额至零。未抵减完的当期可抵减加计抵减额,结转下期继续抵减。

(四)纳税人出口货物劳务、发生跨境应税行为不适用加计抵减政策,其对应的进项税额不得计提加计抵减额。

纳税人兼营出口货物劳务、发生跨境应税行为且无法划分不得计提加计抵减额的进项税额,按照以下公式计算:

不得计提加计抵减额的进项税额 = 当期无法划分的全部进项税额 × 当期出口货物劳务和发生跨境应税行为的销售额 ÷ 当期全部销售额

(五)纳税人应单独核算加计抵减额的计提、抵减、调减、结余等变动情况。骗取适用加计抵减政策或虚增加计抵减额的,按照《中华人民共和国税收征收管理法》等有关规定处理。

(六)加计抵减政策执行到期后,纳税人不再计提加计抵减额,结余的加计抵减额停止抵减。

（一）税率

一般纳税人提供建筑服务适用税率为9%。

境内的购买方为境外单位和个人扣缴增值税的，按照适用税率扣缴增值税。扣缴义务人按照下列公式计算应扣缴税额：

应扣缴税额＝购买方支付的价款÷（1＋税率）×税率

境内单位和个人发生的跨境应税行为，税率为零。

（二）征收率

小规模纳税人提供建筑服务，以及一般纳税人提供按规定选择简易计税方法的建筑服务，征收率为3%。

（三）国内旅客运输服务抵扣政策

纳税人购进国内旅客运输服务，其进项税额允许从销项税额中抵扣。

纳税人未取得增值税专用发票的，暂按照以下规定确定进项税额：

1. 取得增值税电子普通发票的，为发票上注明的税额；

2. 取得注明旅客身份信息的航空运输电子客票行程单的，按照下列公式计算进项税额：

航空旅客运输进项税额＝（票价＋燃油附加费）÷（1＋9%）×9%

3. 取得注明旅客身份信息的铁路车票的，按照下列公式计算的进项税额：

铁路旅客运输进项税额＝票面金额÷（1＋9%）×9%

4. 取得注明旅客身份信息的公路、水路等其他客票的，按照下列公式计算进项税额：

公路、水路等其他旅客运输进项税额＝票面金额÷（1＋3%）×3%

根据《财政部 税务总局 海关总署关于深化增值税改革有关政策的公告》（财政部 税务总局 海关总署公告2019年第39号）第六条所称"国内旅客运输服务"，限于与本单位签订了劳动合同的员工，以及本单位作为用工单位接受的劳务派遣员工发生的国内旅客运输服务。

纳税人购进国内旅客运输服务，以取得的增值税电子普通发票上注明的税额为进项税额的，增值税电子普通发票上注明的购买方"名称""纳税人识别号"等信息，应当与实际抵扣税款的纳税人一致，否则不予抵扣。

纳税人允许抵扣的国内旅客运输服务进项税额，是指纳税人2019年4月1日及以后实际发生，并取得合法有效增值税扣税凭证注明的或依据其计算的增值税税额。以增值税专用发票或增值税电子普通发票为增值税扣税凭证的，为2019年4月1日及以后开具的增值税专用发票或增值税电子普通发票。

（四）劳务派遣服务政策

一般纳税人提供劳务派遣服务，可以按照《财政部 国家税务总局关于全面推开营业税改征增值税试点的通知》（财税〔2016〕36号）的有关规定，以取得的全部价款和价外费用为销售额，按照一般计税方法计算缴纳增值税；也可以选择差额纳税，以取得的全部价款和价外费用，扣除代用工单位支付给劳务派遣员工的工资、福利和为其办理社会保险及住房公积金后的余额为销售额，按照简易计税方法，依5%的征收率计算缴纳增值税。

小规模纳税人提供劳务派遣服务，可以按照《财政部 国家税务总局关于全面推开营业税改征增值税试点的通知》（财税〔2016〕36号）的有关规定，以取得的全部价款和价外费用为销售额，按照简易计税方法依3%的征收率计算缴纳增值税；也可以选择差额纳税，以取得的全部价款和价外费用，扣除代用工单位支付给劳务派遣员工的工资、福利和为其办理社会保险及住房公积金后的余额为销售额，按照简易计税方法依5%的征收率计算缴纳增值税。

选择差额纳税的纳税人，向用工单位收取用于支付给劳务派遣员工工资、福利和为其办理社会保险及住房公积金的费用，不得开具增值税专用发票，可以开具普通发票。

劳务派遣服务，是指劳务派遣公司为了满足用工单位对于各类灵活用工的需求，将员工派遣至用工单位，接受用工单位管理并为其工作的服务。

（五）建筑企业常用税率

1. 销项税业务及其适用税率（见表1-1）。

表1-1 销项税业务及其适用税率（日常业务）

序号	建筑企业涉及业务内容	适用税率	备注
1	建筑劳务收入	9%	如符合选择简易计税条件则适用3%征收率
2	勘察设计服务	6%	如符合选择简易计税条件则适用3%征收率
3	房地产开发及销售	9%	如符合选择简易计税条件则适用5%征收率
4	金融保险服务	6%	
5	货物销售	13%	
6	咨询服务	6%	
7	研发技术服务	6%	
8	鉴证服务	6%	
9	运输业	9%	
10	生活服务业	6%	酒店、宾馆、餐饮
11	设备制造及销售	13%	
12	物流服务	9%或6%	
13	矿产开采	13%	矿业公司
14	利息收入、资金占用费	6%	
15	出租资产收入（有形动产）	13%	试点纳税人中的一般纳税人，以该地区试点实施之日前购进或者自制的有形动产为标的物提供的经营租赁服务，试点期间可以选择按照简易计税方法计算缴纳增值税
16	出售材料	13%	
17	出售混凝土	3%	以水泥为原料生产的水泥混凝土，供应商依照简易征收3%征收率
18	出售活动板房	13%	
19	出售预制梁	13%	国税发〔1993〕154号："（四）基本建设单位和从事建筑安装业务的企业附设的工厂、车间生产的水泥预制构件、其他构件或建筑材料，用于本单位或本企业的建筑工程的，应在移送使用时征收增值税。但对其在建筑现场制造的预制构件，凡直接用于本单位或本企业建筑工程的，不征收增值税"
20	出售砂石料	3%	建筑用和生产建筑材料所用的砂、土、石料，依照3%征收率计算缴纳增值税

续表

序号	建筑企业涉及业务内容	适用税率	备注
21	钢筋加工业务	13%	国税发〔1993〕154号："（四）基本建设单位和从事建筑安装业务的企业附设的工厂、车间生产的水泥预制构件、其他构件或建筑材料，用于本单位或本企业的建筑工程的，应在移送使用时征收增值税。但对其在建筑现场制造的预制构件，凡直接用于本单位或本企业建筑工程的，不征收增值税"
22	对外出售固定资产（可正常使用）	13%，3%减按2%	纳税人销售自己使用过的固定资产：对于已经抵扣过进项的固定资产，应按照16%计算缴纳销项税。对于没有抵扣过进项的固定资产，适用简易办法依照3%征收率减按2%征收，可以放弃减税。如果选择减按2%征收，不可以开具增值税专用发票；如果放弃减税，按照简易办法依照3%征收率缴纳增值税，可以开具增值税专用发票
23	处置报废设备等固定资产	13%，3%减按2%	纳税人销售自己使用过的固定资产：对于已经抵扣过进项的固定资产，应按照16%计算缴纳销项税。对于没有抵扣过进项的固定资产，适用简易办法依照3%征收率减按2%征收，可以放弃减税。（1）如果选择减按2%征收，不可以开具增值税专用发票；（2）如果放弃减税，按照简易办法依照3%征收率缴纳增值税，可以开具增值税专用发票
24	出售旧货	3%减按2%	财税〔2009〕9号："纳税人销售旧货，适用简易办法依照3%征收率减按2%征收增值税政策。所称旧货，是指进入二次流通的具有部分使用价值的货物（含旧汽车、旧摩托车和旧游艇），但不包括自己使用过的物品"

备注：（1）以上税率为纳税主体为一般纳税人时的适用税率，当纳税主体为小规模纳税人时，适用征收率为3%；（2）对于出口业务，税率为0。

2. 施工企业可抵扣项目及适用税率（见表1-2）。

表1-2   施工企业可抵扣项目及适用税率

成本费用项目	核算内容	相关业务形式	税率	备注
工程施工——人工费	主要核算从事建筑安装工程施工人员的工资、补贴、奖金、社会保险、其他职工薪酬以及劳务协作队伍的劳务费	1. 员工工资、奖金及"五险一金"	*	
		2. 劳务派遣费用（纯工费）	6%或5%	传统服务业"营改增"后，可抵扣
		3. 协作队伍劳务费（劳务公司）	9%或3%	传统服务业"营改增"后，可抵扣
		4. 零星用工工资	*	
		5. 对劳务队伍的考核奖励	9%	
		6. 劳务派遣费用奖励（纯工费）	6%或5%	
		……	*	

续表

成本费用项目	核算内容	相关业务形式	税率	备注
工程施工——材料费	建筑安装工程直接耗用的构成工程实体和有助于工程形成的各种主要材料、辅助材料、结构件、零件、半成品的成本以及工程使用周转材料应计的摊销价值	1. 钢材、水泥、混凝土	13%	
			3%	如为商品混凝土（仅限于水泥为原料生产的水泥混凝土）适用增值税简易征收办法
		2. 油品、火工品	13%	
		3. 桥梁、支座、锚杆、锚具	13%	
		4. 地材（沙、土、石料等）	3%	以自己采掘的砂、土、石料或其他矿物连续生产的砖、瓦、石灰（不含黏土实心砖、瓦）适用增值税简易征收办法
		5. 小型机具、电料、五金材料	13%	
		6. 方木、木板、竹胶板、木胶板	13%	
		7. 压浆剂、灌浆料、粉煤灰、减水剂、速凝剂、石粉	13%	
		8. 机制砖、井盖、污水管、螺旋管、铸铁管、彩砖、栏杆、洞渣、路缘石	13%	
		9. 伸缩缝、钢板、钢绞线、波纹管、钢纤维、挤压套	13%	
		10. 电气开关、电线电缆、照明设备	13%	
		11. 空调、电梯、电气设备	13%	
		12. PVC管材、塑料管材、塑料板材	13%	
		13. 铸铁管道、钢管、阀门	13%	
		14. 木门、防盗门、防火门、防盗网、塑钢窗等	13%	
		15. 卫生间洁具、食堂用具	13%	
		16. 瓷砖、大理石、火烧石、水泥预制件	13%	
		17. 玻璃幕墙、铝塑板、外墙装饰材料	13%	
		18. 给排水设备、消防设施	13%	
		19. 材料运费	13%	
		20. 材料加工费	13%	
		21. 自有周转材料使用费	13%	
		22. 周转材租赁费（钢管、扣件、模板、钢模等）	13%	
		……	*	
工程施工——机械使用费	工程施工过程中使用自有施工机械发生的机械使用费和租用外单位施工机械发生的租赁费以及施工机械的安装、拆卸和进出场费等	1. 工程用设备租赁（包括吊车、挖掘机、装载机、塔吊、扶墙电梯、运输车辆）	13%	
		2. 电费	13%	购买时
			3%	县级及县级以下小型水力发电单位生产的电力适用增值税简易征收办法 小型水力发电单位、是指各类投资主体建设的装机容量为5万千瓦以下（含5万千瓦）的小型水力发电单位

续表

成本费用项目	核算内容	相关业务形式	税率	备注
工程施工——机械使用费	工程施工过程中使用自有施工机械发生的机械使用费和租用外单位施工机械发生的租赁费以及施工机械的安装、拆卸和进出场费等	3. 燃料（汽油、柴油）	13%	
		4. 设备折旧费	*	
		5. 机械操作人员工资及工资附加费	*	
		6. 外租机械设备进出场费	13%	
		7. 自有机械设备修理费	13%	
		……	*	
工程施工——其他直接费用	施工过程中发生的二次材料搬运费、生产工具用具使用费、临时设施摊销费、检验试验费、安全生产费、场地清理费、工程复测费、夜间冬季雨季施工增加费、施工补偿费、环境保护费等	1. 征地拆迁费	*	
		2. 房屋、道路、青苗补偿费	*	
		3. 施工水电费	13%	适用一般计税方法的电力
			13%	适用一般计税方法的自来水
			3%	适用简易计税方法的自来水 适用简易计税水法的电力
		4. 生产安全用品	13%	
		5. 检验试验费	6%	
		6. 二次搬动费	9%	
		7. 场地租赁费	9%	
		8. 场地清理费	9%或3%	分包时根据分包公司按10%或3%
		9. 采购活动板房	13%	
		10. 租赁活动板房	13%	如属于有形动产租赁，可抵扣（16%）
		11. 采购拌合站	13%	主要指机器设备
		12. 电力架施	9%或3%	目前分包公司
		……	*	
工程施工——间接费用	施工单位为组织和管理施工生产活动所发生的费用	1. 管理人员工资、奖金及工资附加费	*	
		2. 外聘人员工资	*	
		3. 工程、设备、人员保险	6%	金融保险业"营改增"后，可抵扣
		4. 房屋租赁	9%	
		5. 会议费	6%	
		6. 交通费	*	
		7. 电话费、网络费	9%	基础电信业务适用
			6%	增值税电信业务适用
		8. 临时设施费	13%	材料或租赁设备
			9%或6%	增值税应税劳务或服务
		9. 办公用品、物料消耗	13%	
		10. 物业管理费	6%	传统服务业"营改增"后，可抵扣
		11. 污水及垃圾处理费	*	政府非税收入票据
		12. 培训费	6%	技术培训适用
		13. 工地宣传费用（条幅、展示牌等）	13%	
		14. 水电费	13%	适用一般计税方法的电力
			9%	适用一般计税方法的自来水

续表

成本费用项目	核算内容	相关业务形式	税率	备注
工程施工——间接费用	施工单位为组织和管理施工生产活动所发生的费用	14. 水电费	3%	适用简易计税方法的自来水 适用简易计税水法的电力
		15. 食堂采购费用	*	
		16. 租个人住房	1.50%	应按照5%的征收率减按1.5%计算应纳税额
		……	*	
管理费用	施工单位管理部门在企业的经营管理中发生的或应由企业统一负担的公司经费（包括行政管理部门职工薪酬、物料消耗低值易耗品摊销、办公费和差旅费、经营租赁费、折旧费等）、工会经费、董事会费（包括董事会成员津贴、会议费和差旅费等）、聘请中介机构费、咨询费（含顾问费）、诉讼费、业务招待费等	1. 职工工资、奖金及"五险一金"	*	
		2. 培训费	6%	技术培训适用
		3. 财产保险	6%	金融保险业"营改增"后，可抵扣
		4. 折旧费	*	
		5. 无形资产摊销	*	
		6. 审计、咨询、中介费	6%	
		7. 材料费（研发费用）	13%	
		8. 房屋租赁	9%	个人1.5%
		9. 会议费	6%	
		10. 交通费	*	
		11. 电话费、网络费	9%	基础电信业务适用
			6%	增值税电信业务适用
		12. 业务招待费	*	
		13. 办公用品、物料消耗	13%	
		14. 物业管理费	6%	传统服务业"营改增"后，可抵扣
		15. 污水及垃圾处理费	6%	政府非税收入票据
		16. 各类组织会费、年费	6%	适用部分现代服务业
		17. 广告宣传费	6%	
		………	*	
购置不动产	购置不动产	购置房层、土地使用权等不动产	9%	

3. 施工企业特别税率及发票规定。

（1）一般纳税人不管施工项目是否在公司注册所在地，专用发票和普通发票都在公司开具发票，不在项目所在地。

（2）小规模纳税人普通发票在公司开具，专用发票若公司可以开取时在公司开发票，若公司不能开时，在项目所在地代开专用发票。

（3）个人可以在项目所在地代开普通发票，但根据建筑法等相关规定，不允许分包给个人，所以项目部不允许个人代开普通发票。

（4）租个人机械设备在项目所在地税务局代开普通发票。租个体工商户机械时，可以代开3%的专用发票。

（5）商品混凝土税率是3%，可以开普通发票也可以开专用发票。

（6）租个人房产时，正常是5%，目前的优惠税率为1.5%。

(7) 沙石料的税率为 3%，可以开普通发票也可以开专用发票。

(8) 原则上购买零星商品（包括材料或办公用品）超过 1 万元时，应签订合同，按照"三流一致"的原则处理本项业务。

四、特殊税目注释

1. 根据《财政部 国家税务总局关于明确金融房地产开发教育辅助服务等增值税政策的通知》（财税〔2016〕140 号）第十五条的规定，物业服务企业为业主提供的装修服务，按照"建筑服务"缴纳增值税。

2. 根据《财政部 国家税务总局关于明确金融房地产开发教育辅助服务等增值税政策的通知》（财税〔2016〕140 号）第十六条的规定，纳税人将建筑施工设备出租给他人使用并配备操作人员的，按照"建筑服务"缴纳增值税。

3. 根据《国家税务总局关于进一步明确"营改增"有关征管问题的公告》（国家税务总局公告 2017 年第 11 号）第四条的规定，纳税人对安装运行后的电梯提供的维护保养服务，按照"其他现代服务"缴纳增值税。

4. 根据《国家税务总局关于进一步明确"营改增"有关征管问题的公告》（国家税务总局公告 2017 年第 11 号）第五条的规定，纳税人提供植物养护服务，按照"其他生活服务"缴纳增值税。

5. 根据《国家税务总局关于进一步明确"营改增"有关征管问题的公告》（国家税务总局公告 2017 年第 11 号）的规定，建筑企业与发包方签订建筑合同后，以内部授权或者三方协议等方式，授权集团内其他纳税人（以下称第三方）为发包方提供建筑服务，并由第三方直接与发包方结算工程款的，由第三方缴纳增值税并向发包方开具增值税发票，与发包方签订建筑合同的建筑企业不缴纳增值税。发包方可凭实际提供建筑服务的纳税人开具的增值税专用发票抵扣进项税额。

五、计税方法

增值税计税方法包括一般计税方法和简易计税方法。

（一）一般计税方法的应纳税额

一般纳税人发生应税行为适用一般计税方法计税。

1. 一般计税方法的应纳税额，是指当期销项税额抵扣当期进项税额后的余额。应纳税额计算公式：

应纳税额 = 当期销项税额 - 当期进项税额

当期销项税额小于当期进项税额不足抵扣时，其不足部分可以结转下期继续抵扣。

2. 一般计税方法的销售额不包括销项税额，纳税人采用销售额和销项税额合并定价方法的，按照下列公式计算销售额：

销项税额 = 含税销售额 ÷（1 + 税率）× 税率

（二）简易计税方法的应纳税额

1. 简易计税方法的应纳税额，是指按照销售额和增值税征收率计算的增值税额，不得抵扣进项税额。应纳税额计算公式：

应纳税额 = 销售额 × 征收率

2. 简易计税方法的销售额不包括其应纳税额，纳税人采用销售额和应纳税额合并定价

方法的,按照下列公式计算销售额:

应纳税额 = 含税销售额 ÷ (1 + 征收率) × 征收率

3. 一般纳税人提供财政部和国家税务总局规定的建筑业应税行为,可以选择适用简易计税方法计税,但一经选择,36个月内不得变更。可选择的具体项目:

(1) 一般纳税人以清包工方式提供的建筑服务,可以选择适用简易计税方法计税。

以清包工方式提供建筑服务,是指施工方不采购建筑工程所需的材料或只采购辅助材料,并收取人工费、管理费或者其他费用的建筑服务。

(2) 一般纳税人为甲供工程提供的建筑服务,可以选择适用简易计税方法计税。

甲供工程,是指全部或部分设备、材料、动力由工程发包方自行采购的建筑工程。

(3) 一般纳税人为建筑工程老项目提供的建筑服务,可以选择适用简易计税方法计税。

包括以下三种情形:①《建筑工程施工许可证》注明的合同开工日期在2016年4月30日前的建筑工程项目。②未取得《建筑工程施工许可证》的,建筑工程承包合同注明的开工日期在2016年4月30日前的建筑工程项目。③《建筑工程施工许可证》未注明合同开工日期,但建筑工程承包合同注明的开工日期在2016年4月30日前的建筑工程项目。

4. 试点纳税人提供建筑服务适用简易计税方法的,以取得的全部价款和价外费用扣除支付的分包款后的余额为销售额(财税〔2016〕36号)。

纳税人提供建筑服务,按照规定允许从其取得的全部价款和价外费用中扣除的分包款,是指支付给分包方的全部价款和价外费用。

纳税人提供特定建筑服务,可按照现行政策规定,以取得的全部价款和价外费用扣除支付的分包款后的余额为销售额计税。总包方支付的分包款是分包支出的概念,即其中既包括货物价款,也包括建筑服务价款。

因此,《国家税务总局关于国内旅客运输服务进项税抵扣等增值税征管问题的公告》明确,纳税人提供建筑服务,按照规定允许从取得的全部价款和价外费用中扣除的分包款,是指支付给分包方的全部价款和价外费用(国家税务总局公告2019年第31号)。

六、销售额确定

(一) 基本规定

销售额,是指纳税人提供建筑服务取得的全部价款和价外费用,财政部和国家税务总局另有规定的除外。

价外费用,是指价外收取的各种性质的收费,但不包括以下项目:

(1) 代为收取并符合规定的政府性基金或者行政事业性收费。

(2) 以委托方名义开具发票代委托方收取的款项。

纳税人销售建筑服务价格明显偏低或者偏高且不具有合理商业目的的,或者发生视同销售行为而无销售额的,主管税务机关有权按照下列顺序确定销售额:

(1) 按照纳税人最近时期销售建筑服务的平均价格确定。

(2) 按照其他纳税人最近时期销售建筑服务的平均价格确定。

(3) 按照组成计税价格确定。组成计税价格的公式为:

组成计税价格 = 成本 × (1 + 成本利润率)

成本利润率由国家税务总局确定。

(二) 建筑服务销售额的确定

1. 一般纳税人跨县（市）提供建筑服务，适用一般计税方法计税的，应以取得的全部价款和价外费用为销售额计算应纳税额。

2. 一般纳税人跨县（市）提供建筑服务，选择适用简易计税方法计税的，应以取得的全部价款和价外费用扣除支付的分包款后的余额为销售额，按照3%的征收率计算应纳税额。

3. 小规模纳税人跨县（市）提供建筑服务，应以取得的全部价款和价外费用扣除支付的分包款后的余额为销售额，按照3%的征收率计算应纳税额。

4. 差额扣除规定。提供建筑服务的小规模纳税人与选择简易计税方法的一般纳税人，以取得的全部价款和价外费用扣除支付的分包款后的余额为销售额。扣除的分包款，应当取得分包方开具的发票，包括：

（1）从分包方取得的2016年4月30日前开具的建筑业营业税发票，2016年6月30日前可作为扣除凭证。

（2）从分包方取得的2016年5月1日后开具的，备注栏注明建筑服务发生地所在县（市、区）、项目名称的增值税发票。总包方与分包方签订的合同中，有分包方提供货物（工程材料）的条款约定（包括材料名称、数量及预算金额）。

纳税人提供建筑服务，按照规定允许从其取得的全部价款和价外费用中扣除的分包款，是指支付给分包方的全部价款和价外费用。

5. 建筑施工收入的构成。建筑施工企业的收入主要包括原合同金额、变更索赔补差金额和奖励款。

（1）原合同金额。原合同金额是指甲、乙双方签订的初始合同金额。应按不含税价计算。

（2）变更索赔补差。变更索赔补差是指在执行合同过程中由于合同变更、索赔、材料价差等原因形成的收入。

①项目部若发生变更索赔时，向甲方结算金额应包含销项税。一般纳税企业计算公式：

变更索赔结算金额 = 验工计价 + 销项税（税率9%）

小规模纳税企业或简易计税项目计算公式：

变更索赔结算金额 = 验工计价 + 销项税（征收率3%）

若发生负变更时，同时也减少销项税。

验工计价是指按完成的工程量乘以合同价。

②项目部在计算材料价差时，向甲方结算金额应包含销项税。一般纳税企业计算公式：

材差结算金额 = 调整材差金额 + 销项税（税率9%）

小规模纳税企业或简易计税项目计算公式：

材差结算金额 = 调整材差金额 + 销项税（征收率3%）

若发生负材差时，同时也减少销项税。

（3）奖励款。奖励款是指工程达到或超过规定的标准时，客户（业主）同意支付给建造承包商的额外款项。因奖励而形成的收入应在同时符合以下条件时加以确认：

①根据目前合同的完成情况，足以判断工程进度、工程质量能够达到或超过既定的标准；

②奖励金额能够可靠地计量。如不同时符合以上条件，则不能确认奖励款收入。奖励款

一般是指含税价，项目部在发放奖励款时应换算成不税价。换算公式如下：

一般纳税企业计算公式：

发放金额＝奖励款÷（1＋9%）

小规模纳税企业或简易计税项目计算公式：

发放金额＝奖励款÷（1＋3%）

（三）外币结算的规定

纳税人按照人民币以外的货币结算销售额的，应当折合成人民币计算，折合率可以选择销售额发生的当天或者当月1日的人民币汇率中间价。纳税人应当在事先确定采用何种折合率，确定后12个月内不得变更。

（四）兼营行为销售额的确定

纳税人兼营销售货物、劳务、服务、无形资产或者不动产，适用不同税率或者征收率的，应当分别核算适用不同税率或者征收率的销售额；未分别核算的，从高适用税率。

（五）混合销售行为销售额的确定

一项销售行为如果既涉及服务又涉及货物，为混合销售。从事货物的生产、批发或者零售的单位和个体工商户的混合销售行为，按照销售货物缴纳增值税；其他单位和个体工商户的混合销售行为，按照销售服务缴纳增值税。

所称从事货物的生产、批发或者零售的单位和个体工商户，包括以从事货物的生产、批发或者零售为主，并兼营销售建筑服务的单位和个体工商户在内。

（六）销售额的扣减

纳税人发生应税行为，将价款和折扣额在同一张发票上分别注明的，以折扣后的价款为销售额；未在同一张发票上分别注明的，以价款为销售额，不得扣减折扣额。

（七）不属于混合销售

根据《国家税务总局关于进一步明确"营改增"有关征管问题的公告》（国家税务总局公告2017年第11号）规定。

纳税人销售活动板房、机器设备、钢结构件等自产货物的同时提供建筑、安装服务，不属于《营业税改征增值税试点实施办法》（财税〔2016〕36号）第四十条规定的混合销售，应分别核算货物和建筑服务的销售额，分别适用不同的税率或者征收率。

一般纳税人销售电梯的同时提供安装服务，其安装服务可以按照甲供工程选择适用简易计税方法计税。

纳税人对安装运行后的电梯提供的维护保养服务，按照"其他现代服务"缴纳增值税。

（八）关于质保金的规定

纳税人提供建筑服务，发包方（业主）从应支付的工程款中扣除质量保证金，未开具发票的，以纳税人实际收到质保金的当天为纳税义务发生时间。

七、进项税额

进项税额，是指纳税人购进货物、加工修理修配劳务、服务、无形资产或者不动产，支付或者负担的增值税额。

（一）下列进项税额准予从销项税额中抵扣

1. 从销售方取得的增值税专用发票（含税控机动车销售统一发票，下同）上注明的增值税额。

2. 从海关取得的海关进口增值税专用缴款书上注明的增值税额。

3. 购进农产品，除取得增值税专用发票或者海关进口增值税专用缴款书外，按照农产品收购发票或者销售发票上注明的农产品买价和9%的扣除率计算的进项税额。计算公式为：进项税额＝买价×扣除率。

4. 从境外单位或者个人购进服务、无形资产或者不动产，自税务机关或者扣缴义务人取得的解缴税款的完税凭证上注明的增值税额。

（二）纳税人取得的增值税扣税凭证不符合法律、行政法规或者国家税务总局有关规定的，其进项税额不得从销项税额中抵扣。

（三）下列项目的进项税额不得从销项税额中抵扣

1. 用于简易计税方法计税项目、免征增值税项目、集体福利或者个人消费的购进货物、加工修理修配劳务、服务、无形资产和不动产。其中涉及的固定资产、无形资产、不动产，仅指专用于上述项目的固定资产、无形资产（不包括其他权益性无形资产）、不动产。

纳税人的交际应酬消费属于个人消费。

注：对纳税人固定资产、无形资产、不动产，只有专用于简易计税方法计税项目、免征增值税项目、集体福利或者个人消费的，才不得抵扣。对发生兼用于增值税应税项目与上述项目情况的，该进项税额准予全部抵扣。

2. 非正常损失的购进货物，以及相关的加工修理修配劳务和交通运输服务。

3. 非正常损失的在产品、产成品所耗用的购进货物（不包括固定资产）、加工修理修配劳务和交通运输服务。

4. 非正常损失的不动产，以及该不动产所耗用的购进货物、设计服务和建筑服务。

5. 非正常损失的不动产在建工程所耗用的购进货物、设计服务和建筑服务。

纳税人新建、改建、扩建、修缮、装饰不动产，均属于不动产在建工程。

6. 购进的旅客运输服务、贷款服务、餐饮服务、居民日常服务和娱乐服务。

纳税人接受贷款服务向贷款方支付的与该笔贷款直接相关的投融资顾问费、手续费、咨询费等费用，其进项税额不得从销项税额中抵扣。

纳税人购进国内旅客运输服务，其进项税额允许从销项税额中抵扣。

7. 财政部和国家税务总局规定的其他情形。

（四）适用一般计税方法的建筑业纳税人，兼营简易计税方法计税项目、免征增值税项目而无法划分的不得抵扣的进项税额，按照下列公式计算不得抵扣的进项税额

不得抵扣的进项税额＝当期无法划分的全部进项税额×（当期简易计税方法计税项目销售额＋免征增值税项目销售额）÷当期全部销售额

主管税务机关可以按照上述公式依据年度数据对不得抵扣的进项税额进行清算。

（五）已抵扣进项税额的购进货物（不含固定资产）、劳务、服务，发生不得从销项税额中抵扣情形（简易计税方法计税项目、免征增值税项目除外）的，应当将该进项税额从当期进项税额中扣减；无法确定该进项税额的，按照当期实际成本计算应扣减的进项税额。

（六）已抵扣进项税额的固定资产、无形资产或者不动产，发生不得从销项税额中抵扣的规定情形当期，按照下列公式计算不得抵扣的进项税额

不得抵扣的进项税额＝（固定资产、无形资产或者不动产净值）×适用税率

固定资产、无形资产或者不动产净值，是指纳税人根据财务会计制度计提折旧或摊销后的余额。

（七）纳税人适用一般计税方法计税的，因销售折让、中止或者退回而退还给购买方的增值税额，应当从当期的销项税额中扣减；因销售折让、中止或者退回而收回的增值税额，应当从当期的进项税额中扣减。

（八）按照《试点实施办法》第二十七条第（一）项规定不得抵扣且未抵扣进项税额的固定资产、无形资产、不动产，发生用途改变，用于允许抵扣进项税额的应税项目，可在用途改变的次月按照下列公式计算可以抵扣的进项税额

可以抵扣的进项税额 =（固定资产、无形资产、不动产净值）/（1 + 适用税率）× 适用税率

上述可以抵扣的进项税额应取得合法有效的增值税扣税凭证。

（九）适用一般计税方法的纳税人，2016 年 5 月 1 日后取得并在会计制度上按固定资产核算的不动产或者 2016 年 5 月 1 日后取得的不动产在建工程，其进项税额应自取得之日起分两年从销项税额中抵扣，第一年抵扣比例为 60%，第二年抵扣比例为 40%。自 2019 年 4 月 1 日起，从销项税额中一次抵扣。

取得不动产，包括以直接购买、接受捐赠、接受投资入股、自建以及抵债等各种形式取得不动产。

纳税人新建、改建、扩建、修缮、装饰不动产，属于不动产在建工程。

一般纳税人在施工现场修建的临时建筑物、构筑物，在取进项税额时可在当期申报抵扣，不适用不动产分期抵扣的规定。

（十）进项税额抵扣时限规定

1. 基本规定。

（1）增值税一般纳税人取得增值税专用发票和机动车销售统一发票，应在开具之日起 360 日内到税务机关办理认证。

（2）实行海关进口增值税专用缴款书"先比对后抵扣"管理办法的增值税一般纳税人取得 2010 年 1 月 1 日以后开具的海关缴款书，应在开具之日起 360 日内向主管税务机关报送《海关完税凭证抵扣清单》（包括纸质资料和电子数据）申请稽核比对。

（3）增值税一般纳税人取得增值税专用发票、机动车销售统一发票以及海关缴款书，未在规定期限内到税务机关办理认证、申报抵扣或者申请稽核比对的，不得作为合法的增值税扣税凭证，不得计算进项税额抵扣。

（4）增值税一般纳税人已认证通过的防伪税控系统开具的增值税专用发票，应在认证通过的当月按照增值税有关规定核算当期进项税额并申报抵扣，否则不予抵扣进项税额。

（5）辅导期纳税人取得的增值税专用发票抵扣联、海关进口增值税专用缴款书应当在交叉稽核比对无误后，方可抵扣进项税额。

2. 违反抵扣时限但允许继续抵扣的规定。

（1）逾期未认证。对增值税一般纳税人发生真实交易但由于客观原因造成增值税扣税凭证（本条所称增值税扣税凭证，仅指增值税专用发票和海关缴款书，不包括机动车销售统一发票）逾期的，经主管税务机关审核、逐级上报，由国家税务总局认证、稽核比对后，对比对相符的，允许纳税人继续抵扣其进项税额。

客观原因包括如下类型：①因自然灾害、社会突发事件等不可抗力因素造成增值税扣税凭证逾期；②增值税扣税凭证被盗、抢，或者因邮寄丢失、误递导致逾期；③有关司法、行政机关在办理业务或者检查中，扣押增值税扣税凭证，纳税人不能正常履行申报义务，或者

税务机关信息系统、网络故障，未能及时处理纳税人网上认证数据等导致增值税扣税凭证逾期；④买卖双方因经济纠纷，未能及时传递增值税扣税凭证，或者纳税人变更纳税地点，注销旧户和重新办理税务登记的时间过长，导致增值税扣税凭证逾期；⑤由于企业办税人员伤亡、突发危重疾病或者擅自离职，未能办理交接手续，导致增值税扣税凭证逾期；⑥国家税务总局规定的其他情形。

（2）未按期申报抵扣。增值税一般纳税人取得的增值税扣税凭证已认证或已采集上报信息但未按照规定期限申报抵扣：实行纳税辅导期管理的增值税一般纳税人以及实行海关进口增值税专用缴款书"先比对后抵扣"管理办法的增值税一般纳税人，取得的增值税扣税凭证稽核比对结果相符但未按规定期限申报抵扣，属于发生真实交易且符合规定的客观原因的，经主管税务机关审核，允许纳税人继续申报抵扣其进项税额。

客观原因包括如下类型：①因自然灾害、社会突发事件等不可抗力原因造成增值税扣税凭证未按期申报抵扣；②有关司法、行政机关在办理业务或者检查中，扣押、封存纳税人账簿资料，导致纳税人未能按期办理申报手续；③税务机关信息系统、网络故障，导致纳税人未能及时取得认证结果通知书或稽核结果通知书，未能及时办理申报抵扣；④由于企业办税人员伤亡、突发危重疾病或者擅自离职，未能办理交接手续，导致未能按期申报抵扣；⑤国家税务总局规定的其他情形。

（十一）常用成本费用允许抵扣项目

以下所列允许抵扣的成本费用项目，仅以从一般纳税人处取得的适用一般计税或简易计税办法而开具的增值税专用发票对应的进项抵扣税率举例。从小规模纳税人处购进货物、劳务、应税服务，按照所取得的小规模纳税人从税务机关代开或自开的增值税专用发票上注明的增值税额进行抵扣。

1. 分包工程支出。分包工程支出，应按照分包商的纳税人资格和计税方法的选择来区分。

（1）分包商为小规模纳税人，进项抵扣税率为3%。

（2）分包商为一般纳税人。专业分包，进项抵扣税率为9%。劳务分包，进项抵扣税率为9%。

劳务派遣，小规模纳税人采取简易计税，进项抵扣税率为3%；一般纳税人采取一般计税，进项抵扣税率为6%；差额纳税，一般纳税人提供劳务派遣，可以选择差额纳税，以取得的全部价款和价外费用，扣除代用工单位支付劳务派遣员工的工资、福利和为其办理社会保险及住房公积金后的余额为销售额，按照简易计税方式依5%的征收率计算缴纳增值税。

2. 工程物资。由于工程材料物资种类繁多，所以分供应商提供的增值税专用发票的适用税率也不尽相同。一般的材料物资（如钢材、水泥、油品、火工品等）适用税率是13%，但也有一些特殊情况：

（1）木材及竹木制品，进项抵扣税率为9%、13%。属于初次生产农产品的原木和原竹，取得的发票可能会是农产品收购发票或销售发票，而非增值税专用发票，但同样可以抵扣进项税，适用税率为9%；而经过加工的属于半成品或成品的木材及竹木制品，取得的发票是增值税专用发票，适用税率一般是13%。

（2）水泥及商品混凝土，进项抵扣税率为3%。商品混凝土（以水泥为原料生产水泥混凝土），征收率为3%。

3. 砂、土、石料等地材，进项抵扣税率为13%、3%。在商贸企业购买的适用税率是

13%；但从生产企业购买，生产企业自产的建筑用砂、土、石料以及自产砂、土、石料连续生产砖、瓦、石灰可以选择简易征收，适用税率为3%。

4. 周转材料。周转材料包括包装物、低值易耗品以及工程施工中可多次使用的材料、钢模板、木模板、竹胶板、脚手架和其他周转材料等。进项抵扣税率：自购周转材料为13%或3%；为取得周转材料所发生的运费为9%。

5. 机械使用费。

（1）外购机械设备进项抵扣税率为13%。购买机械设备取得的增值税专用发票，可以一次性抵扣，但购买时要注意控制综合成本，选择综合成本较低的供应商。

（2）租赁机械。

①租赁机械（只租赁设备），进项抵扣税率为13%、9%、3%。租赁一般纳税人设备，一般情况下适用税率为13%。从外单位或本企业其他独立核算的单位租用的施工机械（如吊车、挖掘机、装载机、塔吊、电梯、运输车辆等），包含设备进出场费、燃料费、修理费，进项抵扣税率为13%；房屋、场地等不动产租赁费进项抵扣税率为9%或5%；设备等有形动产租赁进项抵扣税率为13%。

但是若出租方以试点实施之前购进或者自制的有形动产为标的物提供的经营租赁服务，试点期间可以选择简易计税方法计算缴纳增值税，使用征收率为3%。

租赁小规模纳税人设备，适用税率为3%。

②租赁机械（租赁设备+操作人员），租赁设备若包含司机人员工资，进项抵扣税率可以选择为9%。

6. 临时设施。临时设施包括临时性建筑（如办公室、作业棚、材料库、配套建筑设施、项目部或工区驻地、混凝土拌和站、制梁场、铺轨基地、钢筋加工厂、模板加工厂等）、临时水管线（如给排水管线、供电管线、供热管线）、临时道路（如临时铁路专用线、轻便铁路、临时道路）及其他临时设施。

进项抵扣税率：建筑劳务为9%、材料购销为13%、分包为9%或3%、租赁机械为13%或9%。

工程项目发生的临时设施费用，如购买的脚手架、活动板房、围墙等，这些费用的支出都是可以一次性抵扣的。

7. 水电气暖费。其中，水费的进项抵扣税率为9%或3%，电费进项抵扣税率为13%，天然气的进项抵扣税率为9%，暖气费的进项抵扣税率为9%。水、电、气、暖费应注意将经营办公与集体福利分开，用于集体福利部分进项税额不允许抵扣。

（1）水费，进项抵扣税率为9%、3%。从自来水公司可以取得增值税专用发票，只能抵扣3%的进项税，从其他水厂购买的水，取得增值税专用发票，可抵扣9%的进项税。

（2）电费，进项抵扣税率为13%。电网公司直接开具的电费增值税专用发票可以抵扣；租赁房屋和施工现场业主的电表，应从出租方或业主方取得增值税专用发票，抵扣进项税。

（3）施工队伍使用水电费。施工队伍使用水电费，一般由总承包单位统一与水电公司结算，总承包单位再与施工队伍结算。目前有三种解决方法：

①计价扣除（扣减）。施工队伍单价中包括水电费，每月施工队伍发生的水电费从验工计价中扣减水电费金额，或结算时扣减水电费金额支付。这种情况存在少交税的情况。另外，有少数单位采用计提销项税的方法，交纳扣减水电费的销项税。

②水电费视同销售。施工队伍单价中包括水电费，每月施工队伍发生的水电费，总承包

单位给施工队伍开具销售发票，结算时从验工计价中按发票金额扣减支付款，施工队伍的合同不变更。这种情况适用于企业在营业范围中包括销售水电项目的公司。

③单价中不包含水电费。总承包单位与施工队伍在签订施工分包合同时，合同单价中不包含水电费，但总承包单位对施工分包队伍使用的水电费实行限额管理，超过限额部分对施工队伍进行处罚。

8. 勘察勘探费用。进项抵扣税率为6%。勘察勘探服务支出可以抵扣进项税。

9. 工程设计费用。进项抵扣税率为6%。设计费支出可以抵扣进项税。

10. 检验试验费。进项抵扣税率为6%。专业检测机构对样本进行检验和试验。

11. 通信费。通信费包括各种通信工具发生的办公电话费及服务费、网络使用维护费、传真收发费等。其中基础电信服务的进项抵扣税率为9%，增值电信服务的进项抵扣税率为6%。

电话费、进项抵扣税率为9%、6%。

电信业适用两档税率，基础电信服务适用税率为9%，增值电信服务适用税率为6%。

员工个人抬头发票无法取得增值税专用发票，无法抵扣进项税，带有福利性质的通信费补贴不允许抵扣进项税。企业名义的电话费，取得专用发票可以抵扣。

12. 邮递费。进项抵扣税率为6%。业务往来发生的快递费可以抵扣进项税，建议采用月结方式结算，较易取得增值税专用发票。

13. 报纸杂志。进项抵扣税率为9%。企业购买的图书、报纸、杂志等费用的适用税率可以抵扣，但是注意索要增值税专用发票。上游纳税人享受免税政策的除外。

14. 汽油费、柴油费。进项抵扣税率为13%。汽车、机械使用的燃料费用，是施工过程中不可缺少的成本支出，这些支出的进项税是可以抵扣的。但司机师傅自己单独分次加油，可能无法取得增值税专用发票，需要统一办理加油卡，在加油后凭卡或者加油凭证，再开具增值税专用发票。

15. 车辆使用费用。包括车辆维修费、油料费、车辆保险费、过路费、过桥费。其中，车辆维修费进项抵扣税率为13%，油料费进项抵扣税率为13%。

过路过桥费。企业支付的道路、桥、闸通行费，暂凭取得的通行费（不含财政票据）上注明的收费金额按5%或3%征收率换算后计算抵扣进项税额。

16. 供气供热费用。进项抵扣税率为9%。一般情况下，可以从供热企业拿到税率为9%的增值税专用发票；供热企业向居民免征增值税，不能抵扣。

17. 广告宣传费用。进项抵扣税率为6%。公司支付的广告费、宣传费等可以抵扣进项税。广告制作进项抵扣税率为13%，广告设计、广告发布、广告代理等进项抵扣税率为6%。

18. 中介机构服务费。进项抵扣税率为6%。聘请专业的咨询、审计等中介机构的咨询费用都可以抵扣进项税，注意要选择一般纳税人。向各类中介机构支付的费用，如审计查账、验资审计、资产评估、高新企业认定审计、法律咨询、税务咨询、经济顾问、技术顾问等，进项抵扣税率为6%。

19. 会议费。进项抵扣税率为6%。会议费指企业举办会议而向会务服务提供方支付的会议费用，进项抵扣税率为6%。公司召开大型会议，应索取会议费增值税专用发票，如果分项列示服务，单独开具餐费的发票，餐费的进项税不能抵扣。

20. 培训费。进项抵扣税率为6%。公司的培训支出，要向培训单位索要增值税专用发票。

21. 办公用品。进项抵扣税率为13%、3%。企业购买文具纸张等办公用品，与电脑、传真机和复印机相关耗材（如墨盒、存储介质、配件、复印纸等）等发生的费用，也是成本费用中比较经常发生的，如果是从其他个人处购买，无法取得增值税专用发票，可以从商场、超市或电商平台购买，能取得增值税专用发票。取得普通发票时3%，进项税不能抵扣。部分企业实行办公用品统一采购方式，即经济又可以取得专用发票。

22. 劳动保护费。进项抵扣税率为13%。公司根据劳动法和国家有关劳动安全规程，用于改善公司生产人员劳动条件、防止伤亡事故、预防和消灭职业病等各种技术、保健措施方面开支的费用，如给员工购买个人防护用具、安全用品等用品，进项税可以抵扣，但要与福利费进行区别，如果是福利费就不得抵扣。

23. 物业管理费。进项抵扣税率为6%。物业费可以索要增值税专用发票抵扣，但必须是公司实际发生的。

24. 房屋建筑费。进项抵扣税率为9%、5%。取得不动产，要区分对方不动产取得时间。在2016年5月1日之后取得的，适用税率为11%（2019年4月1日后为9%），公司可分两年抵扣，第一年抵扣60%，第二年抵扣40%；在2016年5月1日之前取得的，可以选择简易计税方法，适用5%的征收率。

租赁不动产，要区分对方不动产取得的时间，在2016年5月1日之后取得的，适用税率为11%（2019年4月1日后为9%）；在2016年5月1日之前取得的，可以选择简易计税方法，适用5%的征收率。

25. 维修费。进项抵扣税率为13%、10%。用于有形动产的修理费用，如汽车修理费、机械设备的修理费税率为13%，而对于不动产的修理费税率是9%。

26. 运费。运输费用进项抵扣税率为9%。

27. 差旅费中的住宿费用。差旅费一般包括出差人员发生的吃、住、行费用。其中，餐饮费属于个人消费或交际应酬费，其进项税额不得抵扣；机票、船票、车票等属于旅客服务费用，其进项税额计算抵扣；住宿费进项抵扣税率为6%。

28. 安保费。购买安保服务的费用进项抵扣税率为6%或5%，为加强安保而购置的摄像头、消防器材等费用、监控室日常维护开支费用进项抵扣税率为13%。

29. 物料消耗。物料消耗主要指低值易耗品的消耗，如电线、灯、清洁工具、管理用具、包装容器等，进项抵扣税率为13%。

30. 安全生产用品。安全生产用品包括施工生产中购买的安全防护网、安全网、钢丝绳、工具式防护栏、灭火器材、漏电保护器、防爆防火器材等，进项抵扣税率为13%。

31. 利息支出及贷款费用。利息支出不可以抵扣进项税。企业接受的贷款服务支付的利息及与该笔贷款直接相关的投融资顾问费、手续费、咨询费等费用均不得抵扣进项税。

32. 银行手续费。进项抵扣税率为6%。

办理转账、汇款时发生的手续费都可以抵扣，要向银行索取增值税专用发票。

33. 保险费。

（1）劳动保险费进项抵扣税率为6%、3%。应取得税率6%（一般纳税人处取得）的增值税专用发票，进行进项税额抵扣。

备注：人身保险除特殊工种职工支付的人身保险费外，暂不可抵扣。

（2）车辆保险和不动产保险进项抵扣税率为6%、3%。应取得税率6%（一般纳税人处取得）或 3%（小规模纳税人处取得）的增值税专用发票，进行进项税额抵扣。

（十二）成本费用不允许抵扣项目

1. 餐饮费。
2. 业务招待费。如招待用烟、酒、茶和礼品等。
3. 旅客运输费用。如机票费、车船费等。
4. 娱乐费用。
5. 借款费用。购进的贷款服务的进项税额不得从销项税额中抵扣。接受贷款服务向贷款方支付的全部利息以及利息性质的费用以及与该笔贷款直接相关的投融资顾问费、手续费、咨询费等费用，其进项税额不得从销项税额中抵扣。
6. 用于职工福利而购进的货物服务等。如员工食堂和宿舍用的水电暖气煤气、以职工个人名义开具的通信费、为员工购买的人身保险等。
7. 职工工资、奖金、津贴、补贴、社会保险费、住房公积金、工会经费、学历教育培训、外聘人员工资等。
8. 折旧、摊销。
9. 税金。如印花税、车船使用税、房产税、土地使用税及其他税金等不得抵扣。
10. 行政事业性收费。
11. 征地拆迁费及房屋、道路、青苗补偿费。

（十三）发票报销提醒事项

1. 会务费发票。重点关注：是否具有会务费的日程安排、会议纪要、会议合同、参会人员签到、支付会务费银行付款单以及会议现场照片等证明开会真实性的辅佐证据。切记：费用的报销不仅仅是取得正式发票！
2. 预付卡充值发票。重点关注：在报销的时候财务人员是否一次性计入了当期费用，只有取得了消费明细单后才可以根据具体实际消费情况税前扣除。
3. 非商品明细发票。重点关注：是否存在取得的费用发票项目只是笼统地写"办公用品一批""电脑耗材一批""材料一宗""食品一批"等非商品明细发票。
4. 未填对方企业税号发票。重点关注：自 2017 年 7 月 1 日起，购买方为企业的，索取增值税普通发票时，应向销售方提供纳税人识别号或统一社会信用代码，企业取得普通发票未填写税号不得报销入账。
5. 个人抬头费用发票。重点关注：是否取得了个人抬头的费用支出发票，类似个人抬头手机发票等支出凭证不能税前列支。但是，以下个人抬头发票可以入账报销：机票和火车票、出差过程的人身意外保险费、个人抬头的财政收据的签证费、符合职工教育费范围的职业技能鉴定、职业资格认证等经费支出以及医药费票据等。
6. 不合理的费用发票。重点关注：是否存在将不属于公司经营支出的发票拿到企业来报销入账，如：报销加油费的发票金额远远超过车辆实际耗用量、报销大量连号的出租车票、报销的住宿费大大超出了合理标准等。
7. 发票填写项目不全的费用发票。重点关注：是否存在应该填写发票备注栏但是未填写的发票，如取得的运输费发票、装修费发票、施工费发票、房屋租金发票等。
8. 盖章不规范的发票。重点关注：发票是否存在盖章错误、位置不对、盖章模糊，或者未加盖发票专用章等。
9. 抬头简称的费用发票。重点关注：是否填写了对方单位的全称，一定注意取得了未填写全称的费用发票不得报销。

10. 过期的费用发票。重点关注：取得的费用发票是否已经过期、失效或者换版，如现在若是再取得地税版发票不得报销入账。因为从 2016 年 5 月 1 日起，地税已经不再向纳税人发放发票。

八、纳税义务发生时间

（一）纳税人发生应税行为并收讫销售款项或者取得索取销售款项凭据的当天，先开具发票的，为开具发票的当天。

收讫销售款项，是指纳税人销售服务、无形资产、不动产过程中或者完成后收到款项。

取得索取销售款项凭据的当天，是指书面合同确定的付款日期；未签订书面合同或者书面合同未确定付款日期的，为服务、无形资产转让完成的当天或者不动产权属变更的当天。

（二）纳税人提供租赁服务采取预收款方式的，其纳税义务发生时间为收到预收款的当天。

（三）增值税扣缴义务发生时间为纳税人增值税纳税义务发生的当天。

（四）购买方为扣缴义务人，其扣缴义务发生时间为纳税人增值税纳税义务发生的当天，即前述三项纳税义务发生时间的判断标准。

九、纳税地点

（一）单位或个体工商户应当向其机构所在地或者居住地主管税务机关申报纳税。总机构和分支机构不在同一县（市）的，应当分别向各自所在地的主管税务机关申报纳税。

（二）其他个人提供建筑服务，应向建筑服务发生地主管税务机关申报纳税。

（三）扣缴义务人应当向其机构所在地或者居住地主管税务机关申报缴纳扣缴的税款。

《国家税务总局关于进一步明确"营改增"有关征管问题的公告》（国家税务总局公告 2017 年第 11 号）规定，纳税人在同一地级行政区范围内跨县（市、区）提供建筑服务，不适用《纳税人跨县（市、区）提供建筑服务增值税征收管理暂行办法》（国家税务总局公告 2016 年第 17 号）。

十、纳税期限

根据《增值税暂行条例》等相关规定，增值税的纳税期限分别为 1 日、3 日、5 日、10 日、15 日、1 个月或者 1 个季度。纳税人的具体纳税期限，由主管税务机关根据纳税人应纳税额的大小分别核定。不能按固定期限纳税的，可以按次纳税。

建筑施工企业一般都是按月纳税。

第二节 跨区域提供建筑服务

一、跨区域提供建筑服务政策规定

根据《国家税务总局关于创新跨区域涉税事项报验管理制度的通知》（税总发〔2017〕103 号）规定：纳税人跨省（自治区、直辖市和计划单列市）临时从事生产经营活动的，向机构所在地的税务机关填报《跨区域涉税事项报告表》，并调整为一合同一报告。

二、新办流程及相关报送资料

（一）合同签订后，申请设立财务账套。

（二）确定外出经营主管税务局。

（三）申请开具《跨区域涉税事项报告》。需将《外出经营情况说明》《委托书》以及合同主要页（首页、合同额页、开工时间页、盖章签字页）、经办人身份证扫描件连同签字盖章齐全的申请书发送给公司税务人员。

（四）公司税务人员将营业执照副本、法人身份证复印件连同接收的办理《跨区域涉税事项报告》资料全部打印加盖企业公章后重新扫描，保存为PDF文档。

（五）公司税务人员登录电子税务局网站办理并打印已办理成功的《跨区域涉税事项报告》。

（六）《跨区域涉税事项报告》加盖企业公章后移交至申请单位。

三、续办流程及相关报送资料

（一）开具工程延期证明。

（二）申请《跨区域涉税事项报告》延期。需将原《跨区域涉税事项报告》《委托书》以及延期证明、经办人身份证扫描件连同签字盖章齐全的申请书发送给公司税务人员。

（三）公司税务人员将营业执照副本、法人身份证复印件连同接收的办理《跨区域涉税事项报告》资料全部打印加盖企业公章后重新扫描，保存为PDF文档。

（四）公司税务人员登录电子税务局网站办理并打印已续办成功的《跨区域涉税事项报告》。

（五）《跨区域涉税事项报告》加盖企业公章后移交至申请单位。

四、缴销流程及相关报送资料

（一）原《跨区域涉税事项报告》在经营地主管税务局办理注销，并取得反馈表。

（二）将反馈表、相关完税凭证、已开发票扫描件传至公司税务人员。

（三）公司税务人员登录电子税务局网站通过《缴销跨区域涉税事项报告》业务模块办理缴销。

五、跨县（市、区）建筑服务预缴规定

（一）基本处理原则

纳税人跨县（市、区）提供建筑服务，应按照财税〔2016〕36号文件规定的纳税义务发生时间和计税方法，向建筑服务发生地主管国税机关预缴税款，向机构所在地主管国税机关申报纳税。

（二）预缴税款的三种情形

1. 跨县（市、区）提供建筑服务，适用一般计税方法计税的，以取得的全部价款和价外费用扣除支付的分包款后的余额，按照2%的预征率在建筑服务发生地预缴税款。

应预缴税款 =（全部价款和价外费用 − 支付的分包款）÷（1+10%）×2%

2. 跨县（市、区）提供建筑服务，一般纳税人选择简易计税方法，以取得的全部价款和价外费用扣除支付的分包款后的余额，按照3%的征收率在建筑服务发生地预缴税款。

应预缴税款 =（全部价款和价外费用 − 支付的分包款）÷（1+3%）×3%

3. 小规模纳税人，以取得的全部价款和价外费用扣除支付的分包款后的余额，按照3%的征收率计算应预缴税款。

应预缴税款 =（全部价款和价外费用 - 支付的分包款）÷（1 + 3%）× 3%

纳税人应按照工程项目分别计算应预缴税款，分别预缴。纳税人取得的全部价款和价外费用扣除支付的分包款后的余额为负数的，可结转下次预缴税款时继续扣除。

（三）扣除分包款的资料要求

纳税人按照规定从取得的全部价款和价外费用中扣除支付的分包款，应当取得符合法律、行政法规和国家税务总局规定的合法有效凭证，否则不得扣除。

上述凭证是指：

1. 从分包方取得的2016年4月30日前开具的建筑业营业税发票，2016年6月30日前可作为扣除凭证。

上述建筑业营业税发票在2016年6月30日前可作为预缴税款的扣除凭证。

2. 从分包方取得的2016年5月1日后开具的，备注栏注明建筑服务发生地所在县（市、区）、项目名称的增值税发票。

3. 国家税务总局规定的其他凭证。

（四）预缴税款的规定

1. 分项目预缴。纳税人应按照工程项目分别计算应预缴税款，分别预缴。纳税人取得的全部价款和价外费用扣除支付的分包款的余额为负数的，可结转下次预缴税款时继续扣除。

2. 建立预缴台账。对跨县（市、区）提供的建筑服务，纳税人应自行建立预缴税款台账，区分不同县（市、区）和项目逐笔登记全部收入、支付的分包款、已扣除的分包款、扣除分包款的发票号码、已预缴税款以及预缴税款的完税凭证号码等相关内容，留存备查。

3. 纳税人跨县（市、区）提供建筑服务，按规定应向建筑服务发生地主管国税机关预缴税款而自应当预缴之月起超过6个月没有预缴税款的，由机构所在地主管国税机关按照《中华人民共和国税收征收管理法》及相关规定进行处理。

纳税人跨县（市、区）提供建筑服务，未按规定缴纳税款的，由机构所在地主管国税机关按照《中华人民共和国税收征收管理法》及相关规定进行处理。

4. 跨县（市、区）提供建筑服务，在建筑服务发生地预缴税款后，向机构所在地主管税务机关进行纳税申报，计算当期应纳税款，扣除已预缴的税款后的余额在机构所在地缴纳。

5. 小规模纳税人跨（县、区）提供建筑服务的，在建筑服务发生地取得的全部价款和价外费用，按月不超过3万元（按季纳税9万元）的，不在建筑服务发生地预缴税款，回机构所在地主管税务机关进行纳税申报，按照申报销售额来确定是否享受小微企业免征增值税政策。

6. 一般纳税人跨省（自治区、直辖市或者计划单列市）提供建筑服务，在机构所在地申报纳税时，计算的应纳税额小于已预缴税额，且差额较大的，由国家税务总局通知建筑服务发生地所在地省级税务机关，在一定时期内暂停预缴增值税。

7. 纳税人在同一地级行政区范围内跨县（市、区）提供建筑服务，不适用《纳税人跨县（市、区）提供建筑服务增值税征收管理暂行办法》（国家税务总局公告2016年第17号印发）。

（五）预缴税款资料要求

《国家税务总局关于"营改增"试点若干征管问题的公告》（国家税务总局公告2016年第53号）第八条规定：纳税人跨县（市、区）提供建筑服务，在向建筑服务发生地主管国税机关预缴税款时，需填报《增值税预缴税款表》，并出示以下资料：

1. 与发包方签订的建筑合同复印件（加盖纳税人公章）；
2. 与分包方签订的分包合同复印件（加盖纳税人公章）；
3. 从分包方取得的发票复印件（加盖纳税人公章）。

（六）预缴抵减税款的规定

纳税人跨县（市、区）提供建筑服务，向建筑服务发生地主管国税机关预缴的增值税税款，可以在当期增值税应纳税额中抵减，抵减不完的，结转下期继续抵减。

纳税人以预缴税款抵减应纳税额，应以完税凭证作为合法有效凭证。

提供建筑服务的预缴税款可以在不同项目间抵缴，不需要区分简易计税和一般计税缴纳的税款。

（七）发票开具

1. 纳税人提供建筑服务，自行开具或者税务机关代开增值税发票时，应在发票的备注栏注明建筑服务发生地县（市、区）名称及项目名称。
2. 纳税人提供建筑服务适用差额征税的，可以全额开具增值税发票。
3. 一般纳税人自行开具增值税发票和普通发票。
4. 小规模纳税人发生应税行为，购买方索取增值税专用发票的，可以向主管税务机关申请代开。

小规模纳税人跨县（市、区）提供建筑服务，不能自行开具增值税发票的，可向建筑服务发生地主管国税机关按照其取得的全部价款和价外费用申请代开增值税发票。

自2017年6月1日起，月销售额超过3万元（或季销售额超过9万元）的建筑业增值税小规模纳税人，提供建筑服务、销售货物或发生其他增值税应税行为，需要开具增值税专用发票的，可通过增值税发票管理新系统自行开具，国税机关不再为其代开。自开发票试点纳税人销售其取得的不动产，需要开具增值税专用发票的，仍须向地税机关申请代开。

5. 其他个人提供建筑服务，可以向建筑服务发生地主管国税机关申请代开增值税普通发票。其他个人提供建筑服务申请代开增值税普通发票时提供如下资料：（1）经办人身份证原件及复印件；（2）税收缴款凭证（起征点以下的不需要提供）；（3）《代开增值税普通发票缴纳税款申报单》。
6. 纳税人发生应税行为，开具增值税专用发票后，发生开票有误或者销售折让、中止、退回等情形的，应当按照国家税务总局的规定开具红字增值税专用发票；未按照规定开具红字增值税专用发票的，不得按规定扣减销项税额或者销售额。
7. 建筑企业与发包方签订建筑合同后，以内部授权或者三方协议等方式，授权集团内其他纳税人（以下称第三方）为发包方提供建筑服务，并由第三方直接与发包方结算工程款的，由第三方缴纳增值税并向发包方开具增值税发票，与发包方签订建筑合同的建筑企业不缴纳增值税。发包方可凭实际提供建筑服务的纳税人开具的增值税专用发票抵扣进项税额。
8. 纳税人2016年5月1日前发生的营业税涉税业务，需要补开发票的，可于2017年12月31日前开具增值税普通发票（税务总局另有规定的除外）。纳税人补开发票时，使用"未发生销售行为的不征税项目"编码，选择603"已申报缴纳营业税未开票补开票"，发票税率栏应填写"不征税"，不得开具增值税专用发票。

需要补开发票的情形主要有：

1. 已申报营业税，未开具发票的；
2. 已申报营业税，已开具发票，发生销售退回或折让、开票有误、应税服务中止等情形，需要开具红字发票或重新开具发票的；

3. 已补缴营业税税款，未开具发票的。

（八）所得税预缴

建筑企业总机构直接管理的跨地区设立的项目部，应按项目实际经营收入的 0.2% 按月或按季由总机构向项目所在地预分企业所得税，并由项目部向所在地主管税务机关预缴。

（九）异地提供建筑服务增值税缴税办法

1. 一般纳税人跨县（市）提供建筑服务，适用一般计税方法计税的，应以取得的全部价款和价外费用为销售额计算应纳税额。纳税人应以取得的全部价款和价外费用扣除支付的分包款后的余额，按照 2% 的预征率在建筑服务发生地预缴税款后，向机构所在地主管税务机关进行纳税申报。

2. 一般纳税人跨县（市）提供建筑服务，选择适用简易计税方法计税的，应以取得的全部价款和价外费用扣除支付的分包款后的余额为销售额，按照 3% 的征收率计算应纳税额。纳税人应按照上述计税方法在建筑服务发生地预缴税款后，向机构所在地主管税务机关进行纳税申报。

3. 试点纳税人中的小规模纳税人（以下称小规模纳税人）跨县（市）提供建筑服务，应以取得的全部价款和价外费用扣除支付的分包款后的余额为销售额，按照 3% 的征收率计算应纳税额。纳税人应按照上述计税方法在建筑服务发生地预缴税款后，向机构所在地主管税务机关进行纳税申报。

4. 一般纳税人跨省（自治区、直辖市或者计划单列市）提供建筑服务在机构所在地申报纳税时，计算的应纳税额小于已预缴税额，且差额较大的，由国家税务总局通知建筑服务发生地所在地省级税务机关，在一定时期内暂停预缴增值税。

六、试点前发生的业务的处理

（一）试点纳税人发生应税行为，按照国家有关营业税政策规定差额征收营业税的，因取得的全部价款和价外费用不足以抵减允许扣除项目金额，截至纳入"营改增"试点之日前尚未扣除的部分，不得在计算试点纳税人增值税应税销售额时抵减，应当向原主管地税机关申请退还营业税。

（二）试点纳税人发生应税行为，在纳入"营改增"试点之日前已缴纳营业税，"营改增"试点后因发生退款减除营业额的，应当向原主管地税机关申请退还已缴纳的营业税。

（三）试点纳税人纳入"营改增"试点之日前发生的应税行为，因税收检查等原因需要补缴税款的，应按照营业税政策规定补缴营业税。

七、跨境免税规定

中华人民共和国境内的单位和个人销售的工程项目在境外的建筑服务，免征增值税。工程总承包方和工程分包方为施工地点在境外的工程项目提供的建筑服务，均属于工程项目在境外的建筑服务。

纳税人发生免征增值税的跨境建筑服务，应在首次享受免税的纳税申报期内，到主管税务机关办理跨境建筑服务的免税备案手续，同时提交以下备案材料：

（一）《跨境应税行为免税备案表》。

（二）跨境销售建筑服务的合同原件及复印件。

施工地点在境外的工程项目，工程分包方与发包方签订的建筑合同原件及复印件等资料，作为跨境销售服务书面合同。

合同原件为外文的，应提供中文翻译件并由销售建筑服务方法定代表人（负责人）签字或者单位盖章。

（三）建筑合同未注明施工地点在境外的，需提供工程项目在境外的证明材料原件及复印件。建筑合同注明施工地点在境外的，可不提供工程项目在境外的证明材料。

八、建筑服务开具发票的规定

（一）一般纳税人应自行向建筑服务购买方或不动产承租方开具增值税发票。

（二）符合自开增值税普通发票条件的增值税小规模纳税人，建筑服务购买方或不动产承租方不索取增值税专用发票的，纳税人应自行开具增值税普通发票；建筑服务购买方或不动产承租方索取增值税专用发票的，纳税人可按规定向建筑服务发生地或不动产所在地主管国税机关申请代开。

（三）不符合自开增值税普通发票条件的增值税小规模纳税人，可按规定向建筑服务发生地或不动产所在地主管国税机关申请代开增值税发票。

（四）其他个人提供建筑服务，应向建筑发生地主管国税机关申报缴纳税款；需要开具增值税发票的，主管国税机关可按规定为其代开增值税普通发票。

（五）注意事项：

1. 根据《国家税务总局关于印发〈税务机关代开增值税专用发票管理办法（试行）〉的通知》（国税发〔2004〕153号）第十一条规定，增值税纳税人应在代开专用发票的备注栏上，加盖本单位的发票专用章。

2. 根据《国家税务总局关于加强和规范税务机关代开普通发票工作的通知》（国税函〔2004〕1024号）第三条第（三）项规定，无论使用计算机开具还是手工填开，均须加盖税务机关代开发票专用章，否则无效。

3. 根据上述规定，代开的增值税专用发票需加盖本单位的发票专用章，代开的增值税普通发票须加盖税务机关代开发票专用章。

（六）建筑施工企业增值税开票要求（见表1-3）。

九、建筑服务征收管理的要求

（一）2016年5月1日起，纳税人（不含其他个人）在其机构所在地以外的县（市、区）提供建筑服务，应向建筑服务发生地主管国税机关办理外出经营报验登记。纳税人办理报验登记时应提供以下资料：

1. 税务登记证副本。

2. 外出经营活动税收管理证明。

3. 与发包方签订的建筑合同原件及复印件。纳税人2016年5月1日前已经在地税部门进行报验登记，且5月1日后没有超出规定期限的，其报验登记继续有效，纳税人不需要到劳务发生地主管国税机关再办理报验登记。

（二）2016年5月1日起，纳税人出租（不含其他个人）与机构所在地不在同一县（市、区）的不动产，应按16号公告的规定填写向不动产所在地主管国税机关预缴增值税。纳税人预缴增值税时应报送以下资料：

表 1-3　　　　　　　　　　　建筑业增值税开票明细表

纳税人资格类型	施工类型	计税方法	发票开具 普通发票	发票开具 专用发票	申报	预缴《增值税预缴税款表》
一般纳税人	总包方	一般计税	自开	自开	全额申报，10%税率，扣减预缴	扣除支付的分包款后的余额，按照2%的预征率计算应预缴税款，预缴税款 =（含税价 - 支付的分包款）÷（1 + 10%）×2%
一般纳税人	总包方	简易计税	自开	自开	差额申报，3%征收率，扣减预缴	扣除支付的分包款后的余额，按照3%的征收率计算应预缴税款，预缴税款 =（含税价 - 支付的分包款）÷（1 + 3%）×3%
一般纳税人	分包方（不再分包）	一般计税	自开	自开	全额申报，10%税率，扣减预缴	取得的全部价款与价外费用按照2%预征率计算应预缴税款，预缴税款 = 含税价 ÷（1 + 10%）×2%
一般纳税人	分包方（不再分包）	简易计税	自开	自开	全额申报，3%征收率，扣减预缴	取得的全部价款与价外费用按照3%预征率计算应预缴税款，预缴税款 = 含税价 ÷（1 + 3%）×3%
小规模纳税人	单位和个体工商户 总包方	简易计税	自开	服务发生地国税机关代开	差额申报，3%征收率，扣减预缴	扣除支付的分包款后的余额，按照3%的征收率计算应预缴税款，预缴税款 =（含税价 - 支付的分包款）÷（1 + 3%）×3%
小规模纳税人	单位和个体工商户 分包方（不再分包）	简易计税	自开	服务发生地国税机关代开	全额申报，3%征收率，扣减预缴	取得的全部价款与价外费用按照3%预征率计算应预缴税款，预缴税款 = 含税价 ÷（1 + 3%）×3%
小规模纳税人	自然人	—	简易计税	服务发生地国税机关代开	—	在建筑服务发生地申报纳税，3%征收率	—

注：1. 分包方如果再向下进行二次分包，相对于二次分包方而言，其为"总包方"，以此类推。
2. 纳税人提供建筑服务预缴时，计算需扣减的分包款需分项目对应扣减。
3. 起征点以下的小规模纳税人，无法自行开具增值税发票的，可以向服务发生地国税机关申请代开增值税发票。

1. 税务登记证副本（复印件）。
2. 《增值税预缴税款表》。

（三）纳税人在服务发生地预缴税款时需提供以下资料：
1. 《增值税预缴税款表》。

2. 与发包方签订的建筑合同原件及复印件。

3. 与分包方签订的分包合同原件及复印件。

4. 从分包方取得的发票原件及复印件。

（四）跨县（市、区）提供的建筑服务，要求纳税人自行建立预缴税款台账，区分不同县（市、区）和项目逐笔登记全部收入、支付的分包款、已扣除的分包款、扣除分包款的发票号码、已预缴税款以及预缴税款的完税凭证号码等相关内容，留存备查。

（五）纳税人跨县（市、区）提供建筑服务，按规定应向建筑服务发生地主管国税机关预缴税款而自应当预缴之月起超过6个月没有预缴税款的，由机构所在地主管国税机关按照《中华人民共和国税收征收管理法》及相关规定进行处理。

第三节 税收优惠

一、选择简易计税方法规定

（一）一般纳税人以清包工方式提供的建筑服务，可以选择适用简易计税方法计税

以清包工方式提供建筑服务，是指施工方不采购建筑工程所需的材料或只采购辅助材料，并收取人工费、管理费或者其他费用的建筑服务。

（二）一般纳税人为甲供工程提供的建筑服务，可以选择适用简易计税方法计税

甲供工程，是指全部或部分设备、材料、动力由工程发包方自行采购的建筑工程。

根据《营业税改征增值税试点实施办法》第三十七条规定，销售额是指纳税人发生应税行为取得全部价款和价外费用。甲供材料不属于纳税人发生应税行为取得的全部价款和价外费用，因此不计入建筑服务销售额。

（三）一般纳税人为建筑工程老项目提供的建筑服务，可以选择适用简易计税方法计税

建筑工程老项目，是指：

1. 《建筑工程施工许可证》注明的合同开工日期在2016年4月30日前的建筑工程项目。

2. 未取得《建筑工程施工许可证》的，建筑工程承包合同注明的开工日期在2016年4月30日前的建筑工程项目。

（四）试点纳税人提供建筑服务适用简易计税方法的，以取得的全部价款和价外费用扣除支付的分包款后的余额为销售额

试点纳税人按照上述规定从全部价款和价外费用中扣除的价款，应当取得符合法律、行政法规和国家税务总局规定的有效凭证。否则，不得扣除。上述凭证是指：

1. 支付给境内单位或者个人的款项，以发票为合法有效凭证。

2. 支付给境外单位或者个人的款项，以该单位或者个人的签收单据为合法有效凭证，税务机关对签收单据有异议的，可以要求其提供境外公证机构的确认证明。

3. 缴纳的税款，以完税凭证为合法有效凭证。

4. 扣除的政府性基金、行政事业性收费或者向政府支付的土地价款，以省级以上（含省级）财政部门监（印）制的财政票据为合法有效凭证。

5. 国家税务总局规定的其他凭证。

纳税人取得的上述凭证属于增值税扣税凭证的，其进项税额不得从销项税额中抵扣。

二、小微企业优惠政策

根据《关于实施小微企业普惠性税收减免政策的通知》（财税〔2019〕13号）规定，2019年1月1日至2021年12月31日期间，对月销售额10万元以下（含本数）的增值税小规模纳税人，免征增值税。

增值税小规模纳税人月销售额不超过10万元（按季纳税30万元）的，可以代开增值税专用发票。

三、免税和零税率政策

境内的单位和个人销售的下列服务和无形资产免征增值税，但财政部和国家税务总局规定适用增值税零税率的除外：

（一）工程项目在境外的建筑服务。
（二）工程项目在境外的工程监理服务。
（三）工程、矿产资源在境外的工程勘察勘探服务。
（四）会议展览地点在境外的会议展览服务。
（五）存储地点在境外的仓储服务。
（六）标的物在境外使用的有形动产租赁服务。
（七）在境外提供的广播影视节目（作品）的播映服务。
（八）在境外提供的文化体育服务、教育医疗服务、旅游服务。

四、税收减免的处理

纳税人发生应税行为适用免税、减税规定的，可以放弃免税、减税，依照规定缴纳增值税。放弃免税、减税后，36个月内不得再申请免税、减税。

纳税人发生应税行为同时适用免税和零税率规定的，纳税人可以选择适用免税或者零税率。

第四节　增值税发票管理

一、发票的开具、领购和保管

在企业经营活动中，发票作为会计核算的原始凭据，其管理与企业涉税风险息息相关，因此，在目前税务管控手段下，加强发票管理对企业税务管理具有重大意义。目前，常用的增值税发票有增值税专用发票，增值税普通发票。

（一）发票的开具管理

1. 基本要求：（1）项目求全，与实际交易相符；（2）字迹清晰，不得压线、错格；（3）发票联和抵扣联加盖发票专用章；（4）按照增值税纳税义务的发生时间开具。

对不符合上列要求的发票，购买方有权拒收。

2. 具体要求：

（1）自2018年1月1日起，纳税人通过增值税发票管理新系统开具增值税发票（包括增值税专用发票、增值税普通发票、增值税电子普通发票）时，商品和服务税收分类编码对应的简称会自动显示并打印在发票票面"货物或应税劳务、服务名称"或"项目"栏次中。

（2）按照现行政策规定适用差额征税办法缴纳增值税，且不得全额开具增值税发票的（财政部、税务总局另有规定的除外），纳税人自行开具或者税务机关代开增值税发票时，通过新系统中差额征税开票功能，录入含税销售额（或含税评估额）和扣除额，系统自动计算税额和不含税金额，备注栏自动打印"差额征税"字样，发票开具不应与其他应税行为混开。

（3）提供建筑服务，纳税人自行开具或者税务机关代开增值税发票时，应在发票的备注栏注明建筑服务发生地县（市、区）名称及项目名称。

（4）销售不动产，纳税人自行开具或者税务机关代开增值税发票时，应在发票"货物或应税劳务、服务名称"栏填写不动产名称及房屋产权证书号码（无房屋产权证书的可不填写），"单位"栏填写面积单位，备注栏注明不动产的详细地址。

（5）出租不动产，纳税人自行开具或者税务机关代开增值税发票时，应在备注栏注明不动产的详细地址。

（6）货物运输服务，增值税一般纳税人提供货物运输服务，使用增值税专用发票和增值税普通发票，开具发票时应将起运地、到达地、车种车号以及运输货物信息等内容填写在发票备注栏中，如内容较多可另附清单。其中，铁路运输企业受托代征的印花税款信息，可填写在发票备注栏中。

（7）保险公司代收车船税，保险机构作为车船税扣缴义务人，在代收车船税并开具增值税发票时，应在增值税发票备注栏中注明代收车船税税款信息。具体包括保险单号、税款所属期（详细至月）、代收车船税金额、滞纳金金额、金额合计等。该增值税发票可作为纳税人缴纳车船税及滞纳金的会计核算原始凭证。

（二）发票的领购管理

一般纳税人凭《发票领购簿》、IC卡和经办人身份证明领购增值税专用发票。一般纳税人有下列情形之一的，不得领购开具增值税专用发票：

1. 会计核算不健全，不能向税务机关准确提供增值税销项税额、进项税额、应纳税额数据及其他有关增值税税务资料的。

2. 有《税收征收管理法》规定的税收违法行为，拒不接受税务机关处理的。

3. 有下列行为之一，经税务机关责令限期改正而仍未改正的：（1）虚开增值税专用发票；（2）私自印制增值税专用发票；（3）向税务机关以外的单位和个人买取增值税专用发票；（4）借用他人增值税专用发票；（5）未按要求开具发票的；（6）未按规定保管专用发票和专用设备；（7）未按规定申请办理防伪税控系统变更发行；（8）未按规定接受税务机关检查。

（三）增值税发票作废

一般纳税人在开具发票当月，发生销货退回、开票有误等情形，收到退回的发票联、抵扣联符合作废条件的，按作废处理；开具时发现有误的，可即时作废。作废发票须在防伪税控系统中将相应的数据电文按"作废"处理，在纸质发票（含未打印的发票）各联次上注明"作废"字样，全联次留存。

（四）红字增值税发票的开具

增值税一般纳税人开具增值税发票后，发生销货退回、开票有误、应税服务中止等情形但不符合发票作废条件，或者因销货部分退回及发生销售折让，需要开具红字增值税发票的，按以下方法处理：

1. 购买方取得增值税专用发票已用于申报抵扣的，购买方可在增值税发票管理新系统（以下称新系统）中填开并上传《开具红字增值税专用发票信息表》（以下称《信息表》），在填开《信息表》时不填写相对应的蓝字增值税专用发票信息，应暂依《信息表》所列增值税税额从当期进项税额中转出，待取得销售方开具的红字增值税专用发票后，与《信息表》一并作为记账凭证。

购买方取得增值税专用发票未用于申报抵扣但发票联或抵扣联无法退回的，购买方填开《信息表》时应填写相对应的蓝字专用发票信息。

销售方开具增值税专用发票尚未交付购买方，以及购买方未用于申报抵扣并将发票联及抵扣联退回的，销售方可在新系统中填开并上传《信息表》。销售方填开《信息表》时应填写相对应的蓝字增值税专用发票信息。

2. 主管税务机关通过网络接收纳税人上传的《信息表》，系统自动校验通过后，生成带有"红字发票信息表编号"的《信息表》，并将信息同步至纳税人端系统中。

3. 销售方凭税务机关系统校验通过的《信息表》开具红字增值税专用发票，在新系统中以销项负数开具。红字增值税专用发票应与《信息表》一一对应。

4. 纳税人也可凭《信息表》电子信息或纸质资料到税务机关对《信息表》内容进行系统校验。

（五）发票的保管

1. 开具发票的单位和个人应当建立发票使用登记制度，设置发票登记簿，并定期向主管税务机关报告发票使用情况。

2. 使用发票的单位和个人应当妥善保管发票。发生发票丢失的情形时，应当于发票丢失当日书面报告税务机关。

3. 开具发票的单位和个人应当按照税务机关的规定存放和保管发票，不得擅自损毁。已开具的发票存根联和发票登记簿，应当保管 5 年；完税凭证、发票以及其他有关涉税资料，除另有规定者外，应当保管 10 年，保管期满，报经税务机关查验后销毁。

4. 纳税人丢失增值税专用发票后，必须按规定程序向当地主管税务机关、公安机关报失。

5. 对丢失已开具增值税专用发票的发票联和抵扣联的处理。

（1）一般纳税人丢失已开具增值税专用发票的发票联和抵扣联，如果丢失前已认证相符的，购买方凭销售方提供的相应增值税专用发票记账联复印件及销售方所在地主管税务机关出具的《丢失增值税专用发票已报税证明单》，经购买方主管税务机关审核同意后，可作为增值税进项税额的抵扣凭证。

如果丢失前未认证的，购买方凭销售方提供的相应增值税专用发票记账联复印件到主管税务机关进行认证，认证相符的凭该增值税专用发票记账联复印件及销售方所在地主管税务机关出具的《丢失增值税专用发票已报税证明单》，可作为增值税进项税额的抵扣凭证。

（2）一般纳税人丢失已开具增值税专用发票的抵扣联，如果丢失前已认证相符的，可使用增值税专用发票发票联复印件留存备查。

如果丢失前未认证的，可使用增值税专用发票发票联到主管税务机关认证，增值税专用发票发票联复印件留存备查。

（3）一般纳税人丢失已开具增值税专用发票的发票联，可将增值税专用发票抵扣联作为记账凭证，增值税专用发票抵扣联复印件留存备查。

二、增值税专用发票

（一）适用范围

增值税专用发票通常由增值税一般纳税人领用，增值税小规模纳税人需要开具专用发票的，可向主管税务机关代开增值税专用发票［特殊规定见"二—（四）试点小规模纳税人可以自行开具专票的情形"］。

一般纳税人有下列销售情形，不得开具增值税专用发票：

1. 向消费者个人销售服务、无形资产或者不动产。
2. 适用免税增值税规定的应税行为。

（二）抵扣管理

抵扣方式：

（1）认证抵扣。用于抵扣增值税进项税额的专用发票应经税务机关认证相符（国家税务总局另有规定的除外）。认证相符的专用发票抵扣联应作为购买方留存备查的凭证，记账联应作为购买方的记账凭证，不得退还销售方。

（2）比对抵扣。增值税一般纳税人进口货物取得的属于增值税扣税范围的海关缴款书，需经税务机关稽核比对相符后，在规定时间内其增值税额方能作为进项税额在销项税额中抵扣。

（3）计算抵扣。购进农产品，除取得增值税专用发票或者海关进口增值税专用缴款书外，按照农产品收购发票或销售发票上注明的农产品买价和9%的扣除率计算的进项税额进行抵扣。

（三）认证（比对）期限

1. 增值税一般纳税人取得增值税专用发票（含税控机动车销售统一发票），应自开具之日起360日内认证或登录增值税发票选择确认平台进行确认，并在规定的纳税申报期内，向主管税务机关申报抵扣进项税额；

2. 取得开具的海关进口增值税专用缴款书，应自开具之日起360日内向主管税务机关报送《海关完税凭证抵扣清单》，申请稽核比对。企业应避免出现增值税扣税凭证逾期情况的发生。

（四）试点小规模纳税人可以自行开具专票的情形

月销售额超过3万元（或季销售额超过9万元）的住宿业，鉴证咨询业，建筑业，工业，信息传输、软件和信息技术服务业以及租赁和商务服务业，科学研究和技术服务业，居民服务、修理和其他服务业的增值税小规模纳税人发生应税行为需要开具增值税专用发票的，可以通过增值税发票管理新系统自行开具，主管税务机关不再为其代开。

三、增值税普通发票

（一）适用范围

增值税普通发票是增值税小规模纳税人销售货物、劳务、服务、无形资产和不动产开具的发票或者一般纳税人在销售货物、提供应税劳务不能开具增值税专用发票时，可以使用增值税普通发票。

常见的增值税普通发票主要有：机动车销售统一发票、增值税电子普通发票、收费公路通行增值税电子普通发票、增值税普通发票（卷票）、增值税普通发票（折叠票）、门票、过路（过桥）费发票、定额发票等。

除农产品销售发票、通行费发票以及收费公路通行费增值税电子普通发票外，增值税普通发票不能作为抵扣增值税进项税额的凭证。

（二）电子普通发票

1. 基本规定。使用增值税电子普通发票的纳税人应通过增值税电子发票系统开具，增值税电子普通发票的开具方和受票方需要纸质发票的，可以自行打印增值税电子普通发票的版式文件，其法律效力、基本用途、基本使用规定等与税务机关监制的增值税普通发票相同。

2. 特定要求。自2017年7月1日起，购买方为企业的，索取增值税普通发票时，应向销售方提供纳税人识别号或统一社会信用代码；销售方为其开具增值税普通发票时，应在"购买方纳税人识别号"栏填写购买方的纳税人识别号或统一社会信用代码。不符合规定的发票，不得作为税收凭证。

3. 通行费电子发票。

（1）通行费电子发票分类：

①左上角标识"通行费"字样，且税率栏次显示适用税率或征收率的通行费电子发票（以下称征税发票）。

②左上角无"通行费"字样，且税率栏次显示"不征税"的通行费电子发票（以下称不征税发票）。

（2）ETC后付费客户和用户卡客户索取发票的，通过经营性收费公路的部分，在发票服务平台取得由收费公路经营管理单位开具的征税发票；通过政府还贷性收费公路的部分，在发票服务平台取得暂由ETC客户服务机构开具的不征税发票。

（3）ETC预付费客户可以自行选择在充值后索取发票或者实际发生通行费用后索取发票：①在充值后索取发票的，在发票服务平台取得由ETC客户服务机构全额开具的不征税发票，不能抵扣进项税。②客户在充值后未索取不征税发票，在实际发生通行费用后索取发票的，可以抵扣进项税。

四、异常增值税发票

（一）走逃（失联）企业的判定

走逃（失联）企业，是指不履行税收义务并脱离税务机关监管的企业。

根据税务登记管理有关规定，税务机关通过实地调查、电话查询、涉税事项办理核查以及其他征管手段，仍对企业和企业相关人员查无下落的，或虽然可以联系到企业代理记账、报税人员等，但其并不知情也不能联系到企业实际控制人的，可以判定该企业为走逃（失联）企业。

（二）走逃（失联）企业开具增值税专用发票的处理

走逃（失联）企业存续经营期间发生下列情形之一的，所对应属期开具的增值税专用发票列入异常增值税扣税凭证（以下称异常凭证）范围。

1. 商贸企业购进、销售货物名称严重背离的；生产企业无实际生产加工能力且无委托加工，或生产能耗与销售情况严重不符，或购进货物并不能直接生产其销售的货物且无委托加工的。

2. 直接走逃失踪不纳税申报，或虽然申报但通过填列增值税纳税申报表相关栏次，规避税务机关审核比对，进行虚假申报的。

3. 增值税一般纳税人取得异常凭证：

（1）尚未申报抵扣或申报出口退税的，暂不允许抵扣或办理退税，已经申报抵扣的，一律先做进项税额转出；

（2）已经办理出口退税的，税务机关可按照异常凭证所涉及的退税额对该企业其他已审核通过的应退税款暂缓办理出口退税。

无其他应退税款或应退税款小于涉及退税额的，可由出口企业提供差额部分的担保。

经核实，符合现行增值税进项税额抵扣或出口退税相关规定的，企业可继续申报抵扣，或解除担保并继续办理出口退税。

4. 异常凭证由开具方主管税务机关推送至接受方所在地税务机关进行处理，根据税务机关要求执行。

五、发票的审核

所有单位和从事生产经营活动的个人在购买商品、接受服务以及从事其他经营活动支付款项，应向收款方取得发票，取得发票时，不得要求变更品名和金额。不符合规定的发票，不得作为财务报销凭证，任何单位和个人有权拒收。

对取得发票的审核，除按照规定进行真伪查询外，还应加强对发票合法性的审核，所谓发票的合法性是指业务真实性、内容逻辑性以及开具环节的规范性。

六、虚开增值税专用发票

（一）虚开专用发票概述

虚开增值税专用发票是指以下情形：

1. 没有货物购销或者没有提供或接受应税劳务而为他人、为自己、让他人为自己、介绍他人开具增值税专用发票。

2. 有货物购销或者提供或接受了应税劳务但为他人、为自己、让他人为自己、介绍他人开具数量或者金额不实的增值税专用发票。

3. 进行了实际经营活动，但让他人为自己代开增值税专用发票。

（二）虚开增值税专用发票的处罚

对代开、虚开增值税专用发票的，一律按票面所列货物适用税率全额征补税款，并按《税收征收管理法》的规定按偷税给予处罚。对纳税人取得代开、虚开的增值税专用发票，不得作为增值税合法抵扣凭证抵扣进项税。虚开构成犯罪的，按全国人大常委会发布的《关于惩治虚开、伪造和非法出售增值税专用发票的决定》处以刑罚。犯虚开增值税专用发票罪的量刑标准如下：

1. 虚开的税款数额在 5 万元以上的，处 3 年以下有期徒刑或者拘役，并处 2 万元以上 20 万元以下罚金。

2. 虚开的税款数额在 50 万元以上的，认定为"数额较大"，处 3 年以上 10 年以下有期徒刑，并处 5 万元以上 50 万元以下罚金。

3. 虚开的税款数额在 250 万元以上的，认定为"数额巨大"，处 10 年以上有期徒刑或者无期徒刑，并处没收财产。

（三）善意取得增值税专用发票

1. 善意取得增值税专用发票的定义。善意取得增值税专用发票，是指购货方与销售方存在真实的交易，销售方使用的是其所在省（自治区、直辖市和计划单列市）的专用发票，专用发票注明的销售方名称、印章、货物数量、金额及税额等全部内容与实际相符，且没有证据表明购货方知道销售方提供的专用发票是以非法手段获得的。

2. 善意取得虚开的增值税专用发票处理。

（1）购货方与销售方存在真实的交易，销售方使用的是其所在省（自治区、直辖市和计划单列市）的专用发票，专用发票注明的销售方名称、印章、货物数量、金额及税额等全部内容与实际相符，且没有证据表明购货方知道销售方提供的专用发票是以非法手段获得的，对购货方不以偷税或者骗取出口退税论处。但应按有关法规不予抵扣进项税款或者不予出口退税；购货方已经抵扣的进项税款或者取得的出口退税，应依法追缴。

（2）购货方能够重新从销售方取得防伪税控系统开出的合法、有效专用发票的，或者取得手工开出的合法、有效专用发票且取得了销售方所在税务机关或者正在依法对销售方虚开专用发票行为进行查处证明的，购货方所在地税务机关应依法准予抵扣进项税款或出口退税。

第五节 增值税管理中的易发风险及风险应对

一、销项税额风险点

（一）未按照合同约定收款日期进行纳税申报

1. 政策规定：根据《中华人民共和国增值税暂行条例实施细则》（财政部 国家税务总局第 50 号令）的规定：销售货物或者应税劳务，为收讫销售款项或者取得索取销售款项凭据的当天；先开具发票的，为开具发票的当天。其中，采取赊销和分期收款方式的，为合同约定的收款日期的当天，无书面合同的或者书面合同没有约定收款日期的，为货物发出的当天。

2. 风险提示：与业主签订的承包合同中如约定了具体收款时间及比例，未按照合同约定进行纳税，存在滞后纳税风险。

3. 风险应对。

（1）建筑服务合同中约定了支付工程款的日期，应按照合同约定日期确认纳税义务。

（2）合同签订时应关注付款日期条款，同时要明确未及时付款的违约责任。

（二）出售已使用固定资产的涉税风险

1. 政策规定。根据《国家税务总局关于简并增值税征收率有关问题的公告》（国家税务总局公告 2014 年第 36 号）的规定，纳税人销售自己使用过不得抵扣且未抵扣的固定资产选择减税政策的不得开具专票。如果放弃减税，可以开具增值税专用发票。

2. 风险提示。

（1）销售自己使用过不得抵扣且未抵扣的固定资产适用简易办法依照 3% 征收率减按 2% 的，开具专票的；

（2）销售已经抵扣过的固定资产选择适用简易办法。

上述两种情况存在少缴税款的风险。

3. 风险应对。

（1）纳税人销售自己使用过不得抵扣且未抵扣的固定资产，依照 3% 减按 2% 征税，不得开具专票；如果放弃减税，按照 3% 征税，可以开具增值税专用发票。

（2）一般纳税人销售已经抵扣过的固定资产，应适用一般计税方式计算应纳税额。

（三）不同税率的业务未分开核算

1. 政策规定。根据《营业税改征增值税试点实施办法》第三十九条的规定，纳税人兼营销售货物、劳务、服务、无形资产或者不动产，适用不同税率或者征收率的，应当分别核算适用不同税率或者征收率的销售额；未分别核算的，从高适用税率。

2. 风险提示。针对同一项目，涉及不同税率的经济业务（如 EPC 项目）没有区分税率进行核算，会导致从高适用税率的风险。

3. 风险应对。

（1）针对不同税率的经济业务，分税率分别进行会计核算。

（2）签订合同时，应针对不同的经济业务分别约定金额及适用税率。

（四）处置废旧物资

1. 政策规定。根据《中华人民共和国增值税暂行条例》（国务院第 691 号令）的规定，在中华人民共和国境内销售货物或者加工、修理修配劳务（以下称劳务），销售服务、无形资产、不动产以及进口货物的单位和个人，为增值税的纳税人，应当缴纳增值税。

2. 风险提示。

（1）项目处置废旧物资，全额冲减成本，未确认销项税额。

（2）简易计税项目，处置废旧物资，按照 3% 的税率计算销项税额。

上述两种情况，会产生未缴或少缴税款的风险。

3. 风险应对。根据政策规定，应按照适用税率计算销项税额，并及时申报纳税。

（五）分包发票抵减

1. 政策规定。根据国家税务总局 2016 年公告第 17 号文件，纳税人取得的全部价款和价外费用中扣除支付的分包款，应当取得符合法律、行政法规和国家税务总局规定的合法有效凭证，否则不得扣除。

2. 风险提示。简易计税项目，在按照差额确定销售额时，采用非分包款性质的发票进行扣除，存在少缴税款的风险。

3. 风险应对。应对抵减的分包发票进行审核，重点关注抵减内容是否属于分包性质，符合要求的分包发票可以进行差额抵扣（税目为"建筑服务"的发票为符合要求的发票）。

二、进项税额风险点

（一）取得失控发票风险

1. 政策规定。根据《关于走逃（失联）企业开具增值税专用发票认定处理有关问题的公告》（税务总局公告 2016 年第 76 号）的规定，增值税一般纳税人取得异常凭证，尚未申报抵扣或申报出口退税的，暂不允许抵扣或办理退税；已经申报抵扣的，一律先做进项税额转出。

2. 风险提示。在企业经济活动中，采购业务真实且"三流一致"，但由于供应商未及时进行增值税纳税申报甚至出现走逃，使收取的增值税发票被认定为异常发票，导致需做进项转出风险。

3. 风险应对。

（1）联系供应商，取得已报税证明单或完税凭证，消除异常记录。

（2）针对异常发票，进行进项税额转出处理。

（二）不合规票据进行抵扣的风险

1. 政策规定。根据国税发〔1995〕192 号文规定，根据《国家税务总局关于加强增值税征收管理若干问题的通知》，纳税人购进货物或者应税劳务、支付运输费用，所支付款项的单位必须与开具抵扣凭证的销货单位、提供劳务的单位一致，才能申报抵扣进项税额，否则不予抵扣。

2. 风险提示。

（1）企业在物资采购、机械租赁与劳务分包等业务，存在收款方与合同主体、发票开具主体不一致。

（2）取得的票面所记载货物与实际货物不一致的发票。

（3）取得发票应当在备注栏标注但未标注的（如建筑服务），取得发票的分类编码选择不适当或税率与税目不匹配等。

上述3种情形导致进项税额不能抵扣的风险。

3. 风险应对。

（1）严格按照"三流一致"的要求，对外款项必须支付给发票开具方，不得接受委托付款。

（2）对于不合规的发票，不得作为财务报销凭证，应当要求对方重新开具。

第六节 工程项目部增值税纳税抵扣要点

一、可抵扣增值税进项税的项目

工程项目部原则上应选择具备一般纳税人资格的供应商签订协议，取得增值税专用发票，并确保"货物、劳务及服务流""资金流""发票流"三流一致。

业务经办人员对取得的增值税专用发票，应在开票之日起15天内连同其他资料提交给财务部门。

收到的发票名称应为营业执照单位全称，内容应完整，备注栏注明建筑服务发生地所在省、县（市）区及×××项目，打印要清晰，且必须保持票面干净、整齐，发票的正反两面均不能留下任何脏、乱及签字的痕迹。

增值税发票抵扣联不可折叠，不能污损，密码区不能出格、压线，盖章不能压住发票金额。

（一）原材料

1. 进项抵扣税率（见表1-4）。

2. 管理要点：

（1）各项目主要物资及二、三项材料等应尽量通过电商平台集中采购，取得增值税专用发票。

（2）所谓"一票制"，即供应商就货物销售价款和运杂费合计金额向建筑企业提供一张货物销售发票，税率统一为13%；所谓"两票制"，即供应商就货物销售价款和运杂费向建筑企业分别提供货物销售和交通运输两张发票，税率分别为货物13%、运费9%。

（二）周转材料

包括包装物、低值易耗品、工程施工中可多次使用的材料、钢模板、木模板、竹胶板、脚手架和其他周转材料等。

1. 进项抵扣税率：（1）自购周转材料13%；（2）外租周转材料13%；（3）为取得周转材料所发生的运费9%。

表 1-4　　　　　　　　　　　　　原材料进项抵扣税率

项目	核算内容	成本费用项目明细	取得发票类型	抵扣率	备注
原材料	原材料是指企业在生产过程中经加工改变其形态或性质并构成产品主要实体的各种原料、主要材料、辅助材料、燃料、修理备用件、包装材料、外购半成品等	1. 钢材、水泥、沥青、油品、火工品	增值税专用发票	13%	
		2. 桥梁、支座、锚杆、锚具	增值税专用发票	13%	
		3. 机制砖、井盖、污水管、螺旋管、铸铁管、彩砖、栏杆、洞渣、路缘石	增值税专用发票	13%	
		4. 伸缩缝、钢板、钢绞线、波纹管、钢纤维、挤压套	增值税专用发票	13%	
		5. 铸铁管道、钢管、阀门、PVC、塑料管材、塑料板材	增值税专用发票	13%	
		6. 给排水设备、消防设施	增值税专用发票	13%	
		7. 小型机具、电料、五金材料	增值税专用发票	13%	
		8. 空调、电梯、电气设备、电气开关、电线电缆、照明设备	增值税专用发票	13%	
		9. 瓷砖、大理石、火烧石、水泥预制件	增值税专用发票	13%	
		10. 玻璃幕墙、铝塑板、外墙装饰材料	增值税专用发票	13%	
		11. 木门、防盗门、防火门、防盗网、塑钢窗等	增值税专用发票	13%	
		12. 压浆剂、灌浆料、粉煤灰、减水剂、速凝剂、石粉、煤炭	增值税专用发票	13%	
		13. 金属矿采选产品、非金属矿采选产品	增值税专用发票	13%	
		14. 材料加工费	增值税专用发票	13%	
		15. 材料运费	增值税专用发票	9%	
		16. 木材及竹木制品			
		16-1 原木和原竹（农业生产者自产的）	农产品收购发票或者销售发票	13%	农产品收购发票或者销售发票
		16-2 原木和原竹（供应商外购的）	增值税专用发票	13%	
		16-3 板材及竹木制品（方木、木板、竹胶板、木胶板等）	增值税专用发票	13%	
		17. 商品混凝土			
		17-1 一般商品混凝土	增值税专用发票	13%	
		17-2 自产的以水泥为原料生产的水泥混凝土（供应商采用简易征收）	增值税专用发票	3%	
		17-3 以水泥为原料生产的水泥混凝土（供应商为一般纳税人）	增值税专用发票	13%	
		18. 砂、土、石料			
		18-1 砂、土、石料（供应商采用简易征收）	增值税专用发票	3%	
		18-2 砂、土、石料（供应商为一般纳税人）	增值税专用发票	13%	
		19. 砖、瓦、石灰			
		19-1 砖、瓦、石灰[供应商以其采掘的砂、土、石料或其他矿物连续生产的砖、瓦、石灰（不含黏土实心砖、瓦），且供应商采用简易征收]	增值税专用发票	3%	
		19-2 砖、瓦、石灰（除14.1规定外的情况）	增值税专用发票	13%	

2. 管理要点：(1) 项目使用的周转材料，由上级法人单位统一购买、统一签订合同、统一付款、统一管理，以经营租赁方式调配给各项目使用；(2) 各项目周转材料应通过电商平台集中采购，充分获取增值税抵扣凭证。

(三) 临时设施

1. 临时设施的种类：(1) 临时性建筑：包括办公室、作业棚、材料库、配套建筑设施、项目部或工区驻地、混凝土拌和站、制梁场、铺轨基地、钢筋加工厂、模板加工厂等；(2) 临时水管线：包括给排水管线、供电管线、供热管线；(3) 临时道路：包括临时铁路专用线、轻便铁路、临时道路；(4) 其他临时设施（如临时用地、临时电力设施等）。

2. 进项抵扣税率：(1) 按照建筑劳务签订合同，税率为9%或3%；(2) 如分别签订材料购销合同与劳务分包合同的，材料13%、分包9%或3%。

3. 管理要点：临时设施应严格按照合同预算进行控制。

(四) 人工费

1. 进项抵扣税率（见表1-5）：

表1-5 人工费进项抵扣税率

项目	核算内容	成本费用项目明细	取得发票类型	抵扣率	备注
人工费	人工费指施工企业在工程施工过程中，直接从事施工人员发生的工资、福利费以及按照施工人员工资总额和国家规定的比例计算提取的其他职工薪酬	1. 劳务分包（分包方为有建筑资质的公司）	增值税专用发票	9%或3%	
		2. 劳务分包（分包方为有建筑劳务资质的公司）	增值税专用发票	9%或3%	
		3. 劳务派遣费用	增值税专用发票	6%	
		4. 对劳务队伍的考核奖励	增值税专用发票	9%或3%	作为价外费用开票抵扣

2. 管理要点：原则上选择具有专业建筑资质、建筑劳务资质及劳务派遣资质的单位签订劳务合同，禁止与个人签订劳务合同。

(五) 机械租赁费

指从外单位或本企业其他独立核算的单位租用的施工机械（如吊车、挖机、装载机、塔吊、电梯、运输车辆等），包含设备进出场费、燃料费、修理费。

1. 进项抵扣税率：分经营性租赁和融资性租赁，税率统一为13%。

2. 管理要点：(1) 签订租赁合同时应包含租赁机械的名称、型号、租赁价格、租赁起止时间、出租方名称、收款账号等信息；(2) 推行机械租赁电商平台集中采购。

(六) 专业分包

总承包方将所承包的专业工程分包给具有专业资质的其他建筑企业，主要形式体现为包工包料，总包对分包工程实施管理。

1. 进项抵扣税率：建筑服务业为9%。

2. 管理要点：(1) 专业分包的价款在计算预缴增值税时可以从总包价款中扣除。(2) 总、分包双方应签订分包合同，交项目财务部门进行备案。

(七) 差旅费中的住宿费

1. 进项抵扣税率：6%。

2. 管理要点：（1）实行定点接待的单位，与酒店签订定点合作协议，按月结算、开具增值税专用发票、付款。（2）职工零星出差，也应取得增值税专用发票。

（八）办公费

包括购买文具纸张等办公用品，与电脑、传真机和复印机相关耗材（如墨盒、存储介质、配件、复印纸等）。

1. 进项抵扣税率：13%；

2. 管理要点：由主管业务部门通过电子商务平台集中采购。

（九）通信费中的办公电话费、移动电话费、邮寄费

1. 进项抵扣税率：（1）办公电话费、网络使用、维护费、传真收发费，9%、6%。提供基础电信服务，税率为9%；提供增值电信服务，税率为6%；（2）邮寄费，9%、6%。交通运输业抵扣税率9%，物流辅助服务抵扣税率6%。铁路运输服务按照运费9%进项抵扣。

2. 管理要点：由主管业务部门与指定通信公司、邮递公司签订服务协议，由专人负责建立台账进行日常登记，定期（按月）统一开具增值税发票后进行结算。

（十）车辆使用维护费

1. 车辆修理费。购买车辆配件、车辆装饰、车辆保养维护及大修理等：（1）进项抵扣税率：13%；（2）管理要点：由物资部等相关部门与维修厂家签订协议，实行定点维修，由专人负责建立台账进行日常登记。

2. 油料费。管理用车辆发生的油料款：（1）进项抵扣税率13%；（2）管理要点：由物资部等相关部门与中石油、中石化、物资公司加油站等签订定定点加油协议，为司机办理加油卡充值，由项目部定期进行结算。

3. 过路、过桥、停车费。（1）进项抵扣税率11%；（2）管理要点：由物资部等相关部门统一办理不停车电子收费系统（ETC），定期进行结算。

4. 车辆保险费。（1）进项抵扣税率6%；（2）管理要点：在股份公司保险集中采购目录中进行比价招标形式采购，统一集中办理车辆保险业务。

（十一）租赁费

包括房屋租赁费、汽车租赁、施工场地租赁、仓库租赁、仪器租赁等其他租赁。

1. 进项抵扣税率：（1）房屋、施工场地、仓库租赁等不动产租赁费9%；（2）汽车及仪器租赁费13%；（3）其他租赁费，如电脑、打印机等，13%。

2. 管理要点：应尽量租用增值税一般纳税人的相关资产，获取增值税专用发票。若出租方为小规模纳税人时，应要求其在税务机关代开增值税专用发票，谨慎选用自然人的相关资产。

（十二）书报费

包括项目购买的图书、报纸、杂志等费用。

1. 进项抵扣税率：13%。

2. 管理要点：应由经办部门与邮政局、出版社等单位签订协议，统一订阅，获取增值税专用发票。

（十三）物业费

1. 进项抵扣税率：6%。

2. 管理要点：经办部门应该明确划分办公用与职工福利部分，分别开具专用发票和普通发票。

（十四）水电气暖燃煤费

1. 进项抵扣税率：(1) 电费13%（县级及县级以下小型水力发电单位生产的电力，且供应商采用简易征收，税率为3%）；(2) 水费13%（自产的自来水或供应商为一般纳税人的自来水公司销售自来水采用简易征收，税率为3%）；(3) 燃料、煤气等，13%。

2. 管理要点：与地方供电、供水部门沟通，协商分开计量办公、经营、集体福利用水电气，分别开具办公楼、食堂等所用水电气的增值税专用发票。

（十五）会议费

各类会议期间费用支出，包括会议场地租金、会议设施租赁费用、会议布置费用、其他支持费用。

1. 进项抵扣税率：(1) 外包给会展公司统一筹办的，取得的发票为会展服务的增值税发票，进项抵扣税率：6%［现代服务业"营改增"后，会议展览服务（含会议展览代理服务）属于现代服务业中的文化创意服务］；(2) 租赁场地自行举办的，取得的发票为不动产租赁服务的发票，进项抵扣税率为9%。

2. 管理要点：(1) 应根据召开会议的要求，充分考虑成本效益，选择不同的方式；(2) 外包给酒店、旅行社等单位统一筹办的，应取得会务费增值税专用发票。

（十六）修理费

包括自有或租赁房屋的维修费、办公设备的维修费、自有机械设备修理费及外包维修费等。

1. 进项抵扣税率：(1) 房屋及附属设施维修9%；(2) 办公设备维修13%；(3) 自有机械设备维修及外包维修费等，13%。

2. 管理要点：应由相关部门与具有一般纳税人资格的维修公司签订协议，定点维修，定期结算。

（十七）印刷费、广告及宣传费

1. 进项抵扣税率：(1) 印刷费13%；(2) 广告宣传费6%；(3) 广告制作代理及其他6%；(4) 展览活动6%；(5) 工地宣传费用（条幅、展示牌等材料费）13%。

2. 管理要点：应由相关部门与印刷厂、广告公司等单位签订协议，定点采购，定期结算。

（十八）装卸、材料二次搬运费及仓储保管费

进项抵扣税率：6%。

（十九）中介审计评估费、咨询费

中介审计评估费指聘请各类中介机构费用，例如会计师事务所审计查账、验资审计、资产评估、高新认证审计等发生的费用；

咨询费指项目向有关咨询机构进行技术咨询所支付的费用，或支付聘请的技术顾问费用等。

进项抵扣税率：6%。

（二十）技术咨询、服务、转让费

使用非专利技术所支付的费用。包括技术咨询、技术服务、技术培训、技术转让过程中发生的有关开支。

进项抵扣税率：6%。

（二十一）绿化费

用于环境绿化的费用，如采购花草、办公场所摆放的花木等。

进项抵扣税率：13%。

（二十二）劳动保护费

因工作需要为职工配备的工作服、手套、消毒剂、清凉解暑降温用品、防尘口罩、防噪音耳塞等，以及按照原劳动部等规定对接触有毒物质、硅尘、放射线和潜水、沉箱、高温等作业工种所享受的保护保健食品。

1. 进项抵扣税率：13%。

2. 管理要点：（1）应注意区分劳动保护费与职工福利费的区别。劳动保护支出应符合以下条件：用品具有劳动保护性质，因工作需要而发生；用品提供或配备的对象为本企业任职或者受雇的员工；数量上能满足工作需要即可；并且以实物形式发生；（2）由办公室等相关部门通过电子商务平台集中采购。

（二十三）试验检验费

指项目在生产、质检、质量改进过程中发生的试验、化验以及其他试验发生的费用。

1. 进项抵扣税率：6%。

2. 管理要点：应尽量选择集团检测公司进行试验检验。

（二十四）研究与开发费

1. 进项抵扣税率：（1）研发劳务，9%、3%；（2）研发设备、材料，13%；（3）委托研发服务，6%。

2. 管理要点：应按照研发费核算办法，准确归集核算研发项目的相关投入，建立研发辅助账进行专项核算。

（二十五）培训费

项目发生的各类与生产经营相关的培训费用，包括但不限于项目购买的图书发生的费用，企业人员参加的岗位培训、任职培训、专门业务培训、初任培训发生的费用，这些费用如获取到增值税专用发票，则可以抵扣。

进项抵扣税率：6%。

（二十六）安保费用

可抵扣进项税率：（1）聘请安全保卫人员费用，6%；（2）为安全保卫购置的摄像头、消防器材等费用，监控室日常维护开支费用，13%。

（二十七）取暖费

进项抵扣税率：13%。

（二十八）资产保险费

指项目购买的工程一切险及为资产购买的财产保险。

进项抵扣税率：6%。

（二十九）物料消耗

主要指低值易耗品的消耗，如电线、灯、清洁工具、管理用具、包装容器等。

1. 进项抵扣税率：13%。

2. 管理要点：实行定点采购，注意区分其用途。

（三十）安全生产用品

包括施工生产中购买的安全帽、安全带、安全防护网、密目网、绝缘手套、绝缘鞋、彩条旗、安全网、钢丝绳、工具式防护栏、灭火器材、临时供电配电箱、空气断路器、隔离开关、交流接触器、漏电保护器、标准电缆、防爆防火器材等。

1. 进项抵扣税率：13%。

2. 管理要点：由安全部门根据施工生产需求选择定点定量采购。

（三十一）财务费用

直接收费金融服务费，是指货币资金融通及其他金融业务提供相关服务收取的费用。相关服务包括提供货币兑换、账户管理、电子银行、信用卡、信用证、财务担保、资产管理、信托管理、基金管理、金融交易场所（平台）管理、资金结算、资金清算、金融支付等服务。

1. 进项抵扣税率：6%。
2. 管理要点：各项目财务部门应与金融机构协商定期结算直接收费项目。

二、不可抵扣增值税进项税的项目：

（一）所有明确列入不可抵扣范围的支出业务应取得普通发票，不能要求对方开具增值税专用发票。

（二）用于简易计税项目、免税项目、集体福利或个人消费时，相关进项税额不允许抵扣。

（三）发生非正常损失时，相关进项税额和随之发生的运费不得从销项税额中抵扣。

非正常损失指因管理不善造成货物被盗、丢失、霉烂变质，及因违反法律法规造成货物或者不动产被依法没收、销毁、拆除的情形。应加强相关资产的管理，完善相关制度，避免非正常损失的发生。

（四）取得合法凭证，但业务内容不属于可抵扣范围，主要有以下项目：

1. 项目部食堂所用的厨具、餐具、水电暖气煤气、用具、菜品、热水器、饮用水设备、纸杯、为运输厨房用品而发生的运输费；
2. 项目工会组织的活动过程中发生的物品采购、租赁（场地或车辆租赁）或者慰问费等；
3. 为项目部员工租赁宿舍及宿舍配套用品、水电暖煤气、物业费；
4. 自购的周转材料摊销；
5. 机械使用费中外购设备折旧费、机械操作人员工资及附加费；
6. 征地拆迁费及房屋、道路、青苗补偿费；
7. 职工工资、奖金、津贴、补贴、社会保险费、住房公积金、工会经费、个人学历教育培训、外聘人员工资、因解除与职工的劳动关系给予的补偿，其他与获得职工提供的服务相关的支出；
8. 用于职工福利类的培训费、劳动保护费、水电气暖燃煤费、租赁费、书报费、修理费、广告费、物料消耗、取暖费等不得抵扣；
9. 会议费中外包给酒店、旅行社等单位统一筹办，取得的发票为餐饮或娱乐业发票不得抵扣；
10. 差旅交通费中机票费、车船费、因公出差的餐费及误餐补助等，车票计算抵扣；
11. 通信费中以职工个人名义开具的通讯费发票，为职工发放的移动话费补贴、电话费补贴；
12. 车辆使用费中司机安全行车费以及用于集体福利的修理费、油料费等；
13. 业务招待费，包括餐费、酒、招待用茶和礼品等；
14. 折旧、摊销、排污费、诉讼费；
15. 保险费中为员工购买的人身保险不得抵扣；

16. 税金：包括印花税、车船使用税、房产税、土地使用税及其他税金等不得抵扣；

17. 行政事业性收费；

18. 财务费用：利息支出、汇兑损益、与贷款直接相关的投融资顾问费、手续费、咨询费等费用。

（五）其他不可抵扣事项：

1. 不能取得合法的增值税扣税凭证的项目；
2. 取得合法凭证，未在规定360日内进行认证；
3. 财政部和国家税务总局规定的其他不可抵扣情形。

三、需做进项税转出事项

（一）上述已抵扣进项税额的购进货物、应税劳务、服务，事后改变用途（发生上述第二条不可抵扣情形）或者发生非正常损失，应将已抵扣进项税额从当期发生的进项税额中转出。

（二）因进货退回或者折让而收回的进项税额，应从发生进货退回或者折让当期的进项税额中扣减。

（三）管理要点：在发生进项税转出事项时应按照规定逐级审批，并做好台账登记。

第七节 工程项目税务管理

一、项目税务机构及工作职责

（一）项目税务机构

项目财务部门为项目税务管理牵头部门，业务部门是税务的实施部门，财务部组织协调各业务部门开展税务管理工作。

（二）工作职责：

1. 贯彻执行国家有关税收法律、法规、规章制度及集团公司有关税务管理制度；
2. 收集项目所在地财税政策，争取税收优惠、财政返还或补助；
3. 组织项目开展纳税筹划工作；
4. 组织项目税负评估和测算；
5. 参与合同审查；
6. 负责纳税申报、税款缴纳工作；
7. 负责项目发票管理；
8. 负责项目税务核算、税务报表填报及税务数据统计分析；
9. 负责项目税务风险管理；
10. 负责项目涉税事项的备案工作；
11. 负责税务台账及档案管理工作；
12. 负责与所在地税务机关的统一沟通和协调；
13. 负责税收政策宣传和培训；
14. 其他税务管理工作。

二、项目设立初期税务工作

（一）项目税务管理前期调查

1. 调查项目整体情况。

通过施工承包合同收集整理项目的基本情况、合同价款、工期、资金及发票开具等总体情况，特别要关注发票开具、税款缴纳等涉税条款。

2. 收集研究税收政策。

（1）收集建筑行业相关政策。项目设立初期，财务人员应收集与建筑行业相关的财税政策，包括增值税、个人所得税、印花税及耕地占用税等，具体政策如《财政部 国家税务总局关于全面推开营业税改征增值税试点的通知》（财税〔2016〕36号）《纳税人跨县（市、区）提供建筑服务增值税征收管理暂行办法》（国家税务总局公告2016年第17号）《印花税管理规程（试行）》（国家税务总局公告2016年第77号）《耕地占用税管理规程（试行）》（国家税务总局公告2016年第2号）《国家税务总局关于建筑安装业跨省异地工程作业人员个人所得税征收管理问题的公告》（国家税务总局公告2015年第52号）。

（2）熟悉公司税务管理制度。熟悉公司下发的系列税务管理制度，如《税务管理办法》《发票管理办法》及《工程项目纳税操作指引》等，严格执行公司税务管理审批流程。

（3）研究当地税收优惠政策。收集研究项目所在地相关税收政策及税收环境，特别要关注特殊的财政返还及税收优惠政策，如耕地占用税退还、个人所得税手续费返还、附加税费低税率适用及财政补贴等，争取享受税收优惠政策。

3. 项目前期调查资料要求：（1）项目上场后一个月内完成调查工作；（2）找出项目税务管理的重难点；（3）制定解决项目税务管理重难点工作方案；（4）形成调研报告并上报公司备案。

（二）项目管理模式选择

1. 标准总分包模式。集团公司资质中标的项目，应采用标准总分包模式，由集团公司和子分公司签订内部承包合同，分设账套、分立账户、规范核算，建立完整的增值税抵扣链条（见图1-1）。

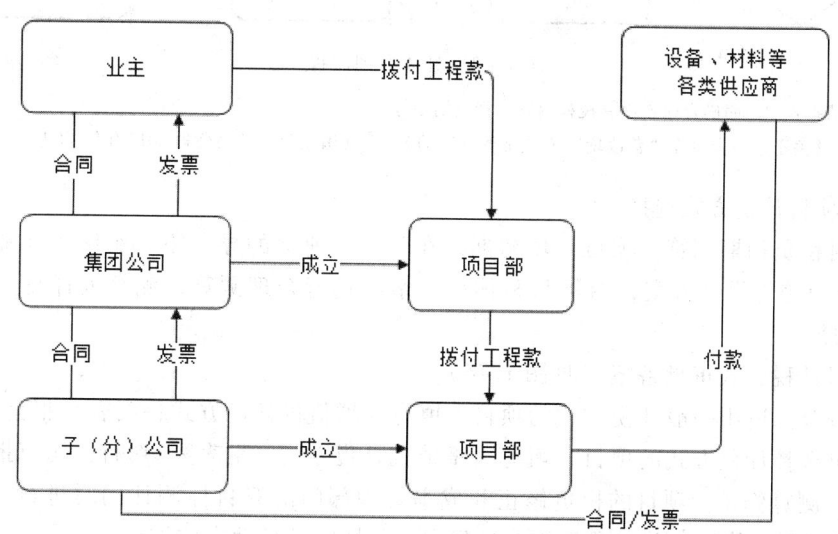

图1-1 标准总分包模式

2. 内部授权模式。

（1）集团公司资质中标的自管项目，与业主沟通后，通过集团公司内部授权或三方协议方式，由子（分）公司直接与业主结算工程款，并向业主提供发票（见图1-2）。

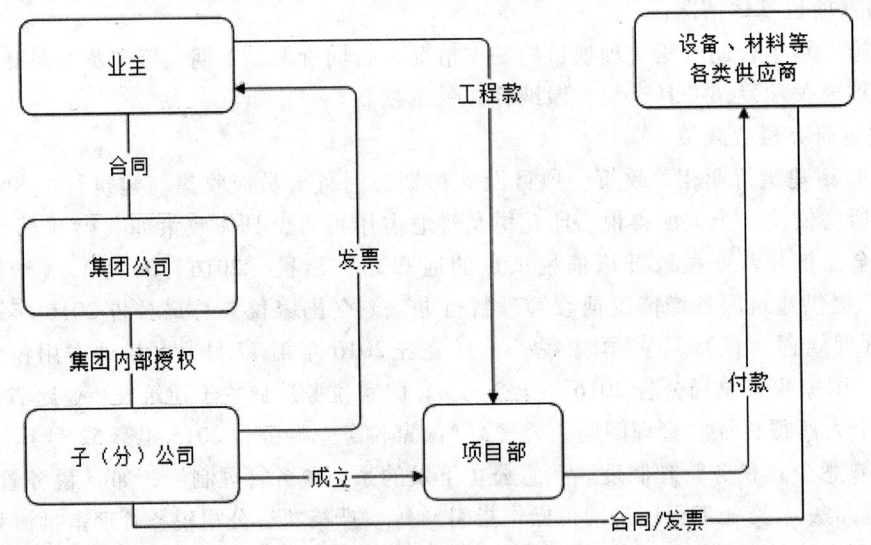

图1-2　工程款结算流程

（2）具体办理流程（见图1-3）。

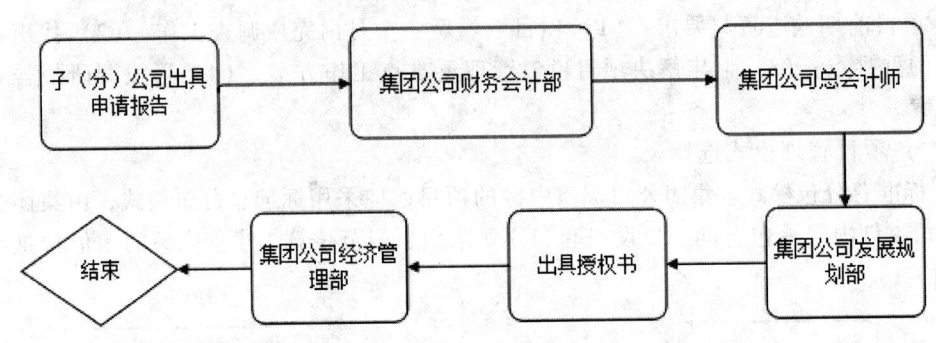

图1-3　具体办理流程

备注：申请报告中需明确合同名称、授权内容、授权期限等。

参考文件：《关于进一步明确"营改增"有关征管问题的公告》（国家税务总局公告2017年第11号）。

（三）项目计税方式选择

1. 项目税负初期测算。项目上场初期，在利润为前提的导向下，组织主要业务部门根据施工合同及施工设计方案，对项目整体税负情况进行合理测算，测算表详见《项目税负初测计算表》。

2. 项目计税方式审批备案（见图1-4）。

（1）按合同适用一般计税方式的项目，填写《增值税计税方式备案表》报公司备案；

（2）可选择计税方式的项目，填写《增值税计税方式审批表》，履行公司审批程序。

3. 税负测算修正。项目的税负修正和成本管理部门的双目标测评同时进行，结合成本测评情况进行税负修正，并对项目施工过程中税负情况进行动态监控。

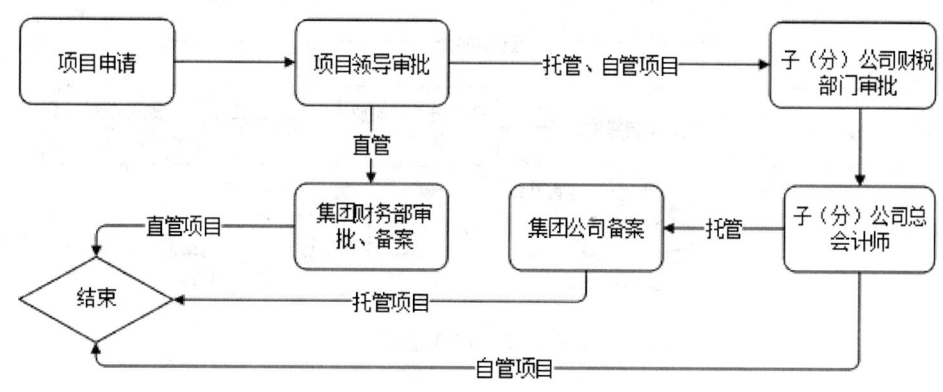

图 1-4 项目计税方式审批备案流程

（四）初期合同签订要点

1. 合同签订必须选用公司统一下发的标准合同文本；
2. 合同签订主体为集团公司或子（分）公司，项目部不得作为合同签订主体；
3. 根据经济业务实质正确适用合同文本；
4. 严禁签订阴阳合同，防止由此产生的法律和税务风险。

（五）税务备案与登记

1. 项目税务备案。项目通过在机构所在地办理《跨区域涉税事项报告表》在施工所在地办理报验备案，禁止办理临时税务登记。

（1）跨区域涉税事项报验管理。合同签订后，财务人员应将申请办理《跨区域涉税事项报告表》所需资料邮寄至公司财务部门，集团公司资质项目应分别办理集团公司和公司报告表。

注：同一地级行政区范围内跨县（市、区）提供建筑服务不需办理。

申请资料包括：①《跨区域涉税事项报告表》申请单；②工程承包合同主要部分复印件（超过合同工期的需提供延期证明）。

（2）《跨区域涉税事项报告表》报验及核销。跨区域涉税事项由纳税人首次在经营地办理涉税事宜时，向经营地的国税机关报验。项目务必在报告表签发之日起 15 日内，向当地国税机关进行报验登记；在报告表到期前 10 日内，向当地国税机关进行信息反馈，并将核销资料邮寄至公司财务部门。

核销资料包括：①《跨区域涉税事项报告表》核销申请单；②《跨区域涉税事项报告表》原件（经税务局报验核销）；③报告表有效期内开具的增值税完税凭证、预缴所得税税票等复印件。

（3）跨区域涉税事项信息反馈。纳税人跨区域经营活动结束后，应当结清经营地的国税机关、地税机关的应纳税款以及其他涉税事项，向经营地的国税机关填报《经营地涉税事项反馈表》。

（4）《跨区域涉税事项报告表》台账登记。项目应建立《跨区域涉税事项报告表》登记台账，包括项目名称、经营地点、有效期限、合同金额、期间所扣缴各类税费等信息。

（5）《跨区域涉税事项报告表》审批流程（见图 1-5）：

2. 分公司税务事项。所有办理工商营业执照的单位，在办理完营业执照 30 日内到注册地税务局办税大厅申请办理税务登记证。

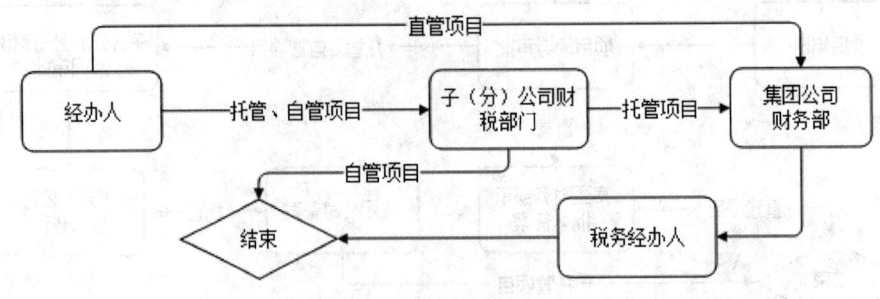

图 1 – 5　审批流程

3. 境外项目免税备案。境外项目应及时向主管税务机关提交备案资料办理免税备案，所需资料包括《跨境应税行为免税备案表》、跨境服务合同原件及复印件、服务地点在境外的证明材料原件及复印件等。

（六）项目初期税务筹划

1. 供应商（劳务队）选择。

（1）选择原则：①在不含税价、付款条件等相同条件下，在选择供应商（劳务队）时，优先选择一般纳税人为供应商（劳务队）；②其次选择开具增值税专用发票的小规模纳税人；③确实不能满足要求，才可以选择可开具增值税普通发票的小规模纳税人。

（2）禁止选用：①禁止选用被企业列入黑名单供应商；②禁止选用虚假挂靠的供应商（劳务队）。

（3）价格比选。不同纳税人身份的供应商（劳务队）应以成本加税金最小化为原则进行价格比选。

2. 合同签订：（1）涉及不同税率的业务，需在合同中进行拆分，避免从高适用税率；（2）采购合同约定发票取得时间等涉税发票条款，及时足额取得扣税凭证；（3）可以选择适用不同文本的合同，提前进行税收安排；（4）集团公司中标项目争取内部授权方式。

（七）项目初期税务风险提示

1. 合同签订：（1）合同签订未选用公司统一下发的合同范本，合同条款不严谨，导致税务、法律诉讼风险；（2）以项目部名义对外签订合同，影响进项税额抵扣；（3）合同文本选用错误，导致虚开虚抵发票风险。

2. 备案登记：分公司（如梁场）未及时办理税务备案登记，导致税务处罚。

3. 税务筹划：（1）分包单价是不含增值税进项税的单价，没有含税单价的说法；（2）对上（业主）和对下（分包）的奖金、罚款都是含税金额；（3）要充分利用租赁费中含操作人员司机工资适用9%的政策，以及个体工商户可以免税的政策。

4. 管理模式：（1）标准总分包模式不规范，存在"三流不一致"的风险；（2）供应商"挂靠"带来的管理、经济、税务等风险。

三、实施过程中税务管理

（一）发票开具

1. 开具原则。

（1）按纳税义务发生时间开具发票，不得故意提前或延迟开票；

（2）不得申请与实际经营业务不相符、与合同约定内容不一致的发票；

(3) 未发生的经营业务一律不准申请开具发票,同一经济事项不得重复申请;

(4) 对于兼营不同税率或征收率的业务,应按合同区分不同税率或征收率,分别填开发票开具申请。

2. 发票开具流程(见图1-6)。

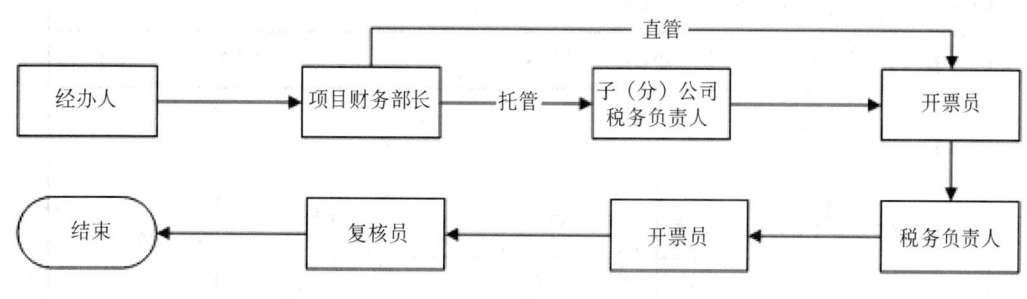

图1-6 发票开具流程

需提供合同、计价单、预缴税款单及预缴税款完税凭证等附件,按以上流程逐级审批。

(二) 发票取得

1. 取得原则。

(1) 项目发生的所有经济业务原则上必须取得发票;

(2) 一般计税项目所有列入可抵扣范围的支出业务原则上应取得增值税扣税凭证,如果应取未取增值税专用发票,经所在单位公司领导逐级审批后或者按发票不含税金额报销;

(3) 所有列入不可抵扣范围的支出业务应取得普通发票,如取得增值税专用发票,需认证后做进项税额转出;

(4) 需暂估入账的,应及时取得发票或调整账务处理。

2. 发票审核。

(1) 票面信息审核。经办人对发票票面信息进行初审,财务人员对票面合规性复审,对发现的不合规发票,由业务经办人员5个工作日内更换。

票面信息审核重点包括:填写项目是否齐全、字迹是否清楚;发票专用章是否规范;发票是否打印错格压线;发票是否折叠损坏;购买实物是否有对应清单等。

(2) 经济实质审核。结合经济业务实质、合同约定以及增值税"三流一致"要求对发票进行经济实质审核,防止虚取虚抵、错选错取。

(3) "备注栏"信息审核重点:①提供建筑服务,关注发票的"备注栏"是否注明建筑服务发生地县(市、区)名称及项目名称;②租赁不动产,关注发票"备注栏"是否注明不动产的详细地址;③增值税一般纳税人提供的货物运输服务,关注是否将起运地、到达地、车种车号以及运输货物信息等内容填写在发票"备注栏"中;④税务机关代开的发票,备注栏内应注明纳税人名称和纳税人识别号;⑤其他发票备注项目简称。

3. 发票传递。

(1) 部门传递。项目业务部门自开票之日起将抵扣联15天内移交财务部门,经复核无误后,填写《增值税专用发票抵扣联移交登记表》,办理票据移交手续,并签字确认。

(2) 公司传递。按月收集认证相符的增值税专用发票抵扣联,并于次月10日前连同《增值税专用发票抵扣联移交登记表》邮寄至纳税主体单位保管。

4. 发票认证。

(1) 提单报销时间：项目业务人员取得增值税专用发票后 10 日内提单报销。

(2) 认证报账流程（见图 1-7）：

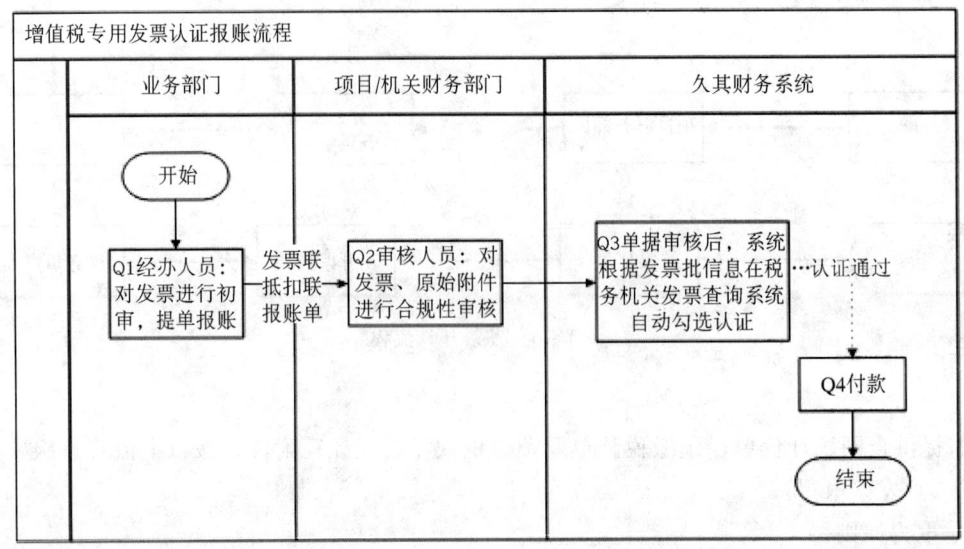

图 1-7　认证报账流程

(3) 特殊审批：①如果应取未取增值税专用发票，应根据实际情况判断填写《应取未取得增值税专用发票审批表》，经所在单位领导逐级审批后或者按发票不含税金额报销；②对于超过开票日 120 天的增值税专用发票，应经所属法人单位总会计师审批以后，方可提交财务，否则财务部门不予受理；③如增值税抵扣凭证超过认证期限（开具日期起 360 天内），不能认证抵扣的，应经法人单位总会计师审批后，进项税额方可作为成本入账处理，并对相关责任人追责。

5. 常见不合规发票列举。

(1) 票面不合规：①专用发票未填写完整内容，普通发票未填写税号；②压线错格；③备注栏填写不规范。

(2) 发票专用章加盖不规范：①未加盖发票专用章；②加盖多个发票专用章；③加盖的发票专用章模糊不清。

(3) 保管不善：①票面有污损；②专用发票被折叠。

(三) 合同履行

1. 财务部门应参与合同审查。合同审查应重点关注以下条款：供应商（劳务队）的税务信息；合同标的物的含税价、不含税价、适用税率；发票类型、发票开具及交付时间等；

2. 进行结算付款时应关注该项业务是否符合"三流一致"，即货物或服务流、资金流、发票流的各方信息是否一致；

3. 审核取得发票是否按照合同约定的时间提供；

4. 审核取得的发票票载各项信息是否和合同约定信息一致。

(四) 纳税申报

项目应正确计算各类税款，按规定流程报送公司审批，在规定的申报期限内申报缴纳。

1. 预缴增值税。项目应以取得的全部价款和价外费用扣除支付的分包款后的余额，一般计税项目按照2%（简易计税按照3%）的预征率在建筑服务发生地预缴税款，并建立《税收缴纳情况统计台账》。

应预缴税款＝（全部价款和价外费用－支付的分包款）÷（1＋9%）×2%（或3%）

注意事项：（1）项目建筑服务发生地与机构所在地一致的，无须预缴增值税；（2）项目收到预收款，不发生纳税义务，但需预缴增值税。

参考文件：《纳税人跨县（市、区）提供建筑服务增值税征收管理暂行办法的公告》（国家税务总局公告〔2016〕17号）《关于建筑服务等"营改增"试点政策的通知》（财税〔2017〕58号）。

2. 预缴企业所得税（见图1－8）。

（1）积极与项目所在地主管税务机关进行沟通，争取不预缴或差额预缴企业所得税；

（2）项目在施工所在地确需预缴企业所得税的，需填报公司财税部门审批，未经申请不得预缴；

（3）项目应建立《企业所得税预缴台账》，并将税款及时转回法人机关。

参考文件：《关于跨地区经营建筑企业所得税征收管理问题的通知》（国税函〔2010〕156号）。

3. 附加税费。项目在建筑服务发生地预缴增值税时，以预缴的增值税税额为计税依据，按当地适用税率就地缴纳城市维护建设税、教育费附加、地方教育费附加等相关税费。

参考文件：《关于纳税人异地预缴增值税有关城市维护建设税和教育费附加政策问题的通知》（财税〔2016〕74号）。

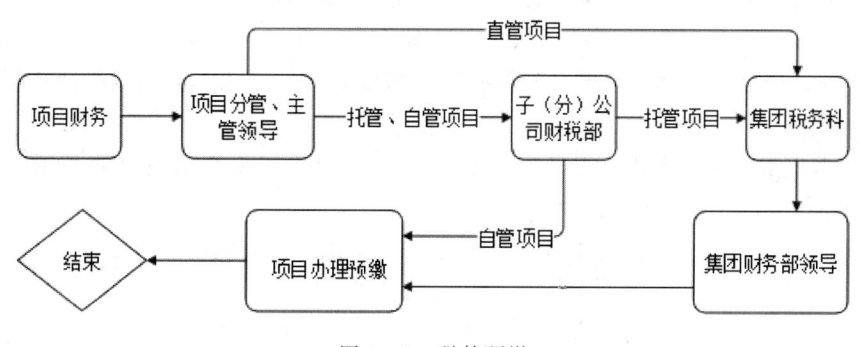

图1－8 税款预缴

（五）特殊业务处理

1. 废旧材料处置。

（1）基本政策。一般纳税人销售废旧材料，按13%适用税率计算缴纳增值税。

（2）账务处理。

借：应收账款/银行存款/现金
　　合同履约成本——工程施工（负数）
　贷：应交税费——应交增值税——销项税额

（3）发票开具。发票开具流程参照建筑服务，所需资料包括合同、公司批复、结算单、银行回单等相关支撑性材料。

（4）税款申报与缴纳。销项税额本月内结转至本级，汇总到法人机关申报纳税；税款当月汇入公司指定账户。

2. 材料销售。

（1）基本政策。发生销售混凝土、模板等销售行为，按13%适用税率计算缴纳增值税。以下两种情况可以选择3%征收率计算应纳税额：①销售自产的商品混凝土（仅限于以水泥为原料生产的水泥混凝土）；②销售自产的建筑用和生产建筑材料所用的砂、土、石料。

（2）账务处理。适用13%税率：

借：应收账款/银行存款
　　贷：其他业务收入
　　　　应交税费——应交增值税——销项税额

适用3%征收率：

借：银行存款
　　贷：其他业务收入
　　　　应交税费——应交增值税——简易计税——计提应纳税额

（3）发票开具。发票开具流程参照建筑服务，所需资料包括合同、结算单等相关支撑性材料。发票开具内容详细列明：材料名称、单位、数量、单价等信息。

（4）税款申报与缴纳。销项税额本月内结转至本级，汇总到法人机关申报纳税；税款当月汇入公司指定账户。

3. 混合销售。

（1）基本政策。一项销售行为如果既涉及服务又涉及货物，为混合销售。从事货物的生产、批发或者零售的单位和个体工商户的混合销售行为，按照销售货物缴纳增值税；其他单位和个体工商户的混合销售行为，按照销售服务缴纳增值税。

（2）特殊规定。纳税人销售活动板房、机器设备、钢结构件等自产货物的同时提供建筑、安装服务，应分别核算货物和建筑服务的销售额，分别适用不同的税率或者征收率。

4. 兼营业务。

（1）基本政策：存在着不同税率的经济事项，适用不同税率或者征收率的，应当分别核算；未分别核算的，从高适用税率。

（2）合同约定：如一个合同中存在兼营业务，要在合同分别约定。

5. 跨法人调拨。

（1）基本政策：集团内跨法人调拨属于销售业务，需按适用税率或征收率缴纳增值税。

（2）会计分录：

借：内部往来/应收账款/其他应收款
　　贷：其他业务收入
　　　　应交税费——应交增值税

6. 劳务扣款

（1）劳务扣款分类。一是提供劳务合同内材料扣款，项目在与劳务队计价结算扣除的二三类材料、水电费等；二是甲供材料部分超消耗扣款。

（2）解决方案（根据项目实际情况选择）：①每月验工计价表中扣除材料超限额费用和合同约定代扣事项，并差额取票。②财务扣款，扣除材料、水电费等按销售申报纳税，劳务分包商全额开票。

7. 视同提供应税服务。单位或者个体工商户向其他单位或者个人无偿提供服务视同提供应税服务，但用于公益事业或者以社会公众为对象的除外。如：项目部发生为村民无偿修路等建筑服务时，应视同销售建筑服务按9%税率缴纳增值税。

8. 非正常损失处理。

（1）基本政策。非正常损失，是指因管理不善造成货物被盗、丢失、霉烂变质，以及因违反法律法规造成货物或者不动产被依法没收、销毁、拆除的情形。

（2）账务处理。经批准，属于非正常损失时，需进行进项税额转出：

借：待处理财产损溢
　　贷：周转材料/原材料等
　　　　应交税费——应交增值税（一般计税方法）——进项税额转出

（六）税负分析及监控

1. 税负指标计算：

实际税负率＝开累应纳增值税/开累主营业务收入

开累应纳增值税＝开累主营业务收入×0.9－开累进项税额

2. 形成资料。按季度填写《税负率计算表》。分析申报税负、实际税负、测算税负差异原因，分析异常情况，以税负指标引导项目管理。

（七）税务报表及账务处理

1. 税务报表。项目部涉税业务需严格按照设定的时间节点办理，同时确保提供的税务信息、税务资料真实、准确，税务业务时间办理节点具体《税务业务办理时间节点提示》。

2. 账务处理。发生的涉税业务，按照增值税一般计税方法会计处理规范及时、准确的进行账务处理。

（1）销项税。

①按合同约定的付款时间确认销项税额。月底或季度末，收到业主对工程项目正式批复计价单据，对工程结算进行价税分离。

借：应收账款——应收工程款
　　贷：合同资产——价款结算
　　　　应交税费——待转销项税额——一般计税

②业主要求先开发票且没有付款，纳税义务时点为开发票时点。

借：应交税费——待转销项税额——一般计税
　　贷：应交税费——应交增值税——销项税额

③纳税人提供建筑服务，被工程发包方从应支付的工程款中扣押的质押金、保证金，未开具发票的，以纳税人实际收到质押金、保证金的当天为纳税义务发生时间。

（2）进项税。取得增值税专用发票以后，提单报销，当业务领导审批且发票认证通过后，形成以下会计分录：

借：应付账款——应付暂估款/合同履约成本——工程施工等
　　应交税费——应交增值税——进项税额
　　贷：应付账款——应付劳务款/应付工程款/应付租赁费等

（3）预缴税款：

借：应交税费——预交增值税
　　贷：银行存款

同时项目部需要交纳相应的附加税费，会计分录如下：

借：税金及附加
　　贷：应交税费——城市维护建设税
　　　　应交税费——教育费附加
　　　　应交税费——地方教育费附加
借：应交税费——城市维护建设税
　　应交税费——教育费附加
　　应交税费——地方教育费附加
　　贷：银行存款

（4）月末结转税金。项目部月末将"应交税费——应交增值税"和"应交税费——预交增值税"结转至公司，结转完毕后无余额。

借：应交税费——应交增值税——结转增值税（下级结转）（正数或负数）
　　贷：应交税费——预交增值税
　　　　其他应付款——税金及附加

（5）税款缴纳。项目部转回公司的税款，应在次月5日前，足额交回公司。

借：其他应付款——税金及附加
　　贷：银行存款

（八）纳税筹划

1. 增值税。

（1）差额纳税。及时收集分包合同、分包发票等资料，充分运用差额纳税政策，减少项目缴纳税款。

（2）进销项配比。按月提前统筹安排进销项税额，最大程度的对进、销项税额进行匹配，减少、均衡各月税款支出。

（3）现场加工业务。施工过程中在建筑现场设立"三场一站"（梁场、板厂、钢筋加工厂及混凝土拌和站）加工的产品直接用于本工程项目的，向主管税务机关争取享受不征增值税政策。

（4）预收账款纳税义务时间。对业主预付的款项，积极和业主沟通，争取以收据进行结算。

（5）规范兼营业务核算。对于一个项目涉及兼营业务的，规范会计核算，避免从高适用税率。

2. 城建税。地跨市、县、村庄施工的项目及时与税务机关沟通，合理划分缴纳城建税的区域，争取适用较低的城建税税率。

（九）税务台账及档案管理

1. 税务台账。项目部应建立相应的税务台账，并及时更新台账信息，强化项目税务管理基础工作，基本台账包括但不限于：(1)《〈跨区域涉税事项报告表〉登记台账》；(2)《增值税预缴税款台账》；(3)《税收缴纳情况统计台账》。

2. 常用表单类：(1)《增值税计税方式备案表》；(2)《增值税计税方式审批表》；(3)《〈跨区域涉税事项报告表〉申请单》；(4)《〈跨区域涉税事项报告表〉核销申请单》；(5)《增值税专用发票抵扣联移交登记表》；(6)《项目税负初测计算表》；(7)《税负率计算表》；(8)《跨境应税行为免税备案表》；(9)《应取未取增值税专用发票审批表》；(10)《税务业务办理时间节点提示表》；(11)《经营地涉税事项反馈表》。

3. 税务档案资料。

（1）预缴增值税资料。项目预缴增值税资料应于次月 20 日前整理完毕并装订成册，做好留存备查，预缴税款资料包括：①《增值税预缴税款台账》；②填列完整并加盖公章的《增值税预缴税款表》复印件（加盖税务机关业务章）；③与发包方签订的建筑合同复印件；④与分包方签订的分包合同复印件；⑤从分包方取得的发票复印件；⑥预缴税款完税凭证复印件。

（2）申报资料。项目部应按月对各类税务申报表进行打印整理，并留存备查，具体资料包括《综合纳税申报表》等。

（3）其他资料。其他需留存的资料、台账。

（十）实施过程中税务风险提示

1. 发票类：（1）取得发票与合同签订约定类型不一致，造成虚取虚抵的风险；（2）取得发票类型有误，如应取得普票而取得专票未进行正确账务处理，专票当普票报销，造成滞留票风险；（3）应取得专票而取得普票，损失企业税收利益；（4）取得对方虚开的发票，造成虚取虚抵的风险。

2. 合同类：（1）合同条款不严谨、涉税事项不清晰；（2）业务不符合"三流一致"的规定；（3）合同签订类型有误。

3. 申报类：（1）项目未及时申报各项税款；（2）税款申报流程不正确；（3）项目未正确计算并代扣代缴个人所得税。

4. 账务处理类：（1）项目账务处理不及时、不正确；（2）特殊税务业务处理不正确。

5. 档案及其他：（1）税务档案资料整理不及时、不全面；（2）税务台账未及时登记；（3）其他不符合法律法规规定、存在涉税风险的事项。

四、收尾撤并期税务事项

（一）税务事项清理

1. 税费清理。各项税费应在项目所在地缴纳的需全部缴纳完毕，移交收尾指挥部，统一办理。

2. 发票清理。清理对上对下发票，已挂账款项是否足额取得发票。

3. 注销税务备案。在当地办理的临时税务登记或分公司需撤销的，在向工商行政管理机关或者其他机关办理注销登记前，向原税务登记机关申报办理注销税务登记。

（二）档案管理

1. 移交范围。纳税申报表，包括但不限于：（1）国税纳税申报表有：增值税预缴税款申报表等；（2）地税纳税申报表有：综合纳税申报表（含城建税、教育费附加、地方教育费、印花税等）、个人所得税纳税申报表、资源税纳税申报表等。

2. 档案保管：（1）当年形成的档案，在会计年度终了后，可由项目临时保管一年，再移交公司档案管理机构保管，因工作需要确需推迟移交的，应当经公司档案管理机构同意；（2）目临时保管档案最长不超过 3 年，临时保管期间，会计档案的保管应当符合国家档案管理的有关规定，且出纳人员不得兼管会计档案；（3）纳税申报表归档后，保管期限为 30 年。

3. 档案移交。编制"会计档案移交清册""会计档案移交目录"，一式两份，交接双方按移交目录进行清点，核对无误后双方签字盖章，各自保留一份以备查考。

第二章 建筑业主要经济业务

第一节 "营改增"后投标报价

建筑企业在 2016 年 5 月 1 日全面进行"营改增"试点,"营改增"的实施是企业生产经营和经济运行中的一件大事,将对企业的组织架构、市场经营以及合同、分包、采购、成本、资产、资金管理等方方面面带来广泛深刻的影响,将倒逼企业进行一场重大的管理变革。

一、"营改增"对投标报价的影响

(一)"营改增"后新的定额造价体系、部门单位没有建立

住建部虽然下发了《关于做好建筑业"营改增"建设工程计价依据调整准备工作的通知》,只是原则上做出了"价税分离"的规定,行业定额和地区定额还没有依据新的造价体系编制出"营改增"后的新定额,投标只能估算,影响投标报价。

(二) 工程转包、提点大包、挂靠等无法生存

在全额转包或提点大包的情况下,发包人因无法取得可抵扣的进项税发票,导致税负增加,增加幅度甚至超过收取的管理费或利润,从而使利润大额缩水,甚至出现亏损。另一种情况,如果协议签订的是发包方提取的管理费比例不含税,意味着所有税负由转包方承担,转包方可能会取得抵扣发票,也可能以降低采购价格来补偿增加的税负,但无论采取何种方式,转包方的预期收益将会因此降低,直接导致偷工减料等影响质量和安全的行为发生。

挂靠项目实施时,为降低采购成本,挂靠单位购买材料往往不要发票,被挂靠单位就不能获得进项抵扣发票,税负自然就会提高。如果开具增值税专用发票,材料供应商往往会趁机加价,挂靠方利润又将大幅减少,直接导致偷工减料等影响质量和安全的行为发生。为降低税负,部分挂靠方铤而走险,通过非法途径获得可抵扣发票,但因缺乏真实的交易行为,有骗税嫌疑,一旦被税务机关发现,其后果将难以估计。

按照住建部《关于印发建筑工程施工发包与承包违法行为认定查处管理的通知》的规定,工程转包、提点大包、挂靠都属于违法分包。"营改增"后都不能操作,转包、提点大包、挂靠等方式将不能生存,母子公司之间属于转包,也是违法行为。

二、"营改增"后投标报价的应对措施

施工企业市场经营部门应对业主身份梳理和业主信息管理,建立增值税测算模型,调整工程概预算,确定谈判价格区间,根据不同类型业主制定不同的定价原则和谈判策略,与法律部门修订承包合同模板,并负责修订经营开发相关管理制度。

（一）一般计税项目

"营改增"实施后，业主招投标的规则将发生相应变化，企业的经营思维、经营模式需要按增值税模式报价。施工企业要组织对现有的施工项目进行详细梳理，统计整理项目类型、行业性质、业主身份、完工情况、验工结算、资金拨付、供应商身份等项目信息，掌握施工许可证及施工合同签订情况，摸清业主对增值税发票的倾向性要求。

一要充分考虑企业资质、投标模式等标前税收筹划工作，合理使用企业资质，采取最优的投标模式，优化投标组合；

二要尽量规避甲供工程项目模式，防止企业劳务化；

三要建立新项目报价测算模型，确定投标报价方案。企业应跟踪研究住建部和有关部委即将出台的计价调整办法，拟定企业的工程造价、市场报价体系和策略，积极适应含税价模式的调整变化，与市场规则紧密对接。"营改增"后一段时期内没有相关的定额，企业应根据一些企业模拟后的测算成果进行报价，测算进项税的比例，计算不含税造价，估算应交增值税金额，测算城市维护建设税和教育费附加等。

根据财税〔2016〕36号文附件1——"营业税改征增值税试点实施办法"规定，增值税计税方法分为一般计税方法和简易计税方法两种。选择不同的计税方法，涉及应纳税额的算法、票据等都会不同。因此，在实际编制工程预算时，有关建设方应明确选择一种计税方法，以便工程造价计价工作。

根据《住房城乡建设部办公厅关于做好建筑业"营改增"建设工程计价依据调整准备工作的通知》，工程造价=税前工程造价×（1+11%）。其中，11%为建筑业增值税税率，税前工程造价为人工费、材料费、施工机具使用费、企业管理费、利润和规费之和，各费用项目均以不包含增值税可抵扣进项税额的价格计算，相应计价依据按上述方法调整。（说明：2019年4月1日起改为9%）

按照《财政部 国家税务总局关于全面推开营业税改增值税试点的通知》（财税〔2016〕36号）和《住房和城乡建设部标准定额研究所关于印发研究落实"营改增"具体措施研讨会会议纪要的通知》（建标造〔2016〕49号）等文件精神，河南省住房和城乡建设厅下发《关于河南省建筑业"营改增"后计价依据调整的意见》（豫建设标〔2016〕24号），对《河南省建设工程工程量清单综合单价（2008）》《郑州市城市轨道交通工程单位估价表》《河南省仿古建筑工程计价综合单价（2009）》等计价依据做出如下调整：

（1）人工费：人工费不做调整，"营改增"后人工费仍为"营改增"前人工费。

（2）材料费："营改增"后，各类工程材料费均为"除税后材料费"，材料价格直接以不含增值税的"裸价"计价。造价管理机构应及时调整、发布价格信息，以满足工程计价需要。

（3）机械费：机械费中增值税—进项税综合税率暂定为11.34%，即"营改增"后机械费为"营改增"前机械费×（1-11.34%）。

（4）企业管理费：城市维护建设税、教育费附加及地方教育费附加纳入管理费核算，相应调增费用0.86元/综合工日；企业管理费中增值税—进项税综合税率暂定为5.13%，即"营改增"后企业管理费为"营改增"前企业管理费×（1-5.13%）。

（5）利润：利润不做调整，"营改增"后利润仍为"营改增"前利润。

（6）安全文明费：安全文明费中增值税—进项税综合税率暂定为10.08%，即"营改增"后安全文明费为"营改增"前安全文明费×（1-10.08%）。

（7）规费：规费不做调整，"营改增"后规费仍为"营改增"前规费。

应根据项目所在地的"营改增"计价办法规定计算。其他省、市和行业关于建设工程计价规则调整的通知，与河南省"营改增"调整计价基本一致，都是在企业管理费中增加城市维护建设税、教育费附加以及地方教育费附加等。

（二）简易计税

编制工程造价控制价，原则上应选择一般计税方法。选择简易计税方法的，工程造价计价程序暂可参照原营业税下的计价依据执行。

简易计税方法增值税计算：增值税 = 税前造价 × 3%

税前造价为人工费、材料费、施工机具使用费、企业管理费、利润和规费之和，各费用均包含增值税可抵扣进项税额的含税价格计算。

（三）管理好资质

施工单位应对现有的资质管理办法进行认真梳理，结合"营改增"后对企业资质管理产生的影响，修改完善资质管理办法。尽可能减少集团内资质共享，企业应尽量使用自己的资质投标，同时限制将自己的资质共享给其他单位，严禁企业向无资质（个人）、系统外部挂靠单位出借资质；严禁将工程项目提点大包或非法转包。

（四）做好合同谈判

1. 加强合同谈判，制定不同的谈判策略。施工单位应针对不同类型的业主制定不同的价格谈判策略，争取最大限度地将增值税税负转移给业主。最大限度消除"甲供材"不利影响。在投标阶段，企业经营部门应积极与建设单位沟通协商，并做好各种解释工作，改"甲供材"为"甲控材"，或者尽量降低"甲供材"比例，最大限度降低"营改增"后由于"甲供材"问题给企业所带来的营业规模急剧下降等不利影响。

2. 注重审核合同，防止造价风险。第一是合同总价格，应分为不含税造价、税金和含税造价；第二是变更索赔补差中除造价外还要计算销项税，简易计税（老项目）要按3%，一般计税（新项目）按9%；第三是确定业主计价时按计价金额开发票，还是按扣除质保金后的金额开发票，若按计价金额开发票，会造成未收到款企业垫付扣质保金对应的销进税，如计价100万元，扣3%质保金3万元，实际收到现金97万元，若按100万元开发票，企业按100万元计算销项税9万元，企业要垫付销项税（9 - 8.73）0.27万元，若按97万元开发票，企业按97万元计算销项税只有8.73万元；第四是奖励款，合同一般约定由于企业提前竣工或工程质量优良等，业主给施工企业一定的奖励，奖励款应理解为含税价；第五是合同中要约定业主给施工企业预付款时开发票的要求。

工程项目承揽工作是建筑企业主营业务的起点，而投标报价、合同约定等关键环节对中标后的生产经营具有十分重要的影响，同时也是涉及企业增值税销项管理的核心内容。施工企业必须重视"营改增"后企业资质的管理、完善内部投标成本测算、销项税的估算、合同谈判和审核等工作，同时关注住建部等有关部门对工程造价修改的相关信息，积极应对"营改增"对施工企业投标报价的影响，防止企业在投标报价中出现亏损风险。

第二节 "营改增"后分包管理

目前，工程项目施工主要为分包，一般分为专业分包和劳务分包两种模式。分包管理既是施工企业项目管理的重要内容，也是项目利润管控的关键因素。因此，无论是专业分包，还是劳务分包，都会受到"营改增"的影响。

一是分包结算滞后导致进项税抵扣不及时。总包方和分包方之间存在验工计价滞后或工程款拖欠等情况，导致分包方不能及时验工计价并拿到已完工程计价款，造成总包方不能及时取得分包方开具的增值税专用发票，从而不能及时抵扣进项税，总包方要垫付本该抵扣的增值税，造成前期资金压力较大。

二是分包成本中材料、设备部分的进项税抵扣不足。专业分包中包含大量的材料、设备，相关进项税由分包方抵扣，分包方一般可抵扣13%的进项税，而总包方取得其开具的建筑业增值税专用发票只能按9%的税率抵扣进项税，与直接采购相比，少抵扣4%的进项税。"营改增"对劳务分包的影响。劳务分包是指施工总承包企业或专业承包企业将承包工程中的劳务作业分包给具有劳务分包资质的施工企业。劳务分包内容一般为工程施工的劳务作业，主要包含人工费、二三项料费及小型机具使用费等。双方通过定期验工计价进行结算和支付。劳务分包企业中小规模较多，只能提供3%的专票或普票，造成进项税取得不足。

因分包方资质和能力问题不能开具增值税专用发票。除了具有劳务分包资质的劳务分包外，现场还大量存在劳务派遣、内部作业层队伍、挂靠队伍等形式的劳务分包。这些劳务分包形式，在"营改增"后对施工总承包企业存在以下影响。

对劳务派遣形式的影响。劳务派遣是总承包企业与具有劳务派遣资质的劳务企业签订劳务派遣协议，由劳务公司派遣劳务人员到总承包企业项目部进行劳务作业。这种形式下，劳务派遣企业不具备建筑施工资质，在"营改增"后，劳务派遣企业不能开具建筑业增值税专用发票，总承包企业因不能取得增值税发票而无法对这部分劳务分包成本抵扣进项税，在一定程度上增加了总承包企业的增值税税负。

对综合作业队、专业作业队形式的内部作业队伍的影响。目前，总承包企业为了培养自己的作业层队伍及规避劳务用工风险，成立了综合作业队、专业作业队等内部作业队，在项目部承担急、难、险、重施工任务。内部作业层队伍形式的劳务分包，由项目部与队伍签订内部经济承包协议，以工资单形式结算和支付。因队伍自身未取得国家工商行政注册，且无相关的资质证照，因此，就不能开具增值税专用发票，总包方也就不能抵扣进项税。

对挂靠队伍的影响。所谓挂靠队伍，是指作业队伍挂靠于某个身份合法且具有劳务分包资质的施工企业，并以该企业名义在总承包企业承担劳务分包任务。总承包企业与被挂靠企业签订劳务分包合同，并取得被挂靠企业开具的发票，但分包价款由总承包企业直接支付给挂靠队伍，收款方与合同主体、发票开具主体不一致。这种形式下，造成业务流、资金流、发票流"三流不合一"，给总承包企业带来了法律风险和后期的审计风险。

一、分包管理组织模式

（一）外部分包模式分类：专业分包、劳务分包和劳务派遣

1. 专业分包是指施工总承包企业将其所承包工程中的专业工程发包给具有相应资质的其他建筑企业，由专业分包工程承包人完成该部分施工内容。一般纳税人适用的增值税税率为11%。

2. 劳务分包是指将承包工程中的劳务作业发包给具有相应资质劳务承包企业，即劳务作业承包人的活动。一般纳税人适用的增值税税率为9%。

3. 劳务派遣是指劳动者和用人单位（也称劳务派遣单位）签订劳动合同，而实际上为

用工单位（也称接受以劳务派遣形式用工的单位）工作。一般纳税人适用的增值税税率为6%。

根据《财政部 国家税务总局关于全面推开营业税改征增值税试点的通知》（财税〔2016〕36号）的规定，分为清包工和甲供工程。

（1）以清包工方式提供建筑服务，是指施工方不采购建筑工程所需的材料或只采购辅助材料，并收取人工费、管理费或者其他费用的建筑服务。一般纳税人以清包工方式提供的建筑服务，可以选择适用简易计税方法计税。原则上劳务分包、劳务派遣适用于清包工方式。

（2）甲供工程是指全部或部分设备、材料、动力由发包方自行采购的建筑工程。一般纳税人为甲供工程提供的建筑服务，可以选择适用简易计税方法计税。原则上专业分包适用于甲供工程。

分包单位是否采用简易计税方式或一般计税方式，由发包方重点对分包价格比选后确定。

（二）内部承包模式

内部工程队（专业化公司、架子队等）指按照内部承包管理模式进行项目管理，承包价格不含销项税。

二、分包指导单价

（一）指导价制定原则

1. 按照"价税分离"原则编制。
2. 按照一般纳税人和小规模纳税人分类进行编制。一般纳税人按不含税价和含税价编制，劳务分包税率9%、劳务派遣税率6%；小规模纳税人按含税价编制，征收率3%。

（二）分包单价确定

1. 劳务分包单价主要分为纯工费和纯工费+辅料（不易取得增值税专用发票材料）两种。在确定分包单价时，要将能抵扣的辅料尽量剥离，不能剥离的辅料包含在分包单价中。

2. 专业分包单价原则上不包括能够取得增值税专用发票的主材和设备租赁；确实无法剥离的材料费和机械费可含在单价内（如桩基施工、路基土石方施工），但要提前测算、分析分包方实际应纳税额（销项税额－进项税额），从而确定合理的分包价格。

3. 根据北京市住房和城乡建设委员会《关于建筑业营业税改征增值税调整北京市建设工程计价依据的实施意见》（京建发〔2016〕116号）的通知，税前工程造价为人工费、材料费、施工机具使用费、企业管理费、利润和规费之和，各费用项目均以不包含增值税（可抵扣进项税额）的价格计算。

企业管理费包括预算定额的原组成内容，城市维护建设税、教育费附加以及地方教育费附加，"营改增"增加的管理费用等。

建筑安装工程费用的税金是指国家税法规定应计入建筑安装工程造价内的增值税销项税额。

三、分包商管理

（一）分包商考核与评价

分包商使用应严格执行季度、半年、年度考核，并将分包商提供增值税专用发票是否真实、及时、足额等纳税行为纳入分包商考核指标。经考核评价后的分包商分类纳入资源库、合格名册或黑名单。

（二）合格名册与黑名单

1. 分包商合格名册至少应包括以下信息：法人名称、纳税人识别号、地址、电话，开户行及账号、"五证或三证（三证合一）"号码、经营范围、资质等级、注册资本金、法定代表人及身份证号、现场负责人及身份证号、工程业绩等。

"五证"：资质证书、组织机构代码证、税务登记证、安全生产许可证、营业执照，"三证"：资质证书、安全生产许可证、营业执照（三证合一）。

2. 增加分包商不良行为，将历史年度多次提供不合规发票，或当年提供不合规发票两次以上的分包商，纳入公司外部劳务黑名单，并严禁使用。

（三）注意事项

1. 分包商只能承担与其资质相适应的工程任务；
2. 分包商的选用应符合工程所在地的政策规定及业主合同约定。

四、招（议）标管理

（一）分包商选择

分包商选择必须通过招（议）标确定，严禁将工程项目提点大包、工程转包和违法分包。"营改增"后分包商原则上选用一般纳税人。

1. 采用简易征收方法的项目，在合同条件相同的前提下，应当根据含税价格高低选择分包商。

2. 采用一般计税方法的项目，在净价（不含税价）、付款条件等相同情况下，在选择分包商时，应优先选择一般纳税人，其次选择可以代开增值税专用发票的小规模纳税人，代开的增值税发票可以用于抵扣。

3. 不允许选择以个人名义或挂靠的分包商。

4. 根据《财政部 国家税务总局关于全面推开营业税改征增值税试点的通知》（财税〔2016〕36号）的规定，专业分包可以差额计税，提倡专业分包。

（二）分包商资格审查

分包商资格审查由项目部对参加招（议）标的投标人进行初审，将通过初审的分包商报法人单位审批。

1. 资质匹配性审查：（1）参加招（议）标的分包商必须具备相应资质。审查资质证书承包范围是否与拟分包工程类别、规模相匹配〔匹配性依据《建筑业企业资质标准》（住房和城乡建设部建市〔2014〕159号）〕。（2）工程项目招标中，投标人预估合同额不能超过注册资本金5倍。

2. 增值税纳税资格审查。劳务分包商应具备小规模纳税人以上资格；专业分包商应具备一般纳税人资格；未取得增值税纳税资格的分包商不允许参加招（议）标。

3. 真实及有效性审查。通过网络等途经审查"五证一书"或"三证一书"（三证合一）信息，保证其真实、有效。

4. 实力审查。实力审查是指审查分包商的人员、资金、设备等相关资源是否满足分包工程要求。

5. 业绩审查。业绩审查是指分包商近3年所干工程业绩，特别是所干类似工程的业绩。

6. 信用审查。纳入股份公司《不合格专业（劳务）分包商名录》及所属单位不合格名录内的分包商不得录用。

（三）价格比选

1. 价格比选原则和方法。

（1）执行一般计税方法的项目比价原则。执行一般计税方法的项目，要求投标人的报价实行价税分离，注明不含税价和税率，需要考虑不同进项税率对附加税费的影响，故应按照"评审价格"来进行比较。首先将每个分包商报价转化为评审价格，再按计算出来的评审价格进行比较。比价公式为：

投标人评审价格 = 净价 + 净价 × （所有投标人的最高进项抵扣税率 − 投标人进项抵扣税率） × 附加税率之和

公式说明：

① 净价：能提供增值税扣税凭证的投标人，其"净价"是指增值税扣税凭证的不含税价格；对于只能提供普通发票的投标人，其"净价"即是含税价格，其进项抵扣税率为0%。

② 净价 × （所有投标人的最高进项抵扣税率 − 投标人进项抵扣税率）× 附加税率之和，是计算最高进项抵扣税率与投标人自身进项抵扣税率的差额对附加税的影响。

③ 附加税率之和，包含城建税、教育费附加、地方教育费附加等，业务部门可向财务部门咨询当地的附加税率。

【案例】假设甲、乙、丙3个劳务分包投标人的报价总价中，净价均为100万元，甲为增值税一般纳税人，进项抵扣税率为9%；乙为增值税一般纳税人，进项抵扣税率为6%（劳务派遣）；丙为增值税小规模纳税人且能提供增值税专用发票，进项抵扣税率为3%。3家劳务分包商的综合实力相当，均符合招标文件要求，付款条件无差别，假定附加税率之和为12%（城市建设维护税7%、教育费附加及地方教育费附加5%）。

则3家投标人的评审价格分别为：

甲：100 + 100 × （9% − 9%） × 12% = 100（万元）

乙：100 + 100 × （9% − 6%） × 12% = 100.36（万元）

丙：100 + 100 × （9% − 3%） × 12% = 100.72（万元）

比较后，甲的投标人评审价格最低，价格上选择甲分包商。

（2）执行简易计税方法的项目比价原则。执行简易计税方法的项目，可以直接按照各分包商报价的含税价进行比较。

（四）注意事项

1. 选择小规模纳税人作为分包商应慎重，需要注意以下方面：

（1）如净价相同，小规模纳税人因不能抵扣，其实际成本可能较一般纳税人偏低，会影响到工程质量，进而影响到工程进度或需要额外增加安全、质量等隐性成本的风险。

（2）因小规模纳税人自身实力问题，垫资能力有限，价格波动承受力小，抗风险能力低，当在合作过程中出现较大欠款时，易引发诉讼纠纷的风险，甚至随时会退场。

2. 确保"三流一致"。"三流一致"指"货物、劳务及应税服务流""资金流""发票流"。根据《国家税务总局关于加强增值税征收管理若干问题的通知》（国税发〔1995〕192号）规定：纳税人购进货物或应税劳务，支付运输费用，所支付款项的单位，必须与开具抵扣凭证的销货单位、提供劳务的单位一致，才能够申报抵扣进项税额，否则不予抵扣，且涉嫌虚开发票。

3. 加强分包招标管理，遵循"谁使用、谁选择、谁负责"的原则，禁止再用其他形式规避分包招标，限制招标控制价。加强合同签订相关工作，坚持"先签合同、后上场"的原则，杜绝签订书面合同前，分包商提前进入现场。并在签订正式合同前，与分包商签订《履约保证金协议书》，未交纳履约保证金的一律不予签订合同。

4. 增值税发票类型。

（1）执行简易征收的项目。对于执行简易征收的项目，原则上分包商只能开具增值税普通发票，开具的增值税普通发票不能抵扣。

（2）执行一般计税方法的项目，分包商需开具增值税专用发票，开具的增值税专用发票可以抵扣。

五、合同审核及签订

（一）合同签订

1. 凡单笔分包价格在1万元以上的工程，原则上应签订分包合同。

2. 合同文本内容必须包含股份公司统一制定的标准税务条款：(1) 对"营改增"后选择一般纳税方式的项目，尚未履行完的合同，需增加过渡期条款或签订补充合同，明确国家税改后的结算、发票、付款、税负承担等事项。(2) "营改增"后，合同文本对合同价款必须按"价税分离"原则，必须列示含税价、不含税价、适用税率、增值税税额等信息；根据业务类型及分包商身份，明确开具发票的类型。(3) "营改增"后，合同文本应分类描述合同标的，明晰合同价款、税金，约定付款与提供发票时间安排，明确代收代付等事项，增加纳税人身份识别及信息变动、涉税违约责任等条款，适应增值税下的管理要求。(4) "营改增"后，合同文本应对分包商变更索赔补差、奖励、预付款、质保金、罚款等事项进行明确。(5) "营改增"后，分包商相关税务信息至少应包括：分包商名称全称、纳税人识别号、统一社会信用代码/注册号、纳税人身份、增值税发票类型、注册地址、联系电话、开户银行名称、开户银行账号、发票指定接收联系人姓名、身份证号码、联系方式、电子邮件地址、发票邮寄地址、税务登记证明资料。如分包商税务信息发生变化，应要求分包商以书面法律文件形式及时告知，并进行合同变更，否则由此造成的经济损失由分包商承担。

（二）审核注意事项

经济合同（含补充、临时工程合同）均要纳入法人集中管控范围，在合同审批流程中增加税务审核环节，审批层面是合同签订的法人单位。重点审核以下内容：

1. 审核分包商纳税人身份、税率、发票类型等相关税务信息。审核填写适用税率，是否根据业务类型及分包商身份，明确开具发票的类型，避免税率使用错误给企业带来的风险和损失。

2. 审核分包合同是否是提点大包、工程转包和违法分包，分包业务是否存在经营、法律、财税等各类风险。

3. 审核拟签订合同分包商是否在合格分包商名录，建立价格比选机制，优化劳务派遣模式。

（三）合同签订注意事项

1. 严格禁止签订阴阳合同，防止由此行为产生的法律和税务风险。

2. 以集团公司名义承揽的项目。根据《住房和城乡建设部关于印发建筑工程施工发包与承包违法行为认定查处管理办法的通知》(建市规〔2019〕1号) 的规定，母子公司分包属于转包，因此以集团公司名义承揽的项目必须由集团公司成立项目部，所有业务必须以集团公司名义签订合同和核算。

3. 联合体投标模式。以联合体名义中标后，尽量采取联合体各方与业主单独签订合同的方式；业主不能和成员方单独签订合同的，可以在总包方签订合同后，经业主书面同意再由总包方和成员方签订分包合同。

六、中间计量与资金拨付

(一) 计量计价

中间计量必须以合同为依据，按照合同价税分离的清单计量，首先应按合同约定的不含税单价计算分包商不含税工程造价，再按合同约定的增值税专用发票税率，计算分包商的销项税额，中间计量的封面必须同时显示不含税计价金额及销项税额等信息，以便后期对价税分别进行核算。

提倡按月计价、年终结算，及时处理与分包商的争议，确认分包商的收入。

(二) 款项支付

坚持"先开票、再验票、后付款"原则，对未提供合格发票和未通过发票认证的业务不得进行付款，防止出现发票不合格无法抵扣。严禁将款项支付给非合同约定的分包方银行账户（代发工资除外）。预付款必须严格按合同约定的预付款条件支付，并按合同约定要求的类型提供发票。

(三) 分包质保金

原则上要求分包商按含质保金的计价金额开具增值税专用发票。

(四) 总分包差额计税

采用一般计税或简易征收的项目，可以总分包差额计税，即：分包方开具增值税专用（普通）发票，总包方按照总包收入扣除发票上的分包额后的差额作为销售额计算应纳税额。

【案例】 2015年2月1日，A建筑企业与业主签订施工合同，建筑业实行"营改增"后，A建筑企业为一般纳税人，根据增值税老项目差额简易征收政策规定，选择按照3%征收率缴纳增值税。2016年5月8日，A企业与业主实现工程结算金额10300000元，同时向业主开具增值税发票。2016年5月10日，A企业与专业分包乙公司结算分包工程款5150000元，乙公司选用增值税简易征收，并开具增值税普通发票。6月5日，将5月份的增值税及相关附加税申报缴纳。

(1) A建筑安装业务5月应纳增值税税额：

含税销售额 = 与业主的工程结算总金额 − 分包工程总金额

= 10300000 − 5150000 = 5150000（元）

(2) 当月应纳增值税税额 = 含税销售额 ÷（1 + 3%）× 3%

= 5150000 ÷（1 + 3%）× 3% = 150000（元）

(五) 注意事项

1. 中间计量要按月组织、按月办理，分包商要按合同约定的开票时限，及时开具增值税专用发票。在项目不能按合同约定及时支付款项时，为保证分包商及时提供增值税专用发票，可采用先支付税款后陆续支付余款的方式，及时获取增值税专用发票。

2. 材料超耗扣款、罚款等行为视同销售，需向分包商开具不同税率的增值税专用发票。

3. 分包商获得的奖励、变更索赔等可作为其收入，需开具增值税专用发票。

七、竣工结算

（一）末次计价（决算）

劳务分包合同约定的工作内容完成后，经相关部门现场验收，验收合格后1个月内应按合同约定办理末次计价（决算）。末次计价（决算）必须上报法人单位审核，审批同意后方可办理决算手续，同时要求分包商出具决算承诺书或签订决算协议。

（二）尾工款、质保金

分包商末次计价（决算）后，采用简易征收计税方式的项目应按计价金额（含尾工款及质保金）足额开具增值税普通发票，采用一般计税方式的项目应按计价金额（含尾工款及质保金）足额开具增值税专用发票。

（三）注意事项

1. 末次计价（决算）法人单位审核的重点是单价是否执行合同约定、新增工作内容有无补充协议、补充协议是否履行审批程序、合同外费用是否先报批后计价等。

2. 分包商末次计价（决算）后，要根据计价金额，对分包商开具的增值税发票进行梳理，确保分包商足额开具增值税发票，防止出现增值税发票漏开的情况。

八、分包核算

核算分析采取"价税分离"原则，对分包工程价、进项税额分别进行核算分析。

（一）分包工程价（不含税成本）的组成

分包工程价分为两种，一是分包商提供增值税专用发票时，采取一般计税方式的分包工程成本不含进项税；二是分包商提供增值税普通发票（简易征收、小规模纳税人）时，分包工程成本包含税金。

（二）分包进项税额的组成

分包商按合同约定开具真实有效的增值税专用发票，专用发票中的增值税额即为项目实际取得的进项税额。

（三）分包成本核算、分析

项目上场时，应分别编制分包工程价（不含税成本）、可取得的进项税额策划预控方案，按价税成本最优的原则确定分包模式，并分别编制不含税的成本价、进项税额预算。

1. 不含税成本价的核算、分析：成本核算仍沿用营业税模式下对分包成本的核算方式。

2. 对采用一般计税方式的项目，分包工程进项税额的核算、分析：项目分包取得可抵扣的进项税额越多，则实际税负越低；实际取得分包可抵扣的进项税额与应（预算）取得的分包进项税额进行对比，分包进项税额完成率越高，项目实际承担的税负越低，进项税额完成率=已取得的进项税额/应（预算）取得进项税额×100%。

3. 对采用简易征收计税方式的项目，分包工程进项税额不能抵扣，项目分包成本为不含税价和销项税额之和。

九、其他事项

（一）分包按照模式的不同，增值税专用发票税率分为：专业分包、劳务分包9%，劳务派遣6%（工资由我方代发，劳务派遣费和工资差额开具发票），小规模纳税人由税务局代开3%，以上税金均可作为进项税额抵扣；开具增值税普通发票（简易征收、小规模纳税人自开），征收率3%，不能作为进项税抵扣。

（二）境外设计、施工等项目，免征增值税，但免征业务所取得的进项税不可以抵扣，也可以放弃免税，选择按规定纳税。但放弃免税后，36个月之内不得重新申请免税。

（三）设计施工总承包等包含不同税率业务时，应当分别核算，以免按较高税率统一征收。如设计施工总承包项目，包含6%税率的设计服务费，9%税率的建筑服务，应当分别核算，以免从高适用税率。

（四）对因施工造成的工程质量不达标发生返工业务等非正常损失时，发生费用产生的进项税额不能抵扣，损失费用包括工程造价和进项税。

（五）"营改增"哪些红线不能碰：1. 为他人虚开、为自己虚开增值税专用发票。2. 非法购买或购买伪造的增值税发票。3. 逾越法律红线进行税收筹划。4. 应取得未取得进项税发票。5. 进项税逾期未申报。

十、劳务分包合同范本

"营改增"后，施工企业应对分包合同根据增值税的要求进行修改完善，防范各项风险。分包合同示范文本使用说明与要求。

（一）总原则

合理判断业务地位，争取最优合同条款。在起草、审核合同时，首先应当权衡己方在该项业务中所处的地位强弱，对于己方处于弱势地位的业务，应当尽可能争取符合行业惯例的较为公平合理的条款，对于己方处于强势地位的业务，应尽可能从维护公司利益角度出发争取最有利于公司的合同条款。

（二）签约地点［建议填写己方公司注册所在地］

根据《民事诉讼法》第25条"合同的双方当事人可以在书面合同中协议选择被告住所地、合同履行地、合同签订地、原告住所地、标的物所在地人民法院管辖，但不得违反本法关于级别管辖和专属管辖的规定"，签约地点关系到发生争议情况下，何地法院有管辖权的问题，因此签约地点应尽量填写对己方有利的地点，无论是否真实、客观。建议将合同签约地点确定为己方公司注册所在地。

（三）分包单价确定

劳务分包单价主要分为纯工费和纯工费+辅料两种。在确定分包单价时，要将能抵扣的辅料尽量剥离，不能剥离的辅料包含在分包单价中。

专业分包单价原则上不包括能够取得增值税专用发票的主材和设备租赁；确实无法剥离的材料费和机械费可含在单价内（如桩基施工、路基土石方施工），但要提前测算、分析分包方实际应纳税额（销项税额－进项税额），从而确定合理的分包价格。

（四）注意事项

1. 严格禁止签订阴阳合同，防止由此行为产生的法律和税务风险。

2. 确保"三流"一致。要高度重视"货物、劳务及服务流""资金流""发票流"等"三流"不一致给企业带来的税务风险，必须使用项目在税务局备案账户进行收付款，严格按照合同向供应商的税务局备案账户付款，严格禁止劳务队代购材料、代开发票给项目的行为。"三流"一致，指货物及服务流、资金流、发票流的各方信息必须保持一致。根据《国家税务总局关于加强增值税征收管理若干问题的通知》（国税发〔1995〕192 号）规定：纳税人购进货物或应税劳务，支付运输费用，所支付款项的单位，必须与开具抵扣凭证的销货单位、提供劳务的单位一致，才能够申报抵扣进项税额，否则不予抵扣，且涉嫌虚开发票。

3. 不得与劳务分包队伍签订含甲供料的合同，并以原材料冲抵应付账款，避免因材料销售、劳务分包队伍不能抵扣而造成的项目成本增加。

4. 坚持"先开票、再验票、后付款"原则，对未提供合格发票和未通过发票认证的业务不得进行付款，防止出现发票不合格无法抵扣。严禁将款项支付给非合同约定的分包方银行账户（当地政府规定代发工资、税务机关认定的除外）。预付款必须严格按合同约定的预付款条件支付，并按合同约定提供增值税发票。

5. 竣工结算。分包合同约定的工作内容完成后，经相关部门现场验收合格后应及时按合同约定办理末次计价（决算）。末次计价（决算）必须上报法人单位成本管理部门审核，审批同意后方可办理末次计价（决算）手续，同时要求分包商出具决算承诺书或签订决算协议。

6. 发票获取。各项目必须以纳税主体的名义签订合同、获取发票，发票抬头必须为营业执照单位全称，在发票备注栏注明建筑服务发生地所在县（市、区）、项目名称，严格禁止在开具、获取的同一张发票上出现多种税率，避免纳税申报出现问题。

在项目不能按合同约定及时支付款项时，为保证分包方及时提供增值税发票，可采用先支付税款后陆续支付余款的方式，及时获取增值税发票。

对分包方的材料超耗扣款、罚款等行为视同销售，需向分包方开具不同税率的增值税发票。

分包方获得的奖励、变更索赔等可作为其收入，需开具相应增值税发票。

分包方末次计价（决算）后，采用简易计税方法的项目应按计价金额（含尾工款及质保金）足额开具增值税普通发票；采用一般计税方法的项目应按计价金额（含尾工款及质保金）足额开具增值税专用发票；防止出现增值税发票漏开的情况。

（五）使用说明及要求

1. 斜体文字仅供提示之用，签订正式合同时应当将斜体文字删除。

2. 分包合同最终解释权归公司成本管理部，涉及重大法律问题的由法规部共同解释。

3. 对文本发布后签署的分包合同，应统一使用本次发布的合同示范范本。对文本发布前已经签署的合同，应按照本次发布合同范本的附件，补签附件，需签署补充协议的，参照本示范文本进行补充协议的编制。

4. 各项目法律联络员负责合同示范文本的监督实施，并对正式签署的合同进行登记，对合同履行情况进行监督，合同相对方出现重大违约情形要及时收集资料。

5. 在使用过程中，对发现的问题请及时上报，公司有权解释部门应及时给予答复，对文本使用过程中发现的问题将在文本后续修订中解决和改进。

《建设工程施工劳务分包合同范本》详见附件。

附件

建设工程施工劳务分包合同

工程名称：
工程地址：
工程承包人：
劳务分包人：
合同编号：
签约地点：＿＿＿＿＿＿＿＿＿＿＿＿＿＿＿＿
签约日期：＿＿＿＿＿＿＿＿＿＿＿＿＿＿＿＿

工程承包人：

劳务分包人：　（注：须填写营业执照登记的单位全称）

依照《中华人民共和国合同法》《中华人民共和国建筑法》及其他有关法律、行政法规，遵循平等、自愿、公平和诚实信用的原则，鉴于＿＿＿＿＿＿＿＿＿＿（以下简称为"发包人"）与工程承包人已经签订施工总承包合同或专业承（分）包合同［以下称为"总（分）包合同"］，双方就劳务分包事项协商达成一致，订立本合同。

1. 双方企业信息情况（企业信息情况为必填项，不得擅自删除）

【工程承包人企业信息】［注：向集团（工程）公司财务部门索要］

工程承包人：（须填写营业执照登记的单位全称）
注册地址：（以营业执照为准）　　　　　　　邮编：
通信地址：（以实际办公地址为准）　　　　　邮编：
法定代表人：　　　　　职务：
纳税人身份：（"一般纳税人"或"小规模纳税人"或"其他"）
纳税人识别号：（国税代码，15 位；若完成"三证合一"登记，需提供统一社会信用代码，18 位）
开户银行名称：
开户银行账号：（必须是在主管国税机关备案的账号）

【劳务分包人企业信息】

劳务分包人：（须填写营业执照登记的单位全称）
营业执照号码：　　　　　　　　　　注册资本金：　　　　万元
注册地址：（以营业执照为准）　　　　　　　邮编：
通信地址：（以实际办公地址为准）　　　　　邮编：
法定代表人：　　　　　职务：　　　　　身份证号码：
纳税人身份：（"一般纳税人"或"小规模纳税人"或"其他"）
纳税人识别号：（国税代码，15 位；若完成"三证合一"登记，需提供统一社会信用代码，18 位）
开户银行名称：
开户银行账号：（必须是在主管国税机关备案的账号）

资质证书编号：   发证机关：

资质证书有效期限至_____年____月____日
资质专业及等级：（注：填写全部专业资质和等级）
安全生产许可证编号：   有效期限至   年   月   日
税务登记证编号：（若完成"三证合一"登记，此项删除）
组织机构代码证编号：（若完成"三证合一"登记，此项删除）

2. 劳务分包工作对象及提供劳务内容

分包范围：

提供分包劳务内容：

工程承包人有权根据劳务分包人的施工组织情况、配给情况随时调整劳务分包人的施工范围，劳务分包人须无条件服从。

3. 分包工作期限

开始工作日期：_____年____月____日（具体开工时间以工程承包人通知为准）

结束工作日期：_____年____月____日

总日历工作天数为：____天

劳务分包人阶段性施工进度以不影响其他专业和工种以及总体进度要求为限。

4. 质量标准

4.1 按总（分）包合同有关质量的约定、国家现行的《建筑安装工程施工及验收规范》和《建筑安装工程质量评定标准》，本工作必达到质量评定_____标准。

4.2 有关质量标准和等级的其他约定：

5. 合同文件及解释顺序

组成本合同的文件及优先解释顺序如下：（1）本合同；（2）本合同附件；（3）本工程施工总承包合同（合同价款内容除外）；（4）本工程施工专业承（分）包合同（合同价款内容除外）；（5）图纸；（6）图纸标准、规范及有关技术文件；（7）合同履行过程中，本合同发包人和劳务承包人协商一致的其他书面文件。

6. 标准规范

除本工程总（分）包合同另有约定外，本合同适用标准规范如下：

按照国家、地方和行业颁布的与本工程有关的各种现行法律、规范、规程，以要求最高者为标准。

7. 总（分）包合同

7.1 工程承包人应提供总（分）包合同（有关承包工程的价格细节除外），供劳务分包人查阅。当劳务分包人要求时，工程承包人应向劳务分包人提供一份总包合同或专业分包合同（有关承包工程的价格细节除外）的副本或复印件。

7.2 劳务分包人应全面了解总（分）包合同的各项规定（有关承包工程的价格细节除外）。

8. 图纸

8.1 工程承包人应在劳务分包工作开工前，向劳务分包人提供图纸____套，劳务分包人需要增加图纸套数的，应自行复制，复制费用由劳务分包人承担。与本合同工作有关的标准图由劳务分包人自行准备。

8.2 劳务分包人未经工程承包人同意,不得将本工程图纸转给第三人。

9. 项目经理

9.1 工程承包人委派的担任驻工地履行本合同的项目经理为＿＿＿＿＿＿＿,职务:＿＿＿＿＿＿＿,职称:＿＿＿＿＿＿＿。工程承包人委托其全面负责工程的组织、联络、管理、监督与协调工作。除非工程承包人委托的项目经理的书面认可,其他任何人员签发、签认的可能引起合同纠纷的书面材料在本合同中均属无效,同时不会对合同单价或总价形成调整。

9.2 劳务分包人委派的担任驻工地履行本合同的项目经理为＿＿＿＿＿＿,职务:＿＿＿＿＿＿,职称:＿＿＿＿＿＿,身份证号码:＿＿＿＿＿＿＿＿＿＿,手机号码:＿＿＿＿＿＿。劳务分包人委托其全权负责工地的一切事务,该同志做出的一切决定,劳务分包人负责合同的全面履约,并承担经济与法律责任。

9.3 劳务分包人委托的项目经理指定担任驻工地履行本合同的工地负责人为＿＿＿＿＿,手机号码:＿＿＿＿＿＿,其必须确保每月＿＿＿天在工地现场,保证＿＿＿小时通讯畅通,外出时间超过＿＿＿小时,必须报工程承包人书面备案。如工作时间一次不在岗超过＿＿＿小时,劳务分包人自愿承担违约金＿＿＿＿＿＿元/次。

9.4 工程承包人有权更换其认为不称职的劳务分包人委派的项目经理和工地负责人。

10. 工程承包人义务及事项

10.1 组建与工程相适应的项目管理班子,全面履行总(分)包合同,组织实施施工管理的各项工作,对工程的工期和质量向发包人负责。

10.2 除非本合同另有约定,工程承包人完成劳务分包人施工前期的下列工作并承担相应费用:(1)向劳务分包人交付具备本合同项下劳务作业开工条件的施工场地;(2)完成水、电、热、电信等施工管线和施工道路,并满足完成本合同劳务作业所需的能源供应、通信及施工道路畅通的时间和质量要求;(3)向劳务分包人提供相应的工程地质和地下管网线路资料;(4)完成各种证件、批件、规费的办理手续,但涉及劳务分包人自身的手续除外;(5)向劳务分包人提供相应的水准点与坐标控制点位置,其交验与保护责任由劳务分包人负责;(6)向劳务分包人提供生产加工场地、生活临时场地,由劳务分包人负责生活临时设施的完好,负责保持生产和生活环境的干净整洁;

10.3 负责编制施工组织设计,统一制定各项管理目标,组织编制年、季、月施工计划及物资需用量计划表,实施对工程质量、工期、安全生产、文明施工、计量析测、实验化验的控制、监督、检查和验收。

10.4 负责工程测量定位、沉降观测、技术交底,组织图纸会审,统一安排技术档案资料的收集整理及交工验收。

10.5 统筹安排、协调解决非劳务分包人独立使用的生产、生活临时设施以及工作用水、用电及施工场地。

工具房、材料库房、钢筋棚、木工棚及劳务分包人根据现场施工需要搭设的所有加工棚(包括二次及以上搭设、拆除)均由劳务分包人自行负责并承担其费用且在搭设前须向工程承包人申报批准,且各项费用均包含在包干单价中。

对工程承包人提供的临时工程(包括但不限于临时板房、床架、配电箱、消防器材、水管等),劳务分包人应遵守如下约定:劳务分包人自费负责保护、维修、保养,并由工程承包人协调使用,若有丢失或者损坏,由劳务分包人按材料原值赔偿。劳务分包人应周全考虑根据分包工程的实际情况及工程承包人提供的任何上述物品一旦不能满足工程的需要而应采取一定的措施的费用和开支，应自费按照工程承包人的要求实施。

对劳务分包人生活区用水/电费用：在生活区安装水/电表，施工队每月 25 日之前报当月水/电表吨/度数，经工程承包人项目部专业主管核实无误后，按当地当月生产用水电单价计取当月水电费，工程承包人从劳务分包人当月工程款中扣除水电费。如果未在生活区安装水/电表，按劳务分包人实际施工人员数，扣除每人每月 5 吨水 5 度电，费用按当地当月生产用水电单价计取当月水电费，工程承包人从劳务分包人当月工程款中扣除水电费。

10.6 按时提供图纸，及时交付应供材料、设备，所提供的施工机械设备、周转材料、安全设施保证施工需要。

10.7 按本合同约定，向劳务分包人支付劳动报酬。

10.8 负责与发包人、监理、设计及有关部门联系，协调现场工作关系。

11. 劳务分包人义务及事项

11.1 对本合同劳务分包范围内的工程质量向工程承包人负责，组织具有相应资格证书的熟练工人投入工作；未经工程承包人授权或允许，不得擅自与发包人及有关部门建立工作联系；自觉遵守法律法规及公司的工程项目管理有关规章制度。

11.2 根据施工组织设计总进度计划的要求，每月 25 日提交下月施工计划，有阶段工期要求的提交阶段施工计划，必要时按工程承包人要求提交旬、周施工计划，以及与完成上述阶段、时段施工计划相应的劳动力安排计划，经工程承包人批准后严格实施；并向工程承包人提供固定管理机构的人员名单和联系方式、施工人员花名册和每天出勤表以及各种上岗操作证件。应遵守实名制管理的相关规定，一经确认后的管理人员及施工人员应保持相对稳定，未经工程承包人同意不得擅自变更。

11.3 严格按照设计图纸、施工验收规范、有关技术要求及施工组织设计精心组织施工，确保工程质量达到约定的标准；科学安排作业计划，投入足够的人力、物力，保证工期；加强安全教育，认真执行安全技术规范，严格遵守安全制度，落实安全措施，确保施工安全；加强现场管理，严格执行建设主管部门及环保、消防、环卫等有关部门对施工现场的管理规定，做到文明施工；承担由于自身责任造成的质量修改、返工、工期拖延、安全事故、现场脏乱造成的损失及罚款。

11.4 自觉接受工程承包人及有关部门的管理、监督和检查；接受工程承包人随时检查其设备、材料保管、使用情况，以及其操作人员的有效证件、持证上岗情况；与现场其他单位协调配合，照顾全局。

11.5 按工程承包人统一规划堆放材料、机具，按工程承包人标准化工地要求设置标牌，搞好生活区的管理，做好自身责任区的环境卫生和治安保卫工作。

11.6 按时提交报表、完整的原始技术经济资料，配合工程承包人办理交工验收。

11.7 做好施工场地周围建筑物、构筑物和地下管线和已完工程部分的成品保护工作，因劳务分包人责任发生损坏，劳务分包人自行承担由此引起的一切经济损失及各种罚款。

11.8 妥善保管、合理使用工程承包人提供或租赁给劳务分包人使用的机具、周转材料及其他设施。

11.9 劳务分包人须服从工程承包人转发的发包人及工程师的指令。工程承包人发放的各种函件，劳务分包人不得拒绝接收。

11.10 因劳务分包人原因使工程施工受到威胁或即将产生损失时，或工程承包人认为劳务分包人已不具备承担本工程的能力时，或劳务分包人无意继续履行合同时，或劳务分包人对合同的履行不能令工程承包人/工程发包人/监理单位满意时，工程承包人有权解除合同、有权拒付工程款，有权变更合同内容或要求劳务分包人全部或部分人员退场，劳务分包人应予接受并承担由此造成的一切经济损失和法律责任。

11.11 劳务分包人必须确保施工用料符合规范要求，不得偷工减料，并对所完成工程质量全面负责。

11.12 劳务分包人工作人员应认真学习和遵守国家政府颁发的各项文明施工管理规则，必须做到工完场清（即楼内/施工场地内无垃圾、杂物、余料），加工场地中各种材料应堆码整齐。

11.13 设置专人配合工程承包人测量员放线。

11.14 设置专人配合工程承包人试验员进行各项试验。并负责施工过程中的质量监控与检测工作。

11.15 负责对缺陷部位进行修补，并达到验收标准。如果给其他工序（如初装修、外墙外保温、涂料、瓷砖等）造成额外成本增加时，根据现场确认的实际发生额的150%从劳务分包人结算总价中扣除。

11.16 积极协助并参与以下工作，费用已经在劳务单价中包含：

11.16.1 配合工程承包人关于工程评优的各项工作；

11.16.2 配合工程承包人历次贯标审核工作；

11.16.3 配合工程承包人上级主管部门、政府部门及其他各种形式的检查、考察、参观等活动；

11.16.4 配合工程承包人办理工程所在地建设工程承发包交易中心关于合同备案及管理的事宜；

11.16.5 配合执行公司质量管理标准体系及环境管理标准体系和职业健康安全体系相应程序和文件要求。

11.17 保障工程承包人免于承担以下的责任：

11.17.1 劳务分包人、其雇员或供应商违约、不遵守或不执行上述分包合同条款或其中任何条款所引致的一切责任及后果；

11.17.2 劳务分包人、其雇员或供应商的任何行为或遗漏，以致工程承包人需向本工程建设单位、监理单位、业主等承担的任何责任；

11.17.3 由于劳务分包人、其雇员或供应商的任何疏忽或失职（包括误用电梯、脚手架等其他属于工程承包人或第三方提供或置放于现场的机械设备）而引致的任何索赔、损坏、损失或费用；

11.17.4 劳务分包人的雇员引用当时有效法令对因受雇用所引起或所受的人身损害提出索赔的任何损失或损害；

11.17.5 劳务分包人应保障工程承包人免于承担因工资纠纷及其他债务支付方面的一切责任和风险。

11.18 负责成品保护工作及工程竣工交验后的维修工作。

11.19 劳务分包人应严格保证施工生产人员的稳定，投入足够的劳动力及机械设备，严禁出现麦收及秋收人员撤离现象。

11.20 劳务分包人如果税务信息发生变化，应以书面法律文件及时告知工程承包人，并进行合同变更，否则由此造成的经济损失由劳务分包人承担。

12. 安全施工与检查

12.1 劳务分包人应遵守工程建设安全生产有关管理规定，严格按安全标准进行施工，并随时接受行业安全检查人员依法实施的监督检查，采取必要的安全防护措施，消除事故隐患。由于劳务分包人安全措施不力造成事故的责任和因此而发生的费用，由劳务分包人承担。

12.2 工程承包人应对其在施工场地的工作人员进行安全教育，并对他们的安全负责。工程承包人不得要求劳务分包人违反安全管理的规定进行施工。因工程承包人原因导致的安全事故，由工程承包人承担相应责任及发生的费用。

13. 安全防护与生产

13.1 劳务分包人在动力设备、输电线路、地下管道、密封防震车间、易燃易爆地段以及临街交通要道附近施工时，施工开始前应向工程承包人提出安全防护措施，经工程承包人认可后实施，防护措施费用由工程承包人承担。

13.2 实施爆破作业，在放射、毒害性环境中工作（含储存、运输、使用）及使用毒害性、腐蚀性物品施工时，劳务分包人应在施工前10天以书面形式通知工程承包人，并提出相应的安全防护措施，经工程承包人认可后实施，由工程承包人承担安全防护措施费用。

13.3 劳务分包人应严格遵守工程承包人及国家有关安全方面及其他各项规章制度，严格按规范施工，特殊工种应持证上岗，因劳务分包人违章操作及其他原因而引起的安全事故及责任，概由劳务分包人负责。

13.4 施工人员50人以下的，应当设置1名专职安全生产管理人员；50－200人的，应设2名专职安全生产管理人员；200人以上的，应根据所承担的分部分项工程施工危险实际情况增配，并不少于3人。

劳务分包人上述人员配置不到位或无证上岗，施工工人发生伤亡事故时，由劳务分包人承担全部责任。

14. 事故处理

14.1 发生重大伤亡及其他安全事故，劳务分包人应按有关规定立即上报有关部门并报告工程承包人，同时按国家有关法律、行政法规对事故进行处理。

14.2 劳务分包人和工程承包人对事故责任有争议时，应按相关规定处理。

15. 保险

15.1 运至施工场地用于劳务施工的材料和待安装设备，由工程承包人办理或获得保险，且不需劳务分包人支付保险费用。

15.2 工程承包人必须为租赁或提供给劳务分包人使用的施工机械设备办理保险，并支付保险费用。

15.3 劳务分包人必须为从事危险作业的职工办理意外伤害保险，并为施工场地内自有人员生命财产和施工机械设备办理保险，支付保险费用。并确保此保险在彻底履行完分包合同义务以前始终有效。

15.4 保险事故发生时，劳务分包人和工程承包人有责任采取必要的措施，防止或减少损失。

16. 材料、设备供应管理

16.1 劳务分包人应在接到图纸后，及时向工程承包人提交材料、设备、构配件供应计划（具体表式见附件1）；经工程承包人技术部门、预算部门审核确认后，工程承包人应按供应计划要求的质量、品种、规格、型号、数量和供应时间等组织货源并及时供应，进场时由双方共同点料，配发给劳务分包人使用，工程完工后，上述材料、设备、构配件用量不得超过工程承包人规定的损耗率，超过部分将从劳务分包人结算工程款中按规定扣除。需要劳务分包人装车、卸车的，费用已包含在合同价款内，劳务分包人必须及时进行。如质量、品种、规格、型号不符合要求，劳务分包人应在验收时提出，工程承包人负责处理。

16.2 劳务分包人应妥善保管、合理使用工程承包人供应的材料、设备。

16.2.1 因保管不善发生丢失、损坏，劳务分包人应照价赔偿，并承担因此造成的工期延误等发生的一切经济损失；

16.2.2 劳务分包人的施工人员在进行施工时，应该做到量材而用，不得大材小用，对于浪费材料、乱割乱锯乱扔现象，甲方一经发现，将按材料原值的5倍进行赔偿；

16.2.3 劳务分包人的施工人员将工程承包人供应的材料或设备带出场地，一经发现，按材料或设备原值的10倍进行赔偿；

16.2.4 劳务分包人的施工人员燃烧方木等木材（如在生活区食堂烧材做饭），一经发现，劳务分包人承担2000元/次的罚款违约金。

16.3 工程承包人供应的材料（含周转材料）进场后，由双方专职材料员点交并办理相关手续，劳务分包人应妥善保管合理使用材料，不得随意破坏浪费；工程用材料损耗按工程承包人规定（见附件4）计算后总量包死。劳务分包人在合理节约，并杜绝偷工减料的情况下，节余部分的30%归劳务分包人、70%归工程承包人，超耗部分按工程承包人评估价值的100%罚劳务分包人。如劳务分包人偷工减料，每出现一次承担罚款违约金一万元，并赔偿因此造成的损失。

17. 劳务报酬、签证及计价结算

17.1 本工程的劳务报酬采用下列任何一种方式计算：（1）固定劳务报酬（含管理费）；（2）约定签证工的工日单价（含管理费），按确认的工日计算，每工日按8小时计算；（3）约定不同工作成果的计件单价（含管理费），按确认的工程量计算。

17.1.1 采用第（1）种方式计价的，劳务报酬共计【　】元（本金额为含税价格）。其中，不含税金额为【　】元，增值税率为【　】%，税款为【　】元。

17.1.2 采用第（2）种方式计价的，签证工的工日单价为【　】元（本金额为含税价格）。其中，不含税金额为【　】元，增值税率为【　】%，税款为【　】元。

17.1.3 采用第（3）种方式计价的，不同工作成果的计件单价分别为：

××工序为【　】元（本金额为含税价格）。其中，不含税金额为【　】元，增值税率为【　】%，税款为【　】元。××工序暂定工程数量约为【　】m/m²/m³/…，最终结算以实际完成工程数量计算。

示例：墙面抹灰人工费14元/m²（本金额为含税价格）。其中，不含税金额为12.61元，增值税率为11%，税款为1.39元/m²。抹灰暂定工程数量约为2562m²，最终结算以实际完成工程数量计算。或者用表格表示（见表2-1）：

17.2 签证管理：

17.2.1 签证工作要按规定的审批程序、制式表格进行签证，当月有效过期作废。不按规定进行签证的，签证单一律无效。

17.2.2 签证单必须有工程承包人委托的项目经理签字认可方能生效，其余任何人签证

表 2-1　　　　　　　　　　　　　劳务报酬计价表

序号	工作内容	单位	暂定工程数量	不含增值税价格（元）		增值税（元）			含增值税单价（元）		备注
				单价	单价小计	税率(%)	税款	税款小计	单价	单价小计	
			1	2	3=1×2	4	5=2×4	6=1×5	7=2+5	8=1×7	
示列	墙面抹灰	m²	2562	12.61	32313.51	11%	1.39	3554.49	14	35868.00	最终结算以实际完成工程数量计算
	……										
	……										
	合计	元			32313.51			3554.49		35868.00	

均不能作为结算依据。

17.2.3 签证工/签证机械流程为：工程承包人项目部用工部门提出申请，成本管理部门审核，总工程师审批，项目经理批准后方可使用；用工结束后，由用工部门核实实际使用量，劳务分包人认可，成本管理部门复核，总工程师审批，项目经理批准后方可作为计价依据，单价按合同约定价格执行。

17.2.4 特殊事件或重大签证流程为：劳务分包人提出签证申请，工程承包人项目部主管部门对事件进行核实，成本管理部门复核，召开项目主要成员会议，集体决策，项目经理最后签认，同时需附集体签字认可的会议原件方能生效。

特殊事件是指由工程承包人原因造成劳务分包人的停窝工或其他损失须由工程承包人补偿的；重大签证是指签证金额在 1 万元以上的签证。

劳务分包人递交的各类补偿报告，统一由工程承包人项目部成本管理部门负责受理并书面登记，其他任何部门或个人均不得接收劳务分包人的任何补偿报告。报告受理后，工程承包人项目部相关部门依据合同进行审核，对确需补偿的，上报公司进行审批。

17.2.5 签证仅为合同约定外应由工程承包人承担的费用，合同中已包括的需由劳务分包人承担的内容一律不得签证。未经工程承包人项目经理授权任何人无权私自进行签证，否则给工程承包人造成的损失由签证人承担，工程承包人将按有关规定追究当事人责任。

17.3 计价结算管理。

17.3.1 计价结算原则上应采用实物工程量计价的方式，一般不应采用签证工和机械台班形式。签证工原则上应包含在综合单价内，特殊情况出现的零星签证工和机械台班应一事一签、当月结算、过期作废，否则成本管理部门不得计价，财务部门不得入账和付款。

17.3.2 每月 25 日劳务分包人上报已完工并经验收合格的工程量，工程承包人给予临时计价。工程完工经验收合格后一个月内，对劳务分包人进行结算。

17.3.3 劳务分包人结算需上报工程承包人公司成本管理部门审核通过后，才能作为对劳务分包人的最终结算支付金额。

17.3.4 劳务分包人和工程承包人对劳务报酬结算价款发生争议时，按本合同关于争议的约定处理。

17.3.5 劳务分包人与工程承包人按 17.3.3 条款结算成立后，发包人支付工程承包人关于劳务分包人施工内容部分的工程款项后，工程承包人支付劳务分包人工程款。满足上述条件，工程承包人不支付劳务分包人工程款的，从应付之日起按中国人民银行同期存款利率支付相应工程款的利息。

18. 工时及工程量的确认

18.1 采用固定劳务报酬方式的，施工过程中不计算工时和工程量。

18.2 采用签证工的工日单价（含管理费），按确认的工日计算，每工日按8小时计算，由劳务分包人每日将提供劳务人数和工作时间报工程承包人，由工程承包人确认。

18.3 采用按确认的工程量计算劳务报酬的，由劳务分包人按月（或旬、日）将完成的工程量报工程承包人，由工程承包人确认。对劳务分包人未经工程承包人认可，超出设计图纸范围和因劳务分包人原因造成返工的工程量，工程承包人不予计量。

19. 施工机具、周转材料供应管理

19.1 工程承包人提供给劳务分包人劳务作业使用的机具、设备，性能应满足施工的要求，及时运入场地，安装调试完毕，运行良好后交付劳务分包人使用。周转材料、低值易耗材料应按时运入现场交付劳务分包人，保证施工需要。

19.2 如因劳务分包人使用不当造成工程承包人提供的大型机械设备出现故障，相应损失由劳务分包人承担。

19.3 工程承包人提供机械在规定工期内的租赁费由工程承包人承担，因劳务分包人原因造成工期延误时，超出规定工期以外的租赁费及保养费由劳务分包人承担。

19.4 工程承包人提供租赁材料在双方约定工期以外的（因劳务分包人原因拖延工期）租赁费由劳务分包人承担。

19.5 工程承包人应提供施工使用的机具、设备一览表见附件2。

19.6 工程承包人应提供的周转材料、低值易耗材料一览表见附件3。

20. 施工变更

20.1 施工中如发生对原工作内容进行变更，工程承包人应提前以书面形式向劳务分包人发出变更通知，并提供变更的相应图纸和说明。劳务分包人按照工程承包人发出的变更通知及有关要求，进行下列需要的变更：（1）更改工程有关部分的标高、基线、位置和尺寸；（2）增减合同中约定的工程量；（3）改变有关的施工时间和顺序；（4）其他有关工程变更需要的附加工作。

20.2 因变更导致劳务报酬的增加及造成的劳务分包人损失，由工程承包人承担，延误的工期相应顺延；因变更减少工程量，劳务报酬应相应减少，工期相应调整。

20.3 施工中劳务分包人不得对原工程设计进行变更。因劳务分包人擅自变更设计发生的费用和由此导致工程承包人的直接损失，由劳务分包人承担，延误的工期不予顺延。

20.4 因劳务分包人自身原因导致的工程变更，劳务分包人无权要求追加劳务报酬。

21. 施工验收

21.1 劳务分包人应确保所完成施工的质量，应符合本合同约定的质量标准。劳务分包人施工完毕，应向工程承包人提交完工报告，通知工程承包人验收；工程承包人应当在收到劳务分包人的上述报告后对劳务分包人施工成果进行验收。若工程承包人与发包人间的隐蔽工程验收结果或工程竣工验收结果表明劳务分包人施工质量不合格时，劳务分包人应负责无偿修复，不延长工期，并承担由此导致的工程承包人的相关损失。

21.2 全部工程竣工（包括劳务分包人完成工作在内）且经发包人验收合格，在质量保修期内劳务分包人对质量保修承担连带责任。

22. 施工配合

22.1 劳务分包人应配合工程承包人对其工作进行的初步验收,以及工程承包人按发包人或建设行政主管部门要求进行的涉及劳务分包人工作内容、施工场地的检查、隐蔽工程验收及工程竣工验收;工程承包人或施工场地内第三方的工作必须劳务分包人配合时,劳务分包人应按工程承包人的指令无偿予以配合。

22.2 劳务分包人按约定完成劳务作业,必须由工程承包人或施工场地内的第三方进行配合时,工程承包人应配合劳务分包人工作或确保劳务分包人获得该第三方的配合。

23. 劳务报酬支付

23.1 劳务报酬按照发包人支付工程承包人同期同比例支付劳务分包人。

23.2 劳务分包人自愿承担由于发包人资金不到位而产生的风险,任何情况下劳务分包人不得由于发包人工程款支付不到位,而要求工程承包人承担责任。并且劳务分包人应积极主动协助工程承包人向发包人催要工程款。若发包人付款不到位,相应劳务分包人的劳务报酬不能按时支付,劳务分包人不得影响工程进度、质量和总工期,要妥善安置工人生活保证工程顺利完工。工程承包人保证在资金条件允许的情况下优先支付劳务报酬(不计取相关利息)。

23.3 工程款支付劳务分包人时,劳务分包人应提供增值税 (普通/专用)发票。劳务分包人应当根据工程承包人要求出具真实、有效、合格的增值税 (普通/专用)发票,应在开票之后【 】个工作日内将增值税 (普通/专用)发票送达工程承包人,工程承包人签收发票的日期为发票的送达日期。工程承包人在认证增值税 (普通/专用)发票无误后进行付款,如发现劳务分包人提供的增值税 (普通/专用)发票不合格,则工程承包人有权延迟支付应付款项,直至劳务分包人提供真实、有效、合格的增值税 (普通/专用)发票,再进行款项支付。

23.4 发票开具要求及责任。

23.4.1 劳务分包人开具的发票不合格的,工程承包人有权延迟支付应付款项,且不承担任何违约责任,劳务分包人的各项合同义务仍按合同约定履行。不合格增值税发票包括但不限于以下情形:开具虚假、作废等无效发票或者违反国家法律法规开具、提供发票的;开具发票种类错误;开具发票税率与合同约定不符;发票上的信息错误;因劳务分包人迟延送达、开具错误等原因造成发票认证失败等。

23.4.2 劳务分包人提供的发票为增值税专用发票的,还应遵守如下条款:

23.4.2.1 劳务分包人提供增值税专用发票必须交工程承包人办理发票交接手续,无工程承包人经办人员签认,视为劳务分包人未提供增值税专用发票,如发生增值税专用发票丢失,由劳务分包人承担责任。

23.4.2.2 因劳务分包人迟延送达、开具错误等原因导致其提供的增值税专用发票没有通过税务部门认证,造成工程承包人不能抵扣的,工程承包人有权拒绝接收。

23.4.2.3 劳务分包人未按合同约定开具增值税专用发票或实际开具的增值税专用发票税率低于合同中约定税率的,劳务分包人除应向工程承包人支付无法抵扣部分的税款金额外,劳务分包人还应向工程承包人支付合同总价【 】%的违约金,违约金不足以弥补工程承包人损失的,劳务分包人应予赔偿,工程承包人有权终止合同。

23.4.2.4 劳务分包人开具虚假、作废等无效发票或者违反国家法律法规开具、提供发票的,应自行承担相应法律责任,并应向工程承包人支付合同总价【 】%的违约金;劳务分包人提供履约保证金的,工程承包人有权扣除劳务分包人全部履约保证金,以上违约金或履约保证金不足以弥补工程承包人损失的,劳务分包人应予赔偿;劳务分包人重新开具的发票仍与合同约定不符的,除按本项前述约定承担责任外,工程承包人拒绝接收;劳务分包人无法开具发票的,除按本项前述约定承担责任外,劳务分包人应退还工程承包人已付款项,赔偿由此给工程承包人造成的全部损失,工程承包人有权终止合同。

23.4.2.5 劳务分包人账户必须是合同约定的在主管国税机关备案的账户,若账户变更应及时通知工程承包人,并签订合同变更或补充合同;如劳务分包人随意改变账户,工程承包人将拒付相应款项,由此引起的延期付款责任及相关的损失由劳务分包人承担。

23.4.2.6 因劳务分包人自身纳税人身份、纳税方式变化带来的适用增值税税率的变化,导致对工程承包人的损失应由劳务分包人承担。

23.4.2.7 如果工程承包人丢失增值税专用发票联和抵扣联,劳务分包人应向工程承包人提供专用发票记账联复印件及主管税务机关出具的《丢失增值税专用发票已报税证明单》。

23.4.2.8 如果获得开具的汇总专用发票,则劳务分包人应提供其防伪税控系统开具的《应税劳务清单》,并加盖发票专用章。

23.5 为防止劳务分包人拖欠工人工资,劳务分包人应在工程承包人指定的银行设立劳务人员工资保证金账户,账户由工程承包人项目部进行监管,账户余额应不低于所属工人的平均工资总额。工程承包人项目部应每月复核工资发放情况,当出现拖欠工资的情况时,工程承包人项目部有权委托银行进行支付。

23.6 工程承包人按劳务分包人每月计价款的5%预扣劳务工工资保障金,劳务工工资保障金专项用于拖欠劳务工工资的垫付,保障金包含在合同总价款内,从计价的应付工程款中列支,财务单独挂账。

24. 违约责任

24.1 工程承包人应承担违约责任:工程承包人不履行或不按约定履行合同义务时。在任何情形下,工程承包人向劳务分包人所承担的违约责任累计最高不得超过本合同价款总额的____%。

24.2 劳务分包人应承担违约责任:(1)劳务分包人因自身原因延期交工的,每延误一日,应向工程承包人支付_____元的违约金;(2)劳务分包人不履行或不按约定履行合同的其他义务时,应向工程承包人支付合同总额____%的违约金,劳务分包人尚应赔偿因其违约给工程承包人造成的经济损失,延误的劳务分包人工作时间不予顺延。

24.3 一方违约后,另一方要求违约方继续履行合同时,违约方承担上述违约责任后仍应继续履行合同。

24.4 劳务分包人以非正当方式(包括10人以上围堵、占据施工现场、工程承包人办公场所;以任何手段阻止施工现场正常施工、工程承包人正常办公秩序;阻塞交通;攀爬塔吊、建筑物、广告牌等)以及《国务院信访工作条例》(国务院第431号令)第20条规定的行为向工程承包人提出要求的,劳务分包人支付罚款违约金30000元/次;如该罚款违约金不足以弥补工程承包人的损失,工程承包人可以要求劳务分包人继续予以赔偿。由此造成工期延误、质量未达到约定标准、文明安全施工未达到约定标准的,工程承包人索赔违约金不受本合同约定的上限的约束。

24.5 劳务分包人先有24.4行为的,工程承包人自行为发生之日起10日内不履行分包合同价款的结算和支付手续的行为不构成违约。行为存在连续状态的,自连续状态终止之日起计算时限。

24.6 双方约定的劳务分包人的其他违约责任：发生时按实际损失和责任计算。

24.7 未经工程承包人书面同意，劳务分包人不得将本合同项下的权利全部或者部分转让给第三人。如劳务分包人违反本约定，视同劳务分包人违约，劳务分包人承担由此给工程承包人造成的全部损失，并承担合同总价10%的违约金。

25. 索赔

25.1 工程承包人根据总（分）包合同向发包人递交索赔意向通知或其他资料时，劳务分包人应予以积极配合，保持并出示相应资料，以便工程承包人能遵守总（分）包合同。

25.2 在劳务作业实施过程中，如劳务分包人遇到不利外部条件等根据总（分）包合同可以索赔的情形出现，则工程承包人应该采取一切合理步骤，向发包人主张追加付款或延长工期。当索赔成功后，工程承包人应该将索赔所得的相应部分转交给劳务分包人。

25.3 当本合同的一方向另一方提出索赔时，应有正当的索赔理由，并有索赔事件发生时有效的相应证据。

25.4 工程承包人未按约定履行自己的各项义务或发生错误，以及应由工程承包人承担责任的其他情况，造成工作时间延误和（或）劳务分包人不能及时得到合同报酬及劳务分包人的其他经济损失，劳务分包人可按下列程序以书面形式向工程承包人索赔：（1）索赔事件发生后21天内，向工程承包人发出索赔意向通知；（2）发出索赔意向通知后21天内，向工程承包人提出延长工作时间和（或）补偿经济损失的索赔报告及有关资料；（3）工程承包人在收到劳务分包人送交的索赔报告和有关资料后，于21天内给予答复，或要求劳务分包人进一步补充索赔理由和证据；（4）工程承包人在收到劳务分包人送交的索赔报告和有关资料后21天内未予答复或未对劳务分包人作进一步要求，视为该项索赔已经认可；（5）工程承包人在收到劳务分包人送交的索赔报告和有关资料后21天内未予答复或未对劳务分包人做进一步要求，视为该项索赔未予认可；（6）当该项索赔事件持续进行时，劳务分包人应当阶段性地向工程承包人发出索赔意向，在索赔事件终了后21天内，向工程承包人送交索赔的有关资料和最终索赔报告。索赔答复程序与（3）（4）规定相同。

25.5 劳务分包人未按约定履行自己的各项义务或发生错误，给工程承包人造成经济损失，工程承包人可按上述程序和时限以书面形式向劳务分包人索赔。

26. 争议

26.1 工程承包人和劳务分包人在履行合同时发生争议，可以自行和解或要求有关主管部门调解，任何一方不愿和解、调解或和解、调解不成的，双方约定采用下列第_____种方式解决争议：（1）双方达成仲裁协议，向工程承包人注册地的仲裁委员会申请仲裁；（2）向工程承包人注册地的人民法院起诉。

26.2 发生争议后，除非出现下列情况，双方都应继续履行合同，保持工作连续，保护好已完工作成果：（1）单方违约导致合同确已无法履行，双方协议终止合同；（2）调解要求停止合同工作，且为双方接受；（3）仲裁机构要求停止合同工作；（4）法院要求停止合同工作。

26.3 在争议解决期间，若该争议不影响本协议其他条款的履行，则该其他条款应继续履行。

26.4 工程承包人对劳务分包人的任何宽容、延缓行使本协议项下的权利，均不影响其根据本协议及法律、法规而享有的任何权利，亦不视为其对该权利的放弃或对该义务、责任的豁免。

27. 禁止转包或再分包

劳务分包人不得将本合同项下的劳务作业转包或再分包给他人。否则，劳务分包人将依法承担违约责任。

28. 不可抗力

28.1 本合同中不可抗力的定义与总包合同中的定义相同。

28.2 不可抗力事件发生后，劳务分包人应立即通知工程承包人项目经理，并在力所能及的条件下迅速采取措施，尽力减少损失，工程承包人应协助劳务分包人采取措施。工程承包人项目经理认为劳务分包人应当暂停工作，劳务分包人应暂停工作。不可抗力事件结束后 48 小时内劳务分包人向工程承包人项目经理通报受害情况和损失情况，以及预计清理和修复的费用。不可抗力事件持续发生，劳务分包人应每隔 7 天向工程承包人项目经理通报一次受害情况。不可抗力结束后 14 天内，劳务分包人应向工程承包人项目经理提交清理和修复费用的正式报告和有关资料。

28.3 因不可抗力事件导致的费用和延误的工作时间由双方按以下办法分别承担：（1）工程承包人的人员伤亡由工程承包人单位负责，并承担相应费用；劳务分包人的人员伤亡由劳务分包人单位负责，并承担相应费用；（2）劳务分包人自有机械设备损坏及停工损失，由劳务分包人自行承担；（3）工程承包人提供给劳务分包人使用的机械设备损坏，由工程承包人承担，但停工损失由劳务分包人自行承担；（4）停工期间，劳务分包人应工程承包人项目经理要求留在施工场地的必要的管理人员及保卫人员的费用由工程承包人承担；（5）工程所需清理、修复费用，由工程承包人承担；（6）延误的工作时间相应顺延。

28.4 因合同一方迟延履行合同后发生不可抗力的，不能免除迟延履行方的相应责任。

29. 文物和地下障碍物

29.1 在劳务作业中发现古墓、古建筑遗址等文物和化石或其他有考古、地质研究价值的物品时，劳务分包人应立即保护好现场并于 4 小时内以书面形式通知工程承包人项目经理，工程承包人项目经理应于收到书面通知后 24 小时内报告当地文物管理部门，工程承包人和劳务分包人按文物管理部门的要求采取妥善保护措施。工程承包人承担由此发生的费用，顺延合同工作时间。如劳务分包人发现后隐瞒不报或哄抢文物，致使文物遭受破坏，责任者依法承担相应责任。

29.2 劳务作业中发现影响工作的地下障碍物时，劳务分包人应于 8 小时内以书面形式通知工程承包人项目经理，同时提出处置方案，工程承包人项目经理收到处置方案后 24 小时内予以认可或提出修正方案，工程承包人承担由此发生的费用，顺延合同工作时间。所发现的地下障碍物有归属单位时，工程承包人应报请有关部门协同处置。

30. 合同解除

30.1 如果工程承包人不按照本合同的约定支付劳务报酬，劳务分包人可以停止工作。停止工作超过 28 天，工程承包人仍不支付劳务报酬，劳务分包人可以发出通知解除合同。

30.2 如在劳务分包人没有完全履行本合同义务之前，总包合同或专业分包合同终止，工程承包人应通知劳务分包人终止本合同。劳务分包人接到通知后尽快撤离现场，工程承包人应支付劳务分包人已完工程的劳务报酬，并赔偿因此而遭受的损失，因劳务分包人原因导致总包合同终止的除外。

30.3 如因不可抗力致使本合同无法履行，或因一方违约或因发包人原因造成工程停建或缓建，致使合同无法履行的，工程承包人和劳务分包人可以解除合同。

30.4 合同解除后，劳务分包人应妥善做好已完工程和剩余材料、设备的保护和移交工作，按工程承包人要求撤出施工场地。工程承包人应为劳务分包人撤出提供必要条件，支付以上所发生的费用,并按合同约定支付已完工作劳务报酬。有过错的一方应当赔偿因合同解除给对方造成的损失。合同解除后,不影响双方在合同中约定的结算和清理条款的效力。

31. 合同终止

双方履行完合同全部义务,劳务报酬价款支付完毕,劳务分包人向工程承包人交付劳务作业成果,并经工程承包人验收合格后,本合同即告终止。

32. 保密条款

32.1 双方保证对从另一方取得且无法自公开渠道获得的商业秘密(技术信息、经营信息及其他商业秘密)予以保密。未经该商业秘密的原提供方同意,任何一方不得擅自使用,更不得向第三方泄露该商业秘密的全部或部分内容。但法律、法规另有规定或双方另有约定的除外。

32.2 一方对另一方违反本保密条款的行为享有追究责任、要求赔偿的权利。

32.3 本合同终止后本条仍然适用,不受时间限制,但是双方就上述保密事宜另行签署的保密协议规定有保密期限的除外。

33. 合同份数

本合同一式【　】份,甲方执【　】份,乙方执【　】份,具有同等法律效力。

34. 补充条款

_____
_____
_____

35. 合同生效

本合同自双方签字盖章之日起生效。(注意为签字盖章,故签字和盖章同时满足时,合同始生效)

未尽事宜由本合同双方另行协商确定。对本合同的任何补充或修订需经双方以书面形式签署方为有效。书面补充合同构成本合同的组成部分,与本合同具有同等法律效力。

本合同附件1-附件24为本合同有效组成部分:附件1:工程承包人供应材料、设备、构配件计划;附件2:工程承包人提供施工机具、设备一览表;附件3:工程承包人提供周转、低值易耗材料一览表;附件4:工程承包人供应材料损耗率一览表;附件5:劳务分包人自带机械、设备一览表;附件6:法人授权委托书;附件7:资信证照真实承诺书;附件8:工程施工安全生产管理协议;附件9:环境保护责任书;附件10:职业健康文明安全施工责任书;附件11:临时用水管理协议;附件12:施工现场临时用电安全管理协议;附件13:物资使用管理协议;附件14:治安消防责任书;附件15:后勤管理协议;附件16:廉洁承诺书;附件17:现场签证单;附件18:特殊(重大)事项签证单;附件19:处罚通知单;附件20:分包合同完工结算前会签单;附件21:作业完工结算书;附件22:履约完毕承诺书;附件23:按时支付施工人员(包括民工)工资的承诺;附件24:保密承诺。

(部分附件略)

工程承包人:(公章)　　　　　　劳务分包人:(公章)

法定代表人:　　　　　　　　　　法定代表人:

委托代理人:　　　　　　　　　　委托代理人:

开户银行:

账　　号:

附件 1
工程承包人供应材料、设备、构配件计划

序号	品种	规格型号	单位	数量	单价	质量等级	供应时间	送达地点	备注

工程承包人：（公章）　　　　　　　劳务分包人：（公章）

附件 2
工程承包人提供施工机具、设备一览表

序号	品种	规格型号	单位	数量	供应时间	送达地点	备注

工程承包人：（公章）　　　　　　　劳务分包人：（公章）

附件 3
工程承包人提供周转、低值易耗材料一览表

序号	品种	规格型号	单位	数量	供应时间	送达地点	备注

工程承包人：（公章）　　　　　　　劳务分包人：（公章）

附件 4
工程承包人供应材料损耗率一览表

序号	品种规格型号	单位	数量	合理损耗率（％）	奖惩办法	备注
1	钢筋	t		1.5	见合同条款16.5	
2	混凝土	m^3		1	见合同条款16.5	需扣减钢筋所占体积
3	砖、砌块	m^3		1	见合同条款16.5	
4	钢管	t		1.5	见合同条款16.5	
5	扣件	个		2	见合同条款16.5	
6	型钢	t		1.5	见合同条款16.5	

续表

序号	品种规格型号	单位	数量	合理损耗率（%）	奖惩办法	备注
7	零星卡具	个		1	见合同条款 16.5	
8	钢模板	m²		0	见合同条款 16.5	
9	竹（多层）模板	m²			见合同条款 16.5	请结合项目实际情况确定损耗率
10	方木	m³			见合同条款 16.5	请结合项目实际情况确定损耗率
11	水泥、抗裂砂浆、保温砂浆等	t		定额损耗	见合同条款 16.5	
12	砂、石、炉渣、填料等骨料	m³		定额损耗	见合同条款 16.5	
13	石灰	m³		定额损耗	见合同条款 16.5	
14	保温材料	m³		定额损耗	见合同条款 16.5	
15	界面剂、防裂剂、黏结剂等外加掺料	t		定额损耗	见合同条款 16.5	
16	钢丝网、加强网布	m²		2	见合同条款 16.5	含搭接
	……					

工程承包人：（公章）　　　　　　　劳务分包人：（公章）

附件 5

劳务分包人自带机械、设备一览表

序号	品种	规格型号	单位	数量	供应时间	送达地点	备注

工程承包人：（公章）　　　　　　　劳务分包人：（公章）

附件 6

法人授权委托书

本授权委托书声明：我 _____（姓名）系 _____（分包单位全称）的法定代表人，现授权委托 _____（姓名）为我公司签署工程合同文件的法定代表人的授权委托代理人，我承认代理人全权代表我所签署的 _____ 合同文件的内容。

另授权委托 _____（姓名）为我公司办理财务手续的法定代表人的授权委托代理人，我承认代理人全权代表我所办理的 _____ 工程财务手续的全部内容。

另授权委托 _____（姓名）为我公司办理物资领验签证手续的法定代表人的授权委托代理人，我承认代理人全权代表我所签署的 _____ 工程物资领验签证手续的全部内容。

代理人无转委托权，特此委托。

代理人（姓名）：_____ 身份证号码：_____ 职务：_____
代理人（姓名）：_____ 身份证号码：_____ 职务：_____
代理人（姓名）：_____ 身份证号码：_____ 职务：_____

授权单位（盖章）：
法定代表人（签字或盖章）：
　　　　　　　　　　　　　年　月　日

附件7

资信证照真实承诺书

我（填承诺人的姓名）是（填营业执照上单位全称）的法人/被委托人。我承诺：我提供给贵单位：××公司的资信证照，包括：（所有提供的资信证照明细）完全真实有效。否则，本人愿承担提供虚假资信证照的全部法律责任，并赔偿由此给贵单位造成的全部经济损失。

承诺单位（公章）
承诺人：
本人身份证号：
本人常用手机（电话）：
本人常住地址：

　年　月　日

十一、分包验工计价管理

（一）目的

强化责任成本管理基础工作，加强验工计价过程控制，规范验工计价流程，防止效益流失，提高公司成本管理水平。

验工计价管理办法分对上计价、对下计价两个层次。

（二）验工计价管理小组职责

1. 为保证项目验工计价工作及时展开，各项目经理部必须成立由项目经理、项目党工委书记任组长、项目总工程师或商务副经理任副组长、项目各部门负责人为组员的验工计价管理小组。

2. 验工计价管理小组岗位职责。

（1）项目经理为本项目验工计价工作的第一责任人，负责组织项目验工计价工作，梳理、协调内外部关系，解决验工计价工作中存在的各类问题；

（2）项目书记为验工计价工作的监督责任人。对验工计价、合同外费用、分包商资金支付、竣工结算等过程行驶监督的职能；

（3）项目总工程师（项目商务副经理）为本项目验工计价工作的具体牵头人，配合项目经理组织项目验工计价工作，牵头制定项目验工计价工作实施方案，及时组织项目现场验工计价，协调部门间工作，督促履职到位；

（4）副经理（现场负责人）负责合同内工程形象进度确认，对现场发生的临时用工、机械台班及签证等合同外工程进行管控和签认，协助对合同外工程的原因及性质进行责任分析界定；

（5）项目计划合同部为验工计价主责部门。负责对各部门提供的资料进行复核，编制对上对下计价清单、验工计价报表，完成验工计价审批，编制分包商资金支付计划、资金支付申请，负责成品混凝土节超分析；

（6）项目工程管理部为工程量控制的主责部门。负责对上计量工程数量签认、对下计价工程量验收及数量的计算复核，向项目物资部提供分包商材料理论使用数量，负责研发项目、临建工程方案策划及数量控制，建立完善工程数量逐级控制台账并逐期核对，杜绝对下超计价，根据项目工期及进度要求对分包商下达施工进度计划，并对分包商的施工进度、质量进行考核；

（7）项目安全环保部为安全环保主管部门，负责安全费用的控制。负责对上计量所需安全生产费资料的提供，并对施工现场安全、文明进行考核；

（8）项目物资部为物资节超考核的主管部门。负责对项目甲供料进行对账核算，材料消耗进行分析并对分包方领用材料（不含成品混凝土）进行节超考核，按月份编制材料节超核算分析表，负责提供材料调差所需资料；

（9）项目设备部为项目机械设备核算主管部门。负责对项目租赁设备租赁费用、自有设备折旧费对账及单机核算，按合同约定对分包商使用项目的设备进行扣款；

（10）项目财务部做好项目税务策划，对增值税发票进行验证保管，建立计量支付台账并对计量、支付结果、分包商应扣款进行复核；

（11）项目其他部门根据职责分工配合做好验工计价工作；

（12）验工计价领导小组岗位职责可根据项目分工情况调整。

（三）验工计价的原则

1. 验工计价是项目经济管理重要工作之一，项目各级要充分履行职责，全面落实"谁签字、谁负责"的总体要求。

2. 验工计价应严格按照合同文件执行，应遵循及时、客观、真实、准确的原则，不得违反合同约定，严禁未签合同先计价。做好对上计价的策划与上报工作，确保计价的及时性与准确性，杜绝对下超计价。

3. 项目部对业主计价原则。项目部对上验工计价按照业主计量管理办法执行。

4. 项目部对分包商计价原则。

（1）项目部按月计价、竣工结算（即末次计价，下同）的程序进行验工计价，项目部应遵循"现场验收、流程控制、会议决定"的验工计价原则，并实现公司审批制度。

（2）对分包商验工计价必须以签订的合同（补充协议）单价及计量规则为依据，计价工程量以经现场验收、业务部门审核、总工审批的工程数量为准，按照月度计价、竣工结算的程序进行验工计价。临时工日、临时台班计价按公司规定执行，合同外工程计价必须签订补充合同，程序完善后方能计价。

（3）验工计价数量按照实际完成的合格工程量并依据计量规则进行计价，最高不得突破施工图数量；变更设计的数量以技术交底并验收合格的实际工程数量为准。工程部在提供现场数量签认时，必须把变更数量、合同外工程数量与原设计数量分别列项。

无变更设计的情况下，技术交底分成数量一般不得大于施工图数量。验工计价时技术交底与工程量验收单数量有出入时按以下原则办理：①验收单数量小于技术交底工程数量时，以验收单数量为准；②验收单数量大于技术交底工程数量时，以技术交底为准。

（4）对分包商验工计价单价不得突破合同单价，验工计价表的细目（或子目）必须与分包合同清单确定的分部分项工程细目（或子目）相对应，不得随意增减计价细目（或子目）。

（5）对下验工计价奖罚原则。

①材料节超奖罚。成品混凝土节超：项目计划合同部根据工程部提供的当月每个分包商混凝土理论消耗数据、物资部提供的每个分包商实际消耗数量及合同约定的允许损耗系数，出具混凝土节超核算表。超耗材料奖罚在对下验工计价表中予以奖罚。项目物资部、工程部应及时分析混凝土超耗原因，并将分析结果反馈给计划合同部。

除成品混凝土以外材料节超：项目物资部根据工程部提供的当月每个分包商材料理论消耗数量以及计划合同部合同交底时提供的合同约定的允许损耗系数，结合分包商当月实际消耗数量核算项目部限额供应材料的节超情况，出具材料节超核算表。超耗材料奖罚根据项目物资部提供的材料节超核算表在对下验工计价表中予以奖罚。项目物资部、项目工程部应及时分析材料超耗原因，并将分析结果反馈给项目计划合同部。

②综合单价中包含甲供料的，简易计税项目由物资设备部将分包商签认后的点验列销明细汇总表交项目财务部，由项目财务部直接扣款。

③安全、质量、进度奖罚：应由安全、质量、进度考核部门编制奖罚文件，经分包商签认后交项目计划合同部，由项目计划合同部在验工计价清单明细报表中予以奖罚。

（6）合同外计价办理原则。严格控制合同外费用，杜绝以"报告"的形式计价，严格控制临时用工或机械台班计价，已含在合同内容中的费用严禁以临时用工或机械台班等形式再重复计价。在项目经理书面同意以前，项目部任何人员无权为分包商出具或签署任何有关费用、数量及工期方面的签证。

合同外工作内容的发生必须按劳务合同交底书执行或事先咨询项目计划合同部，计划合同部及时向项目经理汇报经项目经理批准，涉及合同费用调整的，项目计划合同部必须编制费用调整分析资料和拟签订的补充协议，经项目成本管理小组同意后报公司经济管理部审批通过后方可计价，"先斩后奏"的一律不予计价和结算。

合同外工作量原则上以实物量的形式计价，施工时由现场副经理（现场负责人）和工程部共同确认临时工程数量。对于部分零散工程或时间性很强的临时工程以及其他确因现场情况特殊且无法计算实物工程量时，按临时用工或机械台班计价。临时用工（机械）在使用完毕后应及时填写由公司印刷有统一编号的《合同外用工（机械）现场签认单》。现场副经理（现场负责人）对合同外费用发生的原因、具体施工地点、施工范围、施工内容、施工起止时间、机械设备型号、具体用工（机械）数量等有关情况进行签认，但无权直接签署工日单价、机械台班单价。现场副经理（现场负责人）在签署意见时应注明"上述填写内容是否计价由项目计划合同负责人审定"；项目计划合同负责人应对签证是否为合同内包含工作内容及单价等进行签认。严禁签署"情况属实"等不能明确说明实际情况的意见或是只签名而不签署意见，出现此类情况时该签认单视为无效。签认的临时工程数量和《合同外用工（机械）现场签认单》原件必须在事后 3 天内交到计划合同部，否则不予计量。凡未及时办理手续进入当月计价表的所有签证均视为无效。

施工过程中如遇施工内容与合同约定不一致时，必须及时签订补充协议，补充协议及新增单价报公司经济管理部审批后方可对下计价。合同外费用原则上施工过程中阶段性办理。

（7）分包商之间相互调用机械设备的，由分包商之间自行协商和支付费用，不得在计价单中转扣。

（8）临时工程建设计价原则：临时设施建设应遵循"经济实用、达标从简、体现企业文化"的基本原则，应按照公司制定的统一建设标准。临时工程建设必须有方案，方案必须报公司主管部门审批。临时工程总预算必须报公司经济管理部审批。临时工程验工计价必须纳入主体工程同样管理，应有技术交底工程量及工程量完工验收单。因特殊原因无法按完成工程量计价的，按合同外计价支付规定办理。

（9）在签署验工计价审核意见时，审核人员应对验工计价严格把关，根据对口业务及岗位职责要求签署有关内容及意见，各职能部门严禁签署"同意"等不能明确说明实际情况的意见，或是只签名而不签署意见。

（10）原则上对于合同条款中已明确由分包商承担的材料、设备，项目部不再代购扣款。分包商之间相互调用机械设备的，由分包商之间自行协商和支付费用。

（11）有下列情况之一者，不予计价：因分包商自身原因导致的不合格工程；因分包商自身原因导致费用增加或处理质量事故而增加的工作量；缺少隐蔽工程检查程序或直接与成本挂钩的施工纪录；成品、半成品设备没有试验、鉴定资料及出厂合格证明，原材料未经试验鉴定确认合格的；未按变更设计程序办理变更手续、擅自变更或变相增加工程量的；计价项目与验工计价管理规定不符或与合同约定不符的；其他违反集团公司、公司或项目部有关管理规定的行为。

（12）竣工结算办理原则。分包商完成全部工程内容后，由分包商提出竣工结算申报，项目部任何部门或个人不得向分包商提供任何申报资料；分包商竣工结算项目验工计价领导小组成员必须全员、全程参与；项目经理牵头组织验工计价领导小组和分包商负责人现场联合验工计价，对发现的问题，项目部有权责令分包商及时整改，对于拒不按要求整改的，项目部不予办理履约保证金退还手续；项目验工计价领导小组对过程计价进行全面梳理，对存在异议的单据及时进行修正。工程部编制分包商结算工程数量、理论材料消耗数量；设备物资部根据理论消耗数量及材料损耗系数复核材料节超总量；计划部对进度、安全、质量奖罚及合同外费用进行梳理；财务部对累计量支付、单据（票据、凭证等）全面清理；分包商的竣工结算，必须召开竣工结算会议，异议问题按程序处理完后，形成竣工结算会议纪要，将相关资料报公司经济管理部审批后方可与分包商办理结算。未经公司经济管理部审批的末次计价，项目财务部不得计入工程成本，且不得办理支付手续，否则公司将追究项目财务负责人的责任；工程完工验收合格的项目应在 1 个月内办理竣工结算手续。因分包商原因已完工 3 个月不结算的应及时上报工程公司，暂停其参与新上项目招（议）标或上场资格。

5. 各项目必须严格按照公司审批流程分级审批。项目部将分包合同、合同外费用、验工计价、竣工结算等资料通过信息化系统报公司审批，不免除项目应承担的管理责任。

6. 为加强对验工计价的管理，及时反映对上、对下验工计价情况，便于开展经济运行分析，各项目必须定期更新对上、对下验工计价台账，随同验工计价资料于当月 30 日前上报公司经济管理部备案，延迟上报或未按月计价的，将对项目部进行通报。

（四）验工计价的程序

1. 对上验工计价。对上验工计价按与业主签订的工程承包合同相关条款规定办理，一般情况按以下操作程序执行：

（1）项目工程部门根据业主计量要求的时间统计当月完成工程数量，经总工程师审核确认报监理单位审批后提供给计划部。

（2）项目部计价前应做好计价策划工作，同时计划合同部以书面形式通知验工计价管理小组在规定期限内完成各自相关资料的签认工作，并及时反馈给计划合同部。计划合同部依据核定的工程量和相关资料编制验工计价报表，经项目经理签字审批后报监理工程师签字。

（3）项目计划合同部在合同规定或业主指定的时间内按监理工程师签认的验工计价资料编制中间计量报表报送业主。

（4）根据业主承包合同条款中明确的材料调差办法，由相关职能部门向项目计划合同部提交调差数量、材料价格汇总表及相关资料，计划部负责上报业主审批。

（5）根据业主承包合同条款中明确的变更计量办法，提交相关签证资料，项目计划合同部负责汇总上报业主。

（6）项目计划合同部在规定的时间内跟踪验工计价资料的审查和批复情况，并及时将验工计价进展情况向项目经理汇报。验工计价资料批复后，及时登记本月（或季度、年度）对上计价台账，并及时将批复的计价资料在信息化系统中完善审批流程。

2. 对下验工计价。

（1）项目部对分包商计价。月度验工计价程序：现场验收：每月20日验工计价管理小组现场对每个分包商当月完成工程数量和施工质量进行验收。各分包商填写已完工程数量表提交给项目工程部。

工程量的确认：现场验收完成2天内，项目工程部按所签劳务合同单价表中的细目，由项目现场专业工程师填写数量申报表（对下验工计价表格附表2）、工程量验收签证单（对下验工计价表格附表3）及工程材料理论消耗表（对下验工计价表格附表7），并由项目工程部部长、项目安质部长、现场副经理（现场负责人）、总工程师及分包单位责任人全部签认后方可作为计价的依据。

奖罚款项：项目设备物资部编制材料节超核算表（对下验工计价表格附表7-1）以及安全、质量、进度考核部门编制分包商奖罚资料于每月24日前提供至项目计划部。

报表编制：项目计划部根据各业务部门提交的资料及时编制验工计价报表。

流程推送：项目计划部应在每月25日前将验工计价资料经信息化系统报公司审批，按照公司审批意见完善后方可与分包商办理计价。分包商根据审批的计价金额及时开具增值税专票（收据）提供至项目财务部。

（2）竣工结算程序。分包商完成全部施工内容后，由分包商提交《竣工验收申报表》（对下验工计价表格附表9）。

项目部组织现场联合验工计价，各职能部门编制结算基础资料，及时全面梳理计价情况。

项目经理组织召开竣工结算会议，项目计划部根据会议纪要编制竣工结算报表。

结算资料经信息化系统报公司审批，按照公司审批意见完善后，方可与分包商办理结算，结算时分包商需要签署《作业承包竣工结（决）算协议书》。分包商根据审批的计价金额及时开具增值税专票（收据）提供至项目财务部。

（3）履约保证金退还程序按照以下程序办理：竣工结算协议及竣工结算单所有签字手

续齐全后，由分包商填写《竣工缺陷责任证书》（对下验工计价表格附表11），并向项目部书面提出退还履约保证金申请报告。

项目部根据退还申请报告，在分包商履行完合同内容、办理完决算两个月后，在信息化系统中完善履约保证金退还程序后，财务部根据审批意见办理履约保证金退还手续。

（五）工程计价支付相关规定

项目部对分包商付款一般按以下程序执行：

1. 月初由项目计划部在信息化系统中提交分包商资金支付计划。

2. 分包商计价经信息化系统审批通过且分包商开具发票（收据）后，项目经理组织召开分包商资金支付专项会议商议各队伍资金支付比例。

3. 对分包商的验工计价、竣工结算在资金支付时应预留一定比例的保证金，待缺陷责任期满，无遗留问题后方可返还。

4. 项目计划部根据会议结果且分包商开具收据后在信息化系统中提交资金支付申请，财务部根据审批后的支付金额付款。

（六）计价资料建档要求及管理

1. 公司对公司所属各项目部计价资料建档的要求。

（1）计价资料档案包含的内容：

合同资料：与业主签订所有施工合同（含补充合同），与集团公司签订的分包合同、其他合同、各种合同台账。

经济管理资料：项目经济管理工作总结、经济运行分析资料、各种重要文件、重要会议资料、会议纪要、获得各种经济奖罚的文件、通报、对上对下计价台账、对上对下工程量对比表等。

对上计价资料：各期计价报表、计价台账、变更索赔（保险索赔）资料、材料价差计价资料、末次计价资料、工程数量结算单、竣工结算资料及附件、验收移交书、项目竣工审计资料等。

对下计价资料是：分包商招（议）标、准入审批、合同审批单、各分包商承包合同、补充合同、新增单价批复单、验工计价表及附件、劳务作业承包竣工结（决）算会议纪要、协议书、结算审批单、计价台账等。

归案时间要求：业主结算完3个月内完成对下结算，对下结算完1个月内将资料装订上交给公司经济管理部归档。

（2）资料档案责任人：各项目计划合同部长为项目部经济资料收集、整理、上报的负责人。

2. 公司对各项目部计价资料建档的要求。公司对各项目部计价资料建档按各公司的要求执行，原则上包含以下内容：

（1）对上计价资料档案主要包括：施工合同、补充合同、各期对上计价报表、竣工结算报表及附件、计价台账、验收移交书等。

（2）对下计价档案主要包括：合同审批单、各分包商承包合同、补充合同、新增单价批复单、验工计价表及附件、劳务作业承包竣工结（决）算会议纪要、协议书、结算审批单、计价台账等。

3. 案卷归档管理。

（1）案卷归档时，由移交单位组卷人填写"计价资料档案移交目录"一式两份，由交接双方清点、签字、盖章后各存一份。

（2）归档的计价资料档案，必须保持其历史的真实面目，不得任意修改。必须修改时，由原归档单位的有关人员负责进行，并须履行审批手续。遇有特殊情况，应对计价资料档案进行全面或重点检查并作出详细记录，发现档案破损，要及时修补或复制。

（3）借阅计价档案时，应严格执行档案借阅制度，须在经本部门领导批准后方能借阅，并办理借阅手续；借阅人员必须保持案卷的完整与安全，不得转借、拆散、涂改、抽换、损坏、丢失和泄密；归还时，档案管理人员要详细检查、注销。

（4）案卷归档管理程序按公司规定归档。

（七）验工计价考核与奖惩

1. 对上验工计价。在符合与业主签订的合同条款规定的前提下，已完工未计价产值（不含未批复变更索赔）一般情况下不宜超过已完工总产值的5%，公司每半年将对项目产值计价率进行如下考核：

（1）产值计价率达到95%以上，对项目部予以奖励5000元，其中：项目经理1500元，项目总工800元，剩余部分由项目部根据各业务部门贡献大小分配。

（2）产值计价率达到90%（含）-95%，不奖不罚。

（3）产值计价率达到85%（含）-90%，对项目部予以罚款3000元，其中：项目经理罚款1000元，项目总工500元，剩余部分由项目工程部（含试验室、测量班）、计划合同部、物资部、设备部、安质部、财务部承担。

（4）产值计价率达到80%（含）-85%，对项目部予以罚款5000元，其中：项目经理罚款2000元，项目总工1000元，剩余部分由项目工程部（含试验室、测量班）、计划合同部、物资部、设备部、安质部、财务部承担。

（5）产值计价率80%以下，对项目予以罚款8000元，其中：项目经理罚款3000元，项目总工2000元，剩余部分由项目工程部（含试验室、测量班）、计划合同部、物资部、设备部、安质部、财务部承担。

2. 对下验工计价。

（1）如出现一次以下情况时，给予项目部及相关责任人通报批评：①未按月对下验工计价；②未按公司要求报批；③未按月进行材料节超考核；④合同外费用先计价后报批；⑤劳务合同未报批即计价的。

（2）出现以下情况时，对项目相关责任人予以处罚：①两次及以上未按月对下验工计价；②两次及以上未按公司要求报批的；③未按月进行材料节超考核；④合同外费用出现两期及以上先计价后报批的。

处罚标准：项目经理1000元、项目总工700元、工程部长300元、物资部长300元、设备部长300元、计划合同部长300元、财务部长300元。

3. 对下验工结算。分包商完成合同全部劳务工作量后，需在1个月内办理完竣工结算手续，特殊情况下不能超过3个月。若未能按在规定时间内办理完毕，按以下规定给予处罚：

（1）分包商完工后在3个月上、6个月内理完结算的，给予项目经理2000元、项目总工1000元罚款，其余人员（除项目经理及项目总工以外在对下验工结算单上签字人员）各罚款500元。

（2）分包商完工后在6个月以上办理完结算的，给予项目经理3000元、项目总工2000元罚款，其余人员（除项目经理及项目总工以外在对下验工结算单上签字人员）各罚款500元。

附件 1

××工程有限公司

_____项目部

<u>分包商名称××年××月验工计价表</u>

合同编号：　　　　　　（第　期计价）

期初不含税计价金额：¥×× 元	期初增值税税额：¥×× 元	期初含税计价金额：¥×× 元
本期不含税计价金额：¥×× 元	本期增值税税额：¥×× 元	本期含税计价金额：¥×× 元
开累不含税计价金额：¥×× 元	开累增值税税额：¥×× 元	开累含税计价金额：¥×× 元

分包商负责人：_____　项目书记：_____　项目经理：_____

分包单位验工计价审核汇总表（封面）

甲方：　　　　　　　　　　　计价编号：　　年开工累计第　次
乙方：　　　　　　　　　　　本次计价自　年　月　日至　年　月　日止

工程项目名称				合同编号	
本期不含税计价金额	本期税额	本期价税合计金额		附件	验工计价资料　份，共　页附件
开累不含税计价金额	开累税额	开累价税合计金额		计价类型	□中间验工计价 □最终结算
分包商负责人对计价内容及费用签字确认	（签章） 　年　月　日		项目计划部	负责人意见	（签字） 　年　月　日
项目工程部	负责人意见	（签字） 　年　月　日	项目安质部	负责人意见	（签字） 　年　月　日
项目设物部	负责人意见	（签字） 　年　月　日	项目财务部	负责人意见	（签字） 　年　月　日
现场负责人	意见	（签字） 　年　月　日	项目总工	意见	（签字） 　年　月　日
项目书记	意见	（签字） 　年　月　日	项目经理	意见	（签字） 　年　月　日

附表1 　　　　　　　　　　　　　　　分包单位验工计价清单报表

截止日期：　　　　年　　月　　日

章节号	工程项目	单位	单价	工程数量		到上期末完成		本期完成		累计完成		备注
				技术交底	变更后	数量	价值	数量	价值	数量	价值	
一	不含税合同内费用											
	均按照计价清单项目填写											
二	不含税合同外费用	元										
(一)	合同外用工	元										后附合同外用工现场签认单及明细
(二)	合同外用机械	元										
(三)	合同外施工费用审批	元										
三	不含税奖罚费用	元										每期奖罚在表8中做好台账登记
(一)	材料节超奖罚	元										注：下发考核文件时说明清楚是否含税价，便于计价
(二)	进度奖罚	元										
(三)	安全质量奖罚	元										
(四)	其他奖罚	元										
四	不含税计价金额	元										一＋二＋三
五	增值税金额	元										
六	含税合计金额	元										

附表2　　　　　　　　　　　　　　　　验工数量申报审批表

分包单位：　　　　　　　　　　　　　　　　　　　　　　　　　　　截止日期：　　　年　　月　　日

章节号	工程项目	单位	工程数量申报			上期末审批	本期完成		累计审批	备注
			技术交底量	变更数量	变更后数量		本期申报	本期审批		
1	2	3	4	5	6＝4＋5	7	8	9	10＝7＋9	11（证明附件，交底及验收签证单）
	按照计价清单项目填写									

施工单位意见：　　　　现场负责人意见：　　　　现场主管工程师意见：　　　　工程部长意见：　　　　计划部长意见：

　　　　　　　　　　　　　　　　　　　　　　　　质检部长意见：　　　　　　　　　　　总工程师意见：

附表 3　　　　　　　　　　工程量（变更）验收签证单

施工单位		项目名称		签证编号	
施工时间		桩号里程		验收依据	
验收时间		工程部位		是否变更（临时）工程	
签证内容（示意图、计算公式及过程）	草图及工程计算如下：				
审核意见及签字	施工队负责人：				
	现场工程师：				
	工程部长：				
	安质部长：				
	现场负责人（分管领导）：				
	计划部：				
	总工程师：				
	项目经理：				

附表 4　　　　　　X 公司_____项目部合同外用工（机械）现场签认单

出工（机）单位		用工（机）单位		编号	
用工（机）情况	名称（人工、机械型号）	单位	数量（大写）	用工日期	
作业时间、地点及内容					
用工（机）人	（签字）　　年　月　日				
出工（机）单位负责人	（签字）　　年　月　日				
主管现场副经理	（签字）　　年　月　日				
合同部审核意见	（签字）　　年　月　日				
项目经理意见	（签字）　　年　月　日				

说明：1. 本表必须经过以上 5 人共同签字确认后方可作为计量依据，产生效力；2. 合同综合单价已包含的工作内容不得再进行合同外签认；3. 本单现场人员签认后由现场副经理报送合同部当月计价；4. 用工日期、数量、作业时间、作业地点及作业内容必须由用工（机）人填写，禁止出工单位填写。

附表5　　　　　　　　　　　　　合同外施工费用审批表

编号：

劳务队名称			劳务队负责人	
合同外工程详细说明：				
	经办人：	年	月	日
相关业务部门意见：				
	经办人：	年	月	日
分管副经理意见：				
	经办人：	年	月	日
计划部意见：				
项目经理意见：				

说明：1. 本表为合同外施工费用审批用表，不能以实物工程量计量且难以核定用工量或机械使用量的使用本审批表；
2. 本表必须在三天内送项目合同部核定，逾期不再受理；
3. 项目部可根据现场实际情况增加签字人员；
4. 本表未项目经理最终审批前无效；
5. "合同外工程详细说明"必须由经办人填写。

附表6　　　　　　工程验工计价人工、研发费、临时工程、安全费统计表

施工单位：

章节号	工程及费用项目	期初价税合计（元）	本期价税合计（元）	开累价税合计（元）	备注
1	人工费				
2	研发费				
3	临时工程费				
4	安全费				
	合计				

说明：此表作为财务部门记账时工费、研发费、临时工程费、安全费时使用，不作其他用。

制表：　　　　　　　　　　　复核：

附表6-1　　　　　　　××项目部安全生产费验工计价清单报表

截止日期：　　年　　月　　日

章节号	工程项目	单位	单价	工程数量		到上期末完成		本期完成		累计完成		备注
				技术交底	变更后	数量	价值	数量	价值	数量	价值	
一	不含税合同内费用											
	均按照业主计价清单项目填写											

续表

章节号	工程项目	单位	单价	工程数量		到上期末完成		本期完成		累计完成		备注
				技术交底	变更后	数量	价值	数量	价值	数量	价值	
二	不含税计价金额	元										
三	增值税金额	元										
四	价税合计金额	元										

附表 7 ×××施工队材料理论消耗数量统计表

截至＿＿＿年＿＿＿（月份）季度

序号	工程细目（与和分包商签订的合同细目一致）	单位	开累完成数量	开累理论消耗材料数量				备注
				钢筋	砼	水泥	…	注明各种砼配合比
1								
2								
3								
4								
5								
6								
7								
8								
9								
10								

注：此表由工程部负责编制，可根据项目具体情况增减项目。（按单位工程分别编制）

附表 7-1 ××材料节超核算表（物资部提供）

分包商名称： 截至 年 季度（月）

序号	材料名称	单位	开累（季）理论消耗量	合同约定损耗率	合同允许消耗量	开累实际消耗量			节（+）超（-）金额			备注
						开累实际领料	开累实际库存	小计	数量	单价	合价	
1	2	3	4	5	6	7	8	9=7-8	10=6-9	11	12=10×11	

说明：1. 此表由物资部编制。2. 表中材料理论消耗数量由工程部提供，损耗率由计划部提供。劳务分包工程是否考虑材料合理损耗或考虑多少合理损耗必须在签订合同时予以明确。3. 其他物资扣款按物资部提供数据由合同部在验工计价表 6 及汇总表反映。

劳务队负责人： 物资负责人： 设备部负责人： 计划部负责人：

附表 8　　　　　工程项目对下验工计价申报及审批汇总表（　　年　　月）

报批单位：××项目经理部

序号	施工队伍名称	增值税税率	××月份					××季度					开累					备注	已支付金额	保证金	代付金额	剩余可支付金额
			合同内	合同外	奖罚费用	增值税	合计	合同内	合同外	奖罚费用	增值税	合计	合同内	合同外	奖罚费用	增值税	合计					
一	内部单位																	是否结算				
二	外部劳务																					
	小计																					
	总计																					

附表 9　　　　　　　　　　　竣工验收申请表

分包人：　　　　　　　　　　　　　　　合同编号：

分包内容：
致项目部名称： 　　根据××××年×月×日签订的合同约定，我队已完成项目部安排的劳务作业，施工现场已清理完毕。特申请项目部进行验收，验收合格后办理竣工决算。 　　　　　　　　　　　　　　　　　　　　承包人：　　　　　年　月　日
工程部意见：
安质部意见：
物资、设备部意见：
财务部意见：
计划部意见：
总工程师意见：
项目经理意见：

附表10　　　　　　　　　　　　　　　履约保证金退还申请表

申请单位：　　　　　　　　　　　　　　　　　　　　　　　　　　　　流水号：
填报人：　　　　　　　　　　　　　　　填报日期：

分包单位名称				合同编号	
承包项目及主要工程数量					
合　同　金　额	元	应缴纳金额	元	实际缴纳金额	元
缴纳比例	%	申请退还金额	元	项目核定退还金额	元
履约情况及申请退还依据					
项目计划部					
项目财务部					
项目安质部					
项目总工程师					
项目经理					
公司经济管理部					
公司财务部					
公司分管领导					
公司总会计师					
公司总经理					

附表11　　　　　　　　　　　　　　　竣工缺陷责任证书

分包人：

承包内容：	合同编号：
致项目部： 　　根据×××年××月××日签订的合同约定，我队已完成项目部安排的全部劳务作业，施工现场已清理完毕，经项目部现场验收合格后已于×××年××月××日办理了竣工决算并签署了竣工决算协议书。双方约定自××年××月××日至××年××月××日为缺陷责任期。我方承诺：1. 在缺陷责任期内发生的因施工造成的质量或其他缺陷或隐患由我方无偿修复；2. 如果我方在接到通知××日内未及时派人进行缺陷修复，我方同意你方另行安排其他承包人对工程缺陷修复，修复缺陷的费用在我队保修金中扣除；3. 如果我方在履约过程中存在遗留债务或其他应承担的费用和责任，在有书面凭证的情况下我方同意你方代付后在我队保修金中扣除。 　　　　　　　　　　　　　　　　　　　　　　　　　　　　　　　　　　承包人： 　　　　　　　　　　　　　　　　　　　　　　　　　缺陷责任期联系方式：地址及联系电话 　　　　　　　　　　　　　　　　　　　　　　　　　　　　　　　　　　年　月　日	
工程部意见：	
安质部意见：	
计划部意见：	
财务部意见：	
总工程师意见：	
项目经理意见：	

附表 12　　　　　　　　　隐蔽工程检查记录表

检查项目名称：		
工程名称：	施工单位：	
工程地点：	检查日期：　　年　　月　　日	
施工里程：自　　　　　　至　　　　　　共　　　　m		
1. 设计方案概述：		
2. 现场实际施工方法概述：		
3. 施工前情况：原地面高程　　　m，设计标顶面高程　　　m，设计底部高程　　　m。		
4. 劳务工班进场情况：进场时间　　年　　月　　日；开工时间　　年　　月　　日。		
5. 原材料情况：		
(1) 材料类别　　　　，型号　　　　，生产厂家　　　　，材料试验报告单编号　　　　。 (2) 原材料的供应　项目经理部供应 □　　劳务工班自行采购 □		
6. 使用机械情况：机械型号　　　　，进场时机械数量　　　台（套）；目前机械数量　　　台（套）		
7. 本期验收工程数量　　　　（单位），具体计算公式如下：		
8. 检查结果：经检查认为被检工程　满足设计要求 □　经整改后满足设计要求 □		
9. 检查决定：准予隐蔽 □　准进入下道工序　　　　　。		
现场主管工程师：	质检部负责人：	
工程部负责人：	现场负责人：	
总工程师：	项目经理：	

说明：无此表验工计价当中不得计算费用，具体参照《验工计价管理办法》执行。

附件 2

分包作业承包竣工结算协议书

甲方：
乙方：
依据《中华人民共和国劳动合同法》《中华人民共和国建筑法》，经甲乙双方共同协商，于____年____月____日签订了《_____工程分包合同》（合同编号：____）。鉴于乙方已完成合同约定的全部（或部分）分包工作内容，并报请甲方验收合格，根据合同规定现对乙方所承担分包作业办理竣工结算，并签订竣工结算协议书，内容如下：

一、甲、乙双方共同对以下条款认可：（以下价款均要求大写）

1. 乙方完成的所有工程数量（包括施工图工程量和施工过程中发生的变更设计量）（细目详见工程竣工收方汇总表）；

2. 分包作业最终结算价款总额____元；（细目详见末次验工计价表）。

3. 本工程截至签此协议之日，甲方已支付乙方____元，扣除质保金____元，扣除材料超耗费用____元，扣除其他费用____元后，本次实际还应支付____元。除质保金外的未支付结算费用甲方将根据业主资金拨付情况尽快无息支付给乙方。

4. 保修期内整修工程缺陷所需费用从质保金中扣除，质保金余额在保修期满后乙方凭结算手续向甲方领取，本工程保修期限详见工程缺陷责任期证书。

二、乙方承诺：本协议签字后，有关分包承包作业的一切价款和费用已全部结清（约定的保修金除外），其他无任何遗留问题。除上述结算费用外，不再以任何理由、任何方式向甲方索要任何其他费用。

三、本协议签订后，乙方在本工程所在地以及与本工程有关的异地的所有经济活动（含本协议签订前的经济活动）纠纷均与甲方无关，由此引起的全部经济责任和法律责任由乙方负责处理并全部自行承担。

四、本协议签订后，乙方仍负责该工程交付业主使用　　　　年的承包人保修责任。同时，必须对承担的工程质量负终身责任。

五、如乙方在分包作业施工过程中弄虚作假，欺瞒甲方所造成的一切工程缺陷和质量隐患，甲方保留以法律手段追究乙方责任的权利。

六、本协议一式三份，甲方二份，乙方一份，经双方签字（加盖公章）后生效。结算协议中所述所有费用结清后相关合同及协议同时失效。

甲方：　　　　　　　　　　　　　　　　乙方：
法定代表人：　　　　　　　　　　　　　法定代表人：
或其授权的代理人：　　　　　　　　　　或其授权的代理人：
地址：　　　　　　　　　　　　　　　　地址：
联系电话：　　　　　　　　　　　　　　联系电话：
签订日期：　　年　月　日　　　　　　　乙方代表身份证号码：
公司经济管理部意见：
审签日期：　　年　月　日　　　　　　　签订日期：　　年　月　日

第三节　"营改增"后物资材料管理

"营改增"后，增值税属于价外税，与此前执行的营业税有较大差别，而现行的物资收发存管理都是建立在营业税制下，因此存在很多不匹配的环节，可能导致税务风险。

物资部门在物资点验环节主要依据物资的实际入、出库情况，而财务记账依据的是供应商提供的发票。在供应商提供发票较为滞后的情况下，财务部门只能依据物资部门提供的收、发、存料单进行相关材料账面价值的估计，收到发票后再进行调整。有些情况下财务部门会在收到相关发票时才做相应的账务处理，这就容易导致物资部门的物资台账与财务部门出现不一致的情况。

营业税税制下物资点验环节，无论取得何种发票，点验单价及金额登记为含税价，物资部据此与供应商对账；在发料环节，相应的支出单价及金额也为含税价，物资部据此核算材料费成本。"营改增"后的物资点验与发料环节的核算，由于增值税价外税的特点，要求金额与税额分别核算，物资部门在物资入库时即需要对物资的金额和税额进行分离，以不含税成本入账，物资发出时也按照不含税单价进行核算，以保证与财务部门的核算情况相一致。

一、物资材料的概念

施工物资材料指工程项目施工所有主要材料、结构件、其他材料、燃润料、周转材料、低值易耗品、配件。

二、物资材料策划

物资采购方式包括甲控材、集中采购、项目自采三种方式。

1. 甲控材是指根据工程招标文件和施工合同，由业主指定供应商供料和市场采购材料完成工程项目施工所需物资的供应。

2. 集中采购是指由上级单位对主要材料组织招标，主要目的是降低工程项目物资采购供应成本，最大限度地实现规模效益，提升企业的核心竞争力。

3. 项目自采是指除公司集中外购，由项目部自行采购的材料，由项目部通过招标竞价方式并在保证质量、数量的前提下，从优选择合格供方。

4. 商品混凝土可以采用来料加工的方式，可以多取得进项税。将混凝土中的水泥改为项目部供应（甲供）模式，提高进项税抵扣。有三种方案，按优先顺序，第一种方案将混凝土水泥改为甲供，项目部供应水泥由拌和站负责生产混凝土。如第一种方案不易操作，则可争取与拌和站谈判，采取三方合同方式，将水泥供应商与拌和站作为联合体签订三方合同，由项目部分别与拌和站和水泥供应商办理结算。第三种方式是要求拌和站更改营业范围，增加混凝土代加工业务，将混凝土销售直接改为13%税率。

三、信息价

信息价一般为不含税价，即除税市场信息价格，税率为13%。

"除税市场信息价格"是指按财税部门相关规定的除税价格。除税材料（设备）市场信息价格包括除税的材料（设备）原价、运杂费、运输损耗费和采购及保管费，但人防门、钢构件、钢筋混凝土预制构件不含运杂费。运杂费一般指市区的运费。

1. "除税市场信息价格"是以采购可以开具"增值税专用发票"的材料（设备）为依据的。

2. "除税市场信息价格"中施工机械、模板、脚手架全部采用市场租赁的方式，按有形动产租赁服务的税率扣除相应税额。

3. "除税市场信息价格"中苗木价格是按农业生产者销售自产农产品的方式采集的价格。

四、供应商管理

（一）招（议）标管理。应建立供应商准入制度，严格审核供应商的纳税人资格，所有采购业务原则上应选择具备一般纳税人资格的公司作为供应商。如确需选择小规模纳税人、个人作为合作对象，应建立小规模纳税人、个人供应商的税务风险评估机制，充分考虑其涉税风险。

应建立供应商的税务信息真实性审核机制，审核供应商的相关税务信息，具体内容包括：（1）供应商名称全称；（2）纳税人识别号（15位代码，国税号）或者统一社会信用代码（18位代码）；（3）注册地址、联系电话；（4）开户银行名称；（5）开户银行账号（在主管国税机关备案登记的银行账号）；（6）纳税人身份；（7）可开具的增值税发票类型；（8）发票联系人姓名、身份证号码、联系电话、电子邮件；（9）税务登记证明资料，一般纳税人需提供《增值税一般纳税人资格登记表》复印件或《国税税务登记证副本》（含一般纳税人证明页）复印件；小规模纳税人需提供《营业执照》或《国税税务登记证副本》复印件，税务登记证明材料复印件必须加盖公司印章；（10）若为境外供应商，只提供（1）、

（8）项内容。

（二）应建立供应商黑名单制度，将历史年度多次提供不合规发票的合作方，或当年提供不合规发票两次以上的合作方，列入供应商黑名单，并停止合作。

（三）对于可提供增值税扣税凭证的供应商，要求以不含税价作为招标商务核算依据，且考虑附加税影响。如属于增值税不可抵扣项目，以含税价作为招标商务核算依据。

（四）执行一般计税方法项目比价原则。

投标人评审价格＝净价＋净价×（所有投标人的最高进项抵扣税率－投标人进项抵扣税率）×附加税率之和

净价：能提供增值税扣税凭证的投标人，其"净价"是指增值税扣税凭证的不含税价格；对于只能提供普通发票的投标人，其"净价"即是含税价格，其进项抵扣税率为0。

（五）对于二三类材料、办公用品、低值易耗品、劳保用品等采购，应通过电子商务平台等方式实施集中采购，以取得增值税专用发票进行抵扣。

（六）要求工程项目使用的固定资产、周转材料由上级法人单位统一购买和持有，以经营租赁方式交给项目使用。

五、合同管理

（一）单笔人民币交易在一万元以上的采购活动，原则上应签订合同，合同必须包含公司统一制定的标准税务条款。

（二）标准税务条款包括以下内容：（1）供应商的税务信息；（2）合同标的物的含税价、不含税价、适用税率；（3）发票类型、发票开具及交付时间；（4）未按合同要求开具发票的处理，包含重新开具、支付违约金等；（5）供应商因虚开发票行为的责任条款；（6）如供应商税务信息发生变化，供应商应以书面法律文件及时告知，并进行合同变更，否则由此造成的经济损失由供应商承担。

（三）合同评审应增加涉税审核环节，重点审核供应商纳税人身份、税率、发票类型等相关税务信息。

（四）严格禁止签订阴阳合同，防止由此行为产生的法律和税务风险。

（五）物资材料招标。

1. 如可保证潜在供应商充分竞争，要求供应商必须为增值税一般纳税人。

2. 投标人为一般纳税人，必须提供一般纳税人证明。证明材料可以是税务登记证副本复印件；"三证合一"后，证明材料可以是经主管税务机关核对后退还纳税人留存的《增值税一般纳税人资格登记表》复印件。

3. 对于可提供增值税扣税凭证的供应商，要求以不含税价作为招标商务核算依据，且考虑附加税影响。如属于增值税不可抵扣项目，以含税价作为招标商务核算依据。

（六）比价原则。

1. 执行一般计税方法的项目比价原则。执行一般计税方法的单位，要求投标人的报价实行价税分离，注明不含税价和税率，需要考虑不同进项税率对附加税费的影响，故应按照"评审价格"来进行比较。首先将每个供应商报价转化为评审价格，再按计算出来的评审价格进行比较。比价公式为：

投标人评审价格＝净价＋净价×（所有投标人的最高进项抵扣税率－投标人进项抵扣税率）×附加税率之和

公式说明：

①净价：能提供增值税扣税凭证的投标人，其"净价"是指增值税扣税凭证的不含税价格；对于只能提供普通发票的投标人，其"净价"即是含税价格，其进项抵扣税率为0。

②净价×（所有投标人的最高进项抵扣税率－投标人进项抵扣税率）×附加税率之和，是计算最高进项抵扣税率与投标人自身进项抵扣税率的差额对附加税的影响。

③附加税率之和，包含城建税、教育费附加、地方教育费附加等，业务部门可向财务部门咨询当地的附加税率。

【案例】假设甲、乙、丙三个投标人的报价中，净价均为100元，甲为增值税一般纳税人，进项抵扣税率为13%，乙为小规模纳税人且能提供增值税专用发票，进项抵扣税率为3%；丙为个人，只能提供普通发票。三家供应商的材料质量相当，均符合采购标准，付款条件无差别，均不收取运费，假定附加税率之和为12%。

则三家投标人的评审价格分别为：

甲：100＋100×（13%－13%）×12%＝100.00（元）

乙：100＋100×（13%－3%）×12%＝101.20（元）

丙：100＋100×（13%－0%）×12%＝101.56（元）（因为丙只能提供普通发票，因其无进项金额可用于抵扣，所以进项抵扣税率为0）

比较后，甲的投标人评审价格最低。

2. 执行简易计税方法的项目比价原则。执行简易计税方法的单位，可以直接按照各供应商报价的含税价进行比较。

（七）合同签署部分。

1. "营改增"后，应及时通知供应商己方的增值税专用发票开具信息，以便供应商准确开具发票。

2. "营改增"后，与供应商新签合同，直接按新的合同范本签署，新签合同的内容中应包括采购合同标准模板中的涉税条款。

（八）供应商发票开具及传递。

1. 对于执行一般计税方法的单位，要求供应商按合同开具增值税专用发票或普通发票，国家政策禁止开具增值税专用发票的业务除外。

2. 对于执行简易计税方法的单位，要求供应商按合同要求开具普通发票。

3. "营改增"后各供应商在月底结算时按合同约定向己方单位开具发票，必须确保开具的发票真实性、合法性、有效性。

4. 增值税专用发票，必须保持票面干净、整齐，发票的正反两面均不能留下任何脏、乱及签字的痕迹。

5. 为保证增值税专用发票及时认证抵扣，要求供应商自发票开具之日起15天内交付己方单位，并且形成双方交接签认记录。

六、结算管理

（一）业务部门应严格按照合同约定与供应商进行结算，严禁超合同结算开票的行为发生，防止虚开发票的风险。

（二）结算单据是获取增值税发票的主要凭据，应注明本次交易的发票类型、增值税税率、增值税额等信息。

结算单据包括工程结算单、材料入库单、劳务结算单、设备租赁结算单、运费结算单等。

（三）供应商开具的发票应符合合同约定形式的要求。

（四）地材专用发票问题。

地材一般就地采购，多为小规模纳税人或个人，受开票限额限制，存在频繁更换合同主体或从其他公司借用发票的问题，导致"三流"不一致或恶意注销原注册公司，产生税务风险。

1. 建立合格供应商名录库，筛选供应商时充分考虑提供发票类型及履约能力，优先选择一般纳税人。

2. 如果通过价格比选和履约能力风险评估，选择小规模纳税人供应商的，货款结算采用两票制，即材料、运费分别签订购销及运输合同并分别结算，材料款抵扣3%的进项税率，运费抵扣11%的进项税率，尽可能增加进项税额，达到降低税负的目的。

3. 谨慎选择个人供应商，必须选择的，通过价格比选后，在不增加采购单价的前提下，要求其注册为个体工商户或小规模纳税人，在税务局代开3%增值税专用发票。

4. 所有地材供应商必须提供增值税专用发票，涉及资源税的地材，同时提供资源税乙种缴税凭证。

七、报账管理

（一）业务经办人员必须依据合同条款、《公司发票管理办法》（以下简称《发票管理办法》）要求，对发票内容进行初审，并对交易的真实性承担直接责任。

（二）业务经办人员应在《发票管理办法》规定期限内报账，严禁跨期报账。

（三）业务经办人员获取增值税专用发票抵扣联后，必须及时提交给财务部门。如出现因保管不当造成丢失、延期提交造成不可抵扣等情况，给公司造成损失的，应按有关规定接受处罚。

（四）财务部门接收到发票后，应按合同约定条款及《发票管理办法》的相关规定进行复核，对于不符合要求的发票予以退回。

（五）财务部门应在《发票管理办法》规定期限内，及时认证增值税专用发票，防止逾期无法抵扣。

（六）财务部门应按"认证优先"原则，先对增值税专用发票进行认证后，再进行账务核算处理。

（七）抵扣事项管理

1. 增值税进项税业务分为可抵扣和不可抵扣业务，具体内容以《工程项目部增值税纳税抵扣要点》为准。

2. 所有列入可抵扣范围的支出业务原则上应取得增值税专用发票。

3. 所有列入不可抵扣范围的支出业务应取得普通发票，不能要求对方开具增值税专用发票。

4. 取得的增值税扣税凭证不符合法律、行政法规等有关规定的，其进项税额不得抵扣，已抵扣的进项税额必须及时转出。

八、付款管理

（一）财务部门不得对未提供合格发票和未通过发票认证的业务进行付款，防止出现发票不合格无法抵扣进项税额的情况。

（二）财务部门应严格按照合同约定的银行账户进行付款。

（三）对于预付款业务，财务部门应严格按合同约定的预付款条件支付，并要求供应商按合同约定的发票类型提供发票。

（四）付款方式。

对于执行一般计税方法的单位，要求供应商按合同开具增值税专用发票或普通发票，才能办理结算付款手续，国家政策禁止开具增值税专用发票的业务除外。

对于执行简易计税方法的单位，要求供应商按合同要求开具普通发票，才能办理结算付款手续。

供应商收款账户原则上必须是合同签订方的企业信息中在主管国税机关备案的账户，若供应商实际收款银行账户与在主管国税机关备案的账户不符（账户名称必须完全一致），应向己方提供书面证明，并加盖公章。

九、核算管理

（一）财务部门应按照《公司增值税会计处理规范》的要求，进行会计核算处理。

（二）财务部门应将所有结算业务先进行应付账款暂估处理，收到发票时，方可转入应付账款挂账，办理付款业务。

（三）2016年5月1日后新增的在会计制度上按固定资产核算的不动产，其所含进项税应按两年期限进行计算抵扣，第一年抵扣比例为60%，第二年抵扣比例为40%。财务部门应建立不动产增值税抵扣台账。

十、进项税额转出管理

取得增值税扣税凭证如用于以下项目，不得抵扣增值税进项税额，应在认证以后将相应增值税进项税额做转出处理：

1. 用于简易计税方法计税项目、免征增值税项目、集体福利或者个人消费的购进货物、加工修理修配劳务、服务、无形资产和不动产。其中涉及的固定资产、无形资产、不动产，仅指专用于上述项目的固定资产、无形资产（不包括其他权益性无形资产）、不动产。

纳税人的交际应酬消费属于个人消费。

2. 非正常损失的购进货物，以及相关的加工修理修配劳务和交通运输服务。

3. 非正常损失的在产品、产成品所耗用的购进货物（不包括固定资产）、加工修理修配劳务和交通运输服务。

4. 非正常损失的不动产，以及该不动产所耗用的购进货物、设计服务和建筑服务。

5. 非正常损失的不动产在建工程所耗用的购进货物、设计服务和建筑服务。纳税人新建、改建、扩建、修缮、装饰不动产，均属于不动产在建工程。

6. 购进的旅客运输服务、贷款服务、餐饮服务、居民日常服务和娱乐服务。

7. 财政部和国家税务总局规定的其他情形。

本条第2项、第3项、第4项、第5项所称非正常损失，是指因管理不善造成货物被盗、丢失、霉烂变质的损失，以及被执法部门依法没收或者强令自行销毁的货物或者不动产被依法没收、销毁、拆除的情形。

本条第4项、第5项所称货物，是指构成不动产实体的材料和设备，包括建筑装饰材料和给排水、采暖、卫生、通风、照明、通信、煤气、消防、中央空调、电梯、电气、智能化楼宇设备及配套设施。

在进行进项税额转出处理时，应根据实际情况编制《应取未取得增值税专用发票逐级审批表》。

十一、考核管理

（一）应建立未抵扣进项税的考核机制，对合同签订、业务结算、费用报销等过程中产生的应抵扣未抵扣且计入成本内的进项税进行考核。

（二）应抵未抵税金比率是进项税考核的重要指标：

应抵未抵税金比率＝应抵未抵扣税额／（已抵扣税额＋应抵未抵扣税额）

（三）本指标应纳入绩效考核体系，由考核部门综合进行考核。应定期通报未抵扣进项税考核结果，并将考核结果与相关责任人的收入挂钩。

附件：供应商采购合同涉税条款标准模板。

附件：

供应商采购合同涉税条款标准模板

一、完善合同签订方的企业信息

甲方：（须填写营业执照登记的单位全称）
注册地址：（以营业执照为准） 邮编：
通信地址：（以实际办公地址为准） 邮编：
法定代表人： 职务：
纳税人身份：（一般纳税人或小规模纳税人或其他，本项是必填项，不能擅自删除）
纳税人识别号：（国税代码，15位；若完成"三证合一"登记，需提供统一社会信用代码，18位）
开户银行名称：
开户银行账号（必须是在主管国税机关备案的账号）
乙方：（须填写营业执照登记的单位全称）
注册地址：（以营业执照为准） 邮编：
通讯地址：（以实际办公地址为准） 邮编：
法定代表人： 职务：
纳税人身份：（一般纳税人或小规模纳税人或其他，本项是必填项，不能擅自删除）
纳税人识别号：（国税代码，15位；若完成"三证合一"登记，需提供统一社会信用代码，18位）
开户银行名称：
开户银行账号（必须是在主管国税机关备案的账号）

二、合同金额及税额条款

单项（货物／劳务／服务）合同
合同金额为人民币：【　】元，上述金额为含税价格。其中，不含税金额为【　】元，增值税率为【 】%,税款为【 】元。

多项(货物/劳务/服务)合同

合同金额为人民币:【 】元,上述金额为含税价格。其中:

1.【 】货物,含税价款为【 】元,不含税金额为【 】元,增值税税率为【 】%,税款为【 】元。

2.【 】劳务,含税价款为【 】元,不含税金额为【 】元,增值税税率为【 】%,税款为【 】元。

3.【 】服务,含税价款为【 】元,不含税金额为【 】元,增值税税率为【 】%,税款为【 】元。

产品名称	规格型号	产地	单位	数量	不含税单价(元)	增值税税率	增值税税额	价税合计(元)	如为浮动单价,则价格浮动计算公式
人民币大写金额									

注1:如适用不同增值税税率,按不同税率分别填写。

注2:如适用相同增值税税率,采购项目可以合并也可以分拆。

注3:该表格适用于材料采购,其他类型的采购参照使用。

三、发票开具要求及责任

(一)每批货物经甲方验收合格后10日内,乙方应按甲方要求出具合法有效的增值税【 】发票。(若由于条件限制必须与小规模纳税人签订合同时,也应当要求小规模纳税人提供由税务局代开的增值税专用发票)乙方应在开票之后5个工作日内将发票送达甲方,甲方签收发票的日期为发票的送达日期。

(二)乙方开具的发票不合格的,甲方有权迟延支付应付款项,且不承担任何违约责任,乙方的各项合同义务仍按合同约定履行。不合格发票包括但不限于以下情形:开具虚假、作废等无效发票或者违反国家法律法规开具、提供发票的;开具发票种类错误;开具发票税率与合同约定不符;发票上的信息错误;因乙方迟延送达、开具错误等原因造成发票认证失败等。

(三)乙方提供的发票为增值税专用发票的,乙方还应遵守如下条款:

1. 乙方提供增值税专用发票必须交甲方办理发票交接手续,乙方发票以邮寄形式送达的,应随发票附"增值税发票签收回执单",甲方签认后应将扫描件发送至乙方传真或电子邮箱,无甲方经办人员签认,视为乙方未提供增值税专用发票,如发生增值税专用发票丢失,由乙方承担责任。

2. 因乙方迟延送达、开具错误等原因导致其提供的增值税专用发票没有通过税务部门认证,造成甲方不能抵扣的,甲方有权拒绝接收。

3. 乙方未按合同约定开具增值税专用发票或实际开具的增值税专用发票税率低于合同中约定税率的,甲方有权要求乙方按照合同约定重新开具合同约定税率的增值税专用发票,如乙方无法重新开具的,乙方除应向甲方支付无法抵扣部分的税款金额外,乙方还应向甲方支付合同总价【 】%的违约金,违约金不足以弥补甲方损失的,乙方应予赔偿,甲方有权终止合同。

4. 乙方开具虚假、作废等无效发票或者违反国家法律法规开具、提供发票的，乙方应自行承担相应法律责任，并应向甲方支付合同总价【　】%的违约金；乙方提供履约保证金的，甲方有权扣除乙方全部履约保证金，以上违约金或履约保证金不足以弥补甲方损失的，乙方应予赔偿；乙方重新开具的发票仍与合同约定不符的，乙方除按本项前述约定承担责任外，甲方拒绝接收；乙方无法开具发票的，乙方除按本项前述约定承担责任外，乙方应退还甲方已付款项，赔偿由此给甲方造成的全部损失，甲方有权终止合同。

5. 乙方收款账户原则上必须是合同约定的在主管国税机关备案的账户，若乙方收款银行账户与在主管国税机关备案的账户不符的，应及时通知甲方并提供加盖公章的书面证明。若账户变更应及时通知甲方，并签订合同变更或补充合同；如乙方随意改变账户，甲方将拒付货款，由此引起的延期付款责任及相关的损失由乙方承担。

6. 因乙方自身纳税人身份、纳税方式变化带来的适用增值税税率的变化，导致对甲方的损失应由乙方承担。

7. 如果甲方丢失增值税专用发票联和抵扣联，乙方应向甲方提供专用发票记账联复印件及主管税务机关出具的《丢失增值税专用发票已报税证明单》等相关资料。

8. 如果获得开具的汇总专用发票，则乙方应提供其防伪税控系统开具的《销售货物或者提供应税劳务清单》，并加盖发票专用章。

第四节　"营改增"后设备管理

建筑业实行"营改增"，给设备管理带许多问题，如何确定租赁机械设备价格，合同中应注意哪些方面等。通过合理的税收筹划，合法、有效地取得可抵扣进项税额，降低支出，全面提升设备精细化管理水平。

一、机械设备增值税管理基本原则

（一）依法合规，贯彻执行国家有关法律法规及相关政策。

（二）交易真实，所有支出业务必须建立在真实交易的基础上。

（三）合同为纲，所有支出业务原则上必须有合同支撑，且以合同中的税务条款作为增值税进项侧管理的重要依据。

（四）"三流"一致，所有支出业务的货物及服务流、资金流、发票流的各方信息必须保持一致。

（五）认证优先，经办人员收到增值税扣税凭证应优先启动认证程序，见票即抵，认证通过后方可启动报账及支付等流程。

（六）价税分离，在采购活动中，取得增值税扣税凭证时，应将含税价格分为不含税价和税额，公式为：

不含税价 = 含税价/（1 + 税率或征收率）

二、设备管理部门发票管理职责

项目设备管理部门作为设备类发票接收管理的直接责任部门，其具体职责为：

（一）及时取得发票。

（二）审核发票的真实性、完整性、有效性。

（三）更换不合规发票。

（四）妥善保管并在规定时间内传递给财务部门。

（五）配合财务部门对发票开展检查工作。

（六）负责本部门取得发票的其他管理工作。

三、供应商管理

（一）实行增值税后，针对项目管理实际，新项目所涉及的供应商分为三类，即一般纳税人、小规模纳税人和自然人。

（二）为最大化取得抵扣进项税额，同等条件下，设备供应商的选择原则应按照一般纳税人＞小规模纳税人＞自然人的优先级进行。

（三）公司应修订完善设备供应商管理制度，健全供应商准入审批机制，及时组织项目设备管理部门对设备供应商进行信誉评价，包括后评价和定期评价。

（四）项目设备管理部门应对拟合作的设备供应商进行身份识别，建立供应商管理信息库，并对设备供应商进行初步评价，评价内容包括但不限于业内信誉、纳税人身份、经济能力、开票时间、付款条件、服务意识等方面，评价结果报经公司业务部门审批后方可开展后续业务合作。

（五）设备采购、租赁、维修、运输和安拆供应商的选择应谨慎选用自然人供应商，除非自然人供应商的价格比选占据优势。项目设备管理部门应积极开展与供应商的谈判，谈判要点包括但不限于：能否更改为一般纳税人？能否代开增值税专用发票？如不能代开增值税专用发票能否降低含税价格？

四、合同管理

（一）公司要完善合同签订工作机制和流程，重要经济合同均要纳入法人集中管控范围，合同审批流程中除必要的业务审批外，还必须有法律合规部门的条款审核及财务部门的税务审核。

（二）公司应对各类合同范本进行修订，分类描述合同标的，明晰合同价款、税金，约定付款与提供发票时间安排，明确发票类型、代收代付等事项，增加纳税人身份识别及信息变动、涉税违约责任等条款，适应增值税下的管理要求。

（三）"营改增"模式下，新项目设备相关的所有经济活动必须签订合同，合同主体应正确填写纳税主体全称，严禁填写简称，合同应按照工程公司修订后的合同范本签订。

（四）项目部签订合同时要考虑服务提供方是一般纳税人还是小规模纳税人，提供的结算票据是增值税专用发票还是增值税普通发票，增值税率是多少，能否抵扣，再分析、评定报价的合理性，从而有利于节约成本、降低税负，达到合理控税、降本增效的目的。

（五）因虚开增值税专用发票的法律后果非常严重，最高会面临无期徒刑的刑罚，因此在合同条款中应特别加入虚开条款。约定如开票方开具的发票不规范、不合法或涉嫌虚开，开票方不仅要承担赔偿责任，而且必须明确不能免除其开具合法发票的义务。

（六）合同履行过程中，主要应该监督合同的中标方、签订方、收款方以及发票的开具方是否一致。

（七）根据《财政部 国家税务总局关于明确金融房地产开发教育辅助服务等增值税政策的通知》（财税〔2016〕140号）第16条规定："纳税人将建筑施工设备出租给他人使用并配备操作人员的，按照'建筑服务'缴纳增值税。"

（八）租个体工商户的机械设备月租金不超过10万元时（执行时间2019年1月1日–2021年12月31日），免交增值税，可以代开3%的专用发票，租个人的机械设备，不免增值税，只能代开3%的普通发票。

五、设备购置管理

（一）设备购置应按公司划定的采购权限进行，严禁未经审批私自采购设备。

（二）设备采购原则上应由公司签订采购合同，增值税专用发票的"购买方"必须为公司全称，不允许项目部签订设备采购合同，增值税专用发票的"购买方"不能为项目部全称。

（三）设备采购采用公司集采模式的，应采取统谈分签方式。

（四）设备采购合同中的设备总价原则上应包括设备的运费（二票制除外）、安装调试费、人员培训费、售后服务费、税费等费用，应要求供应商按付款进度同步提供增值税专用发票，原则上应实行先开票后付款原则。

（五）符合招标条件的设备购置应实行招标采购，"营改增"实施后应对招标文件相关条款进行修订。

1. 应对投标人资格条件进行必要的约束。原则上要求供应商为一般纳税人，供应商投标时应提供增值税一般纳税人资质证明文件，证明材料可以是国税登记证复印件，"三证合一"后，证明材料可以是经主管税务机关核对后退还纳税人留存的《增值税一般纳税人资格登记表》复印件；

2. 应修订招标成本定价原则和方法。

选择比价原则：投标人须知前附表中，注明以不含税价作为商务核算依据，且考虑附加税影响，即投标人评审价格 = 投标人不含税价格 × {1 + [max（所有投标人的税率）– 投标人税率] × 12%}。

招标文件中要求供应商为一般纳税人，且报价为单一税率的，直接按不含税价进行比价。

【案例】假设甲、乙、丙三个投标人均为增值税一般纳税人，报价中净价分别为100元、110元、115元，增值税税率均为13%，则直接按不含税价进行比价。

结论：应选择甲供应商。

招标文件中不要求供应商为增值税一般纳税人，同时存在一般纳税人和小规模纳税人；也就是说报价存在不同税率的情况下，应按照"评审价格"原则进行比较。

首先选出最高税率，然后依次将每个供应商报价的净价转化为评审价格，再按计算出来的评审价格进行比较：

评审价格 = 净价 + 净价 ×（所有投标人的最高税率 – 投标人税率）× 12%

（注：12%调整的是附加税的影响，包含7%城建税，3%教育费附加，2%地方教育费附加）

【案例】经评审后，假设甲、乙、丙、丁四个投标人的报价中，不含税价分别为100元、100元、110元、115元，甲为小规模纳税人（可代开专用发票），乙、丙、丁为增值税一般纳税人，增值税税率分别为3%、13%、13%、13%，则四家投标人的评审价格分别为：

甲：100 + 100 × （13% － 3%） × 12% = 101.20（元）

乙：100 + 100 × （13% － 13%） × 12% = 100（元）

丙：110 + 110 × （13% － 13%） × 12% = 110（元）

丁：115 + 115 × （13% － 13%） × 12% = 115（元）

结论：比较后，乙投标人评审价格最低，故应该选择乙公司。

3. 应要求投标人的报价价税分离，注明不含税价和税率。

（1）原则上要求供应商报价实行"一票制"，即供应商就设备销售价款和运杂费合计金额向己方仅提供一张货物销售发票；

（2）如果采用"二票制"报价，即供应商就设备销售价款和运杂费向建筑企业分别提供设备销售和交通运输两张发票，应注意两点：一是供应商不能提供运输服务的，设备运输由合同指定的第三方实施，为了避免"三流"不一致、导致虚开发票的行为，需要设备供应商与第三方之间的采购合同等资料；二是供应商既销售货物又提供运输服务的，应当在合同中分别注明货物价款和运输费用，并约定由设备供应商提供其发出货物的出库凭证及相应的物流运输信息。

六、设备维修及配件采购管理

（一）设备维修和配件采购应尽可能选择增值税一般纳税人供应商，并要求设备维修厂家和配件供应商提供增值税专用发票。

（二）在保证设备维修质量和配件质量的前提下，要根据价税平衡点来判断，选择合理的设备维修厂家和配件供应商。在综合对比一般纳税人、小规模纳税人和自然人在价格、可抵扣进项税额后选择最有利的供应商。

（三）设备维修预期金额较大时，应实行设备维修招标，在保证取得可抵扣进项税额的前提下进一步降低设备维修费用。

七、报废设备处置管理

（一）报废设备处置视为销售，应按规定缴纳增值税，规避税务风险。

1. 目前公司现有设备均为"营改增"实施之日前取得的固定资产，此类设备报废处理时应根据《国家税务总局关于营业税改征增值税试点期间有关增值税问题的公告》（国家税务总局公告2015年第90号）相关规定申请依3%减按2%征收增值税。

2. 如果拟报废处置的设备在购进时已经抵扣过进项税额或可抵扣未抵扣的，处置时应按照处置价格13%的税率缴纳增值税额。

（二）报废设备处置应实行公开处理，尽可能扩大处置信息受众群体，推行网上公开处理模式，提升设备处置价格。

八、设备租赁管理

（一）项目设备管理部门应进行充分的市场调查，掌握各类设备资源的分布情况及相应供应商的身份信息。

（二）项目不能直接从设备供应商的报价高低来衡量成本的高低。因设备供应商适用的税率不一样，可能为3%也可能是13%，所以谈判时应明确报价是税前价格（真实成本）还是含税价格。

只有小规模纳税人含税报价小于一般纳税人的不含税报价〔一般纳税人含税报价／（1＋13％）〕时，建筑企业才是划算的，否则就应当选择具有一般纳税人资格的租赁公司，其实际负担才更低。

（三）符合招标条件的设备租赁应实行招标租赁，招标内容参照设备采购招标文件制定。

（四）公司应加大设备租赁供应商监管力度，督促项目部适当提高设备租赁供应商的准入门槛，尽可能地取得可抵扣的进项税额。如果出租方是一般纳税人的，要求其提供增值税专用发票；如果出租方是小规模纳税人的，要求其提供代开的增值税专用发票；尽量避免出租方为自然人。

（五）不同法人主体之间的设备调拨使用收取使用费或划转折旧费的视为有形动产租赁，设备调出单位应按有形动产租赁业务的规定缴纳增值税（税率13％），且应签订租赁合同，规避税务风险。

（六）应避免综合单价租赁模式，防止"营改增"政策下该租赁模式被认定为劳务分包，从而不能取得13％的进项税额。（除非综合单价租赁模式单价对比占据优势）无论是量化租赁或者综合单价租赁，均应签订为设备租赁合同。

九、设备安拆管理

（一）新购设备的安装原则上应包含在设备购置单价中，避免重新签订设备安装合同而被认定为安装劳务（适用9％的增值税税率）。

（二）非新购设备的安拆服务应坚持价格必选原则，要根据价税平衡点来判断，合理选择设备安拆供应商。

（三）专业设备的安拆服务必须交由专业公司进行，重点审查设备安装工程专业承包企业资质。

（四）设备安拆合同应对设备安拆过程中的安全责任进行必要的约定。

十、设备转场运输管理

设备转场运输应尽可能地与运输物流公司合作，既可以减轻设备运输过程中出现损失后的索赔风险又可以取得增值税专用发票，增加企业的进项税额。

十一、水电费的管理

新项目应将施工用水电费和项目常驻地的生活水电费区分缴费并分别取得增值税专用发票。施工用水电费的进项税抵扣税率为13％，而项目常驻地的生活水电费则不能抵扣，区分缴费可有效规避税务风险。

施工队伍使用水电费，一般由总承包单位统一与水电公司结算，总承包单位再与施工队伍结算。目前有三种解决方法：

1. 计价扣除（扣减）。施工队伍单价中包括水电费，每月施工队伍发生的水电费从验工计价中扣减水电费金额，或结算时扣减水电费金额支付。这种情况存在少交税的情况。另外，有少数单位采用计提销项税的方法，交纳扣减水电费的销项税。

2. 水电费视同销售。施工队伍单价中包括水电费，每月施工队伍发生的水电费，总承包单位给施工队伍开具销售发票，结算时从验工计价中按发票金额扣减支付款，施工队伍的合同不变更。这种情况适用于企业在营业范围中包括销售水电项目的公司。

3. 单价中不包含水电费。总承包单位与施工队伍在签订施工分包合同时，合同单价中不包含水电费，但总承包单位对施工分包队伍使用的水电费实行限额管理，超过限额部分对施工队伍进行处罚。

十二、机械租赁费单价包含甲供油料的处理

工程项目因施工线路较长，通常会租用大量施工机械，按目前集团公司的定价规则、合同模版，合同单价包含人工、油料费，但实务中油料都是由施工单位甲供，每期按扣除施工队使用的油料后进行结算、开票，将被认定为销售行为，应按规定计算增值税销项税。可以采取以下方案。

（一）将油料从综合租赁单价中剥离出来，合同签订租赁单价不含油料费，计价、结算均为纯租赁费，油料按机械台班定额领用，超耗部分由设备出租方承担，项目部按含税采购价加合理管理费做销售，从每期计价结算中扣款。

（二）如租赁单价为含油料的综合单价（不能合理剥离），应在机械设备租赁合同中明确：油料由项目部甲供（明确甲供材料范围、清单），设备出租方不得自行在外采购甲供油料，合同单价是包含了甲供材料的内部控制价格，对出租方结算时，扣除实际领用甲供油料的金额作为应支付的租赁费，开具相应金额的增值税专用发票。

如已签订合同，实际执行为甲供材料的，必须签订补充合同，增加甲供材料及结算条款。

十三、环保、节能节水设备税收优惠

施工现场所有机械设备采购必须取得增值税专用发票，并进行认证抵扣。如有购置环保、节能节水、安全生产等设备（如电动机、变压器、锅炉、瓦斯检测设备等），在满足施工生产需求的前提下，建议购置《关于印发节能节水和环境保护专用设备企业所得税优惠目录（2017年版）的通知》（财税〔2017〕71号）文件目录设备，在进行税务备案后，可按专用设备投资额的10%直接抵免当年应纳所得税额；当年不足抵免的，可以在以后5个纳税年度结转抵免。

十四、增值税专用发票的管理

（一）项目业务管理部门在取得增值税专用发票后，首先应辨别其真伪；其次应注意该张发票与实质经济内容是否一致，对方是否存在虚开或代开增值税发票的情况；最后应注意取得增值税专用发票是否符合形式要求，不合规的发票包括以下情形：（1）填写项目不齐全、内容不真实、字迹不清楚，未加盖发票专用章；（2）发票打印错格压线；（3）发票折叠损坏；（4）客户名称填写有误（含未按全称填写）；（5）发票内容有涂改、挖补；（6）发票大小写金额不符；（7）发票联未经复写；（8）购买实物无对应清单；（9）假发票或已换版作废的发票；（10）白条或收据（含公司内部收据）；（11）开具日期为以前年度；（12）国家政策规定的其他不合规情形。

如发现不合规发票，项目发票取得部门应要求设备供应商在5个工作日内进行更换。

（二）辨识合格后的发票应按财务要求及时交由项目财务部门进行增值税专用发票的认证，发票移交手续应留存相关证据。

（三）当增值税专用发票出现信息错误等无法认证情况，发票取得部门应当及时联系供应商，将发票退回，要求供应商重新开具增值税专用发票。

十五、经济活动税务管控的合法合规

各类经济管理活动必须符合企业税务管控的相关要求，即必须遵循"三证统一""三流统一"和"三价统一"等三大原则。

（一）"三证统一"：是指法律凭证（合同）、会计凭证和税务凭证的相互印证、相互联系和相互支持。在这"三证"中，法律凭证（合同）是第一位的。在"三证"中，如果缺乏法律凭证（合同）的支持和保障，则会计凭证和税务凭证无论多么准确和完美，也是有法律和税收风险的。

（二）"三流统一"：资金流（银行的收付款凭证）、票流（发票的开票人和收票人）和物流（如租赁设备交付过程）相互统一，具体而言是指不仅收款方、开票方和设备租赁方必须是同一个经济主体，而且付款方、收票方和设备承租方也必须是同一个经济主体。如果在经济交易过程中，不能保证资金流、票流和物流的相互统一，则会出现票款不一致，涉嫌虚开发票，将被税务部门稽查判定为虚列支出，虚开发票，承担一定的行政处罚甚至遭到刑事处罚的法律风险。

（三）"三价统一"：符合民法规定具有法律效力的合同或协议上注明的价格、发票上填写的金额和结算价格都必须是相等的。关于合同价、发票价和结算价的相互统一问题，必须注意一个前提条件：合同上的价格是符合民法规定有效合同上载明的价格，而不是阴阳合同或黑白合同上注明的价格。

第五节 施工合同审查要点和法律风险

"营改增"后，如何审核施工合同，审核合同的重点是什么？以及有什么法律风险？如何简单快捷地审查施工合同？

一、增值税后签订合同时应明确的事项

"营改增"政策全面实施后，企业在合同条款方面要谨慎操作，对防范税务风险尤为重要。

（一）明确合同价格条款

增值税为价外税，应当在合同中就合同价款是否包含税金做出明确约定，避免后期产生争议。合同价款需明确合同含税总价、合同价（不含税部分）及税款金额，如果签订含税价款，一定要附加发票类型（增值税专用发票或增值税普通发票）和税率的限制，否则对项目成本影响很大；如果签订的是不含税价，企业将根据发票类型，决定付款金额。具体约定形式为合同及其他补充文件中所指"价款"或"价格"，如无特别说明，均指含税价格，包含增值税税款及其他所有税费。

1. 基本概念：

"不含税价款"：是指购进增值税应税货物、劳务、服务、无形资产或不动产时所支付的不含增值税的净价。

"含税合同总价"或"价税合计":是指购进增值税应税货物、劳务、服务、无形资产或不动产时所支付的价款与增值税税款两部分之和。

2. 要点:一般纳税人应在合同条款中填写"增值税税率";小规模纳税人及选择简易征收的一般纳税人应在合同条款中填写"征收率"。

需要特别注意的是混合销售的价税分离的情形,也就是合同中出现的采购+安装类的合同。根据财税〔2016〕36号文件规定:一项销售行为如果既涉及货物又涉及服务,为混合销售。从事货物的生产、批发或者零售的单位和个体工商户的混合销售行为,按照销售货物缴纳增值税;其他单位和个体工商户的混合销售行为,按照销售服务缴纳增值税。

工程总包合同涉及提供建筑劳务及与建筑劳务相关的货物,不能单独签订合同时属于混合销售,统一按照建筑业的增值税税率。税率新项目执行9%的增值税税率。

3. 条款设计:

(1) 以某公司作为甲方,一般合同签订条款内容。

【案例】合同总价为(含税价)为人民币××元整,增值税税率为××(征收率为××)。其中,不含税价款为人民币××元整,增值税税款为人民币××元整。合同不含税价款已包括人工费、运输费等乙方为履行本合同所需要的费用。除本合同另有约定或经甲方书面同意外,乙方不得再以任何形式和理由就本合同的履行要求甲方支付其他任何费用。

(2) 一种比较复杂的情形,就是一份合同包含不同税率。

财税〔2016〕36号文件规定:试点纳税人销售货物、加工修理修配劳务、服务、无形资产或者不动产适用不同税率或者征收率的,应当分别核算适用不同税率或者征收率的销售额,未分别核算销售额的,按照以下方法适用税率或者征收率:①兼有不同税率的销售货物、加工修理修配劳务、服务、无形资产或者不动产,从高适用税率。②兼有不同征收率的销售货物、加工修理修配劳务、服务、无形资产或者不动产,从高适用征收率。③兼有不同税率和征收率的销售货物、加工修理修配劳务、服务、无形资产或者不动产,从高适用税率。

【案例】人防门厂商一份合同中提供人防门同时提供人防门安装,属于混合销售,适用销售货物税率;人防门厂商一份合同提供人防门同时提供与人防门无关的设计服务,属于兼营,如分别列明人防门和设计服务的销售额,则销售人防门适用销售货物税率,设计服务适用现代服务业税率,否则将全部适用销售货物的税率。

(3) 以人防门采购、安装、设计兼有的情况进行合同设计。可以按照不同的税率分拆合同,如果不能分拆合同,则按照不同的税率分别列明合同价款、不含税价款和增值税税款。

【案例】×××人防门采购、设计、安装合同总价(含增值税)为人民币××元,除根据合同约定的在工程实施过程中需进行增减的款项外,合同价格不做调整。

其中:人防门采购合同价款为××元,增值税税率为××(征收率为××)。其中,不含税价款为××元,增值税税款为××元。××合同价款为××元,增值税税率为××、(征收率为××)。其中,不含税价款为××元,增值税税款为××元。××合同价款为××元,增值税税率为××、(征收率为××)。其中,不含税价款为××元,增值税税款为××元。

可以采取表格形式,见表2-2。

表 2-2 本合同具体采购/服务明细及分项价格表

采购/服务内容	价款（不含税）	税率	税款	总额（含税）	备注
××费					
××费					
合计					

（二）明确有关税务信息条款

在合同中，应当就纳税主体信息、应税行为种类及范围、适用税率等内容进行详细约定，确保合同主体信息与发票记载信息一致，同时明确不同种类应税行为的范围及适用税率，从而避免履约过程中产生争议，实现甲方的合法合规进项税额抵扣。

1. 纳税主体信息条款。应当在合同中明确双方的基本信息、纳税主体身份及计税方式，并约定乙方纳税主体身份发生变更应及时通知甲方。具体约定形式：

（1）乙方为一般纳税人还是小规模纳税人。

甲方纳税人识别号：

乙方纳税人识别号：

（2）乙方完成本合同项下应税行为的计税方式为：一般计税或简易计税。

（3）若乙方纳税主体身份发生变更，应自变更之日起 15 日内，以书面形式告知甲方。

2. 应税行为种类、范围及适用税率条款。具体约定形式：

本合同项下应税服务种类及金额（以含设计的分包合同为例）

（1）工程设计，金额：（以乙方实际提供的服务为准），适用税率：6%；

（2）工程服务（包括但不限于安装、修缮、装饰等），金额：（以乙方实际提供的服务为准），适用税率：9%。

3. 注意事项。

（1）确保供应商提供的纳税人基础信息与税务备案信息完全一致。供应商提供的增值税扣税凭证上开具的信息应当与采购合同、提交的企业资质证明所载信息一致。

（2）基础信息内容：企业名称、税务登记证号、地址、联系电话、开户银行名称及账号，一般纳税人或小规模纳税人。

4. 合同范例：

在此以某公司作为甲方。

甲方：（注：须填写营业执照登记的单位全称）

注册地址： （注：以营业执照为准）　　　邮编：

通讯地址：（注：以实际办公地址为准）　　　邮编：

法定代表人：　　　　　　　　　　职务：

纳税人身份：（注：一般纳税人或小规模纳税人或其他，本项是必填项，不能擅自删除）

纳税人识别号（15 位代码，国税号）：（注：若完成"三证合一"登记，需提供统一社会信用代码，18 位代码）

开户银行名称：

开户银行账号：

乙方：（注：须填写营业执照登记的单位全称）

注册地址：　　（注：以营业执照为准）　　　　　　邮编：

通信地址：（注：以实际办公地址为准）　　　　　　邮编：

法定代表人：　　　　　　　　　　　　　　　　　　职务：

纳税人身份：（注：一般纳税人或小规模纳税人或其他，本项是必填项，不能擅自删除）

纳税人识别号（15位代码，国税号）：（注：若完成"三证合一"登记，需提供统一社会信用代码，18位代码）

开户银行名称：

开户银行账号：

为了进行税务保护，乙方不按照甲方提供的纳税人基础信息开具增值税专用发票可能造成严重税务风险，应当设置制约条款。

5. 条款设计：乙方不按照甲方提供的纳税人基础信息开具增值税专用发票视为严重违约，造成甲方损失应予以全额赔偿，如造成涉税纠纷导致甲方聘请专业税务中介服务机构进行协调处理产生的费用悉数由乙方承担。

（三）明确开具发票的义务及具体要求

在合同中，应当明确约定乙方的开票义务以及发票质量要求、开具与送达时间、发票遗失和发票记载项目变更等情形及其处置措施，通过做好前期风险防范，规避履约过程中可能发生的相关争议，切实做到防范风险于未然。

1. 发票质量条款。对于乙方所开具发票的形式和实质要求，应当包含：具体金额、盖具增值税发票专用公章、开具时间、汇总开票具体规定等内容，确保发票无瑕疵。

乙方应在甲方支付费用前，依据甲方批准的金额，先行向甲方提供足额合法且符合当地税务规定的增值税专用发票（如乙方为小规模纳税人应要求其由税务机关代开增值税专用发票，并明确增值税税率），保证增值税税率（或征收税率）为×××%，并在增值税专用发票开具后的15日内送达甲方，否则甲方有权延迟支付相应费用而不被视为违约，亦无须承担任何违约责任。

2. 发票开具及送达条款。增值税专用发票需要在开票之日起360日内到税务机关办理认证，逾期认证的会导致无法实现抵扣，应当明确约定开票及送达条款。

具体约定形式：

（1）乙方先开具并送达发票，且在甲方完成发票认证后，甲方才支付对应款项；

（2）为避免乙方以甲方收取并认证发票为由，主张其已完成对应的合同义务，应当约定"甲方收取发票并抵扣的行为，不视为甲方对乙方履约行为的确认"。

3. 发票遗失的处理条款。具体约定形式：

（1）因甲方原因发票遗失的，乙方应提供发票记账联复印件及乙方所在地主管税务机关出具的《丢失增值税专用发票已报税证明单》。

（2）因乙方原因发票遗失的，乙方应当负责提供相关凭证或重新开具发票确保甲方能够抵扣相应进项税额。

4. 发票记载项目变更条款。实践中，存在发票开具后，实际发生业务与发票记载项目不一致的情形。应当在合同中对该种情形的处置做出约定，避免被认定为虚开发票的风险。具体约定形式为乙方开具发票后，涉及的服务类别、服务价款等增值税专用发票记载项目发生变化的，甲方应当书面通知乙方该事项。

（1）甲方未认证或抵扣发票的，乙方应在收到通知后作废原发票，并于收到通知之日起 10 日内向甲方重新开具并提供发票；

（2）甲方已经认证或抵扣发票，原发票无法作废的：若应开票金额增加的，乙方应于收到通知之日起 10 日内向甲方补开并提供增加部分金额的发票；若应开票金额减少的，乙方应于收到通知之日起 10 日内向甲方就减少部分的金额开具红字发票；

（3）发票其他记载项目发生变更，导致发票作废或存在其他任何瑕疵的，乙方应在法律法规及相关政策规定的时间内重新开具发票、补开发票或提供其他合法书面材料，保证甲方实现对应款项进项税额的合法抵扣，否则由乙方承担因此而造成的损失。

（四）明确违约情形及责任条款

违约责任的设定能够有效约束和督促乙方按时、按约提供合法合规的发票，同时也能够有效规避乙方违约情况下甲方的经济损失、降低可能产生的诉讼成本。

具体约定形式：

1. 乙方以下行为构成严重违约：

（1）向甲方开具的发票为虚假发票，或提供由他人开具的与实际经营业务不符的发票；

（2）向甲方开具的发票无法认证、认证不符或其他任何因发票瑕疵导致发票作废的；

（3）未按约定时间向甲方开具发票，或拒绝开具发票的；

（4）发票遗失，乙方未配合甲方获得其他可抵扣凭证或重新获得发票的；

（5）乙方纳税主体身份发生变更，未及时通知甲方；

（6）乙方未向税务机关按时缴纳对应增值税税款，导致甲方无法抵扣进项税额；

（7）其他因乙方原因，导致甲方无法实现进项税额抵扣的情形。

发生以上情形（乙方虚开除外），经甲方催告乙方拒不改正违约行为，且造成甲方进项税额损失单次或累计金额达 20000 元（贰万元）及以上，应当认定为严重违约。

2. 违约责任的承担。乙方构成上述严重违约情形的，甲方有权单方面书面通知乙方解除分包合同，乙方以甲方的实际损失承担违约责任。

涉及罚款违约金的条款建议明确合同结算造价需要包含过程中的罚款、违约金等，即施工或供货方开具发票的时候需要包含罚款及违约金金额部分，但实际付款时此部分金额不予支付。

（五）增加增值税进项抵扣相关法律责任条款

供应商操作不规范，或者未按要求提供发票的，可能造成增值税进项税额无法抵扣，如果不通过合同条款加以约定，很难从法律层面建立起与对方的联系，这样可能发生"对方犯错，我方买单，追偿无据"的窘境，为了避免此类现象的发生，设定此类责任条款。合同条款设计如下：

如因乙方发票未按期提供或发票不合规等原因，导致甲方增值税无法抵扣的，乙方同意承担由此对甲方造成的一切损失（包括但不限于因票据问题导致甲方无法抵扣的税款，以及由此产生的须由甲方支付的滞纳金、行政罚款等）。

乙方承诺，本合同签署的乙方公司名称与发票开具单位与收款单位一致，乙方不得以其他理由在合同执行过程中要求调整发票开具单位或收款单位，否则视为乙方违约。

（六）"营改增"后合同中存在对方先行代付费用的情况（如差旅费实报实销）需要规范和明确发票种类

这种情况通常出现在推广、营销活动中，也存在于服务合同如法务、车辆租赁合同中。具体表现为乙方去外地的办事人员存在差旅费实报实销，具体形式为"乙方可以先行代付，事后依据有效票据与甲方进行结算"。明确此类费用结算的有效票据为增值税专用发票且发票购货单位信息应为甲方;"旅客运输服务、贷款服务、餐饮服务、居民日常服务和娱乐服务"由于不得抵扣进项税,此部分代付费用可不提供增值税专用发票但发票购货单位信息须为甲方。

乙方受甲方委托赴本市以外出差时发生的工作费用由甲方承担,该工作费用仅包括本条明示的项目,即住宿费、餐饮费、交通费以及特殊情况下经甲方同意由乙方为甲方垫付的其他费用;上述费用最终根据乙方提交的并经甲方书面确认的票据予以结算,且相关费用发生均应事先告之甲方并征得甲方同意,按照甲方要求开具甲方抬头的增值税发票。

注:由于税法明确"旅客运输服务、贷款服务、餐饮服务、居民日常服务和娱乐服务"不得抵扣进项税,此部分代付费用可取得增值税普通发票,其他可抵扣进项税的代付费用建议取得增值税专用发票。

(七)甲供材情形下的合同条款

"甲供材料"是建筑市场中长期存在的由发包单位向施工单位提供建筑材料的一种经济合同模式。此类情况下的合同设计目的在于避免集团公司多开票、同时避免甲供材料业务,建筑企业很难取得这部分材料的增值税专用发票,销售税额无进项税额为之抵扣,会造成多交增值税的困难。

因此类情况较为复杂,不提供明确的合同条款,只阐述指定条款的原则:

方法一:在工程承包合同规定甲供材料,在甲方向乙方移送建材时应当按购买价开具增值税专用发票,因为是平价开具发票,甲方不会多交税,建筑企业可以抵扣进项税额。

方法二:由甲方指定供货商和建材的品牌,由建筑企业直接采购。

(八)增加发票使用免责条款

避免对方收到己方开具发票之后因保管不当或使用不当产生损失,由此产生纠纷。

以某公司为甲方,甲方将发票交接给乙方后,由于乙方使用不当、发票遗失等原因造成损失的与甲方无关。

二、施工合同审查要点

(一)注意审查合同招投标要求、承包方主体资格

1. 国家大型基础设施建设、公用事业、国有资金投资、政府投资项目、国际组织如世行贷款项目,必须通过招投标。

2.《最高人民法院关于审理建筑工程施工合同纠纷案件适用法律问题的解释》(法释〔2004〕14号)中将五种合同依法认定为无效:"(一)承包人未取得建设施工企业资质或超越资质等级的;(二)没有资质的实际施工人借用有资质的建筑施工企业名义的;(三)建设工程必须进行招标而未进行招标或者中标无效的;(四)承包人非法转包建设工程的;(五)承包人违法分包建设工程的。"

因此,对于承包主体的资质审查可以防止合同最终效力问题。实务操作中,让律师修改施工合同时,合同双方在前期大多经过了相互摸底阶段,但仍需要从具体合同特点角度予以分析。

(二)注意工程承包范围的审查

整体比较简洁;注明与招投标文件、发包图纸、工程量清单内容一致;包括:土建工程、给排水工程、电气工程、消火栓工程、消防喷淋工程、暖通工程、弱电工程(包括智

能化系统预埋管、盒、箱壳部分）等。

（三）注意标明开工日期的成立标志

项目开工日期的明确对工期的认定，具有重要意义。

1. 一般标明：开工日期以发包方和监理方，或监理出具的开工通知日期为准。

2. 实际开工日期与约定日期不一致：以实际开工日期为准（开工令等证实）。

3. 施工许可证日期和实际施工日期不一致：以施工许可证日期为准。

（四）注意审查组成合同文件的顺序

首先需标注：在前者优先；其次，对于有补充协议的，要注明与合同正文效力一致。

（五）注意审查对监理工程师、发包人派驻工程师权限的设置

对于可能引起工期顺延、工程质量、合同效力等重大变更的工程师指令，可以约定需要经过发包人或承包人认可后生效。

1. 明确工程师授权范围；

2. 对于超越工程师授权范围的，由发包方确认。

（六）注意审查对安全文明施工的约定

一般约定由承包方承担，但为保护承包方利益时，可以约定一个兜底条款，如：因为发包方原因造成的安全文明施工问题，由发包方承担一切损失。

（七）注意审查对于工期顺延的约定

1. 工期顺延的原因，除规定不可抗力外，对于因工程内容变更、工期增加、设计变更、工程款支付、政府指令（停水停电）、地下物等因素造成的工期顺延，约定标准作为认定是否构成工期顺延的依据；

2. 工期顺延的程序性约定：承包方在一定时间内，书面报发包方认可、监理认可。可以增加"视为"条款（视为条款：发包方在约定期限内不予答复的，视为认可）。

（八）注意约定对于隐蔽工程和中间验收的条件和程序

1. 程序："按照国家、省、市、县有关规定执行。承包人自检，并在隐蔽或中间验收前【 】小时，以书面形式通知监理工程师和发包人代表。防水及室外装修等重要部位的施工先做样板，经发包人和现场监理验收后方可进行施工。"

2. 通用条款内有具体约定，也可在合同中明确"正负零、封顶"等主要节点的验收要求。

（九）注意审查合同价款的确定方式

一般有三种方式：

1. 采用固定价格合同，注意约定合同价款中包括的风险范围，如："钢材价格的市场变化（5%）"。

注意风险费用的计算方法。如：合同约定工程总价款包含全部工程量内容，承包人无论何种原因没有列入单价或总价款中的工程，发包人都没有增加支付的义务，并认为该项目已包含在总承包价款中。本工程竣工结算时，只计算变更部分和材料价差调整部分，不再对报价书、标底价及中标价进行重新核对。

2. 采用可调价格合同，合同价款调整方法：招标范围以内的工程量按实计算，定额计价，税前总价下浮。设计变更及现场签证由总监、发包人现场工程师共同认可，施工期间工程变更或签证调整单项××元以内不予计取，××元以上单项的变更或签证于竣工决算时调整，签证、变更的工程量按专项条款所规定的相应下浮率下浮。

（十）注意审查工程进度款支付方式

1. 方式：节点形象进度，按比例；工程量，按比例。

2. 按照节点付款的约定，承发包双方会根据合同特点加以约定。律师审查的是综合工程进度和款项支付的配套，前期垫资比例垫资压力、工程过程中的资金投入的持续和科学等。

（十一）注意审查关于工程变更的约定

未经过规划批准、设计批准的规划设计变更；承包方原则不做变更，但实务上需做变更。

确认流程：由于工程变更使得工程量或工作内容增减的，变更发生后【　】日内，承包人须向工程师提交书面报告，工程师审批通过书面报告后报发包人核准，书面报告经发包人确认并加盖公章后，方可作为调整合同价款的有效签证，在工程结算时支付。

承包人逾期不报，视为不涉及工程造价增加。设计变更必须提供由发包人发出的或发包人委托设计单位经发包人审批后发出的工程变更通知书，否则不视为设计变更。施工期间变更调整单项【　】元以内不予计取，【　】元以上单项的变更于竣工决算时调整。

（十二）注意审查关于竣工验收和结算的约定

此阶段的程序设置：

1. 验收过程（四主体加质检站）；

2. 工程交付；

3. 资料交付（视为条款、移交资料明细）；

4. 竣工结算（时间、视为条款）。

重点是关于验收的主体资格、质量不合格情况下的整改措施和责任承担、结算资料的提交时间和补充要求。注意作为承包方不要忘记增加：结算文件提交后，在约定时间内发包方不予以审计的，视为认可结算资料。

（十三）在对于施工合同违约责任约定的审查过程中的注意点

1. 对于履约保证金（或保函）的具体内涵加以明确：何种情况下扣除、保函生效失效时间、保证金退还的时间及利息约定。

2. 对于工期拖延的罚则：扣保证金、违约金及抵工程款、总价款的违约金。

3. 对于逾期支付工程款的罚则：发包人不能按时支付工程款的，自逾期之日起按照中国人民银行规定的贷款利率承担迟延履行期间的利息。

违约金：可与延期同比例的约定。

4. 对于优先受偿权的约定。

5. 对于工程及资料交付的约定：发包人与承包人工程结算发生的任何异议，应当通过仲裁或者诉讼解决，但是无论是否发生或者争议责任如何，都不能成为承包人行使工程移交、工程验收、配合工程备案以及移交工程资料的抗辩理由。上述争议被确认属于发包人过错的，发包人承担相应责任（留置权）。

6. 对于质量争议的约定：质量问题认定的中间机构设置和认定。证明责任的承担和程序。可约定第三方：区所在地的质量部门。

7. 对于质保金的约定：质保期的长短、质保金返还的方式和利息支付问题。

8. 对于安全文明施工过程中的责任承担和处罚方式的约定。

9. 关于工程违法转分包、挂靠的约定：主要是罚则。工程不允许转包或者违法分包，发包人发现承包人违反本条规定转包或者违法分包的,有权立即解除合同。承包人除比照本协议质量、工期相应处罚条款承担全部责任外,应当承担工程总标价10%的违约金。造成发包人损失的,承包人还应承担由于解除合同迫使发包人重新招标引起的房屋销售信誉受损带来的直接、间接经济、名誉赔偿责任。但本协议约定发包人分包的除外。

10. 对于工程保修责任的认定:承包方不保修情况下的处理和费用承担。

(十四)关于合同生效时间、地点效力的约定审查

签字盖章时、履约保证金交纳时(附生效条件)等;合同签订地、项目所在地。

(十五)关于争议解决途径、地点的约定审查

诉讼和仲裁的选择;工程所在地、合同签订地、原告所在地、承包方或发包方所在地、第三方。

(十六)其他注意点

1. 质量约定:合格、市优、省优、国优。
2. 材料:甲供、乙供;与约定品牌不符合的认定与罚则。
3. 保险:工程一切险;甲乙双方的人身险。
4. 农民工工资支付的承诺。
5. 关于公章使用和款项支付:项目部公章:设定权限;款项:转账、一个账户。

三、相关法律风险和合规风险的通知

根据《财政部 国家税务总局关于全面推开营业税改征增值税试点的通知》(财税〔2016〕36号)要求,自2016年5月1日起,在全国范围内全面推开"营改增"试点,建筑业、房地产业、金融业、生活服务业等营业税纳税人纳入试点范围,由缴纳营业税改为缴纳增值税。

由于增值税计征复杂、征管严格、法律责任大,为有效防范涉税法律风险,公司收集整理了与"营改增"相关的法律风险和合规风险,具体如下,请在办理涉税事务中警示防范。

(一)涉税刑事罪名

1. 虚开增值税专用发票。根据《刑法》第205条,虚开增值税专用发票或者虚开用于骗取出口退税、抵扣税款的其他发票,是指有为他人虚开、为自己虚开、让他人为自己虚开、介绍他人虚开之一的行为。

"虚开增值税专用发票或者虚开用于骗取出口退税、抵扣税款的其他发票的,处三年以下有期徒刑或者拘役,并处二万元以上二十万元以下罚金;虚开的税款数额较大或者有其他严重情节的,处三年以上十年以下有期徒刑,并处五万元以上五十万元以下罚金;虚开的税款数额巨大或者有其他特别严重情节的,处十年以上有期徒刑或者无期徒刑,并处五万元以上五十万元以下罚金或者没收财产。

单位犯本条规定之罪的,对单位判处罚金,并对其直接负责的主管人员和其他直接责任人员,处三年以下有期徒刑或者拘役;虚开的税款数额较大或者有其他严重情节的,处三年以上十年以下有期徒刑;虚开的税款数额巨大或者有其他特别严重情节的,处十年以上有期徒刑或者无期徒刑。"

国务院发布的《发票管理办法》以及《最高人民法院关于适用〈全国人民代表大会常务委员会关于惩治虚开、伪造和非法出售增值税专用发票犯罪的决定〉的若干问题的解释》(法发〔1996〕30号)等有关规定对虚开发票的违法行为作了进一步细化,进一步加大对

发票违法行为的惩处力度,其中对构成犯罪的行为,依法追究刑事责任。

2. 虚开其他发票。虚开《刑法》第 205 条规定以外的其他发票(指虚开增值税专用发票或者虚开用于骗取出口退税、抵扣税款的其他发票以外的普通发票),"情节严重的,处二年以下有期徒刑、拘役或者管制,并处罚金;情节特别严重的,处二年以上七年以下有期徒刑,并处罚金。

单位犯前款罪的,对单位判处罚金,并对其直接负责的主管人员和其他直接责任人员,依照前款的规定处罚。"

3. 伪造、出售伪造的增值税专用发票。根据《刑法》第 206 条规定,"伪造或者出售伪造的增值税专用发票的,处三年以下有期徒刑、拘役或者管制,并处二万元以上二十万元以下罚金;数量较大或者有其他严重情节的,处三年以上十年以下有期徒刑,并处五万元以上五十万元以下罚金;数量巨大或者有其他特别严重情节的,处十年以上有期徒刑或者无期徒刑,并处五万元以上五十万元以下罚金或者没收财产。

单位犯本条规定之罪的,对单位判处罚金,并对其直接负责的主管人员和其他直接责任人员,处三年以下有期徒刑、拘役或者管制;数量较大或者有其他严重情节的,处三年以上十年以下有期徒刑;数量巨大或者有其他特别严重情节的,处十年以上有期徒刑或者无期徒刑。"

4. 非法出售增值税专用发票。根据《刑法》第 207 条规定,"非法出售增值税专用发票的,处三年以下有期徒刑、拘役或者管制,并处二万元以上二十万元以下罚金;数量较大的,处三年以上十年以下有期徒刑,并处五万元以上五十万元以下罚金;数量巨大的,处十年以上有期徒刑或者无期徒刑,并处五万元以上五十万元以下罚金或者没收财产。"

5. 非法购买或购买伪造的增值税专用发票。根据《刑法》第 208 条,"非法购买增值税专用发票或者购买伪造的增值税专用发票的,处五年以下有期徒刑或者拘役,并处或者单处二万元以上二十万元以下罚金。"

非法购买增值税专用发票或者购买伪造的增值税专用发票又虚开或者出售的,分别依照《刑法》第 205 条、第 206 条、第 207 条的规定定罪处罚。

6. 非法制造、出售其他发票。根据《刑法》第 209 条,"伪造、擅自制造或者出售伪造、擅自制造的可以用于骗取出口退税、抵扣税款的其他发票的,处三年以下有期徒刑、拘役或者管制,并处二万元以上二十万元以下罚金;数量巨大的,处三年以上七年以下有期徒刑,并处五万元以上五十万元以下罚金;数量特别巨大的,处七年以上有期徒刑,并处五万元以上五十万元以下罚金或者没收财产。

伪造、擅自制造或者出售伪造、擅自制造的前款规定以外的其他发票的,处二年以下有期徒刑、拘役或者管制,并处或者单处一万元以上五万元以下罚金;情节严重的,处二年以上七年以下有期徒刑,并处五万元以上五十万元以下罚金。

非法出售可以用于骗取出口退税、抵扣税款的其他发票的,依照第一款的规定处罚。

非法出售第三款规定以外的其他发票的,依照第二款的规定处罚。"

7. 税务筹划逾越法律红线。税务筹划是指在税法规定的范围内,通过对经营、投资、理财等活动的事先筹划和安排,尽可能地获得"节税"的税收利益。逃税是指纳税人采取欺骗、隐瞒手段进行虚假纳税申报或者不申报,逃避缴纳税款的行为。

如果企业税务筹划不当,可能会被行政或司法机关认定为逃税。根据《刑法》第 201 条,"纳税人采取欺骗、隐瞒手段进行虚假纳税申报或者不申报,逃避缴纳税款数额较大并且占应纳税额百分之十以上的,处三年以下有期徒刑或者拘役,并处罚金;数额巨大并且占应纳税额百分之三十以上的,处三年以上七年以下有期徒刑,并处罚金。

扣缴义务人采取前款所列手段,不缴或者少缴已扣、已收税款,数额较大的,依照前款的规定处罚。

对多次实施前两款行为,未经处理的,按照累计数额计算。有第一款行为,经税务机关依法下达追缴通知后,补缴应纳税款,缴纳滞纳金,已受行政处罚的,不予追究刑事责任;但是,五年内因逃避缴纳税款受过刑事处罚或者被税务机关给予二次以上行政处罚的除外。"

(二)合规风险点

1. 空白增值税专用发票丢失。根据国家税务总局《增值税专用发票使用规定》有关要求,对于增值税专用发票和专用设备,纳税人须设专人保管、按照要求存放。如出现保管不当,造成丢失被盗,将根据《国家税务总局关于被盗、丢失增值税专用发票的处理意见的通知》(国税函〔1995〕第292号)的规定,对违反规定发生被盗、丢失专用发票的纳税人,处以1万元以下的罚款,并可视具体情况,对丢失专用发票的纳税人,在一定期限内(最长不超过半年)停止领购专用发票,同时降低纳税人信用等级;如企业的空白发票丢失或被盗,被他人虚开,本企业还可能面临税务稽查风险。

2. 增值税专用发票和专用设备管理不规范。根据国家税务总局《增值税专用发票使用规定》有关要求,对于增值税专用发票和专用设备,纳税人须设专人保管、按照要求存放;认证相符的发票抵扣联、《认证结果通知书》和《认证结果清单》须装订成册,未经税务机关查验,不得擅自销毁专用发票基本联次。如果违反上述任一规定,公司将无法领购、开具增值税专用发票。

另外,《税收征收管理法》第60条规定,如果未按照规定安装、使用税控装置,或者损毁、擅自改动税控装置的,公司可被税务机关责令限期改正,并被处以2000元以下罚款;情节严重的,可被处以2000元以上1万元以下罚款。

3. 三流不一致。"三流一致"指"货物、劳务及应税服务流""资金流""发票流"的相关各方信息必须保持一致。根据《国家税务总局关于加强增值税征收管理若干问题的通知》(国税发〔1995〕192号)规定:纳税人购进货物或应税劳务,支付运输费用,所支付款项的单位,必须与开具抵扣凭证的销货单位、提供劳务的单位一致,才能够申报抵扣进项税额,否则不予抵扣,且涉嫌虚开发票。

4. 应取得而未取得增值税专用发票。因一般纳税人凭增值税专用发票可以抵扣进项税额,所以执行一般计税方法的单位在交易时应尽量取得增值税专用发票。如因采购合同未约定发票类型、应取得增值税专用发票而未索要等原因,造成企业无法取得增值税专用发票的,将丧失抵扣税款的机会,并增加企业成本费用。

5. 增值税专用发票传递不及时。国家税务总局《关于调整增值税扣税凭证抵扣期限有关问题的通知》(国税函〔2009〕617号)规定,纳税人取得的进项增值税专用发票,必须在发票开具之日起180日内办理认证,方能进行申报抵扣进项税额。如果业务部门自发票开具之日起未及时取得,或未及时传递到财务部门进行认证,造成专用发票逾期不能认证,不能抵扣进项税额,给公司造成经济损失。

6. 误抵进项税。根据《财政部 国家税务总局关于全面推开营业税改征增值税试点的通知》(财税〔2016〕36号)等相关规定,增值税进项税额不得从销项税额中抵扣的情形有:

（1）用于简易计税方法计税项目、免征增值税项目、集体福利或者个人消费的购进货物、加工修理修配劳务、服务、无形资产和不动产；（2）非正常损失的购进货物，以及相关的加工修理修配劳务或者交通运输业服务；（3）非正常损失的在产品、产成品所耗用的购进货物（不包括固定资产）、加工修理修配劳务和交通运输业服务；（4）非正常损失的不动产，以及该不动产所耗用的购进货物、设计服务和建筑服务；（5）非正常损失的不动产在建工程所耗用的购进货物、设计服务和建筑服务；（6）购进的旅客运输服务、贷款服务、餐饮服务、居民日常服务和娱乐服务；（7）财政部和国家税务总局规定的其他情形。

上述情形，公司即使取得增值税专用发票，也不能抵扣进项税。如已经抵扣，应做进项税额转出处理。

7. 增值税专用发票票面不规范。根据国家税务总局《增值税专用发票使用规定》有关要求，无法认证、纳税人识别号认证不符、发票代码号码认证不符、重复认证、密文有误等不规范的增值税专用发票，不得作为抵扣凭证。与实际交易不符、压线或错格、未加盖合规印章的增值税专用发票，购买方有权拒收。

如公司取得的增值税专用发票有上述不规范情形，将不能抵扣，给企业造成损失；如果公司开具的增值税发票有上述不规范情形，客户可能拒收，影响资金回收。

8. 选择小规模纳税人、自然人供应商风险。由于小规模纳税人、自然人自身实力问题，垫资能力有限，价格波动承受力小，抗风险能力低，质量保障能力弱，当在合作过程中出现较大欠款时，易引发诉讼纠纷的风险；甚至会出现小规模纳税人、自然人供应商随时退出市场，导致企业税务检查风险。

9. 进项税逾期未申报。国家税务总局《关于调整增值税扣税凭证抵扣期限有关问题的通知》（国税函〔2009〕617号）规定，纳税人取得的进项增值税专用发票，必须在发票认证通过的次月申报期内，向主管税务机关申报抵扣进项税额。如该发票逾期未申报，不得计算进项税额抵扣，导致公司多缴纳增值税，造成企业经济损失。

"营改增"实施后，企业面临的涉税法律风险增大，要认真对照"营改增"相关的法律风险和合规风险点，依法合规进行税务筹划，办理涉税事务，避免企业和个人违法违规风险。

第六节 "营改增"后责任预算编制

编制的工程项目责任预算指标，作为公司与工程项目签订绩效考核目标责任书的主要内容，也是公司对工程项目管理团队绩效考核的重要内容。责任预算是公司对工程项目责任成本管理考核的依据，也是项目责任成本节超核算的基础。

一、责任预算编制

（一）合理公平原则

在客观实际的基础上，以项目"双预控"为主要依据，结合现场实际及市场水平，采用同一尺度，统一的编制依据、统一的编制方法、统一的编制标准，科学合理地编制责任预算。

（二）及时动态原则

责任预算编制工作须在项目上场预控方案确定后3个月内完成。责任目标合同一旦签订，应坚持责任预算的刚性约束，原则上不能调整，但责任预算编制基础发生重大变化时，要及时动态调整。

（三）配比性原则

坚持收入预算与成本预算相配比。按工程量清单细目预计成本费用，预算收入的工程数量与预算成本的工程数量相匹配。

（四）价税分离原则

编制责任预算时要结合现场实际，一般计税方式的项目按照《住房城乡建设部办公厅关于做好建筑业"营改增"建设工程计价依据调整准备工作的通知》及各行业和各省市规定，必须从收入中分离销项税、从成本费用中分离进项税。简易计税方式的项目，收入按不含销项税计算；成本费用按含税价计算，不价税分离。

二、编制依据

（一）招投标文件，设计概算，合同文件、施工图纸及工程量清单。

（二）标前成本测算资料及合同交底资料。

（三）项目成本预控方案，二次经营策划书。

（四）实施性施工组织设计及施工方案。

（五）复核后工程数量。

（六）劳务分包、设备租赁指导价或企业内部定额，编制期现场人工、材料、机械设备、运费等调查价。

（七）工程所在地的自然、技术、经济条件，人文、社会、施工环境等因素。

（八）编制责任预算时应充分考虑工程所在地的征地及构筑物拆迁、地下管线、高压电迁改等外部因素对工期、成本等投入的影响。

（九）经批准的项目部人员定编及工资标准。

（十）股份公司、集团公司的管理办法和规章制度。

（十一）以往同类型工程的经验数据。

三、编制基础

新上场项目必须由公司总经理亲自组织制定成本预控方案，原则上在项目中标后 1 个月内完成，以书面形式进行交底。项目成本预控的内容主要包括项目组织机构设置、项目作业层管理模式选择、施工组织设计确定、工程数量预控、劳务分包队伍选择、专业化分包选用、物资材料预控、机械设备预控、临时工程预控、征地拆迁预控、现场管理费预控、税务筹划等方面。预控成果应达到以下标准：

（一）施工组织设计

1. 项目实施性施工组织设计通过方案和经济比选，并经上级批复；

2. 措施类工程、大型临时工程应附有设计施工方案、施工图及工程数量计算书。

（二）工程数量

1. 审核施工图，核算工程量，对比合同工程量清单数量与施工图数量差异；

2. 建立合同清单数量、施工图设计数量、责任预算数量台账。

（三）分包策划

1. 确定劳务分包、专业分包等分包模式，分包范围，分包内容，分包费用组成；

2. 根据分包单价中人工、材料、机械、辅料及其他费用组成，分包商纳税人资格、资质情况，分析确定进项税额；

3. 对分包单价进行"价税分离"，根据税务筹划情况，比选不同计税方式的价格，确定最佳方案。

（四）物资策划

1. 根据合同约定的甲供、自购等供应类型，确定物资的集采、自采方式，运输方式、供应方案；根据施工组织配置方案确定周转材料类型、数量、配置方式及管理模式；

2. 对材料单价进行"价税分离"，根据税务筹划情况，不同的材料供应商纳税资格，比选不同计税方式的价格，确定最佳方案。

（五）机械设备策划

1. 明确自有设备和租赁设备配置方案，确定机械设备类型、数量、使用时间；

2. 明确机械设备租赁方式、工作内容；

3. 对设备租赁单价进行"价税分离"，根据不同的出租人纳税资格，比选不同计税方式的价格，确定最佳方案。

4. 建立自有设备台账，明确折旧等费用的计提费率，根据使用期的成本费用组成，计算进项税额。

（六）现场管理费用策划

根据确定的项目组织管理模式、人员定编定岗等相关文件的规定，合理确定现场管理费用组成，分析计算进项税额。

（七）其他成本策划

其他成本包括安全生产费用、检验试验费等，根据现场实际，明确成本组成，分析计算进项税额。

四、编制流程

（一）完成成本预控。由工程公司总经理带队对新中标项目进行上场策划，并编制成本预控方案。

（二）成立工作组。工程公司成立责任预算编制工作组，并进行责任分工，明确工作职责。

（三）召开布置会议。具备责任预算编制条件时，由工程公司经管部牵头组织召开责任预算编制筹备会，安排部署相关业务部门及项目部的具体工作。

（四）编制责任预算。踏勘现场、查看资料，复核施工图工程量，计算责任预算收入，确定各项责任预算成本单价、计算责任成本单项费用、汇总各项责任成本费用，核定责任预算收益指标等。

（五）编写责任预算报告。责任预算编制完成后，编写责任预算报告。

（六）沟通评审。工作组对责任预算编制结果进行交底，收集项目意见，对责任预算进行沟通评审。

（七）提交审批。由工作组将责任预算结果提交工程公司相关会议审批，批准后执行。集团公司直（托）管项目或以集团公司名义中标的合同额在5亿元以上项目，由集团公司审批。

（八）签订责任合同。根据公司批准的责任预算，公司在一个月内与项目部签订工程项目绩效考核目标责任书。集团公司直（托）管项目或以集团公司名义中标的合同额在 5 亿元以上项目，由集团公司与项目部签订工程项目绩效考核目标责任书。

五、一般计税方式责任预算编制

责任预算包括收入预算、成本费用预算、附加费预算及责任预算收益。

（一）收入预算

收入预算为不含销项税的合同收入。合同额中销项税已分离的，按不含税价编制收入预算；若合同额中销项税未分离的，按 9% 的销项税率计算不含税收入。收入预算根据复核的施工图数量及不含税清单单价计算。收入预算应与成本费用预算相匹配。

变更、调差等二次经营收入不纳入收入预算，二次经营收入及收益指标单独编制。

（二）成本费用预算

成本费用预算中包含直接工程费预算、其他直接费预算、现场管理费预算等。成本费用按除税价计算。

1. 工程数量。

责任预算数量。原则上按台账数量结合复核后施工图工程量计算，已优化的部分工程量在合同内责任预算成本编制时给予扣减。

工程数量分解。按照合同清单及分包指导价中的单价细目进行拆分，将工程数量分解至分包工序。

专项方案设计数量。依据批准的前期策划预控方案，计算确定项目大小临工程、征地拆迁、环保水保、基坑开挖防护以及降水排水等专项方案的设计工程量。

2. 劳务成本预算。

预算单价。参照公司发布的劳务分包指导价或企业内部定额，以及结合项目实际分包模式分析确定项目预算单价；预算单价须遵循"价税分离"的原则制定，明确不含税单价、税率、税金及含税单价。

劳务成本计算。根据已核定的工程数量和"价税分离"后的预算单价计算劳务预算成本，其中不含税预算成本纳入责任预算总成本，劳务成本进项税作为税负测算的依据。

3. 材料成本预算。

预算数量。根据工程数量及合理损耗计算材料预算数量。

预算价格。预算价格为材料策划中确定的最优价格及税率，核定材料预算单价、税金。

材料成本计算。根据材料预算数量和预算价格，计算材料预算成本。其中不含税预算成本纳入责任预算总成本，材料费进项税作为税负测算的依据。

劳务成本内已包含的辅助材料、水、电、燃料及火工品等费用不得重复计算；混凝土等混合料半成品预算单价由选定配合比和原材料预算单价确定。

周转材料。租赁周转材料按内部指导单价或租赁市场调查价，结合配置计划和使用时间，计算周转材料租赁成本。自购及调拨的周转材料按相关文件计算摊销成本。不含税预算成本纳入责任预算总成本，周转材料进项税作为税负测算的依据。

4. 机械使用费预算。

依据上场策划确定的机械设备配置方案及使用计划，分别计算外部租赁费和自有机械设备使用费。

租赁设备按内部指导单价或租赁市场调查价，结合配置计划和使用时间，计算机械设备租赁成本,结合燃料动力消耗量,测算租赁机械设备预算总成本。租赁费中未含人工费的也应考虑。

自有机械设备按公司有关文件规定,计算人工费、折旧、修理费等相关费用,结合燃料动力消耗量,测算自有机械设备预算总成本。

小型机具预留残值后在项目一次性摊销,结合燃料动力消耗量,测算小型机具预算总成本。

机械使用费用按成本组成进行"价税分离"不含税预算费用纳入责任预算总成本,机械设备成本进项税作为税负测算的依据。劳务单价中已包含的小型机具使用费、设备费不得重复计算。

5. 临时工程成本预算。依据项目策划方案,租用房屋的按租金和使用时间计算成本。活动板房在扣除回收残值后计入临时工程成本。

拌和站、预制场、便道等临时工程,依据专项(大小临)方案设计数量与劳务预算单价、材料预算单价、设备预算单价等计算大小临工程预算成本。涉及的征地拆迁、临时用地复垦以及其他成本费用,参照地方政策文件计算。

临时工程成本按成本组成进行"价税分离"不含税预算费用纳入责任预算总成本,进项税作为税负测算的依据。

6. 安全生产费用。安全生产费用要按国家规定,本着"方案费用预算与限额费用相结合"的原则,根据费用支出内容以及专项方案,分类编制安全生产费用预算。

已计入安全生产费用中的围挡及防护等费用,不得在临时工程中重复计算。

已包含在分包单价中的安全生产费用,不得重复计算。

安全生产费用按成本组成进行"价税分离"不含税预算费用纳入责任预算总成本,进项税作为税负测算的依据。

7. 其他直接费用预算。其他直接费用预算中涉及冬、雨、夜施工增加费,行车干扰费,调遣费,试验检测费用,基坑降水费用等未包含在直接工程费中,需单独编制成本预算的,应根据公司指导价的规定,结合现场实际合理测算相应费用。按成本组成进行"价税分离"不含税预算费用纳入责任预算总成本,进项税作为税负测算的依据。

8. 项目现场管理费用预算。项目现场管理费用预算按集团公司、工程公司相关规定,根据施工工期及人员配置情况计算。项目现场管理费用涉及的进项税应足额取得,进项税作为税负测算的依据。

9. 专业分包成本预算。专业分包按照上场策划的相关内容,根据市场价格及核定工程数量计算专业分包成本。专业分包成本涉及的进项税应足额取得,进项税作为税负测算的依据。

10. 内部作业队成本预算。内部作业队伍分两种,第一种内部劳务承包,是指纯工费,价格中不含进项税,按工资标准测算。第二种内部专业队伍承包,承包价格中不含进项税,应根据承包内容计算设备租赁、材料采购等进项税额,进项税额纳入税负测算的依据。

(三)附加费预算

附加费包括城市建设维护税和教育费附加、地方教育费附加等,根据测算的应交增值税及施工所在地税务相关规定计算附加费。

(四)责任预算综合收益

责任预算收益额 = 收入预算 - 成本费用预算 - 附加费

责任预算收益率＝（责任预算收益额÷收入预算）×100%

（五）增值税税负测算

销项税。根据收入预算和税率计算销项税额。

进项税。根据成本费用预算分离的进项税额，汇总计算整个工程项目的进项税额。

应交增值税测算。项目应交增值税＝销项税额－进项税额。

六、简易计税方式责任预算编制

（一）收入预算

预算收入为不含增值税的合同收入。合同额中增值税已分离的，按不含税价编制收入预算；若合同额中增值税未分离的，按3%的征收率计算不含税收入。预算收入根据复核的施工图数量及不含税清单单价计算。收入预算应与成本费用预算相匹配。

变更、调差等二次经营收入不纳入收入预算，二次经营收入及收益指标单独编制。

（二）成本费用预算

实行简易计税的项目进项税不能抵扣，成本费用预算中包含增值税（进项税）。各项成本费用原则上采用增值税普通发票。

材料成本预算、机械设备使用费用预算、临建成本预算、其他直接费用预算、项目现场管理费用预算等，按预算数量与含税价格计算。

分包成本预算按预算数量与不含税价格计算。

（三）附加费预算

附加费包括城市建设维护税和教育费附加、地方教育费附加等。应交增值税按预算收入的3%扣除分包进项税后计算，附加费按应交增值税额及施工所在地税务相关规定计算。

（四）增值税税负测算

根据不含税收入预算和税率计算销项税额。若有分包时，应交增值税按总分包差额计算。

第七节 "营改增"后成本核算

项目部要通过统一工程项目成本核算科目、成本归集口径、自制混凝土、小型预制件等中间产品核算来规范成本核算分析工作。施工项目成本核算的方法按核算手段划分主要有表格核算法和会计核算法。根据成本核算的内容划分，施工项目成本核算为制造成本法和完全成本法。

一、成本核算原则

项目成本核算应坚持形象进度、产值统计、成本归集同步的原则，即三者的取值范围应是一致的。形象进度表达的工程量、统计施工产值的工程量和实际成本归集所依据的工程量均应为相同的数值。

由于增值税是价外税，"营改增"后企业的收入、支出都将实行"价税分离"。确认收入时，一般计税和简易计税都按不含销项税计算。确认成本费用时，一般计税取得可抵扣扣增值税专票时按不含进项税计算，简易计税除分包外按含进项税计算，分包发票可以抵扣按不含进项税计算。

二、成本核算的依据

（一）统计工程已完工的工程量，包括变更量、对业主的上报的验工计价单，以及对下的分包队、机械租赁等验工计价单等资料。

（二）各种财产物资的收发、领退、转移、报废、清查、盘点等资料。做好各项财务物资的收发、领退、清查和盘点工作，是正确计算成本的前提条件。

（三）工时、材料、费用等各项内部消耗定额以及材料、结构件、作业、劳务的内部结算指导价、合同等。

（四）统计各责任中心已完的工程量或人材机消耗量等资料。

三、工程项目成本核算对象

工程项目成本核算对象实行建造合同原则。工程项目一般按照订立的单项合同确定成本核算对象。单项合同包括建造多项资产的，应当按照企业会计准则规定的合同分立原则，确定建造合同的成本核算对象。为建造一项或数项资产而签订一组合同的，按合同合并的原则，确定建造合同的成本核算对象。

在成本核算对象基础上，根据内部管理有相关要求，进行责任中心核算。

1. 以建造合同清单和项目管理模式等划分责任中心作为成本核算对象。或按下达责任成本的内容或内部合同划分作为成本核算对象。

2. 各项目也可根据实际情况以单项工程、单位工程、分部工程、分项工程或者同类工程集合作为责任中心。

划分责任中心的目的主要是便于实际归集成本费用与责任中心成本对比分析。

四、工程项目成本核算内容

工程项目成本核算内容是指从合同签订至合同终止发生的，与履行合同相关的直接成本和间接费用。根据《财政部关于印发〈企业产品成本核算制度（试行）的通知〉》（财会〔2013〕17号）的规定，工程项目成本分为以下类别：

1. 直接成本，指完成合同所发生的，可直接计入成本核算对象的各项费用支出。主要包括以下内容：

（1）直接人工，是指按照国家规定支付给施工过程中直接从事建筑安装工程施工的工人以及在施工现场直接为工程制作构件和运料、配料等工人的职工薪酬。

（2）直接材料，是指在施工过程中所耗用的、构成工程实体的材料、结构件、机械配件和有助于工程形成的其他材料以及周转材料的租赁费和摊销等。

（3）机械使用费，是指施工过程中使用自有施工机械所发生的机械使用费，使用外单位施工机械的租赁费，以及按照规定支付的施工机械进出场费等。

（4）其他直接费用，是指施工过程中发生的材料搬运费、材料装卸保管费、燃料动力费、临时设施摊销、生产工具用具使用费、检验试验费、工程定位复测费、工程点交费、场地清理费，以及能够单独区分和可靠计量的为订立建造承包合同而发生的差旅费、投标费等费用。

2. 间接费用，是指企业各施工单位为组织和管理工程施工所发生的费用。

3. 分包成本，是指按照国家规定开展分包，支付给分包单位的工程价款。

五、工程项目成本核算基本要求和程序

（一）基本要求

1. 划清成本、费用支出和非成本、费用支出。

2. 正确划分各种成本、费用的界限：（1）划清工程成本和期间费用的界限；（2）划清本期工程成本与下期工程成本的界限；（3）划清不同成本核算对象之间的成本界限；（4）划清未完工程与已完工程成本的界限。

3. 加强成本核算的基础工作：（1）建立各种财产物资的收发、领退、转移、报废、清查、盘点制度；（2）建立、健全与成本核算有关的各项原始记录和工作量统计制度；（3）完善各种计量检测设施，严格计量检验制度，使项目成本核算有可靠的核算基础。

（二）合同清单核算模式基本程序

1. 确定责任中心，开设明细账。

2. 根据责任中心按月归集汇总分配人工、材料、机械、其他直接费、间接费等成本费用。间接费一般分配两次：第一次是在已完工程和未完工程之间分配，第二次是将第一次分配到已完工程的费用再分配到各责任中心中。分配的标准是：直接费或者完成产值为基础分配。

3. 计算合同成本。

4. 计算合同费用。根据《企业会计准则——收入》的规定，按照工作量"完工百分比法"确认主营业务收入和合同费用。

注：本节中举例全部采用原《建造合同准则》，若执行新《会计准则14号——收入》，采用投入法确定履约进度，方法同"完工百分比法"。科目采用"合同履约成本""合同资产""合同负债"等。

5. 项目竣工决算后，结转成本费用。

（三）责任成本法核算模式基本程序

因责任成本预算中周转料和其他直接费作为措施费和临建费，间接费以现场经费单独列示不予分配外，其他费用核算程序同上。

（四）成本核算会计科目使用及特殊规定

1. 一级成本核算科目使用。会计准则的成本类一级会计科目一共有 8 个（见表 2-3）：

表 2-3　　　　　　　　　　成本类一级会计科目

编号	科目名称	
	一级科目	使用范围
5001	生产成本	车间式生产，如钢结构产品
5101	制造（间接）费用	车间式生产的间接费用
5201	劳务成本	提供劳务产品的，如设计院
5301	研发支出	研发费用的归集与核算
5401	工程施工	工程项目施工主要是基建板块
5402	工程结算	工程项目施工主要是基建板块的验工计价
5403	机械作业	独立核算的机械、设备租赁公司
5501	采供保管费	物资材料厂

(1) 工程项目常用一级科目主要是研发支出、工程施工和工程结算3个科目。

(2) 物资基地可使用采购保管费科目。

(3) 机械作业科目核算建筑承包企业和内部独立核算的施工单位、机械站和运输队使用自有的施工机械和运输设备进行机械作业（包括机械化施工和运输作业）所发生的各项费用，一般不予启用。

(4) 工程项目施工过程中自制中间产品（自制混凝土、自制小型预制件、自产自用材料等）的生产成本，由于基建板块禁用"生产成本"科目，故采用"工程施工——合同成本——直接材料费"科目核算。

2. 工程施工科目使用及特殊规定。"工程施工"包含"合同成本""间接费用""合同毛利"3个明细科目。"合同成本"包含"直接人工费""直接材料费""机械使用费""劳务成本""专业分包成本""其他直接费""间接费用"7个明细科目。

说明：采用新《会计准则14号——收入》的单位使用"合同履约成本"，包含"工程施工""间接费用""分包成本"3个明细科目。"工程施工"包含"直接人工费""直接材料费""机械使用费""劳务成本""其他直接费""间接费用"7个明细科目。劳务成本可以直接核算也可以包括在直接人工费中。分包成本是指施工过程中对外的专业分包计价结算。

六、直接人工核算

（一）科目设置

设置"责任中心"辅助科目核算。

（二）归集内容

核算不通过劳务结算的现场施工工人工资和班组内部承包绩效工资。

（三）核算规范事项

1. 通过应付职工薪酬归集的，分配时：

（1）管理人员薪酬，转入工程施工——间接费用——职工薪酬。

（2）现场工人薪酬。能确定责任中心的，直接转入工程施工——合同成本——直接人工费——责任中心或自制混凝土、自制小型预制件、自产自用材料、临时设施等核算对象。

不能确定责任中心的，则根据工程项目的实际情况按照直接费或者完工产值为标准分配。计算公式及分配表（见表2-4）如下：

生产人员薪酬分配率＝生产工人薪酬总额/各核算对象直接费总数或者完工产值×100%

表2-4　　　　　　　　　　　薪酬分配表

单位名称：　　　　　　　　　　年　月　日　　　　　　　　　　　单位：元

分配对象	分配标准	分配率（%）	分配额
墩身施工			
桩基及承台			
……			
合　计			

财务负责人：　　　　　　　　复核：　　　　　　　　制表：

2. 不通过应付职工薪酬归集的，直接或者通过分配转入成本核算对象。

3. 劳务结算在劳务分包科目核算。

七、直接材料核算

（一）科目设置

1. 设置"责任中心"辅助科目核算。

2. 自制混凝土设置"工程施工——合同成本——直接材料费——自制混凝土"辅助科目核算。

3. 自制小型预制件设置"工程施工——合同成本——直接材料费——自制小型预制件——××预制件"辅助科目核算。

4. 自产自用材料设置"工程施工——合同成本——直接材料费——自产自用材料"辅助科目核算。

（二）归集内容

1. 原材料（含主要材料、结构件、机械配件和其他材料）、周转料、生产用低值易耗品和委托加工材料等。

2. 自制混凝土。

3. 自制小型预制件。

4. 自产自用材料。

5. 计划成本法下的材料成本差异摊销。

6. 材料动态表中机械用油在"机械使用费"中核算。

7. 责任成本核算模式下，周转材料、小型机具和低值易耗品在"其他直接费"中核算。

（三）核算规范事项

1. 原材料入库时，采用计划成本法的适用材料采购科目；采用实际成本法的适用原材料科目。

2. 各类原材料取得时按实际成本计价，入库和发出时采用计划成本计价，月末将成本差异予以分摊，将计划成本调整为实际成本。实际成本法材料出库采用先进先出法核算。

3. 未达账单的处理。对于材料已进场但月末发票未到的进行暂估料点收入库处理：

4. 材料出售处理：出现材料需出售时，出售材料数量和金额在公司授权范围内的由项目经理部物资处理领导小组决策处置，超出授权范围的，还需报公司对应业务部门审批，按照批复的数量和单价对外出售。借记银行存款（其他应收款），贷记其他业务收入，贷记应交税金——销项税额。

5. 工地废旧物资处置：项目部应成立废旧物资处置领导小组，加强项目已列入成本的各类废旧物资（如定额供应钢筋加工班组节约的钢筋头）处置的管理，废旧物资处置时应附处置领导小组成员签字的处置明细表及售料凭据交财务部列账。借记银行存款（其他应收款），贷记其他业务收入，贷记应交税金——销项税额。

6. 工地退料的处理。工地退料时以红字领料单进行支出核算。

7. 月末库存材料盘点。项目部每月末要进行库存材料的实际库存情况盘点，由项目分管领导组织，物资设备部牵头，财务部、工经部、工程部、实验室、拌和站共同参与，盘点数量必须准确、真实、全面。盘点要形成书面报告，参与人签字确认。盘点结果与账面记录的差异列入"待处理流动资产损溢"，确保账实相符，经分析原因报经批准后处理。

8. 自制混凝土、自制小型预制件和自产自用材料核算。

八、机械使用费核算

（一）科目设置

机械使用费包含"职工薪酬""折旧费用""修理费""燃料和动力""机械租赁费""其他"6个明细科目。

1. 机械使用费科目各明细科目设置"责任中心"辅助科目核算。

2. 责任成本单列的大型机械可单独作为责任中心核算。

（二）归集内容

1. 公司自有机械。

2. 外租机械。

3. 以完成工作量为内容的机械作业。

（三）核算规范事项

1. 能明确收益对象的直接进入责任中心，不能明确收益对象的按如下方法进行分配：

（1）机械管理较细致，现场施工主要机械使用记录较清楚的，可按台班或作业量分配（见表2-5）。

表2-5　　　　　　　　　机械使用费分配表

单位名称：　　　　　　　　　年　月　日　　　　　　　　　单位：元

分配对象	塔式起重机		砂浆搅拌机		××机械	合计
	××元/台班		××元/m³		分配率	
	台班	金额	混凝土使用量	金额		
墩身施工						
桩基及承台						
……						
合　计						

财务负责人：　　　　　　　　复核：　　　　　　　　制表：

（2）对于现场施工机械繁多，机械使用不易准确记录的，分配标准一般按照直接费或完成产值（见表2-6）。

表2-6　　　　　　　　　机械使用费分配表

单位名称：　　　　　　　　　年　月　日　　　　　　　　　单位：元

分配对象	分配标准	分配率（%）	分配额
墩身施工			
桩基及承台			
……			
合　计			

财务负责人：　　　　　　　　复核：　　　　　　　　制表：

2. 临租机械在"机械使用费——机械租赁费"中核算。

3. 以完成工作量为内容的机械结算在"机械使用费——其他"中核算。

4. 材料动态表中机械用油在"机械使用费——燃料和动力"中核算，项目部物机部应加强油耗核算、扣款及考核。

九、劳务成本核算

（一）科目设置

设置"责任中心"辅助科目挂接劳务私有客户核算。

（二）归集内容

项目商务部提供的劳务结算成本。

（三）核算规范事项

在填列报表时，劳务成本与直接人工费可以合计填列在报表中的"直接人工费"栏目。

十、专业分包成本核算

（一）科目设置

设置"责任中心"辅助科目挂接劳务私有客户核算。

（二）归集内容

1. 商务部提供的专业分包结算成本。
2. 业主指定分包工程成本，属于合法的专业分包。

（三）核算规范事项

专业分包须符合国家专业分包相关规定，否则计入劳务成本科目核算。

十一、其他直接费核算

（一）科目设置

1. 施工过程中耗费的构成工程实际成本的各项费用，包含"无形资产摊销""临时设施""二次搬运费""安全测试费""检验试验费""生产工具用具使用费""设计及技术援助费""工程定位复测及点交费""场地清理费""青苗补偿费""夜间及冬季施工费""环境保护费""安全生产费""燃料动力费""征地拆迁费""修理费"和"其他"17个明细科目。

2. 在"工程施工——合同成本——其他直接费——其他"下设辅助科目"工程保险成本"用于核算建筑工程相关保险（建工一切险及第三者责任险和建筑工程团体意外险）。建筑工程保险在工程投标报价中，通常铁路工程包含在风险包干费中，公路工程在100章中单列，保险理赔款项可以冲抵工程保险成本。

3. 责任成本中心模式核算时，"工程施工——合同成本——其他直接费——其他"下设辅助科目核算以下措施费：

（1）措施费中的大型设备进出场及安拆费应设置"大型设备进出场及安拆费"辅助科目核算。

（2）措施费中模板、脚手架等周转材料、低值易耗品及小型机具摊销和已完工程及设备保护费应设置辅助科目核算。

（二）归集内容

归集直接人工费、直接材料费、机械使用费、劳务成本和专业分包成本之外的直接成本。

（三）核算规范事项

1. 无形资产摊销：项目部一般无此费用，项目购买的软件在"间接费——无形资产摊销"中核算。

2. 临时设施：下设"驻地建设""便桥""便道""临电""预制场""搅拌站"等辅助科目核算，可根据实际情况增减。

3. 试验检验费：用于核算施工过程中监控量测、地质预报、导线复测、CPIII控制量测、试验检测费用、地质扫描等相关为保证施工精度、试验精确而发生的成本，包括公司列账的试验设备仪器、工程测量仪器设备的租费等。

4. 安全测试费：安全费用统一使用"安全生产费"核算，一般不启用。

5. 生产工具和用具使用费：主要用于小型机具费用的核算。

6. 场地清理费：主要用于核算铁路、公路项目中路基清表、砍树等费用；若场地清理作为单独责任中心核算则不启用此科目。

7. 青苗补偿费：主要用于核算铁路、公路项目红线外青苗补偿费，红线内青苗补偿费在征地拆迁中核算。

8. 安全生产费：该科目主要用于"专项储备"科目安全费用结转，其总额必须不小于国家规定安全生产费限额。

9. 燃料动力费：主要用于核算电费及发电用油料费用。

10. 征地拆迁费：主要用于铁路、公路红线外的征拆费用。红线内征拆费用（包含红线内青苗补偿费）设置责任中心核算。

（四）其他直接费分配（见表2-7）

表2-7　　　　　　　　　　其他直接费分配表

单位名称：　　　　　　　　　　年　月　日　　　　　　　　　　　　　　　单位：元

分配对象	分配标准	分配率（%）	分配额
墩身施工			
桩基及承台			
……			
合　计			

财务负责人：　　　　　　　　　复核：　　　　　　　　　制表：

在责任成本法模式下，其他直接费对应措施费和临建费核算不予分配；在合同清单法模式下，按如下方法进行其他直接费分配。

某责任中心应分配的其他直接费＝其他直接费总额÷各责任中心直接费总额×该责任中心直接费或完工产值

其他直接费分配率＝其他直接费总额÷各责任中心直接费总额或完工产值×100%

十二、间接费用核算

（一）科目设置

1. 包括"职工薪酬""劳动保护费""固定资产折旧""无形资产摊销""临时设施""二次搬运费""安全测试费""检验试验费""生产工具和用具使用费""设计及技术援助费""工程定位复测及点交费""场地清理费""青苗补偿费""夜间及冬季施工费""环境保护费""征地拆迁费""低值易耗品摊销""租赁费""办公费""差旅费""日常交通费""工程维修费""排污费""民工管理费""报废损失""燃料动力费""会议费""业务宣传

费""保险费""资本化利息""修理费""业务费用""安全生产费""税金""党团活动费"和"其他"36个明细科目。

2. 间接费用主要核算项目经理部管理人员和部门为对象所发生的费用,在每个会计期间终了,统一转入"工程施工——合同成本——间接费用转入"。

3. 为保留各费用明细的开累发生额,需在"工程施工——间接费用"下增加"其他"及"间接费用结转"辅助科目,其中"间接费用结转"用于期末科目统一结转,借记"工程施工——合同成本——间接费用转入",贷记"工程施工——间接费用——间接费用结转"。

(二)归集内容

仅限于项目部发生的费用。

(三)核算规范事项

1. 为统一间接费用归集口径,慎用以下18个明细科目:"无形资产摊销""临时设施""二次搬运费""安全测试费""检验试验费""生产工具和用具使用费""设计及技术援助费""工程定位复测及点交费""场地清理费""青苗补偿费""夜间及冬季施工费""环境保护费""征地拆迁费""工程维修费""排污费""民工管理费""资本化利息""安全生产费"。

2. 限用以下2个明细科目:

(1)"保险费"科目一般用于行政管理用车辆保险,不包括建筑工程相关保险(建工一切险及第三者责任险和建筑工程团体意外险);

(2)"税金"科目核算房产税、车船使用税,建议印花税、土地使用税在"其他直接费——其他"核算。

3. 合同清单核算模式下,成本分析时可考虑再按一定的标准将所归集的间接费用结转至各责任中心。

4. 责任成本核算模式下,间接费用可单独作为一个责任中心的核算,便于与公司下达的责任费用预算进行对比分析。

(四)间接费分配(见表2-8)

表2-8 间接费分配表

单位名称: 年 月 日 单位:元

分配对象	分配标准	分配率(%)	分配额
墩身施工			
桩基及承台			
……			
合 计			

财务负责人: 复核: 制表:

在责任成本法模式下,间接费对应责任费用不予分配;在合同清单法模式下,该项费用在发生时无法直接计入某个对象,必须采用一定的方法在有关对象之间进行分配。

在分配间接费用时原则上也应以"直接费"作为分配标准或者以"完工产值"为标准。其计算公式如下:

间接费分配率=间接费总额÷各责任中心直接费总额或完工产值×100%

某责任中心应分配的间接费＝间接费总额÷各责任中心直接费总额或完工产值×该责任中心直接费

十三、自制中间产品核算

工程项目施工过程中自制中间产品（自制混凝土、自制小型预制件、自产自用材料等）的生产成本，禁用"生产成本"科目，故采用"工程施工——合同成本——直接材料费"科目核算。其中：自制混凝土设置"工程施工——合同成本——直接材料费——自制混凝土"辅助科目核算；自制小型预制件设置"工程施工——合同成本——直接材料费——自制小型预制件——××预制件"辅助科目核算；自产自用材料设置"工程施工——合同成本——直接材料费——自产自用材料"辅助科目核算。

十四、临时设施核算

临时设施是企业为保证施工和管理的正常进行而购建的除工程量清单外的各种临时设施的实际成本。

（一）工程量清单中明确立项和采购与搭建不符合固定资产标准的临时设施，通过"工程施工——合同成本——其他直接费——临时设施"科目核算。

（二）采购与搭建符合固定资产标准的临时设施，通过"临时设施"科目核算。

1. 采购和搭建临时设施。

（1）采购临时设施。借记"临时设施"科目，贷记"银行存款"等科目。

（2）搭建临时设施。搭建过程中，借记"在建工程"科目，贷记"原材料"等科目；待到搭建完工，达到预定可使用状态时，借记"临时设施"科目，贷记"在建工程"科目。

2. 临时设施摊销。当月增加的临时设施，当月不摊销，从下月起开始摊销；当月减少的临时设施，当月继续摊销，从下月起停止摊销。摊销时，应按月计算摊销额，借记"工程施工"科目，贷记"临时设施摊销"科目。

3. 临时设施清理。临时设施的报废和出售，以及因各种不可抗力的自然灾害而遭到损坏和损失的临时设施所进行的清理工作。

（1）企业出售、拆除、报废的临时设施应转入清理。借记"临时设施清理"和"临时设施摊销"科目，贷记"临时设施"科目。

（2）出售、拆除过程中发生的变价收入和残料价值，借记"银行存款"等科目，贷记"临时设施清理"科目。

（3）发生的清理费用，借记"临时设施清理"科目，贷记"银行存款"等科目。

（4）清理结束后，若发生净损失，借记"营业外支出"科目，贷记"临时设施清理"科目，若发生净收益，则计入"营业外收入"科目。

十五、存货核算

存货按性质用途分为原材料、周转材料、低值易耗品、包装物、已完工未结算款、其他各类存货，按取得来源可分为甲供料、甲控料、集中采购配送材料、自购料、网络采购材料、委托加工材料等。

（一）存货会计科目的设置

1. 材料采购。按计划成本法核算购入各种材料物资等的采购成本。

2. 在途物资。按实际成本法核算货款已付尚未验收入库的在途物资的采购成本。

3. 原材料。核算库存的各种材料的计划成本或实际成本，根据材料类别及采购费用性质，设置明细科目核算，一般下设"主要材料""辅助材料""外购半成品""修理备用件""包装材料""燃料""其他"7个二级科目，并可根据管理需要进一步按材料种类设置下级科目辅助核算。本科目期末借方余额，反映项目部库存原材料的计划或实际成本。

4. 材料成本差异。采用计划成本法进行日常核算的材料计划成本与实际成本的差额以及物资基地与网络采购列转的采购保管费。期末借方余额反映库存材料的实际成本大于计划成本的差异；贷方余额反映库存材料的实际成本小于计划成本的差异。

5. 周转材料。核算周转材料的实际成本，按使用状态设置"在库""在用""摊销"3个二级明细科目。本科目期末借方余额，反映在用周转材料的摊余价值。

6. 低值易耗品。核算低值易耗品的实际成本，按使用状态设置"在库""在用""摊销"3个二级科目。本科目期末借方余额，反映在用低值易耗品的摊余价值。

7. 包装物。按使用状态设置"在库""在用""摊销"3个二级科目。

8. 存货跌价准备。核算提取的存货跌价准备，按存货类别设置明细科目。期末贷方余额反映已提取但尚未转销的存货跌价准备。

（二）存货核算

1. 原材料核算。

（1）原材料取得的核算。结算方式和采购地点的不同，材料入库和货款支付时间上不完全同步，相应的账务处理也有所不同：

（2）材料已到达入库，发票账单未到，在发票账单未到前可暂不做会计处理，如期末发票账单仍未到，应按照合同价或计划价格暂估价值入账。下月初用红字将上述分录原账冲回。

（3）原材料发出的核算。工程项目一般应按月结算发出原材料成本。项目物资部月末提供材料动态表，注明材料使用部位和领料单位（特别是要标明外协队伍领料情况），财务部门根据以上资料核对领料清单。

（4）原材料处置的核算。项目部有不再使用的多余材料物资，应及时通过公司对内调拨到其他项目、对外出售等方式进行处置以回收资金。

残余材料物资的处置。残余材料物资是指在施工过程中产生的一些材料物资的下脚料等，对处置的残余材料物资收到的款项冲减成本。

2. 周转材料核算。根据周转材料的来源，可分为自购（制）周转材料、内部租赁周转材料和外租周转材料。在合同清单法下，周转材料使用费在"工程施工——合同成本——直接材料费"等科目核算；在责任成本模式下，若周转材料在措施费中单独列示，则在"工程施工——合同成本——其他直接费"等科目核算。

内部租赁周转材料（不同法人或同一法人跨区县项目）。根据租费结算单和各成本对象使用情况，计算各成本核算对象应承担的金额。

外租周转材料。根据租费结算单和各成本对象使用情况，计算各成本核算对象应承担的金额。

3. 低值易耗品核算。采购低值易耗品时，记"低值易耗品——在库"，发出低值易耗品时，记"低值易耗品——在用"，月末根据管理部门提供的低值易耗品领用汇总表或出库单，根据其用途等将当月领用的低值易耗品一次摊销进入有关成本费用。收回低值易耗品处理残值时，冲减相关成本。

4. 包装物。与低值易耗品核算一致。

十六、安全费用核算

（一）安全生产费用提取比例（见表 2-9）

表 2-9　　　　　　　　　安全生产费用提取比例

工程类别	提取比例
矿山工程	2.50%
房屋建筑工程、水利水电工程、电力工程、铁路工程、城市轨道交通工程	2.00%
市政公用工程、冶炼工程、机电安装工程、化工石油工程、港口与航道工程、公路工程、通信工程	1.50%

依据财政部、安全监管总局《企业安全生产费用提取和使用管理办法》（财企〔2012〕16号）相关要求，应根据季（月）度建安计划，按照不低于以下规定比例提取、使用安全生产费用。

（二）安全生产资金管理

安全生产费以当期业主确认的工程结算（验工计价）为计提依据。总包单位应当将安全费用按比例直接支付给分包单位并监督使用，分包单位不再重复提计取。安全生产费应以"及时提取、确保需要、规范使用、正确核算"原则进行管理，专款专用，确保用全用足，不得挤占挪用，要全面合理进行安全生产费用的归集和明细核算，准确反映计提和使用情况。

（三）会计科目设置及使用

1. "专项储备——安全生产费"科目。该科目核算工程项目安全生产费用的提取、使用和结余情况，期末一般不留有余额。

根据项目实际情况，计提安全生产费用时，借记"工施工——其他直接费——安全生产费用"，贷记"专项储备——安全生产费——计提"科目。

在实际发生安全生产费用支出时，直接借记"专项储备——安全生产费——使用"科目，贷记"银行存款""原材料""应付账款"等科目，季度末将"专项储备——安全生产费——使用"科目的借方余额结转进"专项储备——安全生产费——计提"科目。需要注意的是安全生产费用的足额使用，不得低于按计划计提的数字。

使用安全生产费用形成固定资产的，应当通过"在建工程"科目归集，待安全项目完工达到预定可使用状态时确认为固定资产，同时，按照形成固定资产的成本借记"专项储备——安全生产费——使用"科目，贷记"累计折旧"。该固定资产在以后期间不再计提折旧，但应纳入固定资产进行管理。

2. "在建工程——安全工程"科目。与安全生产费用有关支出最终将形成固定资产时，应借记本科目，贷记"银行存款"等科目；工程完工形成固定资产时，借记"固定资产"科目，贷记本科目。该明细科目借方余额反映尚未形成固定资产的安全费用资本性支出。

3. "管理费用——安全生产费"科目。核算公司总部管理部门发生的安全费用。

十七、研发支出核算

研发支出是指企业在产品、技术、工艺、标准的研究、开发过程中发生的各项费用。

（一）核算范围

1. 研发活动直接消耗的材料、燃料和动力费用；

2. 企业在职研发人员的工资、奖金、津贴、补贴、社会保险费、住房公积金等人工费用以及外聘研发人员的劳务费用；

3. 用于研发活动的仪器、设备、房屋等固定资产的折旧费或租赁费以及相关固定资产的运行维护、维修等费用；

4. 用于研发活动的软件、专利权、非专利技术等无形资产的摊销费用；

5. 用于中间试验和产品试制的模具、工艺装备开发及制造费，设备调整及检验费，样品、样机及一般测试手段购置费，试制产品的检验费等；

6. 研发成果的论证、评审、验收、评估以及知识产权的申请费、注册费、代理等费用；

7. 通过委托、合作研发等方式，委托其他单位、个人或者与之合作进行研发而支付的费用；

8. 与研发活动直接相关的其他费用，包括技术图书资料费、资料翻译费、会议费、差旅费、办公费、外事费、研发人员培训费、培养费、专家咨询费、高新科技研发保险费用等。

（二）科目设置

1. 研发费用发生时，根据研发费用资本化原则在"研发支出——资本化支出"和"研发支出——费用化支出"科目归集

2. 资产负债表日根据费用化与资本化情况进行结转。研发支出费用化，借记"管理费用——研究与开发费"，贷记"研发支出"；研发支出资本化，借记"无形资产"，贷记"研发支出"。

（三）核算注意事项

1.《财政部 国家税务总局 科技部关于完善研究开发费用税前加计扣除政策的通知》（财税〔2015〕119号）中规定：企业开展研发活动中实际发生的研发费用，未形成无形资产计入当期损益的，在按规定据实扣除的基础上，按照本年度实际发生额的50%，从本年度应纳税所得额中扣除；形成无形资产的，按照无形资产成本的150%在税前摊销。但加计扣除必须有充足的支持性材料，如研发项目立项文件及合同书、发票、工资单等。

2.《关于提高研究开发费用税前加计扣除比例的通知》（财税〔2018〕99号）中规定：企业开展研发活动中实际发生的研发费用，未形成无形资产计入当期损益的，在按规定据实扣除的基础上，在2018年1月1日至2020年12月31日期间，再按照实际发生额的75%在税前加计扣除；形成无形资产的，在上述期间按照无形资产成本的175%在税前摊销。

十八、应付职工薪酬核算

根据《企业会计准则——职工薪酬》的相关规定，将归属于职工薪酬核算范畴的内容全部纳入"应付职工薪酬"会计科目进行核算。

（一）人员分类

1. 企业职工：指与企业签订正式劳动合同的企业员工，包括在岗职工、下岗职工、内

退人员等,与劳动工资"职工工资总额"的统计范畴一致;

2. 劳务派遣人员:指未与企业订立劳动合同或未由企业正式任命,但向企业所提供的服务与职工所提供服务类似,通过与劳务中介公司签订用工合同而向企业提供服务的劳务派遣人员;

3. 施工劳务企业人员:指未与企业订立劳动合同或未由企业正式任命,但向企业所提供的服务与职工所提供服务类似,通过与经局批准成立的施工劳务企业签订用工合同而向企业(局属各单位)提供劳务、技术、管理等服务的人员。

4. 其他人员:指按照企业会计准则应纳入"应付职工薪酬"会计科目进行核算的所有其他人员。

(二)科目设置

在"应付职工薪酬"下级各项辅助科目下分别增加"企业职工""劳务派遣人员""施工劳务企业人员""其他人员"4个辅助科目,用于分类核算。

(三)核算注意事项

在发放上级单位转列的奖金时,应掌握上级单位是否计入"应付职工薪酬"科目,避免重复或少计"应付职工薪酬"。

十九、工程结算核算

项目部根据建造合同约定向业主办理结算,包括合同规定的工作内容所确认的工程价款,因合同变更、索赔、奖励等形成的收入款项等,但不包括预收业主支付备料款项。

工程结算通过"工程结算"科目核算,下设"客户往来"辅助科目,反映企业尚未完工建造合同已办理结算的累计金额。

工程项目损益类科目主要包括"主营业务收入""其他业务收入""主营业务成本""其他业务成本""营业税金及附加""营业外收入""营业外支出""管理费用""财务费用""资产减值损失"。

1. 主营业务收入、主营业务成本核算。财务部门根据公司收入准则实施办法规定,采用完工百分比法确认主营业务收入和主营业务成本。

成本(商务)部门应根据业主验工计价、已完工未计价和超前计价确认产值收入,按不含税产值计算。成本费用按实际发生计算。

2. 税金及附加。根据实际交纳的相关税种与项目适用的税率计算税金及附加。

3. 其他业务收支。工程项目除出租周转材料及设备、出售原材料等之外,应谨慎使用"其他业务收支"科目,确需使用应报经上级单位批准同意。

4. 营业外收支。主要包括:非流动资产处置利得及损失、非货币性资产交换利得及损失、债务重组利得及损失、政府补助、盘盈利得、盘亏损失、捐赠利得、公益性捐赠损失、非常损失等。工程项目应谨慎使用"营业外收支"科目,确需使用应报经上级单位批准同意。

5. 管理费用。工程项目管理费用包括上级管理费及结转的研究与开发费,确需使用管理费其他明细科目时,应报经上级单位批准同意。

6. 财务费用。主要包括上级公司和地方银行"利息支出""利息收入""手续费支出""汇兑损益"等,票据贴现需报经上级单位同意。

7. 资产减值损失。工程项目资产减值损失主要包括"坏账损失""建造合同减值损失"。

（1）坏账损失一般由工程项目上级公司统一计提。

（2）建造合同减值损失是指建造合同执行中预计总成本超过合同总收入，发生需计提建造合同减值损失的情形，须报公司审批后方可进行计提。

8. 项目形成利润不得列账上缴公司，留存在项目，待工程项目整体销号后一并列转公司。

第八节　工程项目上场增值税筹划

建筑施工企业是一个劳务密集型的微利行业，在增值税价税分离情况下，进项税抵减额对施工企业交税非常重要，也影响企业附加的多少和资金安排，因此，施工企业必熟悉增值税的税收管理规定，同时，利用好增值税的相关政策做好企业增值税筹划和风险防范工作。

一、项目上场税务交底目的及要求

（一）税务交底的目的

税务交底要使被交底单位充分运用项目涉税业务适用的各种政策和制度法规及优惠政策，在尊重国家税收政策和法规的基础上，做到对企业经济、管理、财务工作的有效提升，形成对企业税务风险的规避，将企业税负水平合法降低。

（二）税务交底的要求

1. 税务交底必须符合国家税法的有关规定，同时还要符合机构或项目所在省、自治区、直辖市地方性的具体税收政策规定。

2. 税务交底要在符合公司有关规定和工作要求的基础上，针对项目的实际情况和特点制定切实可行的实施方案。

3. 税务交底应全面、翔实、准确，要详细说明交底具体的内容、涉及的税种、依据的文件、实施的措施、工作的流程，不能含糊其辞。

4. 税务交底涉及的税务筹划方案，必须要符合税法条文和立法意图，有助于降低企业税务成本，有助于提高经营管理水平，不得出现偷、逃、骗、抗税等违法行为。

5. 被交底单位要积极主动提供税务交底所需要的各项资料，如实反映项目实际情况，向交底人提供必要的办公场所。对于不如实提供资料，造成税务交底内容出现重大失误的，由被交底单位承担全部责任。

6. 被交底单位必须严格执行税务交底工作内容，不得以任何理由拒绝执行或对税务交底事项搞变通落实。

二、项目上场税务交底内容

对新上场项目均要进行税务交底，工作内容要对所涉及的税种逐项进行列示。税务交底内容包括但不限于以下内容：

（一）核算模式

交底人要明确项目的内部总分包、外部劳务分包的核算模式，规避违法分包、取得不合规发票、经济事项与纳税主体不符等因素给企业经营带来的不利影响和经济损失。

（二）收入管理

要合理分析项目纳税义务发生时间，针对不同纳税义务时间明确计提销项税额的会计处理规范等内容。

1. 计价结算收入。

（1）经营计划部门应严格按照施工合同约定与客户办理工程结算手续。收取客户的价外费用，应按照增值税的有关规定计算缴纳增值税，并开具增值税专用发票。价外费用，包括价外向购买方收取的手续费、补贴、基金、集资费、返还利润、奖励费、违约金、滞纳金、延期付款利息、赔偿金、代收款项、代垫款项、包装费、包装物租金、储备费、优质费、运输装卸费以及其他各种性质的价外收费。

（2）项目经营计划部门应在收到业主签字盖章确认的中期计量支付报表后5日内传递至项目财务部门，作为开票的依据。

（3）纳税义务时间。先开具发票的，为开具发票的当天；提供建筑服务过程中或之后收到款项的，即收到工程进度款时，为收到工程进度款的当天；提供建筑服务过程中或之后，甲乙双方在书面合同中约定付款日期的，为书面合同确定的付款日期当天；关于质押金、保证金问题。依据国家税务总局公告2016年第69号《关于在境外提供建筑服务等有关问题的公告》第4条的规定，纳税人提供建筑服务，被工程发包方从应支付的工程款中扣押的质押金、保证金，未开具发票的，以纳税人实际收到质押金、保证金的当天为纳税义务发生时间。因此，项目部应与业主沟通协调质保金部分不开具发票，项目可通过"应交税费——待转销项税额"明细科目进行核算。

2. 出售原材料收入。

（1）包括原材料直接以收取现金的形式出售给外部单位的收入，也包括原材料调拨给内外部单位形成的收入。根据增值税相关规定，出售原材料需计提销项税额，并机构所在地缴纳增值税。

（2）财务部门根据合同或协议、出售清单等原始单据收取款项或办理转账形成出售收入，按照13%的增值税税率计算缴纳销项税额。

3. 销售废旧物资。

（1）按照国家税法规定，对于"营改增"一般纳税人单位销售除使用过的固定资产以外的废旧物资，应当按照13%税率征收增值税。对于在生产过程中产生的废旧物资，比如下脚料、边角余料、报废不能使用的原辅材料等，要按照13%税率缴纳增值税。

4. 视同销售收入。

（1）政策依据。财税36号文附件1第14条规定了视同销售情形：①单位或者个体工商户向其他单位或者个人无偿提供服务，但用于公益事业或者以社会公众为对象的除外；②单位或者个人向其他单位或者个人无偿转让无形资产或者不动产，但用于公益事业或者以社会公众为对象的除外；③财政部和国家税务总局规定的其他情形。无偿一般理解为未取得货币、货物或者其他经济利益流入。

（2）常见视同销售行为：为驻地政府有关人员无偿提供工程用材料；为驻地政府修建不属于公益事业或以社会公众为对象的道路等等；为铁路局或驻地政府提供抢险救灾服务或物资等等。

（3）处理办法。在项目施工过程中发生类似行为时，要注意业务操作尽量规避视同销售行为，如在材料调拨单上不得注明有无偿提供行为，奖励通报上不注明具体无偿提供服务事项。

5. 内部转账行为。母子公司不得将试验费、材料费、设备租赁等交易类成本费用跨法人转账至各公司，也不得接受相互成本费用转账。母子公司之间发生的成本费用自行采取合理的结算办法处理，签订采购或租赁合同，按规定纳税。

（三）供应商管理

要明确项目应使用合格供应商及审核相关涉税信息，供应商的选取原则，以及不合格供应商的通报等内容。

1. 建立供应商准入机制。

（1）选择供应商时要优先选择合格供应商信息库中的供应商，是取得合法合规票据的重要保证，未纳入合格供应商信息库的不得使用。

（2）对于新合作的供应商，要审核供应商税务信息的真实性，具体内容包括：供应商名称全称；纳税人识别号（15位代码，国税号）或者统一社会信用代码（18位代码）；经营范围；注册地址、联系电话；开户银行名称；开户银行账号（在主管国税机关备案登记的银行账号）；纳税人身份；可开具的增值税发票类型；供应商的纳税诚信等级应为B级以上；税务登记证明资料，一般纳税人需提供《增值税一般纳税人资格登记表》复印件或《国税税务登记证副本》（含一般纳税人证明页）复印件；小规模纳税人需提供《营业执照》或《国税税务登记证副本》复印件，税务登记证明材料复印件必须加盖公司印章。

2. 选择供应商原则。

（1）所有采购业务在产品质量、信誉、不含税价等同等条件下，原则上应选择具备一般纳税人资格的公司作为供应商。如确需选择小规模纳税人、个人作为合作对象，应在核查小规模纳税人、个人供应商税务信息的基础上，完善风险评估机制，充分考虑其涉税风险。

（2）供应商的选择原则：优先选择抵扣税率高、采购成本低的供应商；其次选择抵扣税率低、采购成本低的供应商；可以选择抵扣税率高、采购成本高的供应商；不能选择抵扣税率低、采购成本高的供应商。总之，应在采购成本与抵扣税率之间进行比较，选择对降低企业成本最有利的供应商。

3. 供应商黑名单制度。各业务部门对合同相对人的资信情况应定期进行审核，对于存在提供不合规发票，并给企业造成经济上与信誉上损失的供应商，要列入供应商黑名单，并停止合作。

（四）合同管理

要明确合同签订原则、合同涉税条款以及合同评审要求等内容。

1. 合同签订原则。

（1）单笔人民币交易在5万元以上的采购活动，原则上应签订合同，各类合同要使用集团公司统一制定的合同范本，合同中应明确涉税条款。

（2）合同经办部门要保证合同内容的真实性，严禁签订与真实交易内容不相符的合同，合同管理部门负责检查监督。

（3）参建工程公司对外采购合同必须以工程公司的名义签订，单位名称、纳税人识别号等信息必须与税务登记证完全一致，不得错写、简写或多写，以确保进项税的合法有效抵扣。

2. 合同涉税条款。

（1）采购合同必须实行价税分离，不得签订含税价格合同，以避免多缴印花税。

（2）涉税条款包括但不限于以下内容：供应商的税务信息；合同标的物的含税价、不含税价、适用税率；发票类型、发票开具及交付时间；未按合同要求开具发票的处理，包含重新开具、支付违约金等；供应商因虚开发票行为的责任条款；如供应商税务信息发生变化，供应商应以书面法律文件及时告知，并进行合同变更，否则由此造成的经济损失由供应商承担。

3. 合同评审。

（1）审核供应商是否为合格供应商，供应商的经营范围、纳税人身份、税率、需提供的发票类型、提供扣税凭证的时间以及纳税信用等级等相关税务信息。

（2）审核合同签订主体是否为纳税主体，单位信息与相关证照是否一致。

（3）审核货物销售、劳务或服务提供单位是否指定银行账户。

（4）审核合同条款是否明确涉税要点，是否包含集团公司合同范本所明确的涉税内容。

（5）审查合同的真实性、合法性，严禁签订虚假、阴阳合同等与真实交易不相符的合同。

（6）审核应税税率是否符合供应商的纳税人身份，有无人为约定应税税率的情况。

（7）审核合同价款是否进行价税分离，明确不含税价款、增值税款以及含税价款。

4. 合同备案。

（1）项目部签订的所有采购合同均需要在公司财务部备案，取得的发票要与采购合同建立对应关系。

（2）业务经办人员要严格审核发票内容是否与采购合同反映的业务实质一致，如存在不一致的情况需作发票退回重开处理。

5. 工作要求。项目部自开始签订的各类合同要坚持上级评审的要求，即公司评审。

（五）采购管理

要明确采购原则、采购方式、采购管理、付款方式等内容。

1. 采购原则。

（1）执行一般计税方法项目的采购比价原则：投标人评审价格 = 净价 + 净价 ×（所有投标人的最高进项抵扣税率 – 投标人进项抵扣税率）×附加税率之和。

净价：能提供增值税扣税凭证的投标人，其"净价"是指增值税扣税凭证的不含税价格；对于只能提供普通发票的投标人，其"净价"即是含税价格，其进项税抵扣税率为0。

（2）如属于增值税可抵扣范围的支出，应以不含税价作为招标商务核算依据，且考虑附加税费影响。如属于增值税不可抵扣范围的支出，应以含税价作为招标商务核算依据。

2. 采购方式。

（1）对于大宗物资及通用设备的采购，指挥部应采取"统谈、分签"的方式，由工程公司与供应商签订合同，供应商将发票开具给工程公司，以确保增值税抵扣链条的完整性、税负的均衡性。严禁供应商向局指开具增值税发票，然后以调拨或费用分摊等方式转账给参建工程公司，规避不必要的销售环节。

（2）对于二、三类材料以及低值易耗品、劳保用品等物品的采购，应在项目所在地采取定点集中采购的方式，或通过京东商城等电子商务平台统一采购，以取得可抵扣的增值税专用发票，提高获票率，防止业务人员取得不合法票据。

3. 付款方式。

（1）财务部门严格按照合同约定汇款至供应商银行账户。如因特殊情况，供应商需更改账户为其名下其他银行的账户时，必须取得公司书面同意。除非经法院裁判或仲裁机构仲裁裁决文书确定的付款义务，财务部门不得将款项支付至其他单位的银行账户。

（2）财务部门不得对未提供合规发票和未通过发票抵扣认证的业务进行付款。

（3）确保"四流一致"。"四流一致"要基于真实交易原则的前提下，确保合同流、实物流、发票流、资金流的流向一致。实物流是指销售货物或提供增值税应税劳务、应税服务的单位或个人；合同流是指与公司签订合同中"销售货物或提供增值税应税劳务、应税服务"的合同相对人单位或个人；发票流是指开具发票单位或个人，且开具的发票相关内容、与所销售货物、所提供应税劳务或者应税服务相符，且该增值税专用发票是开具发票单位合法取得、并以其名义开具的；资金流是指支付所购买货物、所接受应税劳务或应税服务的款项的对象单位或个人。

（六）分包管理

要明确分包结算管理、发票管理等内容。

1. 内部总分包管理。

（1）计算基数。集团公司必须按照不含增值税金额计算收取参建工程公司各项管理费，上报完成产值以及建造合同确认的收入均为不含增值税金额。

（2）总分包结算。业主对局指计价后，局指要按照不含税价在扣除资产收益、区域管理费、本级管理费及其他费用后对参建分部进行全额分劈计价，不得截留，避免税负的不均衡。

（3）对于试验检测费用，局指要从各分部的合同总额中扣除，并与检测公司签订税率为6%的试验检测合同，合同金额应为扣除各项管理费后的价税分离金额。

（4）开具发票。局指对业主开具增值税发票，应由参建工程公司先向集团公司开具增值税发票，局指凭参建工程公司发票，向项目所在地国税局按照总分包差额预缴2%增值税，凭增值税完税凭证等相关资料向地税局申报缴纳附加税费。局总、分包发票的开具时间应尽量安排在同一月份，以保证相关业务工作的一致性。

2. 外部分包管理。

（1）分包模式。

①要采取以劳务分包为主、专业分包为补充、自有队伍为支撑的管理模式。在劳务分包方式的选择上，对于关键工序、重点工程、直接影响行车安全的主体工程，应采取"人工+辅助材料+小型机具"承包模式。

②坚决取缔提点大包、工程转包和违法分包等不合法的分包模式。要严禁从施工队取得违背"四流一致"、真实交易原则的发票用于进项税额的抵扣及项目成本费用的列账。

（2）分包价格计算。分包价格按照下列公式计算：税后分包价格＝税前分包价格×（1＋10%或3%），税前分包单价应包含人工费、辅助材料费、施工小型机具使用费、企业管理费、利润和规费之和，各费用项目均以不含增值税可抵扣进项税的价格计算。

（3）分包结算管理。

①各分部的劳务分包合同必须按照核算模式签订工、机合同，规避销售材料等经济交易行为，严禁签订阴阳合同。施工用材料（不含二、三类材料）全部由项目部提供，但要采取"总额控制、定期考核"的方式加强对施工队使用材料的管理，避免材料浪费给企业造成经济损失。

②各分部的隧道开挖、衬砌要签订劳务分包合同，火工品、水电费等不得包含在承包单价中，应采取总额或单价考核的方式在合同中明确约定，最终必须体现在各分部直接材料成本账面。

③各分部的隧道出渣要签订设备租赁合同，且应以工作量法计量，不得以台班或月租的方式计量，增值税税率为9％。设备用油由项目部统一采购，提高进项税抵扣率。为规避销售行为，油料不应包含在租赁单价中，可采取总额或单价考核的方式在合同中明确约定。

④各分部的桥梁、涵洞、路基等工程也应参照隧道开挖、出渣、衬砌工序的要求，尽量规避再销售材料、水电费等流转环节。

⑤依据实际结算金额，应要求分包单位按照合同约定及时提供增值税专用发票，有关款项应支付至合同指定账户。如业主要求代发民工工资，应按要求直接代付民工工资，并要求分包单位出具收款收据。

⑥局指及所属参建分部要采取有效措施规避材料调拨、费用转账等流转环节，防止增值税税负的上升及税收成本的增加。

（七）资产管理

要明确处置废旧固定资产、废旧物资的业务处理等内容。

1. 固定资产采购。

（1）局指及所属参建分部新购固定资产必须取得扣税凭证，且必须按照不含税价格进行组资。固定资产折旧按照不含税价格进行计提。

（2）通过法人内部调拨方式取得的2016年5月1日后采购且取得增值税扣税凭证并已作进项税转出的固定资产，凭增值税扣税凭证按照固定资产净值计算抵扣进项税。计算公式如下：可以抵扣的进项税额＝固定资产净值／（1＋适用税率）×适用税率。

2. 关于设备租赁适用税率的问题

（1）按照财政部《关于明确金融 房地产开发 教育辅助服务等增值税政策的通知》（财税〔2016〕140号）第十六条规定，纳税人将建筑施工设备出租给他人使用并配备操作人员的，按照"建筑服务"缴纳增值税。基于此文件，在租赁设备时，如出租方配备操作人员的，应要求对方提供9％税率的"建筑服务"增值税发票。如出租方未配备操作人员的，应要求对方提供13％税率的"设备租赁"增值税发票。

（2）对于个人出租的设备，可要求个人注册为个体工商户，个体工商户可向税务部门申请代开税率为3％的增值税专用发票，若月租金不超10万元，免增值税。使用个人出租的设备，只能开普票，并且要交税。

3. 销售使用过的固定资产。根据《财政部 国家税务总局关于全国实施增值税转型改革若干问题的通知》（财税〔2008〕170号）和《关于部分货物适用增值税低税率和简易办法征收增值税政策的通知》（财税〔2009〕9号）以及国家税务总局《关于一般纳税人销售自己使用过的固定资产增值税有关问题的公告》（国家税务总局公告2012年第1号）《关于营业税改征增值税试点期间有关增值税问题的公告》（国家税务总局公告2015年第90号）的规定，对纳税人销售自己使用过的固定资产，应区分不同情形征收增值税：

（1）一般纳税人销售自己使用过的不得抵扣且未抵扣进项税额的固定资产，适用简易办法依照3％征收率减按2％征收增值税；也可以放弃减税，按照简易办法依照3％征收率缴纳增值税，并可以开具增值税专用发票。

（2）一般纳税人销售自己使用过且已抵扣进项税额的固定资产，按照13％税率征收增值税。

（2）在处置固定资产时要严格按照国家税法规定缴纳增值税，并开具增值税发票。

（八）不可抵扣事项

要明确具体的不可抵扣事项，以及发生不可抵扣事项的业务处理等内容。

（九）发票管理

要明确发票管理职责、发票开具要求、发票认证、发票抵扣、发票逾期抵扣、发票丢失处理、不合规发票等内容。

1. 发票管理职责。各级主管领导是进项侧发票管理的第一责任人，对本单位发票管理工作承担领导责任；外来发票接收部门是外来发票管理的直接责任部门；财务部门是进项税发票管理的专业归口部门。

2. 发票开具要求。

（1）《国家税务总局关于修订〈增值税专用发票使用规定〉的通知》（国税发〔2006〕156号）第十一条规定：专用发票应按下列要求开具：项目齐全，与实际交易相符；字迹清楚，不得压线、错格；发票联和抵扣联加盖发票专用章；按照增值税纳税义务的发生时间开具。对不符合要求的专用发票，业务经办人员有权拒收。

（2）自2017年7月1日起，购买方为企业的，索取增值税普通发票时，应向销售方提供纳税人识别号或统一社会信用代码；销售方为其开具增值税普通发票时，应在"购买方纳税人识别号"栏填写购买方的纳税人识别号或统一社会信用代码。不符合规定的发票，不得作为税收凭证。

（3）销售方开具增值税发票时，发票内容应按照实际销售情况如实开具，不得根据购买方要求填开与实际交易不符的内容。

（4）取得日期是2018年1月1日及以后的增值税专用发票、增值税普通发票、增值税电子普通发票：①发票票面"货物或应和劳务、服务名称"或"项目"栏次中，没有商品和服务税收分类编码对应的简称，说明发票不是发票管理新系统开具的，肯定不能收。②发票票面"货物或应税劳务、服务名称"或"项目"栏次中的商品和服务税收分类编码对应的简称出现类似"×钢材×黄金项链"或"电子计算机×黄金项链"的明显错误，属于不合规的发票，不能抵扣进项税额，也不能税前扣除。③经办人员、发票审核人员要注意票面是否有商品和服务税收分类编码简称，且需简单判断商品和服务税收分类编码简称的逻辑关系，没有写简称及简称逻辑关系不对属于不符合规定的发票，不得作为税收凭证。

3. 发票传递时间要求。

（1）应要求供应商必须在定期对账结算后5日内提供增值税发票。

（2）业务经办人员应当自取得增值税扣税凭证之日起5日内连同其他资料提交给财务部门，办理认证抵扣手续，并发起提单报账程序。其他发票也必须按照此规定时限处理。

（3）财务部门在收到增值税扣税凭证后，应对发票进行复核与认证。复核无误的，业务经办人员和财务人员应办理票据移交手续，双方在《增值税扣税凭证移交登记表（进项税）》上签字确认。

（4）局指及所属参建分部。对于取得的增值税扣税凭证，应定期通过邮寄、派人送达等途径传递至所属公司财务部。同时做好邮寄登记手续，确保每一张发票的流转和去向都能做到可追溯查询。

4. 发票认证。增值税扣税凭证的抵扣方式为认证抵扣，包括增值税专用发票、机动车销售统一发票，应自开具之日起180天内，通过网上认证系统或法人所在地税务机关办理认证，并在认证通过的次月申报期内，向主管税务机关申报抵扣进项税额。自2017年7月1

日起取得的增值税专用发票认证期限调整为360日。

5. 发票抵扣。

（1）业务经办人员应按照真实交易原则，根据实际发生的业务，主动向对方单位索取合规发票，并对双方单位全称、纳税人识别号、开户银行及账号、经营地址及电话、开票时间、经营项目、商品规格、数量、单价、金额、联次、签章等要素进行审核。

（2）当发生合同变更、质量不符合要求等需要退货或销售折让等情况，应当及时联系供应商，沟通开票事宜。如发票未认证的，要求供应商重新开具增值税专用发票或按规定开具红字专用发票；如发票已认证的，要求开具增值税红字专用发票。

6. 发票逾期抵扣。

（1）由于客观原因造成增值税专用发票、海关进口增值税专用缴款书逾期（超过开具日期360日），要按照集团公司的规定准备相关资料，及时申请办理逾期抵扣手续，经主管税务机关审核，逐级上报至省国税局核准，对资料符合条件、稽核比对结果相符的，允许纳税人继续抵扣逾期增值税扣税凭证上所注明或计算的税额。

（2）增值税扣税凭证超出规定的认证期限，且不属于客观原因导致的，造成进项税未能取得认证抵扣，责任人要提交未抵扣事项报告，经公司主管领导审批后，方能列入成本费用。要根据公司的有关规定，对相关责任人予以追责。

7. 发票丢失处理。

（1）丢失增值税专用发票的发票联和抵扣联，丢失前已认证相符的，凭发票记账联复印件及对方主管税务机关出具的《丢失增值税专用发票已报税证明单》，作为增值税进项税的抵扣凭证。

（2）丢失增值税专用发票的发票联和抵扣联，丢失前未认证的，凭发票记账联复印件进行认证，认证相符的凭记账联复印件及对方主管税务机关出具的《丢失增值税专用发票已报税证明单》，可作为增值税进项税额的抵扣凭证，记账联复印件和《丢失增值税专用发票已报税证明单》留存备查。

（3）丢失增值税专用发票的抵扣联，如果丢失前已认证相符的，可使用发票联复印件留存备查；如果丢失前未认证的，可使用发票联认证，发票联复印件留存备查。

（4）丢失增值税专用发票的发票联，可将专用发票的抵扣联替代作为记账凭证，并以专用发票的抵扣联复印件留存备查，注明原件存放的档案号。

（5）丢失其他发票，应取得发票记账联复印件，开票单位在复印件上注明"此票为我单位提供，与原件相符"，并加盖公章。经办人提交丢失发票报告，连同发票复印件逐级报公司主管领导审批后，方可作为原始凭证。

8. 发票备注栏要求，如不填写备注可定为不合规发票。

（1）货运发票：要将起运地、到达地、车种车号以及运输货物信息等内容填写在发票备注栏中。

（2）提供建筑服务：要在发票备注栏注明建筑服务发生地县（市、区）名称及项目名称。

（3）销售不动产：要在发票"货物或应税劳务、服务名称"栏填写不动产名称及房屋产权证书号码（无房屋产权证书的可不填写），"单位"栏填写面积单位，备注栏注明不动产的详细地址。

（4）出租不动产：要在备注栏注明不动产的详细地址。

（5）差额开票：备注栏自动打印"差额征税"字样。

（6）保险发票：应在增值税发票备注栏中注明代收车船税税款信息。具体包括保险单号、税款所属期（详列至月）、代收车船税金额、滞纳金金额、金额合计等。

9. 不合规发票包括以下情形：付款方名称未填写、填写错误或者填写单位简称等情形；采购或服务的内容、金额、数量与合同或实际经济业务不相符；发票信息内容填写不完整；字迹不清楚，或压线、错格、折叠，票面有损毁或涂污；大头小尾发票；开具发票类型错误；对开错的发票信息直接进行修改，并在修改处再盖发票专用章；除税务机关代开发票出现手写修改可以收取外，机打发票出现手写内容；属于汇总开票的，未附带合规的销货（劳务、服务）清单或清单上未加盖发票专用章；发票专用章使用不规范。

10. 发票抵扣联邮寄。

（1）发票联为经办人提单报账的凭据，因此项目只需邮寄扣税凭证的抵扣联。抵扣联邮寄至各法人单位财务部，各法人单位要按照《公司发票管理实施细则》的有关要求进行装订，并作为会计档案进行保管；

（2）邮寄前，经办人员应登记《增值税专用发票抵扣联清单》，详细列明每一张扣税凭证的信息；

（3）用塑封包装，防止发票在邮寄过程中污损；

（4）在快件单上"内件品名"栏中注明"增值税发票及份数"；

（5）在快递单备注栏注明"重要物品由收件人亲自签收"。

11. 虚开增值税专用发票。

（1）具有下列行为之一的，属于"虚开增值税专用发票"：①没有货物购销或者没有提供或接受应税劳务而为他人、为自己、让他人为自己、介绍他人开具增值税专用发票；②有货物购销或者提供或接受了应税劳务但为他人、为自己、让他人为自己、介绍他人开具数量或者金额不实的增值税专用发票；③进行了实际经营活动，但让他人为自己代开增值税专用发票。

（2）虚开增值税专用发票的表现形式。

①无真实交易下单向虚开的情形——虚开税款数额或接受虚开税款数额。无真实交易单向虚开是指在开票人和受票人之间没有真实交易，开票人向受票人开具增值税专用发票，受票人不向开票人开具增值税专用发票的情形。

②无真实交易下双向虚开的情形——虚开税款数额与接受虚开税款数额之和。无真实交易双向虚开是指开票人与受票人之间没有真实交易，开票人向受票人开具增值税专用发票，受票人或者其他第三人或者开票人自己又为开票人虚开增值税专用发票的情形，开票人构成双向虚开，即开票人既是开票人，也是受票人。

③部分交易真实下虚开的情形——虚假交易部分对应的税款数额。这种情形是指存在货物购销交易，但是开票人开具了超过其真实交易数量或金额的增值税专用发票。开票人和受票人针对这种开票行为所产生的虚开税款数额应当以多开具的税款数额进行认定。

④行为人代开的情形——代开税款数额。代开是指开票人与受票人之间没有真实货物购销交易，但是受票人与第三人之间存在真实货物购销交易，并且由开票人向受票人开具数量、金额与真实货物购销交易一致的增值税专用发票。在这种情形下，增值税专用发票上记载的货物、数量和金额与真实交易没有差别。但是，真实交易中的销货方是第三人，而增值税专用发票上记载的销货方却是开票方，两者不对应。

(3) 虚开增值税专用发票的量刑。《刑法》第 205 条规定:"虚开增值税专用发票或者虚开用于骗取出口退税、抵扣税款的其他发票的,处三年以下有期徒刑或者拘役,并处二万元以上二十万元以下罚金;虚开的税款数额较大或者有其他严重情节的,处三年以上十年以下有期徒刑,并处五万元以上五十万元以下罚金;虚开的税款数额巨大或者有其他特别严重情节的,处十年以上有期徒刑或者无期徒刑,并处五万元以上五十万元以下罚金或者没收财产。单位犯本条规定之罪的,对单位判处罚金,并对其直接负责的主管人员和其他直接责任人员,处三年以下有期徒刑或者拘役;虚开的税款数额较大或者有其他严重情节的,处三年以上十年以下有期徒刑;虚开的税款数额巨大或者有其他特别严重情节的,处十年以上有期徒刑或者无期徒刑。"

(十) 成本费用管理

要明确抵扣总体要求及具体成本费用的抵扣要求等内容。

1. 抵扣要求。间接费的抵扣按照建筑业增值税进项税抵扣要点的要求和规定执行。

2. 具体成本费用的抵扣要求。

(1) 住宿费抵扣。按照 36 号文的有关规定,住宿费允许抵扣进项税额。因此,应在项目所在地附近指定 1-3 家酒店或宾馆为合作单位,定期结算,并取得增值税扣税凭证。

(2) 加油卡抵扣。单位自有车辆购买加油卡时必须按照预付账款方法做相关账务处理,而后在加油实际消费后,按照实际结算(加油)的油款每月 25 日向加油站获取增值税发票列账,报账时需附相关加油实际消费信息凭证。

(3) 个人房屋出租抵扣。租用个人出租住房适用优惠政策减按 1.5% 征收,取得增值税专用发票。但需注意的是,租赁个人住房,作为办公场所使用,其中的一间卧室作为外地工作人员的住宿房屋使用。属于混用的情况,取得的增值税专用发票可以抵扣进项税。

(4) 物品采购。对于办公用品、劳保用品等项目部发生的物品采购,应指定牵头部门,组织相关业务部门,在对当地市场进行广泛考察的基础上,采取集中采购方式,确定 1-2 家定点采购单位,签订采购合同,按期结算付款;或通过京东商城等电子商务平台统一采购,以取得可抵扣的增值税专用发票,提高获票率,防止业务人员取得不合法票据。

(5) 车辆维修。应组织相关业务部门,在对当地市场进行广泛考察的基础上,确定定点维修单位,签订维修合同,按期结算付款,以取得可抵扣的增值税专用发票,提高获票率,防止业务人员取得不合法票据。

(6) 过路过桥费。

①《交通运输部、国家税务总局关于收费公路通行费增值税电子普通发票开具等有关事项的公告》(交通运输部、国家税务总局公告 2017 年第 66 号):自 2018 年 1 月 1 日起,纳税人支付的道路通行费,按照收费公路通行费增值税电子普通发票上注明的增值税额抵扣进项税额。增值税一般纳税人取得符合规定的通行费电子发票后,应当自开具之日起 360 日内登录本省(区、市)增值税发票选择确认平台,查询、选择用于申报抵扣的通行费电子发票信息。

②对于未取得增值税电子普通发票的处理。2018 年 1 月 1 日至 6 月 30 日,纳税人支付的高速公路通行费,可凭取得的通行费发票(不含财政票据)上注明的收费金额计算可抵扣的进项税额。2018 年 1 月 1 日至 12 月 31 日,纳税人支付的一级二级公路、桥、闸通行费,可凭取得的通行费发票上注明的收费金额计算可抵扣进项税额。

③由于未实际接受道路通行服务,其充值取得的发票,不能按照过路过桥费计算抵扣。

对于实际接受服务取得的发票可计算抵扣。

（7）个人抬头凭证。企业发生的与企业经营活动有关，符合真实性及合理性等税前扣除原则的个人抬头凭证，可作为税前扣除凭证予以列支。常见但不限于以下：①允许税前扣除的医药费票据。②机票和火车票。③符合职工教育费范围的职业技能鉴定、职业资格认证等经费支出。④员工入职前到医疗机构体检费票据。⑤企业为因公出差的员工报销，个人抬头的财政收据的签证费。

除以上个人抬头凭证可作为税前扣除凭证外，其他个人抬头凭证一律不得税前扣除。

（8）会议费。发生的会议费，以收款方出具的发票和付款单据为税前扣除凭证。项目应保存会议时间、会议地点、会议对象、会议目的、会议内容、费用标准等内容的相应证明材料，作为备查资料。"营改增"后，由于一般纳税人接受餐饮、娱乐服务不能抵扣进项税额，接受会议服务，且同时包括住宿、餐饮、娱乐、旅游等服务的，在开具增值税专用发票时不得将上述服务项目统一开具为"会议费"，应按照《商品和服务税收分类与编码（试行）》规定的商品和服务编码，在同一张发票上据实分项开具，并在备注栏中注明会议名称和参会人数。

（9）餐费。①合理划分费用类别。企业应按会计准则规定，严格规范财务核算，对发生的餐饮费根据经济业务实质记入相应科目。②补充完善列支凭据。会议费必须要有与其经营活动有关的合理会议费证明材料。主要包括：会议通知、会议时间、地点、出席人员、内容、目的、费用标准及支付凭证等；福利费必须有合理证明福利支出的各种凭据。主要包括：开支申请、审批报告、支付凭据等；业务招待费支出必须与生产经营相关，要求提供接待事由、接待对象、接待标准、开支申请、支付凭据等。③局指及所属参建分部对于发生的餐费不得随意记入无关会计科目进行核算，要注意合理性问题。

（10）银行手续费。要尽快与银行沟通协商，对于直接收费的金融服务必须要定期取得增值税发票，作为企业税前扣除凭证。

（11）跨期发票处理原则。按照权责发生制确认属于当年度的成本或费用，汇算清缴前（不是5月31日，5月31日是申报截止日）取得发票的（即使发票开票日期是第二年），应按规定在当年度的汇算清缴税前扣除，不再进行纳税调整。

（12）劳务人员工资。

①企业的临时工等劳务人员分为有雇佣关系的临时工和非雇佣关系的临时工。一般按照是否与单位签订劳动合同（或用工协议，下同）为判断依据，未签订劳动合同的则是非雇佣关系的临时工。这两种形式在个人所得税和企业所得税涉税方面均有所不同。

②若是有雇佣关系的临时工等劳务人员，应按照"工资、薪金所得"缴纳个人所得税，单位代扣代缴个人所得税，也不需要提供合理有效发票。企业支付的工资根据国税函〔2009〕3号规定，准予计入工资、薪金总额在税前扣除，并作为计算三项经费（职工福利费、工会经费、职工教育经费）的税前扣除基数。

若是非雇佣关系的临时工等劳务人员，应按照"劳务报酬所得"缴纳个人所得税。企业支付的工资只要劳务关系真实合理、对方能提供合理有效的发票就可以作为企业的成本费用在企业所得税前扣除，但不能作为计算三项经费的税前扣除基数。

③企业支付给劳务公司派遣到本单位任职人员的工资薪金时，应以劳务公司开具的发票以及劳务合同、支付凭证作为税前扣除凭证。

（13）跨期发放职工工资。根据《企业所得税法实施条例》第三十四条规定，对企业工资、薪金的扣除时间为实际发放的纳税年度。因此，企业在年末（12月31日）前已经计提但尚未发放的工资，如果在汇算清缴结束（次年5月31日）前已经支付的，允许在计提年度所得税税前扣除，如果在汇算清缴结束后仍未支付的，不允许在计提年度作所得税税前扣除，应当在支付年度扣除。要严格按照所属年度支付职工工资，否则工资计提的部分在年度企业所得税汇算清缴时要做纳税调整处理。

（14）工会经费。根据国家税务总局《关于工会经费企业所得税税前扣除凭据问题的公告》（国家税务总局公告2010年第24号）第1条规定："自2010年7月1日起，企业拨缴的职工工会经费，不超过工资薪金总额2%的部分，凭工会组织开具的《工会经费收入专用收据》在企业所得税税前扣除。"

局指及所属参建分部在缴纳工会经费时必须要求所在单位工会部门出具《工会经费收入专用收据》，否则不得在企业所得税税前列支。

（15）内部食堂发票。企业向单位内部食堂拨付属于内部核算，不需要发票。但是食堂购买米、菜、肉等能按规定取得合法有效凭证（如向超市购买取得发票或小摊贩可到税务机关申请代开发票，代开发票不需要缴纳增值税和个税）可以作为福利费在税前列支，如无正式发票则不能在税前列支。

（十一）会计核算管理

要明确核算依据、科目运用、进项税转出及增值税余额结转及报表反映等内容。

（十二）发票开具管理

要明确信息备案资料、开票申请资料要求、预缴税款、增值税资金结算以及开具流程等内容。

1. 申请资料。

（1）合同备案。发票开具前，应向税政科提供与业主签订的施工合同复印件、客户信息表、税务登记证副本复印件等资料。

（2）开票依据。如果按结算金额开票，应提供业主签字盖章的结算单复印件；如果业主要求按收款金额开票并已支付价款，应提供银行收款回单复印件；如果业主要求按收款金额开票且要求先开票后付款的，应提供签字盖章的工程款支付申请书复印件或开票申请说明（注明开票金额、原因等事项）。

（3）分包抵税。分包合同复印件（第一次开票时提供，税务科登记备案），分包方开具的发票复印件。

（4）增值税预缴。在当地国税局填写增值税预缴税款表，凭分包合同、分包发票复印件等资料向当地国税局申报预缴增值税，预缴增值税 =（全部价款和价外费用 − 支付的分包款）÷（1 + 10%）×2%，凭增值税完税凭证等相关资料向当地地税局缴纳附加税费。

预收款增值税预缴问题：财税〔2017〕58号规定纳税人提供建筑服务取得预收款，应在收到预收款时，以取得的预收款扣除支付的分包款后的余额，按照2%的预征率预缴增值税。因此，业主支付预付款时，项目应与业主沟通不开具发票。

（5）企业所得税预缴。依据国税函〔2010〕156号规定，建筑施工企业外出（跨地区）经营，要按照项目实际经营收入的0.2%按月或按季向项目所在地税务机关预缴企业所得税。项目部要与税务局充分沟通，争取按照扣除分包差后的收入预缴企业所得税。

（6）汇缴税款。应在开具增值税发票时，按照下列公式计算应向集团公司缴纳的汇缴税款：向机关汇缴增值税 =（全部价款和价外费用 − 支付的分包款）÷（1 + 10%）×

10%，用于集团公司在国税局缴纳增值税。

各参建工程公司按照不含税开票金额的2%向工程公司汇缴资金，用于工程公司在机构所在地缴纳增值税及附加税费。

2. 开具流程。

（1）向集团公司申请开票时，应准备好开票申请相关资料，由财务人员在共享平台税务管控模块下提交开票申请单，部门主管领导、项目经理/指挥长应对结算单据、客户信息等附件资料的真实性、准确性进行审核，经集团公司相关领导审批后流程结束，开票专员依据单据信息开具发票。

（2）提单扫描资料包括：本次开票依据（如计价单、业主通知单）、增值税预缴税款表、增值税及附加税费的完税凭证、工程公司发票等资料。

（十三）纳税申报管理

要明确预缴税款依据、预缴税款申报资料、分包抵税发票、资料传递以及外管证管理等内容。

1. 预缴政策依据。国家税务总局2016年第17号公告关于发布《纳税人跨县（市、区）提供建筑服务增值税征收管理暂行办法》。

2. 预缴税款地。按照17号公告第四条的规定，纳税人跨县（市、区）提供建筑服务，应按照财税〔2016〕36号文件规定的纳税义务发生时间和计税方法，向建筑服务发生地主管国税机关预缴税款，向机构所在地主管国税机关申报纳税。

3. 预征率。按照17号公告第四条的规定，一般纳税人跨县（市、区）提供建筑服务，适用一般计税方法计税的，以取得的全部价款和价外费用扣除支付的分包款后的余额，按照2%的预征率计算应预缴税款。

4. 预缴计算公式。按照17号公告第五条的规定，应预缴税款＝（全部价款和价外费用－支付的分包款）÷（1＋10%）×2%。

5. 分包抵税票据。按照17号公告第六条的规定，纳税人按照上述规定从取得的全部价款和价外费用中扣除支付的分包款，应当取得符合法律、行政法规和国家税务总局规定的合法有效凭证，否则不得扣除。上述凭证是指：从分包方取得的2016年5月1日后开具的，备注栏注明建筑服务发生地所在县（市、区）、项目名称的增值税发票。

6. 预缴申报资料。按照17号公告第七条的规定，纳税人跨县（市、区）提供建筑服务，在向建筑服务发生地主管国税机关预缴税款时，需提交以下资料：《增值税预缴税款表》；与发包方签订的建筑合同复印件；与分包方签订的分包合同复印件；从分包方取得的发票复印件。

7. 预缴资料传递。按照17号公告第八条的规定，纳税人以预缴税款抵减应纳税额，应以完税凭证作为合法有效凭证。因此，局指及所属参建分部应将当月预缴增值税的完税凭证复印件随同开票资料上报集团公司、工程公司，集团公司、工程公司据此抵减应纳税额。如因特殊情况先开具发票的，局指及所属参建分部应在下月纳税申报期5日内预缴增值税，并将完税凭证复印件传递至集团公司、工程公司。

8. 跨区域涉税事项报验管理。根据《关于创新跨区域涉税事项报验管理制度的通知》（税总发〔2017〕103号），跨区域涉税事项由纳税人首次在经营地办理涉税事宜时，向经营地的国税机关报验。纳税人报验跨区域涉税事项时，应当出示税务登记证件。

（1）合同延期的，纳税人可向经营地或机构所在地的国税机关办理报验管理有效期限延期手续。

（2）纳税人跨区域经营活动结束后，应当结清经营地的国税机关、地税机关的应纳税款以及其他涉税事项，向经营地的国税机关填报《经营地涉税事项反馈表》。经营地的国税机关核对《经营地涉税事项反馈表》后，将相关信息推送经营地的地税机关核对，地税机关同意办结的，经营地的国税机关应当及时将相关信息反馈给机构所在地的国税机关。纳税人不需要另行向机构所在地的税务机关反馈。

（十四）研发费管理

要明确允许加计扣除的研发费归集范围、归集工作程序、归集主体、研发费核算及纳税筹划方案等内容。

1. 允许加计扣除的研发费用。

（1）人员人工费用。包括直接从事研发活动人员的工资薪金、基本养老保险费、基本医疗保险费、失业保险费、工伤保险费、生育保险费和住房公积金，以及外聘研发人员的劳务费用。其中企业直接从事研发活动人员包括研究人员、技术人员、辅助人员。研究人员是指主要从事研究开发项目的专业人员；技术人员是指具有工程技术、自然科学和生命科学中一个或一个以上领域的技术知识和经验，在研究人员指导下参与研发工作的人员；辅助人员是指参与研究开发活动的技工。企业外聘研发人员是指与本企业签订劳务用工协议（合同）和临时聘用的研究人员、技术人员、辅助人员。

（2）直接投入费用。包括研发活动直接消耗的材料、燃料和动力费用；用于中间试验和产品试制的模具、工艺装备开发及制造费，不构成固定资产的样品、样机及一般测试手段购置费，试制产品的检验费；用于研发活动的仪器、设备的运行维护、调整、检验、维修等费用，以及通过经营租赁方式租入的用于研发活动的仪器、设备租赁费。

（3）折旧费用。用于研发活动的仪器、设备的折旧费。企业用于研发活动的仪器、设备，符合税法规定且选择加速折旧优惠政策的，在享受研发费用税前加计扣除时，就已经进行会计处理计算的折旧、费用的部分加计扣除，但不得超过按税法规定计算的金额。

（4）无形资产摊销。用于研发活动的软件、专利权、非专利技术（包括许可证、专有技术、设计和计算方法等）的摊销费用。企业从事研发活动的人员和用于研发活动的仪器、设备、无形资产，同时从事或用于非研发活动的，应对其人员活动及仪器设备、无形资产使用情况做必要记录，并将其实际发生的相关费用按实际工时占比等合理方法在研发费用和生产经营费用间分配，未分配的不得加计扣除。

（5）新产品设计费、新工艺规程制定费、新药研制的临床试验费、勘探开发技术的现场试验费。

（6）其他相关费用。与研发活动直接相关的其他费用，如技术图书资料费、资料翻译费、专家咨询费、高新科技研发保险费，研发成果的检索、分析、评议、论证、鉴定、评审、评估、验收费用，知识产权的申请费、注册费、代理费，差旅费、会议费等。此项费用总额不得超过可加计扣除研发费用总额的 10%。

2. 研发费归集工作程序。

（1）组织机构。项目部应组成以项目经理（或指挥长）为组长，总工程师为副组长，工程部、财务部等部门负责人为组员的研发小组，具体负责研发费归集的组织、协调、实施等各项工作，确保研发费归集的合理性、合法性、科学性。

（2）工作程序。由项目部工程部门针对本项目的实际特点，向集团公司申请办理研发项目立项工作。各业务部门要各司其职,加强沟通,在研发费归集资料的合法性、合理性、准确性上做好统筹协调工作。各部门具体职责如下:①总工程师是业务负责人,积极与集团公司科技管理部保持业务沟通。②工程部是具体业务开展牵头部门,负责研发费归集工作提供必要的技术支撑材料,提供研发费用归集范畴。③经营计划部负责研发费工、料、机等费用的测算。④设备物资部应建立与研发相匹配的设备物资台账,及时准确提供应用于研发的设备物资采购(租赁)发票、调拨单等证明材料,负责研发设备投入、折旧等费用测算。⑤实验室负责与研发相关的试验检测项目工作开展及资料收集总结,并协助做好试验检测方面研发费用归集(对同时服务于研发和施工生产的试验检测项目,合理区分并提供必要性解释说明或计算依据)。⑥财务部负责在工程部门的指导下开展研发费用归集工作,并建立研发费台账,及时准确上报统计数据。

3. 研发费核算。

(1) 按《企业会计准则》的规定,应设置"研发支出"成本账户,用以归集项目研究开发项目中发生的各项研发费,"研发支出"可按研究开发项目进行明细核算。

研发费用发生时:

借:研发支出——费用化支出

　　贷:原材料/应付职工薪酬等相关科目。

(2) 期末,将费用化支出结转到"管理费用——研究与开发费"账户。

结转费用化支出时:

借:管理费——研究与开发费

　　贷:研发支出——费用化支出

4. 研发费工作要求。

(1) 项目部要做好课题立项及研发费投入的预算工作,按照研发时间要求足额归集研发费,并注意合理性、准确性,不能采取年末突击的方式归集研发费。归集完整的研发费即可用于年度研发费加计扣除,也要用于高新技术企业研发费使用。局指要负责业务指导工作。

(2) 为规避税务风险,不得跨法人结转研发费。如研发工作需要,局指可通过采取委托研发的方式归集研发费,局指与参建工程公司相互开票结算。

(十五)临建设施

项目驻地建设过程中,采购活动板房业务,供应商提供增值税专用发票。

1. 为从高抵扣进项税,建议在采购合同中明确,活动板房采购价格为包安装价格,货物交付条件为达到可使用状态,全额取得13%税率的增值税进项,降低活动板房采购成本,实现效益最大化。

2. 如果活动板房价款(13%)与安装费(9%)分别适用税率结算的,存在税率差,可协商降低价格;存在多家不同结算方式供应商的,应进行综合价格比选,择优选择。

(十六)支付个人的补偿款等费用

征用个人临时用地征地费、复耕费以及支付给个人的各类补偿款、赔偿款等,无法取得发票。

1. 将红线外的征地拆迁任务分包给具有建筑业相关资质的第三方单位实施,以取得建筑业增值税专用发票,抵扣进项税;

2. 对于不能分包的红线外征地拆迁任务,合理确定征地拆迁补偿费用的概预算范围与金额,尽量在工程造价中增加相应预算,以涵盖由于无可抵扣进项税而增加的税金支出。

3. 支付给村、乡的临时用地补偿费,应取得村、乡出具的行政收费收据;支付给个人的补偿费、青苗费,应取得个人开具的收据或收条。

（十七）不可抵扣事项

要明确工程项目不可抵事项等内容。

1. 业务人员取得的增值税扣税凭证不符合法律、行政法规或者国家税务总局有关规定的。比如:征地拆迁费、房屋、道路、青苗补偿费;行政事业性收费;机票费、车船费、因公出差的餐费及误餐补助等。

2. 用于免征增值税项目的购进货物、加工修理修配劳务、服务、无形资产和不动产。比如:项目工会组织的活动过程中发生的物品采购、租赁（场地或车辆租赁）或者慰问品等;上级工会拨付,且发票转交给上级工会的专项经费,取得增值税普通发票即可。

3. 用于集体福利的购进货物、加工修理修配劳务、服务、无形资产和不动产。比如:项目部食堂所用的厨具、餐具、水电暖气煤气、用具、菜品、热水器、饮用水设备、纸杯、及为运输厨房用品而发生的运输费;为项目部员工租赁宿舍及宿舍配套用品、水电暖煤气、物业费。用于职工福利类的培训费、劳动保护费、水电气暖燃煤费、租赁费、书报表、修理费、广告费、物料消耗、取暖费等不得抵扣。

4. 用于个人消费的购进货物、加工修理修配劳务、服务、无形资产和不动产。个人消费是指纳税人内部职工个人消费的货物、劳务及服务等所发生的费用。如:交际应酬消费、职工个人的车辆加油费等;通信费中以职工个人名义开具的通信费发票,为职工个人发放的移动话费补贴、电话费补贴;保险费中为员工购买的人身保险不得抵扣。纳税人的交际应酬消费属于个人消费。

5. 非正常损失的购进货物,以及相关的加工修理修配劳务和交通运输服务。非正常损失的购进货物是指因管理不善造成货物被盗、丢失、霉烂变质,以及因违反法律法规造成货物被依法没收、销毁、拆除的。该货物及相关的加工修理修配劳务和交通运输服务所对应的进项税额不得抵扣。

6. 非正常损失的在产品、产成品所耗用的购进货物（不包括固定资产）、加工修理修配劳务和交通运输服务。

7. 非正常损失的不动产,以及该不动产所耗用的购进货物、设计服务和建筑服务。

8. 非正常损失的不动产在建工程所耗用的购进货物、设计服务和建筑服务。

9. 购进的餐饮服务。包括餐费、酒、招待用茶和礼品等。

10. 购进的居民日常服务。包括市容市政管理、家政、婚庆、养老、殡葬、照料和护理、救助救济、美容美发、按摩、桑拿、氧吧、足疗、沐浴、洗染、摄影扩印等服务。

11. 购进的娱乐服务。包括歌厅、舞厅、夜总会、酒吧、台球、高尔夫球、保龄球、游艺（包括射击、狩猎、跑马、游戏机、蹦极、卡丁车、热气球、动力伞、射箭、飞镖）。

12. 取得的上述增值税扣税凭证,不得抵扣增值税进项税额,已取得的应在认证以后通过"应交税费——应交增值税——进项税额转出"科目做转出处理。

三、税务交底工作组织和流程

（一）税务交底组织

税务交底按照项目隶属关系,由公司负责组织实施。对于集团公司成立工程指挥部的项目,由集团公司负责制定局指及所属参建分部的税务交底方案,参建子、分公司要派人一同参与制定。

子、分公司以集团公司名义中标的工程项目,由集团公司委托子、分公司制定税务交底方案,并报集团公司备案。对于投资大、税务筹划复杂、对企业经济效益产生重大影响的项目,由集团公司负责制定税务交底方案。

(二)税务交底程序

1. 交底人要在项目上场后及时进驻项目现场开展税务交底工作,并建立税务沟通机制。

2. 交底人在进驻施工现场后,应全面了解项目的整体概况,查阅相关资料,了解项目所在地省、市级税务部门税收政策的具体规定和要求等。

3. 结合项目实际情况与特点,交底人制定税务交底方案,明确具体税务工作事项以及切实可行的税务筹划工作方案。

4. 根据税务交底方案,交底人要与项目相关业务部门负责人进行业务沟通,逐项交待税务具体工作事项。对于项目提出的问题要作全面翔实的答复,答复的内容可记入税务交底内容。

5. 交底人组织召开项目税务交底工作会议,通报项目税务交底工作内容,并对有关工作提出要求。会议参加人员应包括项目班子全体成员、各业务部门负责人及其业务人员。

6. 项目负责人要在承诺书及税务交底资料上签字,并加盖项目公章。交底人也要在税务交底资料上签字,明确工作责任。

7. 交底工作结束后,交底人要对项目税务交底工作进行总结,形成书面总结报告,与签字盖章的税务交底资料一同存档,并装订成册。

(三)交底工作要求

1. 交底落实责任。项目负责人(含局指负责人)是税务交底的具体实施人。财务部门是落实税务交底工作的牵头部门。

2. 沟通与反馈。

(1)局处两级项目负责人要与各业务部门负责人定期进行业务沟通,督促各业务部门落实税务交底要求。各业务部门在实施过程中遇到的新问题,应通过项目财务部门及时收集整理并反馈至交底人。

(2)局指每季度要对参建工程公司的税负进行监控分析,对于税负异常的要及时与项目进行沟通,分析异常的原因,提出解决方案。

(3)局指要在每个季度末以电子文档形式向集团公司汇报税务交底的落实情况、交底内容需要补充或修改的情况、实施过程中遇到的问题以及需要协调解决的其他税务工作事项。

3. 监督考核。局指要对参建工程公司的税务交底落实情况进行监督检查,年末结合考评表逐项对每一个项目的落实情况进行考评打分。

四、其他环节税务筹划

工程项目除上场增值税筹划,还应做好投标阶段、施工过程和收尾阶段的增值税筹划。如合同签订环节,合同价注明不含税合同价、增值税税率、发票类型,合同履行和结算时的及时取得人、材、机相应对的增值税发票,增值税发票管理,纳税主体的选择,税收优惠政策的运用等请参考本书相关章节的内容。

第三章　建筑业增值税核算

第一节　增值税一般计税项目会计核算

一、会计核算的基本原则

增值税是价外税,在会计核算时对有关收入、支出实行"价税分离",并尽可能在会计核算时实现进项、销项平衡匹配,实现进项应抵尽抵,确保及时准确申报纳税。"营改增"会计核算的基本原则如下:

（一）依法合规原则

应严格按照企业会计准则、"营改增"及增值税有关政策规定进行增值税涉税业务会计核算。建筑施工、房地产等企业在进行会计核算时还应符合行业规范要求；国际业务在进行会计核算时,还应符合东道国会计核算有关制度要求。

（二）价税分离原则

应按照增值税作为价外税的特点,在会计核算时对收入、支出实行"价税分离",分别将收入、支出及对应的税金进行确认、计量和报告。

（三）进销项配比原则

在进行增值税业务会计核算时应做到进项、销项平衡匹配,实现进项税应抵尽抵,税款支出均衡。

（四）准确计量原则

应对增值税销项、进项业务进行准确计量。准确进行增值税应税收入、免税收入、不征税收入会计核算；准确进行可抵扣进项税业务、不可抵扣进项税业务以及须做进项税转出业务的会计核算。

（五）及时高效原则

要把握增值税"以票控税"的特点,做好增值税进、销项发票的传递、保管,合理安排好增值税销项发票开具后的会计核算工作,对取得的增值税进项发票及时进行报销、认证抵扣并完成相应的增值税进项税账务处理。

注：本节中举例全部采用原《建造合同准则》,若执行新《会计准则 14 号——收入》,采用投入法确定履约进度,方法同"完工百分比法"。科目采用"合同履约成本""合同资产""合同负债"等。

二、一般计税方法的业务范围

是否为一般计税业务应从业务本质进行判断,而非从核算单元执行某种计税方法进行判断。执行一般计税方法的业务包括但不限于：

（一）执行一般计税方法的项目部发生的建筑服务。

（二）执行一般计税方法的法人机关发生的业务。

（三）执行一般计税方法核算单元处理"营改增"后取得的固定资产清理、出租等业务。

（四）执行一般计税方法和简易计税方法的核算单位销售废旧材料、转售水电等业务。

只要属于一般计税业务，均需要到纳税主体汇总缴纳税款。

三、增值税相关会计科目的设置

增值税一般纳税人应当在"应交税费"科目下设置 11 个二级会计科目："应交增值税""未交增值税""预交增值税""待抵扣进项税额""待认证进项税额""待转销项税额""增值税留抵税额""简易计税""转让金融商品应交增值税""代扣代交增值税""小规模纳税人应交增值税"。

（一）一般纳税人采用一般计税方法的会计科目

增值税一般纳税人应在"应交税费"科目下设置 10 个二级科目核算采用一般计税方法的业务："应交增值税""预交增值税""待认证进项税额""待转销项税额""未交增值税""待抵扣进项税额""转让金融商品应交增值税""代扣代交增值税""待取得进项税额""增值税检查调整"。

在"应交增值税"科目下设 11 个三级科目："进项税额""已交税金""销项税额""出口退税""进项税额转出""转出未交增值税""转出多交增值税""减免税款""出口抵减内销产品应纳税额""销项税额抵减结转增值税（下级结转）"。

（二）小规模纳税人会计科目

小规模纳税人在"应交税费"科目下设置"小规模纳税人应交增值税"二级科目，用于核算小规模纳税人发生的除转让金融商品和代扣代缴义务之外的增值税业务。小规模纳税人涉及的会计科目有："应交税费——小规模纳税人应交增值税""应交税费——转让金融商品应交增值税""应交税费——代扣代交增值税"。

（三）税金往来科目

为满足增值税会计核算需求，新增其他非增值税税金科目："其他应收款——税金及附加""其他应付款——税金及附加"。

四、增值税科目使用说明

（一）"应交增值税"科目借方核算为购进货物、加工修理修配劳务、服务、无形资产或不动产而支付的进项税额、因扣减销售额而减少的销项税额、已交税金、减免税额、出口抵减内销产品应纳税额、转出应交未交增值税，贷方核算为销售货物、提供应税服务（劳务）应缴纳的销项税额、出口货物退税、进项税额转出、转出多交增值税。

1. 应交税费——应交增值税——进项税额。核算一般纳税人购进货物、加工修理修配劳务、服务、无形资产或不动产而支付或负担的、准予从当期销项税额中抵扣的增值税额。借方记录购进货物、加工修理修配劳务、服务、无形资产或不动产而支付或负担的、在税务系统中认证通过或稽核比对相符的增值税额。本科目按不同扣税凭证类型下设四级科目。

2. 应交税费——应交增值税——已交税金。核算一般纳税人当月已缴纳的应交增值税额。实际缴纳数在本科目借方反映。

3. 应交税费——应交增值税——销项税额。核算一般纳税人销售货物、加工修理修配劳务、服务、无形资产或不动产应收取的增值税额。收取的增值税额在本科目贷方反映。

4. 应交税费——应交增值税——出口退税。核算一般纳税人出口货物、加工修理修配劳务、服务、无形资产按规定退回的增值税额。

5. 应交税费——应交增值税——进项税额转出。核算一般纳税人购进货物、加工修理修配劳务、服务、无形资产或不动产等发生非正常损失以及其他原因而不应从销项税额中抵扣、按规定转出的进项税额。转出的进项税额在本科目贷方反映。本科目根据转出原因设置四级科目。

6. 应交税费——应交增值税——转出未交增值税。核算一般纳税人月度终了转出当月应交未交的增值税额。根据"应交税费——应交增值税"二级科目的贷方余额，借记本科目，贷记"应交税费——未交增值税"科目。本科目限纳税主体本级专用。

7. 应交税费——应交增值税——转出多交增值税。核算一般纳税人月度终了转出当月多交的增值税额。根据当月多交的增值税额借记"应交税费——未交增值税"科目，贷记本科目。本科目限纳税主体本级专用。

8. 应交税费——应交增值税——减免税款。核算一般纳税人按现行增值税制度准予减免的增值税额。减免的增值税额在本科目借方反映。

9. 应交税费——应交增值税——出口抵减内销产品应纳税额。核算实行"免、抵、退"办法的一般纳税人按规定计算的出口货物进项税抵减内销产品的应纳税额。抵减的应纳税额在本科目借方反映。

10. 应交税费——应交增值税——销项税额抵减。核算一般纳税人按照现行增值税制度因扣减销售额而减少的销项税额。减少的销项税额在本科目借方反映。

11. 应交税费——应交增值税——结转增值税（下级结转）。核算纳税主体本级和项目部涉及一般计税业务的税金往来。项目部结转增值税额在本科目借方反映，纳税主体本级接收项目部结转的增值税额在本科目贷方反映。

（二）"预交增值税"科目核算一般纳税人异地提供建筑服务、转让不动产、提供不动产经营租赁服务，以及其他按现行增值税制度应预缴的增值税额。

（三）"待认证进项税额"科目核算一般纳税人由于未经税务机关认证而不得从当期销项税额中抵扣的进项税额。包括：一般纳税人已取得增值税扣税凭证、按照现行增值税制度准予从销项税额中抵扣，但尚未经税务机关认证的进项税额；一般纳税人已申请稽核但尚未取得稽核相符结果的海关缴款书进项税额。

（四）"待转销项税额"科目核算一般纳税人销售货物、加工修理修配劳务、服务、无形资产或不动产，已确认相关收入（或利得）但尚未发生增值税纳税义务而需于以后期间确认为销项税额的增值税额。

（五）"未交增值税"科目核算一般纳税人月度终了从"应交增值税"或"预交增值税"科目转入当月应交未交、多交或预缴的增值税额，以及当月交纳以前期间未交的增值税额。本科目限纳税主体本级专用。

（六）"待抵扣进项税额"科目核算一般纳税人已取得增值税扣税凭证并经税务机关认证，按照现行增值税制度准予以后期间从销项税额中抵扣的进项税额。包括：实行纳税辅导期管理的一般纳税人取得的尚未交叉稽核比对的增值税扣税凭证上注明或计算的进项税额。

（七）"转让金融商品应交增值税"科目核算增值税纳税人转让金融商品发生的增值税额。

（八）"代扣代交增值税"科目核算纳税人购进在境内未设经营机构的境外单位或个人在境内的应税行为代扣代缴的增值税额。

（九）"待取得进项税额"科目核算接受货物或服务的一般纳税人尚未取得增值税扣税凭证，根据货物或服务清单中列明的不含税结算金额按适用税率计算，需于以后期间取得增值税扣税凭证的进项税额。

（十）"增值税检查调整"科目仅用于核算纳税人税务检查中涉及的增值税检查调整事项。

（十一）"小规模纳税人应交增值税"科目核算小规模纳税人发生的除转让金融商品和代扣代缴义务之外的增值税应纳税额。

五、税金往来科目使用说明

（一）"其他应收款——税金及附加"科目核算纳税主体本级与项目部进行增值税及附加税费的往来结转业务。

（二）"其他应付款——税金及附加"科目核算项目部与纳税主体本级进行增值税及附加税费的往来结转业务。

六、收入业务处理规范

（一）建筑服务收入

提供建筑服务的纳税义务发生时间为：发生应税行为并收讫销售款项的当天或书面合同确定的付款日期；未签订书面合同或者书面合同未确定付款日期的，为服务完成的当天；先开具发票的，为开具发票的当天；被工程发包方从应支付的工程款中扣押的质押金、保证金，未开具发票的，以纳税人实际收到质押金、保证金的当天为纳税义务发生时间。项目主要涉及纳税义务时间确认销项税额的会计处理如下：

1. 收取工程结算款的销项税额确认。

【案例】A 项目部采用一般计税方法，与业主签订的合同中约定每月末办理计价结算，次月 15 日内支付计价结算款。2019 年 4 月 30 日，收到业主批复的计价单，价税合计 1090 万元。5 月 10 日，收到业主拨付的工程结算款 1090 万元，未提供发票。项目于 5 月 12 日向当地税务机关预缴申报税款。

（1）4 月 30 日，收到业主批复计价时：
借：应收账款——应收工程款　　　　　　　　　　　　　　　10900000
　　贷：合同资产——价款结算　　　　　　　　　　　　　　　10000000
　　　　应交税费——待转销项税额　　　　　　　　　　　　　　900000
【待转销项税额 = 结算金额 ÷（1 + 9%）× 9%】

（2）5 月 10 日，项目收到业主支付的结算款：
借：银行存款　　　　　　　　　　　　　　　　　　　　　　10900000
　　贷：应收账款——应收工程款　　　　　　　　　　　　　　10900000
同时：
借：应交税费——待转销项税额　　　　　　　　　　　　　　　900000
　　贷：应交税费——应交增值税——销项税额　　　　　　　　　900000
【销项税额 = 收款金额 ÷（1 + 9%）× 9%】

（3）5 月 12 日，预缴税款时：

借：应交税费——预交增值税　　　　　　　　　　　　　　　　　200000
　　　贷：银行存款　　　　　　　　　　　　　　　　　　　　　　200000
【预交增值税＝收款金额÷（1＋9%）×2%】

2. 收到预收款的增值税额确认。按照《关于建筑服务等"营改增"试点政策的通知》（财税〔2017〕58号）的规定，收到预收款的当天不作为纳税义务发生时间，但需以取得的预收款扣除支付的分包款后的余额在建筑服务发生地预缴增值税。收到预收款时应不开具发票或开具不征税发票。各单位应严格规范"合同负债"科目的核算内容，仅核算按合同约定收取的预收款项。

【案例】A项目部采用一般计税方法，2019年4月5日，按合同约定收到业主预付款327万元，未向业主开具发票。5月6日，向当地税务机关预缴申报税款。5月25日，收到业主批复的计价单，价税合计1090万元，预收款项全额扣回。5月27日，业主在合同约定时间支付剩余款项。5月28日，向当地税务机关预缴申报税款。

（1）4月5日，收到业主预付款项时：
借：银行存款　　　　　　　　　　　　　　　　　　　　　　　3270000
　　　贷：合同负债　　　　　　　　　　　　　　　　　　　　　　3270000

（2）5月25日，收到业主批复计价时：
借：应收账款——应收工程款　　　　　　　　　　　　　　　　10900000
　　　贷：合同资产——价款结算　　　　　　　　　　　　　　　10000000
　　　　　应交税费——待转销项税额　　　　　　　　　　　　　　900000

同时，扣回预收款：
借：合同负债　　　　　　　　　　　　　　　　　　　　　　　3270000
　　　贷：应收账款——应收工程款　　　　　　　　　　　　　　3270000
借：应交税费——待转销项税额　　　　　　　　　　　　　　　　270000
　　　贷：应交税费——应交增值税——销项税额　　　　　　　　　270000

（3）5月27日，业主在合同约定时间支付剩余款项：
借：银行存款　　　　　　　　　　　　　　　　　　　　　　　7630000
　　　贷：应收账款——应收工程款　　　　　　　　　　　　　　7630000

同时：
借：应交税费——待转销项税额　　　　　　　　　　　　　　　　630000
　　　贷：应交税费——应交增值税——销项税额　　　　　　　　　630000

（4）涉及的增值税预缴业务比照本条"1. 收取工程结算款的销项税额确认"处理。

3. 先开具发票的销项税额确认。按照增值税政策规定，先开具发票的，纳税义务发生时间为开具发票的当天。

【案例】A项目部采用一般计税方法，2019年4月20日，收到业主批复的计价单，价税合计1090万元，同时向业主开具发票。4月25日，收到业主拨付的工程款1090万元。4月26日，向当地税务机关预缴申报税款。

（1）4月20日，收到业主批复计价时：
借：应收账款——应收工程款　　　　　　　　　　　　　　　　10900000
　　　贷：合同资产——价款结算　　　　　　　　　　　　　　　10000000
　　　　　应交税费——待转销项税额　　　　　　　　　　　　　　900000

同时,依据向业主开具的发票等:

借:应交税费——待转销项税额　　　　　　　　　　　　　　　900000
　　贷:应交税费——应交增值税——销项税额　　　　　　　　　　900000

【销项税额 = 结算金额 ÷（1 + 9%）× 9%】

(2) 4月25日,收到业主拨付的工程款1090万元:

借:银行存款　　　　　　　　　　　　　　　　　　　　　　10900000
　　贷:应收账款——应收工程款　　　　　　　　　　　　　　　10900000

(3) 涉及的增值税预缴业务比照本条"1. 收取工程结算款的销项税额确认"处理。

4. 合同约定付款时间的销项税额确认。

【案例】A项目部采用一般计税方法,2019年4月23日,收到业主批复的计价单,价税合计1090万元,合同约定业主结算后5个工作日内支付结算款1090万元。4月28日,业主未支付款项。4月29日,向当地税务机关预缴申报税款。5月8日收到结算款1090万元。

(1) 4月23日,收到业主批复计价时:

借:应收账款——应收工程款　　　　　　　　　　　　　　　10900000
　　贷:合同资产——价款结算　　　　　　　　　　　　　　　10000000
　　　　应交税费——待转销项税额　　　　　　　　　　　　　　900000

【待转销项税额 = 结算金额 ÷（1 + 9%）× 9%】

(2) 4月28日,业主未按合同约定付款时间支付款项,项目需按约定的付款日期确认销项税额:

借:应交税费——待转销项税额　　　　　　　　　　　　　　　900000
　　贷:应交税费——应交增值税——销项税额　　　　　　　　　　900000

【销项税额 = 合同约定的付款金额 ÷（1 + 9%）× 9%】

(3) 5月8日,收到计价款:

借:银行存款　　　　　　　　　　　　　　　　　　　　　　10900000
　　贷:应收账款——应收工程款　　　　　　　　　　　　　　　10900000

(4) 涉及的增值税预缴业务比照本条"1. 收取工程结算款的销项税额确认"处理。

5. 未开具发票的质押金、保证金的销项税额确认。按照《关于在境外提供建筑服务等有关问题的公告》(国家税务总局公告2016年第69号)第4条规定,"纳税人提供建筑服务,被工程发包方从应支付的工程款中扣押的质押金、保证金,未开具发票的,以纳税人实际收到质押金、保证金的当天为纳税义务发生时间。"

【案例】A项目部采用一般计税方法,2019年3月末,收到业主批复的计价单,价税合计1090万元,扣减保证金32.7万元。4月8日,向业主开具发票1057.3万元,次日收到工程款1057.3万元,并向当地税务机关预缴申报税款。12月31日,竣工结算。一年后向业主开具发票,收回质保金32.7万元,同日,向当地税务机关预缴申报税款。

(1) 2019年3月末,收到业主批复计价时:

借:应收账款——应收工程款——应收工程款　　　　　　　　　　10573000
　　应收账款——应收工程款——应收工程质量保证金　　　　　　　327000
　　贷:合同资产——价款结算　　　　　　　　　　　　　　　10000000
　　　　应交税费——待转销项税额　　　　　　　　　　　　　　900000

(2) 2019年4月8日,向业主开具发票:

借：应交税费——待转销项税额　　　　　　　　　　　　　　873000
　　贷：应交税费——应交增值税——销项税额　　　　　　873000
（3）2019年4月9日，收到工程款：
借：银行存款　　　　　　　　　　　　　　　　　　　　10573000
　　贷：应收账款——应收工程款——应收工程款　　　　10573000
（4）2020年12月31日，向业主开具发票，并收到质保金：
借：应交税费——待转销项税额　　　　　　　　　　　　　27000
　　贷：应交税费——应交增值税——销项税额　　　　　　27000
同时：
借：银行存款　　　　　　　　　　　　　　　　　　　　　327000
　　贷：应收账款——应收工程款——应收工程质量保证金　327000
（5）涉及的增值税预缴业务比照本条"1. 收取工程结算款的销项税额确认"处理。

（二）其他业务收入

1. 经营租赁销项税额确认。

（1）有形动产租赁收入。

①以2016年5月1日后取得的有形动产提供经营租赁服务：

借：应收账款/银行存款等
　　贷：其他业务收入
　　　　应交税费——应交增值税——销项税额

②将计提的销项税额转回纳税主体本级缴纳：

借：应交税费——应交增值税——结转增值税（下级结转）
　　贷：其他应付款——税金及附加

【备注】如出租建筑施工设备给他人使用并配备操作人员的，按照建筑服务缴纳增值税。

（2）不动产租赁收入。

①以2016年5月1日后取得的不动产提供经营租赁服务：

借：应收账款/银行存款等
　　贷：其他业务收入
　　　　应交税费——应交增值税——销项税额

②在不动产所在地预缴税款：

借：应交税费——预交增值税
　　贷：银行存款

2. 销售材料销项税额确认。

（1）销售材料。销售材料，依据发料单等资料，确认销项税额：

借：应收账款/银行存款等
　　贷：其他业务收入
　　　　应交税费——应交增值税——销项税额

（2）销售残余物资。销售使用过的残余物资，依据发料单等资料，冲减成本并计算销项税额：

借：应收账款/银行存款等
　　合同履约成本——工程施工（红字）

贷：应交税费——应交增值税——销项税额
　　3. 技术转让（服务）销项税额确认。
　　（1）提供技术转让、技术开发服务和与之相关的技术咨询、技术服务时，依据业务部门签订技术转让（服务）合同、技术产权转让证明等资料确认销项税额：
　　借：应收账款等
　　　　贷：其他业务收入
　　　　　　应交税费——应交增值税——销项税额
　　（2）《关于全面推开营业税改征增值税试点的通知》（财税〔2016〕36号）规定，企业提供技术转让、技术开发服务和与之相关的技术咨询、技术服务时，可免征增值税。申请免征增值税时，应持技术转让、开发的书面合同，到纳税人所在地省级科技主管部门进行认定，并持有关的书面合同和科技主管部门审核意见证明文件报主管税务机关备查。依据书面合同、审核意见证明等资料：
　　借：应交税费——应交增值税——减免税额
　　　　贷：营业外收入
　　与上述免税服务相关成本费用取得的进项税额不允许抵扣。
　　4. 招标服务销项税额确认。提供招标服务时，依据银行回单、招标资料等，确认销项税额：
　　借：银行存款等
　　　　贷：其他业务收入
　　　　　　应交税费——应交增值税——销项税额

七、成本费用处理规范

（一）合同履约成本

1. 分包成本/机械使用费。

（1）根据合同约定，对劳务分包、专业分包、机械租赁等单位进行计价结算，依据审核无误的计价结算单列明的不含税金额确认成本、增值税额确认待取得进项税额：
　　借：合同履约成本——工程施工
　　　　应交税费——待取得进项税额
　　　　贷：应付账款——应付结算款

（2）经办部门取得增值税专用发票后，确认进项税额及应付账款：
　　借：应付账款——应付结算款
　　　　应交税费——待认证进项税额（发票未认证时）
　　　　应交税费——应交增值税——进项税额（发票已认证时）
　　　　贷：应付账款——应付劳务款/应付工程款/应付租赁款等
　　　　　　应交税费——待取得进项税额

（3）增值税专用发票认证后：
　　借：应交税费——应交增值税——进项税额
　　　　贷：应交税费——待认证进项税额

【说明】计入"应交税费——待认证进项税额"的增值税专用发票认证后均需做此笔分录，下文不再赘述。

2. 材料费。发生直接材料费支出时,依据发料单等资料,计入相关成本:
借:合同履约成本——工程施工等
　　贷:原材料等

(二) 间接费用及期间费用

工程项目发生间接费用、管理费用等支出时,依据增值税专用发票及其他附件资料,确认进项税额及相关费用:

借:间接费用/管理费用/财务费用等
　　应交税费——待认证进项税额(发票未认证时)
　　应交税费——应交增值税——进项税额(发票已认证时)
　　贷:应付账款/银行存款/备用金等

【说明】《财政部 税务总局 海关总署关于深化增值税改革有关政策的公告》(财政部 税务总局 海关总署联合公告2019年第39号)规定,自2019年4月1日,纳税人购进国内旅客运输服务,其进项税额允许从销项税额中抵扣。

纳税人未取得增值税专用发票的,暂按照以下规定确定进项税额:

1. 取得增值税电子普通发票的,为发票上注明的税额;
2. 取得注明旅客身份信息的航空运输电子客票行程单的,为按照下列公式计算进项税额:

航空旅客运输进项税额 =(票价 + 燃油附加费)÷(1 + 9%)× 9%

3. 取得注明旅客身份信息的铁路车票的,为按照下列公式计算的进项税额:

铁路旅客运输进项税额 = 票面金额 ÷(1 + 9%)× 9%

4. 取得注明旅客身份信息的公路、水路等其他客票的,按照下列公式计算进项税额:

公路、水路等其他旅客运输进项税额 = 票面金额 ÷(1 + 3%)× 3%

八、资产业务处理规范

(一) 存货

1. 采购入库。

(1) 购入零星材料等存货,款项已支付、发票已开具并验收入库的,依据增值税专用发票、材料点验单等确认进项税额及存货金额:

借:原材料等
　　应交税费——待认证进项税额(发票未认证时)
　　应交税费——应交增值税——进项税额(发票已认证时)
　　贷:银行存款

(2) 原材料等已验收入库但尚未取得增值税扣税凭证,依据材料点验单等,原材料按不含税金额确认,相应的增值税额确认待取得进项税额:

借:原材料等
　　应交税费——待取得进项税额
　　贷:应付账款——应付结算款
　　　　取得增值税专用发票后:

借:应付账款——应付结算款
　　应交税费——待认证进项税额(发票未认证时)
　　应交税费——应交增值税——进项税额(发票已认证时)

　　　　贷：应付账款——应付购货款
　　　　　　应交税费——待取得进项税额
　　2. 存货退回。因物资质量等问题，发生退货时，按以下几种情况处理：
　　（1）如当月材料未验收入库，增值税发票未取得，或发票已取得但未认证、未记账且未跨月，无须进行账务处理，直接退货并退回发票。
　　（2）如材料已验收入库，但发票未取得，或发票虽取得但未认证、未记账且未跨月，依据退货相关资料，将发票退回并做退货处理。
　　　　借：原材料（红字）
　　　　　　应交税费——待取得进项税额（红字）
　　　　贷：应付账款——应付结算款（红字）
　　（3）如材料已验收入库，发票未认证、未记账但已跨月，需要将发票进行认证，并开具的红字发票办理退货手续。
　　　　借：原材料（红字）
　　　　　　应交税费——待取得进项税额（红字）
　　　　贷：应付账款——应付结算款（红字）
　　　　借：应交税费——应交增值税——进项税额
　　　　贷：应交税费——应交增值税——进项税额转出
　　（4）如材料已验收入库，发票未认证、未跨月，但已记账，依据退货相关资料，将发票退回并做退货处理。
　　①材料退回：
　　　　借：原材料（红字）
　　　　　　应交税费——待取得进项税额（红字）
　　　　贷：应付账款——应付结算款（红字）
　　②转出待认证进项税额：
　　　　借：应付账款——应付结算款（红字）
　　　　　　应交税费——应交增值税——待认证进项税额（红字）
　　　　贷：应付账款——应付购货款（红字）
　　　　　　应交税费——待取得进项税额（红字）
　　（5）如材料已验收入库，发票未认证但已记账，且已跨月，需要将发票进行认证，并开具的红字发票办理退货手续。
　　①材料退回：
　　　　借：原材料（红字）
　　　　　　应交税费——待取得进项税额（红字）
　　　　贷：应付账款——应付结算款（红字）
　　②转出待认证进项税额：
　　　　借：应付账款——应付结算款（红字）
　　　　　　应交税费——应交增值税——待认证进项税额（红字）
　　　　贷：应付账款——应付购货款（红字）
　　　　　　应交税费——待取得进项税额（红字）
　　　　借：应交税费——应交增值税——进项税额

　　　　贷：应交税费——应交增值税——进项税额转出
　　（6）如材料已验收入库，发票已认证且已记账，依据供应商开具的红字发票办理退货手续。
　　①材料退回：
　　　　借：原材料（红字）
　　　　　　应交税费——待取得进项税额（红字）
　　　　　　贷：应付账款——应付结算款（红字）
　　②转出进项税额：
　　　　借：应付账款——应付结算款（红字）
　　　　　　贷：应付账款——应付购货款（红字）
　　　　　　　　应交税费——应交增值税——进项税额转出
　　　　　　　　应交税费——待取得进项税额（红字）
　　3. 存货盘亏。
　　（1）资产清查中盘亏的存货，属于非正常损失且已抵扣进项税额的，依据经批准的存货盘亏文件，转出已抵扣的进项税额：
　　　　借：待处理财产损溢
　　　　　　贷：原材料等
　　　　　　　　应交税费——应交增值税——进项税额转出
　　（2）根据处置结果结转当期损益：
　　　　借：管理费用
　　　　　　贷：待处理财产损溢
　　【说明】非正常损失，是指因管理不善造成货物被盗、丢失、霉烂变质，以及因违反法律法规造成货物或者不动产被依法没收、销毁、拆除的情形。
　　4. 存货的报废或毁损。
　　（1）存货的报废或毁损属于非正常损失时，根据相关资料，转出已抵扣的进项税额：
　　　　借：待处理财产损溢
　　　　　　贷：原材料等
　　　　　　　　应交税费——应交增值税——进项税额转出
　　（2）出售报废的存货残料取得收入，依据银行回单等资料，计入待处理财产损溢，并确认销项税额：
　　　　借：银行存款/其他应收款等
　　　　　　贷：待处理财产损溢
　　　　　　　　应交税费——应交增值税——销项税额
　　（3）根据处置结果结转当期损益：
　　　　借：管理费用
　　　　　　贷：待处理财产损溢 或
　　　　借：管理费用（红字）
　　　　借：待处理财产损溢

（二）固定资产

1. 有形动产。

(1) 固定资产购置。

①固定资产购置（可抵扣进项税额）：

A. 购置固定资产尚未取得增值税专用发票时，依据合同及购买、验收、组资手续等资料，固定资产按不含税金额确认，相应的增值税额确认待取得进项税额：

借：固定资产
　　应交税费——待取得进项税额
　　贷：应付账款——应付结算款

B. 取得增值税专用发票后：

借：应付账款——应付结算款
　　应交税费——待认证进项税额（发票未认证时）
　　应交税费——应交增值税——进项税额（发票已认证时）
　　贷：应付账款——应付购货款
　　　　应交税费——待取得进项税额

C. 允许抵扣进项税额的固定资产，用途发生改变，专用于简易计税等不得抵扣进项税额的应税项目，需转出已抵扣的进项税额：

借：固定资产
　　贷：应交税费——应交增值税——进项税额转出

【进项税额转出金额 = 固定资产净值 × 适用税率】

固定资产净值，是指纳税人根据财务会计制度计提折旧后的余额。

②固定资产购置（不可抵扣进项税额）。购买固定资产专用于免征增值税项目、简易计税、集体福利或者个人消费等，进项税额不得抵扣，但应取得增值税专用发票并认证。

A. 购买固定资产未取得增值税专用发票时，依据合同及购买、验收、组资手续等资料，按不含税金额确认固定资产价格，增值税确认待取得进项税额：

借：固定资产
　　应交税费——待取得进项税额
　　贷：应付账款——应付结算款

B. 取得增值税专用发票后：

借：应付账款——应付结算款
　　应交税费——待认证进项税额（发票未认证时）
　　应交税费——应交增值税——进项税额（发票已认证时）
　　贷：应付账款——应付购货款
　　　　应交税费——待取得进项税额

C. 固定资产专用于不可抵扣进项税的业务，需转出进项税额：

借：固定资产
　　贷：应交税费——应交增值税——进项税额转出

D. 专用于简易计税项目等不得抵扣且未抵扣进项税额的固定资产，用途发生改变，用于允许抵扣进项税额的应税项目，可在改变用途的次月，依据合法有效的增值税扣税凭证，计算可抵扣的进项税额：

借：应交税费——应交增值税——进项税额
　　贷：固定资产

【可抵扣进项税额＝固定资产净值／（1＋适用税率）×适用税率】固定资产净值，是指纳税人根据财务会计制度计提折旧后的余额。

（2）固定资产处置及报废。处置、报废2016年4月30日前取得的固定资产按照增值税简易计税方法会计处理。2016年5月1日后购置的固定资产处置、报废会计处理如下：

①发生固定资产处置、报废时，转入固定资产清理：

借：固定资产清理
　　累计折旧
　　固定资产减值准备
　　贷：固定资产

②购进或自制的已抵扣过进项税额的固定资产报废，如报废原因属于非正常损失，需转出已抵扣的进项税额：

借：固定资产清理
　　贷：应交税费——应交增值税——进项税额转出

【进项税额转出金额＝固定资产净值×适用税率】

③发生固定资产清理费用（如运输、拆卸等），依据取得的增值税专用发票等：

借：固定资产清理
　　应交税费——待认证进项税额（发票未认证时）
　　应交税费——应交增值税——进项税额（发票已认证时）
　　贷：银行存款/应付账款

④处置、报废固定资产取得的收入，根据处置协议、银行回单等资料，计入固定资产清理，并确认销项税额：

借：银行存款/其他应收款
　　贷：固定资产清理
　　　　应交税费——应交增值税——销项税额

⑤根据处置、报废结果结转当期损益：

A. 发生处置、报废损失时：

借：营业外支出（固定资产报废）
　　资产处置损益（固定资产处置）
　　贷：固定资产清理

B. 发生处置、报废收益时：

借：固定资产清理
　　贷：营业外收入（固定资产报废）
　　　　资产处置损益（固定资产处置）

（3）固定资产盘亏。资产清查中盘亏的固定资产，属于非正常损失且已抵扣进项税额的，依据经批准的盘亏文件，转出已抵扣的进项税额。

①转入待处理财产损溢：

借：待处理财产损溢
　　累计折旧
　　固定资产减值准备
　　贷：固定资产

②将原已抵扣的进项税额转出：
借：待处理财产损溢
　　　贷：应交税费——应交增值税——进项税额转出
【转出金额＝固定资产净值×适用税率】
2. 不动产（含在建工程）。

（1）不动产购置（可抵扣进项税额）。根据《财政部 税务总局 海关总署关于深化增值税改革有关政策的公告》（财政部 税务总局 海关总署联合公告 2019 年第 39 号）的规定，自 2019 年 4 月 1 日起，《营业税改征增值税试点有关事项的规定》（财税〔2016〕36 号印发）第一条第（四）项第 1 点、第二条第（一）项第 1 点停止执行，纳税人取得不动产或者不动产在建工程的进项税额不再分两年抵扣，此前按照上述规定尚未抵扣完毕的待抵扣进项税额，可自 2019 年 4 月税款所属期起从销项税额中抵扣。

①购买不动产尚未取得增值税专用发票时，依据合同及购买、验收、组资手续等资料，按不含税金额确认固定资产价格，增值税确认待取得进项税额：
借：固定资产/在建工程
　　应交税费——待取得进项税额
　　　贷：应付账款——应付结算款

②取得增值税专用发票后：
借：应付账款——应付结算款
　　应交税费——待认证进项税额（发票未认证时）
　　应交税费——应交增值税——进项税额（发票已认证时，税额100%）
　　　贷：应付账款——应付购货款
　　　　　应交税费——待取得进项税额

③允许抵扣进项税额的不动产，用途发生改变，专用于简易计税等不得抵扣进项税额的应税项目，需转出已抵扣的进项税额：
借：固定资产
　　　贷：应交税费——应交增值税——进项税额转出
【进项税额转出金额＝已抵扣进项税额×不动产净值率】
【不动产净值率＝（不动产净值÷不动产原值）×100%】
不动产净值，是指纳税人根据财务会计制度计提折旧后的余额。

（2）不动产购置（不可抵扣进项税额）。购买不动产专用于免征增值税项目、简易计税、集体福利或者个人消费等，进项税额不得抵扣，但应取得增值税专用发票并认证。

①购买不动产尚未取得增值税专用发票时，依据合同及购买、验收、组资手续等资料，固定资产按不含税金额确认，相应的增值税额确认待取得进项税额：
借：固定资产/在建工程
　　应交税费——待取得进项税额
　　　贷：应付账款——应付结算款

②取得增值税专用发票后：
借：应付账款——应付结算款
　　应交税费——待认证进项税额（发票未认证时）
　　应交税费——应交增值税——进项税额（发票已认证时）

贷：应付账款——应付购货款
　　　　应交税费——待取得进项税额
　③不动产专用于不可抵扣进项税额的业务，需转出进项税额：
　　借：固定资产/在建工程
　　　贷：应交税费——应交增值税——进项税额转出
　④专用于简易计税项目等不得抵扣且未抵扣进项税额的不动产，用途发生改变，用于允许抵扣进项税额的应税项目，可在改变用途的次月，依据合法有效的增值税扣税凭证，计算可抵扣的进项税额：
　　借：应交税费——应交增值税——进项税额
　　　贷：固定资产/在建工程
　【可抵扣进项税额 = 增值税扣税凭证注明或计算的进项税额 × 不动产净值率】
　【不动产净值率 = （不动产净值÷不动产原值）×100%】
　（3）不动产处置及报废。处置、报废2016年4月30日前取得的不动产按照增值税简易计税方法会计处理，处置、报废2016年5月1日后购置的不动产处理如下：
　①发生不动产处置、报废时，转入固定资产清理：
　　借：固定资产清理
　　　　累计折旧
　　　　固定资产减值准备
　　　贷：固定资产
　②购进或自建的已抵扣过进项税额的不动产报废，如报废原因属于非正常损失，需转出已抵扣的进项税额：
　　借：固定资产清理/在建工程
　　　贷：应交税费——应交增值税——进项税额转出
　【不动产进项税额转出金额的计算比照本款"（1）不动产购置"的"允许抵扣进项税额的不动产，用途发生改变，专用于简易计税等不得抵扣进项税额的应税项目"处理】
　③发生不动产清理费用，依据取得的增值税专用发票：
　　借：固定资产清理/在建工程
　　　　应交税费——待认证进项税额（发票未认证时）
　　　　应交税费——应交增值税——进项税额（发票已认证时）
　　　贷：银行存款/应付账款等
　④处置、报废不动产取得的收入时：
　A. 根据销售合同、交接清单等资料：
　　借：银行存款/应收账款/其他应收款等
　　　贷：固定资产清理/在建工程
　　　　　应交税费——应交增值税——销项税额
　B. 在不动产所在地预交增值税：
　　借：应交税费——预交增值税
　　　贷：银行存款
　【预交增值税 = （全部价款和价外费用 − 不动产购置原价或者取得不动产时的作价）÷（1+征收率）× 征收率（非自建不动产）】

【预交增值税＝全部价款和价外费用÷（1＋征收率）×征收率（自建不动产）】

⑤根据处置、报废结果结转当期损益：

A. 发生处置、报废损失时：

借：营业外支出（固定资产报废）
　　资产处置损益（固定资产处置）
　　贷：固定资产清理/在建工程

B. 发生处置、报废收益时：

借：固定资产清理/在建工程
　　贷：营业外收入（固定资产报废）
　　　　资产处置损益（固定资产处置）

（三）临时设施

1. 临时设施购建。

(1) 发生的临时设施费用尚未取得增值税专用发票时，依据计价结算单等相关资料：

借：临时设施
　　应交税费——待取得进项税额
　　贷：应付账款——应付结算款

(2) 取得增值税专用发票后：

借：应付账款——应付结算款
　　应交税费——待认证进项税额（发票未认证时）
　　应交税费——应交增值税——进项税额（发票已认证时）
　　贷：应付账款——应付工程款等
　　　　应交税费——待取得进项税额

2. 临时设施清理。处置、报废2016年4月30日前购建的临时设施按照增值税简易计税方法会计处理。2016年5月1日后购建的临时设施处置、报废的会计处理如下：

(1) 出售、拆除、报废临时设施时，依据处置相关资料转入清理：

借：临时设施清理
　　临时设施摊销
　　贷：临时设施

(2) 发生临时设施清理费用，根据取得的增值税专用发票等：

借：临时设施清理
　　应交税费——待认证进项税额（发票未认证时）
　　应交税费——应交增值税——进项税额（发票已认证时）
　　贷：银行存款/应付账款等

(3) 出售、拆除过程中发生的变价收入和残料价值，根据处置协议、银行回单等资料，计入临时设施清理，并确认销项税额：

借：银行存款/其他应收款等
　　贷：临时设施清理
　　　　应交税费——应交增值税——销项税额

(4) 根据处置结果结转当期损益：

①发生处置、报废损失时：

借：营业外支出（临时设施报废）
　　资产处置损益（临时设施处置）
　　　贷：临时设施清理
②发生处置、报废收益时：
借：临时设施清理
　　　贷：营业外收入（临时设施报废）
　　　　　资产处置损益（临时设施处置）

九、特殊业务处理规范

（一）集团系统内总分包

集团系统内总分包业务特指集团公司系统内工程总分包业务。

1. 收到预收款的增值税额确认。按照《关于建筑服务等"营改增"试点政策的通知》（财税〔2017〕58号）规定，收到预收款的当天不作为纳税义务发生时间，但需以取得的预收款扣除支付的分包款后的余额在建筑服务发生地预缴增值税。收到预收款时应不开具发票或开具不征税发票。各单位应严格规范"预付账款""合同负债"科目的核算内容，仅核算按合同约定支付或收取的预付（收）款项。

【案例】集团A项目部采取标准总分包模式，参建子公司设立B分部，均采用一般计税方法。2019年4月5日，根据合同约定，B分部收到A项目部支付的预付款327万元，未开具发票，当天向当地税务机关预缴税款。4月20日，A项目部向业主开具发票办理计价结算1090万元。4月25日，A项目部对B分部办理计价结算763万元，计价表中注明预付款全额扣回。4月26日，B分部向A项目部提供相应发票，A项目部认证通过。4月27日，A项目部、B分部向当地税务机关预缴税款。

（1）4月5日，A项目部向B分部支付预付款。

①A项目部依据合同约定支付B分部预付款：

借：预付账款　　　　　　　　　　　　　　　　　　　　　　　3270000
　　　贷：银行存款　　　　　　　　　　　　　　　　　　　　　3270000

②B分部依据银行回单等资料：

借：银行存款　　　　　　　　　　　　　　　　　　　　　　　3270000
　　　贷：合同负债　　　　　　　　　　　　　　　　　　　　　3270000

③B分部在项目所在地预缴税款：

借：应交税费——预交增值税　　　　　　　　　　　　　　　　　60000
　　　贷：银行存款　　　　　　　　　　　　　　　　　　　　　　60000

【预交增值税 = 预收款金额 ÷（1 + 9%）× 2%】

（2）4月20日，A项目部向业主开具发票，办理计价结算。

A项目部依据审批后的计价结算单等资料：

借：应收账款——应收工程款　　　　　　　　　　　　　　　　10900000
　　　贷：合同资产——价款结算　　　　　　　　　　　　　　10000000
　　　　　应交税费——待转销项税额　　　　　　　　　　　　　900000

同时，依据向业主开具的发票记账联：

借：应交税费——待转销项税额　　　　　　　　　　　　　　　　900000

　　　　贷：应交税费——应交增值税——销项税额　　　　　　　　900000
（3）4月25日，A项目部对B分部办理计价结算。
①A项目部依据审批后的计价结算单等资料：
　　借：合同履约成本——工程施工　　　　　　　　　　　　　7000000
　　　　应交税费——待取得进项税额　　　　　　　　　　　　 630000
　　　　贷：应付账款——应付结算款　　　　　　　　　　　　7630000
同时，扣回预付款：
　　借：应付账款——应付工程款　　　　　　　　　　　　　　3270000
　　　　贷：预付账款　　　　　　　　　　　　　　　　　　　3270000
②B分部依据审批后的计价结算单等资料：
　　借：应收账款——应收工程款　　　　　　　　　　　　　　7630000
　　　　贷：合同资产——价款结算　　　　　　　　　　　　　7000000
　　　　　　应交税费——待转销项税额　　　　　　　　　　　 630000
同时，依据计价结算中扣除预付款金额：
　　借：合同负债
　　　　贷：应收账款——应收工程款　　　　　　　　　　　　3270000
（4）4月26日，B分部向A项目部提供发票。
① A项目部依据B分部提供的已认证通过增值税专用发票及计价单等：
　　借：应付账款——应付结算款　　　　　　　　　　　　　　7630000
　　　　应交税费——应交增值税——进项税额　　　　　　　　 630000
　　　　贷：应付账款——应付工程款　　　　　　　　　　　　7630000
　　　　　　应交税费——待取得进项税额　　　　　　　　　　 630000
②B分部依据向A项目部开具的发票记账联：
　　借：应交税费——待转销项税额　　　　　　　　　　　　　 630000
　　　　贷：应交税费——应交增值税——销项税额　　　　　　 630000
（5）4月27日，A项目部向当地税务机关预缴税款：
　　借：应交税费——预交增值税　　　　　　　　　　　　　　 60000
　　　　贷：银行存款　　　　　　　　　　　　　　　　　　　 60000
【预交增值税＝（总包结算金额－分包结算金额）÷（1＋9%）×2%】
（6）4月27日，B分部无分包抵扣，向当地税务机关预缴税款：
　　借：应交税费——预交增值税　　　　　　　　　　　　　　 80000
　　　　贷：银行存款　　　　　　　　　　　　　　　　　　　 80000
【预交增值税＝（结算金额－预收款金额）÷（1＋9%）×2%】
2. 先开具发票的销项税额确认。

【案例】集团A项目部采取标准总分包模式，参建子公司设立B分部，均采用一般计税方法。2019年4月20日，A项目部向业主开具发票办理计价结算1090万元。
4月25日，A项目部对B分部办理计价981万元，同时收到分部开具的发票并认证通过。4月27日，A项目部、B分部向当地税务机关预缴税款。
（1）4月20日，A项目部向业主开具发票，办理计价结算：
　　借：应收账款——应收工程款　　　　　　　　　　　　　 10900000

　　　　贷：合同资产——价款结算　　　　　　　　　　　　　10000000
　　　　　　应交税费——待转销项税额　　　　　　　　　　　　900000
同时：
借：应交税费——待转销项税额　　　　　　　　　　　　　　900000
　　贷：应交税费——应交增值税——销项税额　　　　　　　　900000
【销项税额＝结算金额÷（1＋9%）×9%】
（2）4月25日，A项目部对B分部计价结算，同时收到分部开具的发票并认证通过。
①A项目部依据审批后的计价结算单等资料：
借：合同履约成本——工程施工　　　　　　　　　　　　　9000000
　　应交税费——待取得进项税额　　　　　　　　　　　　　810000
　　贷：应付账款——应付结算款　　　　　　　　　　　　　9810000
同时，依据B分部提供认证通过的增值税专用发票：
借：应付账款——应付结算款　　　　　　　　　　　　　　9810000
　　应交税费——应交增值税——进项税额　　　　　　　　　810000
　　贷：应付账款——应付工程款　　　　　　　　　　　　　9810000
　　　　应交税费——待取得进项税额　　　　　　　　　　　810000
②B分部依据审批后的计价结算单等资料：
借：应收账款——应收工程款　　　　　　　　　　　　　　9810000
　　贷：合同资产——价款结算　　　　　　　　　　　　　　9000000
　　　　应交税费——待转销项税额　　　　　　　　　　　　810000
同时，依据开具的发票记账联：
借：应交税费——待转销项税额　　　　　　　　　　　　　810000
　　贷：应交税费——应交增值税——销项税额　　　　　　　　810000
（3）4月27日，向当地税务机关预缴税款：
①A项目账务处理：
借：应交税费——预交增值税　　　　　　　　　　　　　　20000
　　贷：银行存款　　　　　　　　　　　　　　　　　　　　20000
【预交增值税＝（总包结算金额－分包结算金额）÷（1＋9%）×2%】
②B分部账务处理：
借：应交税费——预交增值税　　　　　　　　　　　　　　180000
　　贷：银行存款　　　　　　　　　　　　　　　　　　　　180000
【预交增值税＝结算金额÷（1＋9%）×2%】

（二）集团系统内采购

本章系统内采购业务特指集团公司系统内物资等采购业务。

【案例】集团A项目部采用一般计税方法。2019年4月10日，A项目部向物贸公司采购钢材一批，合同金额1130万元。2019年4月20日，A项目部与物贸公司签认后将钢材验收入库。2019年4月25日，A项目部收到增值税专用发票并认证通过，于当日支付货款。

　　1.4月20日，A项目部收到物贸公司发出的钢材。
　　（1）A项目部依据入库单等：

借：原材料 10000000
　　应交税费——待取得进项税额 1300000
　　贷：应付账款——应付结算款 11300000
（2）物贸公司依据发料单等：
借：应收账款——应收销货款 11300000
　　贷：主营业务收入 10000000
　　　　应交税费——应交增值税——销项税额 1300000
2. 4月25日，A项目部收到增值税专用发票并认证通过。
借：应付账款——应付结算款 11300000
　　应交税费——应交增值税——进项税额 1300000
　　贷：应付账款——应付购货款 11300000
　　　　应交税费——待取得进项税额 1300000
3. 4月25日，A项目支付货款。
（1）A项目部依据银行回单等：
借：应付账款——应付购货款 11300000
　　贷：银行存款 11300000
（2）物贸公司依据进账单等：
借：银行存款 11300000
　　贷：应收账款——应收销货款 11300000

（三）视同销售

1. 将货物交付其他单位或个人代销，收到代销清单。
借：银行存款/应收账款等
　　贷：主营业务收入/其他业务收入
　　　　应交税费——应交增值税——销项税额
2. 销售代销货物，按实际售价计算销项税额。
借：银行存款
　　贷：应付账款
　　　　应交税费——应交增值税——销项税额
3. 设有两个以上机构并实行统一核算的纳税人，将货物从一个机构移送其他机构用于销售，但相关机构设在同一县（市）的除外。
借：应收账款等
　　贷：库存商品
　　　　应交税费——应交增值税——销项税额
4. 将自产或委托加工的货物用于免征增值税应税项目。
借：在建工程等
　　贷：原材料等
　　　　应交税费——应交增值税——销项税额
5. 将自产、委托加工的货物用于集体福利或个人消费。
借：应付职工薪酬——短期薪酬——职工福利等
　　贷：库存商品等

应交税费——应交增值税——销项税额

6. 将自产、委托加工或购进的货物作为投资，提供给其他单位或个体工商户。

借：长期股权投资等
　　贷：主营业务收入/其他业务收入
　　　　应交税费——应交增值税——销项税额

7. 将自产、委托加工或购进的货物分配给股东或投资者。

借：应付股利
　　贷：主营业务收入/其他业务收入
　　　　应交税费——应交增值税——销项税额

8. 将自产、委托加工或购进的货物无偿赠送其他单位或者个人。

借：营业外支出
　　贷：库存商品等
　　　　应交税费——应交增值税——销项税额

9. 向其他单位或个人无偿服务，但以公益活动为目的或以社会公众为对象的除外。

借：营业外支出
　　贷：应付职工薪酬/应付账款等
　　　　应交税费——应交增值税——销项税额

10. 向其他单位或个人无偿转让无形资产或不动产，但用于公益事业或以社会公众为对象的除外。

（1）转让无形资产：

借：资产处置损益
　　累计摊销
　　无形资产减值准备
　　贷：无形资产
　　　　应交税费——应交增值税——销项税额

（2）转让不动产：

借：资产处置损益
　　贷：固定资产清理
　　　　应交税费——应交增值税——销项税额

（四）进项税额转出

1. 存货发生非正常损失。

借：待处理财产损溢
　　贷：原材料等
　　　　应交税费——应交增值税——进项税额转出

2. 固定资产、不动产发生非正常损失。对于2016年5月1日后购进或自制的已抵扣过进项税额的固定资产发生非正常损失：

借：固定资产清理
　　贷：应交税费——应交增值税——进项税额转出

3. 在建工程发生非正常损失。

借：管理费用/营业外支出

贷：在建工程
　　　　　应交税费——应交增值税——进项税额转出

4. 购进货物或应税服务、劳务改变用途。购进货物或应税服务、劳务改变用途，用于简易计税、免征增值税、集体福利或个人消费等不可抵扣进项税额的应税项目，应转出已抵扣的进项税额：

　　借：合同履约成本等
　　　　贷：应交税费——应交增值税——进项税额转出

5. 兼营简易计税项目、免征增值税项目无法划分不得抵扣的进项税额。对一般纳税人兼营简易计税项目、免征增值税项目而无法划分不得抵扣的进项税额的，需计算转出不得抵扣的进项税额：

　　借：合同履约成本等
　　　　贷：应交税费——应交增值税——进项税额转出

【不得抵扣的进项税额＝当月无法划分的全部进项税额×当月简易计税方法计税项目销售额、免征增值税项目销售额合计÷当月全部销售额、营业额合计】

（五）增值税税控系统专用设备和技术维护费用

《关于增值税税控系统专用设备和技术维护费用抵减增值税税额有关政策的通知》（财税〔2012〕15号）规定，增值税一般纳税人初次购买增值税税控系统专用设备支付的价款以及缴纳的技术维护费可在增值税应纳税额中全额（抵减额为价税合计额）抵减，不足抵减的可结转下期继续抵减。非初次购买增值税税控系统专用设备支付的费用，自行负担，不得在增值税应纳税额中抵减。

1. 初次购入增值税税控系统专用设备。
（1）按实际应支付或应付金额：
借：管理费用
　　贷：银行存款/应付账款等
（2）同时，按规定抵减增值税应纳税额：
借：应交税费——应交增值税——减免税款
借：管理费用（红字）

2. 发生技术维护费用。
（1）按实际支付或应付金额：
借：管理费用
　　贷：银行存款/应付账款等
（2）同时，按规定抵减增值税应纳税额：
借：应交税费——应交增值税——减免税款
借：管理费用（红字）

（六）减免税款

按规定当期直接减免的增值税：
借：应交税费——应交增值税——减免税款
　　贷：营业外收入

（七）增值税检查调整

1. 税务机关纳税检查中，涉及增值税销项税额的账务调整，如价外费用未确认销项税额、视同销售业务未确认销项税额等。

(1) 调增销项税额时：

借：应交税费——增值税检查调整
　　贷：合同资产等（红字）

结转时：

借：应交税费——增值税检查调整
　　贷：应交税费——应交增值税——销项税额

(2) 调减销项税额时：

借：应交税费——增值税检查调整
　　贷：合同资产等

结转时：

借：应交税费——应交增值税——销项税额（红字）
　　贷：应交税费——增值税检查调整

2. 税务机关纳税检查中，涉及增值税进项税额的账务调整，如简易计税项目取得进项税额应转出未转出等。

(1) 调减进项税额时：

借：合同履约成本/原材料等
　　贷：应交税费——增值税检查调整

结转时：

借：应交税费——增值税检查调整
　　贷：应交税费——应交增值税——进项税额转出

(2) 调增进项税额时：

借：应交税费——增值税检查调整
　　贷：合同履约成本/原材料等（红字）

结转时：

借：应交税费——应交增值税——进项税额
　　贷：应交税费——增值税检查调整

(八) 出口退税

1. 实行"免、退"办法的一般纳税人出口货物。

(1) 货物出口并确认收入时，根据出口销售额（FOB 价）：

借：应收账款/银行存款等
　　贷：主营业务收入/其他业务收入等

(2) 出口货物，应转出已抵扣的增值税进项税额：

借：主营业务成本/其他业务成本
　　贷：应交税费——应交增值税——进项税额转出

(3) 根据《出口退税汇总申报表》中申报通过的退税额：

借：应收出口退税款——增值税
　　贷：应交税费——应交增值税——出口退税

同时：

借：应交税费——应交增值税——出口退税

贷：主营业务成本/其他业务成本（红字）

（4）收到出口退税款时：

借：银行存款

　　贷：应收出口退税款——增值税

2. 实行"免、抵、退"办法的一般纳税人出口货物。

（1）在货物出口销售后结转产品销售成本时，按规定计算的退税额低于购进时取得的增值税专用发票上的增值税额的差额：

借：主营业务成本

　　贷：应交税费——应交增值税——进项税额转出

（2）按规定计算的当期出口货物的进项税抵减内销产品的应纳税额：

借：应交税费——应交增值税——出口抵减内销产品应纳税额

　　贷：应交税费——应交增值税——出口退税

（3）在规定期限内，内销产品的应纳税额不足以抵减出口货物的进项税额，不足部分按有关税法规定给予退税的，应在实际收到退税款时：

借：银行存款

　　贷：应交税费——应交增值税——出口退税

（九）进口增值税

1. 凭海关出具的税款缴纳通知书：

借：应交税费——待认证增值税额

　　贷：银行存款

2. 海关进口增值税专用缴款书稽核比对相符时：

借：应交税费——应交增值税——进项税额

　　贷：应交税费——待认证增值税额

（十）代扣代交增值税

境外单位或个人在境内发生应税行为，在境内未设有经营机构的，以购买方为增值税扣缴义务人。

1. 一般纳税人向境外单位或个人购进服务、无形资产或不动产时：

借：固定资产/管理费用等

　　应交税费——应交增值税——进项税额

　　贷：银行存款/应付账款等

　　　　应交税费——代扣代交增值税

2. 实际缴纳代扣代交增值税时：

借：应交税费——代扣代交增值税

　　贷：银行存款

（十一）转让金融商品应交增值税

1. 金融商品实际转让月末，如产生转让收益：

借：投资收益

　　贷：应交税费——转让金融商品应交增值税

2. 金融商品实际转让月末，如产生转让损失，按可结转下月抵扣税额：

借：应交税费——转让金融商品应交增值税

贷：投资收益
　3. 缴纳增值税时：
　借：应交税费——转让金融商品应交增值税
　　贷：银行存款
　4. 年末，本科目如有借方余额：
　借：投资收益
　　贷：应交税费——转让金融商品应交增值税

十、期末结转及缴纳处理规范

（一）增值税及附加税费的月末结转及缴纳

月末，项目部需将"应交税费——应交增值税""应交税费——预交增值税"科目余额转至纳税主体本级，本级汇总后向所在地税务机关进行申报缴纳。

项目部的"应交税费——应交增值税"二级科目余额通过"应交税费——应交增值税——结转增值税（下级结转）"科目转入纳税主体本级，结转后，"应交税费——应交增值税"二级科目余额为零。

项目部的"应交税费——预交增值税"科目借方余额通过"应交税费——预交增值税"科目贷方转入本级，结转后，"应交税费——预交增值税"科目余额为零。

计提及结转增值税附加税费的会计处理，各单位可结合自身管理需求确定。纳税主体本级通过"其他应收款——税金及附加"科目，项目部通过"其他应付款——税金及附加"科目进行增值税及附加税费的往来结转。

　1. 项目部结转增值税余额。
　（1）结转"应交税费——应交增值税"二级科目余额：
　借：应交税费——应交增值税——结转增值税（下级结转）（或红字）
　　贷：其他应付款——税金及附加（或红字）
　（2）结转"应交税费——预交增值税"科目余额：
　借：其他应付款——税金及附加（红字）
　　贷：应交税费——预交增值税

凭证 1 和凭证 2 的分录为固定格式，即借、贷方科目固定，不得随意变更，金额可以正数或负数反映。两笔分录可合并。

　（3）向纳税主体本级上交增值税及附加税费：
　借：其他应付款——税金及附加
　　贷：银行存款

　2. 纳税主体本级接收项目部结转的增值税余额。纳税主体本级核实并接收项目部结转的"应交税费——应交增值税"和"应交税费——预交增值税"科目余额。

　（1）接收"应交税费——应交增值税"和"应交税费——预交增值税"科目余额：
　借：应交税费——预交增值税 其他应收款——税金及附加
　　贷：应交税费——应交增值税——结转增值税（下级结转）（或红字）

分录为固定格式，即借、贷方科目固定，不得随意变更，金额可以正数或负数反映。

　（2）收到项目部上交的增值税及附加税费：
　借：银行存款

贷：其他应收款——税金及附加

　　3. 纳税主体本级结转应交增值税。纳税主体本级结转"应交税费——应交增值税"余额，当期"应交税费——应交增值税"科目余额包括：项目部结转的增值税额、本级发生的进项税额、销项税额等明细科目。

　　（1）如"应交税费——应交增值税"科目为贷方余额：
　　借：应交税费——应交增值税——转出未缴增值税
　　　　贷：应交税费——未交增值税
　　（2）如"应交税费——应交增值税"科目为借方余额，需分析原因进行处理：
　　①因进项税额扣减进项税额转出后的数额大于销项税额引起，不做账务处理。
　　②因当月多交的增值税引起：
　　借：应交税费——未交增值税
　　　　贷：应交税费——应交增值税——转出多交增值税

　　纳税申报时，纳税主体本级应根据项目部上报的增值税汇总缴纳信息分别计算出多交税额和进项税额留抵金额，在纳税申报表中正确填报。

　　4. 纳税主体本级结转预交增值税。纳税主体本级将"应交税费——预交增值税"科目余额结转至"应交税费——未交增值税"。
　　借：应交税费——未交增值税
　　　　贷：应交税费——预交增值税

　　5. 纳税主体本级缴纳税款。如纳税主体本级"应交税费——未交增值税"科目为贷方余额，则需缴纳未缴增值税。
　　借：应交税费——未交增值税
　　　　贷：银行存款
　　如果为借方余额，则为多交增值税，待下月进行抵减。

　　6. 纳税主体本级缴纳附加税费。
　　（1）纳税主体本级缴纳附加税费：
　　借：应交税费——城市维护建设税
　　　　应交税费——教育费附加
　　　　应交税费——地方教育费附加等
　　　　贷：银行存款
　　（2）纳税主体本级按照实际缴纳的增值税计提税金及附加：
　　借：税金及附加
　　　　贷：应交税费——城市维护建设税
　　　　　　应交税费——教育费附加
　　　　　　应交税费——地方教育费附加等

　　【说明】项目部在建筑服务所在地预缴增值税附加税费时，按当地适用税费率计算缴纳，会计处理同上。

　　（二）年末纳税主体本级结平"应交税费——应交增值税"三级及以下科目

　　年末，纳税主体本级如有留抵进项税额，应将留抵进项税额保留或调整至"应交税费——应交增值税——进项税额"科目，按各三级及以下科目的累计金额，形成以下会计分录：

借：应交税费——应交增值税——销项税额
　　应交税费——应交增值税——进项税额转出
　　应交税费——应交增值税——转出多交增值税
　　应交税费——应交增值税——结转增值税（下级结转）
　贷：应交税费——应交增值税——进项税额（差额）
　　　应交税费——应交增值税——已交税金
　　　应交税费——应交增值税——减免税额
　　　应交税费——应交增值税——转出未交增值税

（三）工程项目竣工后，结平"应交税费——应交增值税"三级及以下科目
借：应交税费——应交增值税——销项税额
　　应交税费——应交增值税——进项税额转出
　贷：应交税费——应交增值税——进项税额
　　　应交税费——应交增值税——减免税额
　　　应交税费——应交增值税——结转增值税（下级结转）

十一、报表列示

"应交税费"科目下的"应交增值税""未交增值税""待抵扣进项税额"等明细科目期末借方余额应根据情况，在资产负债表中的"其他流动资产"或"其他非流动资产"项目列示；"应交税费——待转销项税额"等科目期末贷方余额应根据情况，在资产负债表中的"其他流动负债"或"其他非流动负债"项目列示；"应交税费"科目下的"未交增值税""转让金融商品应交增值税""代扣代交增值税""小规模纳税人应交增值税"等科目期末贷方余额应在资产负债表中的"应交税费"项目列示。

十二、BT 项目账务处理规范

（一）设立项目部进行管理

1. 项目部在每期按建造合同确认当期收入（如果融资利息不按建筑服务征税则不含业主支付的投融资费）时：

借：主营业务成本
　　合同履约成本——工程施工
　贷：主营业务收入

2. 对于合同中约定的合理回报，在合同约定的时点或回购开始业主出具结算单据时计入当期收入。当回购期开始回购时，向业主出具发票，同时做如下会计分录：

借：应收账款
　贷：合同资产——价款结算
　　　应交税费——待转销项税额———般计税
借：应交税费——待转销项税额———般计税
　贷：应交税费——应交增值税——销项税额

3. 收到业务支付的结算款，做如下会计分录：

借：银行存款
　贷：应收账款

（二）成立项目公司进行管理

1. 项目公司按照合同约定将每期对承包单位的验工计价与按合同约定的合理回报分开核算。

（1）工程造价中对施工承包单位每期计价时：

借：在建工程
　　贷：应付账款——应付暂估款

（2）收到发票时：

借：应付账款——应付暂估款
　　应交税费——应交增值税——进项税额
　　　贷：应付账款等科目

填报财务报表时，将"在建工程"科目余额填入"长期应收款"等报表栏。

2. 企业应按合同约定进行价税分离确认收入成本。分两种情况：

第一种：如果投融资统一按建筑服务征税，则主营业务收入包括建安、投融资费等的总收入。

借：主营业务成本（不含税的建安＋不含税投融资）
　　合同履约成本——工程施工
　　　贷：主营业务收入（不含税的建安＋不含税投融资）

第二种：如果投融资不按建筑服务征税，则需要分别对建安部门和投融资部门分别确认收入成本。

（1）建安部分：如果投融资不按建筑服务征税，则主营业务收入不包括投融资费，只有建安部分。

借：主营业务成本（建安部分）
　　合同履约成本——工程施工
　　　贷：主营业务收入（建安部分）

（2）融资部分：对融资费用单独确认：

借：长期应收款（约定的投融资费/1.06）
　　贷：财务费用
　　　　应交税费——待转销项税额——一般计税

3. 回购开始移交或部分移交时：

第一种：如果投融资统一按建筑服务征税，会计处理如下：

（1）项目公司收到结算单据，向政府等业主单位开具发票：

借：应收账款
　　贷：合同资产——价款结算
　　　　应交税费——待转销项税额——一般计税

【工程结算金额＝不含税的建安＋不含税投融资】

（2）开发票时，形成如下分录：

借：应交税费——待转销项税额——一般计税
　　贷：应交税费——应交增值税——销项税额

（3）收到业主的款项时，形成如下分录：

借：银行存款

贷：应收账款

第二种：如果投融资不按建筑服务征税，则需要分别对建安部门和投融资部门进行处理。

（1）建安部分。

①项目公司收到结算单据，向政府等业主单位开具发票：

借：应收账款

　　贷：合同资产——价款结算

　　　　应交税费——待转销项税额——一般计税

【工程结算金额＝不含税的建安】

②开发票时，形成如下分录：

借：应交税费——待转销项税额——一般计税

　　贷：应交税费——应交增值税——销项税额

③收到业主的款项时，形成如下分录：

借：银行存款

　　贷：应收账款

（2）融资部分。

①将已确认的融资费用形成的"长期应收款"转入"应收账款"，形成如下会计分录：

借：应收账款

　　贷：长期应收款等

②收到融资款项并开票，形成如下会计分录：

借：银行存款

　　贷：应收账款

借：应交税费——待转销项税额——一般计税

　　贷：应交税费——应交增值税——销项税额

4. 待结算完毕，形成如下会计分录：

借：合同资产——价款结算（这里只是按建筑服务征税部分）

　　贷：在建工程

第二节　增值税简易计税项目会计核算

简易计税项目会计核算应按增值税相关规定，规范会计事项的确认、计量和报告行为，保证会计信息质量，做到及时核算、依法按时纳税、准确进行账务处理。

简易计税项目按项目部就地预缴、法人单位或分公司汇总缴纳模式分别规定相应的会计处理。

注：本节中举例全部采用新《会计准则14号——收入》，采用投入法确定履约进度，方法同"完工百分比法"。科目采用"合同履约成本""合同资产""合同负债"等。

是否简易计税业务应从业务本质进行判断，而非从核算单元执行某种计税方法进行判断。执行简易计税方法的业务包括执行简易计税方法的项目部发生的建筑服务。

在项目所在地预缴增值税及附加费，由纳税主体汇算清缴，月底需要把应纳税额转入纳税主体。

一、会计科目设置

（一）科目体系

增值税一般纳税人应在"应交税费"科目下设置三个二级科目核算采用简易计税的业务："简易计税""待转应纳税额""待转扣减应纳税额"。

在"应交税费——简易计税"科目下设7个三级科目："计提应纳税额""预缴税额""扣减应纳税额""减免税款""缴纳税款""结转应纳税额（下级结转）""转出未交增值税（汇总缴纳用）"。

（二）增值税科目使用说明

1. "简易计税"科目核算一般纳税人采用简易计税方法发生的增值税计提、扣减、预缴、缴纳等业务。

（1）应交税费——简易计税——计提应纳税额。核算一般纳税人采用简易计税方法时，发生纳税义务应计提的应纳税额。计提的应纳税额在本科目贷方反映。

（2）应交税费——简易计税——预缴税款。核算一般纳税人采用简易计税方法时，发生异地提供建筑服务、转让异地不动产、出租异地不动产等需要就地预缴的增值税额。实际预缴数在本科目借方反映。

（3）应交税费——简易计税——扣减应纳税额。核算一般纳税人采用简易计税方法时，允许抵减的分包款按征收率计算的可扣减应纳税额。扣减的应纳税额在本科目借方反映。

（4）应交税费——简易计税——减免税款。核算一般纳税人采用简易计税方法时，按现行增值税制度准予减免的增值税额。实际减免税款在本科目借方反映。

（5）应交税费——简易计税——缴纳税款。核算一般纳税人在机构所在地申报缴纳的按简易计税方法计算的应纳税额。实际缴纳数在本科目借方反映。

（6）应交税费——简易计税——结转应纳税额（下级结转）。核算纳税主体本级和项目部涉及简易计税业务的税金往来，包括两种情况：一是项目部和纳税主体本级属于同一地（市），且项目部无须预缴，由纳税主体本级统一缴纳的增值税款；二是项目部发生需要汇总纳税的业务，需由纳税主体本级统一缴纳的增值税款，如处置使用过的固定资产（2016年4月30日前取得且未抵扣进项税额）等。

（7）应交税费——简易计税——转出未交增值税（汇总缴纳用）。核算纳税主体本级所在地税务机关允许简易计税与一般计税业务汇总缴纳增值税时，纳税主体本级月末转出简易计税业务的应交未交增值税额。月末"应交税费——简易计税"科目为贷方余额时，借记本科目，贷记"应交税费——未交增值税"科目，此科目限纳税主体本级专用。

2. "待转应纳税额"科目核算一般纳税人采用简易计税方法时，销售服务、无形资产或不动产，已确认相关收入（或利得）但尚未发生增值税纳税义务而需以后期间确认为应纳税额的增值税额。

3. "待转扣减应纳税额"科目核算一般纳税人采用简易计税方法时，在工程分包业务中，承包单位与分包单位签订的合同经工程项目所在地税务机关批准，允许分包扣减的，根据对分包单位批复的计价结算金额按征收率计算，需于以后期间申报扣减的增值税额。承包单位对分包单位计价结算，依据计价单中列明的增值税额，借记本科目，贷记"应付账款"等科目；就地申报预交税款，允许扣减应纳税额时，借记"应交税费——简易计税——扣减应纳税额"，贷记本科目。

(三) 税金往来科目使用说明

1. "其他应收款——税金及附加"科目核算纳税主体本级与项目部进行增值税及附加税费的往来结转业务。

2. "其他应付款——税金及附加"科目核算项目部与纳税主体本级进行增值税及附加税费的往来结转业务。

二、收入业务处理规范

(一) 建筑服务收入

提供建筑服务的纳税义务发生时间为：发生应税行为并收讫销售款项的当天或书面合同确定的付款日期；未签订书面合同或者书面合同未确定付款日期的，为服务完成的当天；先开具发票的，为开具发票的当天；被工程发包方从应支付的工程款中扣押的质押金、保证金，未开具发票的，以纳税人实际收到质押金、保证金的当天为纳税义务发生时间。项目主要涉及纳税义务时间确认应纳税额的会计处理如下：

1. 项目收取工程结算款的应纳税额确认。

【案例】A 项目部采用简易计税方法，与业主签订的合同中约定每季度末办理计价结算，次月 15 日内支付计价结算款。2020 年 9 月 30 日，收到业主批复的计价单，价税合计 1030 万元，10 月 10 日收到业主拨付的工程结算款 1030 万元，未提供发票，项目于 10 月 12 日向当地税务机关预缴申报税款。

(1) 9 月 30 日，项目收到业主批复计价：

借：应收账款——应收工程款　　　　　　　　　　　　　　10300000
　　贷：合同资产——价款结算　　　　　　　　　　　　　　10000000
　　　　应交税费——待转应纳税额　　　　　　　　　　　　　300000

【待转应纳税额 = 结算金额 ÷ (1 + 3%) × 3%】

(2) 10 月 10 日，项目收到业主支付的结算款：

借：银行存款　　　　　　　　　　　　　　　　　　　　　10300000
　　贷：应收账款——应收工程款　　　　　　　　　　　　　10300000

同时：

借：应交税费——待转应纳税额　　　　　　　　　　　　　　300000
　　贷：应交税费——简易计税——计提应纳税额　　　　　　　300000

【计提应纳税额 = 收款金额 ÷ (1 + 3%) × 3%】

(3) 10 月 12 日，预缴税款时：

借：应交税费——简易计税——预缴税款　　　　　　　　　　300000
　　贷：银行存款　　　　　　　　　　　　　　　　　　　　　300000

【预缴税款 = 收款金额 ÷ (1 + 3%) × 3%】

2. 收到预收款的增值税额确认。《关于建筑服务等"营改增"试点政策的通知》(财税〔2017〕58 号) 规定，收到预收款的当天不作为纳税义务发生时间，但需以取得的预收款扣除支付的分包款后的余额在建筑服务发生地预缴增值税。收到预收款时应不开具发票或开具不征税发票。各单位应严格规范"合同负债"科目的核算内容，仅核算按合同约定支付的预收款项。

【案例】A 项目部采用简易计税方法，2020 年 9 月 5 日，按合同约定收到业主预付款 309 万元，未向业主开具发票。9 月 6 日，向当地税务机关预缴申报税款。9 月 25 日，收到业主批复的计价单，价税合计 1030 万元，预收款全额扣回。9 月 27 日，业主在合同约定时间支付剩余款项，同日向当地税务机关预缴申报税款。

（1）9 月 5 日，收到业主预付款项时：

借：银行存款　　　　　　　　　　　　　　　　　　　　3090000

　　贷：合同负债　　　　　　　　　　　　　　　　　　　3090000

（2）9 月 25 日，项目收到业主批复计价：

借：应收账款——应收工程款　　　　　　　　　　　　　10300000

　　贷：合同资产——价款结算　　　　　　　　　　　　　10000000

　　　　应交税费——待转应纳税额　　　　　　　　　　　　300000

同时，扣回预收款：

借：合同负债　　　　　　　　　　　　　　　　　　　　3090000

　　贷：应收账款——应收工程款　　　　　　　　　　　　3090000

借：应交税费——待转应纳税额　　　　　　　　　　　　　90000

　　贷：应交税费——简易计税——计提应纳税额　　　　　　90000

（3）9 月 27 日，业主在合同约定时间支付剩余款项：

借：银行存款　　　　　　　　　　　　　　　　　　　　7210000

　　贷：应收账款——应收工程款　　　　　　　　　　　　7210000

同时：

借：应交税费——待转应纳税额　　　　　　　　　　　　　210000

　　贷：应交税费——简易计税——计提应纳税额　　　　　　210000

（4）涉及的增值税预缴业务比照"项目收取工程结算款的应纳税额确认"处理。

3. 先开具发票的应纳税额确认。按照增值税政策规定，先开具发票的，纳税义务发生时间为开具发票的当天。

【案例】A 项目部采用简易计税方法，2020 年 9 月 20 日，收到业主批复的计价单，价税合计 1030 万元，同时向业主开具发票。9 月 25 日，收到业主拨付的工程款 1030 万元。9 月 26 日，向当地税务机关预缴申报税款。

（1）9 月 20 日，收到业主批复计价时：

借：应收账款——应收工程款　　　　　　　　　　　　　10300000

　　贷：合同资产——价款结算　　　　　　　　　　　　　10000000

　　　　应交税费——待转应纳税额　　　　　　　　　　　　300000

同时，依据向业主开具的发票等：

借：应交税费——待转应纳税额　　　　　　　　　　　　　300000

　　贷：应交税费——简易计税——计提应纳税额　　　　　　300000

【计提应纳税额 = 开票金额 ÷（1 + 3%）× 3%】

（2）9 月 25 日，收到业主拨付的工程款 1030 万元：

借：银行存款　　　　　　　　　　　　　　　　　　　　10300000

　　贷：应收账款——应收工程款　　　　　　　　　　　　10300000

（3）涉及的增值税预缴业务比照"项目收取工程结算款的应纳税额确认"处理。

4. 合同约定付款时间的应纳税额确认。

【案例】A 项目部采用简易计税方法，2020 年 9 月 23 日，收到业主批复的计价单，价税合计 1030 万元，合同约定业主结算后 5 个工作日内支付结算款 1030 万元。9 月 28 日，业主未支付款项，同日，向当地税务机关预缴申报税款。10 月 8 日收到结算款 1030 万元。

（1）9 月 23 日，收到业主批复计价时：

借：应收账款——应收工程款　　　　　　　　　　　　　10300000
　　贷：合同资产——价款结算　　　　　　　　　　　　　　10000000
　　　　应交税费——待转应纳税额　　　　　　　　　　　　　300000

【待转应纳税额＝结算金额÷（1＋3%）×3%】

（2）9 月 28 日，业主未按合同约定付款时间支付款项，项目需按约定的付款日期确认应纳税额：

借：应交税费——待转应纳税额　　　　　　　　　　　　　300000
　　贷：应交税费——简易计税——计提应纳税额　　　　　　　300000

【计提应纳税额＝合同约定的付款金额÷（1＋3%）×3%】

（3）10 月 8 日，收到计价款：

借：银行存款　　　　　　　　　　　　　　　　　　　　10300000
　　贷：应收账款——应收工程款　　　　　　　　　　　　　10300000

（4）涉及的增值税预缴业务比照"项目收取工程结算款的应纳税额确认"处理。

5. 未开具发票的质押金、保证金的应纳税额确认。按照《国家税务总局关于在境外提供建筑服务等有关问题的公告》（国家税务总局公告 2016 年第 69 号）第 4 条规定，"纳税人提供建筑服务，被工程发包方从应支付的工程款中扣押的质押金、保证金，未开具发票的，以纳税人实际收到质押金、保证金的当天为纳税义务发生时间。"

【案例】A 项目部采用简易计税方法，2020 年 11 月末，收到业主批复的计价单，价税合计 1030 万元，扣减质保金 30.9 万元。12 月 8 日，向业主开具发票 999.1 万元，次日收到工程款 999.1 万元，并向当地税务机关预缴申报税款。12 月 31 日，竣工结算。一年后向业主开具发票，收回质保金 30.9 万元，同日，向当地税务机关预缴申报税款。

（假定 2020 年征收率为 3%）

（1）2018 年 11 月末，收到业主批复计价时：

借：应收账款——应收工程款　　　　　　　　　　　　　9991000
　　应收账款——应收工程款——应收工程质量保证金　　　309000
　　贷：合同资产——价款结算　　　　　　　　　　　　　10000000
　　　　应交税费——待转应纳税额　　　　　　　　　　　　300000

（2）2018 年 12 月 8 日，向业主开具发票：

借：应交税费——待转应纳税额　　　　　　　　　　　　291000
　　贷：应交税费——简易计税——计提应纳税额　　　　　　291000

【计提应纳税额＝发票金额÷（1＋3%）×3%】

（3）2018 年 12 月 9 日，收到工程款：

借：银行存款　　　　　　　　　　　　　　　　　　　　9991000
　　贷：应收账款——应收工程款　　　　　　　　　　　　9991000

（4）2019 年 12 月 31 日，向业主开具发票，并收到质保金：

借：应交税费——待转应纳税额　　　　　　　　　　　　　　　　　　　9000
　　　　　贷：应交税费——简易计税——计提应纳税额　　　　　　　　　　9000
同时：
　　借：银行存款　　　　　　　　　　　　　　　　　　　　　　　　　309000
　　　　　贷：应收账款——应收工程款——应收工程质量保证金　　　　309000
（5）涉及的增值税预缴业务比照"项目收取工程结算款的应纳税额确认"处理。
（二）经营租赁收入
1. 有形动产租赁收入。以 2016 年 4 月 30 日前取得的有形动产提供经营租赁服务：
（1）确认租赁收入及应纳税额：
　　借：应收账款/银行存款等
　　　　　贷：其他业务收入
　　　　　　　应交税费——简易计税——计提应纳税额
（2）将计提的应纳税额转回纳税主体本级缴纳：
　　借：应交税费——简易计税——结转应纳税额（下级结转）
　　　　　贷：其他应付款——税金及附加
【备注】如出租建筑施工设备给他人使用并配备操作人员的，按照建筑服务缴纳增值税。
2. 不动产租赁收入。
（1）以 2016 年 4 月 30 日前取得的不动产提供经营租赁服务：
　　借：应收账款/银行存款等
　　　　　贷：其他业务收入
　　　　　　　应交税费——简易计税——计提应纳税额
（2）在不动产所在地预缴税款：
　　借：应交税费——简易计税——预缴税款
　　　　　贷：银行存款

三、成本费用处理规范

简易计税方法下，除分包结算成本涉及增值税外，其他成本费用均以价税合计金额计列。

（一）分包成本

《关于全面推开营业税改征增值税试点的通知》（财税〔2016〕36 号）规定，如果项目部选择简易计税方法计税，应以取得的全部价款和价外费用扣除支付的分包款后的余额为销售额，按照征收率计算应纳税额。

项目部应在与分包单位签订合同后向当地税务机关报备，税务机关同意分包扣减增值税额的，进行如下处理：

1. 对分包方计价结算并取得发票，依据计价结算单等相关资料，将税务机关许可扣减分包款计算的增值税额计入"应交税费——待转扣减应纳税额"，剩余金额计入分包成本：

　　借：合同履约成本——工程施工（价税合计－税务机关许可分包扣减增值税额）应交税
　　　　　费——待转扣减应纳税额（税务机关许可分包扣减增值税额）
　　　　　贷：应付账款等

2. 就地申报预缴增值税，经税务机关批准允许扣减的应纳税额，依据《增值税预缴税款表》及发票复印件等资料：

借：应交税费——简易计税——扣减应纳税额
　　贷：应交税费——待转扣减应纳税额

（二）其他项目成本费用

发生除分包结算成本外的其他成本费用，依据相关资料以价税合计金额计列：

借：合同履约成本等
　　贷：应付账款/银行存款等

（三）期间费用

期间费用是指企业本期发生的、不能直接或间接归入营业成本，而是直接计入当期损益的各项费用，包括销售费用、管理费用和财务费用。

采取简易核算的项目，全额列入相关费用科目，根据增值税普通发票，形成以下会计分录：

借：销售费用/管理费用/财务费用
　　贷：应付账款/银行存款/备用金等

四、资产业务处理规范

（一）存货

简易计税方法下，除存货处置收入涉及增值税外，存货采购入库、退回、存货盘亏等均不涉及增值税业务，入账金额以价税合计金额计列。

存货处置按《增值税一般计税方法会计处理规范》执行。

（二）固定资产

本部分仅涉及2016年4月30日前取得固定资产处置、报废的处理。2016年5月1日后取得的固定资产，其购置、报废、出售等具体核算按照《增值税一般计税方法会计处理规范》执行。

1. 有形动产。

（1）处置、报废2016年4月30日前取得且未抵扣进项税额的固定资产，依据出售协议、交接清单等资料，转入固定资产清理：

借：固定资产清理——累计折旧——固定资产减值准备
　　贷：固定资产

（2）发生固定资产清理费用：

借：固定资产清理
　　贷：银行存款/应付账款等

（3）取得处置收入，根据处置协议、银行回单等资料，计入固定资产清理，并确认应纳税额：

借：银行存款/其他应收款等
　　贷：固定资产清理
　　　　应交税费——简易计税——计提应纳税额

【应纳税额 = 处置收款金额/（1 + 征收率）× 征收率】

可享受增值税税收减免政策，只能向客户开具增值税普通发票：

借：应交税费——简易计税——减免税额
　　　贷：营业外收入
【减免税额＝处置收款金额/（1＋征收率）×1%】
（4）根据处置、报废结果结转当期损益：
①根据处置、报废结果结转当期损益：
借：营业外支出（固定资产报废）
　　资产处置损益（固定资产出售）
　　　贷：固定资产清理
②发生处置、报废收益时：
借：固定资产清理
　　　贷：营业外收入（固定资产报废）
　　　　　资产处置损益（固定资产处置）

2. 不动产（含在建工程）

（1）处置、报废 2016 年 4 月 30 日前取得的不动产，依据出售协议、交接清单等资料，转入固定资产清理：
借：固定资产清理——累计折旧
　　固定资产减值准备
　　　贷：固定资产
（2）发生不动产清理费用：
借：固定资产清理/在建工程
　　　贷：银行存款/应付账款等
（3）处置、报废不动产取得收入
①根据销售合同、交接清单等资料：
借：银行存款/应收账款/其他应收款等
　　　贷：固定资产清理/在建工程
　　　　　应交税费——简易计税——计提应纳税额
【计提应纳税额＝（出售收款金额－不动产购置原价）/（1＋征收率）×征收率［适用于出售 2016 年 4 月 30 日前取得的不动产（不含自建）］】
【计提应纳税额＝出售收款金额/（1＋征收率）×征收率（适用于出售 2016 年 4 月 30 日前自建不动产）】
②在不动产所在地预缴增值税：
借：应交税费——简易计税——预缴税款
　　　贷：银行存款
【预缴增值税＝（出售收款金额－不动产购置原价）/（1＋征收率）×征收率［适用于出售 2016 年 4 月 30 日前取得的不动产（不含自建）］】
【预缴增值税＝出售收款金额/（1＋征收率）×征收率（适用于出售 2016 年 4 月 30 日前自建不动产）】
（4）根据处置、报废结果结转当期损益：
①发生处置、报废损失时：
借：营业外支出（固定资产报废）

　　　　资产处置损益（固定资产处置）
　　　　　贷：固定资产清理/在建工程
　②发生处置、报废收益时：借：固定资产清理/在建工程
　　　　　贷：营业外收入（固定资产报废）资产处置损益（固定资产处置）
　（三）临时设施

本章仅涉及 2016 年 4 月 30 日前取得临时设施，以及简易计税项目购建的临时设施相关业务的处理。2016 年 5 月 1 日后购建的临时设施，其报废、出售等具体核算按照《增值税一般计税方法会计处理规范》执行。

　1. 临时设施购建。

　（1）临时设施采取分包模式。项目部应在与分包单位签订合同后向当地税务机关报备，税务机关同意分包扣减增值税额的，进行如下处理：

　①对分包方计价结算并取得发票，依据计价结算单等资料，将税务机关许可扣减分包计算的增值税额计入"应交税费——待转扣减应纳税额"，剩余金额计入临时设施：

　　借：临时设施（价税合计——税务机关许可分包扣减增值税额）
　　　　应交税费——待转扣减应纳税额（税务机关许可分包扣减增值税额）
　　　　　贷：应付账款等

　②就地申报预缴增值税，经税务机关批准允许扣减的应纳税额，依据《增值税预缴税款表》及发票复印件等资料：

　　借：应交税费——简易计税——扣减应纳税额
　　　　　贷：应交税费——待转扣减应纳税额

【扣减应纳税额 = 分包结算金额 ÷ （1 + 征收率）× 征收率】

　（2）除采用分包结算外，购建临时设施的支出均以价税合计金额计列：

　　借：临时设施
　　　　　贷：应付账款等

　2. 临时设施清理。

　（1）出售、拆除、报废临时设施，依据处置资料转入清理：

　　借：临时设施清理——临时设施摊销
　　　　　贷：临时设施

　（2）发生临时设施清理费用：

　　借：临时设施清理
　　　　　贷：银行存款/应付账款等

　（3）出售、拆除过程中发生的变价收入和残料价值，根据处置协议、银行回单等资料，计入临时设施清理，并确认应纳税额：

　　借：银行存款/其他应收款等
　　　　　贷：临时设施清理
　　　　　　　应交税费——简易计税——计提应纳税额

【应纳税额 = 处置收款金额 ÷ （1 + 征收率）× 征收率】

如享受增值税税收减免政策，只能向客户开具增值税普通发票：

　　借：应交税费——简易计税——减免税额
　　　　　贷：营业外收入

【减免税额＝处置收款金额／（1＋征收率）×1%】

（4）根据处置结果结转当期损益：

①发生处置、报废损失时：

借：营业外支出（临时设施报废）
　　资产处置损益（临时设施处置）
　　贷：临时设施清理

②发生处置、报废收益时：

借：临时设施清理
　　贷：营业外收入（临时设施报废）
　　　　资产处置损益（临时设施处置）

五、特殊业务处理规范

（一）集团系统内总分包

本章系统内总分包业务特指集团公司系统内工程总分包业务。

1. 收到预收款的应纳税额确认。《关于建筑服务等"营改增"试点政策的通知》（财税〔2017〕58号）规定，收到预收款的当天不作为纳税义务发生时间，但需以取得的预收款扣除支付的分包款后的余额在建筑服务发生地预缴增值税。收到预收款时应不开具发票或开具不征税发票。

企业应严格规范"预付账款""合同负债"科目的核算内容，该科目仅核算按合同约定支或收取的预付（收）款项。

【案例】集团A项目部采取标准总分包模式，参建子公司设立B分部，均采用简易计税方法，当地税务机关允许A项目部扣除支付B分部分包款后计算增值税额。2020年9月5日，根据合同约定，B分部收到A项目部支付的预收款618万元，未开具征税发票，当天向当地税务机关预缴税款。9月20日，A项目部向业主开具发票办理结算1030万元。9月25日，A项目部对B分部办理计价结算927万元，计价表中注明预付款全额扣回。9月26日，B分部向A项目部提供相应发票。9月27日，A项目部、B分部向当地税务机关预缴税款。

（1）9月5日，A项目部向B分部支付预付款：

①A项目部依据合同约定支付B分部预付款：

借：预付账款　　　　　　　　　　　　　　　　　　　　6180000
　　贷：银行存款　　　　　　　　　　　　　　　　　　6180000

②B分部依据银行回单等资料：

借：银行存款　　　　　　　　　　　　　　　　　　　　6180000
　　贷：合同负债　　　　　　　　　　　　　　　　　　6180000

（2）9月5日，B分部在项目所在地预缴税款：

借：应交税费——简易计税——预缴税款　　　　　　　180000
　　贷：银行存款　　　　　　　　　　　　　　　　　　180000

【预缴税款＝预收款金额÷（1＋3%）×3%】

（3）9月20日，A项目部向业主开具发票，办理计价结算，依据审批后的计价结算单等资料：

借：应收账款——应收工程款　　　　　　　　　　　　　　10300000
　　贷：合同资产——价款结算　　　　　　　　　　　　　　10000000
　　　　应交税费——待转应纳税额　　　　　　　　　　　　　300000
同时，依据向业主开具的发票记账联：
借：应交税费——待转应纳税额　　　　　　　　　　　　　　300000
　　贷：应交税费——简易计税——计提应纳税额　　　　　　300000

(4) 9月25日，A项目部对B分部办理计价结算：
①A项目部依据审批后的计价结算单等资料：
借：合同履约成本——工程施工　　　　　　　　　　　　　9000000
　　应交税费——待转扣减应纳税额　　　　　　　　　　　　270000
　　贷：应付账款——应付结算款　　　　　　　　　　　　9270000
同时，扣回预付款：
借：应付账款——应付工程款　　　　　　　　　　　　　　6180000
　　贷：预付账款　　　　　　　　　　　　　　　　　　　6180000
【待转扣减应纳税额 = 分包金额 ÷ (1 + 3%) × 3%】
②B分部依据审批后的计价结算单等资料：
借：应收账款——应收工程款　　　　　　　　　　　　　　9270000
　　贷：合同资产——价款结算　　　　　　　　　　　　　9000000
　　　　应交税费——待转应纳税额　　　　　　　　　　　　270000
同时，扣除预收款：
借：合同负债　　　　　　　　　　　　　　　　　　　　　6180000
　　贷：应收账款——应收工程款　　　　　　　　　　　　6180000
【待转应纳税额 = 结算金额 ÷ (1 + 3%) × 3%】

(5) 9月26日，B分部向A项目部提供发票：
A项目部依据B分部提供的发票：
借：应付账款——应付结算款　　　　　　　　　　　　　　9270000
　　贷：应付账款——应付工程款　　　　　　　　　　　　9270000
B分部依据向A项目部开具的发票记账联等：
借：应交税费——待转应纳税额　　　　　　　　　　　　　　270000
　　贷：应交税费——简易计税——计提应纳税额　　　　　　270000

(6) 9月27日，A项目部向当地税务机关预缴税款：
①向当地税务机关预缴增值税：
借：应交税费——简易计税——预缴税款　　　　　　　　　　30000
　　贷：银行存款　　　　　　　　　　　　　　　　　　　　30000
【预缴税款 = (总包结算金额 - 分包结算金额) ÷ (1 + 3%) × 3%】
②依据《增值税预缴税款表》及发票复印件等资料：
借：应交税费——简易计税——扣减应纳税额　　　　　　　　270000
　　贷：应交税费——待转扣减应纳税额　　　　　　　　　　270000
【扣减应纳税额 = 总包结算金额 ÷ (1 + 3%) × 3% - 预缴税款】

(7) 9月27日，B分部无分包抵扣，向当地税务机关预缴税款：

借：应交税费——简易计税——预缴税款　　　　　　　　　　　　90000
　　　贷：银行存款　　　　　　　　　　　　　　　　　　　　　　90000
【预缴税款＝（结算金额－预收款金额）÷（1＋3%）×3%】

2. 先开具发票的应纳税额确认。

【案例】集团 A 项目部采取标准总分包模式，参建子公司设立 B 分部，采用简易计税方法，当地税务机关允许 A 项目部扣除支付 B 分部分包款后计算增值税额。2020 年 9 月 20 日，A 项目部向业主开具发票办理计价结算 1030 万元。9 月 25 日，A 项目部对 B 分部签认计价 927 万元，同时收到分部开具的发票。9 月 27 日，A 项目部、B 分部向当地税务机关预缴税款。

（1）9 月 20 日，A 项目部向业主开具发票，办理计价结算：
借：应收账款——应收工程款　　　　　　　　　　　　　　　10300000
　　贷：合同资产——价款结算　　　　　　　　　　　　　　　10000000
　　　　应交税费——待转应纳税额　　　　　　　　　　　　　　300000
同时：
借：应交税费——待转应纳税额　　　　　　　　　　　　　　　300000
　　贷：应交税费——简易计税——计提应纳税额　　　　　　　　300000
【计提应纳税额＝发票金额÷（1＋3%）×3%】

（2）9 月 25 日，A 项目部对 B 分部计价结算，同时收到分部开具的发票：
A 项目部依据审批后的计价结算单等资料：
借：合同履约成本——工程施工　　　　　　　　　　　　　　9000000
　　应交税费——待转扣减应纳税额　　　　　　　　　　　　　270000
　　贷：应付账款——应付结算款　　　　　　　　　　　　　　9270000
同时，依据 B 分部提供的发票：
借：应付账款——应付结算款　　　　　　　　　　　　　　　9270000
　　贷：应付账款——应付工程款　　　　　　　　　　　　　　9270000
B 分部依据审批后的计价结算单等资料：
借：应收账款——应收工程款　　　　　　　　　　　　　　　9270000
　　贷：合同资产——价款结算　　　　　　　　　　　　　　　9000000
　　　　应交税费——待转应纳税额　　　　　　　　　　　　　　270000
同时，依据向 A 项目部开具的发票记账联等：
借：应交税费——待转应纳税额　　　　　　　　　　　　　　　270000
　　贷：应交税费——简易计税——计提应纳税额　　　　　　　　270000

（3）9 月 27 日，A 项目部向当地税务机关预缴税款：
①向当地税务机关预缴税款：
借：应交税费——简易计税——预缴税款　　　　　　　　　　　30000
　　贷：银行存款　　　　　　　　　　　　　　　　　　　　　30000
【预缴税款＝（总包结算金额－分包金额）÷（1＋3%）×3%】
②依据《增值税预缴税款表》及发票复印件等资料：
借：应交税费——简易计税——扣减应纳税额　　　　　　　　　270000
　　贷：应交税费——待转扣减应纳税额　　　　　　　　　　　270000

【扣减应纳税额 = 总包结算金额 ÷ （1 + 3%） × 3% - 预缴税款】
（4）9 月 27 日，B 分部无分包抵扣，向当地税务机关预缴税款：
借：应交税费——简易计税——预缴税款　　　　　　　　270000
　　　贷：银行存款　　　　　　　　　　　　　　　　　　　　270000
【预缴税款 = 结算金额 ÷ （1 + 3%） × 3%】

（二）视同销售

向其他单位或个人无偿转让 2016 年 4 月 30 日前购置的固定资产（包括不动产）、无形资产，但用于公益事业或以社会公众为对象的除外：

1. 无偿转让固定资产。
借：资产处置损益
　　　贷：固定资产清理
　　　　　应交税费——简易计税——计提应纳税额

2. 无偿转让无形资产。
借：资产处置损益
　　　累计摊销
　　　无形资产减值准备
　　　贷：无形资产
　　　　　应交税费——简易计税——计提应纳税额

（三）增值税检查调整

简易计税方法下，税务机关进行纳税情况检查，涉及增值税纳税调整的，按以下处理：

1. 调增应纳税额时：
借：应交税费——增值税检查调整
　　　贷：合同资产等（红字）

结转时：
借：应交税费——增值税检查调整
　　　贷：应交税费——简易计税——计提应纳税额

2. 调减应纳税额时：
借：应交税费——增值税检查调整
　　　贷：合同资产等

结转时：
借：应交税费——简易计税——计提应纳税额（红字）
　　　贷：应交税费——增值税检查调整

六、期末结转及缴纳处理规范

（一）增值税及附加税费的月末结转及缴纳

月末，项目部和纳税主体本级属于同一地（市），且项目部不需要预缴税款，或发生需要汇总纳税的业务时，需将"应交税费——简易计税"二级科目余额转至纳税主体机关本级，机关本级汇总后向所在地税务机关进行申报缴纳。

项目部的"应交税费——简易计税"二级科目余额通过"应交税费——简易计税——

结转增值税（下级结转）"科目转入纳税主体本级，结转后，"应交税费——简易计税"二级科目余额为零。

计提及结转增值税附加税费的会计处理，各单位可结合自身管理需求确定。纳税主体本级通过"其他应收款——税金及附加"科目，项目部通过"其他应付款——税金及附加"科目进行增值税及附加税费的往来结转。

1. 项目部结转"应交税费——简易计税"二级科目余额。

（1）月末，项目部将"应交税费——简易计税"二级科目贷方余额结转到纳税主体本级：

借：应交税费——简易计税——结转应纳税额（下级结转）
　　贷：其他应付款——税金及附加

（2）向纳税主体本级上交增值税时：

借：其他应付款——税金及附加
　　贷：银行存款

2. 纳税主体本级接收项目部结转的增值税余额。

（1）接收"应交税费——简易计税"科目余额：

借：其他应收款——税金及附加
　　贷：应交税费——简易计税——结转应纳税额（下级结转）

（2）收到项目部上交的增值税：

借：银行存款
　　贷：其他应收款——税金及附加

（3）纳税主体本级缴纳简易计税应纳税额：

借：应交税费——简易计税——缴纳税款
　　贷：银行存款

（4）纳税主体本级缴纳附加税费

①纳税主体本级缴纳附加税费：

借：应交税费——城市维护建设税
　　应交税费——教育费附加
　　应交税费——地方教育费附加等
　　贷：银行存款

②纳税主体本级按照实际缴纳的增值税计提税金及附加：

借：税金及附加
　　贷：应交税费——城市维护建设税
　　　　应交税费——教育费附加
　　　　应交税费——地方教育费附加等

【说明】项目部在建筑服务所在地预缴增值税附加税费时，按当地适用税费率计算缴纳，会计处理同上。

（5）纳税主体本级所在地税务机关允许简易计税与一般计税业务汇总缴纳增值税的，月末，纳税主体本级应将"应交税费——简易计税"科目的贷方余额（包括项目部转来的结转增值税以及纳税主体本级发生应纳税额等明细科目余额），结转至"应交税费——未交增值税"科目。

借：应交税费——简易计税——转出未交增值税（汇总缴纳用）
　　贷：应交税费——未交增值税

（6）纳税主体本级缴纳未交增值税、税金及附加的计提和支付，按照《增值税一般计税方法会计处理规范》执行。

（二）增值税及附加税费年末业务处理

年末，纳税主体本级结平"应交税费——简易计税"三级及以下科目：

借：应交税费——简易计税——计提应纳税额
　　应交税费——简易计税——结转应纳税额（下级结转）
　　贷：应交税费——简易计税——扣减应纳税额
　　　　应交税费——简易计税——减免税款
　　　　应交税费——简易计税——转出未交增值税（汇总缴纳用）应交税费——简易计税——缴纳税款

（三）增值税及附加税费工项目竣工业务处理

工程项目竣工后，结平"应交税费——简易计税"三级及以下科目：

借：应交税费——简易计税——计提应纳税额
　　贷：应交税费——简易计税——预缴税额
　　　　应交税费——简易计税——扣减应纳税额
　　　　应交税费——简易计税——缴纳税款
　　　　应交税费——简易计税——减免税款
　　　　应交税费——简易计税——结转应纳税额（下级结转）

七、报表列示

"应交税费"科目下的"简易计税"等明细科目期末借方余额应根据情况，在资产负债表中的"其他流动资产"或"其他非流动资产"项目列示；期末贷方余额应在资产负债表中的"应交税费"项目列示。"应交税费——待转应纳税额""应交税费——待转扣减应纳税额"科目期末贷方余额应根据情况，在资产负债表中的"其他流动负债"或"其他非流动负债"项目列示。

八、增值税税控系统专用设备和技术维护费用

根据税法有关规定，初次购买增值税税控系统专用设备支付的费用以及缴纳的技术维护费可在增值税应纳税额中全额抵减，不足抵减的可结转下期继续抵减。非初次购买增值税税控系统专用设备支付的费用，自行负担，不得在增值税应纳税额中抵减。

（一）初次购入增值税税控系统专用设备时

1. 按实际应支付的金额：

借：固定资产
　　贷：银行存款/应付账款

同时，按规定抵减的增值税应纳税额：

借：应交税费——应交增值税——减免税款
　　贷：递延收益

2. 按期计提折旧：

借：管理费用
　　贷：累计折旧

同时，按计提的折旧额：

借：递延收益
　　贷：管理费用（红字）

注：不符合固定资产条件的参照技术维护费用会计核算处理。

（二）发生技术维护费用的会计核算

1. 发生技术维护费时，按实际支付或应付金额：

借：管理费用
　　贷：银行存款/应付账款

2. 同时，按规定抵减的增值税应纳税额：

借：应交税费——应交增值税——减免税款
　　贷：管理费用（红字）

九、减免税款

企业收到返还的增值税，或者直接减免的增值税，应作为企业利润总额的组成部分。

（一）直接减免

直接减免方式下，应正确计算直接减免的增值税额：

借：应交税费——应交增值税——减免税款
　　贷：营业外收入

（二）即征即退、先征后退、先征后返

即征即退、先征后退、先征后返方式下，收到税务机关的增值税款时，按实际收到的金额：

借：银行存款
　　贷：营业外收入

十、BT 项目账务处理规范——设立项目部进行管理

（一）项目部在每期按建造合同确认当期收入（如果融资利息不按建筑服务征税则不含业主支付的投融资费）时：

借：主营业务成本
　　　工程施工——合同毛利
　　贷：主营业务收入

（二）对于合同中约定的合理回报，在合同约定的时点或回购开始业主出具结算单据时计入当期收入。当回购期开始回购时，向业主出具发票，同时做如下会计分录：

借：应收账款
　　贷：工程结算
　　　　应交税费——待转销项税额——简易计税

借：应交税费——待转销项税额——简易计税
　　贷：应交税费——简易计税——计提应纳税额

（三）收到业务支付的结算款，做如下会计分录：

借：银行存款
　　贷：应收账款

对于合同中约定的合理回报，在合同约定的时点或回购开始业主出具结算单据时计入当期收入。当回购期开始回购时，向业主出具发票，同时做如下会计分录：

借：应收账款
　　贷：工程结算
　　　　应收账款——待转销项税额——简易计税
借：应收账款——待转销项税额——简易计税
　　贷：应交税费——简易计税——计提应纳税额

十一、BT项目账务处理规范——成立项目公司进行管理

（一）项目公司按照合同约定将每期对承包单位的验工计价与按合同约定的合理回报分开核算。

1. 工程造价中对施工承包单位每期计价时：

借：在建工程
　　贷：应付账款——应付暂估款

2. 收到发票时：

借：应付账款——应付暂估款
　　贷：应付账款等科目

3. 采用简易计税的BT项目，按税法规定扣除允许抵减的应纳税额，分录如下：

借：在建工程（红字）
　　贷：应交税费——简易计税——扣减应纳税额

填制财务报表时，将"在建工程"科目余额填入"长期应收款"等报表栏。

（二）企业应按合同约定进行价税分离确认收入成本。分两种情况：

1. 第一种：如果投融资统一按建筑服务征税，则主营业务收入包括建安、投融资费等的总收入。

借：主营业务成本（不含税的建安＋不含税投融资）
　　工程施工——合同毛利
　　贷：主营业务收入（不含税的建安＋不含税投融资）

2. 第二种：如果投融资不按建筑服务征税，则需要分别对建安部分和投融资部分分别确认收入成本。

（1）建安部分：如果投融资不按建筑服务征税，则主营业务收入不包括投融资费，只有建安部分。

借：主营业务成本（建安部分）
　　工程施工——合同毛利（建安部分）
　　贷：主营业务收入（建安部分）

（2）融资部分：对融资费用单独确认（单独确认的融资费必须采用一般计税方法）：

借：长期应收款（约定的投融资费/1.06）
　　贷：财务费用

应交税费——待转销项税额——一般计税

（三）回购开始移交或部分移交时：
1. 第一种：如果投融资统一按建筑服务征税，会计处理如下：
（1）项目公司收到结算单据，向政府等业主单位开具发票：
借：应收账款
　　贷：工程结算
　　　　应交税费——待转销项税额——简易计税
【工程结算金额＝不含税的建安＋不含税投融资】
（2）开发票时，形成如下分录：
借：应交税费——待转销项税额——简易计税
　　贷：应交税费——简易计税——计提应纳税额
（3）收到业主的款项时，形成如下分录：
借：银行存款
　　贷：应收账款
2. 第二种：如果投融资不按建筑服务征税，则需要分别对建安部门和投融资部门进行处理。
（1）建安部分。
①项目公司收到结算单据，向政府等业主单位开具发票：
借：应收账款
　　贷：工程结算
　　　　应交税费——待转销项税额——简易计税
【工程结算金额＝不含税的建安】
②开发票时，形成如下分录：
借：应交税费——待转销项税额——简易计税
　　贷：应交税费——简易计税——计提应纳税额
③收到业主的款项时，形成如下分录：
借：银行存款
　　贷：应收账款
（2）融资部分。
①将已确认的融资费用形成的"长期应收款"转入"应收账款"，形成如下会计分录：
借：应收账款
　　贷：长期应收款等
②收到融资款项并开票，形成如下会计分录：
借：银行存款
　　贷：应收账款
借：应交税费——待转销项税额——一般计税
　　贷：应交税费——应交增值税——销项税额
（四）待结算完毕，形成如下会计分录：
借：工程结算（这里只是按建筑服务征税部分）
　　贷：在建工程

第四章 建筑施工企业常见增值税问题

建筑业"营改增"从 2016 年 5 月 1 日正式实施以来，至今已两年多，根据财政部、国税总局根据试点中存在的问题，出台了一系列补丁文件，现将建筑业"营改增"后涉税问题做了全面梳理，具体问题如下：

一、建筑服务分类有哪些，其相应的税率或征收率是多少？

序号	服务名称	一般纳税人税率/征收率	小规模纳税人征收率
1	工程服务	9%/简易征收 3%	3%
2	安装服务	9%/简易征收 3%	3%
3	修缮服务	9%/简易征收 3%	3%
4	装饰服务	9%/简易征收 3%	3%
5	其他建筑服务	9%/简易征收 3%	3%

政策归纳：

1. 根据财政部 国家税务总局《关于全面推开营业税改征增值税试点的通知》财税〔2016〕36 号文相关规定；

2. 根据财政部 税务总局《关于调整增值税税率的通知》（财税〔2018〕32 号）文相关规定。

二、建筑服务什么情况下适用或选择适用"简易"计税方法？

1. 以清包工方式提供的建筑服务。以清包工方式提供建筑服务，是指施工方不采购建筑工程所需的材料或只采购辅助材料，并收取人工费、管理费或者其他费用的建筑服务。

2. 为甲供工程提供的建筑服务。甲供工程，是指全部或部分设备、材料、动力由工程发包方自行采购的建筑工程。

3. 为建筑工程老项目提供的建筑服务。建筑工程老项目，是指：（1）《建筑工程施工许可证》注明的合同开工日期在 2016 年 4 月 30 日前的建筑工程项目；（2）未取得《建筑工程施工许可证》的，建筑工程承包合同注明的开工日期在 2016 年 4 月 30 日前的建筑工程项目。

4. 小规模纳税人提供的建筑服务。年应税销售额＜500 万元（注：年应税销售额，是指纳税人在连续不超过 12 个月连续经营期内累计应征增值税销售额，包括应征增值税销售额、免税销售额、代开发票销售额、稽查查补销售额、纳税评估调整销售额）。

销售服务、无形资产或者不动产（以下简称"应税行为"）有扣除项目的纳税人，其应税行为年应税销售额按未扣除之前的销售额计算。纳税人偶然发生的销售无形资产、转让不动产的销售额，不计入应税行为年应税销售额。

5. 建筑工程总承包单位为房屋建筑的地基与基础、主体结构提供工程服务，建设单位自行采购全部或部分钢材、混凝土、砌体材料、预制构件的，适用简易计税方法计税。

6. 发生财政部和国家税务总局规定的特定应税行为。

政策归纳：

1. 根据财政部 国家税务总局《关于全面推开营业税改征增值税试点的通知》（财税〔2016〕36号）相关规定；

2. 根据财政部 国家税务总局《关于建筑服务等"营改增"试点政策的通知》（财税〔2017〕58号）相关规定；

3. 根据《增值税一般纳税人登记管理办法》（国家税务总局令第43号）相关规定。

三、建筑服务在不同计税方法下如何计算纳税？

（一）简易计税方法下应纳税额的计算

1. 应纳税额 =（全部价款和价外费用 − 支付的分包款）÷（1 + 3%）× 3%

2. 不得抵扣进项税额。

（二）一般计税方法应纳税额的计算

1. 应纳税额 = 当期销项税额 − 当期进项税额

2. 当期销项税额 = 全部价款和价外费用 ÷（1 + 9%）× 10%

注：一般计税方法税率自2019年4月1日起调整为9%。

政策归纳：

1. 根据财政部 国家税务总局《关于全面推开营业税改征增值税试点的通知》（财税〔2016〕36号）相关规定；

2. 根据财政部 税务总局《关于调整增值税税率的通知》（财税〔2018〕32号）相关规定。

四、建筑服务在不同计税方法下如何申报纳税？

纳税人跨地级市行政区提供建筑服务，应按照相关文件规定的纳税义务发生时间和计税方法，向建筑服务发生地主管国税机关预缴税款，向机构所在地主管国税机关申报纳税。

1. 适用一般计税方法计税的，应预缴税款 =（全部价款和价外费用 − 支付的分包款）÷（1 + 9%）× 2%。

2. 适用简易计税方法计税的，应预缴税款 =（全部价款和价外费用 − 支付的分包款）÷（1 + 3%）× 3%。

但是，纳税人在同一地级行政区范围内跨县（市、区）提供建筑服务，无须预缴税款，只需向机构所在地主管国税机关申报纳税。

政策归纳：

1. 根据国家税务总局关于发布《纳税人跨县（市、区）提供建筑服务增值税征收管理暂行办法》的公告（国家税务总局公告2016年第17号）相关规定。

2. 根据国家税务总局《关于进一步明确"营改增"有关征管问题的公告》（国家税务总局公告2017年第11号）相关规定。

3. 根据财政部 税务总局《关于调整增值税税率的通知》（财税〔2018〕32号）相关规定。

五、建筑服务预收工程款，是否需要纳税？

按照财税〔2017〕58号文件的规定，建筑施工企业收到建设单位或总包方预付的工程款暂不产生纳税义务。

政策归纳：

根据财政部 国家税务总局《关于建筑服务等"营改增"试点政策的通知》（财税〔2017〕58号）相关规定。

六、公司有大量进项税额留抵，是否还要继续预缴工程项目增值税？

一般纳税人跨省（自治区、直辖市或者计划单列市）提供建筑服务或者销售、出租取得的与机构所在地不在同一省（自治区、直辖市或者计划单列市）的不动产，在机构所在地申报纳税时，计算的应纳税额小于已预缴税额，且差额较大的，由国家税务总局通知建筑服务发生地或者不动产所在地省级税务机关，在一定时期内暂停预缴增值税。

政策归纳：

根据财政部 国家税务总局《关于全面推开营业税改征增值税试点的通知》（财税〔2016〕36号）相关规定。

七、公司既有一般计税项目也有简易计税项目，进项税额咋抵扣？

适用一般计税方法的纳税人，兼营简易计税方法计税项目、免征增值税项目而无法划分不得抵扣的进项税额，按照下列公式计算不得抵扣的进项税额：

不得抵扣的进项税额 = 当期无法划分的全部进项税额 ×（当期简易计税方法计税项目销售额 + 免征增值税项目销售额）÷ 当期全部销售额

主管税务机关可以按照上述公式依据年度数据对不得抵扣的进项税额进行清算。

政策归纳：

根据财政部 国家税务总局《关于全面推开营业税改征增值税试点的通知》（财税〔2016〕36号）相关规定。

八、施工地预缴增值税时，核定征收个人所得税吗？

跨省异地施工单位应就其所支付的工程作业人员工资、薪金所得，向工程作业所在地税务机关办理全员全额扣缴明细申报。凡实行全员全额扣缴明细申报的，工程作业所在地税务机关不得核定征收个人所得税。

政策归纳：

根据国家税务总局关于《建筑安装业跨省异地工程作业人员个人所得税征收管理问题的公告》（国家税务总局公告2015年第52号）相关规定。

九、承接建筑业务后，给集团内其他企业施工，是否属于"挂靠"？

建筑企业与发包方签订建筑合同后，以内部授权或者三方协议等方式，授权集团内其他纳税人（以下称"第三方"）为发包方提供建筑服务，并由第三方直接与发包方结算工程款的，由第三方缴纳增值税并向发包方开具增值税发票，与发包方签订建筑合同的建筑企业不缴纳增值税。发包方可凭实际提供建筑服务的纳税人开具的增值税专用发票抵扣进项税额。

政策归纳：

根据国家税务总局《关于进一步明确"营改增"有关征管问题的公告》（国家税务总局公告 2017 年第 11 号）相关规定。

十、销售自产货物，同时建筑、安装服务，是否属于混合销售？

纳税人销售活动板房、机器设备、钢结构件等自产货物的同时提供建筑、安装服务，不属于混合销售，应分别核算货物和建筑服务的销售额，分别适用不同的税率或者征收率。

政策归纳：

根据国家税务总局《关于进一步明确"营改增"有关征管问题的公告》（国家税务总局公告 2017 年第 11 号）相关规定。

十一、电梯销售企业，销售电梯的同时提供安装服务，如何纳税？

一般纳税人销售电梯的同时提供安装服务，其安装服务可以按照甲供工程选择适用简易计税方法计税。

政策归纳：

根据国家税务总局《关于进一步明确"营改增"有关征管问题的公告》（国家税务总局公告 2017 年第 11 号）相关规定。

十二、建筑服务选择简易计税方法时，是否需要纳税备案？

1. 增值税一般纳税人提供建筑服务，按规定适用或选择适用简易计税方法计税的，实行一次备案制。

2. 纳税人应在按简易计税方法首次办理纳税申报前，向机构所在地主管国税机关办理备案手续。

3. 纳税人备案后提供其他适用或选择适用简易计税方法的建筑服务，不再备案。纳税人应按照备案规定的资料范围，完整保留其他适用或选择适用简易计税方法建筑服务的资料备查，否则该建筑服务不得适用简易计税方法计税。

4. 纳税人跨县（市）提供建筑服务适用或选择适用简易计税方法计税的，应按上述规定向机构所在地主管国税机关备案，建筑服务发生地主管国税机关无须备案。

政策归纳：

根据国家税务总局《关于简化建筑服务增值税简易计税方法备案事项的公告》（国家税务总局公告 2017 年第 43 号）相关规定。

十三、施工现场建设的临建房屋，进项税额是否需要分 2 年抵扣？

房地产开发企业自行开发的房地产项目，融资租入的不动产，以及在施工现场修建的临时建筑物、构筑物，其进项税额不适用分 2 年抵扣的规定。

政策归纳：

根据国家税务总局关于发布《不动产进项税额分期抵扣暂行办法》的公告国家税务总局公告 2016 年第 15 号文相关规定。

十四、支付施工现场的民工工资，到底是"劳务"还是"工资"？

企业因雇用季节工、临时工、实习生、返聘离退休人员以及接受外部劳务派遣用工所实际发生的费用，应区分为工资薪金支出和职工福利费支出，并按《企业所得税法》规定在企业所得税前扣除。其中属于工资薪金支出的，准予计入企业工资薪金总额的基数，作为计算其他各项相关费用扣除的依据。

工资薪金与劳务报酬两者如何区分？

1. 工资、薪金所得是属于非独立个人劳务活动，即在机关、团体、学校、部队、企事业单位及其他组织中任职、受雇而得到的报酬。

2. 劳务报酬所得是个人独立从事各种技艺、提供各项劳务取得的报酬。

3. 工资薪金与劳务报酬两者的主要区别在于，前者存在雇佣与被雇佣关系，后者则不存在这种关系。

因此，如果民工与企业有雇佣关系，很显然就属于工资薪金，否则就属于劳务报酬。

政策归纳：

根据国家税务总局《关于企业所得税应纳税所得额若干税务处理问题的公告》（国家税务总局公告 2012 年第 15 号）相关规定。

十五、我公司将施工设备对外出租如何纳税？

纳税人将建筑施工设备出租给他人使用并配备操作人员的，按照"建筑服务"缴纳增值税，税率为 10%。

纳税人只将建筑施工设备出租给他人使用，不配备操作人员的，属于"有形动产租赁服务"，税率为 13%。

注：自 2019 年 4 月 1 日起建筑服务税率调整为 9%，有形动产租赁服务税率调整为 13%。

政策归纳：

1. 根据财政部 国家税务总局《关于明确金融房地产开发教育辅助服务等增值税政策的通知》（财税〔2016〕140 号）相关规定。

2. 根据财政部 国家税务总局《关于全面推开营业税改征增值税试点的通知》（财税〔2016〕36 号）相关规定。

3. 根据财政部 税务总局《关于调整增值税税率的通知》（财税〔2018〕32 号）相关规定。

十六、建筑企业哪些情况可以自行开具增值税专用发票？

1. 建筑业增值税一般纳税人，提供建筑服务、销售货物或发生其他增值税应税行为，需要开具增值税专用发票的，通过增值税发票管理新系统自行开具。

2. 建筑业小规模纳税人，月销售额超过 3 万元（或季销售额超过 9 万元）的，提供建筑服务、销售货物或发生其他增值税应税行为，需要开具增值税专用发票的，通过增值税发票管理新系统自行开具。

3. 建筑业小规模纳税人，销售其取得的不动产，需要开具增值税专用发票的，须向地税机关申请代开，不得自行开具。

政策归纳：

根据国家税务总局《关于进一步明确"营改增"有关征管问题的公告》（国家税务总局公告 2017 年第 11 号）相关规定。

十七、建筑服务企业在开具建筑服务发票时，有何特殊规定？

提供建筑服务，纳税人自行开具或者税务机关代开增值税发票时，应在发票的备注栏注明建筑服务发生地县（市、区）名称及项目名称。

政策归纳：

根据国家税务总局《关于全面推开营业税改征增值税试点有关税收征收管理事项的公告》（国家税务总局公告 2016 年第 23 号）相关规定。

十八、园林绿化工程采购的苗木花卉，能否抵扣进项税额？

1. 纳税人购进农产品，取得一般纳税人开具的增值税专用发票或海关进口增值税专用缴款书的，以增值税专用发票或海关进口增值税专用缴款书上注明的增值税额为进项税额。

2. 按照简易计税方法依照 3% 征收率计算缴纳增值税的小规模纳税人取得增值税专用发票的，以增值税专用发票上注明的金额和 9% 的扣除率计算进项税额。

3. 取得（开具）农产品销售发票或收购发票的，以农产品销售发票或收购发票上注明的农产品买价和 10% 的扣除率计算进项税额。

注：原适用 11% 扣除率的，自 2019 年 1 月 1 日起，扣除率调整为 9%。

政策归纳：

1. 根据财政部 国家税务总局《关于简并增值税税率有关政策的通知》（财税〔2017〕37 号）相关规定。

2. 根据财政部 税务总局《关于调整增值税税率的通知》（财税〔2018〕32 号）相关规定。

十九、施工项目在境外，是否可以享受增值税免税？

工程项目在境外的建筑服务，免征增值税。

政策归纳：

1. 根据财政部 国家税务总局《关于全面推开营业税改征增值税试点的通知》（财税〔2016〕36 号）相关规定。

2. 根据国家税务总局关于发布《营业税改征增值税跨境应税行为增值税免税管理办法（试行）》的公告（国家税务总局公告 2016 年第 29 号）。

二十、建筑服务增值税纳税义务发生时间如何确认？

纳税人发生应税行为并收讫销售款项或者取得索取销售款项凭据的当天；先开具发票的，为开具发票的当天。

收讫销售款项，是指纳税人销售服务、无形资产、不动产过程中或者完成后收到款项。

取得索取销售款项凭据的当天，是指书面合同确定的付款日期；未签订书面合同或者书面合同未确定付款日期的，为服务、无形资产转让完成的当天或者不动产权属变更的当天。

纳税人提供建筑服务，被工程发包方从应支付的工程款中扣押的质押金、保证金，未开具发票的,以纳税人实际收到质押金、保证金的当天为纳税义务发生时间。

政策归纳:

1. 根据财政部 国家税务总局《关于全面推开营业税改征增值税试点的通知》(财税〔2016〕36号)相关规定。

2. 根据财政部 税务总局《关于建筑服务等"营改增"试点政策的通知》(财税〔2017〕58号)相关规定。

3. 根据《关于在境外提供建筑服务等有关问题的公告》(国家税务总局公告2016年第69号)相关规定。

二十一、建筑服务一般纳税人对老项目已选择按简易计税方法缴纳增值税,未满36个月的,能否变更为一般计税方法计税?

一般纳税人发生财政部和国家税务总局规定的特定应税行为,可以选择适用简易计税方法计税,但一经选择,36个月内不得变更。因此,建筑服务一般纳税人对老项目已选择按简易计税方法缴纳增值税,未满36个月的,不能变更为一般计税方法计税。

政策归纳:

根据财政部 国家税务总局《关于全面推开营业税改征增值税试点的通知》(财税〔2016〕36号)相关规定。

二十二、纳税人提供建筑服务,总公司为所属分公司的建筑项目购买货物、服务支付货款或银行承兑,造成购进货物的实际付款单位与取得增值税专用发票上注明的购货单位名称不一致的,能否抵扣增值税进项税额?

根据有关规定,对分公司购买货物从供应商取得的增值税专用发票,由总公司统一支付货款,造成购进货物的实际付款单位与发票上注明的购货单位名称不一致的,不属于《国家税务总局关于加强增值税征收管理若干问题的通知》(国税发〔1995〕192号)第一条第(三)款有关规定的情形,允许抵扣增值税进项税额。

因此,分公司购买货物从供应商取得的增值税专用发票,由总公司统一支付货款,造成购进货物的实际付款单位与发票上注明的购货单位名称不一致的,允许抵扣增值税进项税额。

政策归纳:

根据国家税务总局《关于诺基亚公司实行统一结算方式增值税进项税额抵扣问题的批复》(国税函〔2006〕1211号)的相关规定。

二十三、建筑企业跨地区提供建筑服务,异地预缴城建税税率和本地不同,应如何处理?

1. 纳税人跨地区提供建筑服务以预缴增值税所在地的城市维护建设税适用税率和教育费附加征收率就地计算缴纳城市维护建设税和教育费附加。

2. 预缴增值税的纳税人在其机构所在地申报缴纳增值税时,以其实际缴纳的增值税税额为计税依据,并按机构所在地的城市维护建设税适用税率和教育费附加征收率就地计算缴纳城市维护建设税和教育费附加。

政策归纳:

根据财政部 国家税务总局《关于纳税人异地预缴增值税有关城市维护建设税和教育费

附加政策问题的通知》（财税〔2016〕74 号）相关规定。

二十四、4 月 1 日后税率下降了，纳税义务时间如何确定？发票怎么开？

纳税义务时间在 2019 年 4 月 1 日之前的，应该按照原税率计算缴纳增值税并开具发票；否则，按照新税率计算缴纳增值税并开具发票。

纳税义务发生时间可以分以下几种种情形：

1. 提供建筑服务，收到工程进度款时，为收到工程进度款的当天发生增值税纳税义务。比如，建设单位 A 与 B 施工企业签订工程承包合同，工程已开工，2019 年 3 月 28 日，建设单位 A 批复 4 月工程进度款 900 万元，依据合同约定 90% 的付款比例，3 月 30 日支付 B 企业工程款 810 万元，B 企业向建设单位 A 开具发票 810 万元。则 B 企业于 2019 年 3 月 30 日发生纳税义务，金额为 810 万元。

2. 提供建筑服务，甲乙双方在书面合同中约定付款日期的，为书面合同确定的付款日期当天发生增值税纳税义务。比如，建设单位 A 与 B 施工企业签订工程承包合同，书面合同约定 2019 年 3 月 25 日支付 300 万元工程款，则无论是否能收到工程款，B 企业 3 月 25 日都产生纳税义务，金额为 300 万元。

当然，实际工作中，更多的是在合同中约定计量方式和时间。比如，建设单位 A 与 B 施工企业签订工程承包合同，书面合同约定工程款按月度计量，每月计量单签发之后的 10 日内按照 80% 的比例支付工程款。2019 年 3 月 30 日签发的 3 月计量单显示，B 企业 3 月完成工程量 3000 万元，4 月 8 日建设单位 A 公司向 B 企业支付进度款 2400 万元，同日 B 企业向建设单位 A 开具发票。则 B 企业于 2019 年 4 月 8 日发生纳税义务，金额为 2400 万元。如果 10 日内没有收到工程款，应该按照约定的时间确认纳税义务，即 4 月 10 日产生纳税义务，金额 2400 万元。

3. 未签订书面合同或者书面合同未确定付款日期的，为建筑工程项目竣工验收的当天发生增值税纳税义务。比如，2018 年 7 月 15 日，建设单位 A 与 B 施工企业签订工程承包合同，合同约定，施工期间工程款先由 B 企业垫付，未标明具体付款日期，2019 年 4 月 15 日，工程竣工验收。施工期间，建设单位 A 未支付款项，B 企业垫付资金 1000 万元，未向建设单位开具发票。则 B 企业于 2019 年 4 月 15 日发生纳税义务，金额为 1000 万元。

4. 先开具发票的，为开具发票的当天发生增值税纳税义务。比如，建设单位 A 与 B 施工企业签订工程承包合同，在没有办理任何结算手续情况下，要求 B 企业开具增值税发票。B 企业于 2019 年 3 月 28 日开具发票 300 万元。此种情况，B 企业于 2019 年 3 月 28 日发生纳税义务，金额为 300 万元。

政策归纳：

1. 根据财政部 国家税务总局《关于全面推开营业税改征增值税试点的通知》（财税〔2016〕36 号）相关规定。

2. 根据财政部 税务总局《关于建筑服务等"营改增"试点政策的通知》（财税〔2017〕58 号）相关规定。

3. 根据财政部 税务总局《关于调整增值税税率的通知》（财税〔2018〕32 号）相关规定。

二十五、5月1日后，一般纳税人转为小规模纳税人，如何计税？如何开专票？

1. 一般纳税人转为小规模纳税人前后计税方法如何衔接

国家税务总局公告2018年第18号公告第三条规定，纳税人转登记后，自转登记下期起（按季申报纳税人自下一季度开始；按月申报纳税人自下月开始），按照小规模纳税人适用简易计税方法计税；转登记当期，仍按照一般纳税人的有关规定计税。

【案例】符合国家税务总局公告2018年第18号规定条件的一般纳税人，于2018年10月15日申请转为小规模纳税人，则2018年10月仍按照一般纳税人的有关规定计税，2018年11月（含）起，按照小规模纳税人适用简易计税方法计税。

2. 一般纳税人转为小规模纳税人后如何开具专票？

国家税务总局公告2018年第18号公告第六条规定，纳税人在转登记后可以使用现有税控设备继续开具增值税发票。转登记纳税人除了可以开具增值税普通发票外，在转登记日前已做增值税专用发票票种核定的，还可以继续通过增值税发票管理系统自行开具增值税专用发票。

政策归纳：

根据财政部 税务总局《关于统一增值税小规模纳税人标准的通知》（财税〔2018〕33号）相关规定。

第二篇

房地产企业增值税业务操作实务

第五章 房地产增值税

第一节 增值税基本政策

一、纳税人

在中华人民共和国境内销售货物或者加工、修理修配劳务（以下简称劳务），销售服务、无形资产、不动产以及进口货物的单位和个人，为增值税的纳税人。

（一）纳税人的确定

在中华人民共和国境内销售服务、无形资产或不动产的单位和个人，为增值税纳税人。

单位，是指企业、行政单位、事业单位、军事单位、社会团体及其他单位。个人，是指个体工商户和其他个人。

（二）扣缴义务人的确定

单位以承包、承租、挂靠方式经营的，承包人、承租人、挂靠人（以下统称承包人）以发包人、出租人、被挂靠人（以下统称发包人）名义对外经营并由发包人承担相关法律责任的，以该发包人为纳税人。否则，以承包人为纳税人。

境外单位或者个人在境内发生应税行为，在境内未设有经营机构的，以购买方为增值税扣缴义务人，财政部和国家税务总局另有规定的除外。

（三）纳税人的分类

增值税纳税人分为一般纳税人和小规模纳税人。纳税人应税行为的年应征增值税销售额超过财政部和国家税务总局规定标准的，应当向主管税务机关办理一般纳税人资格登记。年应税销售额超过规定标准的其他个人不属于一般纳税人。年应税销售额超过规定标准但不经常发生应税行为的单位和个体工商户可选择按照小规模纳税人纳税。除国家税务总局另有规定外，一经登记为一般纳税人后，不得转为小规模纳税人。

根据《财政部 税务总局关于统一增值税小规模纳税人标准的通知》（财税〔2018〕33号）的规定，从2018年5月1日起，增值税小规模纳税人标准为年应征增值税销售额500万元及以下。按照《中华人民共和国增值税暂行条例实施细则》第二十八条规定已登记为增值税一般纳税人的单位和个人，在2018年12月31日前，可转登记为小规模纳税人，其未抵扣的进项税额做转出处理。

二、征税范围

（一）房地产企业销售自行开发的房地产项目

自行开发，是指在依法取得土地使用权的土地上进行基础设施和房屋建设。

房地产项目，是指对属于《销售服务、无形资产、不动产注释》中不动产范围内的所有建筑物、构筑物等进行投资开发建设的项目。

建筑物，包括住宅、商业营业用房、办公楼等可供居住、工作或者进行其他活动的建造物。

构筑物，包括道路、桥梁、隧道、水坝等建造物。

转让建筑物有限产权或者永久使用权的，转让在建的建筑物或者构筑物所有权的，以及在转让建筑物或者构筑物时一并转让其所占土地的使用权的，按照销售不动产缴纳增值税。

（二）房地产开发企业以接盘等形式购入未完工的房地产项目继续开发后，以自己的名义立项销售的，属于销售自行开发的房地产项目。

（三）不征收增值税项目

1. 房地产主管部门或者其指定机构、公积金管理中心、开发企业以及物业管理单位代收的住宅专项维修资金。

2. 在资产重组过程中，通过合并、分立、出售、置换等方式，将全部或者部分实物资产以及与其相关联的债权、负债和劳动力一并转让给其他单位和个人，其中涉及的不动产、土地使用权转让行为。

三、税率和征收率

根据《财政部 税务总局关于调整增值税税率的通知》（财税〔2018〕32号）的规定，自2018年5月1日起，增值率税率调整如下：

（一）纳税人发生增值税应税销售行为或者进口货物，原适用17%和11%税率的，税率分别调整为16%、10%。

（二）纳税人购进农产品，原适用11%扣除率的，扣除率调整为10%。

（三）纳税人购进用于生产销售或委托加工16%税率货物的农产品，按照12%的扣除率计算进项税额。

（四）原适用17%税率且出口退税率为17%的出口货物，出口退税率调整至16%。原适用11%税率且出口退税率为11%的出口货物、跨境应税行为，出口退税率调整至10%。

（五）外贸企业2018年7月31日前出口的第四条所涉货物、销售的第四条所涉跨境应税行为，购进时已按调整前税率征收增值税的，执行调整前的出口退税率；购进时已按调整后税率征收增值税的，执行调整后的出口退税率。生产企业2018年7月31日前出口的第四条所涉货物、销售的第四条所涉跨境应税行为，执行调整前的出口退税率。

调整出口货物退税率的执行时间及出口货物的时间，以出口货物报关单上注明的出口日期为准，调整跨境应税行为退税率的执行时间及销售跨境应税行为的时间，以出口发票的开具日期为准。

（六）本通知自2018年5月1日起执行。此前有关规定与本通知规定的增值税税率、扣除率、出口退税率不一致的，以本通知为准。

1. 房地产开发企业销售自行开发的房地产项目适用一般计税方法的，适用10%的增值税税率，其中房地产开发企业中的一般纳税人销售自行开发的房地产老项目，可以选择简易计税方法，适用5%征收率。

2. 房地产开发企业中的小规模纳税人，销售自行开发的房地产项目，按照5%的征收率计税。

3. 关于围填海开发房地产项目适用简易计税。房地产开发企业中的一般纳税人以围填海方式取得土地并开发的房地产项目，围填海工程《建筑工程施工许可证》或建筑工程承包合同注明的围填海开工日期在 2016 年 4 月 30 日前的，属于房地产老项目，可以选择适用简易计税方法按照 5% 的征收率计算缴纳增值税。

根据《财政部 税务总局 海关总署关于深化增值税改革有关政策的公告》（财政部 税务总局 海关总署公告 2019 年第 39 号）的规定，自 2019 年 4 月 1 日起，增值率税率调整如下：

"一、增值税一般纳税人（以下称纳税人）发生增值税应税销售行为或者进口货物，原适用 16% 税率的，税率调整为 13%；原适用 10% 税率的，税率调整为 9%。

二、纳税人购进农产品，原适用 10% 扣除率的，扣除率调整为 9%。纳税人购进用于生产或者委托加工 13% 税率货物的农产品，按照 10% 的扣除率计算进项税额。

三、原适用 16% 税率且出口退税率为 16% 的出口货物劳务，出口退税率调整为 13%；原适用 10% 税率且出口退税率为 10% 的出口货物、跨境应税行为，出口退税率调整为 9%。

2019 年 6 月 30 日前（含 2019 年 4 月 1 日前），纳税人出口前款所涉货物劳务、发生前款所涉跨境应税行为，适用增值税免抵退税办法的，购进时已按调整前税率征收增值税的，执行调整前的出口退税率，购进时已按调整后税率征收增值税的，执行调整后的出口退税率；适用增值税免抵退税办法的，执行调整前的出口退税率，在计算免抵退税时，适用税率低于出口退税率的，适用税率与出口退税率之差视为零参与免抵退税计算。

出口退税率的执行时间及出口货物劳务、发生跨境应税行为的时间，按照以下规定执行：报关出口的货物劳务（保税区及经保税区出口除外），以海关出口报关单上注明的出口日期为准；非报关出口的货物劳务、跨境应税行为，以出口发票或普通发票的开具时间为准；保税区及经保税区出口的货物，以货物离境时海关出具的出境货物备案清单上注明的出口日期为准。

四、适用 13% 税率的境外旅客购物离境退税物品，退税率为 11%；适用 9% 税率的境外旅客购物离境退税物品，退税率为 8%。

2019 年 6 月 30 日前，按调整前税率征收增值税的，执行调整前的退税率；按调整后税率征收增值税的，执行调整后的退税率。

退税率的执行时间，以退税物品增值税普通发票的开具日期为准。

五、自 2019 年 4 月 1 日起，《营业税改征增值税试点有关事项的规定》（财税〔2016〕36 号印发）第一条第（四）项第 1 点、第二条第（一）项第 1 点停止执行，纳税人取得不动产或者不动产在建工程的进项税额不再分 2 年抵扣。此前按照上述规定尚未抵扣完毕的待抵扣进项税额，可自 2019 年 4 月税款所属期起从销项税额中抵扣。

六、纳税人购进国内旅客运输服务，其进项税额允许从销项税额中抵扣。

（一）纳税人未取得增值税专用发票的，暂按照以下规定确定进项税额：

1. 取得增值税电子普通发票的，为发票上注明的税额；

2. 取得注明旅客身份信息的航空运输电子客票行程单的，为按照下列公式计算进项税额：

航空旅客运输进项税额 =（票价 + 燃油附加费）÷（1 + 9%）× 9%

3. 取得注明旅客身份信息的铁路车票的，为按照下列公式计算的进项税额：

铁路旅客运输进项税额 = 票面金额 ÷（1 + 9%）× 9%

4. 取得注明旅客身份信息的公路、水路等其他客票的，按照下列公式计算进项税额：

公路、水路等其他旅客运输进项税额 = 票面金额 ÷（1 + 3%）× 3%

七、自 2019 年 4 月 1 日至 2021 年 12 月 31 日，允许生产、生活性服务业纳税人按照当期可抵扣进项税额加计10%，抵减应纳税额（以下称加计抵减政策）。

（一）本公告所称生产、生活性服务业纳税人，是指提供邮政服务、电信服务、现代服务、生活服务（以下称四项服务）取得的销售额占全部销售额的比重超过50%的纳税人。四项服务的具体范围按照《销售服务、无形资产、不动产注释》（财税〔2016〕36号）执行。

2019年3月31日前设立的纳税人，自2018年4月至2019年3月期间的销售额（经营期不满12个月的，按照实际经营期的销售额）符合上述规定条件的，自2019年4月1日起适用加计抵减政策。

2019年4月1日后设立的纳税人，自设立之日起3个月的销售额符合上述规定条件的，自登记为一般纳税人之日起适用加计抵减政策。

纳税人确定适用加计抵减政策后，当年内不再调整，以后年度是否适用，根据上年度销售额计算确定。

纳税人可计提但未计提的加计抵减额，可在确定适用加计抵减政策当期一并计提。

（二）纳税人应按照当期可抵扣进项税额的10%计提当期加计抵减额。按照现行规定不得从销项税额中抵扣的进项税额，不得计提加计抵减额；已计提加计抵减额的进项税额，按规定作进项税额转出的，应在进项税额转出当期，相应调减加计抵减额。计算公式如下：

当期计提加计抵减额 = 当期可抵扣进项税额 × 10%
当期可抵减加计抵减额 = 上期末加计抵减额余额 + 当期计提加计抵减额 − 当期调减加计抵减额

（三）纳税人应按照现行规定计算一般计税方法下的应纳税额（以下称抵减前的应纳税额）后，区分以下情形加计抵减：

1. 抵减前的应纳税额等于零的，当期可抵减加计抵减额全部结转下期抵减；
2. 抵减前的应纳税额大于零，且大于当期可抵减加计抵减额的，当期可抵减加计抵减额全额从抵减前的应纳税额中抵减；
3. 抵减前的应纳税额大于零，且小于或等于当期可抵减加计抵减额的，以当期可抵减加计抵减额抵减应纳税额至零。未抵减完的当期可抵减加计抵减额，结转下期继续抵减。

（四）纳税人出口货物劳务、发生跨境应税行为不适用加计抵减政策，其对应的进项税额不得计提加计抵减额。

纳税人兼营出口货物劳务、发生跨境应税行为且无法划分不得计提加计抵减额的进项税额，按照以下公式计算：

不得计提加计抵减额的进项税额 = 当期无法划分的全部进项税额 × 当期出口货物劳务和发生跨境应税行为的销售额 ÷ 当期全部销售额

（五）纳税人应单独核算加计抵减额的计提、抵减、调减、结余等变动情况。骗取适用加计抵减政策或虚增加计抵减额的，按照《中华人民共和国税收征收管理法》等有关规定处理。

（六）加计抵减政策执行到期后，纳税人不再计提加计抵减额，结余的加计抵减额停止抵减。"

四、计税方法

（一）一般计税方法的应纳税额

一般纳税人发生应税行为适用一般计税方法计税。

1. 一般计税方法的应纳税额，是指当期销项税额抵扣当期进项税额后的余额。应纳税额计算公式：

应纳税额 = 当期销项税额 − 当期进项税额

当期销项税额小于当期进项税额不足抵扣时，其不足部分可以结转下期继续抵扣。

2. 一般计税方法的销售额不包括销项税额，纳税人采用销售额和销项税额合并定价方法的，按照下列公式计算销售额：

销售额 = 含税销售额 ÷ （1 + 税率）

（二）简易计税方法的应纳税额

一般纳税人发生财政部和国家税务总局规定的特定应税行为，可以选择适用简易计税方法计税，但一经选择，36 个月内不得变更。小规模纳税人发生应税行为适用简易计税方法计税。

1. 简易计税方法的应纳税额，是指按照销售额和增值税征收率计算的增值税额，不得抵扣进项税额。应纳税额计算公式：

应纳税额 = 销售额 × 征收率

2. 简易计税方法的销售额不包括其应纳税额，纳税人采用销售额和应纳税额合并定价方法的，按照下列公式计算销售额：

销售额 = 含税销售额 ÷ （1 + 征收率）

（三）销售额的基本规定

销售额为纳税人发生应税行为所取得的全部价款和价外费用。财政部和国家税务总局另有规定的除外。价外费用，是指价外收取的各种性质的收费，但不包括：代为收取并符合《营业税改征增值税试点实施办法》第 10 条规定的政府性基金或者行政事业性收费；以委托方名义开具发票代委托方收取的款项。

对于房地产开发企业而言，销售额的具体计算方法如下：

1. 房地产开发企业中的一般纳税人销售其开发的房地产项目适用一般计税方法的，以取得的全部价款和价外费用，扣除受让土地时向政府部门支付的土地价款后的余额为销售额。

销售额 = （全部价款和价外费用 − 当期允许扣除的土地价款）÷ （1 + 9%）

当期允许扣除的土地价款 = （当期销售房地产项目建筑面积 ÷ 房地产项目可供销售建筑面积）× 支付的土地价款

相关注释：

"当期销售房地产项目建筑面积"，是指当期进行纳税申报的增值税销售额对应的建筑面积。

"房地产项目可供销售建筑面积"，是指房地产项目可以出售的总建筑面积，不包括销售房地产项目时未单独作价结算的配套公共设施的建筑面积。

"当期销售房地产项目建筑面积""房地产项目可供销售建筑面积"，均是指计容积率地上建筑面积，不包括地下车位建筑面积。

"支付的土地价款"，是指向政府、土地管理部门或受政府委托收取土地价款的单位直接支付的土地价款，同时也包括土地受让人向政府部门支付的征地和拆迁补偿费用、土地前期开发费用和土地出让收益等。房地产开发企业中的一般纳税人销售其开发的房地产项目（选择简易计税方法的房地产老项目除外），在取得土地时向其他单位或个人支付的拆迁补偿费用也允许在计算销售额时扣除。

注意事项：

（1）在计算销售额时从全部价款和价外费用中扣除土地价款，应当取得省级以上（含省级）财政部门监（印）制的财政票据。否则，不得扣除。

纳税人按上述规定扣除拆迁补偿费用时，应提供拆迁协议、拆迁双方支付和取得拆迁补偿费用凭证等能够证明拆迁补偿费用真实性的材料。

（2）应建立台账登记土地价款的扣除情况，扣除的土地价款不得超过纳税人实际支付的土地价款。

（3）房地产开发企业（包括多个房地产开发企业组成的联合体）受让土地向政府部门支付土地价款后，设立项目公司对该受让土地进行开发，同时符合下列条件的，可由项目公司按规定扣除房地产开发企业向政府部门支付的土地价款。一是房地产开发企业、项目公司、政府部门三方签订变更协议或补充合同，将土地受让人变更为项目公司；二是政府部门出让土地的用途、规划等条件不变的情况下，签署变更协议或补充合同时，土地价款总额不变；三是项目公司的全部股权由受让土地的房地产开发企业持有。

2. 房地产开发企业中的一般纳税人销售自行开发的房地产老项目，可以选择适用简易计税方法按照5%的征收率计税。一经选择简易计税方法计税的，36个月内不得变更为一般计税方法计税。

房地产老项目，是指：（1）《建筑工程施工许可证》注明的合同开工日期在2016年4月30日前的房地产项目；（2）《建筑工程施工许可证》未注明合同开工日期或者未取得《建筑工程施工许可证》但建筑工程承包合同注明的开工日期在2016年4月30日前的建筑工程项目。

一般纳税人销售自行开发的房地产老项目适用简易计税方法计税的，以取得的全部价款和价外费用为销售额，不得扣除对应的土地价款。

3. 房地产开发企业中的小规模纳税人销售自行开发的房地产项目，适用简易计税方法按照5%的征收率计税，以取得的全部价款和价外费用为销售额，不得扣除对应的土地价款。

（四）进项税额

一般纳税人销售自行开发的房地产项目，兼有一般计税方法计税、简易计税方法计税、免征增值税的房地产项目而无法划分不得抵扣的进项税额的，应以《建筑工程施工许可证》注明的"建设规模"为依据进行划分。

不得抵扣的进项税额＝当期无法划分的全部进项税额×（简易计税、免税房地产项目建设规模÷房地产项目总建设规模）

五、纳税义务发生时间

纳税人发生应税行为并收讫销售款项或者取得索取销售款项凭据的当天；先开具发票的，为开具发票的当天。

收讫销售款项，是指纳税人销售服务、无形资产、不动产过程中或者完成后收到款项。

取得索取销售款项凭据的当天，是指书面合同确定的付款日期；未签订书面合同或者书面合同未确定付款日期的，为服务、无形资产转让完成的当天或者不动产权属变更的当天。

六、预缴税款

（一）一般纳税人

1. 预收款预缴。采取预收款方式销售自行开发的房地产项目，应在收到预收款时按照

3%的预征率预缴增值税。应预缴税款按照以下公式计算：

应预缴税款 = 预收款 ÷（1 + 适用税率或征收率）× 3%

适用一般计税方法计税的，按照10%的适用税率计算；适用简易计税方法计税的，按照5%的征收率计算。

一般纳税人应在取得预收款的次月纳税申报期向主管国税机关预缴税款。预缴税款时，应填报《增值税预缴税款表》。

2. 异地不动产预缴。一般纳税人销售房地产老项目适用一般计税方法计税的，应以取得的全部价款和价外费用，按照3%的预征率在不动产所在地预缴税款后，向机构所在地主管税务机关进行纳税申报。

（二）小规模纳税人

采取预收款方式销售自行开发的房地产项目，应在收到预收款时按照3%的预征率预缴增值税。应预缴税款按照以下公式计算：

应预缴税款 = 预收款 ÷（1 + 5%）× 3%

小规模纳税人应在取得预收款的次月纳税申报期或主管国税机关核定的纳税期限向主管国税机关预缴税款。预缴税款时，应填报《增值税预缴税款表》。

七、发票开具

（一）销售不动产，纳税人自行开具或者税务机关代开增值税发票时，应在发票"货物或应税劳务、服务名称"栏填写不动产名称及房屋产权证书号码（无房屋产权证书的可不填写），"单位"栏填写面积单位，备注栏注明不动产的详细地址。

1. 一般纳税人。一般纳税人销售自行开发的房地产项目，自行开具增值税发票。一般纳税人销售自行开发的房地产项目，其2016年4月30日前收取并已向主管地税机关申报缴纳营业税的预收款，未开具营业税发票的，可以开具增值税普通发票，不得开具增值税专用发票。应使用《商品和服务税收分类与编码》中的603"已申报缴纳营业税未开票补开票"开具发票，发票税率栏应填写"不征税"。

一般纳税人向其他个人销售自行开发的房地产项目，不得开具增值税专用发票。

2. 小规模纳税人。小规模纳税人销售自行开发的房地产项目，自行开具增值税普通发票。购买方需要增值税专用发票的，小规模纳税人向主管国税机关申请代开。

小规模纳税人销售自行开发的房地产项目，其2016年4月30日前收取并已向主管地税机关申报缴纳营业税的预收款，未开具营业税发票的，可以开具增值税普通发票，不得申请代开增值税专用发票。应使用《商品和服务税收分类与编码》中的603"已申报缴纳营业税未开票补开票"开具，发票税率栏应填写"不征税"。

小规模纳税人向其他个人销售自行开发的房地产项目，不得申请代开增值税专用发票。

（二）房地产开发企业收到预收款时，应向付款方开具《商品和服务税收分类与编码》602"销售自行开发的房地产项目预收款"的不征税增值税发票。发票税率栏应填写"不征税"，不得开具增值税专用发票。

八、纳税申报

（一）一般纳税人

一般纳税人销售自行开发的房地产项目的，应按照纳税义务发生时间，以当期销售额和

10%的适用税率（适用一般计税方法计税）或5%的征收率（老项目选择简易计税方法计税）计算当期应纳税额，抵减已预缴税款后，向主管国税机关申报纳税。未抵减完的预缴税款可以结转下期继续抵减。

以预缴税款抵减应纳税额，应以完税凭证作为合法有效凭证。

（二）小规模纳税人

小规模纳税人销售自行开发的房地产项目，应按照纳税义务发生时间，以当期销售额和5%的征收率计算当期应纳税额，抵减已预缴税款后，向主管国税机关申报纳税。未抵减完的预缴税款可以结转下期继续抵减。

以预缴税款抵减应纳税额，应以完税凭证作为合法有效凭证。

九、其他事项

（一）房地产开发企业销售自行开发的房地产项目，在纳入"营改增"试点之日前已缴纳营业税，"营改增"试点后因发生退款减除营业额的，应当向原主管地税机关申请退还已缴纳的营业税。

（二）房地产开发企业在纳入"营改增"试点之日前发生的应税行为，因税收检查等原因需要补缴税款的，应按照营业税政策规定补缴营业税。

第二节 进项抵扣相关规定

一、进项税额

进项税额，是指纳税人购进货物、加工修理修配劳务、服务、无形资产或者不动产，支付或者负担的增值税额。

纳税人取得的增值税扣税凭证不符合法律、行政法规或者国家税务总局有关规定的，其进项税额不得从销项税额中抵扣。

增值税扣税凭证，是指增值税专用发票、海关进口增值税专用缴款书、农产品收购发票、农产品销售发票和完税凭证。

纳税人凭完税凭证抵扣进项税额的，应当具备书面合同、付款证明和境外单位的对账单或者发票。资料不全的，其进项税额不得从销项税额中抵扣。

二、准予从销项税额中抵扣的进项税额

下列进项税额准予从销项税额中抵扣：

（一）从销售方取得的增值税专用发票（含税控机动车销售统一发票）上注明的增值税额。

（二）从海关取得的海关进口增值税专用缴款书上注明的增值税额。

（三）购进农产品，除取得增值税专用发票或者海关进口增值税专用缴款书外，按照农产品收购发票或者销售发票上注明的农产品买价和9%的扣除率计算的进项税额。计算公式为：

进项税额＝买价×扣除率

买价，是指纳税人购进农产品在农产品收购发票或者销售发票上注明的价款和按照规定

缴纳的烟叶税。

购进农产品，按照《农产品增值税进项税额核定扣除试点实施办法》抵扣进项税额的除外。

（四）从境外单位或者个人购进服务、无形资产或者不动产，自税务机关或者扣缴义务人取得的解缴税款的完税凭证上注明的增值税额。

三、不得从销项税额中抵扣的进项税额

（一）用于简易计税方法计税项目、免征增值税项目、集体福利或者个人消费的购进货物、加工修理修配劳务、服务、无形资产和不动产。其中涉及的固定资产、无形资产、不动产，仅指专用于上述项目的固定资产、无形资产（不包括其他权益性无形资产）、不动产。纳税人的交际应酬消费属于个人消费。

（二）非正常损失的购进货物，以及相关的加工修理修配劳务和交通运输服务。

（三）非正常损失的在产品、产成品所耗用的购进货物（不包括固定资产）、加工修理修配劳务和交通运输服务。

（四）非正常损失的不动产，以及该不动产所耗用的购进货物、设计服务和建筑服务。

（五）非正常损失的不动产在建工程所耗用的购进货物、设计服务和建筑服务。

纳税人新建、改建、扩建、修缮、装饰不动产，均属于不动产在建工程。

（六）购进的旅客运输服务、贷款服务、餐饮服务、居民日常服务和娱乐服务。

（七）财政部和国家税务总局规定的其他情形。

上述第（四）项、第（五）项所称货物，是指构成不动产实体的材料和设备，包括建筑装饰材料和给排水、采暖、卫生、通风、照明、通信、煤气、消防、中央空调、电梯、电气、智能化楼宇设备及配套设施。

固定资产，是指使用期限超过 12 个月的机器、机械、运输工具以及其他与生产经营有关的设备、工具、器具等有形动产。

非正常损失，是指因管理不善造成货物被盗、丢失、霉烂变质，以及因违反法律法规造成货物或者不动产被依法没收、销毁、拆除的情形。

四、进项税额抵扣特殊规定

（一）新增不动产和在建工程

新增不动产。增值税一般纳税人 2016 年 5 月 1 日后取得并在会计制度上按固定资产核算的不动产，以及 2016 年 5 月 1 日后发生的不动产在建工程，其进项税额应按照规定分两年从销项税额中抵扣，60% 的部分于取得扣税凭证的当期从销项税额中抵扣，40% 的部分为待抵扣进项税额，于取得扣税凭证的当月起第 13 个月从销项税额中抵扣。取得的不动产，包括以直接购买、接受捐赠、接受投资入股以及抵债等各种形式取得的不动产。纳税人新建、改建、扩建、修缮、装饰不动产，属于不动产在建工程。房地产开发企业自行开发的房地产项目，融资租入的不动产，以及在施工现场修建的临时建筑物、构筑物，其进项税额不适用上述分两年抵扣的规定。

纳税人 2016 年 5 月 1 日后购进货物和设计服务、建筑服务，用于新建不动产，或者用于改建、扩建、修缮、装饰不动产并增加不动产原值超过 50% 的，其进项税额按规定分两年从销项税额中抵扣。不动产原值，是指取得不动产时的购置原价或作价。上述分两年从销

项税额中抵扣的购进货物,是指构成不动产实体的材料和设备,包括建筑装饰材料和给排水、采暖、卫生、通风、照明、通信、煤气、消防、中央空调、电梯、电气、智能化楼宇设备及配套设施。

纳税人应建立不动产和不动产在建工程台账,分别记录并归集不动产和不动产在建工程的成本、费用、扣税凭证及进项税额抵扣情况,留存备查。

(二) 进项税额特殊处理

1. 适用一般计税方法的纳税人,兼营简易计税方法计税项目、免征增值税项目而无法划分不得抵扣的进项税额,按照下列公式计算不得抵扣的进项税额:

不得抵扣的进项税额 = 当期无法划分的全部进项税额 ×(当期简易计税方法计税项目销售额 + 免征增值税项目销售额) ÷ 当期全部销售额

2. 已抵扣进项税额的购进货物(不含固定资产)、劳务、服务,发生《营业税改征增值税试点实施办法》第二十七条规定情形(简易计税方法计税项目、免征增值税项目除外)的,应当将该进项税额从当期进项税额中扣减;无法确定该进项税额的,按照当期实际成本计算应扣减的进项税额。

3. 涉及固定资产、无形资产、不动产项目的进项税额,凡专用于简易计税方法计税项目、免征增值税项目、集体福利或者个人消费项目的,该进项税额不得予以抵扣;兼用于应税项目和上述不允许抵扣项目的,该进项税额准予全部抵扣。

已抵扣进项税额的固定资产、无形资产或者不动产,按规定不允许抵扣进项的,应按照下列公式计算不得抵扣的进项税额:

不得抵扣的进项税额 =(固定资产、无形资产或者不动产净值)× 适用税率

固定资产、无形资产或者不动产净值,是指纳税人根据财务会计制度计提折旧或摊销后的余额。主要有以下几种情况:专用于简易计税方法计税项目、免征增值税项目、集体福利或者个人消费项目。

4. 纳税人适用一般计税方法计税的,因销售折让、中止或者退回而退还给购买方的增值税额,应当从当期的销项税额中扣减;因销售折让、中止或者返回而收回的增值税额,应当从当期的进项税额中扣减。

5. 增值税一般纳税人进口货物时应准确填报企业名称,确保海关缴款书上的企业名称与税务登记的企业名称一致。税务机关将进口货物取得的属于增值税抵扣范围的海关缴款书信息与海关采集的缴款信息进行稽核比对。经稽核比对相符后,海关缴款书上注明的增值税额可作为进项税额在销项税额中抵扣。稽核比对不相符,所列税额暂不得抵扣,待核查确认海关缴款书票面信息与纳税人实际进口业务一致后,海关缴款书上注明的增值税额可作为进项税额在销项税额中抵扣。

(三) 不能抵扣进项税额的特殊情形

有下列情形之一者,应当按照销售额和增值税税率计算应纳税额,不得抵扣进项税额,也不得使用增值税专用发票:(1) 一般纳税人会计核算不健全,或者不能够提供准确税务资料的。(2) 应当办理一般纳税人资格登记而未办理的。

(四) 丢失增值税专用发票、海关缴款书

一般纳税人丢失已开具专用发票的发票联和抵扣联,如果丢失前已认证相符的,购买方可凭销售方提供的相应专用发票记账联复印件及销售方主管税务机关出具的《丢失增值税专用发票已报税证明单》或《丢失货物运输业增值税专用发票已报税证明单》,作为增值税

进项税额的抵扣凭证：如果丢失前未认证的，购买方凭销售方提供的相应专用发票记账联复印件进行认证，认证相符的可凭专用发票记账联复印件及销售方主管税务机关出具的证明单，作为增值税进项税额的抵扣凭证。专用发票记账联复印件和证明单留存备查。

增值税一般纳税人丢失海关缴款书，应在规定期限内，凭报关地海关出具的相关已完税证明，向主管税务机关提出抵扣申请。主管税务机关受理申请后，应当进行审核，并将纳税人提供的海关缴款书电子数据纳入稽核系统进行比对。稽核比对无误后，方可允许计算进项税额抵扣。

（五）取得虚增进项企业开具的专用发票

纳税人通过虚增增值税进项税额偷逃税款，但对外开具增值税专用发票同时符合以下情形的，不属于对外虚开增值税专用发票：（1）纳税人向受票方纳税人销售了货物，或者提供了增值税应税劳务、应税服务；（2）纳税人向受票方纳税人收取了所销售货物、所提供应税劳务或者应税服务的款项，或者取得了索取销售款项的凭据；（3）纳税人按规定向受票方纳税人开具的增值税专用发票相关内容，与所销售货物、所提供应税劳务或者应税服务相符，且该增值税专用发票是纳税人合法取得，并以自己名义开具的。

受票方纳税人取得的符合上述情形的增值税专用发票，可以作为增值税扣税凭证抵扣进项税额。

五、进项税额抵扣时限规定

（一）基本规定

1. 增值税一般纳税人取得增值税专用发票和机动车销售统一发票，应在开具之日起360日内到税务机关办理认证。

2. 实行海关进口增值税专用缴款书"先比对后抵扣"管理办法的增值税一般纳税人取得2010年1月1日以后开具的海关缴款书，应在开具之日起360日内向主管税务机关报送《海关完税凭证抵扣清单》（包括纸质资料和电子数据）申请稽核比对。

3. 增值税一般纳税人取得增值税专用发票、机动车销售统一发票以及海关缴款书，未在规定期限内到税务机关办理认证、申报抵扣或者申请稽核比对的，不得作为合法的增值税扣税凭证，不得计算进项税额抵扣。

4. 增值税一般纳税人已认证通过的防伪税控系统开具的增值税专用发票，应在认证通过的当月按照增值税有关规定核算当期进项税额并申报抵扣，否则不予抵扣进项税额。

5. 辅导期纳税人取得的增值税专用发票抵扣联、海关进口增值税专用缴款书应当在交叉稽核比对无误后，方可抵扣进项税额。

（二）违反抵扣时限但允许继续抵扣的规定

1. 逾期未认证。对增值税一般纳税人发生真实交易但由于客观原因造成增值税扣税凭证（本条所称增值税扣税凭证，仅指增值税专用发票和海关缴款书，不包括机动车销售统一发票）逾期的，经主管税务机关审核、逐级上报，由国家税务总局认证、稽核比对后，对比对相符的，允许纳税人继续抵扣其进项税额。

客观原因包括如下类型：（1）因自然灾害、社会突发事件等不可抗力因素造成增值税扣税凭证逾期；（2）增值税扣税凭证被盗、抢，或者因邮寄丢失、误递导致逾期；（3）有关司法、行政机关在办理业务或者检查中，扣押增值税扣税凭证，纳税人不能正常履行申报义务，或者税务机关信息系统、网络故障，未能及时处理纳税人网上认证数据等导致增值扣税凭证逾期；(4) 买卖双方因经济纠纷，未能及时传递增值税扣税凭证，或者纳税人变更纳税地点，注销旧户和重新办理税务登记的时间过长，导致增值税扣税凭证逾期；(5) 由于企业办税人员伤亡、突发危重疾病或者擅自离职，未能办理交接手续，导致增值税扣税凭证逾期；(6) 国家税务总局规定的其他情形。

2. 未按期申报抵扣。增值税一般纳税人取得的增值税扣税凭证已认证或已采集上报信息但未按照规定期限申报抵扣；实行纳税辅导期管理的增值税一般纳税人以及实行海关进口增值税专用缴款书"先比对后抵扣"管理办法的增值税一般纳税人，取得的增值税扣税凭证稽核比对结果相符但未按规定期限申报抵扣，属于发生真实交易且符合规定的客观原因的，经主管税务机关审核，允许纳税人继续申报抵扣其进项税额。

客观原因包括如下类型：(1) 因自然灾害、社会突发事件等不可抗力原因造成增值税扣税凭证未按期申报抵扣；(2) 有关司法、行政机关在办理业务或者检查中，扣押、封存纳税人账簿资料，导致纳税人未能按期办理申报手续；(3) 税务机关信息系统、网络故障，导致纳税人未能及时取得认证结果通知书或稽核结果通知书，未能及时办理申报抵扣；(4) 由于企业办税人员伤亡、突发危重疾病或者擅自离职，未能办理交接手续，导致未能按期申报抵扣；(5) 国家税务总局规定的其他情形。

六、常用成本费用抵扣项目

以下所列允许抵扣的成本费用项目，仅以从一般纳税人处取得的适用一般计税或简易计税办法而开具的增值税专用发票对应的进项抵扣税率或征收率举例。从小规模纳税人处购进货物、劳务、应税服务，按照所取得的小规模纳税人从税务机关代开或自开的增值税专用发票上注明的增值税额进行抵扣。

(一) 允许抵扣项目

1. 建筑服务。房地产开发企业购进的工程、安装、修缮、装饰服务，进项抵扣税率为9%或3%。

2. 建筑工程材料。进项抵扣税率为13%。

3. 运费。运输费用进项抵扣税率为9%。

4. 差旅费中的住宿费用。差旅费一般包括出差人员发生的吃、住、行费用。其中，餐饮费属于个人消费或交际应酬费，其进项税额不得抵扣；机票、船票、车票等属于旅客服务费用，其进项税额不得抵扣；住宿费进项抵扣税率为6%。

5. 办公用品。企业购买文具纸张等办公用品，与电脑、传真机和复印机相关耗材（如墨盒、存储介质、配件、复印纸等）等发生的费用，进项抵扣税率为13%。

6. 通信费。包括各种通信工具发生的办公电话费及服务费、网络使用维护费、传真收发费等。其中基础电信服务的进项抵扣税率为9%，增值电信服务的进项抵扣税率为6%。

7. 快递费。业务往来发生的快递费用，进项抵扣税率为6%。

8. 车辆使用费用。包括车辆维修费、油料费、车辆保险费、过路费、过桥费。其中，车辆维修费进项抵扣税率为13%，油料费进项抵扣税率为13%。

过路过桥费。企业支付的道路、桥、闸通行费，暂凭取得的通行费（不含财政票据）上注明的收费金额按5%或3%征收率换算后计算抵扣进项税额。

9. 水电气暖费。其中，水费的进项抵扣税率为9%或3%，电费进项抵扣税率为13%，天然气的进项抵扣税率为9%，暖气费的进项抵扣税率为9%。水、电、气、暖费应注意将经营办公与集体福利分开，用于集体福利部分进项税额不允许抵扣。

10. 会议费。指企业举办会议而向会务服务提供方支付的会议费用，进项抵扣税率为6%。

11. 物业管理费。进项抵扣税率为6%。

12. 安保费。购买安保服务的费用进项抵扣税率为6%或5%，为加强安保而购置的摄像头、消防器材等费用、监控室日常维护开支费用进项抵扣税率为13%。

13. 书报费。包括购买的报纸、杂志等费用，进项抵扣税率为9%，上游纳税人享受免税政策的除外。

14. 咨询费，中介服务费。向各类中介机构支付的费用，如审计查账、验资审计、资产评估、高新企业认定审计、法律咨询，税务咨询、经济顾问、技术顾问等，进项抵扣税率为6%。

15. 广告宣传费。广告制作进项抵扣税率为13%，广告设计、广告发布、广告代理等进项抵扣税率为6%。

16. 劳动保护费。因工作需要发生、为本单位职工或雇员购买的、具有劳动保护性质的劳保用品，如手套、防尘口罩、防噪声耳塞等用品。进项抵扣税率为13%。

17. 勘察勘探费用。进项抵扣税率为6%。

18. 设计费。进项抵扣税率为6%。

19. 检验试验费。进项抵扣税率为6%。

20. 保险费。财产保险费进项抵扣税率为6%。为特殊工种职工支付的人身保险费，进项抵扣税率为6%。

21. 培训费。进项抵扣税率为6%。

22. 物料消耗。主要指低值易耗品的消耗，如电线、灯、清洁工具、管理用具、包装容器等，进项抵扣税率为13%。

23. 安全生产用品。包括施工生产中购买的安全防护网、安全网、钢丝绳、工具式防护栏、灭火器材、漏电保护器、防爆防火器材等，进项抵扣税率为13%。

（二）不允许抵扣项目

1. 餐饮费。

2. 业务招待费。如招待用烟、酒、茶和礼品等。

3. 旅客运输费用。如机票费、车船费等。

4. 娱乐费用。

5. 借款费用。购进的贷款服务的进项税额不得从销项税额中抵扣。接受贷款服务向贷款方支付的全部利息以及利息性质的费用以及与该笔贷款直接相关的投融资顾问费、手续费、咨询费等费用，其进项税额不得从销项税额中抵扣。

6. 用于职工福利而购进的货物服务等。如员工食堂和宿舍用的水电暖气煤气、以职工个人名义开具的通信费、为员工购买的人身保险等。

7. 职工工资、奖金、津贴、补贴、社会保险费、住房公积金、工会经费、学历教育培训、外聘人员工资等。

8. 折旧、摊销。

9. 税金。如印花税、车船使用税、房产税、土地使用税及其他税金等不得抵扣。

10. 行政事业性收费。

11. 征地拆迁费及房屋、道路、青苗补偿费。

第三节　房地产业务会计核算

一、会计核算的基本原则

增值税是价外税，在会计核算时对有关收入、支出实行"价税分离"，并尽可能在会计核算时实现进项、销项平衡匹配，实现进项应抵尽抵，确保及时准确申报纳税。"营改增"会计核算的基本原则如下：

（一）依法合规原则。应严格按照企业会计准则、"营改增"及增值税有关政策规定进行增值税涉税业务会计核算。建筑施工、房地产等企业在进行会计核算时还应符合行业规范要求；国际业务在进行会计核算时，还应符合东道国会计核算有关制度要求。

（二）价税分离原则。应按照增值税作为价外税的特点，在会计核算时对收入、支出实行"价税分离"，分别将收入、支出及对应的税金进行确认、计量和报告。

（三）进销项配比原则。在进行增值税业务会计核算时应做到进项、销项平衡匹配，实现进项税应抵尽抵，税款支出均衡。

（四）准确计量原则。应对增值税销项、进项业务进行准确计量。准确进行增值税应税收入、免税收入、不征税收入会计核算；准确进行可抵扣进项税业务、不可抵扣进项税业务以及须做进项税转出业务的会计核算。

（五）及时高效原则。要把握增值税"以票控税"的特点，做好增值税进、销项发票的传递、保管，合理安排好增值税销项发票开具后的会计核算工作，对取得的增值税进项发票及时进行报销、认证抵扣并完成相应的增值税进项税账务处理。

二、成本核算对象的确定

成本核算对象的确定原则：满足成本计算需要；便于成本费用归集；利于成本及时结算；适应成本监控要求。

各开发项目公司可根据上述原则，结合项目开发地点、规模、周期、方式、功能设计、结构类型、装修档次、施工队伍等因素和管理需要等不同项目的实际情况，参照下列条件，确定具体成本核算对象。

1. 单体开发项目，一般以每一独立编制设计概算或施工图预算所列的单项开发工程为成本核算对象。

2. 在同一开发地点、结构类型相同、开竣工时间相近、由同一施工单位施工或总包的群体开发项目，可以合并为一个成本核算对象。

3. 对于开发规模较大、工期较长的开发项目，可以结合项目特点和成本管理的需要，按开发项目的一定区域或部位或周期划分成本核算对象。

（1）成片分期（区）开发的项目，以各期（区）为成本核算对象。

（2）同一项目有住宅、写字楼、商业用房等不同功能的，在按期（区）划分成本核算对象的基础上，按功能划分成本核算对象。

（3）同一小区、同一期有高层、多层、复式等不同结构的，按产品结构类型划分成本核算对象。

(4) 对独立的设计概算或施工图预算的配套设施，依据管理需求和产权归属核算，对产权归开发企业所有的，将其作为单独的成本核算对象进行核算；对无偿交给地方政府或产权归全体业主所有的，直接在公共配套设施下核算，最终将其分摊到房屋的可售面积中。

(5) 能够对外经营销售或明确为代建物业、投资性房地产、固定资产的，应作为独立的成本核算对象进行成本核算，其他物业公配，可先作为过渡性成本对象进行归集，然后再将其相关成本随销售物业结转或摊入相关物业成本。

成本核算对象一般应在开工前确定。一旦确定，不得随意改变，以保证成本核算的一贯性和准确性。

三、会计科目设置

(一) 科目体系

1. 一般纳税人会计科目。增值税一般纳税人应在"应交税费"科目下设置12个二级科目："应交增值税""预交增值税""待认证进项税额""待转销项税额""未交增值税""待抵扣进项税额""转让金融商品应交增值税""代扣代交增值税""增值税检查调整""简易计税""待取得进项税额""待转应纳税额"。

在"应交税费——应交增值税"科目下设9个三级科目："进项税额""已交税金""销项税额""进项税额转出""转出未交增值税""转出多交增值税""减免税款""销项税额抵减""结转增值税（下级结转）"。

在"应交税费——简易计税"科目下设7个三级科目："计提应纳税额""预缴税款""扣减应纳税额""减免税款""缴纳税款""结转应纳税额（下级结转）""转出未交增值税（汇总缴纳用）"。

2. 小规模纳税人会计科目。小规模纳税人在"应交税费"科目下设置"小规模纳税人应交增值税"二级科目，用于核算小规模纳税人发生的除转让金融商品和代扣代缴义务之外的增值税业务。小规模纳税人涉及的会计科目有："应交税费——小规模纳税人应交增值税""应交税费——转让金融商品应交增值税""应交税费——代扣代交增值税"。

3. 税金往来科目。为满足增值税会计核算需求，新增其他非增值税税金科目："其他应收款——税金及附加""其他应付款——税金及附加"。

(二) 增值税科目使用说明

1. "应交增值税"科目借方核算为购进货物、加工修理修配劳务、服务、无形资产或不动产而支付的进项税额，以及因扣减销售额而减少的销项税额、已交税金、减免税额、转出应交未交增值税，贷方核算为销售货物、提供应税服务（劳务）应缴纳的销项税额以及进项税额转出、转出多交增值税。

(1) 应交税费——应交增值税——进项税额。核算一般纳税人购进货物、加工修理修配劳务、服务、无形资产或不动产而支付或负担的、准予从当期销项税额中抵扣的增值税额。借方记录购进货物、加工修理修配劳务、服务、无形资产或不动产而支付或负担的、在税务系统中认证通过或稽核比对相符的增值税额。本科目按不同扣税凭证类型下设四级科目。

(2) 应交税费——应交增值税——已交税金。核算一般纳税人当月已缴纳的应交增值税额。实际缴纳数在本科目借方反映。

(3) 应交税费——应交增值税——销项税额。核算一般纳税人销售货物、加工修理修配劳务、服务、无形资产或不动产应收取的增值税额。收取的增值税额在本科目贷方反映。

（4）应交税费——应交增值税——进项税额转出。核算一般纳税人购进货物、加工修理修配劳务、服务、无形资产或不动产等发生非正常损失以及其他原因而不应从销项税额中抵扣、按规定转出的进项税额。转出的进项税额在本科目贷方反映。本科目根据转出原因设置四级科目。

（5）应交税费——应交增值税——转出未交增值税。核算一般纳税人月度终了转出当月应交未交的增值税额。根据"应交税费——应交增值税"二级科目的贷方余额，借记本科目，贷记"应交税费——未交增值税"科目。

（6）应交税费——应交增值税——转出多交增值税。核算一般纳税人月度终了转出当月多交的增值税额。根据当月多交的增值税额借记"应交税费——未交增值税"科目，贷记本科目。

（7）应交税费——应交增值税——减免税款。核算一般纳税人按现行增值税制度规定准予减免的增值税额。减免的增值税额在本科目借方反映。

（8）应交税费——应交增值税——销项税额抵减。核算一般纳税人按照现行增值税制度规定因扣减销售额而减少的销项税额。减少的销项税额在本科目借方反映。

（9）应交税费——应交增值税——结转增值税（下级结转）。核算纳税主体本级和项目部涉及一般计税业务的税金往来。项目部结转增值税额在本科目借方反映，纳税主体本级接收项目部结转的增值税额在本科目贷方反映。

2."预交增值税"科目核算一般纳税人转让不动产、提供不动产经营租赁服务、提供建筑服务、采用预收款方式销售自行开发的房地产以及其他按现行增值税制度规定应预缴的增值税额。

3."待认证进项税额"科目核算一般纳税人由于未经税务机关认证而不得从当期销项税额中抵扣的进项税额。包括：一般纳税人已取得增值税扣税凭证、按照现行增值税制度规定准予从销项税额中抵扣，但尚未经税务机关认证的进项税额；一般纳税人已申请稽核但尚未取得稽核相符结果的海关缴款书进项税额。

4."待转销项税额"科目核算一般纳税人销售货物、加工修理修配劳务、服务、无形资产或不动产，已确认相关收入（或利得）但尚未发生增值税纳税义务而需于以后期间确认为销项税额的增值税额。

5."未交增值税"科目核算一般纳税人月度终了从"应交增值税"或"预交增值税"科目转入当月应交未交、多交或预缴的增值税额，以及当月交纳以前期间未交的增值税额。

6."待抵扣进项税额"科目核算一般纳税人已取得增值税扣税凭证并经税务机关认证，按照现行增值税制度规定准予以后期间从销项税额中抵扣的进项税额。包括：实行纳税辅导期管理的一般纳税人取得的尚未交叉稽核比对的增值税扣税凭证上注明或计算的进项税额。

7."转让金融商品应交增值税"科目核算增值税纳税人转让金融商品发生的增值税额。

8."代扣代交增值税"科目核算纳税人购进在境内未设经营机构的境外单位或个人在境内的应税行为代扣代缴的增值税。

9."增值税检查调整"仅用于核算纳税人税务检查中涉及的增值税检查调整事项。

10."简易计税"科目核算一般纳税人采用简易计税方法发生的增值税计提、扣减、预缴、缴纳等业务。

（1）应交税费——简易计税——计提应纳税额。核算一般纳税人采用简易计税方法时，发生纳税义务应计提的应纳税额。计提的应纳税额在本科目的贷方反映。

（2）应交税费——简易计税——预缴税款。核算一般纳税人采用简易计税方法时，发生异地提供建筑服务、转让异地不动产、出租异地不动产、采用预收款方式销售自行开发的房地产等需要就地预缴的增值税额。实际预缴数在本科目的借方反映。

（3）应交税费——简易计税——扣减应纳税额。核算一般纳税人采用简易计税方法时，允许抵减的分包款按征收率计算的可扣减应纳税额。扣减的应纳税额在本科目的借方反映。

（4）应交税费——简易计税——减免税款。核算一般纳税人采用简易计税方法时，按现行增值税制度规定准予减免的增值税额。实际减免税款在本科目的借方反映。

（5）应交税费——简易计税——缴纳税款。核算一般纳税人按规定在机构所在地申报缴纳的简易计税方法计算的应纳税额。实际缴纳数在本科目的借方反映。

（6）应交税费——简易计税——结转应纳税额（下级结转）。核算纳税主体本级和项目部涉及简易计税业务的税金往来，包括两种情况：一是项目部和纳税主体本级属于同一地（市），且项目部无须预缴，由纳税主体本级统一缴纳的税额；二是发生需要汇总纳税的业务由纳税主体本级统一缴纳的税额，如处置使用过的固定资产（2016年4月30日前取得且未抵扣进项税额）等。

（7）应交税费——简易计税——转出未交增值税（汇总缴纳用）。核算纳税主体本级所在地税务机关允许简易计税与一般计税业务汇总缴纳增值税时，纳税主体本级月末转出简易计税业务应交未交的增值税。月末"应交税费——简易计税"科目为贷方余额时，借记本科目，贷记"应交税费——未交增值税"科目。

11."待转应纳税额"科目核算一般纳税人采用简易计税方法时，销售服务、无形资产或不动产，已确认相关收入（或利得）但尚未发生增值税纳税义务而需于以后期间确认为应纳税额的增值税额。

12."待取得进项税额"核算接受货物或服务的一般纳税人尚未取得增值税扣税凭证，根据货物或服务清单中列明的结算金额按适用税率计算，需于以后期间取得增值税扣税凭证的进项税额。

13."小规模纳税人应交增值税"科目核算小规模纳税人发生的除转让金融商品和代扣代缴义务之外的增值税应纳税额。

（三）税金往来科目使用说明

1."其他应收款——税金及附加"科目核算纳税主体本级与所属项目进行增值税及附加税费的往来结转业务。

2."其他应付款——税金及附加"科目核算所属项目与纳税主体本级进行增值税及附加税费的往来结转业务。

四、一般计税方法账务处理规范

（一）收入账务处理规范

1. 房地产转让收入。转让房地产收入的纳税义务发生时间为：发生应税行为并收讫销售款项的当天或按书面合同确定的付款日期；未签订书面合同或者书面合同未确定付款日期的，为转让不动产完成的当天；先开具发票的，为开具发票的当天。

【案例】甲房地产公司适用一般计税方法，2019年购进一地块，分两期开发。甲公司采取预收款方式销售所开发的房地产项目。2020年4月，二期项目向每位意向购房者收取订金 2 万元，当月共收到订金 200 万元。2020 年 5 月，二期项目意向购房者全部购房，首付房款金额 2180 万元（订金全部抵交房款），开具不征税增值税普通发票。2020 年 6 月，一期项目收取面积补差价款 52 万元，退回预收房款 30 万元。2020 年 7 月，一期项目提前向客户开具征税发票 1090 万元，8 月向客户交付房屋并开具发票 5450 万元（假定第一期交付房地产项目建筑面积 4 万平方米、可供销售建筑面积 5 万平方米、开发土地对应的土地价款 1362.5 万元）。

（1）4 月，预售前收取的订金、预约金、诚意金等：

借：银行存款　　　　　　　　　　　　　　　　　　　　　　2000000
　　贷：其他应付款——其他应付房地产业务款项——购房客户订金　2000000

【说明】一般纳税人采取预收款方式销售自行开发的房地产项目，应在收到预收款时按预征率预缴增值税。但对于房地产企业向购房人收取的预约金、诚意金、意向金、订金、认筹金等款项，如果同时符合以下两个条件的，不属于预收款范畴，不需预缴增值税：收取的款项金额不超过 5 万元（含 5 万元）；收取的款项从收取之日起 3 个月内退还给购房人。

不同时符合上述两个条件的均属于预收款性质，应按规定预缴增值税；当地税务机关有不同规定的，从其规定。

（2）5 月，收取购房定金、首付款、按揭款等预收款项。房地产开发企业采取预收款方式销售自行开发的房地产项目，收到预收款时，未达到纳税义务发生时点，不确认纳税义务，可以开具不征税增值税普通发票：

借：银行存款　　　　　　　　　　　　　　　　　　　　　　19800000
　　其他应付款——其他应付房地产业务款项——购房客户订金　2000000
　　贷：合同负债——预收款项——售房款　　　　　　　　　　21800000

（3）6 月，项目交房前，收取或退回面积补差价款：

①收取一期面积补差价款时：

借：银行存款　　　　　　　　　　　　　　　　　　　　　　520000
　　贷：合同负债——预收款项——售房款　　　　　　　　　　520000

②退回一期预收房款时：

贷：合同负债——预收款项——售房款　　　　　　　　　　　300000
　　贷：银行存款　　　　　　　　　　　　　　　　　　　　300000

（4）7 月，预缴税款：

借：应交税费——预交增值税　　　　　　　　　　　　　　　606000
　　贷：银行存款　　　　　　　　　　　　　　　　　　　　606000

【预交增值税 =（上月预收房款 − 上月退回房款）÷（1 + 适用税率）× 预征率】

（5）7 月，一期房产交付前客户要求开具征税发票的，开具发票时点为纳税义务发生时点，依据发票确认销项税额：

借：合同负债——预收款项——售房款　　　　　　　　　　　900000
　　贷：应交税费——应交增值税——销项税额　　　　　　　900000

（6）7 月末，结转税款（假设无进项税额）：

借：应交税费——应交增值税——转出未交增值税　　　　　　900000
　　贷：应交税费——未交增值税　　　　　　　　　　　　　900000

借：应交税费——未交增值税　　　　　　　　　　　　　　　606000

贷：应交税费——预交增值税　　　　　　　　　　　　　　606000
　（7）8月，一期房产交付时，依据发票、交房资料等确认收入：
　　借：合同负债——预收款项——售房款　　　　　　　　　64500000
　　　贷：主营业务收入——房地产　　　　　　　　　　　　　60000000
　　　　　应交税费——应交增值税——销项税额　　　　　　　4500000
　（8）土地价款的销项税额抵减：
　　借：应交税费——销项税额抵减　　　　　　　　　　　　　900000
　　借：主营业务成本（红字）　　　　　　　　　　　　　　　900000
【销项税额抵减＝当期允许扣除的土地价款÷（1＋适用税率）×适用税率】
【当期允许扣除的土地价款＝（当期交付房地产项目建筑面积÷房地产项目可供销售建筑面积）×支付的对应开发期内的土地价款】

　2. 不动产租赁收入。不动产租赁收入的纳税义务发生时间为：发生应税行为并收讫销售款项的当天或书面合同确定的付款日期；未签订书面合同或者书面合同未确定付款日期的，为应税行为完成的当天；先开具发票的，为开具发票的当天；提供租赁服务采取预收款方式的，为收到预收款的当天。
　一般纳税人出租其2016年5月1日后取得的不动产，适用一般计税方法计税。
　（1）一次性收取多月租赁款项：
　　借：银行存款
　　　贷：预收账款
　（2）不动产所在地与机构所在地不在同一县（市、区）的，需在不动产所在地预缴税款：
　　借：应交税费——预交增值税
　　　贷：银行存款
【预交增值税＝收取租赁款金额÷（1＋适用税率）×预征率】
　（3）依据收取的款项确认销项税额：
　　借：预收账款
　　　贷：应交税费——应交增值税——销项税额
【销项税额＝收取的租赁款金额÷（1＋适用税率）×适用税率】
　（4）一次性收取多月租赁收入须在以后各月进行分摊，确认当月租赁收入：
　　借：预收账款
　　　贷：主营业务收入/其他业务收入

　3. 物业管理收入。物业管理收入的纳税义务发生时间为：发生应税行为并收讫销售款项的当天；书面合同确定的付款日期；未签订书面合同或者书面合同未确定付款日期的，为应税行为完成的当天；先开具发票的，为开具发票的当天。
　若物业公司一次性收取多月的物业费，需依据当月确认的营业收入计算销项税额，无须全额计算销项税额。
　（1）预收物业管理服务费，未开具发票：
　　借：银行存款
　　　贷：合同负债——预收款项——物业管理款
　当月确认物业管理收入：

借：合同负债——预收款项——物业管理款
　　贷：主营业务收入
　　　　应交税费——应交增值税——销项税额
【销项税额 = 当月确认的营业收入 × 适用税率】
（2）收取当月物业管理服务费并开具发票，开具发票的当天即为纳税义务时点：
借：银行存款
　　贷：合同负债——预收款项——物业管理款
　　　　应交税费——应交增值税——销项税额
当月确认物业管理收入：
借：合同负债——预收款项——物业管理款
　　贷：主营业务收入

4. 其他业务收入。
（1）房地产企业销售样板间家具，应按销售货物的适用税率计算缴纳增值税。
借：银行存款等
　　贷：其他业务收入
　　　　应交税费——应交增值税——销项税额
【销项税额 = 含税销售额 ÷（1 + 适用税率）× 适用税率】
（2）收取水电费业务取得的收入。
①收取水电费，未开具发票：
借：银行存款
　　贷：其他应收账款——应收物业费——物业经营款项——电（水）费
当月确认水电费收入：
借：其他应收账款——应收物业费——物业经营款项——电（水）费
　　贷：其他业务收入
　　　　应交税费——应交增值税——销项税额
【销项税额 = 当月确认的营业收入 × 适用税率】
②收取当月水电费并开具发票，开具发票的当天即为纳税义务时点：
借：银行存款
　　贷：其他应收账款——应收物业费——物业经营款项——电（水）费
　　　　应交税费——应交增值税——销项税额
当月确认水电费收入：
借：其他应收账款——应收物业费——物业经营款项——电（水）费
　　贷：其他业务收入

（二）成本费用账务处理规范
1. 支付土地价款、补偿地价款、大市政配套等费用。
（1）支付土地价款、补偿费时，依据取得的省级以上（含省级）财政部门监（印）制的财政票据等：
借：开发成本——土地征用及拆迁补偿费——土地征用费
　　贷：应付账款/应付票据/银行存款等
（2）支付大市政配套费、契税等政府性收费时，依据取得的财政票据等：

借：开发成本——土地征用及拆迁补偿费——土地征用费
　　　　　贷：银行存款等
　（3）支付的土地交易服务费、土地评估费等时，依据取得的增值税专用发票等：
　　借：开发成本——土地征用及拆迁补偿费——土地征用费
　　　　应交税费——待认证进项税额（发票未认证时）
　　　　应交税费——应交增值税——进项税额（发票已认证时）
　　　　　贷：应付账款/应付票据/银行存款等
　（4）增值税专用发票认证后：
　　借：应交税费——应交增值税——进项税额
　　　　　贷：应交税费——待认证进项税额
　【说明】计入"应交税费——待认证进项税额"的增值税专用发票认证后均需做此笔分录，下文不再赘述。
　2. 向设计、咨询等单位购进设计、咨询服务等时，依据取得的增值税专用发票等：
　　借：开发成本——前期工程费
　　　　应交税费——待认证进项税额（发票未认证时）
　　　　应交税费——应交增值税——进项税额（发票已认证时）
　　　　　贷：应付账款/应付票据/银行存款等
　3. 支付的给排水、通信、燃气、道路、照明工程服务费等时，依据取得的增值税专用发票等：
　　借：开发成本——基础设施建设费
　　　　应交税费——待认证进项税额（发票未认证时）
　　　　应交税费——应交增值税——进项税额（发票已认证时）
　　　　　贷：应付账款/应付票据/银行存款等
　4. 向施工建设单位购进建筑安装服务等：
　（1）验工计价时，依据批复的计价单等：
　　借：开发成本——建筑安装工程费
　　　　开发成本——公共配套设施费
　　　　应交税费——待取得进项税额
　　　　　贷：应付账款——应付结算款（含税金额）
　（2）收取发票时：
　　借：应付账款——应付结算款（含税金额）
　　　　应交税费——待认证进项税额（发票未认证时）
　　　　应交税费——应交增值税——进项税额（发票已认证时）
　　　　　贷：应付账款——应付工程款
　　　　　　　应交税费——待取得进项税额
　（3）支付工程款时，依据银行回单等：
　　借：应付账款——应付工程款
　　　　　贷：银行存款等
　5. 发生间接费用、期间费用等支出时，依据取得的发票等：
　　借：间接费用/管理费用/销售费用/财务费用

　　　　应交税费——待认证进项税额（发票未认证时）
　　　　应交税费——应交增值税——进项税额（发票已认证时）
　　　贷：应付账款/应付票据/银行存款等

【说明】根据《财政部 税务总局 海关总署关于深化增值税改革有关政策的公告》（财政部 税务总局 海关总署联合公告2019年第39号），自2019年4月1日，纳税人购进国内旅客运输服务，其进项税额允许从销项税额中抵扣。

纳税人未取得增值税专用发票的，暂按照以下规定确定进项税额：

（1）取得增值税电子普通发票的，为发票上注明的税额；

（2）取得注明旅客身份信息的航空运输电子客票行程单的，为按照下列公式计算进项税额：

航空旅客运输进项税额＝（票价＋燃油附加费）÷（1＋9%）×9%

（3）取得注明旅客身份信息的铁路车票的，为按照下列公式计算的进项税额：

铁路旅客运输进项税额＝票面金额÷（1＋9%）×9%

（4）取得注明旅客身份信息的公路、水路等其他客票的，按照下列公式计算进项税额：

公路、水路等其他旅客运输进项税额＝票面金额÷（1＋3%）×3%

（三）资产账务处理规范

1. 存货。

（1）采购入库。

①购入零星材料等存货，款项已支付、发票已开具并验收入库的，依据增值税专用发票、材料点验单等确认进项税额及存货金额：

　　借：原材料等
　　　　应交税费——待认证进项税额（发票未认证时）
　　　　应交税费——应交增值税——进项税额（发票已认证时）
　　　贷：银行存款等

②原材料等已验收入库但尚未取得增值税扣税凭证，依据材料点验单等，原材料按不含税金额确认，相应的增值税额确认待取得进项税额：

　　借：原材料等
　　　　应交税费——待取得进项税额
　　　贷：应付账款——应付结算款

取得增值税专用发票后：

　　借：应付账款——应付结算款
　　　　应交税费——待认证进项税额（发票未认证时）
　　　　应交税费——应交增值税——进项税额（发票已认证时）
　　　贷：应付账款——应付购货款
　　　　　应交税费——待取得进项税额

（2）存货退回。因物资质量等问题，发生退货时，按以下几种情况处理：

①如当月材料未验收入库，增值税发票未取得，或发票已取得但未认证、未记账、且未跨月无须进行账务处理，直接退货并退回发票。

②如材料已验收入库，但发票未取得，或发票虽取得但未认证、未记账且未跨月，依据退货相关资料，将发票退回并做退货处理。

借：原材料（红字）
　　　应交税费——待取得进项税额（红字）
　　贷：应付账款——应付结算款（红字）

③如材料已验收入库，发票未认证但已跨月，需要将发票进行认证，并开具的红字发票办理退货手续。

借：原材料（红字）
　　　应交税费——待取得进项税额（红字）
　　贷：应付账款——应付结算款（红字）

借：应交税费——应交增值税——进项税额
　　贷：应交税费——应交增值税——进项税额转出

④如材料已验收入库，发票未认证、未跨月，但已记账，依据退货相关资料，将发票退回并做退货处理。

1）材料退回：

借：原材料（红字）
　　　应交税费——待取得进项税额（红字）
　　贷：应付账款——应付结算款（红字）

2）转出待认证进项税额：

借：应付账款——应付结算款（红字）
　　　应交税费——应交增值税——待认证进项税额（红字）
　　贷：应付账款——应付购货款（红字）
　　　　应交税费——待取得进项税额（红字）

⑤如材料已验收入库，发票未认证但已记账，且已跨月，需要将发票进行认证，并开具的红字发票办理退货手续。

1）材料退回：

借：原材料（红字）
　　　应交税费——待取得进项税额（红字）
　　贷：应付账款——应付结算款（红字）

2）转出待认证进项税额：

借：应付账款——应付结算款（红字）
　　　应交税费——应交增值税——待认证进项税额（红字）
　　贷：应付账款——应付购货款（红字）
　　　　应交税费——待取得进项税额（红字）

借：应交税费——应交增值税——进项税额
　　贷：应交税费——应交增值税——进项税额转出

⑥如材料已验收入库，发票已认证且已记账，依据供应商开具的红字发票办理退货手续。

1）材料退回：

借：原材料（红字）
　　　应交税费——待取得进项税额（红字）
　　贷：应付账款——应付结算款（红字）

2）转出进项税额：
借：应付账款——应付结算款（红字）
　　贷：应付账款——应付购货款（红字）
　　　　应交税费——应交增值税——进项税额转出
　　　　应交税费——待取得进项税额（红字）

（3）存货盘亏。

①资产清查中盘亏的存货，属于非正常损失且已抵扣进项税额的，依据经批准的存货盘亏文件，转出已抵扣的进项税额。
借：待处理财产损溢
　　贷：原材料等
　　　　应交税费——应交增值税——进项税额转出

②根据处置结果结转当期损益：
借：管理费用
　　贷：待处理财产损溢

【说明】非正常损失，是指因管理不善造成货物被盗、丢失、霉烂变质，以及因违反法律法规造成货物或者不动产被依法没收、销毁、拆除的情形。

（4）存货的报废或毁损。

①存货的报废或毁损属于非正常损失时，根据相关资料，转出已抵扣的进项税额：
借：待处理财产损溢
　　贷：原材料等
　　　　应交税费——应交增值税——进项税额转出

②出售报废的存货残料取得收入，依据银行回单等资料，计入待处理财产损溢，并确认销项税额：
借：银行存款/其他应收款等
　　贷：待处理财产损溢
　　　　应交税费——应交增值税——销项税额

③根据处置结果结转当期损益：
借：管理费用
　　贷：待处理财产损溢

或：

借：管理费用（红字）
借：待处理财产损溢

2. 固定资产。

（1）有形动产。

①固定资产购置。

1）固定资产购置（可抵扣进项税额）。

A. 购置固定资产尚未取得增值税专用发票时，依据合同及购买、验收、组资手续等资料，固定资产按不含税金额确认，相应的增值税额确认待取得进项税额：
借：固定资产
　　应交税费——待取得进项税额

贷：应付账款——应付结算款

　B. 取得增值税专用发票后：

　　借：应付账款——应付结算款
　　　　应交税费——待认证进项税额（发票未认证时）
　　　　应交税费——应交增值税——进项税额（发票已认证时）
　　　贷：应付账款——应付购货款
　　　　　应交税费——待取得进项税额

　C. 允许抵扣进项税额的固定资产，用途发生改变，用于简易计税等不得抵扣进项税额的应税项目，需转出已抵扣的进项税额：

　　借：固定资产
　　　贷：应交税费——应交增值税——进项税额转出

【进项税额转出金额＝固定资产净值×适用税率】

固定资产净值，是指纳税人根据财务会计制度计提折旧后的余额。

　2）固定资产购置（不可抵扣进项税额）。购买固定资产专用于免征增值税项目、简易计税、集体福利或者个人消费等，进项税额不得抵扣，但应取得增值税专用发票并认证。

　A. 购买固定资产未取得增值税专用发票时，依据合同及购买、验收、组资手续等资料，固定资产按不含税金额确认，相应的增值税额确认待取得进项税额：

　　借：固定资产
　　　　应交税费——待取得进项税额
　　　贷：应付账款——应付结算款

　B. 取得增值税专用发票后：

　　借：应付账款——应付结算款
　　　　应交税费——待认证进项税额（发票未认证时）
　　　　应交税费——应交增值税——进项税额（发票已认证时）
　　　贷：应付账款——应付购货款
　　　　　应交税费——待取得进项税额

　C. 固定资产专用于不可抵扣进项税的业务，需转出进项税额：

　　借：固定资产
　　　贷：应交税费——应交增值税——进项税额转出

　D. 用于简易计税项目等不得抵扣且未抵扣进项税额的固定资产，用途发生改变，用于允许抵扣进项税额的应税项目，可在改变用途的次月，依据合法有效的增值税扣税凭证，计算可抵扣的进项税额：

　　借：应交税费——应交增值税——进项税额
　　　贷：固定资产

【可抵扣进项税额＝固定资产净值／（1＋适用税率）×适用税率】固定资产净值，是指纳税人根据财务会计制度计提折旧后的余额。

　②固定资产处置、报废。

2016 年 5 月 1 日后购置的固定资产处置、报废的会计处理

　1）发生固定资产处置、报废时，转入固定资产清理：

　　借：固定资产清理

　　　　累计折旧
　　　　固定资产减值准备
　　　　　贷：固定资产
　　2）购进或自制的已抵扣过进项税额的固定资产报废，如报废原因属于非正常损失，需转出已抵扣的进项税额：
　　　借：固定资产清理
　　　　　贷：应交税费——应交增值税——进项税额转出
【进项税额转出金额 = 固定资产净值 × 适用税率】
　　3）发生固定资产清理费用（如运输、拆卸等），依据取得的增值税专用发票：
　　　借：固定资产清理
　　　　　应交税费——待认证进项税额（发票未认证时）
　　　　　应交税费——应交增值税——进项税额（发票已认证时）
　　　　　贷：银行存款/应付账款等
　　4）处置、报废固定资产取得的收入，根据处置协议、银行回单等资料，计入固定资产清理，并确认销项税额：
　　　借：银行存款/其他应收款等
　　　　　贷：固定资产清理
　　　　　　　应交税费——应交增值税——销项税额
【销项税额 = 处置收入 /（1 + 适用税率）× 适用税率】
　　5）根据处置、报废结果结转当期损益：
　　A. 发生处置、报废损失时：
　　　借：营业外支出（固定资产报废）
　　　　　资产处置损益（固定资产处置）
　　　　　贷：固定资产清理
　　B. 发生处置、报废收益时：
　　　借：固定资产清理
　　　　　贷：营业外收入（固定资产报废）
　　　　　　　资产处置损益（固定资产处置）
　　③固定资产盘亏。资产清查中盘亏的固定资产，属于非正常损失且已抵扣进项税额的，依据经批准的盘亏文件，转出已抵扣的进项税额。
　　1）转入待处理财产损溢：
　　　借：待处理财产损溢
　　　　　累计折旧
　　　　　固定资产减值准备
　　　　　贷：固定资产
　　2）将原已抵扣的进项税额转出：
　　　借：待处理财产损溢
　　　　　贷：应交税费——应交增值税——进项税额转出
【进项税额转出金额 = 固定资产净值 × 适用税率】
　（2）不动产（含在建工程）。

①不动产购置（可抵扣进项税额）。根据《财政部 税务总局 海关总署关于深化增值税改革有关政策的公告》（财政部 税务总局 海关总署联合公告2019年第39号），自2019年4月1日起，《营业税改征增值税试点有关事项的规定》（财税〔2016〕36号印发）第一条第（四）项第1点、第二条第（一）项第1点停止执行，纳税人取得不动产或者不动产在建工程的进项税额不再分两年抵扣，此前按照上述规定尚未抵扣完毕的待抵扣进项税额，可自2019年4月税款所属期起从销项税额中抵扣。

1）购置不动产尚未取得增值税专用发票时，依据合同及购买、验收、组资手续等资料，固定资产按不含税金额确认，相应的增值税额确认待取得进项税额：

借：固定资产/在建工程
　　应交税费——待取得进项税额
　　贷：应付账款——应付结算款

2）取得增值税专用发票后：

借：应付账款——应付结算款
　　应交税费——待认证进项税额（发票未认证时）
　　应交税费——应交增值税——进项税额（发票已认证时，税额100%）
　　贷：应付账款——应付购货款
　　　　应交税费——待取得进项税额

3）允许抵扣进项税额的不动产，用途发生改变，专用于简易计税等不得抵扣进项税额的应税项目，需转出已抵扣的进项税额：

借：固定资产
　　贷：应交税费——应交增值税——进项税额转出

【进项税额转出金额＝已抵扣进项税额×不动产净值率】

【不动产净值率＝（不动产净值÷不动产原值）×100%】

不动产净值，是指纳税人根据财务会计制度计提折旧后的余额。

②不动产购置（不可抵扣进项税额）。购买不动产专用于免征增值税项目、简易计税、集体福利或者个人消费等，进项税额不得抵扣，但应取得增值税专用发票并认证。

1）购买不动产尚未取得增值税专用发票时，依据合同及购买、验收、组资手续等资料，固定资产按不含税金额确认，相应的增值税额确认待取得进项税额：

借：固定资产/在建工程
　　应交税费——待取得进项税额
　　贷：应付账款——应付结算款

2）取得增值税专用发票后：

借：应付账款——应付结算款
　　应交税费——待认证进项税额（发票未认证时）
　　应交税费——应交增值税——进项税额（发票已认证时）
　　贷：应付账款——应付购货款
　　　　应交税费——待取得进项税额

3）不动产专用于不可抵扣进项税的业务，需转出进项税额：

借：固定资产/在建工程
　　贷：应交税费——应交增值税——进项税额转出

4）专用于简易计税项目等不得抵扣且未抵扣进项税额的不动产，用途发生改变，用于允许抵扣进项税额的应税项目，可在改变用途的次月，依据合法有效的增值税扣税凭证，计算可抵扣的进项税额：

借：应交税费——应交增值税——进项税额
　　贷：固定资产/在建工程

【可抵扣进项税额＝增值税扣税凭证注明或计算的进项税额×不动产净值率】

【不动产净值率＝（不动产净值÷不动产原值）×100%】

③不动产处置及报废处置、报废 2016 年 4 月 30 日前取得的不动产按照"简易计税方法账务处理规范"执行；处置、报废 2016 年 5 月 1 日后购置的不动产处理如下：

1）发生不动产处置、报废时，转入固定资产清理：

借：固定资产清理
　　累计折旧
　　固定资产减值准备
　　贷：固定资产

2）购进或自建的已抵扣过进项税额的不动产报废，如报废原因属于非正常损失，需转出已抵扣的进项税额，待抵扣进项税额不得抵扣：

借：固定资产清理/在建工程
　　贷：应交税费——应交增值税——进项税额转出

【不动产进项税额转出金额的计算比照本条款"①不动产购置"的"3）允许抵扣进项税额的不动产，用途发生改变，专用于简易计税等不得抵扣进项税额的应税项目"处理】

3）发生不动产清理费用时，依据取得的增值税专用发票：

借：固定资产清理/在建工程
　　应交税费——待认证进项税额（发票未认证时）
　　应交税费——应交增值税——进项税额（发票已认证时）
　　贷：银行存款/应付账款等

4）处置、报废不动产取得的收入时：

A. 根据销售合同、交接清单等资料：

借：银行存款/应收账款/其他应收款等
　　贷：固定资产清理/在建工程
　　　　应交税费——应交增值税——销项税额

B. 在不动产所在地预缴税款：

借：应交税费——预交增值税
　　贷：银行存款

【预交增值税＝（全部价款和价外费用－不动产购置原价或者取得不动产时的作价）÷（1＋征收率）×征收率（不动产［不含自建]）】

【预交增值税＝全部价款和价外费用÷（1＋征收率）×征收率（自建不动产）】

C. 出售不动产时，存在尚未抵扣完毕的待抵扣进项税额：

借：应交税费——应交增值税——进项税额
　　贷：应交税费——待抵扣进项税额

5）根据处置、报废结果结转当期损益：

A. 发生处置、报废损失时：
借：营业外支出（固定资产报废）
　　资产处置损益（固定资产处置）
　　　贷：固定资产清理/在建工程
B. 发生处置、报废收益时：
借：固定资产清理/在建工程
　　　贷：营业外收入（固定资产报废）
　　　　　资产处置损益（固定资产处置）

五、简易计税方法账务处理规范

（一）与收入相关的账务处理规范

1. 转让房地产收入。转让房地产收入的纳税义务发生时间为：发生应税行为并收讫销售款项的当天或书面合同确定的付款日期；未签订书面合同或者书面合同未确定付款日期的，为转让不动产完成的当天；先开具发票的，为开具发票的当天。

【案例】甲房地产公司2016年1月购进一地块并于当月开工，适用简易计税方法。甲公司采取预收款方式销售所开发的房地产项目，2016年3月向第一批购房者预收房款1000万元，缴纳营业税50万元。2016年6月，向第二批每位意向购房者收取订金2万元，当月共收到100万元订金。2016年8月，意向购房者全部购房，首付房款金额2100万元（订金全部抵交房款），开具不征税增值税普通发票。2018年10月，收取面积补差价款51万元，退回预收房款30万元。2018年11月，提前向客户开具发票1050万元，12月向客户交付房屋并开具发票6250万元［其中零税率发票1000万元（已缴营业税下未开具发票部分）］。

（1）2016年6月，预售前收取的订金、预约金、诚意金等：
借：银行存款　　　　　　　　　　　　　　　　　　1000000
　　　贷：其他应付款——其他应付房地产业务款项——购房客户订金　1000000

【说明】房地产企业采取预收款方式销售自行开发的房地产项目，应在收到预收款时按预征率预缴增值税。但对于房地产企业向购房人收取的预约金、诚意金、意向金、订金、认筹金等款项。如果同时符合以下两个条件的，不属于预收款范畴，不需预缴增值税：收取的款项金额不超过5万元（含5万元）；收取的款项从收取之日起三个月内退还给购房人。

不同时符合上述两个条件的均属于预收款性质，应按规定预缴增值税；税务机关有不同规定的，从其规定。

（2）2016年8月，收取购房定金、首付款、按揭款等预收款项。
房地产开发企业采取预收款方式销售自行开发的房地产项目，收到预收款时，未达到纳税义务发生时点，不确认纳税义务，可以开具不征税增值税普通发票：
借：银行存款　　　　　　　　　　　　　　　　　　20000000
　　其他应付款——其他应付房地产业务款项——购房客户订金　1000000
　　　贷：合同负债——预收款项——售房款　　　　　　21000000

（3）2016年9月，预缴税款：
借：应交税费——简易计税——预缴税款　　　　　　600000
　　　贷：银行存款　　　　　　　　　　　　　　　　600000

【预缴税款 = 预收房款 ÷（1+5%）×3%】

（4）2018 年 10 月，项目交房前，收取或退回面积补差价款。

①收取面积补差价款时：

借：银行存款　　　　　　　　　　　　　　　　　　　　510000

　　贷：合同负债——预收款项——售房款　　　　　　　　　510000

②退回预收房款时：

借：合同负债——预收款项——售房款　　　　　　　　　300000

　　贷：银行存款　　　　　　　　　　　　　　　　　　　　300000

（5）2018 年 11 月，预缴税款：

借：应交税费——简易计税——预缴税款　　　　　　　　6000

　　贷：银行存款　　　　　　　　　　　　　　　　　　　　6000

【预缴增值税 =（当月预收房款 - 当月退回房款）÷（1 + 5%）× 3%】

（6）2018 年 11 月，房产交付前客户要求开具征税发票的，开具发票时点为纳税义务发生时点依据发票确认销项税额：

借：合同负债——预收款项——售房款　　　　　　　　　50

　　贷：应交税费——简易计税——计提应纳税额　　　　　50

（7）2018 年 12 月，房产交付时，依据发票、交房资料等确认收入：

借：合同负债——预收款项——售房款　　　　　　　　　72500000

　　贷：主营业务收入——房地产　　　　　　　　　　　　　70000000

　　　　应交税费——简易计税——计提应纳税额　　　　　2500000

【主营业务收入 = 零税率发票金额 + 征税发票金额 ÷（1 + 征收率）】

【计提应纳税额 = 征税发票金额 ÷（1 + 征收率）× 征收率】

2. 不动产租赁收入。不动产租赁收入的纳税义务发生时间为：发生应税行为并收讫销售款项的当天；书面合同确定的付款日期；未签订书面合同或者书面合同未确定付款日期的，为应税行为完成的当天；先开具发票的，为开具发票的当天；纳税人提供租赁服务采取预收款方式的，为收到预收款的当天。

一般纳税人出租其 2016 年 4 月 30 日前取得的不动产可以选择适用简易计税方法。

（1）一次性收取多月租赁款项：

借：银行存款

　　贷：预收账款

（2）不动产所在地与机构所在地不在同一县（市、区），在不动产所在地预交税款：

借：应交税费——简易计税——预缴税款

　　贷：银行存款

【预缴税款 = 收取租赁款金额 ÷（1 + 征收率）× 预征率】

（3）依据收取的款项确认应纳税额：

借：预收账款

　　贷：应交税费——简易计税——计提应纳税额

【计提应纳税额 = 收取租赁款金额 ÷（1 + 征收率）× 征收率】

（4）确认当月租赁收入：

借：预收账款

　　贷：主营业务收入/其他业务收入

（二）成本费用账务处理规范

1. 采用简易计税方法计税，成本费用均以价税合计金额计列：

借：开发成本——土地征用及拆迁补偿费/前期工程费等
　　　贷：应付账款等

2. 一般纳税人销售自行开发的房地产项目，兼有一般计税方法计税、简易计税方法计税、免征增值税的房地产项目而无法划分不得抵扣的进项税额的，应以《建筑工程施工许可证》注明的"建设规模"为依据进行划分。

借：开发成本——前期工程费等
　　　贷：应交税费——应交增值税——进项税额转出

【进项税额转出金额 = 当期无法划分的全部进项税额 ×（简易计税、免税房地产项目建设规模÷房地产项目总建设规模）】

（三）资产账务处理规范

1. 存货。简易计税方法下，除存货处置收入涉及增值税外，存货采购入库、退回、存货盘亏等均不涉及增值税业务，入账金额以价税合计金额计列。

存货处置按照本办法"一般计税方法账务处理规范"执行。

2. 固定资产。本章仅涉及2016年4月30日前取得固定资产处置、报废的处理。2016年5月1日后取得的固定资产，其购置、处置、报废等具体核算按照"一般计税方法账务处理规范"执行。

（1）有形动产。①处置、报废2016年4月30日前取得且未抵扣进项税额的固定资产，依据出售协议、交接清单等资料，转入固定资产清理：

借：固定资产清理
　　累计折旧
　　固定资产减值准备
　　　贷：固定资产

②发生固定资产清理费用：

借：固定资产清理
　　　贷：银行存款/应付账款等

③取得处置收入，根据处置协议、银行回单等资料，计入固定资产清理，并确认应纳税额：

借：银行存款/其他应收款等
　　　贷：固定资产清理
　　　　　应交税费——简易计税——计提应纳税额

【计提应纳税额 = 处置收款金额/（1 + 征收率）× 征收率】

可享受增值税税收减免政策，只能向客户开具增值税普通发票：

借：应交税费——简易计税——减免税额
　　　贷：营业外收入

【减免税额 = 处置收款金额/（1 + 征收率）× 1%】

④根据处置、报废结果结转当期损益：

1）发生处置、报废损失时：

借：营业外支出（固定资产报废）

　　　　资产处置损益（固定资产处置）
　　　　　贷：固定资产清理
　　2）发生处置、报废收益时：
　　　　借：固定资产清理
　　　　　贷：营业外收入（固定资产报废）
　　　　　　　资产处置损益（固定资产处置）
　（2）不动产（含在建工程）。
　①处置、报废2016年4月30日前取得的不动产，依据出售协议、交接清单等资料，转入固定资产清理：
　　　　借：固定资产清理
　　　　　　累计折旧
　　　　　　固定资产减值准备
　　　　　贷：固定资产
　②发生不动产清理费用：
　　　　借：固定资产清理/在建工程
　　　　　贷：银行存款/应付账款等
　③处置、报废不动产取得收入：
　1）根据销售合同、交接清单等资料：
　　　　借：银行存款/应收账款/其他应收款等
　　　　　贷：固定资产清理/在建工程
　　　　　　　应交税费——简易计税——计提应纳税额
　【计提应纳税额=（处置收款金额-不动产购置原价）/（1+征收率）×征收率〔适用于处置2016年4月30日前取得的不动产（不含自建）〕】
　【计提应纳税额=处置收款金额/（1+征收率）×征收率（适用于处置2016年4月30日前自建不动产）】
　2）在不动产所在地预缴增值税：
　　　　借：应交税费——简易计税——预缴税款
　　　　　贷：银行存款
　【预缴税款=（处置收款金额-不动产购置原价）/（1+征收率）×征收率〔适用于出售2016年4月30日前取得的不动产（不含自建）〕】
　【预缴税款=处置收款金额/（1+征收率）×征收率（适用于处置2016年4月30日前自建不动产）】
　④根据处置、报废结果结转当期损益：
　1）发生处置、报废损失时：
　　　　借：营业外支出（固定资产报废）
　　　　　　资产处置损益（固定资产处置）
　　　　　贷：固定资产清理/在建工程
　2）发生处置、报废收益时：
　　　　借：固定资产清理/在建工程
　　　　　贷：营业外收入（固定资产报废）

　　　　资产处置损益（固定资产处置）

六、特殊业务账务处理规范

（一）视同销售业务

1. 将自产、委托加工或者购进的货物作为投资，提供给其他单位或者个体工商户：
借：长期股权投资
　　贷：主营业务收入/其他业务收入
　　　　应交税费——应交增值税——销项税额
【销项税额 = 自产、委托加工或者购进的货物公允价值 ÷（1 + 适用税率）× 适用税率】

2. 将自产、委托加工或者购进的货物分配给股东或者投资者：
借：应付股利
　　贷：主营业务收入/其他业务收入
　　　　应交税费——应交增值税——销项税额
【销项税额 = 自产、委托加工或者购进的货物公允价值 ÷（1 + 适用税率）× 适用税率】

3. 将自产、委托加工或购进的货物无偿赠送其他单位或者个人，如房地产企业销售不动产时，在房价以外单独无偿赠送的家电、汽车等货物：
借：销售费用
　　贷：库存商品
　　　　应交税费——应交增值税——销项税额
【销项税额 = 无偿赠送货物公允价值 ÷（1 + 适用税率）× 适用税率】

房地产企业销售不动产时，将不动产与货物一并销售，且货物包含在不动产价格以内的，属于混合销售行为，按照销售房地产的适用税率征收增值税：
借：合同负债——预收款项——售房款（收取客户资金总额）
　　贷：主营业务收入
　　　　应交税费——应交增值税——销项税额（一般计税）
　　　　应交税费——简易计税——计提应纳税额（简易计税）
【销项税额/计提应纳税额 = 预收房款 ÷（1 + 适用税率或征收率）× 适用税率或征收率】

（二）进项税额转出

1. 存货发生非正常损失：
借：待处理财产损溢
　　贷：原材料等
　　　　应交税费——应交增值税——进项税额转出

2. 固定资产、不动产发生非正常损失。对于2016年5月1日后购进或自制的已抵扣过进项税额的固定资产发生非正常损失：
借：固定资产清理
　　贷：应交税费——应交增值税——进项税额转出

3. 在建工程发生非正常损失：
借：管理费用/营业外支出
　　贷：在建工程
　　　　应交税费——应交增值税——进项税额转出

4. 购进货物或应税服务、劳务改变用途。购进货物或应税服务、劳务改变用途,用于简易计税、免征增值税、集体福利或个人消费等不可抵扣进项税额的应税项目,应转出已抵扣的进项税额:

借:开发成本等
　　贷:原材料等
　　　　应交税费——应交增值税——进项税额转出

5. 兼营简易计税项目、免征增值税项目无法划分不得抵扣的进项税额。对一般纳税人兼营简易计税项目、免征增值税项目而无法划分不得抵扣的进项税额的,需计算转出不得抵扣的进项税额并转出:

借:开发成本等
　　贷:应交税费——应交增值税——进项税额转出

【进项税额转出金额 = 当月无法划分的全部进项税额 × 当月简易计税方法计税项目销售额、免征增值税项目销售额合计 ÷ 当月全部销售额、营业额合计】

(三)增值税税控系统专用设备和技术维护费用

根据《关于增值税税控系统专用设备和技术维护费用抵减增值税税额有关政策的通知》(财税〔2012〕15号)规定,增值税一般纳税人初次购买增值税税控系统专用设备支付的价款以及缴纳的技术维护费可在增值税应纳税额中全额(抵减额为价税合计额)抵减,不足抵减的可结转下期继续抵减。非初次购买增值税税控系统专用设备支付的费用,自行负担,不得在增值税应纳税额中抵减。

1. 初次购入增值税税控系统专用设备时按实际应支付的金额:

借:管理费用
　　贷:银行存款/应付账款等

同时,按规定抵减的增值税应纳税额:

借:应交税费——应交增值税——减免税款
　　贷:管理费用(红字)

2. 发生技术维护费用。

(1)按实际支付或应付金额:

借:管理费用
　　贷:银行存款/应付账款

(2)同时,按规定抵减增值税应纳税额:

借:应交税费——应交增值税——减免税款
　　贷:管理费用(红字)

(四)减免税款

按规定当期直接减免的增值税:

借:应交税费——应交增值税——减免税款
　　贷:营业外收入

(五)增值税检查调整

1. 税务机关进行纳税情况检查,涉及增值税销项税额的账务调整,如价外费用未计销项税额、视同销售业务未计销项税额等。

(1)调增销项税额时:

借：应交税金——增值税检查调整
　　　贷：主营业务收入等（红字）
结转时：
借：应交税金——增值税检查调整
　　　贷：应交税费——应交增值税——销项税额

（2）调减销项税额时：
借：应交税金——增值税检查调整
　　　贷：主营业务收入等
结转时：
借：应交税费——应交增值税——销项税额（红字）
　　　贷：应交税金——增值税检查调整

2. 税务机关进行税情况检查，涉及增值税进项税额的账务调整，如简易计税项目取得进项税额未转出等。

（1）调减进项税额时：
借：开发成本/原材料等
　　　贷：应交税金——增值税检查调整
结转时：
借：应交税金——增值税检查调整
　　　贷：应交税费——应交增值税——进项税额转出

（2）调增进项税额时：
借：应交税金——增值税检查调整
　　　贷：开发成本/原材料等（红字）
结转时：
借：应交税费——应交增值税——进项税额
　　　贷：应交税金——增值税检查调整

七、期末结转及缴纳账务处理规范

（一）增值税的月末结转及缴纳

月末，所属项目需将"应交税费——应交增值税""应交税费——预交增值税""应交税费——简易计税"科目余额转至纳税主体本级，本级汇总后向所在地税务机关进行申报缴纳。

所属项目的"应交税费——应交增值税"二级科目余额通过"应交税费——应交增值税——结转增值税（下级结转）"科目转入纳税主体本级，结转后，"应交税费——应交增值税"二级科目余额为零。

所属项目的"应交税费——预交增值税"科目借方余额通过"应交税费——预交增值税"科目贷方转入本级，结转后，"应交税费——预交增值税"科目余额为零。

所属项目的"应交税费——简易计税"二级科目余额通过"应交税费——简易计税——结转增值税（下级结转）"科目转入纳税主体机关本级，结转后，"应交税费——简易计税"二级科目余额为零。

纳税主体本级通过"其他应收款——税金及附加"科目，所属项目通过"其他应付款

——税金及附加"科目进行增值税及附加税费的往来结转。

1. 所属项目结转增值税余额。
（1）一般计税方法项目。
①结转"应交税费——应交增值税"二级科目余额：
借：应交税费——应交增值税——结转增值税（下级结转）（或红字）
　　贷：其他应付款——税金及附加（或红字）
②结转"应交税费——预交增值税"科目余额：
借：其他应付款——税金及附加（红字）
　　贷：应交税费——预交增值税

凭证1和凭证2的分录为固定格式，即借、贷方科目固定，不得随意变更，金额可以正数或负数反映。两笔分录可合并。

③向纳税主体本级上交增值税及附加税费：
借：其他应付款——税金及附加
　　贷：银行存款

（2）简易计税方法项目。
①月末，所属项目将"应交税费——简易计税"二级科目贷方余额结转到纳税主体本级：
借：应交税费——简易计税——结转应纳税额（下级结转）
　　贷：其他应付款——税金及附加
②向纳税主体本级上交增值税及附加税费：
借：其他应付款——税金及附加
　　贷：银行存款

2. 纳税主体本级接收所属项目结转的增值税余额。纳税主体本级核实并接收所属项目结转的"应交税费——应交增值税""应交税费——预交增值税""应交税费——简易计税"科目余额。

（1）接收"应交税费——应交增值税"和"应交税费——预交增值税"科目余额：
借：应交税费——预交增值税其他应收款——税金及附加
　　贷：应交税费——应交增值税——结转增值税（下级结转）（或红字）
（2）接收"应交税费——简易计税"科目余额：
借：其他应收款——税金及附加
　　贷：应交税费——简易计税——结转应纳税额（下级结转）

分录为固定格式，即借、贷方科目固定，不得随意变更，金额可以正数或负数反映。

（3）收到项目部上交的增值税及附加税费：
借：银行存款
　　贷：其他应收款——税金及附加

3. 纳税主体本级结转应交增值税。纳税主体本级结转"应交税费——应交增值税"余额，当期"应交税费——应交增值税"科目余额包括：所属项目结转的增值税额、本级发生的进项税额、销项税额等明细科目。

（1）如"应交税费——应交增值税"科目为贷方余额：
借：应交税费——应交增值税——转出未交增值税

贷：应交税费——未交增值税

（2）如"应交税费——应交增值税"科目为借方余额，需分析原因进行处理：

①因进项税额扣减进项税额转出后的数额大于销项税额引起，不做账务处理。

②因当月多交的增值税引起：

　　借：应交税费——未交增值税
　　　　贷：应交税费——应交增值税——转出多交增值税

纳税申报时，纳税主体本级应根据项目部上报的增值税汇总缴纳信息分别计算出多交税额和进项税额留抵金额，在纳税申报表中正确填报。

4. 纳税主体本级结转"应交税费——预交增值税"。月末存在应缴未交增值税，则以未交增值税贷方余额为限，将预交增值税转入未交增值税：

　　借：应交税费——未交增值税
　　　　贷：应交税费——预交增值税

5. 纳税本级结转"应交税费——简易计税"。纳税主体本级所在地税务机关允许简易计税与一般计税业务汇总缴纳增值税的，月末，纳税主体本级应将"应交税费——简易计税"科目的贷方余额（包括项目部转来的结转增值税以及纳税主体本级发生应纳税额等明细科目余额），结转至"应交税费——未交增值税"科目。

　　借：应交税费——简易计税——转出未交增值税（汇总缴纳用）
　　　　贷：应交税费——未交增值税

6. 纳税主体本级缴纳税款。

（1）缴纳一般计税方法应纳税额。如纳税主体本级"应交税费——未交增值税"科目为贷方余额，则需缴纳未交增值税：

　　借：应交税费——未交增值税
　　　　贷：银行存款

（2）如需单独缴纳简易计税方法应纳税额：

　　借：应交税费——简易计税——缴纳税款
　　　　贷：银行存款

7. 纳税主体本级缴纳附加税费。

（1）缴纳附加税费：

　　借：应交税费——城市维护建设税
　　　　应交税费——教育费附加
　　　　应交税费——地方教育费附加等
　　　　贷：银行存款

（2）根据已缴纳的附加税费，按结转确认的收入比例配比计提附加税费：

　　借：税金及附加
　　　　贷：应交税费——城市维护建设税
　　　　　　应交税费——教育费附加
　　　　　　应交税费——地方教育费附加等

（二）年末结平业务处理

年末，纳税主体本级结平"应交税费——应交增值税"三级及以下科目。纳税主体本级如有留抵进项税额，应将留抵进项税额保留或调整至"应交税费——应交增值税——进项税额"科目，按各三级及以下科目的累计金额，形成以下会计分录：
　　借：应交税费——应交增值税——销项税额
　　　　应交税费——应交增值税——进项税额转出
　　　　应交税费——应交增值税——转出多交增值税
　　　　应交税费——应交增值税——结转增值税（下级结转）
　　　　应交税费——简易计税——计提应纳税额
　　　　应交税费——简易计税——结转应纳税额（下级结转）
　　　贷：应交税费——应交增值税——进项税额（差额）
　　　　　应交税费——应交增值税——已交税金
　　　　　应交税费——应交增值税——减免税额
　　　　　应交税费——应交增值税——销项税额抵减
　　　　　应交税费——应交增值税——转出未交增值税
　　　　　应交税费——简易计税——减免税款
　　　　　应交税费——简易计税——转出未交增值税（汇总缴纳用）
　　　　　应交税费——简易计税——缴纳税款

（三）项目完结业务处理

所属项目完结后，结平"应交税费——应交增值税"三级及以下科目
1. 一般计税方法项目：
　　借：应交税费——应交增值税——销项税额
　　　　应交税费——应交增值税——进项税额转出
　　　贷：应交税费——应交增值税——进项税额
　　　　　应交税费——应交增值税——减免税额
　　　　　应交税费——应交增值税——结转增值税（下级结转）
　　　　　应交税费——应交增值税——销项税额抵减

2. 简易计税方法项目：
　　借：应交税费——简易计税——计提应纳税额
　　　贷：应交税费——简易计税——预缴税额
　　　　　应交税费——简易计税——缴纳税款
　　　　　应交税费——简易计税——减免税款
　　　　　应交税费——简易计税——结转应纳税额（下级结转）

八、报表列示

"应交税费"科目下的"应交增值税""未交增值税""待抵扣进项税额""待认证进项税额"等明细科目期末借方余额应根据情况，在资产负债表中的"其他流动资产"或"其他非流动资产"项目列示；"应交税费——待转销项税额"等科目期末贷方余额应根据情况，在资产负债表中的"其他流动负债"或"其他非流动负债"项目列示；"应交税费"科目下的"未交增值税""简易计税""转让金融商品应交增值税""代扣代交增值税""小规模纳税人应交增值税"等科目期末贷方余额应在资产负债表中的"应交税费"项目列示。

第六章 房地产税务管理

第一节 房地产企业税务管理

一、总体要求

为加强公司税务管理工作,确保公司合法运营、诚信纳税,根据《税收征收管理法》及《税收征收管理法实施细则》的规定,制定本企业的税务管理办法。

二、机构设置和人员配备

(一)公司税务工作统一由公司财务管理部归口管理。财务管理部税务工作职责是:

1. 认真研究有关税收法规,学习并掌握国家和地方政府有关本公司所属各项目(或业务)所涉及的各项税收法规。
2. 建立健全公司税务管理制度和各项业务的税务操作规范。
3. 负责本单位有关税务问题的研究和处理。
4. 参与公司新项目(或业务)的税务论证,并将有关分析、建议及时上报公司领导决策。
5. 及时向上一级财务管理部门反映本单位有关税务问题及处理情况,保证上下沟通顺畅。
6. 负责本单位纳税申报和税款缴纳工作,可以聘请第三方中介机构进行严格把关。
7. 负责本单位其他税务事项的办理。

(二)公司财务管理部负责人负责本公司税务管理的相关具体工作,税务主管协助财务管理部负责人工作。

(三)公司各部门、人员都有责任和义务用好、用活、用足国家和地方税收政策,使其计税方法和缴税时间对本单位最为有利。公司选配财务人员可优先考虑注册税务师或税务知识熟练掌握的财务人员。

(四)有关税务方面的各种内部文件和资料均属公司商业机密,公司所有职员均有保密义务。

(五)财务管理部负责人和税务人员调换(离)岗位时,应履行税务专项交接手续。

三、税务变更登记

(一)税务变更登记统一由财务管理部自行办理,并报总会计师和总经理备案。

(二)税种认定应按照税务要求办理,完成工商营业注册后,及时完成税种认定。

（三）在公司的运营过程中，如发生下列内容的变化，均应在规定的时间内向财税部门提出申请，办理税务变更登记：（1）公司（单位）名称改变；（2）法人代表改变；（3）经济性质或经济类型的改变；（4）住所或经营类型改变；（5）生产经营范围或经营方式改变；（6）增、减注册资本；（7）隶属关系改变；（8）生产经营期限改变；（9）银行账号、记账本位币或结算方式改变；（10）其他相关内容改变。

（四）在公司的运营过程中，如发生下列内容的变化，均应在规定的时间内向财税部门提出申请，办理税务注销登记：

1. 按照规定不需要在工商行政管理机关或者其他机关办理注册登记的。

2. 纳税人因住所、经营地点变动，涉及变更税务登记机关的，应当在向工商行政管理机关或者其他机关申请办理变更或注销登记前，或者住所、经营地点变动前，向原税务登记机关申报办理注销税务登记。

3. 纳税人被工商行政管理机关吊销营业执照或者被其他机关予以撤销登记的向原税务登记机关申报办理注销税务登记。

4. 其他相关内容改变。

四、账证管理

（一）每月必须计提当月应交税款，根据实际缴纳的税款，当月做记账凭证，登记账簿，实交数与计提数不符时，当月税差必须做相应的账务调整。

（二）为了办理各种税收优惠的需要，相关财务人员应将每月的完税凭证或已交税款的缴款书原件装订成册妥善保管；每月根据完税凭证及已交税款的缴款书填写"财务付款审批单"，总会计师及总经理签字确认后入账。

（三）相关税收记账凭证、账簿、完税凭证、缴款书及其他有关资料不得伪造、编造或擅自损毁。

（四）相关税收的记账凭证、账簿、完税凭证、缴款书及其他有关资料应当永久保存（另有规定的除外）。

五、发票管理

（一）财务管理部门应严格发票的管理，必须设置发票领用登记簿，详细记录购入发票的使用情况，入账的发票要在登记本上注销，已开出而在次月尚未入账的发票应查明原因，及时处理。

（二）发票开票人不得保管发票印鉴，必须坚持先开票后盖章的原则，严禁将发票专用章或财务专用章预留在空白发票上《发票管理办法》。

（三）各经办人员对发票进行真实性负责，发票使用的其他事项，严格按公司《发票管理办法》执行。

六、纳税申报管理

（一）公司为独立法人公司，在纳税年度无论有无应税事项发生，均须在税务机关规定的申报期限内办理纳税申报，报送纳税申报表、财务会计报表及其他纳税资料。

若公司在纳税年度有扣缴义务的，也须在税务机关核定的申报期限内报送代扣代缴、代收代缴税款报告表及其他有关资料。

（二）公司下属企业日常经营活动中主要涉及增值税、企业所得税、土地增值税、城市维护建设税、教育费及地方教育费附加、印花税、城镇土地使用税、房产税等税种。

财务管理部门应当按照纳税核算工作指引的要求，及时了解最新的税务政策，按照国家及地方颁布的最新政策，每月（季）自行向公司所属财、税局（所）申报。

（三）相关财务人员必须在税局（所）规定申报的申报期限内到所属税局（所）申报，如申报期有变动，以税局（所）公布的信息为主。如遇特殊情况确实无法按期申报，财务管理部门应首先在法定截止日期以前申办延期缴款手续，若经努力确实无法延期的，应按期足额地缴交各项税款。严禁既不办理延期又不缴纳税款的情况发生。

（四）纳税申报与支付税款执行《财务管理部工作权限审批表》。对于区域并表操盘的项目公司，应将企业所得税汇算清缴、土地增值税清算等资料，上报区域审核无误后再进行税务申报。年度结束后，各项目公司应在次年3月31日前将上一年度各月度纳税申报表电子版报区域公司财务部存档。

七、税务检查管理

（一）总会计师、总经理有权对财务纳税情况进行随时检查。

（二）财务管理部接受税务机关依法进行的税务检查如实反映情况，提供有关资料，不得拒绝、隐瞒。

（三）接受税务机关检查过程中，如发现问题，应及时通知财务管理部上级主管，以便及时协调解决问题；检查结果复印一份送财务管理部备案存查，并报总经理备案。

八、奖惩管理

财务管理部相关人员必须按照税务机关规定的期限办理纳税申报，逾期未申报致使税务机关罚款、收滞纳金的，公司将根据有关规定予以处理相关责任人。

九、第三方税务服务规范管理

（一）税务咨询服务对日常税务申报、税务知识更新、项目税务筹划及涉税风险把控等具有很高的时效性和经济性；这就要求第三方中介具有房地产行业涉税风险的专业知识和特殊业务积累的经验，鉴于此，建议通过招投标方式引入第三方中介。

（二）第三方税务咨询的服务内容：（1）针对已经开工和新建房地产项目，提供针对增值税、土地增值税、企业所得税、契税等税种的税务筹划咨询服务；（2）就项目涉税事项，提供咨询并解答问题，针对突发涉税事项提出应对措施并协助实施落地，以达到合法合规与节税并重的效果；（3）定时提供与房地产相关的税收政策更新、进行日常业务指导，不限于现场、电话及邮件等方式；（4）针对每个项目，每季度现场指导不少于三天，进行税务合规审查，指出涉税存在的风险点及涉及的税法法律法规，并书面出具建议书；（5）对企业日常的纳税申报进行指导，并对申报前的数据进行专业审核并出具意见；（6）对关联企业之间的交易，指出税务筹划的空间及交易的涉税风险，给予合理合法合规的涉税建议；（7）对于房地产企业资产重组、收购合并及分立等业务提出税务筹划，达到企业税负最优化（如需出具方案另外收取费用）；（8）代办涉税事项过程中，采集信息、协调与税务机关的沟通；（9）根据国家有关税收政策，现场指导、培训、解答有关各类服务事项。

（三）第三方税务咨询的监督管理各单位应当对于第三方提供的税务咨询服务从专业能

力、服务态度、协调与税务部门及其他政府部门的关系等多方面进行考评,对于不能满足企业日常经营需要的第三方税务咨询机构要及时终止服务,重新选择有能力的服务机构。

十、税务风险管理的一般规定

(一)税务风险是指由于没有遵循税法可能遭受的法律制裁、财务损失或声誉损害。税务风险主要表现为以下两个方面:

1. 企业的纳税行为不符合税收法律、法规的规定,应纳税而未纳税、少纳税,从而面临补税、罚款、加收滞纳金、刑罚处罚及声誉损害等风险;

2. 企业经营行为适用税法不准确,没有用足有关税收优惠政策,多缴纳了税款,承担了不必要税收负担。

(二)税务风险管理是企业风险管理的重要组成部分,税务风险管理的主要目标包括:(1)税务规划具有合理的商业目的,并符合税法规定;(2)企业的经营决策和日常经营活动应考虑税收因素的影响,符合税法规定;(3)对税务事项的会计处理符合相关会计制度或准则以及相关法律法规;(4)税务申报和税款缴纳符合税法规定;(5)税务登记、账簿凭证管理、税务档案管理以及税务资料的准备和报备等涉税事项符合税法规定。

(三)各单位应倡导遵纪守法、诚信纳税的税务风险管理理念,增强税务风险管理意识,提高税务风险管理水平。

(四)税务风险管理应由各单位主管领导负责督导并参与决策,各单位应将税务风险管理作为企业经营的一项重要内容,促进企业内部管理与外部监管的有效互动。

(五)公司应结合自身经营情况和税务风险特征,建立相应的税务风险管理制度,税务风险管理制度主要包括:(1)税务风险管理的组织机构、岗位和职责;(2)税务风险识别和评估的机制和方法;(3)税务风险控制和应对的机制和措施;(4)税务信息管理体系和沟通机制;(5)税务风险管理的监督和改进机制。

(六)公司应结合自身税务风险管理的实际情况,选择在房地产行业税务管理方面专业水平高、规模较大、人脉资源丰富的税务师事务所签订合作协议,得到税务风险管理方面的专业支持。

十一、税务管理主要工作的一般规定

(一)税务登记管理的一般性规定:

1. 新设单位应自领取营业执照之日起 30 日内持有关证件向税务机关申办税务登记证。

2. 当税务登记内容发生变化时,各单位应自工商局办理变更登记之日起 30 日内或在向工商局申办注销之前,持有关证件向税务机关申报办理变更或注销手续。

3. 税务登记证之正本由本单位企管部门保管,副本及其相应申报资料由财务部门保管。

(二)纳税申报和缴款的一般性规定:

1. 凡办有纳税登记证的单位,在某一纳税年度内无论是否有应税事项发生,均需在税务机关规定的申报期限内办理纳税申报,报送纳税申报表、财务报表及其他纳税资料。

2. 凡具有扣缴义务的单位,必须在税务机关核定的申报期限内报送代扣代缴、代收代缴税款报告表及其他有关资料。

3. 在需要办理延期纳税的情况下,各单位应在法定截止日前申办延期缴款手续,若确实无法延期的,应按期足额缴纳税款,严禁既不办理延期又不按时缴纳税款的情况发生。

（三）新项目税务论证的一般性规定：
1. 新购土地项目"可行性研究报告"应有相关的税务论证。
2. 股权收购项目也应进行税务论证，评估存在的税务风险。

第二节　房地产开发企业关注的发票及增值税问题

"营改增"后房地产开发企业需要关注的 31 个发票及增值税等问题如下。

一、已经缴纳营业税未开具营业税发票的，"营改增"后怎么补开发票？

国家税务总局公告 2016 年第 53 号第 9 条：可以开具增值税普通发票，不得开具增值税专用发票使用"未发生销售行为的不征税项目"下设 603 "已申报缴纳营业税未开票补开票"；发票税率栏应填写"不征税"发票备注栏注明"已纳营业税，完税凭证号码××××"字样。

二、房地产预收款怎么开具发票？

房地产开发企业收取预收款时，可以开具增值税普通发票，不得开具增值税专用发票。使用"未发生销售行为的不征税项目"编码，602 "销售自行开发的房地产项目预收款"，发票税率栏应填写"不征税"（国家税务总局公告 2016 年第 53 号第 9 条）。

规格型号、单位、数量、单价栏可暂不填写，其他项目应填写齐全，商品名称为"房地产项目名称——商品房预收款"，备注栏注明预收款性质（如定金、30% 首付款等）、预售不动产的详细地址和商品房面积。

三、两个以上自然人共同购买房产怎么开具发票？

发票购货方名称可以填写共有人姓名，纳税识别号一栏可以不填写在备注栏填写共有人姓名、身份证件号码和房产地址等信息。

四、房地产开具发票有哪些要求？

国家税务总局公告 2016 年第 23 号规定：在发票"货物或应税劳务、服务名称"栏填写不动产名称及房屋产权证书号码（无房屋产权证书的可不填写）"单位"栏填写面积单位备注栏注明不动产的详细地址。

五、销售的房地产项目因确权面积差、销售折扣等原因红字发票开具问题

已开具营业税发票的，2016 年 5 月 1 日以后由于确权面积差、销售折扣等原因需要开具红字发票的，可以开具红字增值税普通发票。

开具时应在备注栏内注明红字发票对应原开具的营业税发票的代码、号码及开具原因。

纳税申报时，红字增值税普通发票负数金额在申报表如实填报的同时，在无票收入栏次填报相同的正数销售额。

六、营业税发票开具错误怎么办？

2016年5月1日之后，纳税人发现原营业税发票开具错误，需要开具红字发票的，可于2016年12月31日之前开具红字增值税普通发票（房地产开发企业销售自行开发的不动产不受此时间限制），同时开具蓝字增值税普通发票。

红字发票开具时应在备注栏内注明对应原开具的营业税发票的代码、号码及开具原因。蓝字发票开具时应在备注栏注明对应原开具的营业税发票的代码、号码，红字增值税发票的代码、号码及开具原因。

七、土地价款扣除范围问题

《营业税改征增值税试点有关事项的规定》（财税〔2016〕36号）第一条第（三）项第10点中"向政府部门支付的土地价款"，包括土地受让人向政府部门支付的征地和拆迁补偿费用、土地前期开发费用和土地出让收益等。

房地产开发企业中的一般纳税人销售其开发的房地产项目（选择简易计税方法的房地产老项目除外），在取得土地时向其他单位或个人支付的拆迁补偿费用也允许在计算销售额时扣除。纳税人按上述规定扣除拆迁补偿费用时，应提供拆迁协议、拆迁双方支付和取得拆迁补偿费用凭证等能够证明拆迁补偿费用真实性的材料。

支付的土地价款，是指向政府、土地管理部门或受政府委托收取土地价款的单位直接支付的土地价款。

适用一般计税方法计税，按照取得的全部价款和价外费用，扣除当期销售房地产项目对应的土地价款后的余额计算销售额。

销售额 =（全部价款和价外费用 - 当期允许扣除的土地价款）÷（1 + 11%）

八、当期允许扣除的土地价款怎么计算？

国家税务总局公告2016年第18号第5条：当期允许扣除的土地价款按照以下公式计算：当期允许扣除的土地价款 =（当期销售房地产项目建筑面积 ÷ 房地产项目可供销售建筑面积）× 支付的土地价款

当期销售房地产项目建筑面积，是指当期进行纳税申报的增值税销售额对应的建筑面积。

房地产项目可供销售建筑面积，是指房地产项目可以出售的总建筑面积，不包括销售房地产项目时未单独作价结算的配套公共设施的建筑面积。

支付的土地价款，是指向政府、土地管理部门或受政府委托收取土地价款的单位直接支付的土地价款（被财税〔2016〕140号废止）。

九、当期允许扣除的土地价款怎么进行账务处理？

《〈增值税会计处理规定〉的通知》（财会〔2016〕22号）：增值税一般纳税人应在"应交增值税"明细账内设置"进项税额""销项税额抵减""已交税金""转出未交增值税""减免税款""出口抵减内销产品应纳税额""销项税额""出口退税""进项税额转出""转出多交增值税"等专栏。

"销项税额抵减"专栏，记录一般纳税人按照现行增值税制度规定因扣减销售额而减少的销项税额；

账务处理：

借：应交税费——应交增值税（销项税额抵减）
　　贷："主营业务成本"

十、"一次拿地、分次开发"如何计算当期允许扣除的土地价款？

国家税务总局2016年第18号公告规定，当期允许扣除的土地价款按照以下公式计算：当期允许扣除的土地价款 =（当期销售房地产项目建筑面积÷房地产项目可供销售建筑面积）×支付的土地价款

房地产企业一次性购地，分次开发，可供销售建筑面积无法一次全部确定的，按照均衡配比的原则，按以下顺序计算当期允许扣除的土地价款：

（1）首先，计算出已开发项目所对应的土地价款：已开发项目所对应的土地价款 = 支付的土地总价款×（已开发项目占地面积÷开发用地总面积）。

（2）然后，再按照以下公式计算当期允许扣除的土地价款：当期允许扣除的土地价款 =（当期销售房地产项目建筑面积÷当期已开发房地产项目可供销售建筑面积）×已开发项目所对应的土地价款。

十一、在新政府补助准则下，4种不同形式的"土地出让金"返还款会计和企业所得税处理

A房地产开发有限公司（以下称A公司）通过招拍挂获得了一个旧城改造项目，支付土地出让金1亿元。后来，A公司取得土地出让金返还款2000万元。那么，在新政府补助准则下，不同形式的土地出让金返还款如何进行会计和企业所得税处理？

情形一：根据A公司和政府部门的约定，该笔返还是给企业招商引资的奖励款2000万元，未规定资金专项用途。

会计处理：《企业会计准则1号——政府补助》第4条规定，政府补助分为与资产相关的政府补助和与收益相关的政府补助。与收益相关的政府补助，是指除与资产相关的政府补助之外的政府补助。第11条规定，与企业日常活动相关的政府补助，应当按照经济业务实质，计入其他收益或冲减相关成本费用。与企业日常活动无关的政府补助，应当计入营业外收支。

根据上述规定，A公司取得的招商引资奖励款应当认定为与收益相关的政府补助，且与企业日常活动不相关，应当计入营业外收入。会计处理为（未提及税费忽略不计）：

借：银行存款　　　　　　　　　　　　　　　　20000000
　　贷：营业外收入　　　　　　　　　　　　　　20000000

所得税处理：根据《财政部 国家税务总局关于专项用途财政性资金企业所得税处理问题的通知》（财税〔2011〕70号）规定，企业从县级以上各级人民政府财政部门及其他部门取得的应计入收入总额的财政性资金，凡同时符合以下条件的，可以作为不征税收入，在计算应纳税所得额时从收入总额中减除：一是企业能够提供规定资金专项用途的资金拨付文件；二是财政部门或其他拨付资金的政府部门对该资金有专门的资金管理办法或具体管理要求；三是企业对该资金以及以该资金发生的支出单独进行核算。

根据上述规定，A公司取得的招商引资奖励款不满足不征税收入的条件，因此需要全额计算缴纳企业所得税500万元（500 = 2000×25%）。

情形二：政府将该笔土地出让金返还款作为 A 公司建设市政配套设施的补助。

会计处理：《企业会计准则 1 号——政府补助》第 4 条规定，与资产相关的政府补助，是指企业取得的、用于购建或以其他方式形成长期资产的政府补助。第 8 条规定，与资产相关的政府补助，应当冲减相关资产的账面价值或确认为递延收益。与资产相关的政府补助确认为递延收益的，应当在相关资产使用寿命内按照合理、系统的方法分期计入损益。

A 公司取得的财政返还，属于对开发产品的补偿，因此应当确认为与资产相关的政府补助，且应当冲减开发成本的账面价值 2000 万元。会计处理为（未提及税费忽略不计）：

借：银行存款　　　　　　　　　　　　　　　　　　20000000
　　贷：开发产品——市政配套设施　　　　　　　　　　20000000

所得税处理：A 公司取得的该项财政性资金按照企业会计准则的规定不应计入收入，因此不适用财税〔2011〕70 号文件规定。对企业所得税影响通过结转已售"开发产品"的成本时实现。

情形三：政府将该笔返还款项用于对 A 公司实施拆迁补偿的补助。

会计处理：《企业会计准则 1 号——政府补助》第 4 条规定，政府补助分为与资产相关的政府补助和与收益相关的政府补助。与收益相关的政府补助，是指除与资产相关的政府补助之外的政府补助。第 11 条规定，与企业日常活动相关的政府补助，应当按照经济业务实质，计入其他收益或冲减相关成本费用。A 公司取得的财政返还用于补偿发生的成本支出，因此应当冲减土地开发成本。会计处理为（未提及税费忽略不计）：

借：银行存款　　　　　　　　　　　　　　　　　　20000000
　　贷：开发成本——土地成本——拆迁补偿费　　　　　20000000

所得税处理：A 公司取得的该项财政性资金按照企业会计准则的规定不应计入收入，因此也不适用财税〔2011〕70 号文件规定，对企业所得税影响同样通过结转已售"开发产品"的成本时实现。

情形四：A 公司红线内配建养老院，建成后移交政府，财政返还款作为对养老院建设的补贴。

会计处理：《企业会计准则第 16 号——政府补助》第五条规定，下列各项适用其他相关会计准则：企业从政府取得的经济资源，如果与企业销售商品或提供服务等活动密切相关，且是企业商品或服务的对价或者是对价的组成部分，适用《企业会计准则第 14 号——收入》等相关会计准则。A 公司建设养老院，取得政府支付的 2000 万元，发生成本 1800 万元，应当认定为该项经济资源的取得与企业提供服务密切相关，不属于无偿从政府取得收入。因此，应当按照《企业会计准则第 14 号——收入》的规定，计入主营业务收入。会计处理为（未提及税费忽略不计）：

借：银行存款　　　　　　　　　　　　　　　　　　20000000
　　贷：主营业务收入　　　　　　　　　　　　　　　20000000
借：主营业务成本　　　　　　　　　　　　　　　　　18000000
　　贷：开发产品　　　　　　　　　　　　　　　　　18000000

所得税处理：

A 公司取得利润 200 万元，应当计算缴纳企业所得税 50 万元（200×25%）。

十二、"代建"房屋的行为如何征收增值税?

纳税人接受建房单位委托,为其代建房屋的行为,应按"经纪代理服务"税目征收增值税,其销售额为其向委托方收取的代建手续费。这里所指的代建房屋行为必须同时符合下列条件:(1)以委托方的名义办理房屋立项及相关手续;(2)与委托方不发生土地使用权、产权的转移;(3)与委托方事前签订委托代建合同;(4)不以受托方的名义办理工程结算。

十三、房地产开发企业收取的订金、意向金、诚意金等款项缴纳增值税问题

房地产开发企业以订金、意向金、诚意金、认筹金等各种名目向购房人收取的款项不同时符合下列条件的均属于预收款性质,应按规定预缴增值税:(1)收取的款项金额不超过5万元(含5万元);(2)收取的款项从收取之日起3个月内退还给购房人。

十四、房地产开发公司为其开发的房地产项目配套建设的学校其相应的进项税额能否抵扣?若将学校无偿移交给政府,是作为视同销售处理,还是做进项转出处理?

房地产开发公司为其开发的房地产项目配套建设的学校其相应的进项税额可以抵扣。若将学校无偿移交给政府,不需要按视同销售计提销项税额,进项税额也不需转出。

十五、房地产开发企业向被拆迁业主交付回迁房如何计税?

房地产开发企业以自己名义立项,开发回迁房并向被拆迁业主无偿转让回迁房所有权的行为,按照《营业税改征增值税试点实施办法》第十四条规定,视同销售不动产征收增值税。区分以下两种情形:

(一)房地产开发企业在承担土地出让价款的土地上开发回迁房并向被拆迁业主无偿转让回迁房所有权的,其销售额按下列方法和顺序确定:

1. 按照本企业最近时期销售同类房产的平均价格确定。
2. 按照其他房地产企业最近时期销售同类房产的平均价格确定。

(二)房地产开发企业在不承担土地出让价款的土地上开发回迁房并向被拆迁业主无偿转让回迁房所有权的,其销售额按组成计税价格确定。组成计税价格公式为:

组成计税价格 = 成本 × (1 + 成本利润率)

成本利润率在国家税务总局未发布之前,暂按照《国家税务总局关于印发〈房地产开发经营业务企业所得税处理办法〉的通知》(国税发〔2009〕31号)中有关房地产开发企业视同销售成本利润率的相关规定,开发产品的成本利润率不得低于15%,具体比例由各市国税局确定。

公式中成本不包含土地成本。

十六、房地产开发企业接盘"烂尾楼"再销售的,如何缴纳增值税?

在房地产冷热不均情况下,部分房地产企业经常会出现资金断裂急需套现的情况,无法继续投资建设导致项目烂尾。转让企业和接盘"烂尾楼"企业如何纳税?

2016年8月18日,万友房地产公司由于资金紧张,现将在建未完的太湖别墅项目整体转让给瑞安达房地产公司,转让价格5亿元,瑞安达房地产接盘后,以自己的名义重新立项并继续开发销售,两公司税务处理情况。

1. 转让已完成土地前期开发或正在进行土地前期开发，但尚未进入施工阶段的在建项目，按"转让无形资产"税目中"转让土地使用权"项目缴纳增值税。

2. 转让已进入建筑物施工阶段的在建项目，按"销售不动产"税目缴纳增值税。在建项目是指立项建设但尚未完工的房地产项目或其他建设项目。

万友房地产公司，转让在建工程，如果是尚未进入施工阶段的在建项目，按"转让无形资产"税目中"转让土地使用权"项目缴纳增值税。

如果转让已进入建筑物施工阶段的在建项目，按"销售不动产"税目缴纳增值税。开具增值税专用发票。

瑞安达房地产公司，购入建工程，取得增值税专用发票，按发票注明的增值税抵扣销项税。适用于总局 2016 年 18 号公告，扣除对应的土地价款。如果不立项，适用于总局 14 号公告，不得扣除对应的土地价款。

十七、销售无产权的地下车位如何缴纳增值税？

依据财税〔2016〕36 号文件，销售服务、无形资产、不动产注释第三条第四款规定：转让建筑物有限产权或者永久使用权的，转让在建的建筑物或者构筑物所有权的，以及在转让建筑物或者构筑物时一并转让其所占土地的使用权的，按照销售不动产缴纳增值税。

所以，销售无产权的地下车位按照销售不动产缴纳增值税。

十八、关于房地产开发企业销售精装修房所含装饰、设备是否视同销售问题

房地产开发企业销售精装修房，已在《商品房买卖合同》中注明的装修费用（含装饰、设备等费用），已经包含在房价中，因此不属于税法中所称的无偿赠送，无须视同销售。房地产企业"买房赠家电"等营销方式的纳税比照本原则处理。现实中还有"买房送车""买房送车位"等等。

依据《营业税改征增值税试点实施办法》第十四条第二款规定，视同销售不动产的范围是："单位或者个人向其他单位或者个人无偿转让无形资产或者不动产，但用于公益事业或者以社会公众为对象的除外。"

收入额按国税函〔2008〕875 号文件处理，将总的销售额按各商品的公允价值的比例来分摊确认各项目的销售收入。

十九、房地产开发企业的宣传礼品是否需要缴纳增值税？

×××房地产开发公司，2017 年 1 月 10 日开盘，对前来看房人员并登记购房的人员赠送茶杯、雨伞等物品，茶杯、雨伞是否缴税？

视同销售缴税：依据《增值税暂行条例实施细则》第四条第（八）款，将自产、委托加工或者购进的货物无偿赠送其他单位或者个人，视同销售缴纳增值税。

二十、房地产企业向购房人收取的购房违约金是否缴纳增值税？

××购房人，未及时办理购房手续，根据合同约定，房地产企业向购房人收取的违约金。

销售行为成立，向购房人收取的违约金属价外费用，需要计算缴纳增税。

销售行为不成立，向购房人收取的违约金属营业外收入，不需要计算缴纳增税。

依据财税〔2016〕36号文件第三十七条，销售额，是指纳税人发生应税行为取得的全部价款和价外费用，财政部和国家税务总局另有规定的除外。

二十一、开发商退赔业主的款项能否冲减售房收入？

能。依据财税〔2016〕36号文件第三十二条，纳税人适用一般计税方法计税的，因销售折让、中止或者退回而退还给购买方的增值税额，应当从当期的销项税额中扣减；

第三十六条，纳税人适用简易计税方法计税的，因销售折让、中止或者退回而退还给购买方的销售额，应当从当期销售额中扣减。

依据国税函〔2008〕875号文件，已确认销售的售出商品，发生销售折让和销售退回的，应冲减当期的销售商品收入。

二十二、以接受投资取得的土地开发商品，其土地价款是否可以从销售收入中扣除？

国家税务总局公告2016年第18号第5条：支付的土地价款，是指向政府、土地管理部门或受政府委托收取土地价款的单位直接支付的土地价款。

因此，接受投资取得的土地使用权，在计算销售额时，不可以扣除对应的土地使用权。

投资企业以土地使用权对外投资，相当于用土地使用权换取股权，属于《试点办法》第十一条规定的有偿销售情形，应按"销售无形资产——土地使用权"税目，适用11%税率缴纳增值税，如为2016年4月30日前取得的土地使用权，根据财税〔2016〕47号文件第三条第（二）项规定，可以选择简易办法，以取得的全部价款和价外费用减去取得土地使用权的原价后的余额为销售额，按5%的征收率计算缴纳增值税。

被投资企业在接受土地使用权时投资时，可按规定取得增值税专用发票，其进项税额可以从当期的销项税额中抵扣，如果从该土块的开发产品销售中再扣除对应的土地价款，必然重复扣除。

二十三、因土地权属更名，项目公司取得土地出让金收据抬头与公司名称不一致，如何进行增值税处理？

例如：A房产公司2016年12月通过招拍挂取得土地使用权，支付土地价款3000万元，并取得土地出让金财政收据，2017年1月，A公司成立全资子公司B公司，并与国土局签订补充协议，将该土地使用权变更为B公司，B公司取得了原国土局开具给A公司的土地使用权，造成土地出让金收据抬头与公司名称不一致，该土地出让金是否可以从销售收入中扣除呢？

财税〔2016〕140号文件第八条规定：房地产开发企业（包括多个房地产开发企业组成的联合体）受让土地向政府部门支付土地价款后，设立项目公司对该受让土地进行开发，同时符合下列条件的，可由项目公司按规定扣除房地产开发企业向政府部门支付的土地价款。

（一）房地产开发企业、项目公司、政府部门三方签订变更协议或补充合同，将土地受让人变更为项目公司；

（二）政府部门出让土地的用途、规划等条件不变的情况下，签署变更协议或补充合同时，土地价款总额不变；

（三）项目公司的全部股权由受让土地的房地产开发企业持有。

二十四、配套公共设施的建筑面积可以作为土地价款扣除的基数吗？

国家税务总局公告 2016 年第 18 号第五条：当期销售房地产项目建筑面积，是指当期进行纳税申报的增值税销售额对应的建筑面积。

房地产项目可供销售建筑面积，是指房地产项目可以出售的总建筑面积，不包括销售房地产项目时未单独作价结算的配套公共设施的建筑面积。

国家税务总局公告 2016 年第 86 号第五条："当期销售房地产项目建筑面积""房地产项目可供销售建筑面积"，是指计容积率地上建筑面积，不包括地下车位建筑面积。

二十五、房产建设项目受"台风"损失其进项税需要转出吗？

依据财税〔2016〕36 号文件第二十七条：非正常损失的不动产，以及该不动产所耗用的购进货物、设计服务和建筑服务，其进项税额不得抵扣。

依据财税〔2016〕36 号文件第二十八条：非正常损失，是指因管理不善造成货物被盗、丢失、霉烂变质，以及因违反法律法规造成货物或者不动产被依法没收、销毁、拆除的情形。

房产建设项目受"台风"损失不属于非正常损失，进项可以抵扣。

房产非正常损失情形一般有：施工现场材料丢失、被盗；未批先建、违建没收、销毁、拆除。

二十六、兼营一般计税和简易计税项目的，如何划分可以抵扣的进项税额？

A 公司同时存在新项目和老项目，老项目简易计税，取得收入同时有销售开发产品收入和商业用房的房租收入，期间取得的进项税如何计算不得抵扣的进项税额？

依据财税〔2016〕36 号文件第二十九条：适用一般计税方法的纳税人，兼营简易计税方法计税项目、免征增值税项目而无法划分不得抵扣的进项税额，按照下列公式计算不得抵扣的进项税额：

不得抵扣的进项税额 = 当期无法划分的全部进项税额 ×（当期简易计税方法计税项目销售额 + 免征增值税项目销售额）÷ 当期全部销售额

先计算销售开发产品收入与房租收入的比例计算出销售开发产品应分摊的进项税：

销售开发产品应分摊的进项税额 = 当期无法划分的全进项税额 ×（当期开发产品的销售额 / 当期全部销售额）

再计算简易计税项目与一般计税项目的不得抵扣的进项税额：

国家税务总局公告 2016 年第 18 号第十三条：一般纳税人销售自行开发的房地产项目，兼有一般计税方法计税、简易计税方法计税、免征增值税的房地产项目而无法划分不得抵扣的进项税额的，应以《建筑工程施工许可证》注明的"建设规模"为依据进行划分。

不得抵扣的进项税额 = 销售开发产品应分摊的进项税额 ×（简易计税、免税房地产项目建设规模 ÷ 房地产项目总建设规模）

注意：建设规模。

二十七、开发产品转固定资产进项税额如何抵扣？

营业税改征增值税试点有关事项的规定第一条（四）款：适用一般计税方法的试点纳税人，2016 年 5 月 1 日后取得并在会计制度上按固定资产核算的不动产或者 2016 年 5 月 1

日后取得的不动产在建工程,其进项税额应自取得之日起分两年从销项税额中抵扣,第一年抵扣比例为60%,第二年抵扣比例为40%。

取得不动产,包括以直接购买、接受捐赠、接受投资入股、自建以及抵债等各种形式取得不动产,不包括房地产开发企业自行开发的房地产项目。

依据国家税务总局公告2016年第18号文件第五条:购进时已全额抵扣进项税额的货物和服务,转用于不动产在建工程的,其已抵扣进项税额的40%部分,应于转用的当期从进项税额中扣减,计入待抵扣进项税额,并于转用的当月起第13个月从销项税额中抵扣。

所以,开发产品转用于固定资产的,应于转用的当期从进项税额中扣减,计入待抵扣进项税额,并于转用的当月起第13个月从销项税额中抵扣。

二十八、房地产开发企业销售现房,直接开具发票,是否需要预缴增值税?

无须预缴增值税。按适用税率缴纳增值税。

二十九、"拆一还一"问题

房地产企业拆迁还房的实质是,被拆迁户用房地产企业支付的货币补偿资金向房地产企业购入房屋,要确认土地成本中的"拆迁补偿费支出",即以按公允价值或同期同类房屋市场价格计算的金额以"拆迁补偿费"的形式计入开发成本的土地成本。另外,对补偿的房屋应视同对外销售,视同销售收入应按其公允价值或参照同期同类房屋的市场价格确定,同时应按照同期同类房屋的成本确认视同销售成本。

三十、房地产企业预收款时账务处理

×××房地产公司A小区于2016年10月30日达到预售条件并取得预售许可证,陆续收到客户支付的预售款33300万元,暂不考虑其他税种。

(1)2016年10月收到预售款时:
借:银行存款　　　　　　　　　　　　　　　333000000
　　贷:预收账款　　　　　　　　　　　　　　333000000

(2)2016年11月预缴增值税时:
借:应交税费——预交增值税　　9000000(333000000/1.11×3%)
　　贷:银行存款　　　　　　　　　　　　　　9000000

三十一、房地产企业差额征税的账务处理问题

2017年12月,A小区竣工并办理交房手续,累计销售90000平方米,预收房款99900万元,累计共预缴增值税2700万元,土地增值税1800万元,期初留抵进项税额4400万元,其他支出项目不考虑。

结转收入,确认销售额,假设当期允许扣除的土地价款4500万元。

销售额 = (99900 - 4500)/1.11 = 85845.95(万元)

销项税额 = 85845.95×11% = 9454.05(万元)

(1)借:预收账款　　　　　　　　　　　　　　999000000
　　　贷:主营业务收入　　　　　　　　　　　900000000
　　　　　应交税费——应交增值税(销项税额)　99000000

(2) 借：应交税费——应交增值税（销项税额抵减） 4459500
　　　贷：主营业务成本 4459500
(3) 结转已售开发产品成本
借：主营业务成本 540000000
　　贷：开发产品 540000000
　　　　应交税费——应交增值税（销项税额） 99000000
(4) 结转预缴税金
借：应交税费——未交增值税 27000000
　　贷：应交税费——预交增值税 27000000
(5) 应缴增值税 = 9900 − 445.95 − 4400 = 5054.05（万元）
借：应交税费——应交增值税（转出未交增值税） 50540500
　　贷：应交税费——未交增值税 50540500

第三篇

增值税管理信息系统操作实务

第七章　增值税系统介绍

为进一步管理建筑企业增值税业务，许多软件公司与建筑企业经过探索研制开发了《建筑企业增值税信息化系统》，目前应用比较多的是久其软件公司开发的《增值税管理信息系统》，此系统符合建筑企业战略要求和企业发展实际情况对增值税务的管理要求，能防范经营和税务风险，降低企业税负，促进规范管理和提高经济效益，通过此系统能提升税务管理水平。

近年来，伴随大型企业财务共享中心建设，增值税系统与财务共享相互衔接需求日益迫切，同时伴随国家税务信息系统逐渐完善，因此在增值税系统建设过程中呈现出：衔接财务共享、融合税局服务、挖掘发票数据三方面的建设特征。

因此在增值税信息化系统设计环节，不能简单着眼于单独的增值税流程管理，还要具备平台化、社会化、数据化的思维思考相关系统的短期系统应用体验、中期系统流程优化和长期系统价值挖掘。

一、增值税系统建设目标

（一）主要模块

作为重点税种的管理工具，在信息系统的设计环节，应该遵循删繁就简和行业个性兼顾的原则：一方面，避免过度规划，影响分阶段系统建设价值；另一方面，应该遵守行业差异，考虑到建筑施工行业项目部核算等特点，合理规划流程和风险管控要素，构建具有"管理灵魂"的税务系统。

根据以上原则，我们认为相关系统应至少包括以下模块：基础信息、进项管理、销项管理、纳税申报、税收筹划、税务结算、系统集成、移动端管理及历史数据管理等方面。

（二）建设目标

系统建设主要是通过对增值税核心要素的管理，满足施工企业对增值税管理要求。同时，保证总公司层面的税收筹划和集中管控。建设目标详细分析如下：

1. 加强增值税专用发票的开具管理，实现增值税专用发票开具的合规合法性控制，加强税务筹划，降低增值税发票的法律风险。

2. 实现对进项税发票的有效管理，通过信息化手段实现多种手段进行发票采集、认证及税务风险控制，降低税务人员工作量，提高工作效率和工作质量。

3. 实现纳税申报的有效管理，满足项目预缴和纳税主体汇总缴纳的申报要求，通过纳税申报表的自动生成，降低税务专员纳税申报填报工作量，同时保证申报数据准确性。

4. 建立多维度、多视角的报表管理和统计分析模块，满足增值税管理工作的汇报和决策支持需要。

5. 能够满足股份总部与下属各级单位的税务分析数据交互功能，实现股份总部层面对下级单位的纳税筹划分析，满足集中管控的要求。

6. 打通与业务系统的对接，构建业、财、税一体化管理平台，满足"四流一致"的管理。通过系统间相关业务数据的自动交互，能够有效降低业务人员工作量，提高工作效率。

7. 打通与增值税选择确认平台、增值税开票系统的接口，实现在线勾选抵扣、在线开票的要求，提高值税管理的自动化办公要求，可以有效降低工作量提高工作效率。

增值税管理系统与久其费用报销系统基于同一平台进行设计开发，能够保证在产品设计风格、界面样式方面保持一致。同时，可延用费用报销系统操作习惯，降低系统学习成本，提升用户体验。

二、系统总体架构

根据建筑企业增值税管理需求分析设计的整体应用架构，核心应用功能包括满足增值税管理应用的合同管理、进项管理、销项管理、纳税申报、跨区域涉税事项报告、纳税筹划、税务结算等相关功能。

（一）本系统架构主要分为三层架构

应用支撑层，为系统应用的基础平台，包括机构管理、用户管理、权限管理、日志管理以及二次开发平台具备的组件级功能，如数据建模、单据定义、工作流组件、打印组件、查询分析等。

应用层，主要包括合同管理、销项管理、进项管理、纳税申报管理、跨区域涉税事项报告、纳税筹划、税务结算及统计分析等增值税管理功能。

特别说明，在业务应用层发票管理（销项发票、进项发票）与合同关联，建立以合同为起点的发票管理模式，实现发票流与合同流的统一；纳税申报管理模块实现申报表自动生成，取数来源全部来自增值税管理系统，对于无法自动取值的计税依据，建议以台账管理的方式进行日常登记维护。基于业务应用功能系统提供相应的移动端应用功能支持。

展现层，主要是面向用户的门户管理，包括通知公告、信息发布、待办事项、预警提醒和移动审批。

（二）增值税管理系统需具备的功能

1. 系统登录。增值税管理系统需要具有良好的集成性，能够支持与建筑企业现有的税务管理系统统一登录门户，降低多系统操作给用户带来的累赘感，提升用户体验。

2. 系统管理。系统应具备基础设置、权限设置及系统设置等相关功能，满足公司法人单位、管理单位不同的管理需求、不同的用户角色及不同的场景应用不同的业务功能。既能保证功能的完整性，又要满足操作的独立性。

3. 基础数据管理。因增值税管理涉及企业管理的多个方面，因此该系统需要建立相应的基础数据用于作为相关功能的业务标准及规范。同时，基础数据的维护具有一定的灵活性，根据业务的调整能够快速定义、调整相关基础数据来满足管理需要，保证基础数据共享、共用及高效的管理，统一数据标准，实现一次性维护从而减少重复录入工作量。

4. 进项管理。以增值税进项业务为管理主线，加强对进项发票的管理，有效控制税负，通过信息化手段，优化进项管理。（1）能够支持多种发票采集方式，包括数据导入、OCR识别、手工录入；支持多种发票类型的发票信息采集维护。（2）发票采集能够实现发票流、合同流、业务流、资金流"四流合一"。（3）能够满足税务专员对增值税专用发票的认证管理需求。（4）能够实现发票数据与财务入账数据的比对。（5）能够实现对进项税额进行纳税调整的相关业务处理。（6）提供多维度发票查询统计功能，支持发票数据的可视化及可追溯。(7) 支持按照项目部或按照法人自动生成进项税金凭证到核算系统。

5. 销项管理。依据国家税收政策，结合企业自身特点来加强对销项发票的管理。(1) 实现开票审批流程，满足从开票申请到开票结果反馈的闭环管理，支持审批流程定制。(2) 建立发票全生命周期管理，实现发票领用、开具、作废、红字及移交后的跟踪管理，能够有效管理空白票及发票库存情况。(3) 与税务局金税系统进行对接，实现在线自动开具增值税发票的功能。

6. 纳税申报管理。(1) 能够支持项目部预缴、法人单位汇总缴纳及独立纳税申报。(2) 能够支持自动获取计税依据，自动生成纳税申报表，保证数据质量同时提高工作效率。(3) 能够支持人工调整申报数据。

7. 纳税筹划管理。(1) 能够实现对进、销项税税额进行配比，模拟测算，从而优化应交税金情况。(2) 能够实现进、销自动平衡，防止税负出现大幅波动，满足公司增值税税务筹划管理要求。

8. 税务结算。能够实现按照单位、项目等维度对应缴税金进行税务内部结算分配。自动将法人单位当期已缴税金计算分配与对应单位、项目部，服务公司的内部管理。

9. 系统集成。系统需要具有良好的开放性、集成性，能够实现与中国铁建现有的税务管理系统、核算系统等内外部相关系统对接进行数据交互，从而提升信息化系统建设的整体管理价值。

10. 移动端。能够提供增值税管理系统对应的移动端应用，应用需要基于增值税管理系统基础上提供相应便捷功能，同时保证界面全面、友好、易懂。移动应用能够与增值税管理系统进行实时的数据交互，便于业务及税务人员使用操作。

三、系统设计原则

（一）标准化

系统设计应符合相关国家及行业已有的标准规范。

（二）前瞻性

系统体系架构和软件体系结构要有前瞻性，充分考虑业务的发展和管理的变化。在系统体系结构和软硬件配置方面既要考虑当前需要，又要考虑未来的扩展。保证本系统的长期使用。

（三）可用性

系统具有完备的应用的可用性措施，支持集中式部署、分布式部署及混合式部署方式，具有完备的数据库的可用性解决方案。系统缓存建立完毕后，系统各项操作性能指标如下：(1) 后台年无故障运行时间占比为100%；(2) 系统登录时间不超过2秒；(3) 打开界面和提交失误响应时间低于2秒；(4) 一般性查询（简单的千条数据）响应时间不超过3秒；(5) 综合报表查询（万条以上的复杂数据）响应时间低于5秒；(6) 并表计算时间不超过3秒；(7) 基于中间件访问的J2EE架构系统可以支持本地用户的并发联机操作，且可以进行并发访问量设定；(8) 系统具备较高的数据处理性能，强化系统的响应时间，提高系统的数据处理效率。(9) 系统可以接收各种形式的电子数据，用户可以通过手工输入或者接口的方式进行采集。

（四）可维护性

系统设计应遵循软件工程思想，采用构件化、层次化、模块化的设计，做到层次清晰，系统框架与业务逻辑分离，各模块相互独立性强，模块间耦合度最小，保证应用软件中的任一模块更新、加载时，在不更新与上下模块的接口的前提下，不影响业务运转和服务；当系统负荷加大时，仍需确保所需的服务质量，不随意更改系统的架构；可方便地维护各种基础数据资料；可以方便地对系统各构件进行单独升级。

系统应提供较好的灵活性，满足不同用户的个性化需求。在对各业务系统进行数据采集时，要求提供灵活、多样的接口配置。为适应不断更新的管理理念，系统可随时增加、删除、修改系统现有的指标项和定义代码项内容。结合成熟的数据库设计能力，使系统能很快地适应新的管理要求和内容。

当系统出现异常错误报告时，必须能够提供详细的异常信息；当系统在运行过程中所发生的错误应该有明确的错误编号及信息，并能在系统维护手册中查到处理方法与步骤。

（五）成熟性和先进性

系统采用成熟的软件平台，有先进的、成熟的技术方法，开放的体系结构，采用网络和计算机技术领域的主流技术，在此基础之上进行实施和个性化的二次开发。

基于开放式标准，遵循国际标准，提供开放的数据接口，可以进行数据的转入和传出，实现系统间互连。采用业界领先的工具进行开发，先进成熟的设备和技术，确保系统的技术先进性；软件体系结构设计开放、灵活，具有规范的技术接口标准，支持异构平台的硬件环境，应用先进成熟的硬件技术。支持对象型设计和工具开发，且支持组建技术。

（六）实用性和灵活性

系统应能适应目前和未来可能发生的各种复杂情况，具有灵活的应变能力和适应性需求，并且充分考虑今后一段时间内业务需求的变化和系统规划、设计的可推广性。

系统应具有跨平台性，数据服务器和应用服务器支持环境，如 UNIX/LINUX 操作系统，数据库管理系统也匹配支持对 ORACLE 或者 SQLServer 等主流数据库系统，服务器和开发工具均应该同时支持主流中间件的应用。

同时系统提供负载均衡、灾难备份等数据安全防患功能，从而提高系统的可用性。

系统应易于扩展、平滑升级和移植，并具备支持业务处理的灵活的参数化配置，业务功能的重组与更新的灵活性，新的业务应用可灵活增加、快速扩充扩容，不影响系统原有业务功能。具有灵活的、可进化的数据体系结构，允许任何数据被有序引入，并与原有的数据保持一致和集成。系统支持对用户表单的功能定制灵活、到位。

在系统体系结构和软硬件配置方面既要考虑当前需要，又要预留好今后扩展的空间。因此，本软件需要具有开放的、可扩展的系统结构，允许系统与其他应用系统集成，新的功能模块可以被迅速增加或定制出来。具有平滑分布和灵活的可伸缩能力，允许将不同的计算任务分布到不同的机器上去，而不妨碍其他部分的运行。

系统将使用久其研制的 DNA 开发应用平台进行开发，系统功能易于扩展、升级和移植，并具备支持业务处理参数的灵活化配置、业务流程建模、业务功能重组与更新功能，具有灵活的、可进化的数据体系结构，允许任何数据被有序引入，并与原有的数据保持一致和集成。

（七）稳定性和可靠性

系统应保证 7×24 小时持续、稳定、安全地运行。不限制注册用户数量，支持大数据并发的使用，且在架构上支持无限制用户的扩展。设定用户对系统不同模块的不同级别操作权限。建立日志文件，跟踪记录用户对系统每一次操作的详细情况。制定可行的重要数据备份恢复策略、安全控制机制、运行管理监控和故障处理手段。对紧急情况应有相应的应急处理措施，具备灾难恢复等功能。系统安全技术措施主要从网络设备安全、网络系统安全、系统安全防范三个基本层面来实施系统的安全策略，确保系统运行安全、保密、可靠、稳定、数据传输准确、及时、快捷、高效。

（八）安全性

系统应保证业务处理的完整性、充分考虑信息与数据的安全，防止意外事故和网络中断造成对数据完整性的破坏。

系统必须要能够满足用户对复杂的安全性控制要求、加强权限的控制与管理，从数据库本身防止非授权的访问，具备良好的数据安全保护措施和系统安全保证。

系统应实现对系统的统一监控，监控内容包括运行状态、警告、日志、分析等。并对业务数据具有完善的备份与容灾恢复机制，保证故障发生时系统能够及时有效地进行失效转移或快速故障恢复，确保系统安全、稳定、可靠，尽可能减少因系统问题而带来的业务损失。

（九）集成性

系统应易于扩展、升级和移植，并具备支持业务处理的灵活的参数化配置，业务功能的重组与更新的灵活性，新的业务应用可灵活增加，不影响系统原有业务功能。具有灵活的、可进化的数据体系结构，允许任何数据被有序引入，并与原有的数据保持一致和集成。

支持与其他应用统一认证的标准化集成、统一授权的统一化集成管理，与企业应用系统进行数据交互能力。

（十）可管理性

系统严格执行股份公司统一的指标体系和其他各类编码标准，遵守行业数据标准。系统应定义出一个抽象的数据描述格式，以方便系统与其他生产系统的数据交换。

系统设计面向最终用户，必须保证易操作、易理解、易控制；系统所出现的问题能够及时预报并迅速解决。

系统提供界面性的日常维护，可以根据计划任务统一制定维护任务，实现系统的自动化维护工作。对于系统的初始化、日常操作日志等参数的操作和维护，系统提供灵活、便利和自动化的便利操作。提高了系统维护效率。

另外，系统还满足对各项应用服务器资源的使用情况和运行效率的控制应用。

（十一）易用性

系统应具有良好的易用性，用户界面友好、简洁，布局合理；输入方式灵活、便捷，完全支持简体中文；数据合法性检查准确、及时；信息有一个入口，各个模块共享。

系统采用 IE 浏览器访问的方式，便于用户对系统进行快速的掌握和使用；在系统建设时，不仅对现有资产管理的实际业务进行研究分析，还通过现场调研的方式对业务人员操作系统的习惯进行了解，力求系统界面简洁直观，操作简单方便，以建设出既满足业务需要，又具有较高易用性的软件。

（十二）可扩展性

系统遵循可扩展性原则，充分考虑未来业务发展的需要，提供良好的数据接口，满足与其他业务系统的互连互通。采用国际通用标准接口，通过应用接口在应用层面上与其他系统进行数据连接和导入导出。

（十三）兼容性

很多 WEB 应用在不同浏览器下的展现效果各不相同，甚至报错，用户体验很不友好。

这是因为 WEB 应用不兼容多种浏览器的缘故。开发高兼容的 WEB 应用程序需要开发人员深知各种浏览器之间的差异，需对各种差异采取不同的措施，因此开发难度较大。

系统界面框架兼容多种访问终端，支持 IE 各版本、FireFox 等常用网页浏览器，使用户在不同浏览器间的操作得到一致的体验。

系统兼容多种操作系统。

除了以上 13 点增值税系统设计原则以外，伴随信息科学和人工智能技术的高速发展，我们看到增值税系统呈现出与智慧税务方面更加丰富多样的整合特征，如机器人在报税环节的自动化处理，机器学习在增值税发票与合同等业务系统的交叉审核等功能，我们可以展望伴随电子发票普及，以及基于区块链等底层技术的商业模式创新，增值税管理在近期有望完成社会化程度更深的流程服务化整合和信用化服务能力，"破圈"财务，深植产业。

第八章 增值税管理系统操作实务

一、系统概述

建设增值税管理系统主要应用于整体增值税管理，本章主要介绍久其软件公司开发的增值税管理系统。重点建设覆盖增值税管理的关键业务环节，包括合同管理、进项管理、销项管理、纳税申报、纳税筹划、税务结算、跨区域涉税事项报告等功能模块。其实现了将先进科学的税务管理工具贯穿于增值税管理中，覆盖股份总部及成员企业的增值税管理业务框架，总体提升企业"营改增"后增值税管理质量。

二、系统管理

（一）组织机构管理

组织机构管理应实现系统中各组织机构基础数据的全面管理功能，用户可对单位进行基本信息维护：（1）支持定义单位层次关系，形成单位树形结构；（2）支持对单位进行新增、修改、删除操作；（3）支持在建立组织机构时，可以根据单位的上下级关系形成树形结构；（4）支持通过切换组织机构，完成不同企业工作底稿及工作资料的维护工作。

（二）权限管理

权限管理实现系统不同用户对系统资源的查看、使用和控制权限，包含以下功能点：（1）可根据组织、业务对人员进行角色权限分配，包括提交单据、审核单据、查询报表、增减删、凭证、付款等权限分析；（2）控制细化到具体的各个数据资源；（3）资源划分为功能资源、数据资源、单位资源、用户资源。数据资源权限可控制到指标一级；（4）采用多维立方体权限检测系统，实现不同角度对资源的权限管理；（5）权限包含四个标志位：继承、授权、禁止、允许；（6）上下级资源按结构关系数型显示，下级资源可继承上级资源的权限；（7）可批量设置资源的权限；（8）实现复杂的权限矩阵结构，可满足不同用户的各类权限设置方案；（9）可进行权限的灵活组合，可把多种单独的功能模块权限相叠加，组成权限组合；（10）权限设置必须由被授权的系统管理员完成，管理员不能设置大于自身权限的权限；（11）支持权限审计，查询用户与资源的权限设置对应关系。

（三）日志管理

日志管理可以记录用户的操作轨迹和系统的状态，如系统请求的 URL、执行具体方法、对数据进行查询、新增、编辑或删除及登录、退出等行为等。系统日志可以记录从用户请求到服务器响应过程中的所有操作，并具备定期归档功能。

系统管理员可以利用日志管理提供的信息作为系统的监视、诊断和维护的依据。日志信息按照工作任务来组织，即每个工作任务的日志是独立的。日志信息包括三种类型：信息、警告和错误，日志管理提供了以下功能（见图 8-1）：

图 8-1 日志管理

1. 日志查询：系统管理员可以按时间、事件发生源、日志类型等属性对日志信息进行过滤和浏览。

2. 日志导出/备份：将查询出来的日志数据导出到一个文本文件或 Excel 文件中。

3. 日志统计：统计满足指定条件或类别特征的日志记录的数量。

4. 日志删除：删除指定范围的日志记录。

三、基础数据

基础数据用于支撑增值税管理系统业务功能的实现与应用，包括但不限于：纳税主体、项目信息、客商信息、税率、发票类型等内容，基础数据的使用能够支持共享、共用。

（一）纳税主体

纳税主体是税务管理的核心基础数据，支撑增值税管理系统业务功能的实现与应用。主要实现以下功能（见图 8-2）：

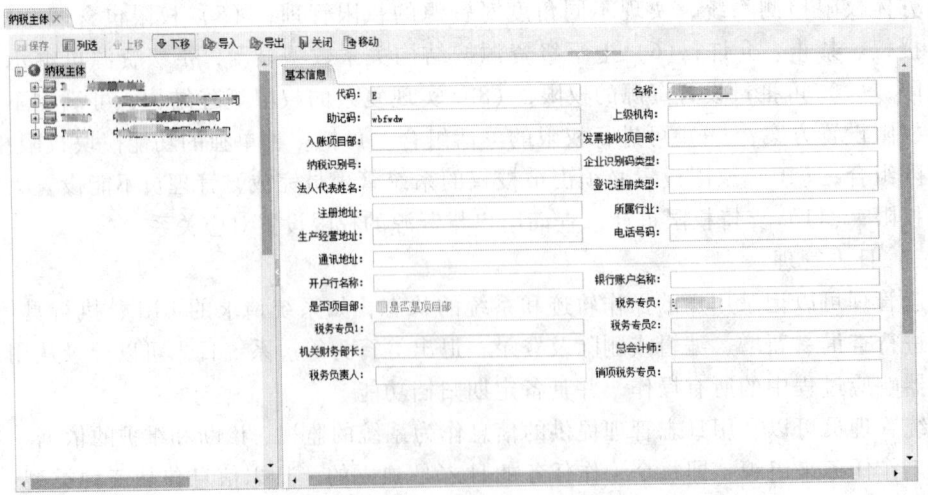

图 8-2 纳税主体

1. 支持建立纳税主体与核算主体的关联性。支持纳税主体信息维护，填报业务中能够自动加载纳税主体信息，确保业务数据的准确性。

2. 支持层级管理，纳税数据能够按层级汇总统计分析。

（二）项目信息

项目信息管理用于实现系统中各项目基础数据的全面管理功能，用户可对项目进行基本信息维护。在建立项目信息时，可以定义项目与组织机构和纳税主体的关联关系，通过选择项目信息，完成不同项目税务管理的维护工作。

1. 支持对项目部进行新增、修改、删除、启用停用等操作。

2. 支持针对项目使用的不同的计税方法进行管理。

（三）客商管理

客商是增值税"四流一致"管理的关键要素，通过统一维护和管理，保证信息的准确性，提高工作效率（见图8-3）。

1. 支持与公司业务系统对接获取客商信息。

2. 支持与项目信息进行关联。

3. 支持共享或隔离等多种方式管理。

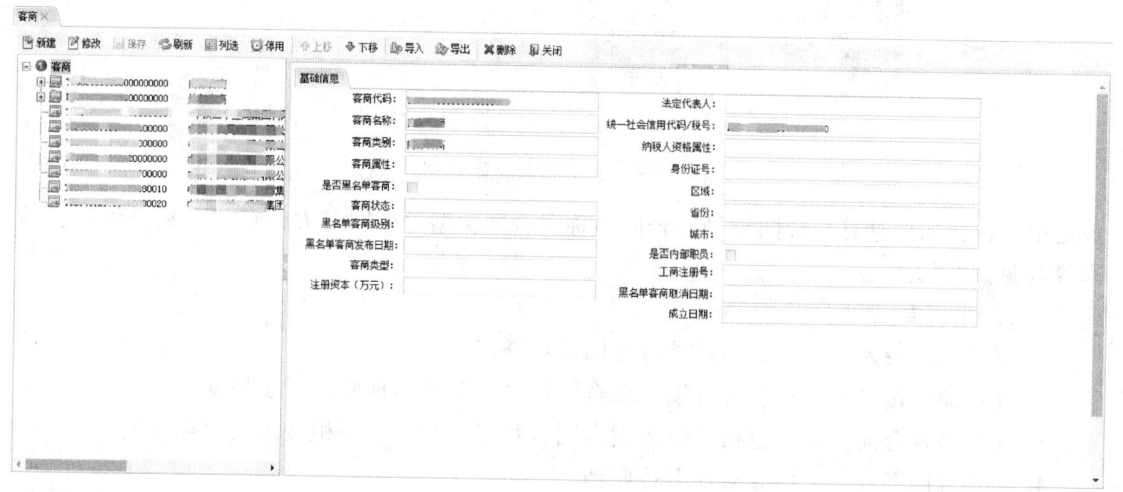

图8-3 客商

（四）其他相关基础数据

税务基础数据用于支撑税务管控系统业务功能的实现与应用，包括但不限于：税率、发票类型等内容（见图8-4）。

实现以下功能：（1）支持基础数据的灵活配置与调整，个性化设置属性；（2）提供预置数据，如税率、发票类型；（3）支持导出Excel；（4）支持共享或隔离等多种方式管理。

四、合同管理

合同管理是企业从事经济活动取得经济效益的桥梁和纽带，它是增值税管理的重中之重，所以增值税管理系统以合同管理作为业务管理的主线和风险控制的首要抓手。

（一）功能描述

通过与业务系统对接获取合同信息或者人工录入/导入的方式采集登记合同信息。合同

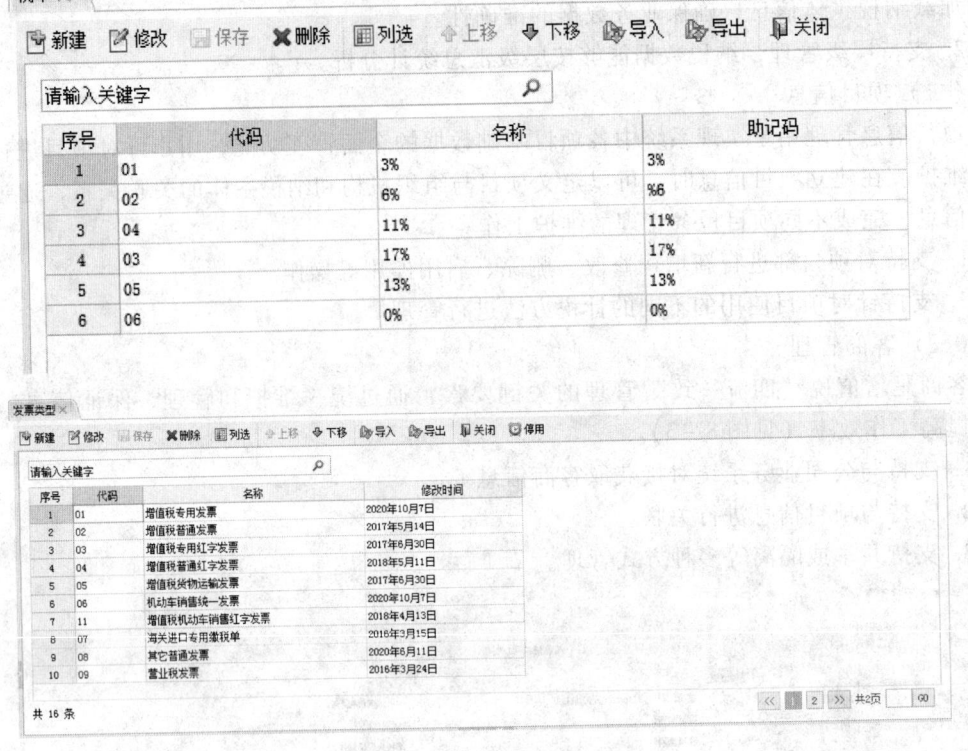

图 8-4 其他相关基础数据

登记中应包含的信息有：合同编号、合同名称、合同类型、合同对方信息、金额、税额、税率等（见图 8-5）。

（二）实现要点

1. 支持人工录入、导入的形式进行合同信息登记。
2. 支持通过接口与业务系统对接获取合同信息，并且实现实时同步更新。
3. 支持多种合同类型，包括：收入类合同，物资采购、设备租赁等支出类合同。
4. 支持合同影像、文档等附件上传归档。
5. 支持合同信息导出、打印。

（三）功能界面

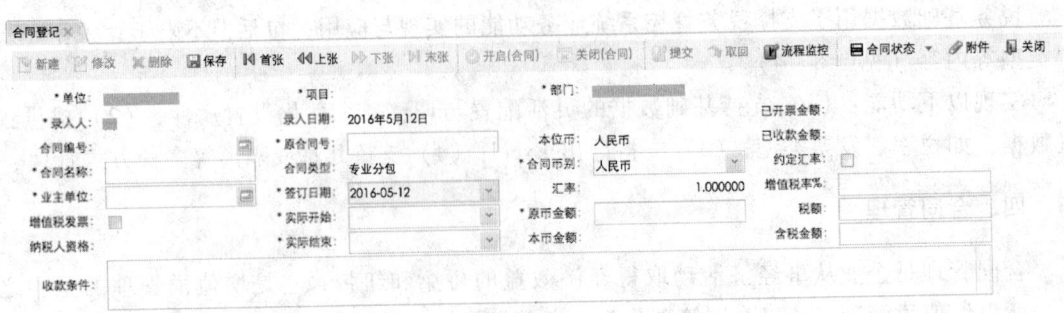

图 8-5 合同登记

五、进项管理

在增值税的业务模式下,进项税额能否足额抵扣成为控制税负的关键要素,这样就要求企业尽量取得按规定可以抵扣的专用发票。同时,对于应取得却未取得可抵扣进项专用发票的业务,企业需要提高管理意识及管控手段,加大筹划力度保证增值税进项抵扣的完整性与及时性,有效降低企业税负。系统以增值税进项业务为管理主线及标准,建立进项发票管理体系。将进项发票的数据收集整理、税额抵扣、纳税调整及关联业务分析等事项通过信息化的手段管理起来,实现业务管理与税务筹划的高度结合,实现进项数据的可视化、可追溯管理。

(一)发票登记

1. 功能描述。业务人员拿到发票后以经济业务为基础对发票进行批量登记,实现对发票信息的初始采集。录入内容包括:发票类型、合同代码、业务类型、发票票面信息及发票认证状态等信息。通过发票登记功能完成发票信息的初始采集,同时将发票信息与业务相关联,保证进项发票获取业务的准确性以及合规性。

2. 实现要点。(1)支持多种发票类型的发票信息采集维护,包括但不限于:增值税发票、海关专用缴款、机动车统一销售发票等。(2)支持与影像系统对接。(3)支持发票登记时与合同、项目以及业务分类信息相关联,实现合同流、业务流、发票流、资金流 "四流一致" 的管理。(4)支持发票实物签收审批流程管理。

(二)发票采集方式

1. 功能描述。用户在进行发票登记的过程中,为了提高数据的采集质量,同时能够有效降低财务人员的录入工作量,系统能够提供多种发票信息采集方式。

2. 实现要点。

(1)支持扫描仪 OCR 识别。基于扫描仪影像系统,通过扫描发票自动提取发票相关票面信息。

(2)支持手机拍照 OCR 识别。基于移动应用提供拍照识别功能,通过手机拍照自动识别发票票面相关信息。

(3)支持手机二维码识别。基于移动应用提供扫描发票二维码自动识别提取发票票面相关信息。

(4)支持扫码枪二维码识别。提供扫码枪二维码识别提取发票票面相关信息。

(5)支持接口获取。通过接口对接直接获取增值税发票票面相关信息。

(三)发票传递

1. 功能描述。当发票需要从项目部传递到法人单位时,用于业务人员登记邮寄实物发票快递单信息,并对快递单进行跟踪管理。录入内容包括:快递公司、快递编号、寄件人信息、收件人信息以及发票明细。通过发票签收功能,实现对远距离发票传递的跟踪管理。

2. 实现要点:(1)支持联网同步查询快递信息;(2)支持发票信息引用;(3)支持支持单据信息打印;(4)支持内部快递签收审批流程管理。

3. 功能界面(见图 8-6)。

(四)发票验伪

1. 功能描述。发票查验是税务人员的重要工作内容之一,避免拿到假发票给公司带来不必要的损失。系统内建立发票验伪功能,便于税务专员及业务人员进行发票真伪查验工作。

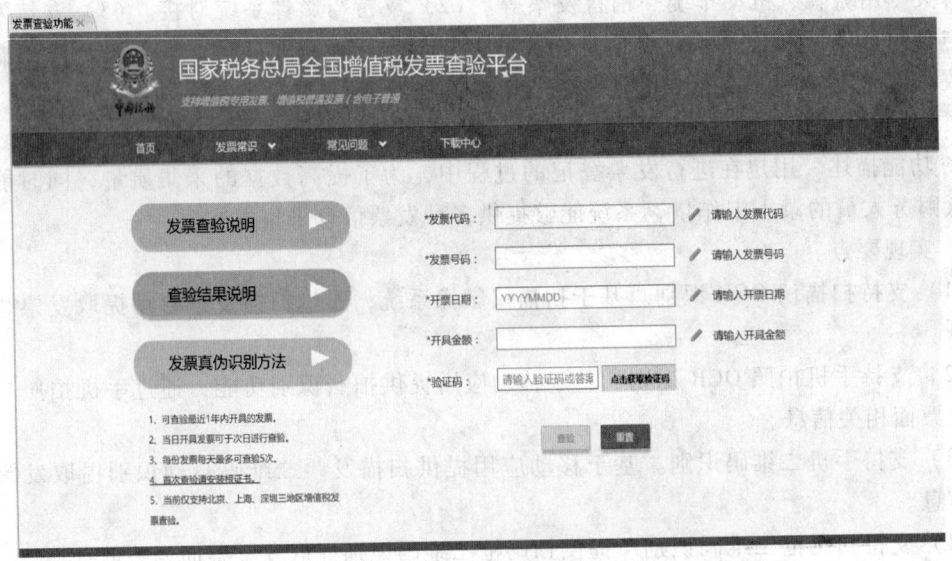

图 8-6　发票快递单

2. 实现要点。支持与国家税务总局发票查验平台对接在线查验发票真伪。
3. 功能界面（见图 8-7）。

图 8-7　发票验伪

（五）发票认证抵扣管理

1. 功能描述。建立发票认证抵扣管理功能，将系统采集的未认证的发票信息统一收集管理，由财务人员或者税务专员根据业务规则判断从中选择确认进行进项认证抵扣的增值税发票。

2. 实现要点：(1) 支持与增值税发票选择确认平台对接，实现在线自动勾选确认，自动获取发票勾选确认结果信息；(2) 支持抵扣到期预警功能；(3) 支持按照组织对抵扣税额进行分类管理；(4) 支持通过批量导入方式登记发票认证信息。

（六）税金入账

1. 功能描述。通过发票认证结果功能将发票认证信息批量打包汇总生成税金入账单，用于生成进项税金凭证，生成凭证信息后通过接口推送至核算系统，减少单张发票入账导致凭证数量过多的问题。

2. 实现要点：（1）能够通过发票认证结果按项目汇总生成税金入账单；（2）支持按照项目部或按照法人自动生成进项税金凭证到财务核算系统；（3）支持入账单发票信息的审核、销审；（4）支持与取消已生成的凭证信息；（5）支持通过税金入账单联查凭证信息。

3. 功能界面（见图 8－8）。

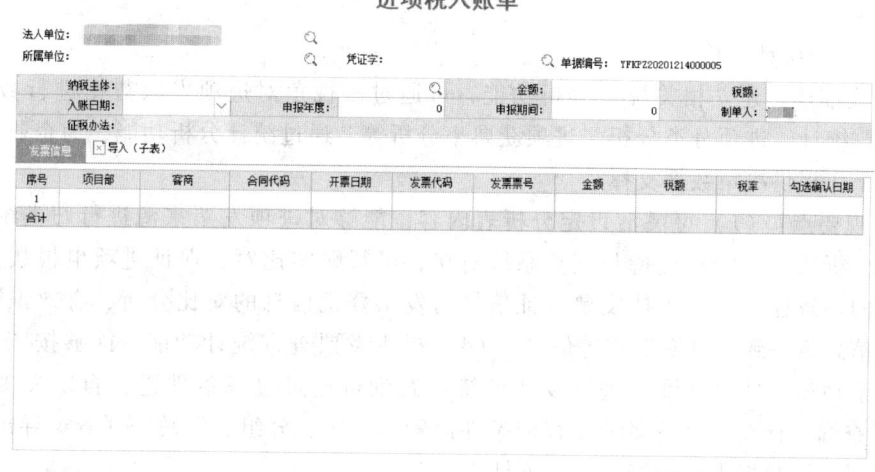

图 8－8　税金入账

（七）发票认证有效期风险预警管理

1. 功能描述。系统根据发票的开票日期统计出发票的逾期情况，方便税务人员及时做发票认证抵扣工作。

2. 实现要点：（1）查询条件可设置发票批号、开票日期、发票代码、发票号码、逾期天数（10 天、20 天、50 天等）等条件进行查询；（2）支持根据到期天数自动预警提醒；（3）查询结果显示出登记发票的对应单位、项目部、开票日期、快递状态、发票代码、发票号码、逾期天数信息。点击发票登记单号可透视查询到具体的发票明细界面。

3. 功能界面（见图 8－9）。

行号	单位	项目部	发票日期	快递状态	发票批号	到期日期	发票代码	发票票号	到期天数
1	…公司	…公司	2015-10-08	未邮寄	FPPH20151008000004	2016-04-05	2015100800001	2015100800001	-21
2	…公司	…公司机	2015-12-04	未邮寄	FPPH20151204000009	2016-06-01	11111	11111	36
3	…公司	…公司机	2015-11-26	未邮寄	FPPH20151126000009	2016-05-24	22334	23344	28
4	…公司	…公司机	2015-11-26	未邮寄	FPPH20151126000009	2016-05-24	11223	12233	28
5	…公司	…公司机	2015-11-24	未邮寄	FPPH20151124000004	2016-05-22	1111199999	11119999	26
6	…公司	…公司机	2015-11-24	未邮寄	FPPH20151124000004	2016-05-22	8888888888	88888888	26
7	…公司	…公司机	2015-11-20	未邮寄	FPPH20151120000024	2016-05-18	8989898989	98989898	22
8	…公司	…公司机	2015-11-20	未邮寄	FPPH20151120000018	2016-05-18	1000110003	10011003	22
9	…公司	…公司机	2015-11-20	未邮寄	FPPH20151120000018	2016-05-18	1000110003	10011002	22
10	…公司	…公司机	2015-11-20	在途	FPPH20151120000018	2016-05-18	1000110003	10011004	22
11	…公司	…公司机	2015-11-20	未邮寄	FPPH20151120000018	2016-05-18	1000110003	10011001	22
12	…工程公司	…公司机	2015-11-20	未邮寄	FPPH20151120000011	2016-05-18	3456789012	34567890	22
13	…工程公司	…公司机	2015-11-20	未邮寄	FPPH20151120000011	2016-05-18	2345678901	23456789	22
14	…工程公司	…公司机	2015-11-18	在途	FPPH20151118000003	2016-05-16	7777777777	77777777	20
15	…工程公司	…公司	2015-04-10	未邮寄	FPPH20151008000010	2015-10-07	201510081223	2015100801223	-202
16	…公司	…公司	2015-04-11	未邮寄	FPPH20150420000001	2015-10-08	201510081220	2015100801220	-201
17	…工程公司	…公司	2015-04-20	未邮寄	FPPH20150420000001	2015-10-17	201510081219	2015100801219	-192
18	…工程公司	…公司	2015-05-30	未邮寄	FPPH20150530000001	2015-11-26	201510081215	2015100801215	-152

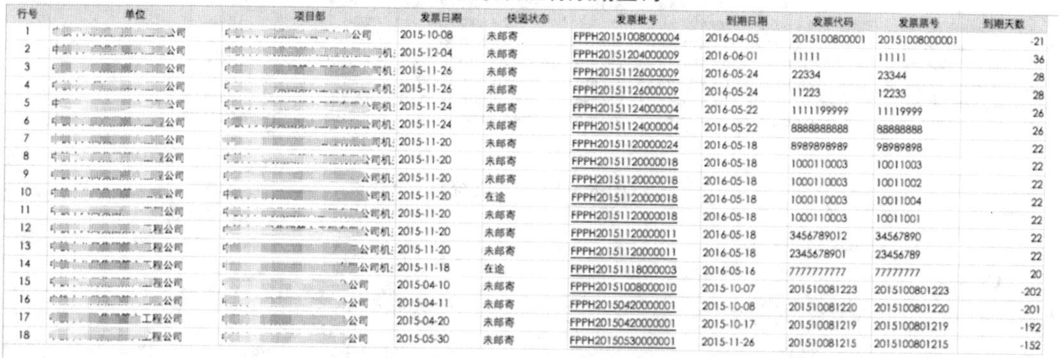

图 8－9　发票认证有效期风险预警管理

（八）进项纳税调整

1. 功能描述。当应税业务发生变化时，需要对进项税进行转入、转出调整，在正常申报抵扣的进项税基础上对税额进行调增或者调减。进项纳税调整功能用于登记进项转入、转出信息，同时生成进项转入转出凭证推送至核算系统。

2. 实现要点：（1）支持进项转入、转出信息采取单据录入方式；（2）登记信息直接归集用于纳税申报依据；（3）支持进项转入、转出登记信息的审核与销审；（4）支持自动生成税金凭证。

（九）进项统计分析

1. 功能描述。建立相关统计分析功能，可通过多视角对进项发票数据进行数理分析。如进项发票统计、进项分类分析、进项获票率分析等。通过统计分析功能，为企业下一步的税务管理工作提供决策数据支撑。

2. 实现要点：（1）可灵活设定分析表内容，能够对进项发票来源进行归类统计分析，满足各类分析要求；（2）支持与核算系统对接，进行账实比对，保证进项申报数据与账载进项数据的一致性；（3）支持发票认证信息与发票登记信息的对比分析，有效识别在途发票、发票信息不一致、过期抵扣等信息；（4）提供发票查询统计功能，能够按照单位、项目部、发票种类、日期等维度进行发票的统计查询可通过过滤条件进行自定义多维查询；（5）支持查询统计功能具备多维度查询条件设置、排序、分组、汇总、联查、导出等功能；（6）支持对统计数据由粗到细，逐级下钻。

3. 发票统计（见图 8 - 10）。

图 8 - 10　发票统计

4. 进项分类分析（见图 8－11）。

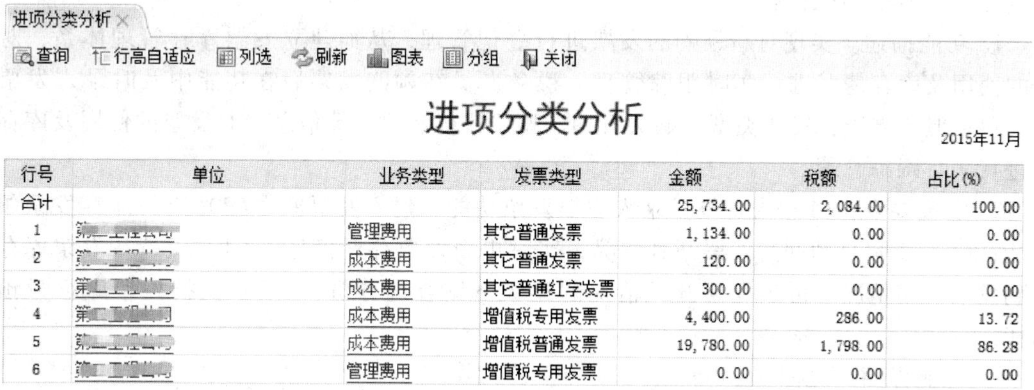
进项分类分析 ×

查询　行高自适应　列选　刷新　图表　分组　关闭

进项分类分析

2015年11月

行号	单位	业务类型	发票类型	金额	税额	占比(%)
合计				25,734.00	2,084.00	100.00
1	第[illegible]	管理费用	其它普通发票	1,134.00	0.00	0.00
2	第[illegible]	成本费用	其它普通发票	120.00	0.00	0.00
3	第[illegible]	成本费用	其它普通红字发票	300.00	0.00	0.00
4	第[illegible]	成本费用	增值税专用发票	4,400.00	286.00	13.72
5	第[illegible]	成本费用	增值税普通发票	19,780.00	1,798.00	86.28
6	第[illegible]	管理费用	增值税专用发票	0.00	0.00	0.00

图 8－11　进项分类分析

5. 获票率分析（见图 8－12）。

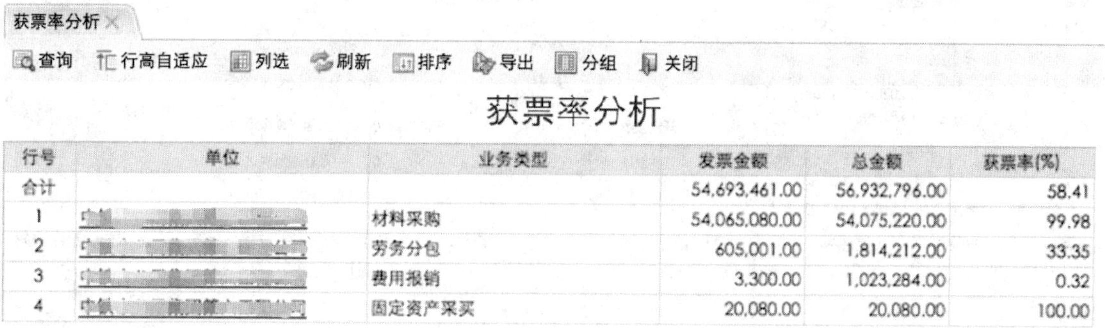
获票率分析 ×

查询　行高自适应　列选　刷新　排序　导出　分组　关闭

获票率分析

行号	单位	业务类型	发票金额	总金额	获票率(%)
合计			54,693,461.00	56,932,796.00	58.41
1	中[illegible]	材料采购	54,065,080.00	54,075,220.00	99.98
2	中[illegible]	劳务分包	605,001.00	1,814,212.00	33.35
3	中[illegible]	费用报销	3,300.00	1,023,284.00	0.32
4	中铁[illegible]	固定资产采买	20,080.00	20,080.00	100.00

图 8－12　获票率分析

6. 开累取得发票情况（见图 8－13）。

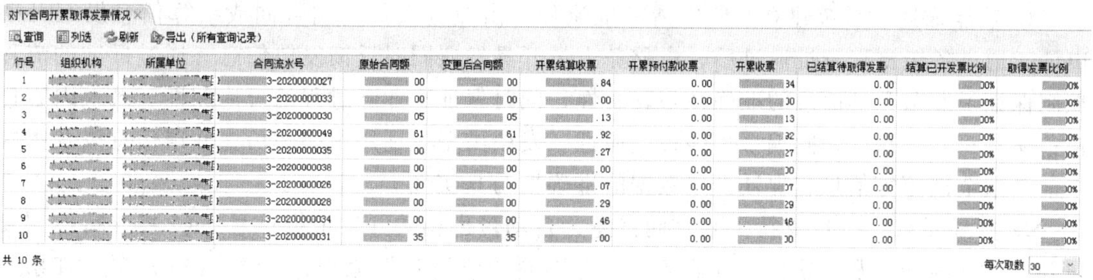
对下合同开累取得发票情况 ×

查询　列选　刷新　导出（所有查询记录）

行号	组织机构	所属单位	合同流水号	原始合同额	变更后合同额	开累结算收票	开累预付款收票	开累收票	已结算待取得发票	结算已开发票比例	取得发票比例
1	[illegible]	[illegible]	[illegible]3-20200000027	[illegible]00	[illegible]00	[illegible].84	0.00	[illegible]34	0.00	[illegible]0%	[illegible]0%
2	[illegible]	[illegible]	[illegible]3-20200000033	[illegible]00	[illegible]00	[illegible].00	0.00	[illegible]0	0.00	[illegible]0%	[illegible]0%
3	[illegible]	[illegible]	[illegible]3-20200000030	[illegible]05	[illegible]05	[illegible].13	0.00	[illegible]13	0.00	[illegible]0%	[illegible]0%
4	[illegible]	[illegible]	[illegible]3-20200000049	[illegible]61	[illegible]61	[illegible].92	0.00	[illegible]32	0.00	[illegible]0%	[illegible]0%
5	[illegible]	[illegible]	[illegible]3-20200000035	[illegible]00	[illegible]00	[illegible].27	0.00	[illegible]27	0.00	[illegible]0%	[illegible]0%
6	[illegible]	[illegible]	[illegible]3-20200000038	[illegible]00	[illegible]00	[illegible].00	0.00	[illegible]0	0.00	[illegible]0%	[illegible]0%
7	[illegible]	[illegible]	[illegible]3-20200000026	[illegible]00	[illegible]00	[illegible].07	0.00	[illegible]7	0.00	[illegible]0%	[illegible]0%
8	[illegible]	[illegible]	[illegible]3-20200000028	[illegible]00	[illegible]00	[illegible].29	0.00	[illegible]29	0.00	[illegible]0%	[illegible]0%
9	[illegible]	[illegible]	[illegible]3-20200000034	[illegible]00	[illegible]00	[illegible].46	0.00	[illegible]46	0.00	[illegible]0%	[illegible]0%
10	[illegible]	[illegible]	[illegible]3-20200000031	[illegible]35	[illegible]35	[illegible].00	0.00	[illegible]0	0.00	[illegible]0%	[illegible]0%

共 10 条　　每次取数 30

图 8－13　开累取得发票情况

六、销项管理

国家对于增值税专用发票的管理要求极为严格，因此对于企业取得、开具、保管专用发票的要求非常高，若发票管理不规范不但会给企业带来一定的经济损失，同时也会为企业带来一定的法律风险。针对上述问题，系统以国家规定为管理依据结合企业自身的业务特点建立增值税专用发票开具的管理体系，实现发票从新购发票到开具等的全生命周期管理，通过业务流程来实现开票环节的闭环管理，规范业务体系、降低业务风险。

（一）空票库存管理

1. 功能描述。实现对新领购的发票进行登记管理，从而建立发票库存管理体系，对发票的使用及库存情况进行实时跟踪管理。税务专员在领购发票后在功能中及时录入发票信息，包括但不限于：发票类型、购买日期、发票代码、票号等信息。对发票的使用及库存情况进行实时跟踪管理。

2. 实现要点：（1）支持批量录入空白发票功能，建立发票库；（2）支持库存发票领用功能；（3）支持自动回写发票开具情况，实时更新发票存量信息；（4）支持从发票库存管理到发票使用情况，再到发票开具情况的逐级下钻查询分析；（5）支持发票库存量预警功能。

3. 功能界面（见图 8-14）。

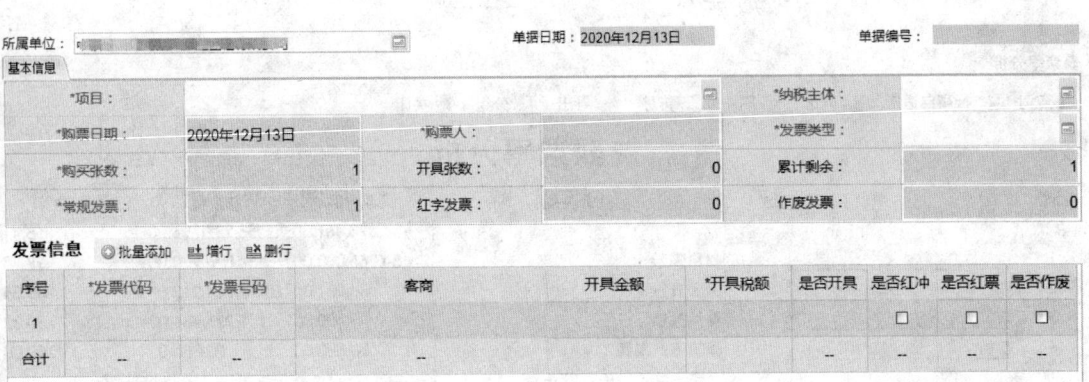

图 8-14 空票库存管理

（二）开票申请管理

1. 功能描述。系统建立开票申请审批流程，由业务人员引用合同或结算信息发起开票申请，通过各级流程审批通过后，由财务人员开具发票同时反馈发票信息。通过标准的流程控制保证了发票开具信息的准确性与真实性，同时保证了业务过程的可追溯性。录入内容包括：交易双方信息、合同编号、纳税人属性、发票类型、适用税率、历史开票信息以及本次申请开票金额等等信息，保证开票数据的准确性与真实性。

2. 实现要点：（1）支持关联合同信息，自动带出相关开票依据信息；（2）支持按照发票开具、红票开具及发票作废等业务，建立不同的申请管控流程；（3）支持开票、红票及作废等不同的业务要求，制定不同的内控审批流程；（4）支持通过影像系统进行信息采集；（5）支持开票筹划数据采集计算；（6）支持开票申请移动审批。

（三）发票开具管理

1. 功能描述。建立发票开具功能，通过开票申请审批流程的业务单自动在发票开具功能中生成待开具发票记录，财务人员或税务专员可通过待开记录确认开具增值税发票。

2. 实现要点：（1）支持与单站点增值税开票系统对接，实现在线自动开票以及自动回写开票结果功能；（2）支持与开票服务器对接，实现多站点在线自动开票以及自动回写开票结果功能；（3）支持发票开具的合并、拆分及还原；（4）支持发票的退回、作废以及红字发票等功能。

（四）开票登记管理

1. 功能描述。发票开具成功后将增值税税控开票系统中的开票信息采集到增值税管理系统中，在系统形成开票结果信息数据池。

2. 实现要点：（1）支持与税控开票系统对接实时获取发票开具信息；（2）支持通过批量导入方式登记发票信息；（3）支持与核算系统对接实现自动生成销项税税金凭证；（4）支持通过导入文件、系统接口方式获取开票系统中的实际开票信息。

（五）统计分析

1. 功能描述。建立统计分析表，可通过多维度销项发票数据进行数理分析。如销项发票统计、合同开票情况分析等。

2. 实现要点：（1）可灵活设定分析表内容，满足各类分析要求；（2）支持与核算系统对接，进行账实比对，保证销项申报数据与账载销项数据的一致性；（3）支持通过发票代码与发票号码同时唯一性来判断开票申请记录是否对应匹配；（4）支持与空票管理中的开具发票情况进行匹配核对发票使用情况；（5）与核算系统对接，进行账实比对，梳理分析结算、开票及回款情况；（6）可通过过滤条件进行自定义多维查询；（7）可进行数据由粗到细，逐级下钻。

3. 开票申请对比分析（见图 8 - 15）。

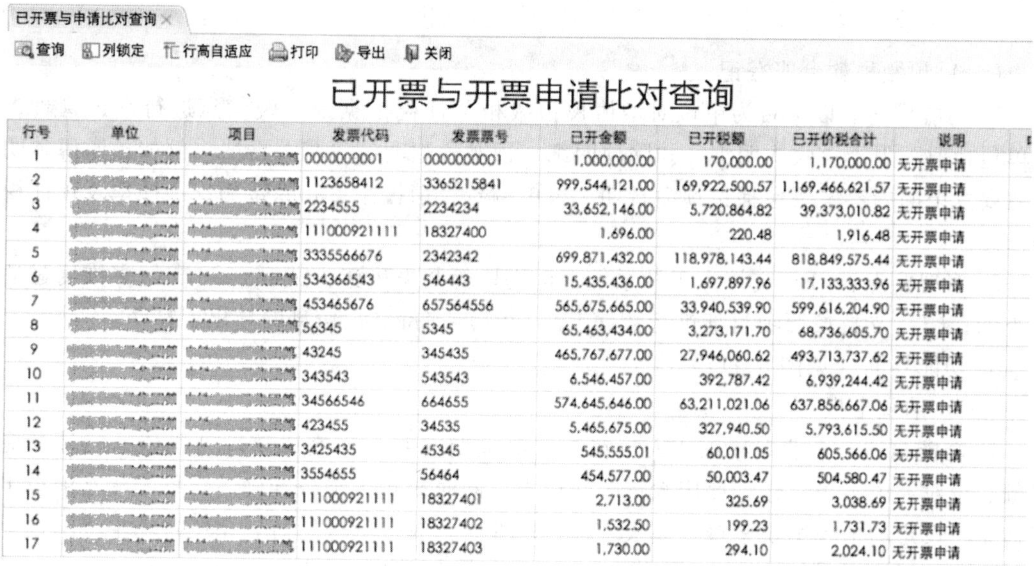

图 8 - 15　开票申请对比分析

七、纳税申报管理

（一）预缴税款管理

1. 功能描述。按照国家标准设置预缴税款单，对预缴增值税进行登记统一管理。

2. 实现要点：（1）支持一般计税和简易计税方式的项目部月度预缴税款的自动计算功

能；（2）支持对接影像系统，扫描上传完税凭证附件；（3）支持内部上报工作流，实现数据逐级汇总上报；（4）支持分项目进行预缴数据汇总，可按项目、预缴时间、预缴金额等信息进行过滤查询；（5）支持预缴申报提醒功能；（6）支持上传 Word、Excel、PDF 等多种格式的附件。

3. 功能界面（见图 8－16）。

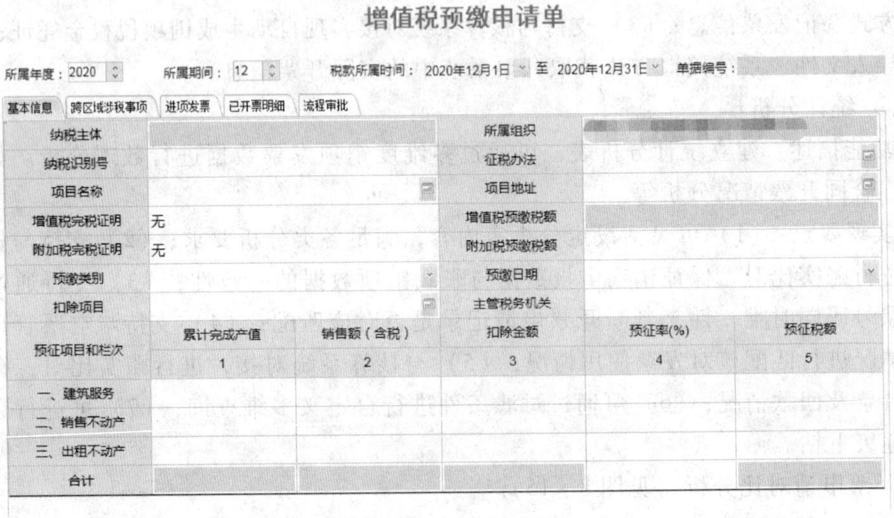

增值税预缴申请单

所属年度：2020　所属期间：12　税款所属时间：2020年12月1日 至 2020年12月31日　单据编号：

基本信息 | 跨区域涉税事项 | 进项发票 | 已开票明细 | 流程审批

纳税主体		所属组织	
纳税识别号		征税办法	
项目名称		项目地址	
增值税完税证明	无	增值税预缴税额	
附加税完税证明	无	附加税预缴税额	
预缴类别		预缴日期	
扣除项目		主管税务机关	

预征项目和栏次	累计完成产值	销售额（含税）	扣除金额	预征率(%)	预征税额
	1	2	3	4	5
一、建筑服务					
二、销售不动产					
三、出租不动产					
合计					

图 8－16 预缴税款管理

（二）预缴税款台账登记

1. 功能描述。以项目为单位对增值税预缴相关计税依据及完税信息进行登记管理，登记单包括但不限于：收入明细、扣除项明细、预缴税款明细等相关台账。例如预缴税款明细单主要登记的内容主要包括：预缴日期、税单编号、销售额、扣除金额、预征率及预征税额等信息。

2. 实现要点：（1）支持人工及系统自动提取等数据采集方式；（2）支持多维度过滤检索查询；（3）支持按照项目部进行数据汇总；（4）支持登记信息的导出、打印。

3. 功能界面（见图 8－17）。

（三）纳税申报

1. 功能描述。企业财税工作人员在纳税申报期需要人工完成整理计税依据、计算应纳税额、校对、申报等工作，耗用大量时间成本，同时影响了纳税准确性。系统建立纳税申报表体系，设定增值税纳税申报表模板表样、属性、计算规则等信息，系统自动生成纳税申报表，如增值税预缴税款单、一般纳税人申报表、小规模纳税人申报表等。

2. 实现要点：（1）支持简易计税和一般计税方法的纳税申报管理；（2）支持系统根据表内、表间的逻辑计算规则自动计算生成纳税申报表；（3）支持纳税数据汇总、分级穿透查询功能以及自动校对稽核功能；（4）支持自动取数不完整的情况下纳税申报表可以人工填报或调整；（5）支持纳税申报表的数据填报后提交申报复核业务流程；（6）支持附件上传、报表打印、导出等基本功能；（7）支持申报提醒机制，在申报期提醒相应业务人员要适时完成纳税申报工作，防止迟报、漏报的情况发生；（8）支持能够根据国家政策的调整灵活变化表内内容及运算审核公式；（9）支持按照组织对应纳税额进行分类管理。

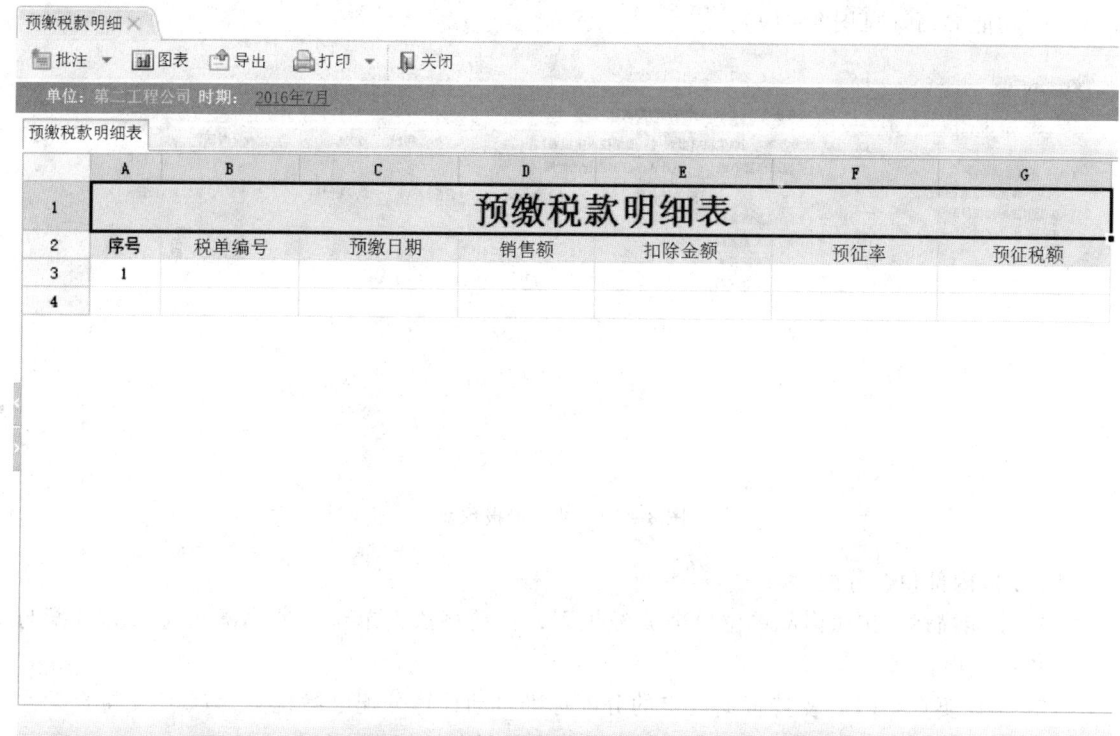

图 8-17 预缴税款台账登记

3. 功能界面（见图 8-18）。

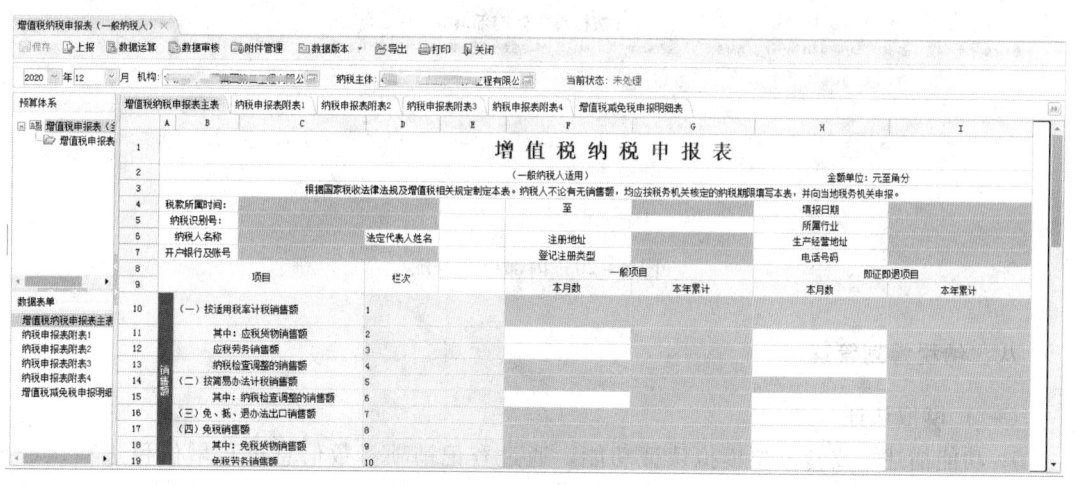

图 8-18 纳税申报

（四）纳税申报预警

1. 功能概述。针对纳税申报表设定缴税预警时间，提供即将到期或超期缴税预警。
2. 实现要点：（1）支持申报提醒机制，在申报期提醒相应业务人员要适时完成纳税申报工作，防止迟报、漏报的情况发生；（2）支持预警信息多种方式推送提醒，包括系统首页、手机、邮箱。

3. 功能界面（见图 8-19）。

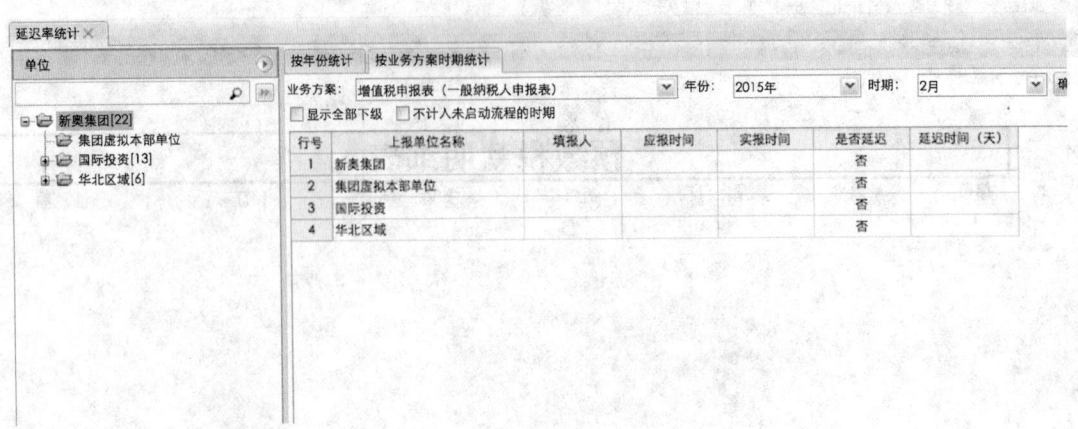

图 8-19　纳税申报预警

（五）内部税金分配

1. 功能描述。按照内部单位税金分配规则，自动将法人单位当期已缴税金计算分配与对应单位、项目部。

2. 实现要点：（1）支持根据设定的分配标准自动计算分配已缴税金；（2）支持自动生成、推送纳税凭证到目标单位；（3）支持多种内部税务结算模型。

3. 功能界面（见图 8-20）。

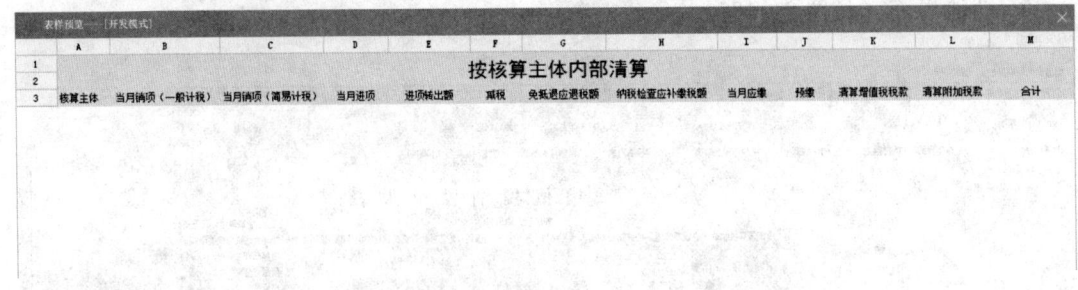

图 8-20　内部税金分配

八、纳税筹划管理

（一）模拟认证

1. 功能描述。支持发票模拟认证功能。通过登记销项参数信息进行增值税进项认证抵扣模拟计算。登记信息包括抵扣月份、销售金额、销项税额、进项税额、上期留抵、应纳税额等信息。

2. 实现要点：（1）支持自动带出相关测算信息，包括销售金额、销项税额、进项税额等；（2）支持根据抵扣规则自动模拟计算当期应纳税额；（3）支持提供抵扣建议，根据测算应抵扣进项税额系统自动分配抵扣发票；（4）支持导出建议清单。

3. 功能界面（见图 8-21）。

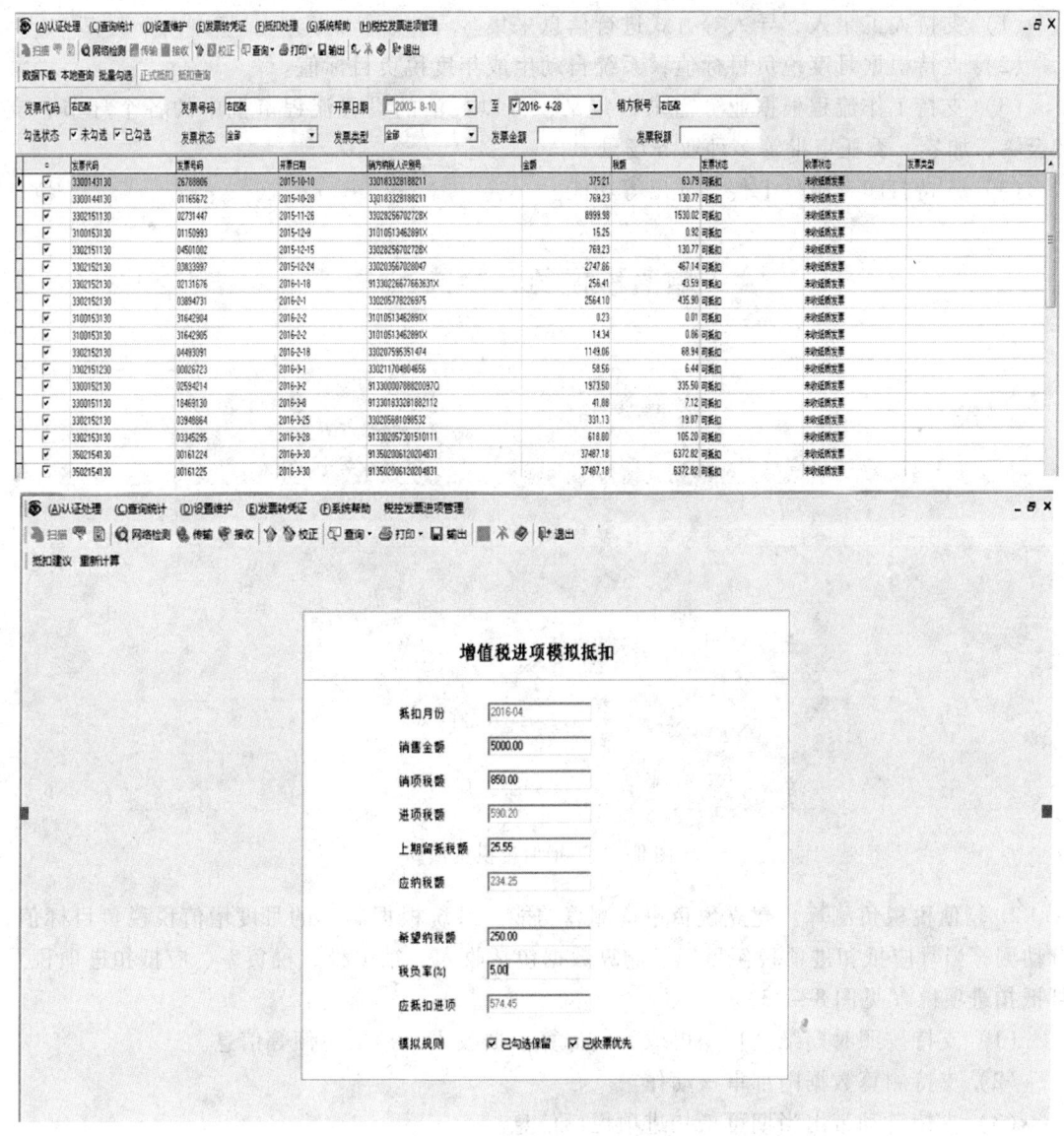

图 8-21 模拟认证

（二）筹划测算管理

1. 功能描述。支持筹划测算功能，结合各级单位的自身经营情况设定各税种税负标准，建立相关筹划测算表，如纳税测算、甲供材税负测算、清包工税负测算等，加强税务筹划管理工作。

2. 实现要点：（1）支持多税种的纳税筹划管理；（2）支持最细按照项目部粒度进行税负分析及筹划测算功能；（3）支持税负标准偏离预警提示功能；（4）支持以法人单位到项目各级次的分别进行模拟纳税；（5）支持上级单位下达筹划建议到所属下级单位、项目部。

（三）税负平衡管理

1. 增值税税负预算。增值税税负预算编制表，用户根据企业税务管理要求制定各月度的税负目标计划，作为后续税负控制相关业务功能的执行标准。用户需录入月度税负相关信息（见图 8-22）。

（1）支持人工录入、导入等方式进行信息采集。

（2）支持根据月度税负目标值，系统自动生成年度税负目标值。

（3）支持工作流程根据业务需求自定义，可以灵活的设置流程审批中的各个环节，支持会签、加签、委托审批等多种业务场景。

（4）支持打印、附件上传、导出等功能。

增值税税负预算

基本信息

创建人:		创建部门:		年度:	
年度预定税负率:		年度实际税负率:			

税负清单

月份	预定税负	实际税负率
1		
2		
3		
4		
5		
6		
7		
8		
9		
10		
11		
12		

图 8－22　增值税税负预算

2. 增值税税负测算。建立税负平衡测算功能。系统根据制定的月度增值税税负目标值，自动测算当月应抵扣进项税额目标。测算数据包括收入、销项税、税负率、应抵扣进项税及可抵扣进项税（见图 8－23）。

（1）支持按照时期维度自动提取税负计算依据收入、销项税额等信息。

（2）支持测算数据内部审核动作。

（3）支持自动带出当期可抵扣进项税额信息。

（4）支持打印、附件上传、导出等功能。

税负平衡测算

保存　抵扣管理　数据运算　数据审核　关闭

时期: 2016　组织机构: 1010 第二工程公司　当前状态: 未处理

	A	B	C	D	E	F	G	H	I	J	K	L	M
1	税负平衡测算												
2	年度	2016											
3	月度	1	2	3	4	5	6	7	8	9	10	11	12
4	预定税负率	23.00											
5	当月收入	12,334.00											
6	当月销项税额	366.74											
7	当期应抵扣进项税额	0.10											
8	当期可抵扣进项税额	3,323.00											

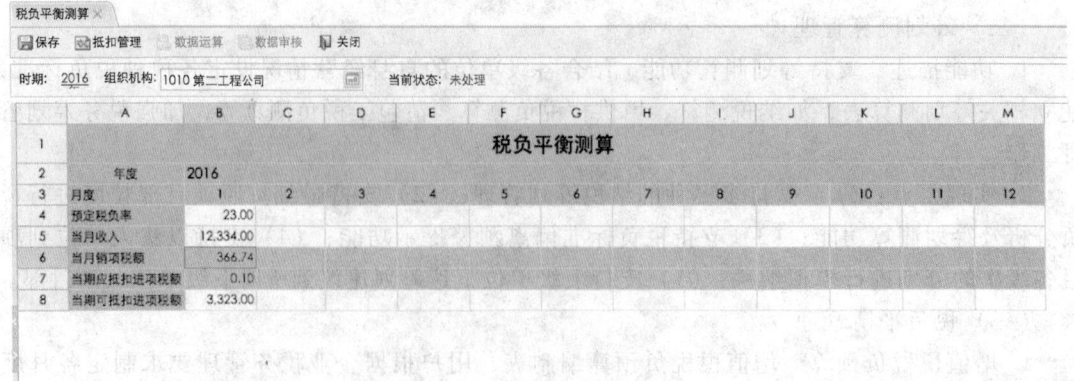

图 8－23　增值税税负测算

九、台账管理

（一）功能概述

通过台账管理，将相关系统中无法直接取得的相关零散涉税数据进行统一的管理，方便日后使用与查询，保证了数据的安全性、连续性及使用性，同时为计税管理功能提供数据支撑。

（二）实现要点

1. 支持根据各单位税务管理的需要支持灵活建立台账。
2. 支持台账查询功能。
3. 支持导入导出、打印等功能。

（三）功能界面（见图 8-24）。

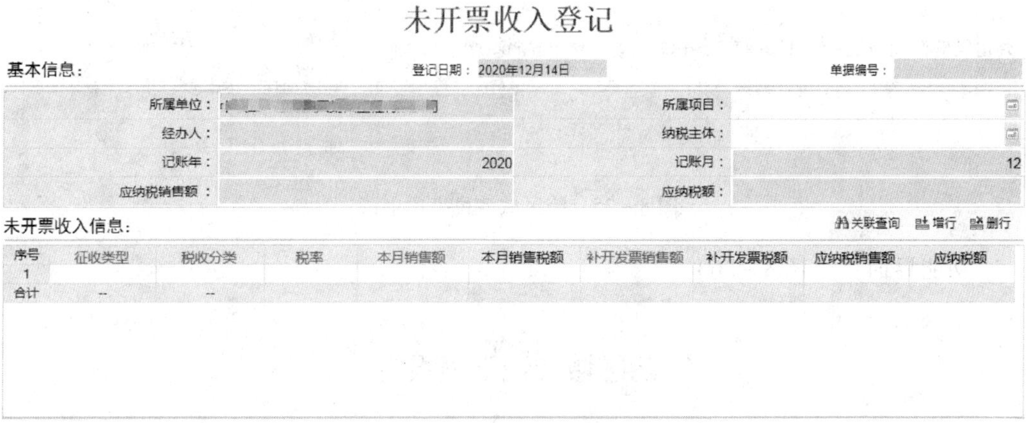

图 8-24 台账管理

十、跨区域涉税事项管理

（一）跨区域涉税事项申请

1. 功能描述。建立跨区域涉税事项申请功能。实现由项目提出申请，公司审批通过后方可办理跨区域涉税事项的内控管理流程。申请单录入包括：项目名称、施工地点、合同名称、合同编号、合同金额、开工日期及竣工日期等相关信息。

2. 实现要点：（1）审批的工作流程可以根据业务需求自定义，可以灵活地设置流程审批中的各个环节，支持会签、加签、委托审批等多种业务场景；（2）支持根据合同名称、项目名称、金额、审批状态等维度进行过滤查询；（3）支持附件上传。

3. 功能界面（见图 8-25）。

（二）跨区域涉税事项报告

1. 功能描述。建立跨区域涉税事项登记功能。登记跨区域涉税事项信息，形成电子档案，并且满足跨区域涉税事项的核销内控管理流程。登记信息包括项目名称、施工地点、合同名称、合同编号、合同金额、开工日期及竣工日期、纳税人信息、有效期起止日期及发票核销等相关信息。

2. 实现要点：（1）支持引用申请单自动带出相关信息，建立关联关系；（2）支持根据合同名称、金额、核销状态、时间等维度进行过滤查询；（3）支持附件上传。

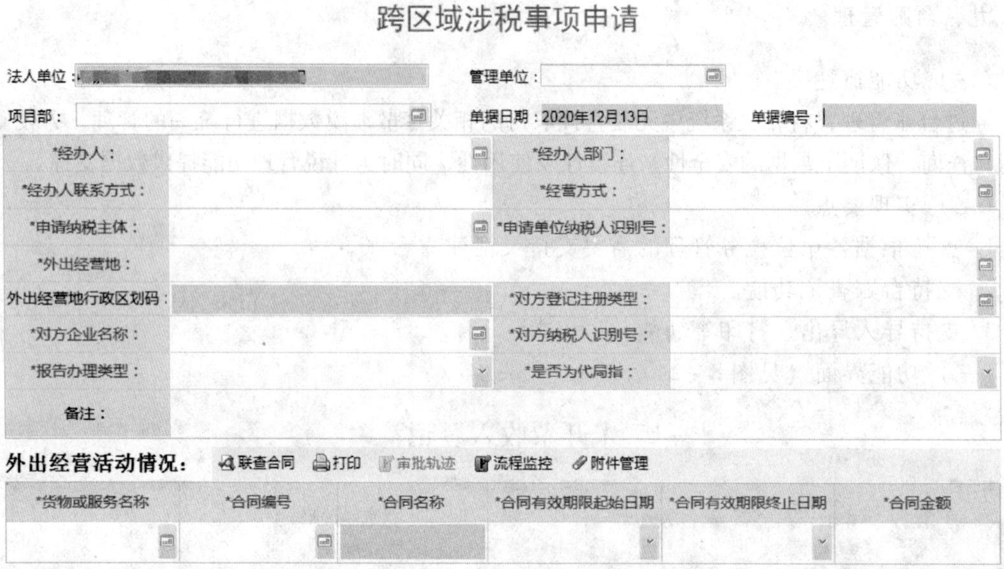

图 8-25 跨区域涉税事项申请

3. 功能界面（见图 8-26）。

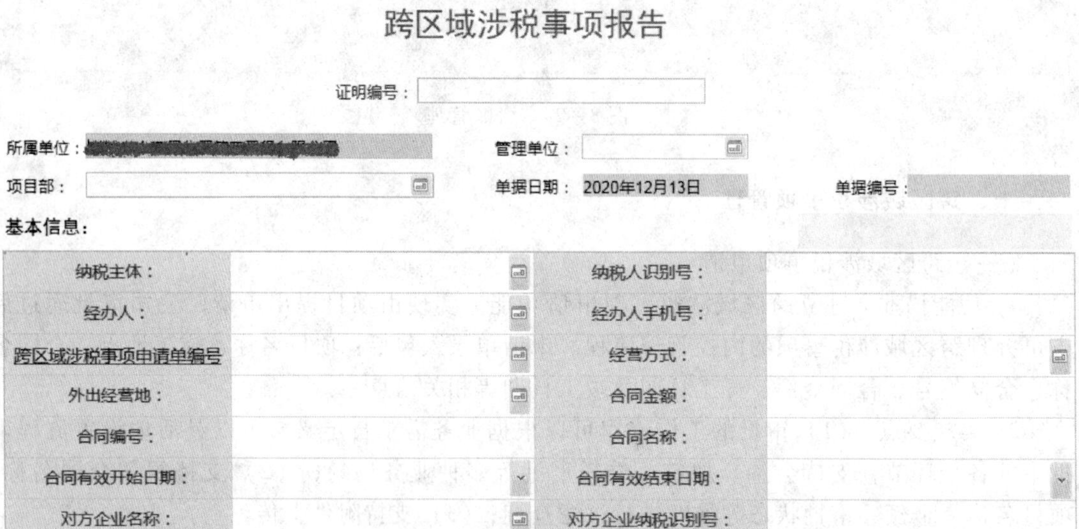

图 8-26 跨区域涉税事项报告

（三）外经证预警注销管理
1. 功能描述。建立跨区域涉税事项核销功能，实现跨区域涉税事项到期核销的内控管理流程。

2. 实现要点：（1）支持根据跨区域涉税事项有效到期日自动生成待核销跨区域涉税事项清单；（2）支持跨区域涉税事项核销管理流程，可以灵活的设置流程审批中的各个环节，支持会签、加签、委托审批等多种业务场景；（3）支持根据核销状态、项目部、合同、到期日等维度进行过滤查询；（4）支持跨区域涉税事项到期预警。

3. 功能界面（见图 8-27）。

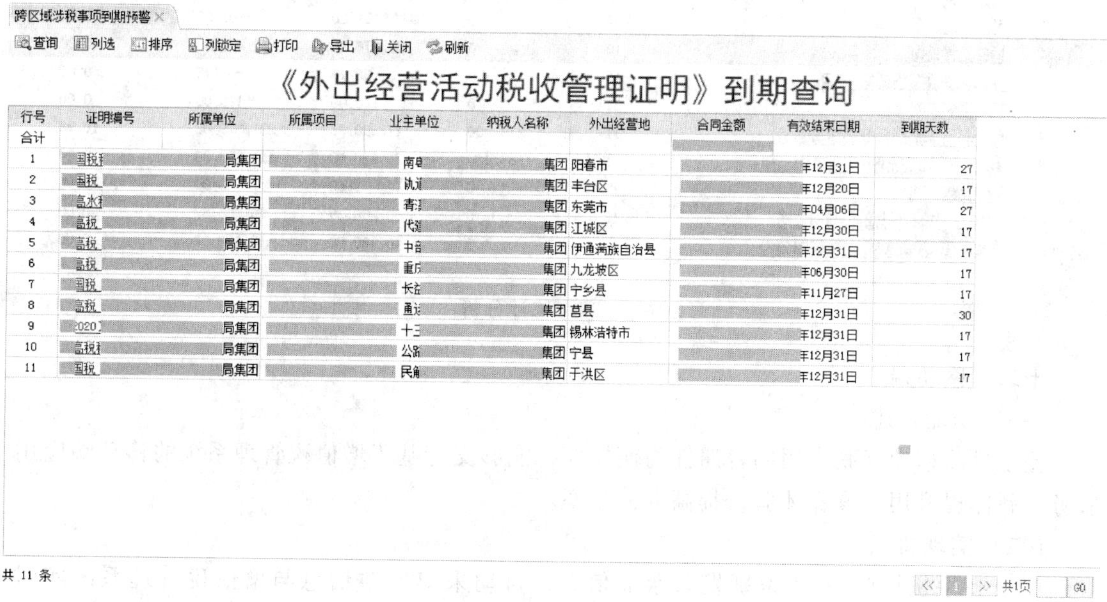

图 8-27　外经证预警注销管理

十一、统计分析

（一）功能描述

建立以纳税分析及考核分析为主题的统计分析平台，通过系统自动数据抓取，按要求对增值税税负指标数据进行汇总、统计、梳理及对比分析等相关工作，减轻了工作人员的压力，保证了数据的准确性。有利于提高税务管理工作的效率，同时为企业决策人员提供数据支持。

（二）实现要点

1. 支持系统根据既定规则自动汇总统计相关涉税数据形成统计分析报表，根据数据变化而实时变化。

2. 支持多维度、多种图表的分析展现方式，同时支持数据按指定维度分组、排序等多种处理方式。

3. 支持按照单位、地区、板块、项目部等不同维度进行统计分析。

4. 支持查询项目部进项、销项、预缴增值税信息。

5. 支持能够按照各级单位、项目部进行税务分析。

6. 要求统计分析具备穿透查询功能，满足从公司到子公司到项目部的穿透查看。

（三）功能界面（见图 8-28）。

纳税主体税负分析

2015年

行号	纳税主体	月份	销项税额	进项税额	应纳税额	税负率(%)
合计			507,366	222,719.12	284,646.88	56.02
1		6	0	0.00	0.00	0.00
2	第一工程公司	6	45,186	0.00	45,186.00	0.00
3	第二工程公司	9	0	601.20	-601.20	0.00
4	第二工程公司	10	0	32,476.20	-32,476.20	0.00
5	██████(分部)	10	0	52.75	-52.75	0.00
6		11	0	190.00	-190.00	0.00
7	██████公司母公司	11	278,700	47,320.98	231,379.02	16.98
8	██████一工程有限公司	11	183,480	71,630.00	111,850.00	39.04
9		12	0	3.60	-3.60	0.00
10	██████公司母公司	12	0	30,256.39	-30,256.39	0.00
11	██████有限公司	12	0	40,188.00	-40,188.00	0.00

图 8-28 统计分析

十二、移动端

（一）功能描述

鉴于目前移动互联应用的普遍性与便捷性，能够支持基于增值税管理系统的移动端应用服务，整体提升用户操作体验，提高办公效率。

（二）实现要点

1. 支持手机拍照 OCR 识别发票票面信息，自动采集发票信息与增值税管理系统实时同步。

2. 支持扫描发票二维码识别发票票面信息，自动采集发票信息与增值税管理系统实时同步。

3. 支持移动审批功能，提升业务效率。

4. 移动应用功能友好度高，简单易用。

第九章 增值税管理系统与外部系统集成

一、集成设计原则

（一）正确原则，外部系统与数据接口程序应保证提交和提取的数据必须正确。

（二）安全原则，外部系统与数据接口程序应遵循内控安全要求。

（三）易用原则，外部系统与数据接口程序应确保系统具有较高的易用性。

（四）扩展原则，外部系统和数据接口程序应充分考虑可扩展性，在业务发生变化时，以及在增加外部系统时能够方便的进行扩展。

（五）稳定原则，外部系统与数据接口程序应确保系统运行的稳定性。

（六）高效原则，在存放数据和提取数据时应该充分考虑系统运行效率，不能因数据量的增加而导致系统性能明显下降。

二、系统总体集成架构

遵守公司公共数据交换及接口有关标准及要求进行接口集成开发。

以下为××公司增值税管理系统集成架构图（见图9-1）。

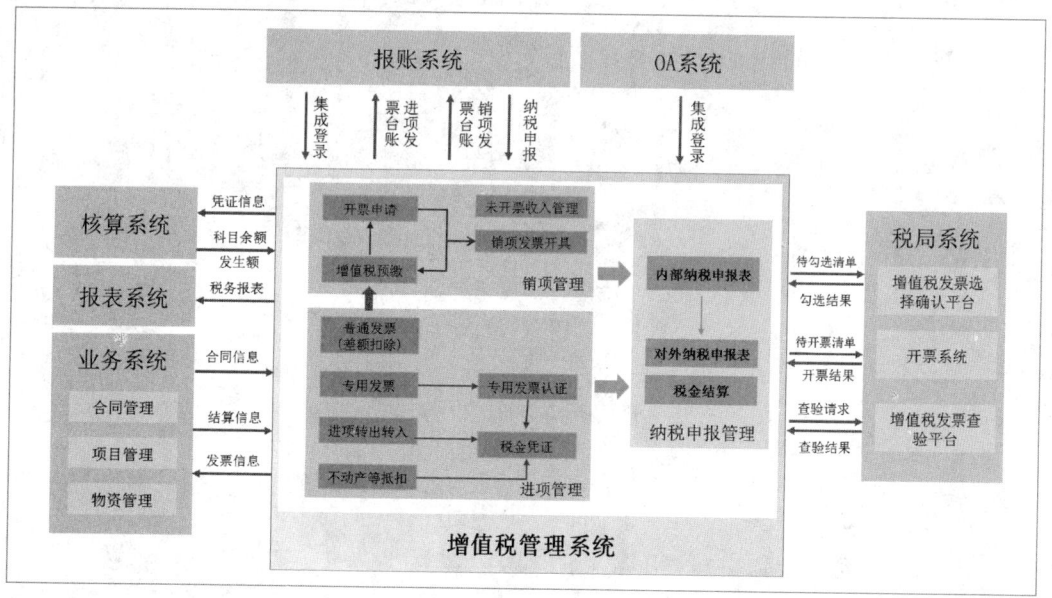

图9-1 ××公司增值税管理系统集成架构图

三、系统集成方案

（一）与税局系统对接

1. 与增值税发票选择确认平台对接。实现在途发票信息的获取，以及在线自动勾选确认与结果信息自动获取的需求。

2. 与开票系统对接。通过打通与航信、百望开票接口，实现在线自动开票及开票结果自动获取的需求。

3. 与增值税发票查验平台对接。实现在线进行增值税发票查验需求。

（二）与久其报表对接

久其报表中涉及税务相关的数据，可由财务报表平台主动从增值税管理系统提取，也可由增值税管理系统主动推送。

接口方式：因均由久其承建，可无缝衔接。

（三）与业务系统对接

预留接口，未来考虑与合同管理、项目管理及物资管理等内部系统集成，进行数据交互。

第四篇

增值税相关法律法规和问题解答

第四篇

學習相關失志無助及問題解答

国务院关于废止《中华人民共和国营业税暂行条例》和修改《中华人民共和国增值税暂行条例》的决定

中华人民共和国国务院令 第691号

《国务院关于废止〈中华人民共和国营业税暂行条例〉和修改〈中华人民共和国增值税暂行条例〉的决定》已经2017年10月30日国务院第191次常务会议通过,现予公布,自公布之日起施行。

总理 李克强

2017年11月19日

中华人民共和国增值税暂行条例

(1993年12月13日中华人民共和国国务院令第134号公布 2008年11月5日国务院第34次常务会议修订通过 根据2016年2月6日《国务院关于修改部分行政法规的决定》第一次修订 根据2017年11月19日《国务院关于废止〈中华人民共和国营业税暂行条例〉和修改〈中华人民共和国增值税暂行条例〉的决定》第二次修订)

第一条 在中华人民共和国境内销售货物或者加工、修理修配劳务(以下简称劳务),销售服务、无形资产、不动产以及进口货物的单位和个人,为增值税的纳税人,应当依照本条例缴纳增值税。

第二条 增值税税率:

(一)纳税人销售货物、劳务、有形动产租赁服务或者进口货物,除本条第二项、第四项、第五项另有规定外,税率为17%。

(二)纳税人销售交通运输、邮政、基础电信、建筑、不动产租赁服务,销售不动产,转让土地使用权,销售或者进口下列货物,税率为11%:

1. 粮食等农产品、食用植物油、食用盐;

2. 自来水、暖气、冷气、热水、煤气、石油液化气、天然气、二甲醚、沼气、居民用煤炭制品;

3. 图书、报纸、杂志、音像制品、电子出版物;

4. 饲料、化肥、农药、农机、农膜;

5. 国务院规定的其他货物。

(三)纳税人销售服务、无形资产,除本条第一项、第二项、第五项另有规定外,税率为6%。

(四)纳税人出口货物,税率为零;但是,国务院另有规定的除外。

（五）境内单位和个人跨境销售国务院规定范围内的服务、无形资产，税率为零。

税率的调整，由国务院决定。

第三条 纳税人兼营不同税率的项目，应当分别核算不同税率项目的销售额；未分别核算销售额的，从高适用税率。

第四条 除本条例第十一条规定外，纳税人销售货物、劳务、服务、无形资产、不动产（以下统称应税销售行为），应纳税额为当期销项税额抵扣当期进项税额后的余额。应纳税额计算公式：

应纳税额 = 当期销项税额 − 当期进项税额

当期销项税额小于当期进项税额不足抵扣时，其不足部分可以结转下期继续抵扣。

第五条 纳税人发生应税销售行为，按照销售额和本条例第二条规定的税率计算收取的增值税额，为销项税额。销项税额计算公式：

销项税额 = 销售额 × 税率

第六条 销售额为纳税人发生应税销售行为收取的全部价款和价外费用，但是不包括收取的销项税额。

销售额以人民币计算。纳税人以人民币以外的货币结算销售额的，应当折合成人民币计算。

第七条 纳税人发生应税销售行为的价格明显偏低并无正当理由的，由主管税务机关核定其销售额。

第八条 纳税人购进货物、劳务、服务、无形资产、不动产支付或者负担的增值税额，为进项税额。

下列进项税额准予从销项税额中抵扣：

（一）从销售方取得的增值税专用发票上注明的增值税额。

（二）从海关取得的海关进口增值税专用缴款书上注明的增值税额。

（三）购进农产品，除取得增值税专用发票或者海关进口增值税专用缴款书外，按照农产品收购发票或者销售发票上注明的农产品买价和11%的扣除率计算的进项税额，国务院另有规定的除外。进项税额计算公式：

进项税额 = 买价 × 扣除率

（四）自境外单位或者个人购进劳务、服务、无形资产或者境内的不动产，从税务机关或者扣缴义务人取得的代扣代缴税款的完税凭证上注明的增值税额。

准予抵扣的项目和扣除率的调整，由国务院决定。

第九条 纳税人购进货物、劳务、服务、无形资产、不动产，取得的增值税扣税凭证不符合法律、行政法规或者国务院税务主管部门有关规定的，其进项税额不得从销项税额中抵扣。

第十条 下列项目的进项税额不得从销项税额中抵扣：

（一）用于简易计税方法计税项目、免征增值税项目、集体福利或者个人消费的购进货物、劳务、服务、无形资产和不动产。

（二）非正常损失的购进货物，以及相关的劳务和交通运输服务。

（三）非正常损失的在产品、产成品所耗用的购进货物（不包括固定资产）、劳务和交通运输服务。

（四）国务院规定的其他项目。

第十一条 小规模纳税人发生应税销售行为,实行按照销售额和征收率计算应纳税额的简易办法,并不得抵扣进项税额。应纳税额计算公式:

应纳税额 = 销售额 × 征收率

小规模纳税人的标准由国务院财政、税务主管部门规定。

第十二条 小规模纳税人增值税征收率为3%,国务院另有规定的除外。

第十三条 小规模纳税人以外的纳税人应当向主管税务机关办理登记。具体登记办法由国务院税务主管部门制定。

小规模纳税人会计核算健全,能够提供准确税务资料的,可以向主管税务机关办理登记,不作为小规模纳税人,依照本条例有关规定计算应纳税额。

第十四条 纳税人进口货物,按照组成计税价格和本条例第二条规定的税率计算应纳税额。组成计税价格和应纳税额计算公式:

组成计税价格 = 关税完税价格 + 关税 + 消费税

应纳税额 = 组成计税价格 × 税率

第十五条 下列项目免征增值税:

(一)农业生产者销售的自产农产品;

(二)避孕药品和用具;

(三)古旧图书;

(四)直接用于科学研究、科学试验和教学的进口仪器、设备;

(五)外国政府、国际组织无偿援助的进口物资和设备;

(六)由残疾人的组织直接进口供残疾人专用的物品;

(七)销售的自己使用过的物品。

除前款规定外,增值税的免税、减税项目由国务院规定。任何地区、部门均不得规定免税、减税项目。

第十六条 纳税人兼营免税、减税项目的,应当分别核算免税、减税项目的销售额;未分别核算销售额的,不得免税、减税。

第十七条 纳税人销售额未达到国务院财政、税务主管部门规定的增值税起征点的,免征增值税;达到起征点的,依照本条例规定全额计算缴纳增值税。

第十八条 中华人民共和国境外的单位或者个人在境内销售劳务,在境内未设有经营机构的,以其境内代理人为扣缴义务人;在境内没有代理人的,以购买方为扣缴义务人。

第十九条 增值税纳税义务发生时间

(一)发生应税销售行为,为收讫销售款项或者取得索取销售款项凭据的当天;先开具发票的,为开具发票的当天。

(二)进口货物,为报关进口的当天。

增值税扣缴义务发生时间为纳税人增值税纳税义务发生的当天。

第二十条 增值税由税务机关征收,进口货物的增值税由海关代征。

个人携带或者邮寄进境自用物品的增值税,连同关税一并计征。具体办法由国务院关税税则委员会会同有关部门制定。

第二十一条 纳税人发生应税销售行为,应当向索取增值税专用发票的购买方开具增值税专用发票,并在增值税专用发票上分别注明销售额和销项税额。

属于下列情形之一的,不得开具增值税专用发票:

（一）应税销售行为的购买方为消费者个人的；
（二）发生应税销售行为适用免税规定的。

第二十二条 增值税纳税地点：

（一）固定业户应当向其机构所在地的主管税务机关申报纳税。总机构和分支机构不在同一县（市）的，应当分别向各自所在地的主管税务机关申报纳税；经国务院财政、税务主管部门或者其授权的财政、税务机关批准，可以由总机构汇总向总机构所在地的主管税务机关申报纳税。

（二）固定业户到外县（市）销售货物或者劳务，应当向其机构所在地的主管税务机关报告外出经营事项，并向其机构所在地的主管税务机关申报纳税；未报告的，应当向销售地或者劳务发生地的主管税务机关申报纳税；未向销售地或者劳务发生地的主管税务机关申报纳税的，由其机构所在地的主管税务机关补征税款。

（三）非固定业户销售货物或者劳务，应当向销售地或者劳务发生地的主管税务机关申报纳税；未向销售地或者劳务发生地的主管税务机关申报纳税的，由其机构所在地或者居住地的主管税务机关补征税款。

（四）进口货物，应当向报关地海关申报纳税。

扣缴义务人应当向其机构所在地或者居住地的主管税务机关申报缴纳其扣缴的税款。

第二十三条 增值税的纳税期限分别为1日、3日、5日、10日、15日、1个月或者1个季度。纳税人的具体纳税期限，由主管税务机关根据纳税人应纳税额的大小分别核定；不能按照固定期限纳税的，可以按次纳税。

纳税人以1个月或者1个季度为1个纳税期的，自期满之日起15日内申报纳税；以1日、3日、5日、10日或者15日为1个纳税期的，自期满之日起5日内预缴税款，于次月1日起15日内申报纳税并结清上月应纳税款。

扣缴义务人解缴税款的期限，依照前两款规定执行。

第二十四条 纳税人进口货物，应当自海关填发海关进口增值税专用缴款书之日起15日内缴纳税款。

第二十五条 纳税人出口货物适用退（免）税规定的，应当向海关办理出口手续，凭出口报关单等有关凭证，在规定的出口退（免）税申报期内按月向主管税务机关申报办理该项出口货物的退（免）税；境内单位和个人跨境销售服务和无形资产适用退（免）税规定的，应当按期向主管税务机关申报办理退（免）税。具体办法由国务院财政、税务主管部门制定。

出口货物办理退税后发生退货或者退关的，纳税人应当依法补缴已退的税款。

第二十六条 增值税的征收管理，依照《中华人民共和国税收征收管理法》及本条例有关规定执行。

第二十七条 纳税人缴纳增值税的有关事项，国务院或者国务院财政、税务主管部门经国务院同意另有规定的，依照其规定。

第二十八条 本条例自2009年1月1日起施行。

中华人民共和国增值税法（征求意见稿）

第一章 总则

第一条 在中华人民共和国境内（以下称境内）发生增值税应税交易（以下称应税交易），以及进口货物，应当依照本法规定缴纳增值税。

第二条 发生应税交易，应当按照一般计税方法计算缴纳增值税，国务院规定适用简易计税方法的除外。

进口货物，按照本法规定的组成计税价格和适用税率计算缴纳增值税。

第三条 一般计税方法按照销项税额抵扣进项税额后的余额计算应纳税额。

简易计税方法按照应税交易销售额（以下称销售额）和征收率计算应纳税额，不得抵扣进项税额。

第四条 增值税为价外税，应税交易的计税价格不包括增值税额。

第二章 纳税人和扣缴义务人

第五条 在境内发生应税交易且销售额达到增值税起征点的单位和个人，以及进口货物的收货人，为增值税的纳税人。

增值税起征点为季销售额三十万元。

销售额未达到增值税起征点的单位和个人，不是本法规定的纳税人；销售额未达到增值税起征点的单位和个人，可以自愿选择依照本法规定缴纳增值税。

第六条 本法所称单位，是指企业、行政单位、事业单位、军事单位、社会团体和其他单位。

本法所称个人，是指个体工商户和自然人。

第七条 中华人民共和国境外（以下称境外）单位和个人在境内发生应税交易，以购买方为扣缴义务人。

国务院另有规定的，从其规定。

第三章 应税交易

第八条 应税交易，是指销售货物、服务、无形资产、不动产和金融商品。

销售货物、不动产、金融商品，是指有偿转让货物、不动产、金融商品的所有权。

销售服务，是指有偿提供服务。

销售无形资产，是指有偿转让无形资产的所有权或者使用权。

第九条 本法第一条所称在境内发生应税交易是指：

（一）销售货物的，货物的起运地或者所在地在境内；

（二）销售服务、无形资产（自然资源使用权除外）的，销售方为境内单位和个人，或者服务、无形资产在境内消费；

（三）销售不动产、转让自然资源使用权的，不动产、自然资源所在地在境内；

（四）销售金融商品的，销售方为境内单位和个人，或者金融商品在境内发行。

第十条 进口货物，是指货物的起运地在境外，目的地在境内。

第十一条 下列情形视同应税交易，应当依照本法规定缴纳增值税：

（一）单位和个体工商户将自产或者委托加工的货物用于集体福利或者个人消费；

（二）单位和个体工商户无偿赠送货物，但用于公益事业的除外；

（三）单位和个人无偿赠送无形资产、不动产或者金融商品，但用于公益事业的除外；

（四）国务院财政、税务主管部门规定的其他情形。

第十二条 下列项目视为非应税交易，不征收增值税：

（一）员工为受雇单位或者雇主提供取得工资薪金的服务；

（二）行政单位收缴的行政事业性收费、政府性基金；

（三）因征收征用而取得补偿；

（四）存款利息收入；

（五）国务院财政、税务主管部门规定的其他情形。

第四章 税率和征收率

第十三条 增值税税率：

（一）纳税人销售货物，销售加工修理修配、有形动产租赁服务，进口货物，除本条第二项、第四项、第五项规定外，税率为百分之十三。

（二）纳税人销售交通运输、邮政、基础电信、建筑、不动产租赁服务，销售不动产，转让土地使用权，销售或者进口下列货物，除本条第四项、第五项规定外，税率为百分之九：

1. 农产品、食用植物油、食用盐；

2. 自来水、暖气、冷气、热水、煤气、石油液化气、天然气、二甲醚、沼气、居民用煤炭制品；

3. 图书、报纸、杂志、音像制品、电子出版物；

4. 饲料、化肥、农药、农机、农膜。

（三）纳税人销售服务、无形资产、金融商品，除本条第一项、第二项、第五项规定外，税率为百分之六。

（四）纳税人出口货物，税率为零；国务院另有规定的除外。

（五）境内单位和个人跨境销售国务院规定范围内的服务、无形资产，税率为零。

第十四条 增值税征收率为百分之三。

第五章 应纳税额

第十五条 销售额，是指纳税人发生应税交易取得的与之相关的对价，包括全部货币或者非货币形式的经济利益，不包括按照一般计税方法计算的销项税额和按照简易计税方法计算的应纳税额。

国务院规定可以差额计算销售额的，从其规定。

第十六条 视同发生应税交易以及销售额为非货币形式的，按照市场公允价格确定销售额。

第十七条 销售额以人民币计算。纳税人以人民币以外的货币结算销售额的，应当折合成人民币计算。

第十八条 纳税人销售额明显偏低或者偏高且不具有合理商业目的的，税务机关有权按照合理的方法核定其销售额。

第十九条 销项税额，是指纳税人发生应税交易，按照销售额乘以本法规定的税率计算的增值税额。销项税额计算公式：

销项税额＝销售额×税率

第二十条 进项税额，是指纳税人购进的与应税交易相关的货物、服务、无形资产、不动产和金融商品支付或者负担的增值税额。

第二十一条 一般计税方法的应纳税额，是指当期销项税额抵扣当期进项税额后的余额。应纳税额计算公式：

应纳税额＝当期销项税额－当期进项税额

当期进项税额大于当期销项税额的，差额部分可以结转下期继续抵扣；或者予以退还，具体办法由国务院财政、税务主管部门制定。

进项税额应当凭合法有效凭证抵扣。

第二十二条 下列进项税额不得从销项税额中抵扣：

（一）用于简易计税方法计税项目、免征增值税项目、集体福利或者个人消费的购进货物、服务、无形资产、不动产和金融商品对应的进项税额，其中涉及的固定资产、无形资产和不动产，仅指专用于上述项目的固定资产、无形资产和不动产；

（二）非正常损失项目对应的进项税额；

（三）购进并直接用于消费的餐饮服务、居民日常服务和娱乐服务对应的进项税额；

（四）购进贷款服务对应的进项税额；

（五）国务院规定的其他进项税额。

第二十三条 简易计税方法的应纳税额，是指按照当期销售额和征收率计算的增值税额，不得抵扣进项税额。应纳税额计算公式：

应纳税额＝当期销售额×征收率

第二十四条 纳税人进口货物，按照组成计税价格和本法规定的税率计算应纳税额。组成计税价格和应纳税额计算公式：

组成计税价格＝关税计税价格＋关税＋消费税

应纳税额＝组成计税价格×税率

关税计税价格中不包括服务贸易相关的对价。

第二十五条 纳税人按照国务院规定可以选择简易计税方法的，计税方法一经选择，三十六个月内不得变更。

第二十六条 纳税人发生适用不同税率或者征收率的应税交易，应当分别核算适用不同税率或者征收率的销售额；未分别核算的，从高适用税率。

第二十七条 纳税人一项应税交易涉及两个以上税率或者征收率的，从主适用税率或者征收率。

第二十八条 扣缴义务人依照本法第七条规定扣缴税款的，应按照销售额乘以税率计算应扣缴税额。应扣缴税额计算公式：

应扣缴税额＝销售额×税率。

第六章 税收优惠

第二十九条 下列项目免征增值税：

（一）农业生产者销售的自产农产品；

（二）避孕药品和用具；

（三）古旧图书；

（四）直接用于科学研究、科学试验和教学的进口仪器、设备；

（五）外国政府、国际组织无偿援助的进口物资和设备；

（六）由残疾人的组织直接进口供残疾人专用的物品；

（七）自然人销售的自己使用过的物品；

（八）托儿所、幼儿园、养老院、残疾人福利机构提供的育养服务，婚姻介绍，殡葬服务；

（九）残疾人员个人提供的服务；

（十）医院、诊所和其他医疗机构提供的医疗服务；

（十一）学校和其他教育机构提供的教育服务，学生勤工俭学提供的服务；

（十二）农业机耕、排灌、病虫害防治、植物保护、农牧保险以及相关技术培训业务，家禽、牲畜、水生动物的配种和疾病防治；

（十三）纪念馆、博物馆、文化馆、文物保护单位管理机构、美术馆、展览馆、书画院、图书馆举办文化活动的门票收入，宗教场所举办文化、宗教活动的门票收入；

（十四）境内保险机构为出口货物提供的保险产品。

第三十条 除本法规定外，根据国民经济和社会发展的需要，或者由于突发事件等原因对纳税人经营活动产生重大影响的，国务院可以制定增值税专项优惠政策，报全国人民代表大会常务委员会备案。

第三十一条 纳税人兼营增值税减税、免税项目的，应当单独核算增值税减税、免税项目的销售额；未单独核算的项目，不得减税、免税。

第三十二条 纳税人发生应税交易适用减税、免税规定的，可以选择放弃减税、免税，依照本法规定缴纳增值税。

纳税人同时适用两个以上减税、免税项目的，可以分不同减税、免税项目选择放弃。

放弃的减税、免税项目三十六个月内不得再减税、免税。

第七章 纳税时间和纳税地点

第三十三条 增值税纳税义务发生时间，按下列规定确定：

（一）发生应税交易，纳税义务发生时间为收讫销售款项或者取得索取销售款项凭据的当天；先开具发票的，为开具发票的当天。

（二）视同发生应税交易，纳税义务发生时间为视同发生应税交易完成的当天。

（三）进口货物，纳税义务发生时间为进入关境的当天。

增值税扣缴义务发生时间为纳税人增值税纳税义务发生的当天。

第三十四条 增值税纳税地点，按下列规定确定：

（一）有固定生产经营场所的纳税人，应当向其机构所在地或者居住地主管税务机关申报纳税。

总机构和分支机构不在同一县（市）的，应当分别向各自所在地的主管税务机关申报纳税；经国务院财政、税务主管部门或者其授权的财政、税务机关批准，可以由总机构汇总向总机构所在地的主管税务机关申报纳税。

（二）无固定生产经营场所的纳税人，应当向其应税交易发生地主管税务机关申报纳税；未申报纳税的，由其机构所在地或者居住地主管税务机关补征税款。

（三）自然人提供建筑服务，销售或者租赁不动产，转让自然资源使用权，应当向建筑服务发生地、不动产所在地、自然资源所在地主管税务机关申报纳税。

（四）进口货物的纳税人，应当向报关地海关申报纳税。

（五）扣缴义务人，应当向其机构所在地或者居住地主管税务机关申报缴纳扣缴的税款。

第三十五条　增值税的计税期间分别为十日、十五日、一个月、一个季度或者半年。纳税人的具体计税期间，由主管税务机关根据纳税人应纳税额的大小分别核定。以半年为计税期间的规定不适用于按照一般计税方法计税的纳税人。自然人不能按照固定计税期间纳税的，可以按次纳税。

纳税人以一个月、一个季度或者半年为一个计税期间的，自期满之日起十五日内申报纳税；以十日或者十五日为一个计税期间的，自期满之日起五日内预缴税款，于次月一日起十五日内申报纳税并结清上月应纳税款。

扣缴义务人解缴税款的计税期间和申报纳税期限，依照前两款规定执行。

纳税人进口货物，应当自海关填发海关进口增值税专用缴款书之日起十五日内缴纳税款。

第八章　征收管理

第三十六条　增值税由税务机关征收。进口货物的增值税由税务机关委托海关代征。

海关应当将受托代征增值税的信息和货物出口报关的信息共享给税务机关。

个人携带或者邮寄进境物品增值税的计征办法由国务院制定。

第三十七条　纳税人应当如实向主管税务机关办理增值税纳税申报，报送增值税纳税申报表以及相关纳税资料。

纳税人出口货物、服务、无形资产，适用零税率的，应当向主管税务机关申报办理退（免）税。具体办法由国务院税务主管部门制定。

扣缴义务人应当如实报送代扣代缴报告表以及税务机关根据实际需要要求扣缴义务人报送的其他有关资料。

第三十八条　符合规定条件的两个或者两个以上的纳税人，可以选择作为一个纳税人合并纳税。具体办法由国务院财政、税务主管部门制定。

第三十九条　纳税人发生应税交易，应当如实开具发票。

第四十条　纳税人应当按照规定使用发票。未按照规定使用发票的，依照有关法律、行政法规的规定进行处罚。情节严重构成犯罪的，依法追究刑事责任。

第四十一条　纳税人应当使用税控装置开具增值税发票。

第四十二条　税务机关有权对纳税人发票使用、纳税申报、税收减免等进行税务检查。

第四十三条　纳税人应当依照规定缴存增值税额，具体办法由国务院制定。

第四十四条 国家有关部门应当依照法律、行政法规和各自职责，配合税务机关的增值税管理活动。税务机关和银行、海关、外汇管理、市场监管等部门应当建立增值税信息共享和工作配合机制，加强增值税征收管理。

第九章 附 则

第四十五条 本法公布前出台的税收政策确需延续的，按照国务院规定最长可以延至本法施行后的五年止。

第四十六条 国务院依据本法制定实施条例。

第四十七条 本法自20XX年X月X日起施行。《全国人民代表大会常务委员会关于外商投资企业和外国企业适用增值税、消费税、营业税等税收暂行条例的决定》（中华人民共和国主席令第18号）、《中华人民共和国增值税暂行条例》（中华人民共和国国务院令第691号）同时废止。

国家税务总局关于增值税发票综合服务平台等事项的公告

（国家税务总局公告2020年第1号）

为贯彻落实党中央、国务院决策部署，进一步优化税收营商环境，深化税务系统"放管服"改革，便利纳税人开具和使用增值税发票，现将有关事项公告如下：

一、税务总局将增值税发票选择确认平台升级为增值税发票综合服务平台，为纳税人提供发票用途确认、风险提示、信息下载等服务。纳税人取得增值税专用发票、机动车销售统一发票、收费公路通行费增值税电子普通发票后，如需用于申报抵扣增值税进项税额或申请出口退税、代办退税，应当登录增值税发票综合服务平台确认发票用途。增值税发票综合服务平台登录地址由国家税务总局各省（自治区、直辖市和计划单列市）税务局（以下简称"各省税务局"）确定并公布。

纳税人应当按照发票用途确认结果申报抵扣增值税进项税额或申请出口退税、代办退税。纳税人已经申报抵扣的发票，如改用于出口退税或代办退税，应当向主管税务机关提出申请，由主管税务机关核实情况并调整用途。纳税人已经确认用途为申请出口退税或代办退税的发票，如改用于申报抵扣，应当向主管税务机关提出申请，经主管税务机关核实该发票尚未申报出口退税，并将发票电子信息回退后，由纳税人调整用途。

二、纳税人通过增值税电子发票公共服务平台开具的增值税电子普通发票（票样见附件），属于税务机关监制的发票，采用电子签名代替发票专用章，其法律效力、基本用途、基本使用规定等与增值税普通发票相同。

增值税电子普通发票版式文件格式为OFD格式。单位和个人可以登录全国增值税发票查验平台（https://inv-veri.chinatax.gov.cn）下载增值税电子发票版式文件阅读器查阅增值税电子普通发票。

三、纳税人办理增值税普通发票、增值税电子普通发票、收费公路通行费增值税电子普通发票、机动车销售统一发票、二手车销售统一发票票种核定事项，除税务机关按规定确定的高风险等情形外，主管税务机关应当即时办结。

四、纳税人同时丢失已开具增值税专用发票或机动车销售统一发票的发票联和抵扣联，可凭加盖销售方发票专用章的相应发票记账联复印件，作为增值税进项税额的抵扣凭证、退税凭证或记账凭证。

纳税人丢失已开具增值税专用发票或机动车销售统一发票的抵扣联，可凭相应发票的发票联复印件，作为增值税进项税额的抵扣凭证或退税凭证；纳税人丢失已开具增值税专用发票或机动车销售统一发票的发票联，可凭相应发票的抵扣联复印件，作为记账凭证。

五、本公告自发布之日起施行。《国家税务总局关于简化增值税发票领用和使用程序有关问题的公告》（2014年第19号，国家税务总局公告2018年第31号修改）第三条同时废止。

特此公告。

国家税务总局
2020年1月8日

国家税务总局关于在新办纳税人中实行增值税专用发票电子化有关事项的公告

（国家税务总局公告2020年第22号）

为全面落实《优化营商环境条例》，深化税收领域"放管服"改革，加大推广使用电子发票的力度，国家税务总局决定在前期宁波、石家庄和杭州等3个地区试点的基础上，在全国新设立登记的纳税人（以下简称"新办纳税人"）中实行增值税专用发票电子化（以下简称"专票电子化"）。现将有关事项公告如下：

一、自2020年12月21日起，在天津、河北、上海、江苏、浙江、安徽、广东、重庆、四川、宁波和深圳等11个地区的新办纳税人中实行专票电子化，受票方范围为全国。其中，宁波、石家庄和杭州等3个地区已试点纳税人开具增值税电子专用发票（以下简称"电子专票"）的受票方范围扩至全国。

自2021年1月21日起，在北京、山西、内蒙古、辽宁、吉林、黑龙江、福建、江西、山东、河南、湖北、湖南、广西、海南、贵州、云南、西藏、陕西、甘肃、青海、宁夏、新疆、大连、厦门和青岛等25个地区的新办纳税人中实行专票电子化，受票方范围为全国。

实行专票电子化的新办纳税人具体范围由国家税务总局各省、自治区、直辖市和计划单列市税务局（以下简称"各省税务局"）确定。

二、电子专票由各省税务局监制，采用电子签名代替发票专用章，属于增值税专用发票,其法律效力、基本用途、基本使用规定等与增值税纸质专用发票(以下简称"纸质专票")相同。电子专票票样见附件。

三、电子专票的发票代码为12位,编码规则:第1位为0,第2－5位代表省、自治区、直辖市和计划单列市,第6－7位代表年度,第8－10位代表批次,第11－12位为13。发票号码为8位,按年度、分批次编制。

四、自各地专票电子化实行之日起,本地区需要开具增值税纸质普通发票、增值税电子普通发票(以下简称"电子普票")、纸质专票、电子专票、纸质机动车销售统一发票和纸质二手车销售统一发票的新办纳税人,统一领取税务UKey开具发票。税务机关向新办纳税人免费发放税务UKey,并依托增值税电子发票公共服务平台,为纳税人提供免费的电子专票开具服务。

五、税务机关按照电子专票和纸质专票的合计数,为纳税人核定增值税专用发票领用数量。电子专票和纸质专票的增值税专用发票(增值税税控系统)最高开票限额应当相同。

六、纳税人开具增值税专用发票时,既可以开具电子专票,也可以开具纸质专票。受票方索取纸质专票的,开票方应当开具纸质专票。

七、纳税人开具电子专票后,发生销货退回、开票有误、应税服务中止、销售折让等情形,需要开具红字电子专票的,按照以下规定执行:

(一)购买方已将电子专票用于申报抵扣的,由购买方在增值税发票管理系统(以下简称"发票管理系统")中填开并上传《开具红字增值税专用发票信息表》(以下简称《信息表》),填开《信息表》时不填写相对应的蓝字电子专票信息。

购买方未将电子专票用于申报抵扣的,由销售方在发票管理系统中填开并上传《信息表》,填开《信息表》时应填写相对应的蓝字电子专票信息。

(二)税务机关通过网络接收纳税人上传的《信息表》,系统自动校验通过后,生成带有"红字发票信息表编号"的《信息表》,并将信息同步至纳税人端系统中。

(三)销售方凭税务机关系统校验通过的《信息表》开具红字电子专票,在发票管理系统中以销项负数开具。红字电子专票应与《信息表》一一对应。

(四)购买方已将电子专票用于申报抵扣的,应当暂依《信息表》所列增值税税额从当期进项税额中转出,待取得销售方开具的红字电子专票后,与《信息表》一并作为记账凭证。

八、受票方取得电子专票用于申报抵扣增值税进项税额或申请出口退税、代办退税的,应当登录增值税发票综合服务平台确认发票用途,登录地址由各省税务局确定并公布。

九、单位和个人可以通过全国增值税发票查验平台(https://inv-veri.chinatax.gov.cn)对电子专票信息进行查验;可以通过全国增值税发票查验平台下载增值税电子发票版式文件阅读器,查阅电子专票并验证电子签名有效性。

十、纳税人以电子发票(含电子专票和电子普票)报销入账归档的,按照《财政部 国家档案局关于规范电子会计凭证报销入账归档的通知》(财会〔2020〕6号)的规定执行。

十一、本公告自2020年12月21日起施行。

特此公告。

附件:(略)

《中华人民共和国发票管理办法（修改草案征求意见稿）》公开征求意见

为全面落实《优化营商环境条例》，深化税收领域"放管服"改革，深入推进发票电子化，服务经济社会高质量发展，提高立法公众参与度，推进民主立法、科学立法、依法立法，我们起草了《中华人民共和国发票管理办法（修改草案征求意见稿）》，现向社会公开征求意见。公众可在2021年2月7日前，通过以下途径和方式提出意见：

1. 通过国家税务总局网站（网址是：http://www.chinatax.gov.cn）首页的意见征集系统提出意见。

2. 通过信函方式将意见寄至：北京市海淀区羊坊店西路5号国家税务总局征管和科技发展司（邮政编码100038），并在信封上注明"中华人民共和国发票管理办法征求意见"字样。

附件1：中华人民共和国发票管理办法（修改草案征求意见稿）
附件2：关于《中华人民共和国发票管理办法（修改草案征求意见稿）》的说明

国家税务总局
2021年1月8日

附件1

《中华人民共和国发票管理办法（修改草案征求意见稿）》

第一章 总 则

第一条 为了加强发票管理和财务监督，保障国家税收收入，维护经济秩序，根据《中华人民共和国税收征收管理法》，制定本办法。

第二条 在中华人民共和国境内印制、领用、开具、取得、保管、缴销发票的单位和个人（以下称印制、使用发票的单位和个人），必须遵守本办法。

第三条 本办法所称发票，是指在购销商品、提供或者接受服务以及从事其他经营活动中，开具、收取的收付款凭证，包括纸质发票和电子发票。

国家推广使用电子发票，电子发票具体管理办法由国务院税务主管部门制定。单位、个人开发电子发票信息系统自用或为他人提供电子发票服务的，应当遵守国务院税务主管部门制定的电子发票监管规定和标准规范。

第四条 国务院税务主管部门统一负责全国的发票管理工作。省、自治区、直辖市税务机关依据职责做好本行政区域内的发票管理工作。

财政、审计、市场监督管理、公安等有关部门在各自的职责范围内，配合税务机关做好发票管理工作。

第五条 发票的种类、联次、内容、赋码规则以及使用范围由国务院税务主管部门规定。

第六条 对违反发票管理法规的行为，任何单位和个人可以举报。税务机关应当为检举人保密，并酌情给予奖励。

第二章 发票的印制

第七条 增值税专用发票由国务院税务主管部门确定的企业印制；其他发票，按照国务院税务主管部门的规定，由省、自治区、直辖市税务机关确定的企业印制。禁止私自印制、伪造、变造发票。

第八条 印制发票的企业应当具备下列条件：

（一）取得印刷经营许可证和营业执照；

（二）设备、技术水平能够满足印制发票的需要；

（三）有健全的财务制度和严格的质量监督、安全管理、保密制度。

税务机关应当以招标方式确定印制发票的企业，并发给发票印制通知书。

第九条 印制发票应当使用国务院税务主管部门确定的全国统一的发票防伪专用品。禁止非法制造发票防伪专用品。

第十条 发票应当套印全国统一发票监制章。全国统一发票监制章的式样和发票版面印刷的要求，由国务院税务主管部门规定。发票监制章由省、自治区、直辖市税务机关制作。禁止伪造发票监制章。

发票实行不定期换版制度。

第十一条 印制发票的企业按照税务机关的统一规定，建立发票印制管理制度和保管措施。

发票监制章和发票防伪专用品的使用和管理实行专人负责制度。

第十二条 印制发票的企业必须按照税务机关确定的式样和数量印制发票。

第十三条 发票应当使用中文印制。民族自治地方的发票，可以加印当地一种通用的民族文字。有实际需要的，也可以同时使用中外两种文字印制。

第十四条 各省、自治区、直辖市内的单位和个人使用的发票，除增值税专用发票外，应当在本省、自治区、直辖市内印制；确有必要到外省、自治区、直辖市印制的，应当由省、自治区、直辖市税务机关商印制地省、自治区、直辖市税务机关同意。

禁止在境外印制发票。

第三章 发票的领用

第十五条 需要领用发票的单位和个人，应当持设立登记证件或税务登记证件、经办人身份证明、按照国务院税务主管部门规定式样制作的发票专用章的印模，向主管税务机关办理身份验证和发票领用手续。主管税务机关根据领用单位和个人的经营范围、规模和风险级别，在5个工作日内确认领用发票的种类、数量以及领用方式，并告知领用发票的单位和个人。

单位和个人领用发票时，应当按照税务机关的规定报告发票使用情况，税务机关应当按照规定进行查验。

第十六条 需要临时使用发票的单位和个人，可以凭购销商品、提供或者接受服务以及从事其他经营活动的书面证明、经办人身份证明，直接向经营地税务机关申请代开发票。依照税收法律、行政法规规定应当缴纳税款的，税务机关应当先征收税款，再开具发票。税务机关根据发票管理的需要，可以按照国务院税务主管部门的规定委托其他单位代开发票。

税务机关代开发票时应进行身份验证。禁止非法代开发票。

第十七条　临时到本省、自治区、直辖市以外从事经营活动的单位或者个人，应当凭所在地税务机关的证明，向经营地税务机关领用经营地的发票。

临时在本省、自治区、直辖市以内跨市、县从事经营活动领用发票的办法，由省、自治区、直辖市税务机关规定。

第四章　发票的开具和保管

第十八条　销售商品、提供服务以及从事其他经营活动的单位和个人，对外发生经营业务收取款项，收款方应当向付款方开具发票；特殊情况下，由付款方向收款方开具发票。

第十九条　所有单位和从事生产、经营活动的个人在购买商品、接受服务以及从事其他经营活动支付款项，应当向收款方取得发票。取得发票时，不得要求变更品名和金额。

第二十条　不符合规定的发票，不得作为财务报销凭证，任何单位和个人有权拒收。

开具纸质发票后，如需作废发票，应当收回原发票并注明"作废"字样；如需开具红字发票，应当收回原发票注明"作废"字样或取得对方有效证明。开具电子发票后，如需开具红字发票，应当取得对方有效证明。

第二十一条　开具发票应当按照规定的时限、顺序、栏目，全部联次一次性如实开具，开具纸质发票应加盖发票专用章。

任何单位和个人不得有下列虚开发票行为：

（一）为他人、为自己开具与实际经营业务情况不符的发票；

（二）让他人为自己开具与实际经营业务情况不符的发票；

（三）介绍他人开具与实际经营业务情况不符的发票。

开具发票人员应当进行身份验证。

第二十二条　安装税控装置的单位和个人，应当按照规定使用税控装置开具发票，并按期向主管税务机关报送开具发票的数据。

使用非税控电子器具开具发票的，应当将非税控电子器具使用的软件程序说明资料报主管税务机关备案，并按照规定保存、报送开具发票的数据。

第二十三条　任何单位和个人应当按照发票管理规定使用发票，不得有下列行为：

（一）转借、转让、介绍他人转让发票、发票监制章和发票防伪专用品；

（二）知道或者应当知道是私自印制、伪造、变造、非法取得或者废止的发票而受让、开具、存放、携带、邮寄、运输；

（三）拆本使用发票；

（四）扩大发票使用范围；

（五）以其他凭证代替发票使用；

（六）窃取、截留、篡改、出售、泄露发票数据。

税务机关应当提供查询发票真伪的便捷渠道。

第二十四条　除国务院税务主管部门规定的特殊情形外，纸质发票限于领用单位和个人在本省、自治区、直辖市内开具。

省、自治区、直辖市税务机关可以规定跨市、县开具纸质发票的办法。

第二十五条 除国务院税务主管部门规定的特殊情形外，任何单位和个人不得跨规定的使用区域携带、邮寄、运输空白发票。

禁止携带、邮寄或者运输空白发票出入境。

第二十六条 开具发票的单位和个人应当建立发票使用登记制度，并定期向主管税务机关报告发票使用情况。

第二十七条 开具发票的单位和个人应当在办理变更或者注销税务登记的同时，办理发票的核定信息变更、缴销手续。

第二十八条 开具发票的单位和个人应当按照税务机关的规定存放和保管发票，不得擅自损毁。已经开具的发票存根联，应当保存5年。

第五章 发票的检查

第二十九条 税务机关在发票管理中有权进行下列检查：

（一）检查印制、领用、开具、取得、保管和缴销发票的情况；

（二）调出发票查验；

（三）查阅、复制与发票有关的凭证、资料；

（四）向当事各方询问与发票有关的问题和情况；

（五）在查处发票案件时，对与案件有关的情况和资料，可以记录、录音、录像、照相和复制。

第三十条 印制、使用发票的单位和个人，必须接受税务机关依法检查，如实反映情况，提供有关资料，不得拒绝、隐瞒。

税务人员进行检查时，应当出示税务检查证。

第三十一条 税务机关需要将已开具的发票调出查验时，应当向被查验的单位和个人开具发票换票证。发票换票证与所调出查验的发票有同等的效力。被调出查验发票的单位和个人不得拒绝接受。

税务机关需要将空白发票调出查验时，应当开具收据；经查无问题的，应当及时返还。

第三十二条 单位和个人从中国境外取得的与纳税有关的发票或者凭证，税务机关在纳税审查时有疑义的，可以要求其提供境外公证机构或者注册会计师的确认证明，经税务机关审核认可后，方可作为记账核算的凭证。

第三十三条 税务机关在发票检查中需要核对发票存根联与发票联填写情况时，可以向持有发票或者发票存根联的单位发出发票填写情况核对卡，有关单位应当如实填写，按期报回。

第六章 罚 则

第三十四条 违反本办法的规定，有下列情形之一的，由税务机关责令改正，可以处1万元以下的罚款；有违法所得的予以没收：

（一）应当开具而未开具发票，或者未按照规定的时限、顺序、栏目，全部联次一次性开具发票，或者未按规定加盖发票专用章的；

（二）使用税控装置开具发票，未按期向主管税务机关报送开具发票的数据的；

（三）使用非税控电子器具开具发票，未将非税控电子器具使用的软件程序说明资料报主管税务机关备案，或者未按照规定保存、报送开具发票的数据的；

（四）拆本使用发票的；

（五）扩大发票使用范围的；

（六）以其他凭证代替发票使用的；

（七）跨规定区域开具发票的；

（八）未按照规定缴销发票的；

（九）未按照规定存放和保管发票的；

（十）未按照规定作废发票或开具红字发票的。

第三十五条　跨规定的使用区域携带、邮寄、运输空白发票，以及携带、邮寄或者运输空白发票出入境的，由税务机关责令改正，可以处1万元以下的罚款；情节严重的，处1万元以上3万元以下的罚款；有违法所得的予以没收。

丢失发票或者擅自损毁发票的，依照前款规定处罚。

第三十六条　违反本办法第二十一条第二款的规定虚开发票的，由税务机关没收违法所得；虚开金额在1万元以下的，可以并处5万元以下的罚款；虚开金额超过1万元的，并处5万元以上50万元以下的罚款；构成犯罪的，依法追究刑事责任。

非法代开发票的，依照前款规定处罚。

第三十七条　私自印制、伪造、变造发票，非法制造发票防伪专用品，伪造发票监制章，窃取、截留、篡改、出售、泄露发票数据的，由税务机关没收违法所得，没收、销毁作案工具和非法物品，并处1万元以上5万元以下的罚款；情节严重的，并处5万元以上50万元以下的罚款；构成犯罪的，依法追究刑事责任。

前款规定的处罚，《中华人民共和国税收征收管理法》有规定的，依照其规定执行。

第三十八条　有下列情形之一的，由税务机关处1万元以上5万元以下的罚款；情节严重的，处5万元以上50万元以下的罚款；有违法所得的予以没收：

（一）转借、转让、介绍他人转让发票、发票监制章和发票防伪专用品的；

（二）知道或者应当知道是私自印制、伪造、变造、非法取得或者废止的发票而受让、开具、存放、携带、邮寄、运输的。

第三十九条　对违反发票管理规定2次以上或者情节严重的单位和个人，税务机关可以向社会公告。

第四十条　违反发票管理法规，导致其他单位或者个人未缴、少缴或者骗取税款的，由税务机关没收违法所得，可以并处未缴、少缴或者骗取的税款1倍以下的罚款。

第四十一条　当事人对税务机关的处罚决定不服的，可以依法申请行政复议或者向人民法院提起行政诉讼。

第四十二条　税务人员利用职权之便，故意刁难印制、使用发票的单位和个人，或者有违反发票管理法规行为的，依照国家有关规定给予处分；构成犯罪的，依法追究刑事责任。

第七章　附　　则

第四十三条　国务院税务主管部门可以根据有关行业特殊的经营方式和业务需求，会同国务院有关主管部门制定该行业的发票管理办法。

国务院税务主管部门可以根据增值税专用发票管理的特殊需要，制定增值税专用发票的具体管理办法。

第四十四条　本办法自发布之日起施行。

附件 2

关于《中华人民共和国发票管理办法（修改草案征求意见稿）》的说明

为全面落实《优化营商环境条例》，深化税收领域"放管服"改革，深入推进发票电子化，服务经济社会高质量发展，我局拟提请国务院对《中华人民共和国发票管理办法》（以下简称《办法》）进行修改，并起草了修改草案征求意见稿。现将有关修改情况说明如下：

一、修改的必要性

《办法》自1993年发布实施以来，分别于2010年和2019年进行了2次修改，在规范发票管理、保障税收收入、维护经济秩序等方面发挥了积极作用。但随着我国经济社会的发展和改革的不断深化，《办法》施行面临一系列新形势新情况新要求，有必要及时修改完善。

（一）深入贯彻习近平法治思想的需要

习近平总书记指出，法治是国家治理体系和治理能力的重要依托。发票作为重要的商务、财务、税务、法务凭证，关系经济社会方方面面，发票电子化改革后，发票形态、领用、开具、交付、入账、保管等都将发生重大变化，对税收管理、财务管理，乃至市场交易秩序、社会经济运行产生深刻影响。需要秉持法律准绳，用好法治方式，强化法治之力，通过完善制度安排，为发票电子化改革提供法律支撑，发挥好法治固根本、稳预期、利长远的重要作用。

（二）落实《优化营商环境条例》的需要

深化"放管服"改革、优化营商环境，是全面深化改革的重要内容，是党中央、国务院做的重要决策部署。《优化营商环境条例》明确提出加大推广使用电子发票的力度，逐步实现全程网上办税，持续优化纳税服务。现行《办法》是以纸质发票为基础制定的，需要进一步修改以适应电子发票推广使用需要，拓展优化发票服务举措，降低发票领用成本，提升用票办税便利度，打造更优税收营商环境。

（三）推动税收治理体系治理能力现代化的需要

为贯彻习近平总书记"加快数字中国建设"重要指示，落实好中央深改委"规范和优化税务执法"重点改革任务，税务总局党委谋划了税收现代化新"六大体系"布局，研究提出以发票电子化改革为突破口，打造智慧税务。发票是税务部门数字化转型中重要的数据来源，是规范和优化税务执法的重点工作领域。在纸质发票逐步转向电子发票过程中，需要通过《办法》修改进一步明晰征纳双方权责，更好保障纳税人合法权益。

二、修改的总体思路

税务总局积极推进《办法》修改工作，在前期充分调研的基础上，总结国内做法、借鉴国际经验，研究起草了修改草案。按照程序要求将修改草案多方式、多层次征求了全国税务系统各级各部门意见，并召开一系列专家论证会和纳税人座谈会广泛听取意见。在充分吸收各方面意见的基础上，形成《中华人民共和国发票管理办法（修改草案征求意见稿）》。

《办法》属于基础性法规，与经济社会生产生活密切相关。本次修改的总体思路是：坚持以习近平新时代中国特色社会主义思想为指导，自觉把《办法》修改工作放在党和国家工作大局中来考虑、谋划、推进，持续优化税收服务与监管方式，健全税务监管体系，强化纳税人权益保护，为深化税务发票管理领域"放管服"改革和推进发票电子化提供法律制度保障。重点把握三点原则：

一是主动适应经济社会发展和改革需要。全面落实《优化营商环境条例》，深化税务发票管理领域"放管服"改革，推动完善发票管理法律制度，为电子发票应用提供必要的制度支撑，为经济发展和新业态新模式预留制度空间。

二是突出目标导向和问题导向。着力完成发票电子化任务，健全适应经济社会发展的发票管理办法，针对《办法》执行中出现的新情况、新问题，进一步优化发票服务程序，简化发票领用手续，规范引导电子发票社会化服务，巩固深化"放管服"改革成果。

三是保持相对稳定性。鉴于电子发票处于试点改革阶段，纸质发票与电子发票将在一定时期并行，为保持发票法规的连续性和稳定性，本次主要对《办法》做一定范围必要修改，电子发票具体管理规范将通过《办法》授权制定的《电子发票管理办法》予以明确，待条件成熟后，再以完善法规方式进行固化。

三、修改的主要内容

（一）根据现行规定，税务机关在纳税人领用发票时不再收取税务发票工本费，此次修改统一将《办法》全文中的"领购"修改为"领用"，涉及第二条、第十五条、第十七条、第二十四条第一款、第二十九条第一项。

（二）明确"电子发票"的法律地位和法定效力，增加发票类型内容，在第三条第一款明确发票"包括纸质发票和电子发票"；在第三条增加第二款"国家推广使用电子发票，电子发票具体管理办法由国务院税务主管部门制定。单位、个人开发电子发票信息系统自用或为他人提供电子发票服务的，应当遵守国务院税务主管部门制定的电子发票监管规定和标准规范"，为电子发票应用、社会化服务及监管提供必要的制度支撑；同时删除第二十二条第三款"国家推广使用网络发票管理系统开具发票，具体管理办法由国务院税务主管部门制定"。

（三）增加发票赋码的管理内容，将第五条修改为"发票的种类、联次、内容、赋码规则以及使用范围由国务院税务主管部门规定"，明确发票"赋码规则"相应管理权限属于税务机关，以保证发票赋码的唯一性。

（四）"企业印制发票"事项将通过政府采购方式确定，为适应此要求，一是将第八条第二款中"税务机关应当以招标方式确定印制发票的企业，并发给发票准印证"中的"准印证"修改为"印制通知书"；二是将第十二条中"印制发票的企业必须按照税务机关批准的式样和数量印制发票"中的"批准"修改为"确定"；三是删除第三十七条中"对印制发票的企业，可以并处吊销发票准印证"的处罚规定。

（五）为优化跨省印制发票流程，降低税务机关发票印制及管理成本，删除第十四条第一款中的"由印制地省、自治区、直辖市税务机关确定的企业印制"。

（六）根据"多证合一"商事登记制度改革的实际情况，为满足不同市场主体领用发票的实际需要，将第十五条第一款"需要领用发票的单位和个人，应当持税务登记证件、经办人身份证明"修改为"需要领用发票的单位和个人，应当持设立登记证件或税务登记证件、经办人身份证明"，明确"设立登记证件"效力等同于税务登记证件。

（七）为保护用票单位和个人合法权益，防范非法冒用身份领开发票违法行为，此次修改在"发票领用、发票开具和发票代开"业务中增加身份验证的要求：一是将第十五条第一款"向主管税务机关办理发票领用手续"修改为"向主管税务机关办理身份验证和发票领用手续";二是在第十六条第二款增加"税务机关代开发票时应进行身份验证";三是在第二十一条"开具发票应当按照规定的时限、顺序、栏目,全部联次一次性如实开具,开具纸质发票应加盖发票专用章"后增加"开具发票人员应当进行身份验证"作为第三款。

(八)发挥税收大数据优势,改变原来单纯依据经营范围和规模进行发票核定的局限性,将第十五条第一款修改为"主管税务机关根据领用单位和个人的经营范围、规模和风险级别",增加"风险级别"作为发票核定的判断依据之一,以此提高发票核定的精准性。

(九)《行政诉讼法》修订后,已明确电子数据作为合法证据的法律地位,发票领用、缴销等数据信息及时存储在税务信息系统中,供税务机关及用票单位和个人查询使用,不再需要通过纸质发票领购簿、发票登记簿记录发票信息,因此删除第十五条第一款、第二十六条、第二十七条、第二十八条中涉及"发票领购簿"和"发票登记簿"的表述和管理要求,进一步减轻纳税人负担,提高办税效率;在第二十七条"办理发票的变更、缴销手续"中增加"核定信息",以确保条款表述的完整性。

(十)为保障纳税人合法权益和用票需求,提升服务质效,一是将第十五条第一款中"在 5 个工作日内发给发票领购簿"修改为"在 5 个工作日内确认领用发票的种类、数量以及领用方式",明确发票领用流程的办理时限;二是在第十五条第一款增加"并告知领用发票的单位和个人",明确税务机关的告知义务。

(十一)从税收征管实际情况看,各地对异地经营领用发票已不再要求提供保证人或收取发票保证金,因此,删除现行第十八条,取消保证人及发票保证金管理要求,从制度上固化"放管服"改革成果。同时,对条文顺序作相应调整和修改。

(十二)为保障受票方合法权益,防范涉票风险,增加作废纸质发票和开具红字发票的规定及罚则:一是在第二十条第二款增加"开具纸质发票后,如需作废发票,应当收回原发票并注明'作废'字样;如需开具红字发票,应当收回原发票注明'作废'字样或取得对方有效证明。开具电子发票后,如需开具红字发票,应当取得对方有效证明";二是在第三十四条增加"未按照规定作废发票或开具红字发票的"作为第十项。

(十三)明确仅纸质发票须加盖发票专用章的要求:一是在第二十一条第一款明确"开具纸质发票应加盖发票专用章";二是在第二十四条第一款"发票限于领用单位和个人在本省、自治区、直辖市内开具"和第二款"省、自治区、直辖市税务机关可以规定跨市、县开具发票的办法"中的发票表述前均增加"纸质";三是在第三十四条第一项明确"未按规定加盖发票专用章的"。

(十四)适应发票电子化改革要求,在第二十三条第一款"任何单位和个人应当按照发票管理规定使用发票,不得有下列行为"中增加"窃取、截留、篡改、出售、泄露发票数据"作为第六项,列明发票数据禁止性行为;同时在第三十七条第一款增加相应内容,明确对禁止性行为应予处罚。增加上述禁止性条款及罚则,有助于规范发票数据使用,保障纳税人权益,维护发票数据安全。

(十五)适应税收现代化管理要求,减轻纳税人的负担,删除第二十八条中"保存期满,报经税务机关查验后销毁"。同时,删除第四十四条中的"财政部 1986 年发布的《全国发票管理暂行办法》和原国家税务局 1991 年发布的《关于对外商投资企业和外国企业发票管理的暂行规定》同时废止"。

关于实施小微企业普惠性税收减免政策的通知

财税〔2019〕13号

各省、自治区、直辖市、计划单列市财政厅（局），新疆生产建设兵团财政局，国家税务总局各省、自治区、直辖市和计划单列市税务局：

为贯彻落实党中央、国务院决策部署，进一步支持小微企业发展，现就实施小微企业普惠性税收减免政策有关事项通知如下：

一、对月销售额10万元以下（含本数）的增值税小规模纳税人，免征增值税。

二、对小型微利企业年应纳税所得额不超过100万元的部分，减按25%计入应纳税所得额，按20%的税率缴纳企业所得税；对年应纳税所得额超过100万元但不超过300万元的部分，减按50%计入应纳税所得额，按20%的税率缴纳企业所得税。

上述小型微利企业是指从事国家非限制和禁止行业，且同时符合年度应纳税所得额不超过300万元、从业人数不超过300人、资产总额不超过5000万元等三个条件的企业。

从业人数，包括与企业建立劳动关系的职工人数和企业接受的劳务派遣用工人数。所称从业人数和资产总额指标，应按企业全年的季度平均值确定。具体计算公式如下：

季度平均值=（季初值+季末值）÷2

全年季度平均值=全年各季度平均值之和÷4

年度中间开业或者终止经营活动的，以其实际经营期作为一个纳税年度确定上述相关指标。

三、由省、自治区、直辖市人民政府根据本地区实际情况，以及宏观调控需要确定，对增值税小规模纳税人可以在50%的税额幅度内减征资源税、城市维护建设税、房产税、城镇土地使用税、印花税（不含证券交易印花税）、耕地占用税和教育费附加、地方教育附加。

四、增值税小规模纳税人已依法享受资源税、城市维护建设税、房产税、城镇土地使用税、印花税、耕地占用税、教育费附加、地方教育附加其他优惠政策的，可叠加享受本通知第三条规定的优惠政策。

五、《财政部 税务总局关于创业投资企业和天使投资个人有关税收政策的通知》（财税〔2018〕55号）第二条第（一）项关于初创科技型企业条件中的"从业人数不超过200人"调整为"从业人数不超过300人"，"资产总额和年销售收入均不超过3000万元"调整为"资产总额和年销售收入均不超过5000万元"。

2019年1月1日至2021年12月31日期间发生的投资，投资满2年且符合本通知规定和财税〔2018〕55号文件规定的其他条件的，可以适用财税〔2018〕55号文件规定的税收政策。

2019年1月1日前2年内发生的投资，自2019年1月1日起投资满2年且符合本通知规定和财税〔2018〕55号文件规定的其他条件的,可以适用财税〔2018〕55号文件规定的税收政策。

六、本通知执行期限为2019年1月1日至2021年12月31日。《财政部 税务总局关于延续小微企业增值税政策的通知》(财税〔2017〕76号)、《财政部 税务总局关于进一步扩大小型微利企业所得税优惠政策范围的通知》(财税〔2018〕77号)同时废止。

七、各级财税部门要切实提高政治站位,深入贯彻落实党中央、国务院减税降费的决策部署,充分认识小微企业普惠性税收减免的重要意义,切实承担起抓落实的主体责任,将其作为一项重大任务,加强组织领导,精心筹划部署,不折不扣落实到位。要加大力度、创新方式,强化宣传辅导,优化纳税服务,增进办税便利,确保纳税人和缴费人实打实享受到减税降费的政策红利。要密切跟踪政策执行情况,加强调查研究,对政策执行中各方反映的突出问题和意见建议,要及时向财政部和税务总局反馈。

财政部 税务总局
2019年1月17日

财政部 税务总局 海关总署
关于深化增值税改革有关政策的公告

(财政部 税务总局 海关总署公告2019年第39号)

为贯彻落实党中央、国务院决策部署,推进增值税实质性减税,现将2019年增值税改革有关事项公告如下:

一、增值税一般纳税人(以下称纳税人)发生增值税应税销售行为或者进口货物,原适用16%税率的,税率调整为13%;原适用10%税率的,税率调整为9%。

二、纳税人购进农产品,原适用10%扣除率的,扣除率调整为9%。纳税人购进用于生产或者委托加工13%税率货物的农产品,按照10%的扣除率计算进项税额。

三、原适用16%税率且出口退税率为16%的出口货物劳务,出口退税率调整为13%;原适用10%税率且出口退税率为10%的出口货物、跨境应税行为,出口退税率调整为9%。

2019年6月30日前(含2019年4月1日前),纳税人出口前款所涉货物劳务、发生前款所涉跨境应税行为,适用增值税免退税办法的,购进时已按调整前税率征收增值税的,执行调整前的出口退税率,购进时已按调整后税率征收增值税的,执行调整后的出口退税率;适用增值税免抵退税办法的,执行调整前的出口退税率,在计算免抵退税时,适用税率低于出口退税率的,适用税率与出口退税率之差视为零参与免抵退税计算。

出口退税率的执行时间及出口货物劳务、发生跨境应税行为的时间,按照以下规定执行:报关出口的货物劳务(保税区及经保税区出口除外),以海关出口报关单上注明的出口日期为准;非报关出口的货物劳务、跨境应税行为,以出口发票或普通发票的开具时间为准;保税区及经保税区出口的货物,以货物离境时海关出具的出境货物备案清单上注明的出口日期为准。

四、适用13%税率的境外旅客购物离境退税物品,退税率为11%;适用9%税率的境外旅客购物离境退税物品,退税率为8%。

2019年6月30日前,按调整前税率征收增值税的,执行调整前的退税率;按调整后税率征收增值税的,执行调整后的退税率。

退税率的执行时间,以退税物品增值税普通发票的开具日期为准。

五、自2019年4月1日起,《营业税改征增值税试点有关事项的规定》(财税〔2016〕36号印发)第一条第(四)项第1点、第二条第(一)项第1点停止执行,纳税人取得不动产或者不动产在建工程的进项税额不再分2年抵扣。此前按照上述规定尚未抵扣完毕的待抵扣进项税额,可自2019年4月税款所属期起从销项税额中抵扣。

六、纳税人购进国内旅客运输服务,其进项税额允许从销项税额中抵扣。

(一)纳税人未取得增值税专用发票的,暂按照以下规定确定进项税额:

1. 取得增值税电子普通发票的,为发票上注明的税额;

2. 取得注明旅客身份信息的航空运输电子客票行程单的,为按照下列公式计算进项税额:

航空旅客运输进项税额 = (票价 + 燃油附加费) ÷ (1 + 9%) × 9%

3. 取得注明旅客身份信息的铁路车票的,为按照下列公式计算的进项税额:

铁路旅客运输进项税额 = 票面金额 ÷ (1 + 9%) × 9%

4. 取得注明旅客身份信息的公路、水路等其他客票的,按照下列公式计算进项税额:

公路、水路等其他旅客运输进项税额 = 票面金额 ÷ (1 + 3%) × 3%

(二)《营业税改征增值税试点实施办法》(财税〔2016〕36号印发)第二十七条第(六)项和《营业税改征增值税试点有关事项的规定》(财税〔2016〕36号印发)第二条第(一)项第5点中"购进的旅客运输服务、贷款服务、餐饮服务、居民日常服务和娱乐服务"修改为"购进的贷款服务、餐饮服务、居民日常服务和娱乐服务"。

七、自2019年4月1日至2021年12月31日,允许生产、生活性服务业纳税人按照当期可抵扣进项税额加计10%,抵减应纳税额(以下称加计抵减政策)。

(一)本公告所称生产、生活性服务业纳税人,是指提供邮政服务、电信服务、现代服务、生活服务(以下称四项服务)取得的销售额占全部销售额的比重超过50%的纳税人。四项服务的具体范围按照《销售服务、无形资产、不动产注释》(财税〔2016〕36号印发)执行。

2019年3月31日前设立的纳税人,自2018年4月至2019年3月期间的销售额(经营期不满12个月的,按照实际经营期的销售额)符合上述规定条件的,自2019年4月1日起适用加计抵减政策。

2019年4月1日后设立的纳税人,自设立之日起3个月的销售额符合上述规定条件的,自登记为一般纳税人之日起适用加计抵减政策。

纳税人确定适用加计抵减政策后,当年内不再调整,以后年度是否适用,根据上年度销售额计算确定。

纳税人可计提但未计提的加计抵减额,可在确定适用加计抵减政策当期一并计提。

(二)纳税人应按照当期可抵扣进项税额的10%计提当期加计抵减额。按照现行规定不得从销项税额中抵扣的进项税额,不得计提加计抵减额;已计提加计抵减额的进项税额,按规定作进项税额转出的,应在进项税额转出当期,相应调减加计抵减额。计算公式如下:

当期计提加计抵减额 = 当期可抵扣进项税额 × 10%

当期可抵减加计抵减额 = 上期末加计抵减额余额 + 当期计提加计抵减额 - 当期调减加计抵减额

(三)纳税人应按照现行规定计算一般计税方法下的应纳税额(以下称抵减前的应纳税额)后,区分以下情形加计抵减:

1. 抵减前的应纳税额等于零的,当期可抵减加计抵减额全部结转下期抵减;

2. 抵减前的应纳税额大于零,且大于当期可抵减加计抵减额的,当期可抵减加计抵减额全额从抵减前的应纳税额中抵减;

3. 抵减前的应纳税额大于零,且小于或等于当期可抵减加计抵减额的,以当期可抵减加计抵减额抵减应纳税额至零。未抵减完的当期可抵减加计抵减额,结转下期继续抵减。

(四)纳税人出口货物劳务、发生跨境应税行为不适用加计抵减政策,其对应的进项税额不得计提加计抵减额。

纳税人兼营出口货物劳务、发生跨境应税行为且无法划分不得计提加计抵减额的进项税额,按照以下公式计算:

不得计提加计抵减额的进项税额 = 当期无法划分的全部进项税额 × 当期出口货物劳务和发生跨境应税行为的销售额 ÷ 当期全部销售额

(五)纳税人应单独核算加计抵减额的计提、抵减、调减、结余等变动情况。骗取适用加计抵减政策或虚增加计抵减额的,按照《中华人民共和国税收征收管理法》等有关规定处理。

(六)加计抵减政策执行到期后,纳税人不再计提加计抵减额,结余的加计抵减额停止抵减。

八、自2019年4月1日起,试行增值税期末留抵税额退税制度。

(一)同时符合以下条件的纳税人,可以向主管税务机关申请退还增量留抵税额:

1. 自2019年4月税款所属期起,连续六个月(按季纳税的,连续两个季度)增量留抵税额均大于零,且第六个月增量留抵税额不低于50万元;

2. 纳税信用等级为A级或者B级;

3. 申请退税前36个月未发生骗取留抵退税、出口退税或虚开增值税专用发票情形的;

4. 申请退税前36个月未因偷税被税务机关处罚两次及以上的;

5. 自2019年4月1日起未享受即征即退、先征后返(退)政策的。

(二)本公告所称增量留抵税额,是指与2019年3月底相比新增加的期末留抵税额。

(三)纳税人当期允许退还的增量留抵税额,按照以下公式计算:

允许退还的增量留抵税额 = 增量留抵税额 × 进项构成比例 × 60%

进项构成比例,为2019年4月至申请退税前一税款所属期内已抵扣的增值税专用发票(含税控机动车销售统一发票)、海关进口增值税专用缴款书、解缴税款完税凭证注明的增值税额占同期全部已抵扣进项税额的比重。

(四)纳税人应在增值税纳税申报期内,向主管税务机关申请退还留抵税额。

(五)纳税人出口货物劳务、发生跨境应税行为,适用免抵退税办法的,办理免抵退税后,仍符合本公告规定条件的,可以申请退还留抵税额;适用免退税办法的,相关进项税额不得用于退还留抵税额。

（六）纳税人取得退还的留抵税额后，应相应调减当期留抵税额。按照本条规定再次满足退税条件的，可以继续向主管税务机关申请退还留抵税额，但本条第（一）项第1点规定的连续期间，不得重复计算。

（七）以虚增进项、虚假申报或其他欺骗手段，骗取留抵退税款的，由税务机关追缴其骗取的退税款，并按照《中华人民共和国税收征收管理法》等有关规定处理。

（八）退还的增量留抵税额中央、地方分担机制另行通知。

九、本公告自2019年4月1日起执行。

特此公告。

财政部 税务总局 海关总署

2019年3月20日

关于异常增值税扣税凭证管理等有关事项的公告

（国家税务总局公告2019年第38号）

现将异常增值税扣税凭证（以下简称"异常凭证"）管理等有关事项公告如下：

一、符合下列情形之一的增值税专用发票，列入异常凭证范围：

（一）纳税人丢失、被盗税控专用设备中未开具或已开具未上传的增值税专用发票；

（二）非正常户纳税人未向税务机关申报或未按规定缴纳税款的增值税专用发票；

（三）增值税发票管理系统稽核比对发现"比对不符""缺联""作废"的增值税专用发票；

（四）经税务总局、省税务局大数据分析发现，纳税人开具的增值税专用发票存在涉嫌虚开、未按规定缴纳消费税等情形的；

（五）属于《国家税务总局关于走逃（失联）企业开具增值税专用发票认定处理有关问题的公告》（国家税务总局公告2016年第76号）第二条第（一）项规定情形的增值税专用发票。

二、增值税一般纳税人申报抵扣异常凭证，同时符合下列情形的，其对应开具的增值税专用发票列入异常凭证范围：

（一）异常凭证进项税额累计占同期全部增值税专用发票进项税额70%（含）以上的；

（二）异常凭证进项税额累计超过5万元的。

纳税人尚未申报抵扣、尚未申报出口退税或已作进项税额转出的异常凭证，其涉及的进项税额不计入异常凭证进项税额的计算。

三、增值税一般纳税人取得的增值税专用发票列入异常凭证范围的，应按照以下规定处理：

（一）尚未申报抵扣增值税进项税额的，暂不允许抵扣。已经申报抵扣增值税进项税额的，除另有规定外，一律作进项税额转出处理。

（二）尚未申报出口退税或者已申报但尚未办理出口退税的，除另有规定外，暂不允许办理出口退税。适用增值税免抵退税办法的纳税人已经办理出口退税的，应根据列入异常凭证范围的增值税专用发票上注明的增值税额作进项税额转出处理；适用增值税免退税办法的纳税人已经办理出口退税的，税务机关应按照现行规定对列入异常凭证范围的增值税专用发票对应的已退税款追回。

纳税人因骗取出口退税停止出口退（免）税期间取得的增值税专用发票列入异常凭证范围的，按照本条第（一）项规定执行。

（三）消费税纳税人以外购或委托加工收回的已税消费品为原料连续生产应税消费品，尚未申报抵扣原料已纳消费税税款的，暂不允许抵扣；已经申报抵扣的，冲减当期允许抵扣的消费税税款，当期不足冲减的应当补缴税款。

（四）纳税信用A级纳税人取得异常凭证且已经申报抵扣增值税、办理出口退税或抵扣消费税的，可以自接到税务机关通知之日起10个工作日内，向主管税务机关提出核实申请。经税务机关核实，符合现行增值税进项税额抵扣、出口退税或消费税抵扣相关规定的，可不作进项税额转出、追回已退税款、冲减当期允许抵扣的消费税税款等处理。纳税人逾期未提出核实申请的，应于期满后按照本条第（一）项、第（二）项、第（三）项规定作相关处理。

（五）纳税人对税务机关认定的异常凭证存有异议，可以向主管税务机关提出核实申请。经税务机关核实，符合现行增值税进项税额抵扣或出口退税相关规定的，纳税人可继续申报抵扣或者重新申报出口退税；符合消费税抵扣规定且已缴纳消费税税款的，纳税人可继续申报抵扣消费税税款。

四、经税务总局、省税务局大数据分析发现存在涉税风险的纳税人，不得离线开具发票，其开票人员在使用开票软件时，应当按照税务机关指定的方式进行人员身份信息实名验证。

五、新办理增值税一般纳税人登记的纳税人，自首次开票之日起3个月内不得离线开具发票，按照有关规定不使用网络办税或不具备风险条件的特定纳税人除外。

六、本公告自2020年2月1日起施行。《国家税务总局关于走逃（失联）企业开具增值税专用发票认定处理有关问题的公告》（国家税务总局公告2016年第76号）第二条第（二）项、《国家税务总局关于建立增值税失控发票快速反应机制的通知》（国税发〔2004〕123号文件印发，国家税务总局公告2018年第31号修改）、《国家税务总局关于金税工程增值税征管信息系统发现的涉嫌违规增值税专用发票处理问题的通知》（国税函〔2006〕969号）第一条第（二）项和第二条、《国家税务总局关于认真做好增值税失控发票数据采集工作有关问题的通知》（国税函〔2007〕517号）、《国家税务总局关于失控增值税专用发票处理的批复》（国税函〔2008〕607号）、《国家税务总局关于外贸企业使用增值税专用发票办理出口退税有关问题的公告》（国家税务总局公告2012年第22号）第二条第（二）项同时废止。

特此公告。

国家税务总局
2019年11月14日

国家税务总局关于取消增值税扣税凭证认证确认期限等增值税征管问题的公告

(国家税务总局公告2019年第45号)

现将取消增值税扣税凭证认证确认期限等增值税征管问题公告如下:

一、增值税一般纳税人取得2017年1月1日及以后开具的增值税专用发票、海关进口增值税专用缴款书、机动车销售统一发票、收费公路通行费增值税电子普通发票,取消认证确认、稽核比对、申报抵扣的期限。纳税人在进行增值税纳税申报时,应当通过本省(自治区、直辖市和计划单列市)增值税发票综合服务平台对上述扣税凭证信息进行用途确认。

增值税一般纳税人取得2016年12月31日及以前开具的增值税专用发票、海关进口增值税专用缴款书、机动车销售统一发票,超过认证确认、稽核比对、申报抵扣期限,但符合规定条件的,仍可按照《国家税务总局关于逾期增值税扣税凭证抵扣问题的公告》(2011年第50号,国家税务总局公告2017年第36号、2018年第31号修改)、《国家税务总局关于未按期申报抵扣增值税扣税凭证有关问题的公告》(2011年第78号,国家税务总局公告2018年第31号修改)规定,继续抵扣进项税额。

二、纳税人享受增值税即征即退政策,有纳税信用级别条件要求的,以纳税人申请退税税款所属期的纳税信用级别确定。申请退税税款所属期内纳税信用级别发生变化的,以变化后的纳税信用级别确定。

纳税人适用增值税留抵退税政策,有纳税信用级别条件要求的,以纳税人向主管税务机关申请办理增值税留抵退税提交《退(抵)税申请表》时的纳税信用级别确定。

三、按照《财政部 税务总局 海关总署关于深化增值税改革有关政策的公告》(2019年第39号)和《财政部 税务总局关于明确部分先进制造业增值税期末留抵退税政策的公告》(2019年第84号)的规定,在计算允许退还的增量留抵税额的进项构成比例时,纳税人在2019年4月至申请退税前一税款所属期内按规定转出的进项税额,无须从已抵扣的增值税专用发票、机动车销售统一发票、海关进口增值税专用缴款书、解缴税款完税凭证注明的增值税额中扣减。

四、中华人民共和国境内(以下简称境内)单位和个人作为工程分包方,为施工地点在境外的工程项目提供建筑服务,从境内工程总承包方取得的分包款收入,属于《国家税务总局关于发布〈营业税改征增值税跨境应税行为增值税免税管理办法(试行)〉的公告》(2016年第29号,国家税务总局公告2018年第31号修改)第六条规定的"视同从境外取得收入"。

五、动物诊疗机构提供的动物疾病预防、诊断、治疗和动物绝育手术等动物诊疗服务,属于《营业税改征增值税试点过渡政策的规定》(财税〔2016〕36号附件3)第一条第十项所称"家禽、牲畜、水生动物的配种和疾病防治"。

动物诊疗机构销售动物食品和用品，提供动物清洁、美容、代理看护等服务，应按照现行规定缴纳增值税。

动物诊疗机构，是指依照《动物诊疗机构管理办法》（农业部令第19号公布，农业部令2016年第3号、2017年第8号修改）规定，取得动物诊疗许可证，并在规定的诊疗活动范围内开展动物诊疗活动的机构。

六、《货物运输业小规模纳税人申请代开增值税专用发票管理办法》（2017年第55号发布，国家税务总局公告2018年第31号修改）第二条修改为：

"第二条同时具备以下条件的增值税纳税人（以下简称纳税人）适用本办法：

（一）在中华人民共和国境内（以下简称境内）提供公路或内河货物运输服务，并办理了税务登记（包括临时税务登记）。

（二）提供公路货物运输服务的（以4.5吨及以下普通货运车辆从事普通道路货物运输经营的除外），取得《中华人民共和国道路运输经营许可证》和《中华人民共和国道路运输证》；提供内河货物运输服务的，取得《国内水路运输经营许可证》和《船舶营业运输证》。

（三）在税务登记地主管税务机关按增值税小规模纳税人管理。"

七、纳税人取得的财政补贴收入，与其销售货物、劳务、服务、无形资产、不动产的收入或者数量直接挂钩的，应按规定计算缴纳增值税。纳税人取得的其他情形的财政补贴收入，不属于增值税应税收入，不征收增值税。

本公告实施前，纳税人取得的中央财政补贴继续按照《国家税务总局关于中央财政补贴增值税有关问题的公告》（2013年第3号）执行；已经申报缴纳增值税的，可以按现行红字发票管理规定，开具红字增值税发票将取得的中央财政补贴从销售额中扣减。

八、本公告第一条自2020年3月1日起施行，第二条至第七条自2020年1月1日起施行。此前已发生未处理的事项，按照本公告执行，已处理的事项不再调整。《国家税务总局关于中央财政补贴增值税有关问题的公告》（2013年第3号）、《国家税务总局关于国内旅客运输服务进项税抵扣等增值税征管问题的公告》（2019年第31号）第五条自2020年1月1日起废止。《国家税务总局关于增值税一般纳税人取得防伪税控系统开具的增值税专用发票进项税额抵扣问题的通知》（国税发〔2003〕第17号）第二条、《国家税务总局关于调整增值税扣税凭证抵扣期限有关问题的通知》（国税函〔2009〕617号）、《国家税务总局关于增值税一般纳税人抗震救灾期间增值税扣税凭证认证稽核有关问题的通知》（国税函〔2010〕173号）、《国家税务总局关于进一步明确"营改增"有关征管问题的公告》（2017年第11号，国家税务总局公告2018年第31号修改）第十条、《国家税务总局关于增值税发票管理等有关事项的公告》（2019年第33号）第四条自2020年3月1日起废止。《货物运输业小规模纳税人申请代开增值税专用发票管理办法》（2017年第55号发布，国家税务总局公告2018年第31号修改）根据本公告作相应修改，重新发布。

特此公告。

附件：货物运输业小规模纳税人申请代开增值税专用发票管理办法

国家税务总局
2019年12月31日

附件

货物运输业小规模纳税人申请代开增值税专用发票管理办法

(国家税务总局公告2017年第55号发布，根据国家税务总局公告2018年第31号、2019年第45号修正)

第一条 为进一步优化纳税服务，简化办税流程，方便货物运输业小规模纳税人代开增值税专用发票，根据《中华人民共和国税收征收管理法》及其实施细则、《中华人民共和国发票管理办法》及其实施细则等规定，制定本办法。

第二条 同时具备以下条件的增值税纳税人（以下简称纳税人）适用本办法：

(一) 在中华人民共和国境内（以下简称境内）提供公路或内河货物运输服务，并办理了税务登记（包括临时税务登记）。

(二) 提供公路货物运输服务的（以4.5吨及以下普通货运车辆从事普通道路货物运输经营的除外），取得《中华人民共和国道路运输经营许可证》和《中华人民共和国道路运输证》；提供内河货物运输服务的，取得《国内水路运输经营许可证》和《船舶营业运输证》。

(三) 在税务登记地主管税务机关按增值税小规模纳税人管理。

第三条 纳税人在境内提供公路或内河货物运输服务，需要开具增值税专用发票的，可在税务登记地、货物起运地、货物到达地或运输业务承揽地（含互联网物流平台所在地）中任何一地，就近向税务机关（以下称代开单位）申请代开增值税专用发票。

第四条 纳税人应将营运资质和营运机动车、船舶信息向主管税务机关进行备案。

第五条 完成上述备案后，纳税人可向代开单位申请代开增值税专用发票，并向代开单位提供以下资料：

(一)《货物运输业代开增值税专用发票缴纳税款申报单》（以下简称《申报单》，见附件）。

(二) 加载统一社会信用代码的营业执照（或税务登记证或组织机构代码证）复印件。

(三) 经办人身份证件及复印件。

第六条 纳税人申请代开增值税专用发票时，应按机动车号牌或船舶登记号码分别填写《申报单》，挂车应单独填写《申报单》。《申报单》中填写的运输工具相关信息，必须与其向主管税务机关备案的信息一致。

第七条 纳税人对申请代开增值税专用发票时提交资料的真实性和合法性承担责任。

第八条 代开单位对纳税人提交资料的完整性和一致性进行核对。资料不符合要求的，应一次性告知纳税人补正资料；符合要求的，按规定代开增值税专用发票。

第九条 纳税人申请代开增值税专用发票时，应按照所代开增值税专用发票上注明的税额向代开单位全额缴纳增值税。

第十条 纳税人代开专用发票后，如发生服务中止、折让、开票有误等情形，需要作废增值税专用发票、开具增值税红字专用发票、重新代开增值税专用发票、办理退税等事宜的，应由原代开单位按照现行规定予以受理。

第十一条 纳税人在非税务登记地申请代开增值税专用发票,不改变主管税务机关对其实施税收管理。

第十二条 纳税人应按照主管税务机关核定的纳税期限,按期计算增值税应纳税额,抵减其申请代开增值税专用发票缴纳的增值税后,向主管税务机关申报缴纳增值税。

第十三条 纳税人代开增值税专用发票对应的销售额,一并计入该纳税人月(季、年)度销售额,作为主管税务机关对其实施税收管理的标准和依据。

第十四条 增值税发票管理新系统定期将纳税人异地代开发票、税款缴纳等数据信息清分至主管税务机关。主管税务机关应加强数据比对分析,对纳税人申请代开增值税专用发票金额明显超出其实际运输能力的,主管税务机关可暂停其在非税务登记地代开增值税专用发票并及时约谈纳税人。经约谈排除疑点的,纳税人可继续在非税务登记地申请代开增值税专用发票。

第十五条 各省、自治区、直辖市和计划单列市税务局可根据本办法制定具体实施办法。

第十六条 本办法未明确事项,按现行增值税专用发票使用规定及税务机关代开增值税专用发票有关规定执行。

第十七条 本办法自2018年1月1日起施行。《国家税务总局关于在全国开展营业税改征增值税试点有关征收管理问题的公告》(国家税务总局公告2013年第39号)第一条第(一)项和附件1同时废止。

附件

货物运输业代开增值税专用发票缴纳税款申报单

税务局:

本人(单位)提供的开票资料真实、完整、准确,符合有关法律法规,否则我单位将承担一切法律后果。现申请代开增值税专用发票。

填开日期: 年 月 日

单位:元至角分

运输服务购买方	纳税人名称	
	统一社会信用代码(纳税人识别号)	
	地址、电话	
	开户行及账号	

续表

运输服务销售方	纳税人名称				
	统一社会信用代码（纳税人识别号）				
	地址、电话				
	开户行及账号				
运输货物品名	金额（不含税）	货物起运地	货物到达地	征收率	增值税应纳税额
1	2	3	4	5	6 = 2 × 5
合计		—			
价税合计					
车船类型		车船牌照号		车船吨位	
备注					

税务机关税款征收岗位
税收完税凭证号：
 	
（签字）
  年   月   日
	税务机关代开发票岗位
	发票代码：
	发票号码：
	
	（签字）
	  年 月 日
			经核对，所开发票与申报内容一致。
			
			申请单位经办人（签字）
			  年 月 日		

申请代开发票单位（公章）　　　　　　　　　　　　　　　　法人代表（签字）

填写人（签字）

注：1. 本表一式三份，由申请代开增值税专用发票的小规模纳税人填写，一份由税款征收岗留存，一份由代开发票管理岗留存，一份交纳税人留存。

2. "车船类型""车船牌照号"及"车船吨位"栏次需按照运输工具填写。

国家税务总局关于国内旅客运输服务进项税抵扣等增值税征管问题的公告

（国家税务总局公告 2019 年第 31 号）

现将国内旅客运输服务进项税抵扣等增值税征管问题公告如下：

一、关于国内旅客运输服务进项税抵扣

（一）《财政部 税务总局 海关总署关于深化增值税改革有关政策的公告》（财政部 税务总局 海关总署公告 2019 年第 39 号）第六条所称"国内旅客运输服务"，限于与本单位签订了劳动合同的员工，以及本单位作为用工单位接受的劳务派遣员工发生的国内旅客运输服务。

（二）纳税人购进国内旅客运输服务，以取得的增值税电子普通发票上注明的税额为进项税额的，增值税电子普通发票上注明的购买方"名称""纳税人识别号"等信息，应当与实际抵扣税款的纳税人一致，否则不予抵扣。

（三）纳税人允许抵扣的国内旅客运输服务进项税额，是指纳税人 2019 年 4 月 1 日及以后实际发生，并取得合法有效增值税扣税凭证注明的或依据其计算的增值税税额。以增值税专用发票或增值税电子普通发票为增值税扣税凭证的，为 2019 年 4 月 1 日及以后开具的增值税专用发票或增值税电子普通发票。

二、关于加计抵减

（一）《财政部 税务总局 海关总署关于深化增值税改革有关政策的公告》（财政部 税务总局 海关总署公告 2019 年第 39 号）第七条关于加计抵减政策适用所称"销售额"，包括纳税申报销售额、稽查查补销售额、纳税评估调整销售额。其中，纳税申报销售额包括一般计税方法销售额，简易计税方法销售额，免税销售额，税务机关代开发票销售额，免、抵、退办法出口销售额，即征即退项目销售额。

稽查查补销售额和纳税评估调整销售额，计入查补或评估调整当期销售额确定适用加计抵减政策；适用增值税差额征收政策的，以差额后的销售额确定适用加计抵减政策。

（二）2019 年 3 月 31 日前设立，且 2018 年 4 月至 2019 年 3 月期间销售额均为零的纳税人，以首次产生销售额当月起连续 3 个月的销售额确定适用加计抵减政策。

2019 年 4 月 1 日后设立，且自设立之日起 3 个月的销售额均为零的纳税人，以首次产生销售额当月起连续 3 个月的销售额确定适用加计抵减政策。

（三）经财政部和国家税务总局或者其授权的财政和税务机关批准，实行汇总缴纳增值税的总机构及其分支机构，以总机构本级及其分支机构的合计销售额，确定总机构及其分支机构适用加计抵减政策。

三、关于部分先进制造业增值税期末留抵退税

自 2019 年 6 月 1 日起，符合《财政部 税务总局关于明确部分先进制造业增值税期末留抵退税政策的公告》（财政部 税务总局公告 2019 年第 84 号）规定的纳税人申请退还增量留抵税额，应按照《国家税务总局关于办理增值税期末留抵税额退税有关事项的公告》（国家税务总局公告 2019 年第 20 号）的规定办理相关留抵退税业务。《退（抵）税申请表》（国家税务总局公告 2019 年第 20 号附件）修订并重新发布（附件 1）。

四、关于经营期不足一个纳税期的小规模纳税人免税政策适用

自 2019 年 1 月 1 日起，以 1 个季度为纳税期限的增值税小规模纳税人，因在季度中间成立或注销而导致当期实际经营期不足 1 个季度，当期销售额未超过 30 万元的，免征增值税。《国家税务总局关于全面推开营业税改征增值税试点有关税收征收管理事项的公告》（国家税务总局公告 2016 年第 23 号发布，国家税务总局公告 2018 年第 31 号修改）第六条第（三）项同时废止。

五、关于货物运输业小规模纳税人申请代开增值税专用发票

适用《货物运输业小规模纳税人申请代开增值税专用发票管理办法》（国家税务总局公告 2017 年第 55 号发布，国家税务总局公告 2018 年第 31 号修改并发布）的增值税纳税人、《国家税务总局关于开展互联网物流平台企业代开增值税专用发票试点工作的通知》（税总函〔2017〕579 号）规定的互联网物流平台企业为其代开增值税专用发票并代办相关涉税事

项的货物运输业小规模纳税人，应符合以下条件：

提供公路货物运输服务的（以 4.5 吨及以下普通货运车辆从事普通道路货物运输经营的除外），取得《中华人民共和国道路运输经营许可证》和《中华人民共和国道路运输证》；提供内河货物运输服务的，取得《国内水路运输经营许可证》和《船舶营业运输证》。

六、关于运输工具舱位承包和舱位互换业务适用税目

（一）在运输工具舱位承包业务中，发包方以其向承包方收取的全部价款和价外费用为销售额，按照"交通运输服务"缴纳增值税。承包方以其向托运人收取的全部价款和价外费用为销售额，按照"交通运输服务"缴纳增值税。

运输工具舱位承包业务，是指承包方以承运人身份与托运人签订运输服务合同，收取运费并承担承运人责任，然后以承包他人运输工具舱位的方式，委托发包方实际完成相关运输服务的经营活动。

（二）在运输工具舱位互换业务中，互换运输工具舱位的双方均以各自换出运输工具舱位确认的全部价款和价外费用为销售额，按照"交通运输服务"缴纳增值税。

运输工具舱位互换业务，是指纳税人之间签订运输协议，在各自以承运人身份承揽的运输业务中，互相利用对方交通运输工具的舱位完成相关运输服务的经营活动。

七、关于建筑服务分包款差额扣除

纳税人提供建筑服务，按照规定允许从其取得的全部价款和价外费用中扣除的分包款，是指支付给分包方的全部价款和价外费用。

八、关于取消建筑服务简易计税项目备案

提供建筑服务的一般纳税人按规定适用或选择适用简易计税方法计税的，不再实行备案制。以下证明材料无须向税务机关报送，改为自行留存备查：

（一）为建筑工程老项目提供的建筑服务，留存《建筑工程施工许可证》或建筑工程承包合同；

（二）为甲供工程提供的建筑服务、以清包工方式提供的建筑服务，留存建筑工程承包合同。

九、关于围填海开发房地产项目适用简易计税

房地产开发企业中的一般纳税人以围填海方式取得土地并开发的房地产项目，围填海工程《建筑工程施工许可证》或建筑工程承包合同注明的围填海开工日期在 2016 年 4 月 30 日前的，属于房地产老项目，可以选择适用简易计税方法按照 5% 的征收率计算缴纳增值税。

十、关于限售股买入价的确定

（一）纳税人转让因同时实施股权分置改革和重大资产重组而首次公开发行股票并上市形成的限售股，以及上市首日至解禁日期间由上述股份孳生的送、转股，以该上市公司股票上市首日开盘价为买入价，按照"金融商品转让"缴纳增值税。

（二）上市公司因实施重大资产重组多次停牌的，《国家税务总局关于"营改增"试点若干征管问题的公告》（国家税务总局公告 2016 年第 53 号发布，国家税务总局公告 2018 年第 31 号修改）第五条第（三）项所称的"股票停牌"，是指中国证券监督管理委员会就上市公司重大资产重组申请作出予以核准决定前的最后一次停牌。

十一、关于保险服务进项税抵扣

（一）提供保险服务的纳税人以实物赔付方式承担机动车辆保险责任的，自行向车辆修理劳务提供方购进的车辆修理劳务，其进项税额可以按规定从保险公司销项税额中抵扣。

（二）提供保险服务的纳税人以现金赔付方式承担机动车辆保险责任的，将应付给被保

险人的赔偿金直接支付给车辆修理劳务提供方，不属于保险公司购进车辆修理劳务，其进项税额不得从保险公司销项税额中抵扣。

（三）纳税人提供的其他财产保险服务，比照上述规定执行。

十二、关于餐饮服务税目适用

纳税人现场制作食品并直接销售给消费者，按照"餐饮服务"缴纳增值税。

十三、关于开具原适用税率发票

（一）自2019年9月20日起，纳税人需要通过增值税发票管理系统开具17%、16%、11%、10%税率蓝字发票的，应向主管税务机关提交《开具原适用税率发票承诺书》（附件2），办理临时开票权限。临时开票权限有效期限为24小时，纳税人应在获取临时开票权限的规定期限内开具原适用税率发票。

（二）纳税人办理临时开票权限，应保留交易合同、红字发票、收讫款项证明等相关材料，以备查验。

（三）纳税人未按规定开具原适用税率发票的，主管税务机关应按照现行有关规定进行处理。

十四、关于本公告的执行时间

本公告第一条、第二条自公告发布之日起施行，本公告第五条至第十二条自2019年10月1日起施行。此前已发生未处理的事项，按照本公告执行，已处理的事项不再调整。《货物运输业小规模纳税人申请代开增值税专用发票管理办法》（国家税务总局公告2017年第55号发布，国家税务总局公告2018年第31号修改并发布）第二条第（二）项、《国家税务总局关于开展互联网物流平台企业代开增值税专用发票试点工作的通知》（税总函〔2017〕579号）第一条第（二）项、《国家税务总局关于简化建筑服务增值税简易计税方法备案事项的公告》（国家税务总局公告2017年第43号发布，国家税务总局公告2018年第31号修改）自2019年10月1日起废止。

特此公告。

附件：1. 退（抵）税申请表
      2. 开具原适用税率发票承诺书

国家税务总局
2019年9月16日

附件1：

退（抵）税申请表

金额单位：元至角分

申请人名称			纳税人□ 扣缴义务人□
纳税人名称		统一社会信用代码（纳税人识别号）	
联系人姓名		联系电话	
申请退税类型	汇算结算退税□ 误收退税□ 留抵退税□		

续表

一、汇算结算、误收税款退税

原完税情况	税种	品目名称	税款所属时期	税票号码	实缴金额
	合计（小写）				
申请退税金额（小写）					

二、留抵退税

增量留抵税额大于零，且申请退税前连续12个月（或实际经营期至少3个月）生产并销售非金属矿物制品、通用设备、专用设备及计算机、通信和其他电子设备销售额占全部销售额的比重超过50%	是□ 否□

＿＿＿年＿＿＿月至＿＿＿年＿＿＿月生产并销售非金属矿物制品、通用设备、专用设备及计算机、通信和其他电子设备销售额＿＿＿＿＿＿， 同期全部销售额＿＿＿＿＿，占比＿＿＿＿＿％。	连续六个月（按季纳税的，连续两个季度）增量留抵税额均大于零的起止时间： 　　年　　月至　　年　　月

申请退税前36个月未发生骗取留抵退税、出口退税或虚开增值税专用发票情形	是□ 否□
申请退税前36个月未因偷税被税务机关处罚两次及以上	是□ 否□
自2019年4月1日起未享受即征即退、先征后返（退）政策	是□ 否□
出口货物劳务、发生跨境应税行为，适用免抵退税办法	是□ 否□
本期已申报免抵退税应退税额	
2019年4月至申请退税前一税款所属期已抵扣的增值税专用发票（含税控机动车销售统一发票）注明的增值税额	
2019年4月至申请退税前一税款所属期已抵扣的海关进口增值税专用缴款书注明的增值税额	
2019年4月至申请退税前一税款所属期已抵扣的解缴税款完税凭证注明的增值税额	
2019年4月至申请退税前一税款所属期全部已抵扣的进项税额	
本期申请退还的增量留抵税额	

退税申请理由	经办人：　　　　　　（公章） 　　　　　　　　　　　　　　　　　　年　　月　　日

授权声明	如果你已委托代理人申请，请填写下列资料： 　　为代理相关税务事宜，现授权 　　　　　　　　　　（地址） ＿＿＿＿＿＿为本纳税人的代理申请人，任何与本申请有关的往来文件，都可寄于此人。 授权人签章：	声明	此表是根据国家税收法律法规及相关规定填写的，对填报内容（及附带资料）的真实性、可靠性、完整性负责。 申请人签章：

续表

以下由税务机关填写		
受理情况	受理人：	年　月　日
核实部门意见： 退还方式：退库□　抵扣欠税□ 退税类型：汇算结算退税□ 　　　　　误收退税□ 　　　　　留抵退税□ 退税发起方式：纳税人自行申请□ 　　　　　　税务机关发现并通知□ 退（抵）税金额：		税务机关负责人意见：
经办人：　　　负责人： 　　　　　　　　　年　月　日		签字 　　　　　年　月　日（公章）

《退（抵）税申请表》填表说明

一、本表适用于办理汇算结算、误收税款退税、留抵退税。

二、纳税人退税账户与原缴税账户不一致的，须另行提交资料，并经税务机关确认。

三、本表一式四联，纳税人一联、税务机关三联。

四、申请人名称：填写纳税人或扣缴义务人名称。如申请留抵退税，应填写纳税人名称。

五、申请人身份：选择"纳税人"或"扣缴义务人"。如申请留抵退税，应选择"纳税人"。

六、纳税人名称：填写税务登记证所载纳税人的全称。

七、统一社会信用代码（纳税人识别号）：填写纳税人统一社会信用代码。

八、联系人名称：填写联系人姓名。

九、联系电话：填写联系人固定电话号码或手机号码。

十、申请退税类型：选择"汇算结算退税""误收退税"或"留抵退税"。

十一、原完税情况：填写与汇算结算和误收税款退税相关信息。分税种、品目名称、税款所属时期、税票号码、实缴金额等项目，填写申请办理退税的已入库信息，上述信息应与完税费（缴款）凭证复印件、完税费（缴款）凭证原件或完税电子信息一致。

十二、申请退税金额：填写与汇算结算和误收税款退税相关的申请退（抵）税的金额，应小于等于原完税情况实缴金额合计。

十三、增量留抵税额大于零，且申请退税前连续12个月（或实际经营至少3个月）生产并销售非金属矿物制品、通用设备、专用设备及计算机、通信和其他电子设备销售额占全部销售额的比重超过50%：根据实际情况，选择"是"或"否"。

十四、_____年_____月至_____年_____月生产并销售非金属矿物制品、通用设备、专用设备及计算机、通信和其他电子设备销售额_____，同期全部销售额

_____，占比_____%。：如十三选"是"，填写本栏。

如申请退税前经营期满 12 个月，本栏起止时间填写申请退税前 12 个月的起止时间；本栏销售额填写申请退税前 12 个月对应项目的销售额。

如申请退税前经营期不满 12 个月但满 3 个月的，本栏起止时间填写实际经营期的起止时间；本栏销售额填写实际经营期对应项目的销售额。

十五、连续六个月（按季纳税的，连续两个季度）增量留抵税额均大于零的起止时间：如十三选"否"，填写本栏。

本栏填写纳税人自 2019 年 4 月税款所属期起，连续六个月（按季纳税的，连续两个季度）增量留抵税额均大于零，且第六个月增量留抵税额不低于 50 万元的起止时间。

十六、申请退税前 36 个月未发生骗取留抵退税、出口退税或虚开增值税专用发票情形，申请退税前 36 个月未因偷税被税务机关处罚两次及以上，自 2019 年 4 月 1 日起未享受即征即退、先征后返（退）政策，出口货物劳务、发生跨境应税行为，适用免抵退税办法：根据实际情况，选择"是"或"否"。

十七、本期已申报免抵退税应退税额：填写享受免抵退税政策的纳税人本期申请退还的免抵退税额。

十八、2019 年 4 月至申请退税前一税款所属期已抵扣的增值税专用发票（含税控机动车销售统一发票）注明的增值税额：填写纳税人对应属期抵扣的增值税专用发票（含税控机动车销售统一发票）注明的增值税额；纳税人取得不动产或者不动产在建工程的进项税额不再分 2 年抵扣后一次性转入的进项税额，视同取得增值税专用发票抵扣的进项税额，也填入本项。

十九、2019 年 4 月至申请退税前一税款所属期已抵扣的海关进口增值税专用缴款书注明的增值税额：填写纳税人对应属期抵扣的海关进口增值税专用缴款书注明的增值税额。

二十、2019 年 4 月至申请退税前一税款所属期已抵扣的解缴税款完税凭证注明的增值税额：填写纳税人对应属期抵扣的解缴税款完税凭证注明的增值税额。

二十一、2019 年 4 月至申请退税前一税款所属期全部已抵扣的进项税额：填写纳税人对应属期全部已抵扣进项税额。

二十二、本期申请退还的增量留抵税额：填写纳税人按照增量留抵税额×进项构成比例×60% 计算后的本期申请退还的增量留抵税额。

进项构成比例 = ［2019 年 4 月至申请退税前一税款所属期已抵扣的增值税专用发票（含税控机动车销售统一发票）注明的增值税额+2019 年 4 月至申请退税前一税款所属期已抵扣的海关进口增值税专用缴款书注明的增值税额+2019 年 4 月至申请退税前一税款所属期已抵扣的解缴税款完税凭证注明的增值税额］÷2019 年 4 月至申请退税前一税款所属期全部已抵扣的进项税额

二十三、退税申请理由：简要概述退税申请理由，如果本次退税账户与原缴税账户不一致，需在此说明，并须另行提交资料，经税务机关登记确认。

二十四、受理情况：填写核对接受纳税人、扣缴义务人资料的情况。

二十五、退还方式：申请汇算结算或误收税款退税的，退还方式可以单选或多选，对于有欠税的纳税人，一般情况应选择"抵扣欠税"，对于选择"抵扣欠税"情况，可以取消该选择，将全部申请退税的金额，以"退库"方式办理。

申请留抵退税的，可同时选择"退库"和"抵扣欠税"。如果纳税人既有增值税欠税，又有期末留抵税额，按照《国家税务总局关于办理增值税期末留抵税额退税有关事项的公告》(国家税务总局公告2019年第20号) 第九条第三项规定，以最近一期增值税纳税申报表期末留抵税额，抵减增值税欠税后的余额确定允许退还的增量留抵税额。

二十六、退税类型：税务机关依据纳税人申请事项，选择"汇算结算退税""误收退税"或"留抵退税"。

二十七、退税发起方式：纳税人申请汇算结算或误收税款退税的，税务机关选择"纳税人自行申请"或"税务机关发现并通知"；纳税人申请留抵退税的，税务机关选择"纳税人自行申请"。

二十八、退（抵）税金额：填写税务机关核准后的退（抵）税额。

附件2

开具原适用税率发票承诺书

纳税人统一社会信用代码（纳税人识别号）：_____

纳税人名称（盖章）：_____

本纳税人是一般纳税人/小规模纳税人。办理开具原适用税率发票临时开票权限，开具原适用税率发票属于：

□一般纳税人在税率调整前开具的发票有误需要重新开具，且已按照原适用税率开具了红字发票，现重新开具正确的蓝字发票。

□一般纳税人在税率调整前发生增值税应税销售行为，且已申报缴纳税款但未开具增值税发票，现需要补开原适用税率增值税发票。

□转登记纳税人在一般纳税人期间开具的适用原税率发票有误需要重新开具，且已按照原适用税率开具了红字发票，现重新开具正确的蓝字发票。

□转登记纳税人在一般纳税人期间发生增值税应税销售行为，且已申报缴纳税款但未开具增值税发票，现需要补开原适用税率增值税发票。

以上内容，我确定它是真实的、准确的、完整的。

经办人签字：

日　期：_____

交通运输部 国家税务总局关于收费公路通行费增值税电子普通发票开具等有关事项的公告

（交通运输部公告 2020 年第 17 号）

为了推进物流业降本增效、进一步提升收费公路服务水平，现将收费公路通行费增值税电子普通发票（以下简称通行费电子发票）开具等有关事项公告如下：

一、通行费电子发票编码规则

通行费电子发票的发票代码为 12 位，编码规则：第 1 位为 0，第 2－5 位代表省、自治区、直辖市和计划单列市，第 6－7 位代表年度，第 8－10 位代表批次，第 11－12 位为 12。发票号码为 8 位，按年度、分批次编制。

通行费电子发票票样见附件。

二、通行费电子发票开具对象

通行费电子发票开具对象为办理 ETC 卡的客户，ETC 卡的具体办理流程和相关要求请咨询各省（区、市）ETC 客户服务机构。未办理 ETC 卡的客户，仍按原有方式交纳通行费和索取票据。

三、通行费电子发票开具流程

（一）发票服务平台账户注册。客户登录发票服务平台网站 www.txffp.com 或"票根"APP，凭手机号码、手机验证码免费注册，并按要求设置购买方信息。客户如需变更购买方信息，应当于发生充值或通行交易前变更，确保开票信息真实准确。

（二）绑定 ETC 卡。客户登录发票服务平台，填写 ETC 卡办理时的预留信息（开户人名称、证件类型、证件号码、手机号码等），经校验无误后，完成 ETC 卡绑定。

（三）发票开具。客户登录发票服务平台，选取需要开具发票的充值或消费交易记录，申请生成通行费电子发票。发票服务平台免费向客户提供通行费电子发票及明细信息下载、转发、预览、查询等服务。

四、通行费电子发票开具规定

（一）通行费电子发票分为以下两种：

1. 左上角标识"通行费"字样，且税率栏次显示适用税率或征收率的通行费电子发票（以下称征税发票）。

2. 左上角无"通行费"字样，且税率栏次显示"不征税"的通行费电子发票（以下称不征税发票）。

（二）ETC 后付费客户索取发票的，通过经营性收费公路的部分，在发票服务平台取得由收费公路经营管理单位开具的征税发票；通过政府还贷性收费公路的部分，在发票服务平台取得暂由ETC客户服务机构开具的不征税发票。

(三) ETC预付费客户可以自行选择在充值后索取发票或者实际发生通行费用后索取发票。

在充值后索取发票的，在发票服务平台取得由ETC客户服务机构全额开具的不征税发票，实际发生通行费用后，ETC客户服务机构和收费公路经营管理单位均不再向其开具发票。

客户在充值后未索取不征税发票，在实际发生通行费用后索取发票的，通过经营性收费公路的部分，在发票服务平台取得由收费公路经营管理单位开具的征税发票；通过政府还贷性收费公路的部分，在发票服务平台取得暂由ETC客户服务机构开具的不征税发票。

(四) 客户使用ETC卡通行收费公路并交纳通行费的，可以在实际发生通行费用后第10个自然日起，登录发票服务平台，选择相应通行记录取得通行费电子发票；客户可以在充值后实时登录发票服务平台，选择相应充值记录取得通行费电子发票。

(五) 发票服务平台应当将通行费电子发票对应的通行明细清单留存备查。

五、通行费电子发票其他规定

(一) 增值税一般纳税人申报抵扣的通行费电子发票进项税额，在纳税申报时应当填写在《增值税纳税申报表附列资料（二）》（本期进项税额明细）中"认证相符的增值税专用发票"相关栏次中。

(二) 收费公路通行费增值税进项税额抵扣政策按照国务院财税主管部门有关规定执行。

(三) 单位和个人可以登录全国增值税发票查验平台（https://inv-veri.chinatax.gov.cn），对通行费电子发票信息进行查验。

六、业务咨询

使用ETC卡交纳的通行费，以及ETC卡充值费开具通行费电子发票，不再开具纸质票据。客户可以拨打热线电话进行业务咨询与投诉。通行费电子发票的开票问题可拨打发票服务平台热线95022；各省（区、市）ETC客户服务机构热线电话可以登录发票服务平台查询；通行费电子发票的查验和抵扣等税务问题可拨打纳税服务热线12366。

本公告自2020年4月1日起施行。2017年12月25日发布的《交通运输部 国家税务总局关于收费公路通行费增值税电子普通发票开具等有关事项的公告》（交通运输部公告2017年第66号）同时废止。

附件：收费公路通行费增值税电子普通发票票样（略）

交通运输部 国家税务总局

2020年3月10日

增值税发票开具规定以及优化服务措施解读

国家税务总局货物和劳务税司副司长　吴晓强

大家好！我是国家税务总局货物和劳务税司副司长吴晓强。

新冠肺炎疫情发生以来，财政部、税务总局联合出台了一系列支持疫情防控的货物劳务税政策，主要包括疫情防控重点保障物资生产企业留抵退税，运输疫情防控重点保障物资取得的收入免征增值税，提供公共交通运输服务、生活服务以及为居民提供必需生活物资快递收派服务取得的收入免征增值税，无偿捐赠用于应对新冠肺炎疫情的货物免征增值税、消费税等等。同时，为支持复工复业，还针对增值税小规模纳税人出台了湖北地区免征、非湖北地区减按1%征收增值税的优惠政策。在这里，我区分一般纳税人和小规模纳税人发票开具过程中可能会遇到的问题，重点作一讲解。

一、关于一般纳税人

增值税遵循"征扣一致"的链条抵扣原则，本环节纳税人未缴纳税款，下环节纳税人也不抵扣税款。现行政策规定，一般纳税人发生应税销售行为适用免税规定的，不得开具专用发票，可以开具税率栏标注为"免税"字样的普通发票。针对今年出台的疫情防控增值税免税政策，在遵循增值税发票开具的基本规定的前提下，需要注意以下几个操作层面的问题：

第一，优惠政策出台前已开具的专用发票的处理问题。

2020年2月6日，财政部、税务总局先后制发了《财政部 税务总局关于支持新型冠状病毒感染的肺炎疫情防控有关税收政策的公告》（2020年第8号，以下称"财税8号公告"）和《财政部 税务总局关于支持新型冠状病毒感染的肺炎疫情防控有关捐赠税收政策的公告》（2020年第9号，以下称"财税9号公告"），出台五项免征增值税政策：一是对纳税人运输疫情防控重点保障物资取得的收入，免征增值税；二是对纳税人提供公共交通运输服务取得的收入，免征增值税；三是对纳税人提供生活服务取得的收入，免征增值税；四是对纳税人为居民提供必需生活物资快递收派服务取得的收入，免征增值税；五是对单位和个体工商户将自产、委托加工或购买的货物，通过公益性社会组织和县级以上人民政府及其部门等国家机关，或者直接向承担疫情防治任务的医院，无偿捐赠用于应对新型冠状病毒感染的肺炎疫情的，免征增值税。

由于上述增值税免税政策均追溯至今年1月1日起执行，因此，客观上存在纳税人在公告出台前对可享受免税的业务开具了专用发票。为确保纳税人更充分、便利地享受政策，税务总局配套制发了《国家税务总局关于支持新型冠状病毒感染的肺炎疫情防控有关税收征收管理事项的公告》（2020年第4号），一方面重申：免税业务不得开具专用发票；已经开具的专用发票，应当开具对应红字发票或者作废原发票方可享受免征增值税政策；另一方面明确，纳税人在财税8号公告、财税9号公告发布前已经开具的专用发票，按规定应当开具对应红字发票但受疫情影响不能及时开具的,可以先适用免征增值税政策,对应红字发票可于相关免征增值税政策执行到期后 1 个月内完成开具。如果届时仍未完成对应红字发票开具的,则需要就开具专用发票相应的业务缴纳增值税,其他未开具专用发票收入部分,仍可以按照规定享受免税。

需要强调一点的是,财税 8 号公告、财税 9 号公告发布后,一般纳税人若选择了享受免税政策,是不能再开具专用发票的,如果需要开具专用发票,应按照规定放弃免税后方能开具。

第二,关于一般纳税人选择享受减免税的起始时间的问题。

为进一步明确纳税人权利义务,税务总局制发了《国家税务总局关于明确二手车经销等若干增值税征管问题的公告》(2020 年第 9 号),明确一般纳税人可以在增值税免税、减税项目执行期限内,按照纳税申报期选择实际享受该项增值税免税、减税政策的起始时间。

比如说,公共交通运输服务免征增值税这项政策,自 2020 年 1 月 1 日起施行,在这项政策的执行期限内,按月纳税的一般纳税人,可以选择从 1 月起之后的任一个自然月起始日开始享受;按季纳税的一般纳税人,可以选择从 1 月起之后的任一个季度起始之日开始享受。如果某一般纳税人选择自 2020 年 4 月 1 日起开始享受这项优惠政策,此前 1-3 月提供的公共交通运输服务,应当按规定缴纳增值税,同时,1-3 月发生的应税业务可以相应开具专用发票和普通发票。在 4 月 1 日以后,享受免税的公共交通运输服务,就不能再开具专用发票,但可以开具税率栏标注为"免税"字样的普通发票。

第三,关于放弃免税权的问题。

一般纳税人在实际享受了增值税免税政策后,可以选择放弃免税权,并以书面形式提交放弃免(减)税权声明,报主管税务机关备案。自提交备案资料的次月起,一般纳税人应就其放弃免税的项目按照规定计算缴纳增值税,并可以按规定开具专用发票。由于增值税一般纳税人实行进销项抵扣的计税方法,出于纳税核算便利性和进项抵扣准确性的考虑,对一般纳税人来说,现行规定是,一经放弃免税,36 个月不得变更,且应按照应税项目来放弃免税,而不能以是否开具专用发票,或者区分不同的销售对象分别适用征免税。

比如说,某一般纳税人兼营住宿服务和餐饮服务,在疫情期间均可以适用免征增值税政策,该纳税人可以选择就其提供的所有餐饮服务享受免税,向客户开具税率栏标注为"免税"字样的普通发票;同时就其提供的所有住宿服务放弃免税,向客户开具专用发票。但无论是餐饮服务还是住宿服务,都不能就开具专用发票部分收入缴纳增值税,其他未开具专用开票部分收入享受免税。

二、小规模纳税人发票开具问题

与一般纳税人不同,小规模纳税人适用简易计税方法,直接以销售额乘以征收率计算应纳税额,不得抵扣进项税,也就是说小规模纳税人不存在用免税、征税项目间的进项税额调节问题。所以相较于一般纳税人而言,其在征免税管理、发票开具等方面,政策规定均相对宽松。主要表现为:小规模纳税人可根据实际业务需要,逐笔选择是否适用减免增值税政策,给了小规模纳税人充分的自由选择权,以灵活应对市场需要。具体到发票开具上,小规模纳税人可根据征免税政策和购买方要求,自行选择开具 3% 或 1% 征收率以及征收率栏标注为"免税"的发票;开具增值税专用发票的,需要就该笔业务按照发票上对应的征收率申报缴纳增值税;未开具专用发票且符合减免增值税优惠政策条件的,可以享受相应减免税政策。下面我对几点需要注意的事项向大家作一说明。

第一,减税、免税发票开具的正确方法。按照《中华人民共和国发票管理办法》等相关规定,纳税人应如实开具发票。小规模纳税人享受免征增值税政策的,不得开具增值税专用发票,只能开具增值税普通发票,并且开具时应当在税率或征收率栏次填写"免税"字样。纳税人享受减按1%征收率征收增值税政策的,在开具增值税专用发票或者普通发票时,应当在税率或征收率栏次填写"1%"字样。在减按1%征收率开具发票方面,税务总局设计开发税控开票软件时,采取了弹窗提示和默认显示调整后的征收率两项措施,以便利纳税人选择正确征收率开具增值税发票。

第二,根据纳税义务发生时间开具正确发票。《财政部税务总局关于支持个体工商户复工复业增值税政策的公告》(2020年第13号)规定的小规模纳税人减免增值税阶段性政策从3月1日起实施。纳税人是否可以享受减免税政策,如何选择正确的征收率开具发票并计算缴纳增值税,应按照纳税义务发生时间来确定。纳税义务发生时间在2020年2月底之前的业务,是不能享受复工复业增值税减免税政策的,若不符合其他免税优惠政策条件,则必须开具3%或者5%征收率的发票。

第三,开具增值税发票衔接问题。增值税小规模纳税人取得应税销售收入,纳税义务发生时间在2020年2月底以前,已按3%征收率缴纳税款,但未开具发票的,在3月1日以后可以按3%征收率补开发票。如果纳税义务发生在2月底以前,并且开具了增值税发票,发生销售折让、中止或者退回等情形需要开具红字发票的,则应按照3%征收率开具红字发票;如果开票有误需要重新开具的,应按照3%征收率开具红字发票,再重新开具正确的蓝字发票。

三、需要特别强调的三点问题

(一)关于延期确认增值税扣税凭证范围问题

有增值税一般纳税人咨询,因疫情防控原因未在3月份申报缴纳2月属期增值税,且未通过增值税发票综合服务平台确认增值税扣税凭证用途,是否可以延期确认增值税扣税凭证用途?

针对该问题,税务总局于2020年2月底对增值税发票综合服务平台进行了升级完善,升级后,纳税人可以按照属期选择确认扣税凭证及用途。也就是说,如果增值税一般纳税人未在3月申报缴纳2月属期增值税,且未通过增值税发票综合服务平台确认增值税扣税凭证用途,可以在此后尽快申报缴纳2月属期增值税,并在申报前,通过增值税发票综合服务平台的延期抵扣勾选功能,确认2月属期增值税扣税凭证用途。今后,增值税一般纳税人遇到此类情形时均可比照该条措施进行处理。

(二)关于提供公共交通运输服务纳税人如何开具增值税电子普通发票问题

由于旅客运输增值税电子普通发票具有抵扣功能,因此,无论是增值税一般纳税人还是小规模纳税人提供公共交通运输服务,按照财税8号公告规定享受公共交通运输服务免征增值税政策的,在向客户开具增值税电子普通发票时,必须在税率或征收率栏次填写"免税"字样。

(三)转登记小规模纳税人开票问题

为进一步支持小微企业复工复业,扶持企业渡过经营难关,近日,税务总局发文明确,将转登记政策延续一年。一般纳税人如果年销售额不超过500万元的,可在2020年底前选择办理转登记。纳税人转登记为小规模纳税人后,在发票开具方面,也有一些特殊情况需要处理。这里再帮助大家梳理一下:

首先，转登记纳税人自转登记日的下期起，发生增值税应税销售行为，应当按照小规模纳税人的征收率开具增值税发票。其次，转登记纳税人在一般纳税人期间发生的增值税应税销售行为，需要开具红字发票、换开发票、补开发票的，一律按照一般纳税人期间适用的税率或者征收率开具。

以上就是本次视频讲解的主要内容，希望通过本次讲解，使大家能够正确理解和掌握发票开具的原则和方法。最后，感谢大家观看，谢谢！

增值税发票开具指南

（2020 年 3 月版）

前　言

为方便纳税人掌握发票政策、规范发票开具，根据截至 2020 年 3 月 31 日相关政策，国家税务总局海南省税务局更新了《增值税发票开具指南》。本指南适用通过增值税发票开票软件开具的增值税发票，包括增值税专用发票、增值税普通发票（含电子发票）、机动车销售统一发票、二手车销售统一发票。通用机打发票、定额发票、门票、客运票等发票的开具，及其他未尽事项，按有关规定执行。通过海南税务微信公众号"查询找我"栏目之"查询找我"模块，或海南省税务局门户网站首页"公共服务平台及发票系统 2.0 版"专栏，可查看本指南文本。

第一章　增值税发票种类

第一节　增值税专用发票

增值税专用发票由基本联次或者基本联次附加其他联次构成，分为三联版和六联版两种。基本联次为三联：第一联为记账联，是销售方记账凭证；第二联为抵扣联，是购买方扣税凭证；第三联为发票联，是购买方记账凭证。其他联次用途，由纳税人自行确定。纳税人办理产权过户手续需要使用发票的，可以使用增值税专用发票第六联。

第二节　增值税普通发票

一、增值税普通发票（折叠票）

增值税普通发票（折叠票）由基本联次或者基本联次附加其他联次构成，分为两联版和五联版两种。基本联次为两联：第一联为记账联，是销售方记账凭证；第二联为发票联，是购买方记账凭证。其他联次用途，由纳税人自行确定。纳税人办理产权过户手续需要使用发票的，可以使用增值税普通发票第三联。

二、增值税普通发票（卷票）

增值税普通发票（卷票）分为两种规格：57mm×177.8mm、76mm×177.8mm，均为单联。

经税务机关确认，纳税人可通过增值税发票开票软件开具印有本单位名称的增值税普通发票（卷票）。印有本单位名称的增值税普通发票（卷票），由省税务机关统一招标采购的增值税普通发票（卷票）中标厂商印制，并加印企业发票专用章。使用印有本单位名称的增值税普通发票（卷票）的企业，按照《国家税务总局财政部关于冠名发票印制费结算问题的通知》（税总发〔2013〕53号）规定，与发票印制企业直接结算印制费用。

三、电子发票

电子发票指按照税务机关要求的格式，使用税务机关确定的开票软件开具的电子收付款凭证。电子发票有两类票面样式：增值税电子普通发票、收费公路通行费增值税电子普通发票。

增值税电子普通发票的法律效力、基本用途、基本使用规定等与税务机关监制的增值税普通发票相同。开票方和受票方需要纸质发票的，可以自行打印增值税电子普通发票的版式文件。

收费公路通行费电子发票开具对象为办理ETC卡的客户，共分为两种：一是左上角标识"通行费"字样，且税率栏次显示适用税率或征收率的通行费电子发票；二是左上角无"通行费"字样，且税率栏次显示"不征税"的通行费电子发票。

第三节 机动车销售统一发票

从事机动车零售业务的单位和个人，在销售机动车（不包括销售旧机动车）收取款项时，开具机动车销售统一发票。机动车销售统一发票为电脑六联式发票：第一联为发票联，是购货单位付款凭证；第二联为抵扣联，是购货单位扣税凭证；第三联为报税联，车购税征收单位留存；第四联为注册登记联，车辆登记单位留存；第五联为记账联，销货单位记账凭证；第六联为存根联，销货单位留存。

第四节 二手车销售统一发票

自2018年4月1日起，二手车交易市场、二手车经销企业、经纪机构和拍卖企业应当通过增值税发票开票软件开具二手车销售统一发票。二手车销售统一发票"车价合计"栏次仅注明车辆价款。二手车交易市场、二手车经销企业、经纪机构和拍卖企业在办理过户手续过程中收取的其他费用，应当单独开具增值税发票。

第二章 增值税发票开具基本规定

第一节 纳税人自行开具发票

一、开票软件与商品服务编码

（一）增值税一般纳税人使用增值税发票开票软件开具增值税专用发票、增值税普通发票、机动车销售统一发票、二手车销售统一发票。

纳入增值税发票开票软件推行范围的小规模纳税人，使用增值税发票开票软件开具增值税普通发票、机动车销售统一发票、二手车销售统一发票。

自2020年2月1日起，所有增值税小规模纳税人（其他个人除外）发生增值税应税行为，需要开具增值税专用发票的，均可自愿使用增值税发票开票软件自行开具。选择自行开具增值税专用发票的小规模纳税人，税务机关不再为其代开增值税专用发票。

（二）税务总局编写了《商品和服务税收分类与编码（试行）》，并在增值税发票开票软件中增加了商品和服务税收分类与编码相关功能。纳税人应选择相应的商品和服务税收分类与编码开具增值税发票。

自 2018 年 1 月 1 日起，纳税人开具增值税发票时，商品和服务税收分类编码对应的简称会自动显示并打印在发票票面"货物或应税劳务、服务名称"或"项目"栏次中。

（三）纳税人应在互联网连接状态下在线使用增值税发票开票软件开具增值税发票，增值税发票开票软件可自动上传已开具的发票明细数据。

纳税人因网络故障等原因无法在线开票的，在税务机关设定的离线开票时限和离线开具发票总金额范围内仍可开票，超限将无法开具发票。纳税人开具发票次月仍未连通网络上传已开具发票明细数据的，也将无法开具发票。纳税人需连通网络上传发票数据，若仍无法连通网络的需携带专用设备到税务机关上传发票数据，然后方可开票。

纳税人已开具未上传的增值税发票为离线发票。离线开票时限是指自第一份离线发票开具时间起开始计算可离线开具的最长时限。离线开票总金额是指可开具离线发票的累计不含税总金额，离线开票总金额按不同票种分别计算。

按照有关规定不使用网络办税或不具备网络条件的特定纳税人，以离线方式开具发票，不受离线开票时限和离线开具发票总金额限制。

二、电子发票服务平台与电子发票开具

（一）电子发票服务平台是指向单位或个人提供电子发票开具、打印、查询、交付及其他相关服务的信息系统。

电子发票服务平台按照税务部门对发票填开的相关要求，通过开票设备及开票接口服务进行电子发票开具。发票开具完成后，由开票设备自动将发票信息上传至税务机关信息系统。

电子发票服务平台可为开票方和受票方两方提供服务。

（二）纳税人可自愿选择自建电子发票服务平台、第三方运营机构建设的电子发票服务平台依法依规开具电子发票，也可以使用税务部门提供的增值税电子发票公共服务服务平台开具电子发票。

增值税电子发票公共服务平台为纳税人提供免费的电子发票开具、打印、交付、查询等公共服务。

第三方电子发票服务平台应免费提供电子发票版式文件的生成、打印、查询和交付等基础服务。

（三）纳税人通过增值税电子发票公共服务平台开具的增值税电子普通发票，采用电子签名代替发票专用章，其版式文件格式为 OFD 格式。单位和个人可以登录全国增值税发票查验平台（https：//inv-veri.chinatax.gov.cn）下载增值税电子发票版式文件阅读器查阅增值税电子普通发票。

（四）收费公路通行费电子发票开具流程和开具规定详见第三章第七节第四项内容。

三、开票方、受票方与发票内容

（一）销售商品、提供服务以及从事其他经营活动的单位和个人，对外发生经营业务收取款项，收款方应当向付款方开具发票。

下列特殊情况下，由付款方向收款方开具发票：

1. 收购单位和扣缴义务人支付个人款项时；
2. 国家税务总局认为其他需要由付款方向收款方开具发票的。

（二）所有单位和从事生产、经营活动的个人在购买商品、接受服务以及从事其他经营活动支付款项，应当向收款方取得发票。取得发票时，不得要求变更品名和金额。

增值税纳税人购买货物、劳务、服务、无形资产或不动产，索取增值税专用发票时，须向销售方提供购买方名称（不得为自然人）、纳税人识别号或统一社会信用代码、地址电话、开户行及账号信息，不需要提供营业执照、税务登记证、组织机构代码证、开户许可证、增值税一般纳税人资格登记表等相关证件或其他证明材料。

自2017年7月1日起，购买方为企业（包括公司、非公司制企业法人、企业分支机构、个人独资企业、合伙企业和其他企业）的，索取增值税普通发票时，应向销售方提供纳税人识别号或统一社会信用代码；销售方为其开具增值税普通发票时，应在"购买方纳税人识别号"栏填写购买方的纳税人识别号或统一社会信用代码。

个人消费者购买货物、劳务、服务、无形资产或不动产，索取增值税普通发票时，不需要向销售方提供纳税人识别号、地址电话、开户行及账号信息，也不需要提供相关证件或其他证明材料。

（三）销售方开具增值税发票时，发票内容应按照实际销售情况如实开具，不得根据购买方要求填开与实际交易不符的内容。销售方开具发票时，通过销售平台系统与增值税发票税控系统后台对接，导入相关信息开票的，系统导入的开票数据内容应与实际交易相符，如不相符应及时修改完善销售平台系统。

任何单位和个人不得有下列虚开发票行为：

1. 为他人、为自己开具与实际经营业务情况不符的发票；
2. 让他人为自己开具与实际经营业务情况不符的发票；
3. 介绍他人开具与实际经营业务情况不符的发票。

（四）填开发票的单位和个人应在发生经营业务确认营业收入时开具发票。

单位和个人在开具发票时，必须做到按照号码顺序填开，填写项目齐全，内容真实，字迹清楚，全部联次一次打印，内容完全一致，并在发票联和抵扣联加盖发票专用章。

开具发票应当使用中文。民族自治地方可以同时使用当地通用的一种民族文字。

（五）不符合规定的发票，不得作为税收凭证用于办理涉税业务，如计税、退税、抵免等。

四、增值税专用发票开具

（一）增值税专用发票应按下列要求开具：

1. 项目齐全，与实际交易相符；
2. 字迹清楚，不得压线、错格；
3. 发票联和抵扣联加盖发票专用章；
4. 按照增值税纳税义务的发生时间开具。

不符合上列要求的增值税专用发票，购买方有权拒收。

（二）一般纳税人销售货物、提供加工修理修配劳务和发生应税行为可汇总开具增值税专用发票。汇总开具增值税专用发票的，同时使用增值税发票开票软件开具《销售货物或者提供应税劳务清单》，并加盖发票专用章。

（三）属于下列情形之一的，不得开具增值税专用发票：

1. 向消费者个人销售货物、提供应税劳务或者发生应税行为的；

2. 销售货物、提供应税劳务或者发生应税行为适用增值税免税规定的，法律、法规及国家税务总局另有规定的除外；

3. 部分适用增值税简易征收政策规定的：

（1）增值税一般纳税人的单采血浆站销售非临床用人体血液选择简易计税的。

（2）纳税人销售旧货，按简易办法依3%征收率减按2%征收增值税的。

（3）纳税人销售自己使用过的固定资产，适用按简易办法依3%征收率减按2%征收增值税政策的。

纳税人销售自己使用过的固定资产，适用简易办法依照3%征收率减按2%征收增值税政策，可以放弃减税，按照简易办法依照3%征收率缴纳增值税，并可以开具增值税专用发票。

4. 法律、法规及国家税务总局规定的其他情形。

（四）纳税人在开具增值税专用发票当月，发生销货退回、开票有误等情形，收到退回的发票联、抵扣联符合作废条件的，按作废处理；开具时发现有误的，可即时作废。

作废增值税专用发票须在增值税发票开票软件中将相应的数据电文按"作废"处理，在纸质增值税专用发票（含未打印的增值税专用发票）各联次上注明"作废"字样，全联次留存。

同时具有下列情形的，为本条所称作废条件：

1. 收到退回的发票联、抵扣联，且时间未超过销售方开票当月；

2. 销售方未抄税且未记账；

3. 购买方未认证，或者认证结果为"纳税人识别号认证不符""增值税专用发票代码、号码认证不符"。

五、红字增值税发票开具

（一）纳税人开具增值税专用发票后，发生销货退回、开票有误、应税服务中止等情形但不符合发票作废条件，或者因销货部分退回及发生销售折让，需要开具红字增值税专用发票的，按以下方法处理：

1. 购买方取得增值税专用发票已用于申报抵扣的，购买方可在增值税发票开票软件中填开并上传《开具红字增值税专用发票信息表》（以下简称《信息表》），在填开《信息表》时不填写相对应的蓝字增值税专用发票信息，应暂依《信息表》所列增值税税额从当期进项税额中转出，待取得销售方开具的红字增值税专用发票后，与《信息表》一并作为记账凭证。

购买方取得增值税专用发票未用于申报抵扣、但发票联或抵扣联无法退回的，购买方填开《信息表》时应填写相对应的蓝字增值税专用发票信息。

销售方开具增值税专用发票尚未交付购买方，以及购买方未用于申报抵扣并将发票联及抵扣联退回的，销售方可在增值税发票开票软件中填开并上传《信息表》。销售方填开《信息表》时应填写相对应的蓝字增值税专用发票信息。

2. 主管税务机关通过网络接收纳税人上传的《信息表》，系统自动校验通过后，生成带有"红字发票信息表编号"的《信息表》，并将信息同步至纳税人端系统中。

3. 销售方凭税务机关系统校验通过的《信息表》开具红字增值税专用发票，在增值税发票开票软件中以销项负数开具。红字增值税专用发票应与《信息表》一一对应。

4. 纳税人也可凭《信息表》电子信息或纸质资料到税务机关对《信息表》内容进行系统校验。

5. 纳税人填报《信息表》错误的，可网上办理撤销。

（二）纳税人开具增值税普通发票后，如发生销货退回、开票有误、应税服务中止等情形但不符合发票作废条件，或者因销货部分退回及发生销售折让，需要开具红字发票的，应收回原发票并注明"作废"字样或取得对方有效证明。

纳税人需要开具红字增值税普通发票的，可以在所对应的蓝字发票金额范围内开具多份红字发票。红字机动车销售统一发票需与原蓝字机动车销售统一发票一一对应。

六、增值税发票的丢失处理

纳税人同时丢失已开具增值税专用发票或机动车销售统一发票的发票联和抵扣联，可凭加盖销售方发票专用章的相应发票记账联复印件，作为增值税进项税额的抵扣凭证、退税凭证或记账凭证。

纳税人丢失已开具增值税专用发票或机动车销售统一发票的抵扣联，可凭相应发票的发票联复印件，作为增值税进项税额的抵扣凭证或退税凭证；纳税人丢失已开具增值税专用发票或机动车销售统一发票的发票联，可凭相应发票的抵扣联复印件，作为记账凭证。

第二节　税务机关代开发票

一、代开发票范围

（一）代开增值税专用发票

1. 已办理税务登记的小规模纳税人（包括个体经营者）以及国家税务总局确定的其他可以代开增值税专用发票的纳税人发生增值税应税行为、需要开具增值税专用发票时，可向主管税务机关申请代开。

2. 接受税务机关委托代征税款的保险业、证券业、信用卡业和旅游业企业，向代理人或经纪人支付佣金费用后，可代代理人或经纪人统一向主管税务机关申请汇总代开增值税普通发票或增值税专用发票。

3. 其他个人委托房屋中介、住房租赁企业等单位出租不动产，需要向承租方开具增值税发票的，可以由受托单位代其向主管税务机关按规定申请代开增值税发票。

4. 中国境内提供公路货物运输和内河货物运输且具备相关运输资格并已纳入税收管理的小规模纳税人，将营运资质和营运机动车、船舶信息向主管税务机关进行备案后，可在税务登记地、货物起运地、货物到达地或运输业务承揽地（含互联网物流平台所在地）中任何一地，就近向税务机关申请代开增值税专用发票。

5. 小规模纳税人跨县（市、区）提供建筑服务，不能自行开具增值税发票的，可向建筑服务发生地主管税务机关按照其取得的全部价款和价外费用申请代开增值税发票。

6. 小规模纳税人转让其取得的不动产，不能自行开具增值税发票的，可向不动产所在地主管税务机关申请代开。纳税人向其他个人转让其取得的不动产，不得开具或申请代开增值税专用发票。

小规模纳税人中的单位和个体工商户出租不动产，不能自行开具增值税发票的，可向不动产所在地主管税务机关申请代开增值税发票；纳税人向其他个人出租不动产，不得开具或申请代开增值税专用发票。

其他个人销售其取得的不动产和出租不动产，购买方或承租方不属于其他个人的，纳税人缴纳增值税等税费后可以向不动产所在地主管税务机关申请代开增值税专用发票。

（二）代开增值税普通发票

1. 符合代开条件的单位和个人发生增值税应税行为，需要开具增值税普通发票时，可向主管税务机关申请代开。

2. 接受税务机关委托代征税款的保险业、证券业、信用卡业和旅游业企业，向代理人或经纪人支付佣金费用后，可代代理人或经纪人统一向主管税务机关申请汇总代开增值税普通发票或增值税专用发票。

3. 其他个人委托房屋中介、住房租赁企业等单位出租不动产，需要向承租方开具增值税发票的，可以由受托单位代其向主管税务机关按规定申请代开增值税发票。

4. 小规模纳税人转让其取得的不动产，不能自行开具增值税发票的，可向不动产所在地主管税务机关申请代开。

其他个人出租不动产，可向不动产所在地主管税务机关申请代开增值税发票。

二、代开发票税款征收和代开发票作废

（一）代开发票应当缴纳税款的，应先征收税款、再代开发票。

申请代开增值税普通发票经营额达不到每次（日）500元的，只代开不征增值税。

（二）因开具错误、销货退回、销售折让、服务中止等原因，纳税人需作废已代开增值税发票的，可凭已代开发票在代开当月向原代开税务机关提出作废申请；不符合作废条件的，可以通过开具红字发票处理；纳税人需要退回已征收税款的，可以向税务机关申请退税。

小规模纳税人月销售额未超过10万元（按季30万元）的，当期因开具增值税专用发票已经缴纳的税款，在增值税专用发票全部联次追回或者按规定开具红字专用发票后，可以向主管税务机关申请退还。

三、代开发票的填开与用章

（一）代开增值税发票填写要求

1. "单价"和"金额"栏分别填写不含增值税税额的单价和销售额；

2. "税率"栏填写增值税征收率，免税、其他个人出租其取得的不动产适用优惠政策减按1.5%征收、差额征税的，"税率"栏自动打印"***"；

3. "销售方名称"栏填写代开税务机关名称；

4. "销售方纳税人识别号"栏填写代开税务机关的统一代码。

5. "销售方开户行及账号"栏填写税收完税凭证字轨及号码或系统税票号码（免税代开增值税普通发票可不填写）。

（二）代开增值税发票时，应在备注栏内注明纳税人名称和纳税人识别号。代开增值税普通发票的，购买方为自然人或符合下列4项条件之一的单位（机构），纳税人识别号可不填写：

1. 我国在境外设立的组织机构；

2. 非常设组织机构；

3. 组织机构的内设机构；

4. 军队、武警部队的序列单位等。

（三）增值税纳税人应在代开增值税专用发票的备注栏上，加盖本单位的发票专用章

（为其他个人代开的特殊情况除外）。税务机关在代开增值税普通发票以及为其他个人代开增值税专用发票的备注栏上，加盖税务机关代开发票专用章。

第三章 增值税发票开具特殊规定

第一节 特别项目

一、免征增值税发票开具

纳税人对免征增值税项目开具增值税普通发票、机动车销售统一发票时，应在税率栏次填写"免税"字样。

税务机关代开增值税普通发票时，对免征增值税的，"税率"栏自动打印"＊＊＊"。

月销售额未超过10万元（按季30万元）的小规模纳税人自行开具或向税务机关申请代开的增值税专用发票，税率栏次显示为适用的征收率；向税务机关申请代开增值税普通发票，月代开发票金额合计未超过10万元，税率栏次显示"＊＊＊"。

二、差额征收发票开具

纳税人或者税务机关通过增值税发票开票软件中差额征税开票功能开具增值税发票时，录入含税销售额（或含税评估额）和扣除额，系统自动计算税额和不含税金额，备注栏自动打印"差额征税"字样，发票开具不应与其他应税行为混开。

三、不征收增值税项目发票开具

商品和服务税收分类与编码的"6未发生销售行为的不征税项目"，用于纳税人收取款项但未发生销售货物、应税劳务、服务、无形资产或不动产的情形。

"未发生销售行为的不征税项目"下设601预付卡销售和充值，602销售自行开发的房地产项目预收款，603已申报缴纳营业税未开票补开票，604代收印花税，605代收车船使用税，606融资性售后回租承租方出售资产，607资产重组涉及的不动产，608资产重组涉及的土地使用权，609代理进口免税货物货款，610有奖发票奖金支付，611不征税自来水，612建筑服务预收款，613代收民航发展基金。

使用"未发生销售行为的不征税项目"编码，发票税率栏应填写"不征税"，不得开具增值税专用发票。

四、预付卡业务发票开具

（一）单用途商业预付卡（以下简称"单用途卡"）业务按照以下规定执行：

1. 单用途卡发卡企业或者售卡企业（以下统称"售卡方"）销售单用途卡，或者接受单用途卡持卡人充值取得的预收资金，不缴纳增值税。售卡方可按照规定，向购卡人、充值人开具增值税普通发票，不得开具增值税专用发票。

2. 持卡人使用单用途卡购买货物或服务时，货物或者服务的销售方应按照现行规定缴纳增值税，且不得向持卡人开具增值税发票。

3. 销售方与售卡方不是同一个纳税人的，销售方在收到售卡方结算的销售款时，应向售卡方开具增值税普通发票，并在备注栏注明"收到预付卡结算款"，不得开具增值税专用发票。

售卡方从销售方取得的增值税普通发票，作为其销售单用途卡或接受单用途卡充值取得预收资金不缴纳增值税的凭证，留存备查。

（二）支付机构预付卡（以下简称"多用途卡"）业务按照以下规定执行：

1. 支付机构销售多用途卡取得的等值人民币资金，或者接受多用途卡持卡人充值取得的充值资金，不缴纳增值税。支付机构可按照规定，向购卡人、充值人开具增值税普通发票，不得开具增值税专用发票。

2. 持卡人使用多用途卡，向与支付机构签署合作协议的特约商户购买货物或服务，特约商户应按照现行规定缴纳增值税，且不得向持卡人开具增值税发票。

3. 特约商户收到支付机构结算的销售款时，应向支付机构开具增值税普通发票，并在备注栏注明"收到预付卡结算款"，不得开具增值税专用发票。

支付机构从特约商户取得的增值税普通发票，作为其销售多用途卡或接受多用途卡充值取得预收资金不缴纳增值税的凭证，留存备查。

（三）发售加油卡、加油凭证销售成品油的纳税人（以下简称"预售单位"）在售卖加油卡、加油凭证时，应按预收账款方法作相关账务处理，不征收增值税。

预售单位在发售加油卡或加油凭证时可开具普通发票，如购油单位要求开具增值税专用发票，待用户凭卡或加油凭证加油后，根据加油卡或加油凭证回笼记录，向购油单位开具增值税专用发票。接受加油卡或加油凭证销售成品油的单位与预售单位结算油款时，接受加油卡或加油凭证销售成品油的单位根据实际结算的油款向预售单位开具增值税专用发票。

五、营业税涉税业务发票补开

纳税人 2016 年 5 月 1 日前发生的营业税涉税业务，包括已经申报缴纳营业税或补缴营业税的业务，需要补开发票的，可以开具增值税普通发票。纳税人应完整保留相关资料备查。

六、税务机构改革涉及发票使用问题

2018 年 6 月 15 日起，启用新的发票监制章。国家税务总局海南省税务局成立前原海南省国税机关已监制的发票在 2018 年 12 月 31 日前可以继续使用。

七、开具原适用税率发票

自 2019 年 9 月 20 日起，纳税人需要通过增值税发票开票软件开具 17%、16%、11%、10% 税率蓝字发票的，应向主管税务机关提交《开具原适用税率发票承诺书》，办理临时开票权限。临时开票权限有效期限为 24 小时，纳税人应在获取临时开票权限的规定期限内开具原适用税率发票。

纳税人办理临时开票权限，应保留交易合同、红字发票、收讫款项证明等相关材料，以备查验。

纳税人未按照规定开具原适用税率发票的，主管税务机关应按照现行有关规定进行处理。

第二节 货物、劳务销售

一、成品油发票

（一）自 2018 年 3 月 1 日起，所有成品油发票均须通过增值税发票开票软件中成品油发票开具模块开具。

成品油发票专指销售汽油、柴油、航空煤油、石脑油、溶剂油、润滑油、燃料油等成品油所开具的增值税专用发票（以下称"成品油专用发票"）和增值税普通发票。纳税人需要开具成品油发票的，由主管税务机关开通成品油发票开具模块。

（二）开具成品油发票时，应遵守以下规则：

1. 正确选择商品和服务税收分类编码。

2. 发票"单位"栏应选择"吨"或"升",蓝字发票的"数量"栏为必填项且不为"0"。

3. 开具成品油专用发票后,发生销货退回、开票有误以及销售折让等情形的,应按规定开具红字成品油专用发票。

销货退回、开票有误等原因涉及销售数量的,应在《开具红字增值税专用发票信息表》中填写相应数量,销售折让的不填写数量。

4. 成品油经销企业某一商品和服务税收分类编码的油品可开具成品油发票的总量,应不大于所取得的成品油专用发票、海关进口消费税专用缴款书对应的同一商品和服务税收分类编码的油品总量。

(三)成品油经销企业开具成品油发票前,应登录增值税发票综合服务平台对取得的成品油专用发票、海关进口专用缴款书信息进行选择确认,作为开具成品油发票油品总量。

二、收购发票

纳税人通过增值税发票开票软件使用增值税普通发票开具收购发票,系统在发票左上角自动打印"收购"字样。

三、稀土专用发票

(一)自2019年6月1日起,停用增值税防伪税控系统汉字防伪项目。从事稀土产品生产、商贸流通的增值税纳税人销售稀土产品或提供稀土应税劳务、服务的,应通过升级后的增值税发票管理系统开具稀土专用发票。

稀土企业需要开具稀土专用发票的,由主管税务机关开通增值税发票管理系统中的稀土专用发票开具功能。

以上稀土产品包括稀土矿产品、稀土冶炼分离产品、稀土金属及合金、稀土产品加工费。

(二)稀土专用发票"货物或应税劳务、服务名称"栏应当通过增值税发票管理系统中的稀土产品目录选择,"单位"栏选择公斤或吨,"数量"栏按照折氧化物计量填写,系统在发票左上角自动打印"XT"字样。

稀土企业销售稀土矿产品、稀土冶炼分离产品、稀土金属及合金,提供稀土加工应税劳务、服务的,应当按照《稀土产品目录》的分类分别开具发票。

四、机动车销售统一发票

(一)纳税人从事机动车(旧机动车除外)零售业务须开具机动车销售统一发票。

1. "纳税人识别号"栏内打印购买方纳税人识别号,如购买方需要抵扣增值税税款,该栏必须填写。

2. 填写"购买方名称及身份证号码/组织机构代码"栏时,"身份证号码/组织机构代码"应换行打印在"购买方名称"的下方。

3. "完税凭证号码"栏内打印代开机动车销售统一发票时对应开具的增值税完税证号码,自开机动车销售统一发票时此栏为空。

4. 纳税人销售免征增值税的机动车,通过新系统开具时应在机动车销售统一发票"增值税税率或征收率"栏选填"免税",机动车销售统一发票"增值税税率或征收率"栏自动打印显示"免税","增值税税额"栏自动打印显示"***";机动车销售统一发票票面"不含税价"栏和"价税合计"栏填写金额相等。

5. 如发生退货的,应在价税合计的大写金额第一字前加"负数"字,在小写金额前加"-"号。

6. 开具机动车销售统一发票时应在发票联加盖财务专用章或发票专用章,抵扣联和报税联不得加盖印章,对于是否在注册登记联加盖开票单位印章的问题未做明确规定。自2006年10月1日起,机动车销售统一发票注册登记联一律加盖开票单位印章。

(二)纳税人丢失机动车销售统一发票的,如在办理车辆登记和缴纳车辆购置税手续前丢失的,应先按照以下程序办理补开机动车销售统一发票的手续,再按已丢失发票存根联的信息开红字发票。

补开机动车销售统一发票的具体程序为:1. 丢失机动车销售统一发票的消费者到机动车销售单位取得机动车销售统一发票存根联复印件(加盖销售单位发票专用章);2. 到机动车销售方所在地主管税务机关盖章确认并登记备案;3. 由机动车销售单位重新开具与原机动车销售统一发票存根联内容一致的机动车销售统一发票。

第三节 交通运输服务

一、备注栏填写

一般纳税人提供货物运输服务,使用增值税专用发票和增值税普通发票,开具发票时应将起运地、到达地、车种车号以及运输货物信息等内容填写在发票备注栏中,如内容较多可另附清单。其中铁路运输企业受托代征的印花税款信息,可填写在发票备注栏中。

二、铁路运输企业发票开具

铁路运输企业受托代征的印花税款信息,可填写在发票备注栏中。中国铁路总公司及其所属运输企业(含分支机构)提供货物运输服务,可自2015年11月1日起使用增值税专用发票和增值税普通发票,所开具的铁路货票、运费杂费收据可作为发票清单使用。

三、货物运输业小规模纳税人代开增值税专用发票

(一)自2018年1月1日起,纳税人在境内提供公路或内河货物运输服务,需要开具增值税专用发票的,可在税务登记地、货物起运地、货物到达地或运输业务承揽地(含互联网物流平台所在地)中任何一地,就近向税务机关申请代开增值税专用发票。

(二)申请在非税务登记地税务机关代开增值税专用发票的纳税人,应同时具备以下条件:

1. 在中华人民共和国境内提供公路或内河货物运输服务,并办理了税务登记(包括临时税务登记)。

2. 提供公路货物运输服务的(以4.5吨及以下普通货运车辆从事普通道路货物运输经营的除外),取得《中华人民共和国道路运输经营许可证》和《中华人民共和国道路运输证》;提供内河货物运输服务的,取得《国内水路运输经营许可证》和《船舶营业运输证》。

3. 在税务登记地主管税务机关按增值税小规模纳税人管理。

(三)纳税人将营运资质和营运机动车、船舶信息向主管税务机关进行备案后,可向非税务登记地税务机关申请代开增值税专用发票。

纳税人申请代开增值税专用发票时,应按照所代开增值税专用发票上注明的税额向代开单位全额缴纳增值税。

纳税人代开专用发票后,如发生服务中止、折让、开票有误等情形,需要作废增值税专用发票、开具增值税红字专用发票、重新代开增值税专用发票、办理退税等事宜的,应由原

代开单位按照现行规定予以受理。

四、互联网物流平台企业代开增值税专用发票试点

（一）经省局批准，纳入试点的网络平台道路货物运输企业可以为同时符合以下条件的货物运输业小规模纳税人代开增值税专用发票，并代办相关涉税事项：

1. 在中华人民共和国境内提供公路或内河货物运输服务，以自己的名义对外经营，并办理了税务登记（包括临时税务登记）。

2. 提供公路货物运输服务的，取得《中华人民共和国道路运输经营许可证》和《中华人民共和国道路运输证》（以4.5吨及以下普通货运车辆从事普通道路货物运输经营的除外）；

3. 未做增值税专用发票票种核定。

4. 注册为该平台会员。

（二）试点企业按照以下规定代开增值税专用发票：

1. 仅限于为会员通过本平台承揽的货物运输服务代开增值税专用发票。

2. 应与会员签订委托代开增值税专用发票协议。协议范本由各省税务局制定。

3. 使用自有增值税发票税控开票软件，按照征收率代开增值税专用发票，并在发票备注栏注明会员的纳税人名称、纳税人识别号、起运地、到达地、车种车号以及运输货物信息。如内容较多可另附清单。

4. 代开增值税专用发票的相关栏次内容，应与会员通过本平台承揽的运输服务，以及本平台记录的物流信息保持一致。平台记录的交易、资金、物流等相关信息应统一存储，以备核查。

5. 试点企业接受会员提供的货物运输服务，不得为会员代开专用发票。试点企业可以按照《货物运输业小规模纳税人申请代开增值税专用发票管理办法》（国家税务总局公告2017年第55号发布）的相关规定，代会员向试点企业主管税务机关申请代开专用发票。

6. 试点企业代开增值税专用发票不得收取任何费用，否则将取消其试点企业资格。

第四节　建筑服务

一、备注栏填写

提供建筑服务，纳税人自行开具或者税务机关代开增值税发票时，应在发票的备注栏注明建筑服务发生地县（市、区）名称及项目名称。

二、小规模纳税人提供建筑服务异地发票代开

小规模纳税人提供建筑服务，应以取得的全部价款和价外费用扣除支付的分包款后的余额为销售额，按照3%的征收率计算应纳税额。

小规模纳税人跨县（市、区）提供建筑服务，不能自行开具增值税发票的，可向建筑服务发生地主管税务机关按照其取得的全部价款和价外费用申请代开增值税发票。纳税人提供建筑服务，申请代开增值税发票时，应提供建筑服务发生地县（市、区）名称及项目名称。

按照规定应当预缴增值税税款的小规模纳税人，凡在预缴地实现的月销售额未超过10万元的，当期无须预缴税款。

为跨县（市、区）提供建筑服务的小规模纳税人（不包括其他个人）代开增值税发票时，在发票备注栏中自动打印"YD"字样。

第五节 金融服务

一、金融商品转让业务发票开具

金融商品转让,按照卖出价扣除买入价后的余额为销售额。

金融商品转让,不得开具增值税专用发票。

二、贴现、转贴现业务发票开具

自 2018 年 1 月 1 日起,金融机构开展贴现、转贴现业务需要就贴现利息开具发票的,由贴现机构按照票据贴现利息全额向贴现人开具增值税普通发票,转贴现机构按照转贴现利息全额向贴现机构开具增值税普通发票。

三、汇总纳税的金融机构发票开具

采取汇总纳税的金融机构,省、自治区所辖地市以下分支机构可以使用地市级机构统一领取的增值税专用发票、增值税普通发票、增值税电子普通发票;直辖市、计划单列市所辖区县及以下分支机构可以使用直辖市、计划单列市机构统一领取的增值税专用发票、增值税普通发票、增值税电子普通发票。

四、保险服务发票开具

保险机构作为车船税扣缴义务人,在代收车船税并开具增值税发票时,应在增值税发票备注栏中注明代收车船税税款信息。具体包括:保险单号、税款所属期(详细至月)、代收车船税金额、滞纳金金额、金额合计等。该增值税发票可作为纳税人缴纳车船税及滞纳金的会计核算原始凭证。

为自然人提供的保险服务不得开具增值税专用发票,可以开具增值税普通发票。

五、个人代理人汇总代开

接受税务机关委托代征税款的保险企业,向个人保险代理人支付佣金费用后,可代个人保险代理人统一向主管税务机关申请汇总代开增值税普通发票或增值税专用发票。

保险企业代个人保险代理人申请汇总代开增值税发票时,应向主管税务机关出具个人保险代理人的姓名、身份证号码、联系方式、付款时间、付款金额、代征税款的详细清单。保险企业应将个人保险代理人的详细信息,作为代开增值税发票的清单,随发票入账。

主管税务机关为个人保险代理人汇总代开增值税发票时,应在备注栏内注明"个人保险代理人汇总代开"字样。

证券经纪人、信用卡和旅游等行业的个人代理人比照上述规定执行。

第六节 现代服务

一、物业管理服务发票开具

提供物业管理服务的纳税人,向服务接受方收取的自来水水费,以扣除其对外支付的自来水水费后的余额为销售额,按照简易计税办法依3%征收率计算缴纳增值税。纳税人可以按3%向服务接受方开具增值税专用发票或增值税普通发票。

二、劳务派遣、安全保护服务发票开具

纳税人提供劳务派遣服务,选择差额纳税的,向用工单位收取用于支付给劳务派遣员工工资、福利和为其办理社会保险及住房公积金的费用,不得开具增值税专用发票,可以开具增值税普通发票。

纳税人提供安全保护服务,比照劳务派遣服务政策执行。

三、人力资源外包服务发票开具

纳税人提供人力资源外包服务，按照经纪代理服务缴纳增值税，其销售额不包括受客户单位委托代为向客户单位员工发放的工资和代理缴纳的社会保险、住房公积金。纳税人提供人力资源外包服务，向委托方收取并代为发放的工资和代理缴纳的社会保险、住房公积金，不得开具增值税专用发票，可以开具增值税普通发票。

四、经纪代理服务发票开具

经纪代理服务，以取得的全部价款和价外费用，扣除向委托方收取并代为支付的政府性基金或者行政事业性收费后的余额为销售额。向委托方收取并代为支付的政府性基金或者行政事业性收费不得开具增值税专用发票，但可以开具增值税普通发票。

纳税人提供签证代理服务，以取得的全部价款和价外费用，扣除向服务接受方收取并代为支付给外交部和外国驻华使（领）馆的签证费、认证费后的余额为销售额。纳税人向服务接受方收取并代为支付的签证费、认证费，不得开具增值税专用发票，可以开具增值税普通发票。

纳税人代理进口按规定免征进口增值税的货物，其销售额不包括向委托方收取并代为支付的货款。向委托方收取并代为支付的款项，不得开具增值税专用发票，可以开具增值税普通发票。

第七节 生活服务

一、旅游服务发票开具规定

全面推开营业税改征增值税试点纳税人提供旅游服务，可以选择以取得的全部价款和价外费用，扣除向旅游服务购买方收取并支付给其他单位或者个人的住宿费、餐饮费、交通费、签证费、门票费和支付给其他接团旅游企业的旅游费用后的余额为销售额。选择上述办法计算销售额的试点纳税人，向旅游服务购买方收取并支付的上述费用，不得开具增值税专用发票，可以开具增值税普通发票。

二、教育辅助服务发票开具规定

境外单位通过教育部考试中心及其直属单位在境内开展考试，教育部考试中心及其直属单位应以取得的考试费收入扣除支付给境外单位考试费后的余额为销售额，按提供"教育辅助服务"缴纳增值税；就代为收取并支付给境外单位的考试费统一扣缴增值税。教育部考试中心及其直属单位代为收取并支付给境外单位的考试费，不得开具增值税专用发票，可以开具增值税普通发票。

第八节 销售不动产及不动产租赁

一、"货物或应税劳务、服务名称"栏及备注栏填写

销售不动产，纳税人自行开具或者税务机关代开增值税发票时，应在发票"货物或应税劳务、服务名称"栏填写不动产名称及房屋产权证书号码（无房屋产权证书的可不填写），"单位"栏填写面积单位，备注栏注明不动产的详细地址。

二、不动产租赁业务发票开具

个人出租住房，应按照5%的征收率减按1.5%计算应纳税额。

纳税人自行开具或者税务机关代开增值税发票时，通过增值税发票开票软件中征收率减按1.5%征收开票功能，录入含税销售额，系统自动计算税额和不含税金额，发票开具不应与其他应税行为混开。

三、销售取得的不动产以及其他个人出租不动产代开发票

(一)增值税小规模纳税人销售其取得的不动产以及其他个人出租不动产,购买方或承租方不属于其他个人的,纳税人缴纳增值税后可以向税务机关申请代开增值税专用发票。不能自开增值税普通发票的小规模纳税人销售其取得的不动产,以及其他个人出租不动产,可以向税务机关申请代开增值税普通发票。

其他个人委托房屋中介、住房租赁企业等单位出租不动产,需要向承租方开具增值税发票的,可以由受托单位代其向主管税务机关按规定申请代开增值税发票。

销售不动产、出租不动产,纳税人代开增值税发票时,应提供不动产的详细地址。

(二)2019年1月1日至2021年12月31日,其他个人采取一次性收取租金形式出租不动产取得的租金收入,在对应的租赁期内平均分摊后的月租金收入未超过10万元的,免征增值税。

(三)代开发票岗位应按下列要求填写增值税发票:

1. "税率"栏填写增值税征收率。免税、其他个人出租其取得的不动产适用优惠政策减按1.5%征收、差额征税的,"税率"栏自动打印"***";

2. 备注栏填写销售或出租不动产纳税人的名称、纳税人识别号(或者组织机构代码)、不动产的详细地址;

3. 差额征税代开发票,通过系统中差额征税开票功能,录入含税销售额(或含税评估额)和扣除额,系统自动计算税额和金额,备注栏自动打印"差额征税"字样;

4. 对按照核定计税价格征税的,"金额"栏填写不含税计税价格,备注栏注明"核定计税价格,实际成交含税金额×××元";

5. 为跨县(市、区)提供不动产经营租赁服务的小规模纳税人(不包括其他个人)代开增值税发票时,在发票备注栏中自动打印"YD"字样。

其他项目按照增值税发票填开的有关规定填写。

四、收费公路通行费增值税电子普通发票开具

(一)收费公路通行费电子发票开具流程

1. 发票服务平台账户注册。客户登录发票服务平台网站 www.txffp.com 或"票根"APP,凭手机号码、手机验证码免费注册,并按要求设置购买方信息。客户如需变更购买方信息,应当于发生充值或通行交易前变更,确保开票信息真实准确。

2. 绑定ETC卡。客户登录发票服务平台,填写ETC卡办理时的预留信息(开户人名称、证件类型、证件号码、手机号码等),经校验无误后,完成ETC卡绑定。

3. 发票开具。客户登录发票服务平台,选取需要开具发票的充值或消费交易记录,申请生成通行费电子发票。发票服务平台免费向客户提供通行费电子发票及明细信息下载、转发、预览、查询等服务。

(二)收费公路通行费电子发票开具规定

1. ETC后付费客户索取发票的,通过经营性收费公路的部分,在发票服务平台取得由收费公路经营管理单位开具的征税发票;通过政府还贷性收费公路的部分,在发票服务平台取得暂由ETC客户服务机构开具的不征税发票。

2. ETC预付费客户可以自行选择在充值后索取发票或者实际发生通行费用后索取发票。

在充值后索取发票的,在发票服务平台取得由ETC客户服务机构全额开具的不征税发票,实际发生通行费用后,ETC客户服务机构和收费公路经营管理单位均不再向其开具发票。

客户在充值后未索取不征税发票，在实际发生通行费用后索取发票的，通过经营性收费公路的部分，在发票服务平台取得由收费公路经营管理单位开具的征税发票；通过政府还贷性收费公路的部分，在发票服务平台取得暂由 ETC 客户服务机构开具的不征税发票。

3. 客户使用 ETC 卡通行收费公路并交纳通行费的，可以在实际发生通行费用后第 10 个自然日起，登录发票服务平台，选择相应通行记录取得通行费电子发票；客户可以在充值后实时登录发票服务平台，选择相应充值记录取得通行费电子发票。

第四章　增值税发票开具相关惩戒规定

第一节　行政处罚

一、《中华人民共和国发票管理办法》第三十五条

违反《中华人民共和国发票管理办法》的规定，有下列情形之一的，由税务机关责令改正，可以处 1 万元以下的罚款；有违法所得的予以没收：

（一）应当开具而未开具发票，或者未按照规定的时限、顺序、栏目，全部联次一次性开具发票，或者未加盖发票专用章的；

（二）使用税控装置开具发票，未按期向主管税务机关报送开具发票的数据的；

（三）扩大发票使用范围的；

（四）以其他凭证代替发票使用的；

（五）跨规定区域开具发票的；

（六）未按照规定缴销发票的；

（七）未按照规定存放和保管发票的。

二、《中华人民共和国发票管理办法》第三十七条

违反《中华人民共和国发票管理办法》第二十二条第二款的规定虚开发票的，由税务机关没收违法所得；虚开金额在 1 万元以下的，可以并处 5 万元以下的罚款；虚开金额超过 1 万元的，并处 5 万元以上 50 万元以下的罚款；构成犯罪的，依法追究刑事责任。

非法代开发票的，依照前款规定处罚。

三、《中华人民共和国发票管理办法》第三十九条

有下列情形之一的，由税务机关处 1 万元以上 5 万元以下的罚款；情节严重的，处 5 万元以上 50 万元以下的罚款；有违法所得的予以没收：

（一）转借、转让、介绍他人转让发票、发票监制章和发票防伪专用品的；

（二）知道或者应当知道是私自印制、伪造、变造、非法取得或者废止的发票而受让、开具、存放、携带、邮寄、运输的。

四、《中华人民共和国发票管理办法》第四十条

对违反发票管理规定 2 次以上或者情节严重的单位和个人，税务机关可以向社会公告。

第二节　刑事责任

一、《中华人民共和国刑法》第二百零五条

虚开增值税专用发票或者虚开用于骗取出口退税、抵扣税款的其他发票的，处三年以下有期徒刑或者拘役，并处二万元以上二十万元以下罚金；虚开的税款数额较大或者有其他严重情节的，处三年以上十年以下有期徒刑，并处五万元以上五十万元以下罚金；虚开的税款

数额巨大或者有其他特别严重情节的，处十年以上有期徒刑或者无期徒刑，并处五万元以上五十万元以下罚金或者没收财产。

单位犯本条规定之罪的，对单位判处罚金，并对其直接负责的主管人员和其他直接责任人员，处三年以下有期徒刑或者拘役；虚开的税款数额较大或者有其他严重情节的，处三年以上十年以下有期徒刑；虚开的税款数额巨大或者有其他特别严重情节的，处十年以上有期徒刑或者无期徒刑。

虚开增值税专用发票或者虚开用于骗取出口退税、抵扣税款的其他发票，是指有为他人虚开、为自己虚开、让他人为自己虚开、介绍他人虚开行为之一的。

二、《中华人民共和国刑法》第二百零五条之一

虚开本法第二百零五条规定以外的其他发票，情节严重的，处二年以下有期徒刑、拘役或者管制，并处罚金；情节特别严重的，处二年以上七年以下有期徒刑，并处罚金。

单位犯前款罪的，对单位判处罚金，并对其直接负责的主管人员和其他直接责任人员，依照前款的规定处罚。

第三节 其他惩戒措施

一、《中华人民共和国税收征收管理法》第七十二条

从事生产、经营的纳税人、扣缴义务人有税收征管法规定的税收违法行为，拒不接受税务机关处理的，税务机关可以收缴其发票或者停止向其发售发票。

二、《中华人民共和国增值税暂行条例实施细则》第三十二、三十四条

有下列情形之一者，应按销售额依照增值税税率计算应纳税额，不得抵扣进项税额，也不得使用增值税专用发票：

（一）一般纳税人会计核算不健全，或者不能够提供准确税务资料的；

会计核算健全，是指能够按照国家统一的会计制度规定设置账簿，根据合法、有效凭证核算。

（二）除本细则第二十九条规定外，纳税人销售额超过小规模纳税人标准，未申请办理一般纳税人认定手续的。

三、《增值税专用发票使用规定》第八条

一般纳税人有下列情形之一的，不得领购开具增值税专用发票：

（一）会计核算不健全，不能向税务机关准确提供增值税销项税额、进项税额、应纳税额数据及其他有关增值税税务资料的。上列其他有关增值税税务资料的内容，由省、自治区、直辖市和计划单列市国家税务局确定。

（二）有《中华人民共和国税收征收管理法》规定的税收违法行为，拒不接受税务机关处理的。

（三）有下列行为之一，经税务机关责令限期改正而仍未改正的：

1. 虚开增值税专用发票；
2. 私自印制增值税专用发票；
3. 向税务机关以外的单位和个人买取增值税专用发票；
4. 借用他人增值税专用发票；
5. 未按《增值税专用发票使用规定》第十一条开具增值税专用发票；
6. 未按规定保管增值税专用发票和专用设备；
7. 未按规定申请办理防伪税控系统变更发行；

8. 未按规定接受税务机关检查。

有上列情形的,如已领取增值税专用发票,主管税务机关应暂扣其结存的增值税专用发票和 IC 卡。

四、《重大税收违法失信案件信息公布办法（试行）》（税务总局公告 2018 年第 54 号）、《关于对重大税收违法案件当事人实施联合惩戒措施的合作备忘录（2016 年版）》（发改财金〔2016〕2798 号）规定

开具发票有下列情形之一的,属于重大税收违法失信案件:

（一）虚开增值税专用发票或者虚开用于骗取出口退税、抵扣税款的其他发票的;

（二）虚开普通发票 100 份或者金额 40 万元以上的;

（三）具有虚开发票等行为,经税务机关检查确认走逃（失联）的;

（四）其他违法情节严重、有较大社会影响的。

对重大税收违法失信案件,税务机关依规向社会公布案件信息,并将信息通报相关部门,共同对当事人实施严格监管和联合惩戒。联合惩戒措施包括:强化税务管理、阻止出境、限制担任相关职务、金融机构融资授信参考、禁止部分高消费行为、向社会公示、限制取得政府供应土地、强化检验检疫监督管理、依法禁止参加政府采购活动、禁止适用海关认证企业管理及限制证券期货市场部分经营行为。

当事人为自然人的,惩戒的对象为当事人本人;当事人为企业的,惩戒的对象为企业及其法定代表人、负有直接责任的财务负责人;当事人为其他经济组织的,惩戒的对象为其他经济组织及其负责人、负有直接责任的财务负责人;当事人为负有直接责任的中介机构及从业人员的,惩戒的对象为中介机构及其法定代表人或负责人,以及相关从业人员。

第五章 增值税发票的查验

取得增值税发票的单位和个人可登录全国增值税发票查验平台（https://inv-veri.chinatax.gov.cn）,对五年内使用增值税发票开票软件开具的增值税专用发票、增值税普通发票、机动车销售统一发票和二手车销售统一发票进行查验,单位和个人通过网页浏览器首次登录平台时,应下载安装根证书文件,查看平台提供的发票查验操作说明。

海南省纳税人也可通过海南省增值税发票综合服务平台（https://fpdk.hainan.chinatax.gov.cn）,点击发票查验按钮,自动跳转至"全国增值税发票查验平台"进行发票查验。

2016 年征收管理类热点问题

（国家税务总局 12366 纳税服务平台 2017 年 3 月 1 日发布）

一、征收管理——发票管理

1. 税务机关代开的普通发票上需要加盖收款方的印章吗?

答：根据《国家税务总局关于加强和规范税务机关代开普通发票工作的通知》（国税函〔2004〕1024号）第三条第三款规定："代开普通发票应指定专人负责，一般应使用计算机开具，并确保开票记录完整、准确、可靠存储，不可更改；暂无条件使用计算机开具的，也可手工填开。无论使用计算机开具还是手工填开，均须加盖税务机关代开发票专用章，否则无效。代开发票专用章的规格和式样比照《国家税务总局关于使用公路、内河货物运输业统一发票有关问题的通知》（国税函〔2004〕557号）的有关规定执行。"

因此，已加盖税务机关代开发票专用章的发票无须再加盖收款方的印章。

2. 发票的存根联和记账联要盖发票专用章吗？

答：《中华人民共和国发票管理办法实施细则》（国家税务总局令第25号）第二十八条规定："单位和个人在开具发票时，必须做到按照号码顺序填开，填写项目齐全，内容真实，字迹清楚，全部联次一次打印，内容完全一致，并在发票联和抵扣联加盖发票专用章。"

因此，单位和个人在开具发票时，要在发票联和抵扣联加盖发票专用章，发票的其他联次不要求必须盖发票专用章。

3. 京津冀范围内纳税人办理跨省（市）迁移，结存的空白发票如何处理？

答：《国家税务总局关于京津冀范围内纳税人办理跨省（市）迁移有关问题的通知》（税总发〔2015〕161号）第三条第五款第一项规定："纳税人跨省（市）迁移，迁出前应向迁出地税务机关申请缴销其全部结存空白发票（包括各类税控系统中的电子发票）及发票领购簿。"

4. 国税机关代开的增值税发票是否都需要加盖发票代开专用章？

答：根据《国家税务总局关于印发〈税务机关代开增值税专用发票管理办法（试行）〉的通知》（国税发〔2004〕153号）第十一条的规定，增值税纳税人应在代开专用发票的备注栏上，加盖本单位的财务专用章或发票专用章。

根据《国家税务总局关于加强和规范税务机关代开普通发票工作的通知》（国税函〔2004〕1024号）第三条第三款规定，代开普通发票应指定专人负责，一般应使用计算机开具，并确保开票记录完整、准确、可靠存储，不可更改；暂无条件使用计算机开具的，也可手工填开。无论使用计算机开具还是手工填开，均须加盖税务机关代开发票专用章，否则无效。

因此，代开的增值税专用发票不需要加盖税务机关代开发票专用章，代开的普通发票需要加盖税务机关代开发票专用章。

5. 纳税人在国税地税合作、共建的办税服务厅，申请代开增值税发票办理流程是如何规定的？

答：根据《国家税务总局关于纳税人申请代开增值税发票办理流程的公告》（国家税务总局公告2016年第59号）第一条第二款规定，在国税地税合作、共建的办税服务厅，纳税人按照以下次序办理：

（1）在办税服务厅国税指定窗口：

①提交《代开增值税发票缴纳税款申报单》；

②自然人申请代开发票，提交身份证件及复印件；

其他纳税人申请代开发票，提交加载统一社会信用代码的营业执照（或税务登记证或组织机构代码证）、经办人身份证件及复印件；

（2）在同一窗口缴纳增值税。

（3）到地税指定窗口申报缴纳有关税费。

（4）到国税指定窗口凭相关缴纳税费证明领取发票。

6. 税务机关为纳税人代开增值税发票流程是如何规定的？

答：《国家税务总局关于纳税人申请代开增值税发票办理流程的公告》（国家税务总局公告 2016 年第 59 号）规定：

"一、办理流程

（一）在地税局委托国税局代征税费的办税服务厅，纳税人按照以下次序办理：

1. 在国税局办税服务厅指定窗口：

（1）提交《代开增值税发票缴纳税款申报单》；

（2）自然人申请代开发票，提交身份证件及复印件；

其他纳税人申请代开发票，提交加载统一社会信用代码的营业执照（或税务登记证或组织机构代码证）、经办人身份证件及复印件。

2. 在同一窗口申报缴纳增值税等有关税费。

3. 在同一窗口领取发票。

（二）在国税地税合作、共建的办税服务厅，纳税人按照以下次序办理：

1. 在办税服务厅国税指定窗口：

（1）提交《代开增值税发票缴纳税款申报单》；

（2）自然人申请代开发票，提交身份证件及复印件；

其他纳税人申请代开发票，提交加载统一社会信用代码的营业执照（或税务登记证或组织机构代码证）、经办人身份证件及复印件。

2. 在同一窗口缴纳增值税。

3. 到地税指定窗口申报缴纳有关税费。

4. 到国税指定窗口凭相关缴纳税费证明领取发票。

二、各省税务机关应在本公告规定的基础上，结合本地实际，制定更为细化、更有明确指向和可操作的纳税人申请代开发票办理流程公告，切实将简化优化办税流程落到实处。

三、纳税人销售取得的不动产和其他个人出租不动产代开增值税发票业务所需资料，仍然按照《国家税务总局关于加强和规范税务机关代开普通发票工作的通知》（国税函〔2004〕1024 号）第二条第（五）项执行。

本公告自 2016 年 11 月 15 日起施行。"

7. 纳税信用 A 级的纳税人一次领用增值税发票的数量是多少？

答：根据《国家税务总局关于按照纳税信用等级对增值税发票使用实行分类管理有关事项的公告》（国家税务总局公告 2016 年第 71 号）规定，纳税信用 A 级的纳税人可一次领取不超过 3 个月的增值税发票用量，纳税信用 B 级的纳税人可一次领取不超过 2 个月的增值税发票用量。以上两类纳税人生产经营情况发生变化，需要调整增值税发票用量，手续齐全的，按照规定即时办理。

本公告自 2016 年 12 月 1 日起实施。

8. "营改增"后企业提供建筑服务开具增值税发票时，备注栏是否必须备注项目名称？

答：根据《国家税务总局关于全面推开营业税改征增值税试点有关税收征收管理事项的公告》（国家税务总局公告 2016 年第 23 号）第四条第三款规定，提供建筑服务，纳税人自行开具或者税务机关代开增值税发票时,应在发票的备注栏注明建筑服务发生地县(市、区)名称及项目名称。

二、征收管理——税务登记

1. 企业是否可以申请办理停业登记?

答:根据《税务登记管理办法》(国家税务总局令第7号)第二十三条规定:"实行定期定额征收方式的个体工商户需要停业的,应当在停业前向税务机关申报办理停业登记。纳税人的停业期限不得超过一年。"

根据《个体工商户税收定期定额征收管理办法》(国家税务总局令第16号)第二十六条规定,个人独资企业的税款征收比照该办法执行。根据该办法第二十一条规定,定期定额户可以停业。因此,实行定期定额征收方式的个人独资企业也可以申请办理停业登记。

2. 在民政部门登记设立并取得统一社会信用代码的纳税人如何办理税务登记?

答:《国家税务总局关于明确社会组织等纳税人使用统一社会信用代码及办理税务登记有关问题的通知》(税总函〔2016〕121号)规定:

"(1)对于2016年1月1日以后在机构编制、民政部门登记设立并取得统一社会信用代码的纳税人,以18位统一社会信用代码为其纳税人识别号,按照现行规定办理税务登记,发放税务登记证件。对已在机构编制、民政部门登记设立并办理税务登记的纳税人,税务部门应积极配合登记机关逐步完成存量代码的转换工作,实现法人及其他组织统一社会信用代码在税务部门的全覆盖。

(2)税务部门与民政部门之间能够建立省级统一的信用信息共享交换平台、政务信息平台、部门间数据接口(以下统称信息共享平台)并实现登记信息实时传递的,可以参照企业、农民专业合作社'三证合一、一照一码'的做法,对已取得统一社会信用代码的社会组织纳税人进行'三证合一'登记模式改革试点,由民政部门受理申请,只发放标注统一社会信用代码的社会组织(社会团体、基金会、民办非企业单位)法人登记证,赋予其税务登记证的全部功能,不再另行发放税务登记证件。"

3. 某公司被吊销营业执照,应该在何时办理注销税务登记?

答:根据《中华人民共和国税收征收管理法实施细则》(国务院令第362号)第十五条第三款的规定,纳税人被工商行政管理机关吊销营业执照或者被其他机关予以撤销登记的,应当自营业执照被吊销或者被撤销登记之日起15日内,向原税务登记机关申报办理注销税务登记。

另根据《税务登记管理办法》(国家税务总局令第7号)第二十八条规定,纳税人被工商行政管理机关吊销营业执照或者被其他机关予以撤销登记的,应当自被吊销营业执照或者被撤销登记之日起15日内,申报办理注销税务登记。

4. 建筑安装行业纳税人《外出经营活动税收管理证明》有效期限是如何规定的?

答:《国家税务总局关于优化〈外出经营活动税收管理证明〉相关制度和办理程序的意见》(税总发〔2016〕106号)第二条第三款规定:"延长建筑安装行业纳税人《外管证》有效期限。《外管证》有效期限一般不超过180天,但建筑安装行业纳税人项目合同期限超过180天的,按照合同期限确定有效期限。"

5. 纳税人在异地转让不动产是否需要办理《外出经营活动税收管理证明》?

答:《国家税务总局关于优化〈外出经营活动税收管理证明〉相关制度和办理程序的意见》(税总发〔2016〕106号)第四条规定:"异地不动产转让和租赁业务不适用外出经营

活动税收管理相关制度规定。"

三、征收管理——个体税收

1. 定期定额纳税人的纳税申报和税款缴纳方式是如何规定的？

答：《中华人民共和国税收征收管理法实施细则》（国务院令第362号）第三十六条规定："实行定期定额缴纳税款的纳税人，可以实行简易申报、简并征期等申报纳税方式。"

《国家税务总局关于合理简并纳税人申报缴税次数的公告》（国家税务总局公告2016年第6号）第四条规定："对于采取简易申报方式的定期定额户，在规定期限内通过财税库银电子缴税系统批量扣税或委托银行扣缴核定税款的，当期可不办理申报手续，实行以缴代报。本公告自2016年4月1日起施行。"

《个体工商户税收定期定额征收管理办法》（国家税务总局令第16号）第十条规定："依照法律、行政法规的规定，定期定额户负有纳税申报义务。实行简易申报的定期定额户，应当在税务机关规定的期限内按照法律、行政法规规定缴清应纳税款，当期可以不办理申报手续。"第十二条规定："定期定额户可以委托经税务机关认定的银行或其他金融机构办理税款划缴。凡委托银行或其他金融机构办理税款划缴的定期定额户，应当向税务机关书面报告开户银行及账号。其账户内存款应当足以按期缴纳当期税款。其存款余额低于当期应纳税款，致使当期税款不能按期入库的，税务机关按逾期缴纳税款处理；对实行简易申报的，按逾期办理纳税申报和逾期缴纳税款处理。"第十三条规定："定期定额户发生下列情形，应当向税务机关办理相关纳税事宜：（1）定额与发票开具金额或税控收款机记录数据比对后，超过定额的经营额、所得额所应缴纳的税款；（2）在税务机关核定定额的经营地点以外从事经营活动所应缴纳的税款。"第十八条规定："定期定额户在定额执行期结束后，应当以该期每月实际发生的经营额、所得额向税务机关申报，申报额超过定额的，按申报额缴纳税款；申报额低于定额的，按定额缴纳税款。具体申报期限由省级税务机关确定。定期定额户当期发生的经营额、所得额超过定额一定幅度的，应当在法律、行政法规规定的申报期限内向税务机关进行申报并缴清税款。具体幅度由省级税务机关确定。"

2. 税务机关对个体工商户建账户采取什么方式征收税款？

答：根据《个体工商户建账管理暂行办法》（国家税务总局令第17号）第十四条规定："税务机关对建账户采用查账征收方式征收税款。建账初期，也可以采用查账征收与定期定额征收相结合的方式征收税款。"

四、征收管理——申报征收

1. 延期申报预缴税款小于实际应纳税额，对补缴的税款是否征收滞纳金？

答：《关于延期申报预缴税款滞纳金问题的批复》（国税函〔2007〕753号）规定："《中华人民共和国税收征收管理法》第二十七条规定，纳税人不能按期办理纳税申报的，经税务机关核准，可以延期申报，但要在纳税期内按照上期实际缴纳的税额或者税务机关核定的税额预缴税款，并在核准的延期内办理税款结算。预缴税款之后，按照规定期限办理税款结算的，不适用税收征管法第三十二条关于纳税人未按期缴纳税款而被加收滞纳金的规定。

当预缴税额大于应纳税额时，税务机关结算退税但不向纳税人计退利息；当预缴税额小于应纳税额时，税务机关在纳税人结算补税时不加收滞纳金。"

2. 我单位是定期定额缴纳的个体工商户，请问从4月1日起需要按季申报增值税吗？

答：根据《国家税务总局关于合理简并纳税人申报缴税次数的公告》（国家税务总局公

告 2016 年第 6 号）文件规定：

"（1）增值税小规模纳税人缴纳增值税、消费税、文化事业建设费，以及随增值税、消费税附征的城市维护建设税、教育费附加等税费，原则上实行按季申报。纳税人要求不实行按季申报的，由主管税务机关根据其应纳税额大小核定纳税期限。

……

（4）对于采取简易申报方式的定期定额户，在规定期限内通过财税库银电子缴税系统批量扣税或委托银行扣缴核定税款的，当期可不办理申报手续，实行以缴代报。"同时符合以上条件，可实行按季以缴代报。"

五、征收管理——账簿凭证管理

我公司为一般纳税人，由于业务需求，购买用友软件进行会计核算，现在使用的会计软件需要到税务机关备案吗？

答：《中华人民共和国税收征收管理法实施细则》（国务院令第 362 号）第二十四条规定："从事生产、经营的纳税人应当自领取税务登记证件之日起 15 日内，将其财务、会计制度或者财务、会计处理办法报送主管税务机关备案。纳税人使用计算机记账的，应当在使用前将会计电算化系统的会计核算软件、使用说明书及有关资料报送主管税务机关备案。纳税人建立的会计电算化系统应当符合国家有关规定，并能正确、完整核算其收入或者所得。"

六、纳税服务——信用等级

1. 每年的纳税信用评价结果什么时候公布？

答：根据《国家税务总局关于发布〈纳税信用管理办法（试行）〉的公告》（国家税务总局公告 2014 年第 40 号）第二十三条规定："税务机关每年 4 月确定上一年度纳税信用评价结果，并为纳税人提供自我查询服务。"

2. 企业有零申报的情况，是否会影响评价为 A 级纳税人？

答：根据《国家税务总局关于发布〈纳税信用管理办法（试行）〉的公告》（国家税务总局公告 2014 年第 40 号）第十九条规定：

"有下列情形之一的纳税人，本评价年度不能评为 A 级：

（1）实际生产经营期不满 3 年的；

（2）上一评价年度纳税信用评价结果为 D 级的；

（3）非正常原因一个评价年度内增值税或营业税连续 3 个月或者累计 6 个月零申报、负申报的；

（4）不能按照国家统一的会计制度规定设置账簿，并根据合法、有效凭证核算，向税务机关提供准确税务资料的。"

另外，根据《国家税务总局关于明确纳税信用管理若干业务口径的公告》（国家税务总局公告 2015 年第 85 号）第五条规定：

"非正常原因一个评价年度内增值税或营业税连续 3 个月或者累计 6 个月零申报、负申报的，不能评为 A 级。

正常原因是指：季节性生产经营、享受政策性减免税等正常情况原因。非正常原因是除上述原因外的其他原因。按季申报视同连续 3 个月。"

因此，若企业有由于非正常原因一个评价年度内增值税或营业税连续 3 个月或者累计 6 个月零申报的情况，则纳税信用不能评为 A 级。

3. 个体工商户是否适用《纳税信用管理办法（试行）》（国家税务总局公告 2014 年第

40 号）？

答：根据《国家税务总局关于明确纳税信用管理若干业务口径的公告》（国家税务总局公告 2015 年第 85 号）第一条规定："《信用管理办法》的适用范围为：已办理税务登记（含'三证合一、一照一码'、临时登记），从事生产、经营并适用查账征收的独立核算企业、个人独资企业和个人合伙企业。

查账征收是指企业所得税征收方式为查账征收，个人独资企业和个人合伙企业的个人所得税征收方式为查账征收。"

因此，个体工商户不适用《纳税信用管理办法（试行）》（国家税务总局公告 2014 年第 40 号）。

全面推开"营改增"试点 12366 知识库问答

1. 某个人在境内提供增值税应税服务，是否需要缴纳增值税？

答：根据《营业税改征增值税试点实施办法》第一条规定，在中华人民共和国境内销售服务、无形资产或者不动产的单位和个人，为增值税纳税人，应当按照本办法缴纳增值税。个人，是指个体工商户和其他个人。因此，个人在境内提供增值税应税服务，是需要缴纳增值税的。

2. 某运输企业以挂靠方式经营，挂靠人以被挂靠人名义对外经营并由被挂靠人承担相关法律责任的，以哪一方为纳税人？

答：根据《营业税改征增值税试点实施办法》第二条规定，单位以承包、承租、挂靠方式经营的，承包人、承租人、挂靠人（以下统称承包人）以发包人、出租人、被挂靠人（以下统称发包人）名义对外经营并由发包人承担相关法律责任的，以该发包人为纳税人。否则，以承包人为纳税人。因此，该运输企业以挂靠方式经营，以被挂靠人名义对外经营并由被挂靠人承担相关法律责任的，以被挂靠人作为增值税纳税人。

3. 增值税纳税人分为哪几类？具体是怎么划分的？

答：根据《营业税改征增值税试点实施办法》第三条规定，纳税人分为一般纳税人和小规模纳税人。应税行为的年应征增值税销售额（以下称应税销售额）超过财政部和国家税务总局规定标准的纳税人为一般纳税人，未超过规定标准的纳税人为小规模纳税人。年应税销售额超过规定标准的其他个人不属于一般纳税人。年应税销售额超过规定标准但不经常发生应税行为的单位和个体工商户可选择按照小规模纳税人纳税。

4. 年应税销售额未超过标准的纳税人，可以成为一般纳税人吗？

答：根据《营业税改征增值税试点实施办法》第四条规定，年应税销售额未超过规定标准的纳税人，会计核算健全，能够提供准确税务资料的，可以向主管税务机关办理一般纳税人资格登记，成为一般纳税人。会计核算健全，是指能够按照国家统一的会计制度规定设置账簿，根据合法、有效凭证核算。

5. 纳税人一经登记为一般纳税人，还能转为小规模纳税人吗？

答：根据《营业税改征增值税试点实施办法》第五条规定，除国家税务总局另有规定外，一经登记为一般纳税人后，不得转为小规模纳税人。

6. 境外单位在境内发生应税行为，是否需要缴税？如何缴？

答：根据《营业税改征增值税试点实施办法》第六条规定，中华人民共和国境外（以下称境外）单位或者个人在境内发生应税行为，在境内未设有经营机构的，以购买方为增值税扣缴义务人。财政部和国家税务总局另有规定的除外。

7. 两个纳税人能否合并纳税？

答：根据《营业税改征增值税试点实施办法》第七条规定，两个或者两个以上的纳税人，经财政部和国家税务总局批准可以视为一个纳税人合并纳税。具体办法由财政部和国家税务总局另行制定。

8. 如何理解目前"营改增"政策文件中"有偿"的概念？

答：根据《营业税改征增值税试点实施办法》第十一条规定，有偿，是指取得货币、货物或者其他经济利益。

9. 目前的"营改增"政策中对增值税税率问题是如何规定的？

答：根据《营业税改征增值税试点实施办法》第十五条规定，增值税税率：

（一）纳税人发生应税行为，除本条第（二）项、第（三）项、第（四）项规定外，税率为6%。

（二）提供交通运输、邮政、基础电信、建筑、不动产租赁服务，销售不动产，转让土地使用权，税率为11%。

（三）提供有形动产租赁服务，税率为17%。

（四）境内单位和个人发生的跨境应税行为，税率为零。具体范围由财政部和国家税务总局另行规定。

10. 增值税的计税方法有哪些？

答：根据《营业税改征增值税试点实施办法》第十五条规定，增值税的计税方法，包括一般计税方法和简易计税方法。

11. 增值税进项税额指什么？

答：根据《营业税改征增值税试点实施办法》第二十四条规定，进项税额，是指纳税人购进货物、加工修理修配劳务、服务、无形资产或者不动产，支付或者负担的增值税额。

12. 增值税扣税凭证包括哪些？

答：根据《营业税改征增值税试点实施办法》第二十六条规定，增值税扣税凭证，是指增值税专用发票、海关进口增值税专用缴款书、农产品收购发票、农产品销售发票和完税凭证。

13. 什么是混合销售？混合销售行为如何缴纳增值税？

答：根据《营业税改征增值税试点实施办法》第四十条规定，一项销售行为如果既涉及服务又涉及货物，为混合销售。从事货物的生产、批发或者零售的单位和个体工商户的混合销售行为，按照销售货物缴纳增值税；其他单位和个体工商户的混合销售行为，按照销售服务缴纳增值税。

本条所称从事货物的生产、批发或者零售的单位和个体工商户，包括以从事货物的生产、批发或者零售为主，并兼营销售服务的单位和个体工商户在内。

14. 营业税改征的增值税由哪个税务机关征收？

答：根据《营业税改征增值税试点实施办法》第五十一条规定，营业税改征的增值税，由国家税务局负责征收。纳税人销售取得的不动产和其他个人出租不动产的增值税，国家税务局暂委托地方税务局代为征收。

15. 小规模纳税人发生应税行为，如何开具增值税专用发票？

答：根据《营业税改征增值税试点实施办法》第五十四条规定，小规模纳税人发生应税行为，购买方索取增值税专用发票的，可以向主管税务机关申请代开。

16. 出租车公司向使用本公司自有出租车的出租车司机收取的管理费用如何缴税？

答：《销售服务、无形资产、不动产注释》中明确，出租车公司向使用本公司自有出租车的出租车司机收取的管理费用，按照陆路运输服务缴纳增值税。

17. 航空运输的湿租业务，是否属于航空运输服务？

答：《销售服务、无形资产、不动产注释》中明确，航空运输的湿租业务，属于航空运输服务。湿租业务，是指航空运输企业将配备有机组人员的飞机承租给他人使用一定期限，承租期内听候承租方调遣，不论是否经营，均按一定标准向承租方收取租赁费，发生的固定费用均由承租方承担的业务。

18. 无运输工具承运业务如何缴税？

答：《销售服务、无形资产、不动产注释》中明确，无运输工具承运业务，按照交通运输服务缴纳增值税。无运输工具承运业务，是指经营者以承运人身份与托运人签订运输服务合同，收取运费并承担承运人责任，然后委托实际承运人完成运输服务的经营活动。

19. 目前纳入"营改增"的金融服务包括哪些项目？

答：《销售服务、无形资产、不动产注释》中明确，金融服务，是指经营金融保险的业务活动。包括贷款服务、直接收费金融服务、保险服务和金融商品转让。

20. "营改增"试点纳税人中的固定业户的增值税纳税地点如何确定？

答：按照《财政部 国家税务总局关于全面推开营业税改征增值税试点的通知》（财税〔2016〕36号）的规定，固定业户应当向其机构所在地或者居住地主管税务机关申报纳税。总机构和分支机构不在同一县（市）的，应当分别向各自所在地的主管税务机关申报纳税；经财政部和国家税务总局或者其授权的财政和税务机关批准，可以由总机构汇总向总机构所在地的主管税务机关申报纳税。

21. "营改增"试点纳税人中的非固定业户的增值税纳税地点如何确定？

答：按照《财政部 国家税务总局关于全面推开营业税改征增值税试点的通知》（财税〔2016〕36号）的规定，非固定业户应当向应税行为发生地主管税务机关申报纳税；未申报纳税的，由其机构所在地或者居住地主管税务机关补征税款。

22. "营改增"试点纳税人中其他个人提供建筑服务的增值税纳税地点如何确定？

答：按照《财政部 国家税务总局关于全面推开营业税改征增值税试点的通知》（财税〔2016〕36号）的规定，其他个人提供建筑服务，应向建筑服务发生地主管税务机关申报纳税。

23. "营改增"试点纳税人转让自然资源使用权的增值税纳税地点如何确定？

答：按照《财政部 国家税务总局关于全面推开营业税改征增值税试点的通知》（财税〔2016〕36号）的规定，纳税人转让自然资源使用权，应向自然资源所在地主管税务机关申报纳税。

24. "营改增"试点纳税人销售或者租赁不动产的增值税纳税地点如何确定？

答：按照《财政部 国家税务总局关于全面推开营业税改征增值税试点的通知》（财税〔2016〕36号）的规定，销售或者租赁不动产应向不动产所在地主管税务机关申报纳税。

25. "营改增"试点纳税人的纳税期限有哪些？

答：按照《财政部 国家税务总局关于全面推开营业税改征增值税试点的通知》（财税〔2016〕36号）的规定，增值税的纳税期限分别为1日、3日、5日、10日、15日、1个月或者1个季度。

26. 哪些"营改增"试点纳税人可以适用1个季度的纳税期限？

答：按照《财政部 国家税务总局关于全面推开营业税改征增值税试点的通知》（财税〔2016〕36号）的规定，以1个季度为纳税期限的规定适用于小规模纳税人、银行、财务公司、信托投资公司、信用社，以及财政部和国家税务总局规定的其他纳税人。

27. "营改增"试点纳税人的增值税起征点如何确定？

答：按照《财政部 国家税务总局关于全面推开营业税改征增值税试点的通知》（财税〔2016〕36号）的规定，按期纳税的，增值税起征点为月销售额5000－20000元（含本数）；按次纳税的，增值税起征点为每次（日）销售额300－500元（含本数）。起征点的调整由财政部和国家税务总局规定。省、自治区、直辖市财政厅（局）和国家税务局应当在规定的幅度内，根据实际情况确定本地区适用的起征点，并报财政部和国家税务总局备案。

28. 向消费者个人销售服务、无形资产或者不动产能开具增值税专用发票吗？

答：按照《财政部 国家税务总局关于全面推开营业税改征增值税试点的通知》（财税〔2016〕36号）的规定，向消费者个人销售服务、无形资产或者不动产不得开具增值税专用发票。

29. "营改增"试点纳税人中，已登记为一般纳税人的个体工商户能适用增值税起征点的规定吗？

答：按照《财政部 国家税务总局关于全面推开营业税改征增值税试点的通知》（财税〔2016〕36号）的规定，增值税起征点不适用于登记为一般纳税人的个体工商户。

30. "营改增"试点纳税人发生增值税应税行为适用免税、减税的能放弃免税、减税吗？

答：按照《财政部 国家税务总局关于全面推开营业税改征增值税试点的通知》（财税〔2016〕36号）的规定，纳税人发生应税行为适用免税、减税规定的，可以放弃免税、减税，并按照有关规定缴纳增值税。放弃免税、减税后，36个月内不得再申请免税、减税。

31. "营改增"试点纳税人发生应税行为同时适用免税和零税率的可以进行选择吗？

答：按照《财政部 国家税务总局关于全面推开营业税改征增值税试点的通知》（财税〔2016〕36号）的规定，纳税人发生应税行为同时适用免税和零税率规定的，纳税人可以选择适用免税或者零税率。

32. "营改增"试点范围中的"销售服务"包括哪些？

答：按照《财政部 国家税务总局关于全面推开营业税改征增值税试点的通知》（财税〔2016〕36号）的规定，销售服务包括提供交通运输服务、邮政服务、电信服务、建筑服务、金融服务、现代服务、生活服务。

33. "营改增"试点范围中的"交通运输服务"包括哪些？

答：按照《财政部 国家税务总局关于全面推开营业税改征增值税试点的通知》（财税〔2016〕36号）的规定，交通运输服务包括陆路运输服务、水路运输服务、航空运输服务、管道运输服务。

34. 出租车公司向使用本公司自有出租车的出租车司机收取的管理费用按照什么税目缴纳增值税？

答：按照《财政部 国家税务总局关于全面推开营业税改征增值税试点的通知》（财税〔2016〕36号）的规定，出租车公司向使用本公司自有出租车的出租车司机收取的管理费用按照陆路运输服务缴纳增值税。

35. 纳税人的程租或期租业务，是按照水路运输服务还是按照租赁服务缴纳增值税？

答：按照《财政部 国家税务总局关于全面推开营业税改征增值税试点的通知》（财税〔2016〕36号）的规定，纳税人提供程租和期租业务，属于提供水路运输服务并应按规定计算缴纳增值税。其中，程租业务，是指运输企业为租船人完成某一特定航次的运输任务并收取租赁费的业务；期租业务，是指运输企业将配备有操作人员的船舶承租给他人使用一定期限，承租期内听候承租方调遣，不论是否经营，均按天向承租方收取租赁费，发生的固定费用均由船东负担的业务。

36. 纳税人的湿租业务，是按照航空运输服务还是按照租赁服务缴纳增值税？

答：按照《财政部 国家税务总局关于全面推开营业税改征增值税试点的通知》（财税〔2016〕36号）的规定，纳税人的湿租业务，属于提供航空运输服务并应按规定计算缴纳增值税。湿租业务，是指航空运输企业将配备有机组人员的飞机承租给他人使用一定期限，承租期内听候承租方调遣，不论是否经营，均按一定标准向承租方收取租赁费，发生的固定费用均由承租方承担的业务。

37. 纳税人提供航天运输服务按何税目缴纳增值税？

答：按照《财政部 国家税务总局关于全面推开营业税改征增值税试点的通知》（财税〔2016〕36号）的规定，纳税人提供航天运输服务，按照航空运输服务缴纳增值税。航天运输服务，是指利用火箭等载体将卫星、空间探测器等空间飞行器发射到空间轨道的业务活动。

38. 无运输工具承运业务按何税目缴纳增值税？

答：按照《财政部 国家税务总局关于全面推开营业税改征增值税试点的通知》（财税〔2016〕36号）的规定，无运输工具承运业务，按照交通运输服务缴纳增值税。无运输工具承运业务，是指经营者以承运人身份与托运人签订运输服务合同，收取运费并承担承运人责任，然后委托实际承运人完成运输服务的经营活动。

39. "营改增"试点范围中的"建筑服务"包括哪些服务？

答：按照《财政部 国家税务总局关于全面推开营业税改征增值税试点的通知》（财税〔2016〕36号）的规定，建筑服务包括工程服务、安装服务、修缮服务、装饰服务和其他建筑服务。

40. 固定电话、有线电视、宽带、水、电、燃气、暖气等经营者向用户收取的安装费、初装费、开户费、扩容费按何税目缴纳增值税？

答：按照《财政部 国家税务总局关于全面推开营业税改征增值税试点的通知》（财税〔2016〕36号）的规定，固定电话、有线电视、宽带、水、电、燃气、暖气等经营者向用户收取的安装费、初装费、开户费、扩容费以及类似收费，按照安装服务缴纳增值税。

41. "营改增"试点范围中的"金融服务"包括哪些服务？

答：按照《财政部 国家税务总局关于全面推开营业税改征增值税试点的通知》（财税

〔2016〕36号）的规定，金融服务包括贷款服务、直接收费金融服务、保险服务和金融商品转让。

42. 纳税人提供融资性售后回租服务按何税目缴纳增值税？

答：按照《财政部 国家税务总局关于全面推开营业税改征增值税试点的通知》（财税〔2016〕36号）的规定，融资性售后回租服务属于贷款服务，应按照金融服务缴纳增值税。融资性售后回租，是指承租方以融资为目的，将资产出售给从事融资性售后回租业务的企业后，从事融资性售后回租业务的企业将该资产出租给承租方的业务活动。

43. 以货币资金投资收取的固定利润或者保底利润按何税目缴纳增值税？

答：按照《财政部 国家税务总局关于全面推开营业税改征增值税试点的通知》（财税〔2016〕36号）的规定，以货币资金投资收取的固定利润或者保底利润按照贷款服务缴纳增值税。

44. "营改增"试点范围中的"现代服务"包括哪些服务？

答：按照《财政部 国家税务总局关于全面推开营业税改征增值税试点的通知》（财税〔2016〕36号）的规定，现代服务包括研发和技术服务、信息技术服务、文化创意服务、物流辅助服务、租赁服务、鉴证咨询服务、广播影视服务、商务辅助服务和其他现代服务。

45. 一般纳税人以清包工方式提供的建筑服务，能否选择适用简易计税方法计税？

答：根据《财政部 国家税务总局关于全面推开营业税改征增值税试点的通知》（财税〔2016〕36号）规定，一般纳税人以清包工方式提供的建筑服务，可以选择适用简易计税方法计税。

以清包工方式提供建筑服务，是指施工方不采购建筑工程所需的材料或只采购辅助材料，并收取人工费、管理费或者其他费用的建筑服务。

46. 一般纳税人为甲供工程提供的建筑服务，能否选择适用简易计税方法计税？

答：根据《财政部 国家税务总局关于全面推开营业税改征增值税试点的通知》（财税〔2016〕36号）规定，一般纳税人为甲供工程提供的建筑服务，可以选择适用简易计税方法计税。

甲供工程，是指全部或部分设备、材料、动力由工程发包方自行采购的建筑工程。

47. 一般纳税人为建筑工程老项目提供的建筑服务，能否选择适用简易计税方法计税？

答：根据《财政部 国家税务总局关于全面推开营业税改征增值税试点的通知》（财税〔2016〕36号）规定，一般纳税人为建筑工程老项目提供的建筑服务，可以选择适用简易计税方法计税。

建筑工程老项目，是指：

（1）《建筑工程施工许可证》注明的合同开工日期在2016年4月30日前的建筑工程项目；

（2）未取得《建筑工程施工许可证》的，建筑工程承包合同注明的开工日期在2016年4月30日前的建筑工程项目。

48. 试点纳税人跨县（市）提供建筑服务应如何缴纳增值税？

答：根据《财政部 国家税务总局关于全面推开营业税改征增值税试点的通知》（财税〔2016〕36号）规定，一般纳税人跨县（市）提供建筑服务，适用一般计税方法计税的，应以取得的全部价款和价外费用为销售额计算应纳税额。纳税人应以取得的全部价款和价外费用扣除支付的分包款后的余额，按照2%的预征率在建筑服务发生地预缴税款后，向机构所在地主管税务机关进行纳税申报。

一般纳税人跨县（市）提供建筑服务，选择适用简易计税方法计税的，应以取得的全部价款和价外费用扣除支付的分包款后的余额为销售额，按照3%的征收率计算应纳税额。纳税人应按照上述计税方法在建筑服务发生地预缴税款后，向机构所在地主管税务机关进行纳税申报。

小规模纳税人跨县（市）提供建筑服务，应以取得的全部价款和价外费用扣除支付的分包款后的余额为销售额，按照3%的征收率计算应纳税额。纳税人应按照上述计税方法在建筑服务发生地预缴税款后，向机构所在地主管税务机关进行纳税申报。

49. 试点纳税人2016年5月1日后取得的不动产，其进项税额应如何抵扣？

答：根据《财政部 国家税务总局关于全面推开营业税改征增值税试点的通知》（财税〔2016〕36号）规定，适用一般计税方法的试点纳税人，2016年5月1日后取得并在会计制度上按固定资产核算的不动产或者2016年5月1日后取得的不动产在建工程，其进项税额应自取得之日起分2年从销项税额中抵扣，第一年抵扣比例为60%，第二年抵扣比例为40%。

取得不动产，包括以直接购买、接受捐赠、接受投资入股、自建以及抵债等各种形式取得不动产，不包括房地产开发企业自行开发的房地产项目。

融资租入的不动产以及在施工现场修建的临时建筑物、构筑物，其进项税额不适用上述分2年抵扣的规定。

50. 一般纳税人销售其2016年4月30日前取得的不动产，能否选择简易计税方法？

答：根据《财政部 国家税务总局关于全面推开营业税改征增值税试点的通知》（财税〔2016〕36号）规定，一般纳税人销售其2016年4月30日前取得（不含自建）的不动产，可以选择适用简易计税方法，以取得的全部价款和价外费用减去该项不动产购置原价或者取得不动产时的作价后的余额为销售额，按照5%的征收率计算应纳税额。纳税人应按照上述计税方法在不动产所在地预缴税款后，向机构所在地主管税务机关进行纳税申报。

51. 一般纳税人销售其2016年4月30日前自建的不动产，能否选择简易计税方法？

答：根据《财政部 国家税务总局关于全面推开营业税改征增值税试点的通知》（财税〔2016〕36号）规定，一般纳税人销售其2016年4月30日前自建的不动产，可以选择适用简易计税方法，以取得的全部价款和价外费用为销售额，按照5%的征收率计算应纳税额。纳税人应按照上述计税方法在不动产所在地预缴税款后，向机构所在地主管税务机关进行纳税申报。

52. 一般纳税人销售其2016年5月1日后取得的不动产，应如何缴纳增值税？

答：根据《财政部 国家税务总局关于全面推开营业税改征增值税试点的通知》（财税〔2016〕36号）规定，一般纳税人销售其2016年5月1日后取得（不含自建）的不动产，应适用一般计税方法，以取得的全部价款和价外费用为销售额计算应纳税额。纳税人应以取得的全部价款和价外费用减去该项不动产购置原价或者取得不动产时的作价后的余额，按照5%的预征率在不动产所在地预缴税款后，向机构所在地主管税务机关进行纳税申报。

53. 一般纳税人销售其2016年5月1日后自建的不动产，应如何缴纳增值税？

答：根据《财政部 国家税务总局关于全面推开营业税改征增值税试点的通知》（财税〔2016〕36号）规定，一般纳税人销售其2016年5月1日后自建的不动产，应适用一般计税方法，以取得的全部价款和价外费用为销售额计算应纳税额。纳税人应以取得的全部价款和价外费用，按照 5% 的预征率在不动产所在地预缴税款后，向机构所在地主管税务机关进行纳税申报。

54. 小规模纳税人销售不动产应如何缴纳增值税？

答：根据《财政部 国家税务总局关于全面推开营业税改征增值税试点的通知》（财税〔2016〕36 号）规定，小规模纳税人销售其取得（不含自建）的不动产（不含个体工商户销售购买的住房和其他个人销售不动产），应以取得的全部价款和价外费用减去该项不动产购置原价或者取得不动产时的作价后的余额为销售额，按照 5% 的征收率计算应纳税额。纳税人应按照上述计税方法在不动产所在地预缴税款后，向机构所在地主管税务机关进行纳税申报。

小规模纳税人销售其自建的不动产，应以取得的全部价款和价外费用为销售额，按照 5% 的征收率计算应纳税额。纳税人应按照上述计税方法在不动产所在地预缴税款后，向机构所在地主管税务机关进行纳税申报。

55. 房地产开发企业中的一般纳税人，销售自行开发的房地产老项目，能否选择适用简易计税方法计税？

答：根据《财政部 国家税务总局关于全面推开营业税改征增值税试点的通知》（财税〔2016〕36 号）规定，房地产开发企业中的一般纳税人，销售自行开发的房地产老项目，可以选择适用简易计税方法按照 5% 的征收率计税。

56. 房地产开发企业中的小规模纳税人，销售自行开发的房地产项目，如何缴纳增值税？

答：根据《财政部 国家税务总局关于全面推开营业税改征增值税试点的通知》（财税〔2016〕36 号）规定，房地产开发企业中的小规模纳税人，销售自行开发的房地产项目，按照 5% 的征收率计税。

57. 房地产开发企业采取预收款方式销售所开发的房地产项目，如何预缴增值税？

答：根据《财政部 国家税务总局关于全面推开营业税改征增值税试点的通知》（财税〔2016〕36 号）规定，房地产开发企业采取预收款方式销售所开发的房地产项目，在收到预收款时按照 3% 的预征率预缴增值税。

58. 一般纳税人出租其 2016 年 4 月 30 日前取得的不动产，能否选择适用简易计税方法计税？

答：根据《财政部 国家税务总局关于全面推开营业税改征增值税试点的通知》（财税〔2016〕36 号）规定，一般纳税人出租其 2016 年 4 月 30 日前取得的不动产，可以选择适用简易计税方法，按照 5% 的征收率计算应纳税额。纳税人出租其 2016 年 4 月 30 日前取得的与机构所在地不在同一县（市）的不动产，应按照上述计税方法在不动产所在地预缴税款后，向机构所在地主管税务机关进行纳税申报。

59. 其他个人销售其取得的不动产（不含其购买的住房），如何预缴增值税？

答：根据《财政部 国家税务总局关于全面推开营业税改征增值税试点的通知》（财税〔2016〕36 号）规定，其他个人销售其取得（不含自建）的不动产（不含其购买的住房），应以取得的全部价款和价外费用减去该项不动产购置原价或者取得不动产时的作价后的余额为销售额，按照 5% 的征收率计算应纳税额。

60. 个人出租住房，应如何计算应纳税额？

答：根据《财政部 国家税务总局关于全面推开营业税改征增值税试点的通知》（财税

〔2016〕36号）规定，个人出租住房，应按照5%的征收率减按1.5%计算应纳税额。

61. "营改增"试点纳税人能否汇总纳税？

答：根据《财政部 国家税务总局关于全面推开营业税改征增值税试点的通知》（财税〔2016〕36号）规定，属于固定业户的试点纳税人，总分支机构不在同一县（市），但在同一省（自治区、直辖市、计划单列市）范围内的，经省（自治区、直辖市、计划单列市）财政厅（局）和国家税务局批准，可以由总机构汇总向总机构所在地的主管税务机关申报缴纳增值税。

62. 试点纳税人纳入"营改增"试点之日前发生的应税行为，因税收检查等原因需要补缴税款的，应如何补缴？

答：根据《财政部 国家税务总局关于全面推开营业税改征增值税试点的通知》（财税〔2016〕36号）规定，试点纳税人纳入"营改增"试点之日前发生的应税行为，因税收检查等原因需要补缴税款的，应按照营业税政策规定补缴营业税。

63. 试点纳税人发生应税行为，在纳入"营改增"试点之日前已缴纳营业税，"营改增"试点后因发生退款减除营业额的，应当如何申请退还？

答：根据《财政部 国家税务总局关于全面推开营业税改征增值税试点的通知》（财税〔2016〕36号）规定，试点纳税人发生应税行为，在纳入"营改增"试点之日前已缴纳营业税，"营改增"试点后因发生退款减除营业额的，应当向原主管地税机关申请退还已缴纳的营业税。

64. 试点纳税人销售电信服务时附带赠送用户识别卡，应如何缴纳增值税？

答：根据《财政部 国家税务总局关于全面推开营业税改征增值税试点的通知》（财税〔2016〕36号）规定，试点纳税人销售电信服务时，附带赠送用户识别卡、电信终端等货物或者电信服务的，应将其取得的全部价款和价外费用进行分别核算，按各自适用的税率计算缴纳增值税。

65. 油气田企业发生应税行为是否适用《试点实施办法》规定的增值税税率？

答：根据《财政部 国家税务总局关于全面推开营业税改征增值税试点的通知》（财税〔2016〕36号）规定，油气田企业发生应税行为，适用《试点实施办法》规定的增值税税率，不再适用《财政部 国家税务总局关于印发〈油气田企业增值税管理办法〉的通知》（财税〔2009〕8号）规定的增值税税率。

66. 不得抵扣的固定资产发生用途改变用于允许抵扣进项税额的应税项目，如何抵扣进项税额？

答：根据《财政部 国家税务总局关于全面推开营业税改征增值税试点的通知》（财税〔2016〕36号）规定，按照《试点实施办法》第二十七条第（一）项规定不得抵扣且未抵扣进项税额的固定资产、无形资产、不动产，发生用途改变，用于允许抵扣进项税额的应税项目，可在用途改变的次月按照下列公式计算可以抵扣的进项税额：

可以抵扣的进项税额＝固定资产、无形资产、不动产净值/（1＋适用税率）×适用税率

上述可以抵扣的进项税额应取得合法有效的增值税扣税凭证。

67. 纳税人接受贷款服务向贷款方支付的咨询费能否抵扣进项税额？

答：根据《财政部 国家税务总局关于全面推开营业税改征增值税试点的通知》（财税〔2016〕36号）规定，纳税人接受贷款服务向贷款方支付的与该笔贷款直接相关的投融资顾

问费、手续费、咨询费等费用,其进项税额不得从销项税额中抵扣。

68. 原增值税一般纳税人 2016 年 5 月 1 日后取得的不动产能否抵扣?

答:根据《财政部 国家税务总局关于全面推开营业税改征增值税试点的通知》(财税〔2016〕36 号)规定,2016 年 5 月 1 日后取得并在会计制度上按固定资产核算的不动产或者 2016 年 5 月 1 日后取得的不动产在建工程,其进项税额应自取得之日起分 2 年从销项税额中抵扣,第一年抵扣比例为 60%,第二年抵扣比例为 40%。

融资租入的不动产以及在施工现场修建的临时建筑物、构筑物,其进项税额不适用上述分 2 年抵扣的规定。

69. 原增值税一般纳税人兼有销售服务、无形资产或者不动产的,截止到纳入"营改增"试点之日前的增值税期末留抵税额,能否抵扣?

答:根据《财政部 国家税务总局关于全面推开营业税改征增值税试点的通知》(财税〔2016〕36 号)规定,原增值税一般纳税人兼有销售服务、无形资产或者不动产的,截止到纳入"营改增"试点之日前的增值税期末留抵税额,不得从销售服务、无形资产或者不动产的销项税额中抵扣。

70. 物流辅助服务包括什么内容?

答:根据《财政部 国家税务总局关于全面推开营业税改征增值税试点的通知》(财税〔2016〕36 号)规定,物流辅助服务,包括航空服务、港口码头服务、货运客运场站服务、打捞救助服务、装卸搬运服务、仓储服务和收派服务。

71. 贷款服务的销售额是什么?

答:根据《财政部 国家税务总局关于全面推开营业税改征增值税试点的通知》(财税〔2016〕36 号)规定,贷款服务,以提供贷款服务取得的全部利息及利息性质的收入为销售额。

72. 出租建筑物、构筑物等不动产或者飞机、车辆等有形动产的广告位应按什么征税?

答:根据《财政部 国家税务总局关于全面推开营业税改征增值税试点的通知》(财税〔2016〕36 号)规定,将建筑物、构筑物等不动产或者飞机、车辆等有形动产的广告位出租给其他单位或者个人用于发布广告,按照经营租赁服务缴纳增值税。

73. 车辆停放服务、道路通行服务、水路运输的光租业务、航空运输的干租业务分别按照什么服务征税?

答:根据《财政部 国家税务总局关于全面推开营业税改征增值税试点的通知》(财税〔2016〕36 号)规定,车辆停放服务、道路通行服务(包括过路费、过桥费、过闸费等)等按照不动产经营租赁服务缴纳增值税。

水路运输的光租业务、航空运输的干租业务,属于经营租赁。

74. 翻译服务和市场调查服务应按照什么征收增值税?

答:根据《财政部 国家税务总局关于全面推开营业税改征增值税试点的通知》(财税〔2016〕36 号)规定,翻译服务和市场调查服务按照咨询服务缴纳增值税。

75. 商务辅助服务包括什么?

答:根据《财政部 国家税务总局关于全面推开营业税改征增值税试点的通知》(财税〔2016〕36 号)规定,商务辅助服务,包括企业管理服务、经纪代理服务、人力资源服务、安全保护服务。

76. 什么是生活服务?包括什么内容?

答：根据《财政部 国家税务总局关于全面推开营业税改征增值税试点的通知》（财税〔2016〕36号）规定，生活服务，是指为满足城乡居民日常生活需求提供的各类服务活动。包括文化体育服务、教育医疗服务、旅游娱乐服务、餐饮住宿服务、居民日常服务和其他生活服务。

77. 无形资产是什么？具体包括什么？

答：根据《财政部 国家税务总局关于全面推开营业税改征增值税试点的通知》（财税〔2016〕36号）规定，销售无形资产，是指转让无形资产所有权或者使用权的业务活动。无形资产，是指不具实物形态，但能带来经济利益的资产，包括技术、商标、著作权、商誉、自然资源使用权和其他权益性无形资产。

技术，包括专利技术和非专利技术。

自然资源使用权，包括土地使用权、海域使用权、探矿权、采矿权、取水权和其他自然资源使用权。

其他权益性无形资产，包括基础设施资产经营权、公共事业特许权、配额、经营权（包括特许经营权、连锁经营权、其他经营权）、经销权、分销权、代理权、会员权、席位权、网络游戏虚拟道具、域名、名称权、肖像权、冠名权、转会费等。

78. 什么是不动产？

答：根据《财政部 国家税务总局关于全面推开营业税改征增值税试点的通知》（财税〔2016〕36号）规定，不动产，是指不能移动或者移动后会引起性质、形状改变的财产，包括建筑物、构筑物等。

建筑物，包括住宅、商业营业用房、办公楼等可供居住、工作或者进行其他活动的建造物。

构筑物，包括道路、桥梁、隧道、水坝等建造物。

79. 不征收增值税项目包括什么？

答：根据《财政部 国家税务总局关于全面推开营业税改征增值税试点的通知》（财税〔2016〕36号）规定，下列项目不征收增值税：

（1）根据国家指令无偿提供的铁路运输服务、航空运输服务，属于用于公益事业的服务。

（2）存款利息。

（3）被保险人获得的保险赔付。

（4）房地产主管部门或者其指定机构、公积金管理中心、开发企业以及物业管理单位代收的住宅专项维修资金。

（5）在资产重组过程中，通过合并、分立、出售、置换等方式，将全部或者部分实物资产以及与其相关联的债权、负债和劳动力一并转让给其他单位和个人，其中涉及的不动产、土地使用权转让行为。

80. 可以免征增值税的托儿所、幼儿园提供的保育和教育服务收入包括什么？

答：根据《财政部 国家税务总局关于全面推开营业税改征增值税试点的通知》（财税〔2016〕36号）规定，公办托儿所、幼儿园免征增值税的收入是指，在省级财政部门和价格主管部门审核报省级人民政府批准的收费标准以内收取的教育费、保育费。

民办托儿所、幼儿园免征增值税的收入是指，在报经当地有关部门备案并公示的收费标准范围内收取的教育费、保育费。

超过规定收费标准的收费,以开办实验班、特色班和兴趣班等为由另外收取的费用以及与幼儿入园挂钩的赞助费、支教费等超过规定范围的收入,不属于免征增值税的收入。

81. 直接收费金融服务的销售额是什么?

答:根据《财政部 国家税务总局关于全面推开营业税改征增值税试点的通知》(财税〔2016〕36号)规定,直接收费金融服务,以提供直接收费金融服务收取的手续费、佣金、酬金、管理费、服务费、经手费、开户费、过户费、结算费、转托管费等各类费用为销售额。

82. 金融商品转让的销售额是什么?

答:根据《财政部 国家税务总局关于全面推开营业税改征增值税试点的通知》(财税〔2016〕36号)规定,金融商品转让,按照卖出价扣除买入价后的余额为销售额。

转让金融商品出现的正负差,按盈亏相抵后的余额为销售额。若相抵后出现负差,可结转下一纳税期与下期转让金融商品销售额相抵,但年末时仍出现负差的,不得转入下一个会计年度。

金融商品的买入价,可以选择按照加权平均法或者移动加权平均法进行核算,选择后36个月内不得变更。

83. 金融商品转让,可以开具增值税专用发票么?

答:根据《财政部 国家税务总局关于全面推开营业税改征增值税试点的通知》(财税〔2016〕36号)规定,金融商品转让,不得开具增值税专用发票。

84. 经济代理服务的销售额是什么?

答:根据《财政部 国家税务总局关于全面推开营业税改征增值税试点的通知》(财税〔2016〕36号)规定,经纪代理服务,以取得的全部价款和价外费用,扣除向委托方收取并代为支付的政府性基金或者行政事业性收费后的余额为销售额。向委托方收取的政府性基金或者行政事业性收费,不得开具增值税专用发票。

85. 2016年5月1日以后开展的融资租赁业务的销售额是什么?

答:根据《财政部 国家税务总局关于全面推开营业税改征增值税试点的通知》(财税〔2016〕36号)规定,

(1)经人民银行、银监会或者商务部批准从事融资租赁业务的试点纳税人,提供融资租赁服务,以取得的全部价款和价外费用,扣除支付的借款利息(包括外汇借款和人民币借款利息)、发行债券利息和车辆购置税后的余额为销售额。

(2)经人民银行、银监会或者商务部批准从事融资租赁业务的试点纳税人,提供融资性售后回租服务,以取得的全部价款和价外费用(不含本金),扣除对外支付的借款利息(包括外汇借款和人民币借款利息)、发行债券利息后的余额作为销售额。

经商务部授权的省级商务主管部门和国家经济技术开发区批准的从事融资租赁业务的试点纳税人,2016年5月1日后实收资本达到1.7亿元的,从达到标准的当月起按照上述规定执行;2016年5月1日后实收资本未达到1.7亿元但注册资本达到1.7亿元的,在2016年7月31日前仍可按照上述规定执行,2016年8月1日后开展的融资租赁业务和融资性售后回租业务不得按照上述规定执行。

86. 2016年4月30日前签订的有形动产融资性售后回租合同应按照什么征税?

答:根据《财政部 国家税务总局关于全面推开营业税改征增值税试点的通知》(财税〔2016〕36号)规定,试点纳税人根据2016年4月30日前签订的有形动产融资性售后回租合同,在合同到期前提供的有形动产融资性售后回租服务,可继续按照有形动产融资租赁服务缴纳增值税。

87. 提供客运场站服务的一般纳税人的销售额是什么?

答:根据《财政部 国家税务总局关于全面推开营业税改征增值税试点的通知》(财税〔2016〕36号)规定,试点纳税人中的一般纳税人(以下称一般纳税人)提供客运场站服务,以其取得的全部价款和价外费用,扣除支付给承运方运费后的余额为销售额。

88. 提供旅游服务的试点纳税人的销售额是什么?

答:根据《财政部 国家税务总局关于全面推开营业税改征增值税试点的通知》(财税〔2016〕36号)规定,试点纳税人提供旅游服务,可以选择以取得的全部价款和价外费用,扣除向旅游服务购买方收取并支付给其他单位或者个人的住宿费、餐饮费、交通费、签证费、门票费和支付给其他接团旅游企业的旅游费用后的余额为销售额。

选择上述办法计算销售额的试点纳税人,向旅游服务购买方收取并支付的上述费用,不得开具增值税专用发票,可以开具普通发票。

89. 试点纳税人提供建筑服务适用简易计税方法的销售额是什么?

答:根据《财政部 国家税务总局关于全面推开营业税改征增值税试点的通知》(财税〔2016〕36号)规定,试点纳税人提供建筑服务适用简易计税方法的,以取得的全部价款和价外费用扣除支付的分包款后的余额为销售额。

90. 除了选择简易计税方法的房地产老项目外,一般纳税人的房地产开发企业销售开发的房地产项目,是否可以扣除受让土地的价款?

答:根据《财政部 国家税务总局关于全面推开营业税改征增值税试点的通知》(财税〔2016〕36号)规定,房地产开发企业中的一般纳税人销售其开发的房地产项目(选择简易计税方法的房地产老项目除外),以取得的全部价款和价外费用,扣除受让土地时向政府部门支付的土地价款后的余额为销售额。

房地产老项目,是指《建筑工程施工许可证》注明的合同开工日期在2016年4月30日前的房地产项目。

因此,只能扣除受让土地时向政府部门支付的土地价款。

91. 航空运输企业的销售额,是收取的全部价款和价外费用么?

答:根据《财政部 国家税务总局关于全面推开营业税改征增值税试点的通知》(财税〔2016〕36号)规定,航空运输企业的销售额,不包括代收的机场建设费和代售其他航空运输企业客票而代收转付的价款。

92. 什么是娱乐服务?

答:根据《财政部 国家税务总局关于全面推开营业税改征增值税试点的通知》(财税〔2016〕36号)规定,娱乐服务,是指为娱乐活动同时提供场所和服务的业务。具体包括:歌厅、舞厅、夜总会、酒吧、台球、高尔夫球、保龄球、游艺(包括射击、狩猎、跑马、游戏机、蹦极、卡丁车、热气球、动力伞、射箭、飞镖)。

93. 什么是物流辅助服务?

答:根据《财政部 国家税务总局关于全面推开营业税改征增值税试点的通知》(财税〔2016〕36号)规定,物流辅助服务,包括航空服务、港口码头服务、货运客运场站服务、打捞救助服务、装卸搬运服务、仓储服务和收派服务。

94. 货物运输代理和代理报关属于物流辅助服务么?

答：根据《财政部 国家税务总局关于全面推开营业税改征增值税试点的通知》（财税〔2016〕36号）规定，货物运输代理和代理报关不属于物流辅助服务，应按照经济代理服务征税。

95. 继续按照有形动产融资租赁服务缴纳增值税的试点纳税人，经批准从事融资租赁业务的，如何确认销售额？

答：根据《财政部 国家税务总局关于全面推开营业税改征增值税试点的通知》（财税〔2016〕36号）规定，继续按照有形动产融资租赁服务缴纳增值税的试点纳税人，经人民银行、银监会或者商务部批准从事融资租赁业务的，根据2016年4月30日前签订的有形动产融资性售后回租合同，在合同到期前提供的有形动产融资性售后回租服务，可以选择以下方法之一计算销售额：

（1）以向承租方收取的全部价款和价外费用，扣除向承租方收取的价款本金，以及对外支付的借款利息（包括外汇借款和人民币借款利息）、发行债券利息后的余额为销售额。

纳税人提供有形动产融资性售后回租服务，计算当期销售额时可以扣除的价款本金，为书面合同约定的当期应当收取的本金。无书面合同或者书面合同没有约定的，为当期实际收取的本金。

试点纳税人提供有形动产融资性售后回租服务，向承租方收取的有形动产价款本金，不得开具增值税专用发票，可以开具普通发票。

（2）以向承租方收取的全部价款和价外费用，扣除支付的借款利息（包括外汇借款和人民币借款利息）、发行债券利息后的余额为销售额。

96. 标的物在境外使用的有形动产租赁服务，是否可以适用免征增值税政策？

答：根据《财政部 国家税务总局关于全面推开营业税改征增值税试点的通知》（财税〔2016〕36号）附件4《跨境应税行为适用增值税零税率和免税政策的规定》第二条规定，境内的单位和个人提供的标的物在境外使用的有形动产租赁服务，免征增值税，但财政部和国家税务总局规定适用增值税零税率的除外。

97. 在境外提供的广播影视节目（作品）的播映服务，是否可以适用免征增值税政策？

答：根据《财政部 国家税务总局关于全面推开营业税改征增值税试点的通知》（财税〔2016〕36号）附件4《跨境应税行为适用增值税零税率和免税政策的规定》第二条规定，境内的单位和个人在境外提供的广播影视节目（作品）的播映服务免征增值税，但财政部和国家税务总局规定适用增值税零税率的除外。

98. 在境外提供的文化体育服务、教育医疗服务、旅游服务，是否可以适用免征增值税政策？

答：根据《财政部 国家税务总局关于全面推开营业税改征增值税试点的通知》（财税〔2016〕36号）附件4《跨境应税行为适用增值税零税率和免税政策的规定》第二条规定，境内的单位和个人在境外提供的文化体育服务、教育医疗服务、旅游服务，免征增值税，但财政部和国家税务总局规定适用增值税零税率的除外。

99. 境内的单位和个人提供的跨境服务中，与出口货物有关的哪些服务，是否可以适用免征增值税政策？

答：根据《财政部 国家税务总局关于全面推开营业税改征增值税试点的通知》（财税〔2016〕36号）附件4《跨境应税行为适用增值税零税率和免税政策的规定》第二条规定，境内的单位和个人为出口货物提供的邮政服务、收派服务、保险服务，免征增值税，但财政部和国家税务总局规定适用增值税零税率的除外。

100. 境内的单位和个人向境外单位提供的完全在境外消费的哪些服务和无形资产，是否可以适用免征增值税政策？

答：根据《财政部 国家税务总局关于全面推开营业税改征增值税试点的通知》（财税〔2016〕36号）附件4《跨境应税行为适用增值税零税率和免税政策的规定》第二条规定，境内的单位和个人向境外单位提供的完全在境外消费的下列服务和无形资产，适用免征增值税政策，但财政部和国家税务总局规定适用增值税零税率的除外：（1）电信服务；（2）知识产权服务；（3）物流辅助服务（仓储服务、收派服务除外）；（4）鉴证咨询服务；（5）专业技术服务；（6）商务辅助服务；（7）广告投放地在境外的广告服务；（8）无形资产。

101. 境内的单位和个人以无运输工具承运方式提供的国际运输服务，是否可以适用免征增值税政策？

答：根据《财政部 国家税务总局关于全面推开营业税改征增值税试点的通知》（财税〔2016〕36号）附件4《跨境应税行为适用增值税零税率和免税政策的规定》第二条规定，境内的单位和个人以无运输工具承运方式提供的国际运输服务，适用免征增值税政策，但财政部和国家税务总局规定适用增值税零税率的除外。

102. 可以免征增值税的医疗服务指什么？

答：根据《财政部 国家税务总局关于全面推开营业税改征增值税试点的通知》（财税〔2016〕36号）规定，可以免征增值税的医疗服务是医疗机构提供的医疗服务，是指医疗机构按照不高于地（市）级以上价格主管部门会同同级卫生主管部门及其他相关部门制定的医疗服务指导价格（包括政府指导价和按照规定由供需双方协商确定的价格等）为就医者提供《全国医疗服务价格项目规范》所列的各项服务，以及医疗机构向社会提供卫生防疫、卫生检疫的服务。

103. 提供教育服务免征增值税的收入指什么？

答：根据《财政部 国家税务总局关于全面推开营业税改征增值税试点的通知》（财税〔2016〕36号）规定，提供教育服务免征增值税的收入，是指对列入规定招生计划的在籍学生提供学历教育服务取得的收入，具体包括：经有关部门审核批准并按规定标准收取的学费、住宿费、课本费、作业本费、考试报名费收入，以及学校食堂提供餐饮服务取得的伙食费收入。除此之外的收入，包括学校以各种名义收取的赞助费、择校费等，不属于免征增值税的范围。学校食堂是指依照《学校食堂与学生集体用餐卫生管理规定》（教育部令第14号）管理的学校食堂。

104. 纪念馆、博物馆、文化馆、文物保护单位管理机构、美术馆、展览馆、书画院、图书馆在自己的场所提供文化体育服务哪些收入可以免征增值税？

答：根据《财政部 国家税务总局关于全面推开营业税改征增值税试点的通知》（财税〔2016〕36号）规定，纪念馆、博物馆、文化馆、文物保护单位管理机构、美术馆、展览馆、书画院、图书馆在自己的场所提供文化体育服务取得的第一道门票收入免征增值税。

105. 寺院、宫观、清真寺和教堂举办文化、宗教活动的门票收入可以免征增值税么？

答：根据《财政部 国家税务总局关于全面推开营业税改征增值税试点的通知》（财税〔2016〕36号）规定，寺院、宫观、清真寺和教堂举办文化、宗教活动的门票收入可以免征增值税。

106. 个人销售自建自用住房需要缴纳增值税么？

答：根据《财政部 国家税务总局关于全面推开营业税改征增值税试点的通知》（财税〔2016〕36号）规定，个人销售自建自用住房取得的收入免征增值税。

107. 公共租赁住房经营管理单位出租公共租赁住房需要缴纳增值税么？

答：根据《财政部 国家税务总局关于全面推开营业税改征增值税试点的通知》（财税〔2016〕36号）规定，2018年12月31日前，公共租赁住房经营管理单位出租公共租赁住房。公共租赁住房，是指纳入省、自治区、直辖市、计划单列市人民政府及新疆生产建设兵团批准的公共租赁住房发展规划和年度计划，并按照《关于加快发展公共租赁住房的指导意见》（建保〔2010〕87号）和市、县人民政府制定的具体管理办法进行管理的公共租赁住房。

108. 哪些金融商品转让收入免征增值税？

答：根据《财政部 国家税务总局关于全面推开营业税改征增值税试点的通知》（财税〔2016〕36号）规定：

（1）合格境外投资者（QFII）委托境内公司在我国从事证券买卖业务。

（2）香港市场投资者（包括单位和个人）通过沪港通买卖上海证券交易所上市A股。

（3）对香港市场投资者（包括单位和个人）通过基金互认买卖内地基金份额。

（4）证券投资基金（封闭式证券投资基金，开放式证券投资基金）管理人运用基金买卖股票、债券。

（5）个人从事金融商品转让业务。

109. 金融同业往来利息收入免征增值税，具体包括什么？

答：根据《财政部 国家税务总局关于全面推开营业税改征增值税试点的通知》（财税〔2016〕36号）规定：

（1）金融机构与人民银行所发生的资金往来业务。包括人民银行对一般金融机构贷款，以及人民银行对商业银行的再贴现等。

（2）银行联行往来业务。同一银行系统内部不同行、处之间所发生的资金账务往来业务。

（3）金融机构间的资金往来业务。是指经人民银行批准，进入全国银行间同业拆借市场的金融机构之间通过全国统一的同业拆借网络进行的短期（一年以下含一年）无担保资金融通行为。

（4）金融机构之间开展的转贴现业务。

110. 什么是金融机构？

答：根据《财政部 国家税务总局关于全面推开营业税改征增值税试点的通知》（财税〔2016〕36号）规定，金融机构是指：

（1）银行：包括人民银行、商业银行、政策性银行。

（2）信用合作社。

（3）证券公司。

（4）金融租赁公司、证券基金管理公司、财务公司、信托投资公司、证券投资基金。

（5）保险公司。

（6）其他经人民银行、银监会、证监会、保监会批准成立且经营金融保险业务的机构等。

111. 同时符合什么条件的担保机构从事中小企业信用担保或者再担保业务取得的收入

（不含信用评级、咨询、培训等收入）3年内免征增值税？

答：根据《财政部 国家税务总局关于全面推开营业税改征增值税试点的通知》（财税〔2016〕36号）规定：

（1）已取得监管部门颁发的融资性担保机构经营许可证，依法登记注册为企（事）业法人，实收资本超过2000万元。

（2）平均年担保费率不超过银行同期贷款基准利率的50%。平均年担保费率＝本期担保费收入／（期初担保余额＋本期增加担保金额）×100%。

（3）连续合规经营2年以上，资金主要用于担保业务，具备健全的内部管理制度和为中小企业提供担保的能力，经营业绩突出，对受保项目具有完善的事前评估、事中监控、事后追偿与处置机制。

（4）为中小企业提供的累计担保贷款额占其两年累计担保业务总额的80%以上，单笔800万元以下的累计担保贷款额占其累计担保业务总额的50%以上。

（5）对单个受保企业提供的担保余额不超过担保机构实收资本总额的10%，且平均单笔担保责任金额最多不超过3000万元人民币。

（6）担保责任余额不低于其净资产的3倍，且代偿率不超过2%。

112. 国家商品储备管理单位及其直属企业承担商品储备任务，哪些收入可以免征增值税？

答：根据《财政部 国家税务总局关于全面推开营业税改征增值税试点的通知》（财税〔2016〕36号）规定，国家商品储备管理单位及其直属企业承担商品储备任务，从中央或者地方财政取得的利息补贴收入和价差补贴收入。

113. 什么是国家商品储备管理单位及其直属企业？

答：根据《财政部 国家税务总局关于全面推开营业税改征增值税试点的通知》（财税〔2016〕36号）规定，国家商品储备管理单位及其直属企业是指接受中央、省、市、县四级政府有关部门（或者政府指定管理单位）委托，承担粮（含大豆）、食用油、棉、糖、肉、盐（限于中央储备）等6种商品储备任务，并按有关政策收储、销售上述6种储备商品，取得财政储备经费或者补贴的商品储备企业。

114. 担保机构免征增值税政策如何进行备案？

答：根据《财政部 国家税务总局关于全面推开营业税改征增值税试点的通知》（财税〔2016〕36号）规定，符合条件的担保机构应到所在地县（市）主管税务机关和同级中小企业管理部门履行规定的备案手续，自完成备案手续之日起，享受3年免征增值税政策。3年免税期满后，符合条件的担保机构可按规定程序办理备案手续后继续享受该项政策。

具体备案管理办法按照《国家税务总局关于中小企业信用担保机构免征营业税审批事项取消后有关管理问题的公告》（国家税务总局公告2015年第69号）规定执行，税务机关的备案管理部门为县（市）级国家税务局。

115. 国家商品储备管理单位及其直属企业承担商品储备任务，从中央或者地方财政取得的可以免征增值税的利息补贴收入和价差补贴收入指什么？

答：根据《财政部 国家税务总局关于全面推开营业税改征增值税试点的通知》（财税〔2016〕36号）规定，利息补贴收入，是指国家商品储备管理单位及其直属企业因承担上述商品储备任务从金融机构贷款，并从中央或者地方财政取得的用于偿还贷款利息的贴息收入。价差补贴收入包括销售价差补贴收入和轮换价差补贴收入。销售价差补贴收入，是指按照中央或者地方政府指令销售上述储备商品时,由于销售收入小于库存成本而从中央或者地方财政获得的全额价差补贴收入。轮换价差补贴收入,是指根据要求定期组织政策性储备商品轮换而从中央或者地方财政取得的商品新陈品质价差补贴收入。

116. 保险公司哪些保费收入可以享受增值税优惠政策?

答:根据《财政部 国家税务总局关于全面推开营业税改征增值税试点的通知》(财税〔2016〕36 号)规定,保险公司开办的一年期以上人身保险产品取得的保费收入。

一年期以上人身保险,是指保险期间为一年期及以上返还本利的人寿保险、养老年金保险,以及保险期间为一年期及以上的健康保险。

117. 什么是养老年金保险?

答:根据《财政部 国家税务总局关于全面推开营业税改征增值税试点的通知》(财税〔2016〕36 号)规定,养老年金保险,是指以养老保障为目的,以被保险人生存为给付保险金条件,并按约定的时间间隔分期给付生存保险金的人身保险。养老年金保险应当同时符合下列条件:

(1)保险合同约定给付被保险人生存保险金的年龄不得小于国家规定的退休年龄。

(2)相邻两次给付的时间间隔不得超过一年。

118. 什么是被撤销的金融机构?

答:根据《财政部 国家税务总局关于全面推开营业税改征增值税试点的通知》(财税〔2016〕36 号)规定,被撤销金融机构,是指经人民银行、银监会依法决定撤销的金融机构及其分设于各地的分支机构,包括被依法撤销的商业银行、信托投资公司、财务公司、金融租赁公司、城市信用社和农村信用社。

119. 什么是统借统还业务?统借统还业务有增值税优惠政策么?

答:根据《财政部 国家税务总局关于全面推开营业税改征增值税试点的通知》(财税〔2016〕36 号)规定,统借统还业务,是指:

(1)企业集团或者企业集团中的核心企业向金融机构借款或对外发行债券取得资金后,将所借资金分拨给下属单位(包括独立核算单位和非独立核算单位,下同),并向下属单位收取用于归还金融机构或债券购买方本息的业务。

(2)企业集团向金融机构借款或对外发行债券取得资金后,由集团所属财务公司与企业集团或者集团内下属单位签订统借统还贷款合同并分拨资金,并向企业集团或者集团内下属单位收取本息,再转付企业集团,由企业集团统一归还金融机构或债券购买方的业务。

统借统还业务中,企业集团或企业集团中的核心企业以及集团所属财务公司按不高于支付给金融机构的借款利率水平或者支付的债券票面利率水平,向企业集团或者集团内下属单位收取的利息。

统借方向资金使用单位收取的利息,高于支付给金融机构借款利率水平或者支付的债券票面利率水平的,应全额缴纳增值税。

120. 哪些利息收入可以免征增值税?

答:根据《财政部 国家税务总局关于全面推开营业税改征增值税试点的通知》(财税〔2016〕36 号)规定:

(1)2016 年 12 月 31 日前,金融机构农户小额贷款。

(2)国家助学贷款。

(3)国债、地方政府债。

（4）人民银行对金融机构的贷款。

（5）住房公积金管理中心用住房公积金在指定的委托银行发放的个人住房贷款。

（6）外汇管理部门在从事国家外汇储备经营过程中，委托金融机构发放的外汇贷款。

（7）统借统还业务中，企业集团或企业集团中的核心企业以及集团所属财务公司按不高于支付给金融机构的借款利率水平或者支付的债券票面利率水平，向企业集团或者集团内下属单位收取的利息。

（8）金融同业往来。

121. 哪些政府性基金和行政事业性收费可以免征增值税？

答：根据《财政部 国家税务总局关于全面推开营业税改征增值税试点的通知》（财税〔2016〕36号）规定，行政单位之外的其他单位收取的符合下列条件的政府性基金和行政事业性收费：

（1）由国务院或者财政部批准设立的政府性基金，由国务院或者省级人民政府及其财政、价格主管部门批准设立的行政事业性收费；

（2）收取时开具省级以上（含省级）财政部门监（印）制的财政票据；

（3）所收款项全额上缴财政。

122. 保险公司开办的一年期以上人身保险产品取得的保费收入免征增值税备案需要提交什么资料？

答：根据《财政部 国家税务总局关于全面推开营业税改征增值税试点的通知》（财税〔2016〕36号）规定，保险公司提交的备案资料包括：

（1）保监会对保险产品的备案回执或批复文件（复印件）。

（2）保险产品的保险条款。

（3）保险产品费率表。

（4）主管税务机关要求提供的其他相关资料。

123. 家政服务企业的什么收入可以免征增值税？

答：根据《财政部 国家税务总局关于全面推开营业税改征增值税试点的通知》（财税〔2016〕36号）规定，家政服务企业由员工制家政服务员提供家政服务取得的收入可以免征增值税。

124. 什么是员工制家政服务员？

答：根据《财政部 国家税务总局关于全面推开营业税改征增值税试点的通知》（财税〔2016〕36号）规定，员工制家政服务员，是指同时符合下列3个条件的家政服务员：

（1）依法与家政服务企业签订半年及半年以上的劳动合同或者服务协议，且在该企业实际上岗工作。

（2）家政服务企业为其按月足额缴纳了企业所在地人民政府根据国家政策规定的基本养老保险、基本医疗保险、工伤保险、失业保险等社会保险。对已享受新型农村养老保险和新型农村合作医疗等社会保险或者下岗职工原单位继续为其缴纳社会保险的家政服务员，如果本人书面提出不再缴纳企业所在地人民政府根据国家政策规定的相应的社会保险，并出具其所在乡镇或者原单位开具的已缴纳相关保险的证明，可视同家政服务企业已为其按月足额缴纳了相应的社会保险。

（3）家政服务企业通过金融机构向其实际支付不低于企业所在地适用的经省级人民政府批准的最低工资标准的工资。

125. 政府举办的从事学历教育的高等、中等和初等学校（不含下属单位），举办进修班、培训班取得的哪些收入可以免征增值税？

答：根据《财政部 国家税务总局关于全面推开营业税改征增值税试点的通知》（财税〔2016〕36 号）规定，政府举办的从事学历教育的高等、中等和初等学校（不含下属单位），举办进修班、培训班取得的全部归该学校所有的收入可以免征增值税。

全部归该学校所有，是指举办进修班、培训班取得的全部收入进入该学校统一账户，并纳入预算全额上缴财政专户管理，同时由该学校对有关票据进行统一管理和开具。

举办进修班、培训班取得的收入进入该学校下属部门自行开设账户的，不予免征增值税。

126. 按照国家有关规定应取得相关资质的国际运输服务项目，而未取得的，能否适用增值税零税率政策？

答：根据《财政部 国家税务总局关于全面推开营业税改征增值税试点的通知》（财税〔2016〕36 号）附件 4《跨境应税行为适用增值税零税率和免税政策的规定》第三条规定，按照国家有关规定应取得相关资质的国际运输服务项目，纳税人取得相关资质的，适用增值税零税率政策，未取得的，适用增值税免税政策。

127. 境内单位和个人以无运输工具承运方式提供的国际运输服务，实际承运人适用什么增值税政策？无运输工具承运业务的经营者适用什么增值税政策？

答：根据《财政部 国家税务总局关于全面推开营业税改征增值税试点的通知》（财税〔2016〕36 号）附件 4《跨境应税行为适用增值税零税率和免税政策的规定》第三条规定，境内单位和个人以无运输工具承运方式提供的国际运输服务，由境内实际承运人适用增值税零税率；无运输工具承运业务的经营者适用增值税免税政策。

128. 境内的单位和个人提供适用增值税零税率的服务或者无形资产，如果属于适用简易计税方法的，是否仍可以适用增值税零税率政策？

答：根据《财政部 国家税务总局关于全面推开营业税改征增值税试点的通知》（财税〔2016〕36 号）附件 4《跨境应税行为适用增值税零税率和免税政策的规定》第四条规定，境内的单位和个人提供适用增值税零税率的服务或者无形资产，如果属于适用简易计税方法的，实行免征增值税办法。

129. 境内的单位和个人销售适用增值税零税率的服务或无形资产的，是否可以放弃适用增值税零税率？

答：根据《财政部 国家税务总局关于全面推开营业税改征增值税试点的通知》（财税〔2016〕36 号）附件 4《跨境应税行为适用增值税零税率和免税政策的规定》第四条规定，境内的单位和个人销售适用增值税零税率的服务或无形资产的，可以放弃适用增值税零税率，选择免税或按规定缴纳增值税。放弃适用增值税零税率后，36 个月内不得再申请适用增值税零税率。

130. 原营业税政策下，涉及家庭财产分割的个人无偿转让不动产、土地使用权业务，免征营业税优惠，"营改增"后，能否继续享受增值税优惠政策？

答：根据《财政部 国家税务总局关于全面推开营业税改征增值税试点的通知》（财税〔2016〕36 号）附件 3《营业税改征增值税试点过渡政策的规定》第一条第三十六款规定，涉及家庭财产分割的个人无偿转让不动产、土地使用权，免征增值税。家庭财产分割，包括下列情形：离婚财产分割；无偿赠与配偶、父母、子女、祖父母、外祖父母、孙子女、外孙子女、兄弟姐妹；无偿赠与对其承担直接抚养或者赡养义务的抚养人或者赡养人；房屋产权所有人死亡，法定继承人、遗嘱继承人或者受遗赠人依法取得房屋产权。

131. 原营业税政策下，福利彩票、体育彩票的发行收入享受免征营业税优惠，"营改增"后，能否继续享受增值税优惠政策？

答：根据《财政部 国家税务总局关于全面推开营业税改征增值税试点的通知》（财税〔2016〕36号）附件3《营业税改征增值税试点过渡政策的规定》第一条第三十二款规定，福利彩票、体育彩票的发行收入免征增值税。

132. 原营业税政策下，军队空余房产租赁收入享受免征营业税优惠，"营改增"后，能否继续享受增值税优惠政策？

答：根据《财政部 国家税务总局关于全面推开营业税改征增值税试点的通知》（财税〔2016〕36号）附件3《营业税改征增值税试点过渡政策的规定》第一条第三十三款规定，军队空余房产租赁收入免征增值税。

133. 原营业税政策下，为了配合国家住房制度改革，企业、行政事业单位按房改成本价、标准价出售住房取得的收入享受免征营业税优惠，"营改增"后，能否继续享受增值税优惠政策？

答：根据《财政部 国家税务总局关于全面推开营业税改征增值税试点的通知》（财税〔2016〕36号）附件3《营业税改征增值税试点过渡政策的规定》第一条第三十四款规定，为了配合国家住房制度改革，企业、行政事业单位按房改成本价、标准价出售住房取得的收入免征增值税。

134. 原营业税政策下，土地所有者出让土地使用权和土地使用者将土地使用权归还给土地所有者时，享受免征营业税优惠，"营改增"后，能否继续享受增值税优惠政策？

答：根据《财政部 国家税务总局关于全面推开营业税改征增值税试点的通知》（财税〔2016〕36号）附件3《营业税改征增值税试点过渡政策的规定》第一条第三十七款规定，土地所有者出让土地使用权和土地使用者将土地使用权归还给土地所有者，免征增值税。

135. 一般纳税人提供管道运输服务，是否仍可以享受增值税即征即退政策？

答：根据《财政部 国家税务总局关于全面推开营业税改征增值税试点的通知》（财税〔2016〕36号）附件3《营业税改征增值税试点过渡政策的规定》第二条第（二）款规定，一般纳税人提供管道运输服务，对其增值税实际税负超过3%的部分实行增值税即征即退政策。

136. 纳税人提供有形动产融资租赁服务和有形动产融资性售后回租服务，有哪些优惠政策？

答：根据《财政部 国家税务总局关于全面推开营业税改征增值税试点的通知》（财税〔2016〕36号）附件3《营业税改征增值税试点过渡政策的规定》第二条第（二）款规定，经人民银行、银监会或者商务部批准从事融资租赁业务的试点纳税人中的一般纳税人，提供有形动产融资租赁服务和有形动产融资性售后回租服务，对其增值税实际税负超过3%的部分实行增值税即征即退政策。商务部授权的省级商务主管部门和国家经济技术开发区批准的从事融资租赁业务和融资性售后回租业务的试点纳税人中的一般纳税人，2016年5月1日后实收资本达到1.7亿元的，从达到标准的当月起按照上述规定执行；2016年5月1日后实收资本未达到1.7亿元但注册资本达到1.7亿元的，在2016年7月31日前仍可按照上述规定执行，2016年8月1日后开展的有形动产融资租赁业务和有形动产融资性售后回租业务不得按照上述规定执行。

137. "营改增"后，金融企业发放贷款后的应收未收利息，如何缴纳增值税？

答：根据《财政部 国家税务总局关于全面推开营业税改征增值税试点的通知》（财税〔2016〕36号）附件3《营业税改征增值税试点过渡政策的规定》第四条规定，金融企业发放贷款后，自结息日起90天内发生的应收未收利息按现行规定缴纳增值税，自结息日起90天后发生的应收未收利息暂不缴纳增值税，待实际收到利息时按规定缴纳增值税。

138. "营改增"后，个人销售住房的政策是什么？

答：根据《财政部 国家税务总局关于全面推开营业税改征增值税试点的通知》（财税〔2016〕36号）附件3《营业税改征增值税试点过渡政策的规定》第五条规定：个人将购买不足2年的住房对外销售的，按照5%的征收率全额缴纳增值税；个人将购买2年以上（含2年）的住房对外销售的，免征增值税。上述政策适用于北京市、上海市、广州市和深圳市之外的地区。

个人将购买不足2年的住房对外销售的，按照5%的征收率全额缴纳增值税；个人将购买2年以上（含2年）的非普通住房对外销售的，以销售收入减去购买住房价款后的差额按照5%的征收率缴纳增值税；个人将购买2年以上（含2年）的普通住房对外销售的，免征增值税。上述政策仅适用于北京市、上海市、广州市和深圳市。

139. "营改增"后，个人销售免税住房办理免税政策的规定有哪些？

答：根据《财政部 国家税务总局关于全面推开营业税改征增值税试点的通知》（财税〔2016〕36号）附件3《营业税改征增值税试点过渡政策的规定》第五条规定，个人销售免税住房，办理免税的具体程序、购买房屋的时间、开具发票、非购买形式取得住房行为及其他相关税收管理规定，按照《国务院办公厅转发建设部等部门关于做好稳定住房价格工作意见的通知》（国办发〔2005〕26号）、《国家税务总局 财政部 建设部关于加强房地产税收管理的通知》（国税发〔2005〕89号）和《国家税务总局关于房地产税收政策执行中几个具体问题的通知》（国税发〔2005〕172号）的有关规定执行。

140. 全面实施"营改增"后，境内的单位和个人提供国际运输服务，是否仍适用增值税零税率政策？国际运输服务包括哪些形式？

答：根据《财政部 国家税务总局关于全面推开营业税改征增值税试点的通知》（财税〔2016〕36号）附件4《跨境应税行为适用增值税零税率和免税政策的规定》第一条规定，境内的单位和个人提供国际运输服务，适用增值税零税率政策。国际运输服务是指：（1）在境内载运旅客或者货物出境；（2）在境外载运旅客或者货物入境；（3）在境外载运旅客或者货物。

141. 航天运输服务适用增值税零税率政策还是免税政策？

答：根据《财政部 国家税务总局关于全面推开营业税改征增值税试点的通知》（财税〔2016〕36号）附件4《跨境应税行为适用增值税零税率和免税政策的规定》第一条规定，航天运输服务适用增值税零税率政策。

142. 境内的单位和个人向境外单位提供的完全在境外消费的哪些服务，是否可以适用增值税零税率政策？

答：根据《财政部 国家税务总局关于全面推开营业税改征增值税试点的通知》（财税〔2016〕36号）附件4《跨境应税行为适用增值税零税率和免税政策的规定》第一条规定，完全在境外消费的下列服务，适用增值税零税率政策：（1）研发服务；（2）合同能源管理服务；(3) 设计服务；(4) 广播影视节目（作品）的制作和发行服务；(5) 软件服务；(6) 电路设计及测试服务；(7) 信息系统服务；(8) 业务流程管理服务；(9) 离岸服务外包业务；(10) 转让技术。

143. 境内的单位和个人提供的跨境服务中，境内的单位和个人提供的哪些与工程项目有关的服务可以享受免征增值税政策？

答：根据《财政部 国家税务总局关于全面推开营业税改征增值税试点的通知》（财税〔2016〕36号）附件4《跨境应税行为适用增值税零税率和免税政策的规定》第二条规定，下列服务适用免征增值税政策，但财政部和国家税务总局规定适用增值税零税率的除外：(1) 工程项目在境外的建筑服务；(2) 工程项目在境外的工程监理服务；(3) 工程、矿产资源在境外的工程勘察勘探服务。

144. 会议展览地点在境外的会议展览服务，是否可以适用免征增值税政策？

答：根据《财政部 国家税务总局关于全面推开营业税改征增值税试点的通知》（财税〔2016〕36号）附件4《跨境应税行为适用增值税零税率和免税政策的规定》第二条规定，境内的单位和个人提供的会议展览地点在境外的会议展览服务，免征增值税，但财政部和国家税务总局规定适用增值税零税率的除外。

145. 存储地点在境外的仓储服务，是否可以适用免征增值税政策？

答：根据《财政部 国家税务总局关于全面推开营业税改征增值税试点的通知》（财税〔2016〕36号）附件4《跨境应税行为适用增值税零税率和免税政策的规定》第二条规定，境内的单位和个人提供的存储地点在境外的仓储服务，免征增值税，但财政部和国家税务总局规定适用增值税零税率的除外。

146. 原营业税政策下，随军家属可享受营业税优惠，"营改增"后，能否继续享受增值税优惠政策？

答：根据《财政部 国家税务总局关于全面推开营业税改征增值税试点的通知》（财税〔2016〕36号）附件3《营业税改征增值税试点过渡政策的规定》第一条第三十九款规定：(1) 为安置随军家属就业而新开办的企业，自领取税务登记证之日起，其提供的应税服务3年内免征增值税；(2) 从事个体经营的随军家属，自办理税务登记事项之日起，其提供的应税服务3年内免征增值税。

147. 原营业税政策下，军队转业干部可享受营业税优惠，"营改增"后，能否继续享受增值税优惠政策？

答：根据《财政部 国家税务总局关于全面推开营业税改征增值税试点的通知》（财税〔2016〕36号）附件3《营业税改征增值税试点过渡政策的规定》第一条第四十款规定：(1) 从事个体经营的军队转业干部，自领取税务登记证之日起，其提供的应税服务3年内免征增值税；(2) 为安置自主择业的军队转业干部就业而新开办的企业，凡安置自主择业的军队转业干部占企业总人数60%（含）以上的，自领取税务登记证之日起，其提供的应税服务3年内免征增值税。

148. 直接收费金融服务是否可以适用免征增值税政策？

答：根据《财政部 国家税务总局关于全面推开营业税改征增值税试点的通知》（财税〔2016〕36号）附件4《跨境应税行为适用增值税零税率和免税政策的规定》第二条第（五）款规定，境内的单位和个人为境外单位之间的货币资金融通及其他金融业务提供的直接收费金融服务，且该服务与境内的货物、无形资产和不动产无关的，免征增值税，但财政部和国家税务总局规定适用增值税零税率的除外。

149. 境内的单位或个人提供程租服务，如果租赁的交通工具用于国际运输服务和港澳台运输服务，出租方还是承租方可申请适用增值税零税率政策？

答：根据《财政部 国家税务总局关于全面推开营业税改征增值税试点的通知》（财税〔2016〕36号）附件4《跨境应税行为适用增值税零税率和免税政策的规定》第三条规定，境内的单位或个人提供程租服务，如果租赁的交通工具用于国际运输服务和港澳台运输服务，由出租方按规定申请适用增值税零税率。

150. 境内的单位和个人向境内单位或个人提供期租、湿租服务，如果承租方利用租赁的交通工具向其他单位或个人提供国际运输服务和港澳台运输服务，承租方还是出租方可以适用增值税零税率？

答：根据《财政部 国家税务总局关于全面推开营业税改征增值税试点的通知》（财税〔2016〕36号）附件4《跨境应税行为适用增值税零税率和免税政策的规定》第三条规定：境内的单位和个人向境内单位或个人提供期租、湿租服务，如果承租方利用租赁的交通工具向其他单位或个人提供国际运输服务和港澳台运输服务，由承租方适用增值税零税率。

151. 原增值税一般纳税人兼有销售服务、无形资产或者不动产的，之前形成留抵税额，如何填报《增值税纳税申报表》（一般纳税人适用）？

答：原增值税一般纳税人兼有销售服务、无形资产或者不动产，之前形成留抵税额的，属于上期留抵税额按规定须挂账的纳税人，其挂账留抵税额应填报在《增值税纳税申报表》（一般纳税人适用）第13栏"上期留抵税额""一般项目"列"本年累计"栏次，该栏次反映货物和劳务挂账留抵税额本期期初余额。试点实施之日的税款所属期按试点实施之日前一个税款所属期的申报表第20栏"期末留抵税额""一般货物、劳务和应税服务"列"本月数"填写；以后各期按上期申报表第20栏"期末留抵税额""一般项目"列"本年累计"填写。

152. 混业经营的"营改增"试点纳税人在登记为增值税一般纳税人时销售额标准应如何确认？

答：试点纳税人兼有销售货物、提供加工修理修配劳务以及销售服务、不动产、无形资产的，货物及劳务销售额与服务、不动产、无形资产销售额应分别计算，分别适用增值税一般纳税人资格登记标准。因此，混业经营的"营改增"试点纳税人只要有一项（销售货物、提供加工修理修配劳务或销售服务、不动产和无形资产）达到登记标准，就应该登记为一般纳税人。

153. 我企业为"营改增"企业，达到了一般纳税人资格登记的标准，属于应办理一般纳税人资格登记的企业范围，但是未在规定期限内向主管税务机关办理增值税一般纳税人资格登记，会有何种影响？

答：根据《财政部 国家税务总局关于全面推开营业税改征增值税试点的通知》（财税〔2016〕36号）附件1第三十三条规定："有下列情形之一者，应当按照销售额和增值税税率计算应纳税额，不得抵扣进项税额，也不得使用增值税专用发票：……（二）应当办理一般纳税人资格登记而未办理的。"

154. "营改增"后的销售服务、无形资产或者不动产，是否应在《增值税纳税申报表》第2栏应税劳务销售额中单独反映？

答：不需要在该栏次单独反映，该栏次填写的加工修理修配的增值税劳务的销售额。

"营改增"的销售服务、无形资产或者不动产在主表中没有单独的栏次体现,只加总体现在《增值税纳税申报表》主表第1栏。

155. "营改增"试点纳税人,应如何区分一般纳税人和小规模纳税人?

答:根据《营业税改征增值税试点实施办法》第三条的规定,纳税人分为一般纳税人和小规模纳税人。应税行为的年应征增值税销售额(以下称应税销售额)超过财政部和国家税务总局规定标准的纳税人为一般纳税人,未超过规定标准的纳税人为小规模纳税人。根据《营业税改征增值税试点实施办法》第四条的规定,年应税销售额未超过规定标准的纳税人,会计核算健全,能够提供准确税务资料的,可以向主管税务机关办理一般纳税人资格登记,成为一般纳税人。会计核算健全,是指能够按照国家统一的会计制度规定设置账簿,根据合法、有效凭证核算的。

156. 全面推开营业税改征增值税试点后,增值税小规模纳税人是否需要报送《增值税纳税申报表附列资料(四)》(税额抵减情况表)?

答:全面推开营业税改征增值税试点后,增值税小规模纳税人不需报送《增值税纳税申报表附列资料(四)》(税额抵减情况表)。

157. 小规模纳税人是否必须填报《增值税减免税申报明细表》?

答:《增值税减免税申报明细表》由享受增值税减免税优惠政策的增值税一般纳税人和小规模纳税人填写。仅享受月销售额不超过3万元(按季纳税9万元)免征增值税政策或未达起征点的增值税小规模纳税人不需填报本表,即小规模纳税人当期增值税纳税申报表主表第12栏"其他免税销售额""本期数"和第16栏"本期应纳税额减征额""本期数"均无数据时,不需填报本表。

158. 取消增值税专用发票认证后,一般纳税人如何填写《增值税纳税申报表附列资料(二)》(本期进项税额明细)?

答:适用取消增值税发票认证规定的纳税人,当期申报抵扣的增值税发票数据,填报在《增值税纳税申报表附列资料(二)》(本期进项税额明细)第2栏"其中:本期认证相符且本期申报抵扣"。

全面推开"营改增"试点12366热点问题解答(一)

1. 一般纳税人以清包工方式或者甲供工程提供建筑服务,适用简易计税方法,文件规定以收到的然后减去分包款为销售额,开票是总金额的还是分包之后的?例如总包收到100万元,分包款50万元,购货方要求开具100万元发票,纳税人实际缴纳50万元的税款,如何开票?

答:可以全额开票,总包开具100万元发票,发票上注明的金额为100万元/(1+3%),税额为100万元/(1+3%)×3%,下游企业全额抵扣。纳税人申报时,填写附表3,进行差额扣除,实际缴纳的税额为(100-50)万元/(1+3%)×3%。

2. 《国家税务总局关于发布〈纳税人提供不动产经营租赁服务增值税征收管理暂行办法〉的公告》国家税务总局公告2016年第16号文件规定:"第二条 纳税人以经营租赁方

式出租其取得的不动产（以下简称出租不动产），适用本办法。取得的不动产，包括以直接购买、接受捐赠、接受投资入股、自建以及抵债等各种形式取得的不动产。"纳税人二次转租，自己没有取得该不动产，适用什么税率？

答：关于转租不动产如何纳税的问题，总局明确按照纳税人出租不动产来确定。

一般纳税人将 2016 年 4 月 30 日之前租入的不动产对外转租的，可选择简易办法征税；将 5 月 1 日之后租入的不动产对外转租的，不能选择简易办法征税。

3. 5 月 1 日之后开具的地税发票缴纳增值税时如何申报，是否如增值税发票一样先进行价税分离？如果申报时既有国税发票又有地税发票如何申报？

答：开具的地税发票上注明的金额为含税销售额，需要进行价税分离，换算成不含税销售额。纳税申报时，填入附表 1 "开具其他发票"中的第 3 列相应栏次。如果申报时既有国税发票又有地税发票，则合并申报。

4. 物业收取的停车费和电梯里面的广告位的出租是按什么行业核算？

答：将建筑物、构筑物等不动产或者飞机、车辆等有形动产的广告位出租给其他单位或者个人用于发布广告，按照经营租赁服务缴纳增值税。

车辆停放服务、道路通行服务（包括过路费、过桥费、过闸费等）等按照不动产经营租赁服务缴纳增值税。

所以，均属于现代服务业的租赁服务。

全面推开"营改增"试点 12366 热点问题解答（二）

（一般规定）

1. 我公司原来是销售货物的小规模纳税人，还有本次"营改增"的应税服务，一般纳税人资格登记标准应如何判断？

答：试点纳税人兼有销售货物、提供加工修理修配劳务以及销售服务、不动产、无形资产的，货物及劳务销售额与服务、不动产、无形资产销售额应分别计算，分别适用增值税一般纳税人资格登记标准。

因此，混业经营的"营改增"试点纳税人只要有一项（销售货物、提供加工修理修配劳务或销售服务、不动产和无形资产）达到登记标准，就应该登记为一般纳税人。

2. 纳税人于 2016 年 5 月 1 日以后取得的不动产，适用进项税额分期抵扣时的"第二年"怎么理解？是否指自然年度？

答：不是自然年度。根据《国家税务总局关于发布〈不动产进项税额分期抵扣暂行办法〉的公告》（国家税务总局公告 2016 年第 15 号）的规定，进项税额中，60% 的部分于取得扣税凭证的当期从销项税额中抵扣；40% 的部分为待抵扣进项税额，于取得扣税凭证的当月起第 13 个月从销项税额中抵扣。

3. 全面"营改增"后，其他个人发生应税项目是否可以申请代开增值税专用发票？

答：根据《国家税务总局关于营业税改征增值税委托地税局代征税款和代开增值税发

票的通知》（税总函〔2016〕145 号）的规定，其他个人销售其取得的不动产和出租不动产，购买方或承租方不属于其他个人的，纳税人缴纳增值税后可以向地税局申请代开增值税专用发票。上述情况之外的，其他个人不能申请代开增值税专用发票。

4. 试点纳税人 5 月 1 日之前发生的购进货物业务，在 5 月 1 日之后取得进项税发票，是否可按规定认证抵扣？

答：不可以。

5. 员工因公出差，住宿费取得增值税专用发票，是否可以按规定抵扣进项？

答：可以。

6. 企业既有简易计税项目，又有一般计税项目，"营改增"后购进办公用不动产，能否抵扣进项税？

答：根据《财政部 国家税务总局关于全面推开营业税改征增值税试点的通知》（财税〔2016〕36 号）附件 1 的规定，下列项目的进项税额不得从销项税额中抵扣：（一）用于简易计税方法计税项目、免征增值税项目、集体福利或者个人消费的购进货物、加工修理修配劳务、服务、无形资产和不动产。其中涉及的固定资产、无形资产、不动产，仅指专用于上述项目的固定资产、无形资产（不包括其他权益性无形资产）、不动产。因此，纳税人"营改增"后购进办公用不动产，能够取得增值税专用发票，并且不是专用于简易计税办法计税项目的，按照规定可以抵扣进项税额。

7. 企业发生应税行为，在"营改增"试点之日前已缴纳营业税，"营改增"试点后因发生退款减除营业额的，应当怎样处理？

答：根据《财政部 国家税务总局关于全面推开营业税改征增值税试点的通知》（财税〔2016〕36 号）附件 2 规定，试点纳税人发生应税行为，在纳入"营改增"试点之日前已缴纳营业税，"营改增"试点后因发生退款减除营业额的，应当向原主管地税机关申请退还已缴纳的营业税。

8. 实行按季申报的原营业税纳税人，5 月 1 日"营改增"后何时申报缴纳增值税？

答：根据《国家税务总局关于全面推开营业税改征增值税试点有关税收征收管理事项的公告》（国家税务总局公告 2016 年第 23 号）规定，实行按季申报的原营业税纳税人，2016 年 5 月申报期内，向主管地税机关申报税款所属期为 4 月份的营业税；2016 年 7 月申报期内，向主管国税机关申报税款所属期为 5、6 月的增值税。

9. 企业选择简易计税办法时是否可以开具增值税专用发票？

答：除规定不得开具增值税专用发票的情形外，选择简易计税办法可以开具增值税专用发票。

全面推开"营改增"试点 12366 热点问题解答（三）

（建筑业）

1. 建筑企业，选择使用简易计税办法，征收率是多少？请问是否可以开具增值税专用发票？

答：根据《财政部 国家税务总局关于全面推开营业税改征增值税试点的通知》（财税〔2016〕36号）规定，建筑企业适用简易计税方法计税的，征收率为3%。同时，纳税人可以开具或者申请代开增值税专用发票。

2. 建筑行业什么情况下可以选择简易征收？

答：（1）一般纳税人以清包工方式提供的建筑服务，可以选择适用简易计税方法计税。以清包工方式提供建筑服务，是指施工方不采购建筑工程所需的材料或只采购辅助材料，并收取人工费、管理费或者其他费用的建筑服务。

（2）一般纳税人为甲供工程提供的建筑服务，可以选择适用简易计税方法计税。甲供工程，是指全部或部分设备、材料、动力由工程发包方自行采购的建筑工程。

（3）一般纳税人为建筑工程老项目提供的建筑服务，可以选择适用简易计税方法计税。建筑工程老项目，是指：（一）《建筑工程施工许可证》注明的合同开工日期在2016年4月30日前的建筑工程项目。（二）《建筑工程施工许可证》未注明合同开工日期，但建筑工程承包合同注明的开工日期在2016年4月30日前的建筑工程项目。（三）未取得《建筑工程施工许可证》的，建筑工程承包合同注明的开工日期在2016年4月30日前的建筑工程项目。

3. 建筑企业不同的项目，是否可以选用不同的计税方法？

答：可以。建筑企业中的增值税一般纳税人，可以就不同的项目，分别选择适用一般计税方法或简易计税方法。

4. 跨区县提供建筑服务的小规模纳税人，能否在劳务地代开增值税专用发票？

答：可以。根据《国家税务总局关于发布〈纳税人跨县（市、区）提供建筑服务增值税征收管理暂行办法〉的公告》（国家税务总局公告2016年第17号）的规定，小规模纳税人跨县（市、区）提供建筑服务，不能自行开具增值税发票的，可向建筑服务发生地主管国税机关按照其取得的全部价款和价外费用申请代开增值税发票。

5. 根据财税〔2016〕36号文件规定"一般纳税人销售其2016年4月30日前自建的不动产，可以选择适用简易计税方法"此处的"4月30日之前自建"应如何界定？

答：根据《财政部 国家税务总局关于全面推开营业税改征增值税试点的通知》（财税〔2016〕36号）及《国家税务总局关于发布〈纳税人跨县（市、区）提供建筑服务增值税征收管理暂行办法〉的公告》（国家税务总局公告2016年第17号）的规定，4月30日之前自建老项目是指：

（1）《建筑工程施工许可证》注明的合同开工日期在2016年4月30日前的建筑工程项目；

（2）《建筑工程施工许可证》未注明合同开工日期，但建筑工程承包合同注明的开工日期在2016年4月30日前的建筑工程项目。

（3）未取得《建筑工程施工许可证》的，建筑工程承包合同注明的开工日期在2016年4月30日前的建筑工程项目。

全面推开"营改增"试点 12366 热点问题解答（五）

（房地产业）

1. 房地产开发企业开发的，开工日期在 4 月 30 日之前的同一《施工许可证》下的不同房产，如开发项目中既有普通住房，又有别墅，可以分别选择简易征收和一般计税方法吗？

答：不可以。同一房地产项目只能选择适用一种计税方法。

2. 房地产开发企业自行开发项目，如何判断是否属于老项目，以开工、完工还是产权登记时间为准？

答：根据《国家税务总局关于发布〈房地产开发企业销售自行开发的房地产项目增值税征收管理暂行办法〉的公告》（国家税务总局公告 2016 年第 18 号）的规定，房地产老项目，是指：（一）《建筑工程施工许可证》注明的合同开工日期在 2016 年 4 月 30 日前的房地产项目；（二）《建筑工程施工许可证》未注明合同开工日期或者未取得《建筑工程施工许可证》但建筑工程承包合同注明的开工日期在 2016 年 4 月 30 日前的建筑工程项目。

3. 房地产开发公司在本市跨区县从事的房地产开发项目，"营改增"后应在哪里申请办理防伪税控设备及领用发票？

答：应该在机构所在地办理。

4. 一般纳税人销售自行开发的房地产项目，在"营改增"之前已经申报了营业税但是没有开具发票，"营改增"之后有什么处理办法？

答：根据《国家税务总局关于发布〈房地产开发企业销售自行开发的房地产项目增值税征收管理暂行办法〉的公告》（国家税务总局公告 2016 年第 18 号）的规定，一般纳税人销售自行开发的房地产项目，其 2016 年 4 月 30 日前收取并已向主管地税机关申报缴纳营业税的预收款，未开具营业税发票的，可以开具增值税普通发票，不得开具增值税专用发票。

5. "营改增"后，一般纳税人销售自行开发的房地产项目，预缴和申报都怎么操作？

答：根据《国家税务总局关于发布〈房地产开发企业销售自行开发的房地产项目增值税征收管理暂行办法〉的公告》（国家税务总局公告 2016 年第 18 号）的规定，一般纳税人采取预收款方式销售自行开发的房地产项目，应在取得预收款的次月纳税申报期，按照 3% 的预征率向主管国税机关预缴税款。

一般纳税人销售自行开发的房地产项目适用一般计税方法计税的，应按照规定的增值税纳税义务发生时间，以当期销售额和 11% 的适用税率计算当期应纳税额，抵减已预缴税款后，向主管国税机关申报纳税。未抵减完的预缴税款可以结转下期继续抵减。

一般纳税人销售自行开发的房地产项目适用简易计税方法计税的，应按照规定的增值税纳税义务发生时间，以当期销售额和 5% 的征收率计算当期应纳税额，抵减已预缴税款后，向主管国税机关申报纳税。未抵减完的预缴税款可以结转下期继续抵减。

建筑业"营改增"26个热点问题

导语:"营改增"后建筑业纳税人最为关注的热点问题有哪些?企业在税务方面的实际困难是什么?近日,北京国税对这些热点进行归纳梳理,形成26个热点问题汇总,作为端午节一个特殊的"税"情"粽"意送给广大建筑业界的朋友们,以期对建筑业企业顺利实施申报提供帮助。

一、建筑服务税率和征收率是怎么规定的?

答:一般纳税人适用税率为11%;小规模纳税人提供建筑服务,以及一般纳税人提供可选择简易计税方法的建筑服务,征收率为3%。

二、钢结构制作安装业务是全额按17%交税、还是全额按11%交税、还是制作按17%交税安装按11%交税?

答:上述属于兼营行为,钢结构制作按17%计税,安装业务按照按11%计税。

三、建筑业纳税人什么情况下可以选择简易征收?

答:(一)一般纳税人以清包工方式提供的建筑服务,可以选择适用简易计税方法计税。

(二)一般纳税人为甲供工程提供的建筑服务,可以选择适用简易计税方法计税。

(三)一般纳税人为建筑工程老项目提供的建筑服务,可以选择适用简易计税方法计税。建筑工程老项目,是指:

1.《建筑工程施工许可证》注明的合同开工日期在2016年4月30日前的建筑工程项目。

2.《建筑工程施工许可证》未注明合同开工日期,但建筑工程承包合同注明的开工日期在2016年4月30日前的建筑工程项目。

3.未取得《建筑工程施工许可证》的,建筑工程承包合同注明的开工日期在2016年4月30日前的建筑工程项目。

四、建筑服务一般纳税人对老项目已选择按简易计税方法缴纳增值税,未满36个月的,能否变更为一般计税方法计税?

答:不能。根据《财政部 国家税务总局关于全面推开营业税改征增值税试点的通知》(财税〔2016〕36号)相关规定,一般纳税人为建筑工程老项目提供的建筑服务,可以选择适用简易计税方法计税,但一经选择,36个月内不得变更。

五、没有开工许可证和备案合同,但工程实际开工日期在4月30日前的,需提供什么材料佐证,才能认定为老项目?

答:《营业税改征增值税试点有关事项的规定》中规定,建筑工程老项目是指:

(一)《建筑工程施工许可证》注明的合同开工日期在2016年4月30日前的建筑工程项目;

(二)《建筑工程施工许可证》未注明合同开工日期,但建筑工程承包合同注明的开工

全面推开"营改增"试点 12366 热点问题解答（五）

（房地产业）

1. 房地产开发企业开发的，开工日期在 4 月 30 日之前的同一《施工许可证》下的不同房产，如开发项目中既有普通住房，又有别墅，可以分别选择简易征收和一般计税方法吗？

答：不可以。同一房地产项目只能选择适用一种计税方法。

2. 房地产开发企业自行开发项目，如何判断是否属于老项目，以开工、完工还是产权登记时间为准？

答：根据《国家税务总局关于发布〈房地产开发企业销售自行开发的房地产项目增值税征收管理暂行办法〉的公告》（国家税务总局公告 2016 年第 18 号）的规定，房地产老项目，是指：（一）《建筑工程施工许可证》注明的合同开工日期在 2016 年 4 月 30 日前的房地产项目；（二）《建筑工程施工许可证》未注明合同开工日期或者未取得《建筑工程施工许可证》但建筑工程承包合同注明的开工日期在 2016 年 4 月 30 日前的建筑工程项目。

3. 房地产开发公司在本市跨区县从事的房地产开发项目，"营改增"后应在哪里申请办理防伪税控设备及领用发票？

答：应该在机构所在地办理。

4. 一般纳税人销售自行开发的房地产项目，在"营改增"之前已经申报了营业税但是没有开具发票，"营改增"之后有什么处理办法？

答：根据《国家税务总局关于发布〈房地产开发企业销售自行开发的房地产项目增值税征收管理暂行办法〉的公告》（国家税务总局公告 2016 年第 18 号）的规定，一般纳税人销售自行开发的房地产项目，其 2016 年 4 月 30 日前收取并已向主管地税机关申报缴纳营业税的预收款，未开具营业税发票的，可以开具增值税普通发票，不得开具增值税专用发票。

5. "营改增"后，一般纳税人销售自行开发的房地产项目，预缴和申报都怎么操作？

答：根据《国家税务总局关于发布〈房地产开发企业销售自行开发的房地产项目增值税征收管理暂行办法〉的公告》（国家税务总局公告 2016 年第 18 号）的规定，一般纳税人采取预收款方式销售自行开发的房地产项目，应在取得预收款的次月纳税申报期，按照 3% 的预征率向主管国税机关预缴税款。

一般纳税人销售自行开发的房地产项目适用一般计税方法计税的，应按照规定的增值税纳税义务发生时间，以当期销售额和 11% 的适用税率计算当期应纳税额，抵减已预缴税款后，向主管国税机关申报纳税。未抵减完的预缴税款可以结转下期继续抵减。

一般纳税人销售自行开发的房地产项目适用简易计税方法计税的，应按照规定的增值税纳税义务发生时间，以当期销售额和 5% 的征收率计算当期应纳税额，抵减已预缴税款后，向主管国税机关申报纳税。未抵减完的预缴税款可以结转下期继续抵减。

建筑业"营改增"26个热点问题

导语:"营改增"后建筑业纳税人最为关注的热点问题有哪些?企业在税务方面的实际困难是什么?近日,北京国税对这些热点进行归纳梳理,形成26个热点问题汇总,作为端午节一个特殊的"税"情"粽"意送给广大建筑业界的朋友们,以期对建筑业企业顺利实施申报提供帮助。

一、建筑服务税率和征收率是怎么规定的?

答:一般纳税人适用税率为11%;小规模纳税人提供建筑服务,以及一般纳税人提供可选择简易计税方法的建筑服务,征收率为3%。

二、钢结构制作安装业务是全额按17%交税、还是全额按11%交税、还是制作按17%交税安装按11%交税?

答:上述属于兼营行为,钢结构制作按17%计税,安装业务按照按11%计税。

三、建筑业纳税人什么情况下可以选择简易征收?

答:(一)一般纳税人以清包工方式提供的建筑服务,可以选择适用简易计税方法计税。

(二)一般纳税人为甲供工程提供的建筑服务,可以选择适用简易计税方法计税。

(三)一般纳税人为建筑工程老项目提供的建筑服务,可以选择适用简易计税方法计税。建筑工程老项目,是指:

1.《建筑工程施工许可证》注明的合同开工日期在2016年4月30日前的建筑工程项目。

2.《建筑工程施工许可证》未注明合同开工日期,但建筑工程承包合同注明的开工日期在2016年4月30日前的建筑工程项目。

3.未取得《建筑工程施工许可证》的,建筑工程承包合同注明的开工日期在2016年4月30日前的建筑工程项目。

四、建筑服务一般纳税人对老项目已选择按简易计税方法缴纳增值税,未满36个月的,能否变更为一般计税方法计税?

答:不能。根据《财政部 国家税务总局关于全面推开营业税改征增值税试点的通知》(财税〔2016〕36号)相关规定,一般纳税人为建筑工程老项目提供的建筑服务,可以选择适用简易计税方法计税,但一经选择,36个月内不得变更。

五、没有开工许可证和备案合同,但工程实际开工日期在4月30日前的,需提供什么材料佐证,才能认定为老项目?

答:《营业税改征增值税试点有关事项的规定》中规定,建筑工程老项目是指:

(一)《建筑工程施工许可证》注明的合同开工日期在2016年4月30日前的建筑工程项目;

(二)《建筑工程施工许可证》未注明合同开工日期,但建筑工程承包合同注明的开工日期在 2016 年 4 月 30 日前的建筑工程项目；

（三）未取得《建筑工程施工许可证》的，建筑工程承包合同注明的开工日期在 2016 年 4 月 30 日前的建筑工程项目。

对于现实中存在的《建筑工程施工许可证》以及建筑工程承包合同都没有注明开工时间的情况，按照实质重于形式的原则，只要纳税人可以提供 2016 年 4 月 30 日前实际已开工的证明，可以按照建筑工程老项目进行税务处理。

六、建筑业纳税人不同的建筑项目，是否可以选用不同的计税方法？

答：可以。建筑企业中的增值税一般纳税人，可以就不同的项目，分别选择适用一般计税方法或简易计税方法。

七、一个建筑工程总包已经满足老项目认定条件，实行简易征收，下游分包如何鉴定是否实行简易征收未予明确，现实情况是 5 月 1 日之后，很多老项目陆续与下游分包签订合同，但确属"为建筑工程老项目提供的建筑服务"，此类分包单位可以按老项目实行简易计征吗？

答：根据《营业税改征增值税试点有关事项的规定》，《建筑工程施工许可证》注明的合同开工日期在 2016 年 4 月 30 日前的建筑工程项目，建筑工程总包方按照老项目选择简易计税方法计税，其与分包方在 5 月 1 日后签订分包合同的，分包方可以选择简易计税方法计税。

《建筑工程施工许可证》未注明合同开工日期或者未取得《建筑工程施工许可证》，但建筑工程承包合同注明开工日期在 4 月 30 日之前的建筑工程项目，建筑工程总包方按照老项目选择简易计税方法计税，其与分包方在 5 月 1 日后签订分包合同，分包方不可以按老项目选择简易计税。

八、建筑业老项目选择简易计税，不能抵扣进项税，但如果取得了增值税专用发票，是要先认证再做进项税转出，还是不认证直接以含税价进成本呢？

答：根据《营业税改征增值税试点有关事项的规定》，不得抵扣且未抵扣进项税额的固定资产、无形资产或者不动产，发生用途改变，用于允许抵扣进项税额的应税项目，可在用途改变的次月按照相关公式计算可抵扣的进项税额。因此，为避免用途发生转变时，因取得增值税专用发票未认证造成无法抵扣进项税额，建筑业纳税人取得固定资产、无形资产或者不动产专用于简易计税项目的，应将专用发票认证但不进行抵扣，待转变用途时据以计算进项税额。

九、分包抵扣金额大于开票金额，是否不用预缴，直接回机构所在地开票，分包抵扣的资料税务局还需要审核吗？

答：分包抵扣金额大于开票金额的，当期不用预缴。纳税人应做好记录，待取得全部款项时再予以预缴。

十、建筑业简易计税备案，应在项目所在地备案还是在机构所在地备案？

答：机构所在地。

十一、建筑项目采用不同计税方法的，在 2016 年 5 月 1 日后竣工的，处置结余的工程物资如何计税？

答：（一）采取简易计税方法的建筑工程老项目，在 2016 年 5 月 1 日后竣工的，处置结余的 4 月 30 日前购入的工程物资，应按照货物的适用税率计算缴纳增值税。

（二）对采取简易计税方法的建筑工程老项目，在 5 月 1 日后购进的工程材料，发生转让、变卖和处置等应税行为的，按照货物的适用税率计算缴纳增值税。

（三）2016 年 5 月 1 日后，纳税人取得增值税专用发票先行申报增值税进项税额，后期按照简易计税方法建筑工程项目的工程材料实际投入使用的数量和金额，在当期做进项税额转出。竣工结算后，处置结余的工程物资取得的收入按照货物的适用税率计算缴纳增值税。

十二、纳税人提供建筑服务，总公司为所属分公司的建筑项目购买货物、服务支付货款或银行承兑，造成购进货物的实际付款单位与取得增值税专用发票上注明的购货单位名称不一致的，能否抵扣增值税进项税额？

答：根据有关规定，对分公司购买货物从供应商取得的增值税专用发票，由总公司统一支付货款，造成购进货物的实际付款单位与发票上注明的购货单位名称不一致的，不属于《国家税务总局关于加强增值税征收管理若干问题的通知》（国税发〔1995〕192 号）第一条第（三）款有关规定的情形，允许抵扣增值税进项税额。

因此，分公司购买货物从供应商取得的增值税专用发票，由总公司统一支付货款，造成购进货物的实际付款单位与发票上注明的购货单位名称不一致的，允许抵扣增值税进项税额。

十三、哪些建筑业纳税人适用取消认证？

答：对纳税信用 A 级、B 级的建筑业增值税一般纳税人，取得销售方使用增值税发票管理新系统开具的增值税专用发票可以不进行扫描认证，通过增值税发票税控开票软件登录本省增值税发票查询平台，查询、选择并勾选用于申报抵扣或者出口退税的增值税发票信息。

未纳入纳税信用 A 级、B 级的建筑业增值税一般纳税人，2016 年 5 月至 7 月期间也适用取消认证。

十四、一般纳税人跨县（市）提供建筑服务，适用一般计税方法的，应如何缴纳增值税？

答：根据《财政部 国家税务总局关于全面推开营业税改征增值税试点的通知》（财税〔2016〕36 号）规定，一般纳税人跨县（市）提供建筑服务，适用一般计税方法计税的，应以取得的全部价款和价外费用为销售额计算应纳税额。纳税人应以取得的全部价款和价外费用扣除支付的分包款后的余额，按照 2% 的预征率在建筑服务发生地预缴税款后，向机构所在地主管税务机关进行纳税申报。

十五、一般纳税人跨县（市）提供建筑服务，适用简易计税方法的，应如何缴纳增值税？

答：根据《财政部 国家税务总局关于全面推开营业税改征增值税试点的通知》（财税〔2016〕36 号）规定，一般纳税人跨县（市）提供建筑服务，选择适用简易计税方法计税的，应以取得的全部价款和价外费用扣除支付的分包款后的余额为销售额，按照 3% 的征收率计算应纳税额。纳税人应按照上述计税方法在建筑服务发生地预缴税款后，向机构所在地主管税务机关进行纳税申报。

十六、小规模纳税人跨县（市）提供建筑服务应如何缴纳增值税？

答：根据《财政部 国家税务总局关于全面推开营业税改征增值税试点的通知》（财税〔2016〕36 号）规定，小规模纳税人跨县（市）提供建筑服务，应以取得的全部价款和价外费用扣除支付的分包款后的余额为销售额，按照 3% 的征收率计算应纳税额。纳税人应按照上述计税方法在建筑服务发生地预缴税款后，向机构所在地主管税务机关进行纳税申报。

十七、一般纳税人跨县（市、区）提供建筑服务，适用一般计税方法的，如何计算应预缴税款？

答：应预缴税款＝（全部价款和价外费用－支付的分包款）÷（1＋11%）×2%。

十八、一般纳税人跨县（市、区）提供建筑服务，适用简易计税方法的，如何计算应预缴税款？

答：应预缴税款＝（全部价款和价外费用－支付的分包款）÷（1＋3%）×3%。

十九、小规模纳税人跨县（市、区）提供建筑服务，如何计算应预缴税款？

答：应预缴税款＝（全部价款和价外费用－支付的分包款）÷（1＋3%）×3%。

二十、跨区县提供建筑服务的小规模纳税人，能否在劳务地代开增值税专用发票？

答：可以。根据《国家税务总局关于发布纳税人跨县（市、区）提供建筑服务增值税征收管理暂行办法》的公告（国家税务总局公告2016年第17号）的规定，小规模纳税人跨县（市、区）提供建筑服务，不能自行开具增值税发票的，可向建筑服务发生地主管国税机关按照其取得的全部价款和价外费用申请代开增值税发票。

二十一、提供建筑服务预缴税款抵减应纳税额问题。

答：根据《纳税人跨县（市、区）提供建筑服务增值税征收管理暂行办法》（国家税务总局公告2016年第17号）第八条规定，纳税人跨县（市、区）提供建筑服务，向建筑服务发生地主管国税机关预缴的增值税税款，可以在当期增值税应纳税额中抵减，抵减不完的，结转下期继续抵减。

二十二、甲供材料是否计入建筑服务销售额？

答：根据《营业税改征增值税试点实施办法》第三十七条规定，销售额是指纳税人发生应税行为取得全部价款和价外费用。甲供材料不属于纳税人发生应税行为取得的全部价款和价外费用，因此不计入建筑服务销售额。

二十三、销售建筑服务如何开具发票？

答：根据《国家税务总局关于全面推开营业税改征增值税试点有关税收征收管理事项的公告》（国家税务总局公告2016年第23号）第四条第（三）项规定，提供建筑服务，纳税人自行开具或者税务机关代开增值税发票时，应在发票的备注栏注明建筑服务发生地县（市、区）名称及项目名称。

二十四、如果一个纳税主体的发票开具采用主分机方式，请问在企业名称和税号相同的情况下，主分机开票信息中的地址、电话和开户行账号能否有多个，即每个分机使用单独的地址、电话和开户行账号？

答：主分机开票信息需一致，每个分机不得使用单独的地址、电话和开户行账号开具发票。

二十五、建筑业纳税人纳入"营改增"试点之日前发生的应税行为，因税收检查等原因需要补缴税款的，应如何补缴？

答：根据《财政部 国家税务总局关于全面推开营业税改征增值税试点的通知》（财税〔2016〕36号）规定，建筑业纳税人纳入"营改增"试点之日前发生的应税行为，因税收检查等原因需要补缴税款的，应按照营业税政策规定补缴营业税。

二十六、建筑业纳税人发生应税行为，在纳入"营改增"试点之日前已缴纳营业税，"营改增"试点后因发生退款减除营业额的，应当如何申请退还？

答：根据《财政部 国家税务总局关于全面推开营业税改征增值税试点的通知》（财税〔2016〕36号）规定，建筑业纳税人发生应税行为，在纳入"营改增"试点之日前已缴纳营业税，"营改增"试点后因发生退款减除营业额的，应当向原主管地税机关申请退还已缴纳的营业税。

湖北省"营改增"问题集

（发布日期：2017年12月29日）

全面推开"营改增"试点以来，为推动政策落地生效，湖北省国税局根据基层税务机关和纳税人较为关注的"营改增"热点问题，发布了《湖北省"营改增"政策执行口径》共五辑。随着试点工作推进，我们重新梳理、归集了政策口径问题，汇总形成了《湖北省"营改增"问题集》，使之更有利于纳税遵从和税收征管。"营改增"试点纳税人缴纳增值税的有关事项，财政部、国家税务总局另有规定或解读的，依照其规定或解读执行。《湖北省"营改增"政策执行口径》第一至五辑自2018年1月1日起全部废止。

第一部分 综合规定

1. 纳税人取得不征税收入能否开具增值税普通发票？

根据《国家税务总局关于"营改增"试点若干征管问题的公告》（国家税务总局公告2016年第53号）第九条第十一款规定，纳税人收取款项但未发生应税销售行为，可以使用增值税税控开票软件开具编码为"未发生销售行为的不征税项目"、税率栏为"不征税"的增值税普通发票。

截至2017年11月30日，国家税务总局已明确12项未发生销售行为的不征税项目，分别是：预付卡销售和充值、销售自行开发的房地产项目预收款、已申报缴纳营业税未开票补开票、代收印花税、代收车船使用税、融资性售后回租承租方出售资产、资产重组涉及的不动产、资产重组涉及的土地使用权、代理进口免税货物货款、有奖发票奖金支付、不征税自来水、建筑服务预收款。

对于纳税人取得的其他不征税收入，国家税务总局未明确前，不得自行开具增值税普通发票。

2. 重开营业税发票如何执行？

"营改增"纳税人需要对营业税发票进行重开处理的，可于2017年12月31日前开具增值税普通发票。经与省地税局协商，现按如下口径进行办理：

（1）"营改增"纳税人需要重开营业税发票的，应收回原营业税发票的所有联次。

（2）"营改增"纳税人凭营业税发票的所有联次，向原地税机关提请备案，由原地税机关收缴发票所有联次并出具重开营业税发票证明。

（3）"营改增"纳税人凭原地税机关出具的重开营业税发票证明和缴纳营业税的完税凭证，自行开具或向主管国税机关申请代开增值税普通发票。

增值税普通发票使用"未发生销售行为的不征税项目"编码，税率栏填写"不征税"，备注栏上注明"重开已缴纳营业税发票，缴纳的营业税完税凭证号码为××××"字样。

（4）"营改增"纳税人重开发票中涉及退款或者补款的，应向原地税机关申请退还或者补缴营业税。

3. 根据《国家税务总局关于印发〈异常增值税扣除凭证处理操作规程（试行）〉的通知》（税总发〔2017〕46号）规定，增值税一般纳税人取得异常凭证，一律先作进项税额转出，经核实，符合现行增值税进项税抵扣相关规定的，可继续申报抵扣。如何操作？

（1）由购方主管国税机关向销方主管国税机关发函，销方主管国税机关回复正常，或者确认销方主管国税机关收到函件后30天未回复的；

（2）购销双方签订了纸质合同或者协议；

（3）异常凭证上的价税合计金额通过纳税人的银行账户支付，并有银行流水账单证明；

（4）纳税人仓库有异常凭证上注明的货物入库，且货物数量与发票上注明的数量一致，该货物与纳税人的生产经营有实际联系；

（5）有该货物的运输发票。

同时符合上述条件的，可允许纳税人暂行抵扣，并告知纳税人：后期发现该异常凭证属于虚开的，将按现行规定进行处理。

4. 纳税人将购买的服务或者货物赠送给客户，应该作进项税额转出还是视同销售？

纳税人将购买的服务或者货物赠送给客户的行为，若已抵扣进项税额，应作视同销售；若未抵扣进项税额或已作视同销售，可不作进项税额转出。

5. 关于混合销售行为如何界定的问题？

一项销售行为如果既涉及服务又涉及货物，为混合销售。对于混合销售，按以下方法确定如何计税：

（1）该销售行为必须是一项行为，这是与兼营行为相区别的标志。

（2）按企业经营的主业确定。

若企业在账务上已经分开核算，以企业核算为准。

6. 适用差额征税政策的如何开具增值税发票？

答：除委托地税代征项目外，按照现行政策规定适用差额征税办法缴纳增值税，且不得全额开具增值税专用发票的，可以以取得的全部价款和价外费用开具一张正常税率或征收率的增值税普通发票；也可以按组成部分分别开具，扣除金额开具一张正常税率或征收率的增值税普通发票，扣除后的余额开具一张正常税率或征收率的增值税专用发票。

7. 财税〔2015〕73号、财税〔2015〕78号等文件均规定享受增值税即征即退政策的纳税人纳税信用等级不得为C级或D级。税务机关评定的2016年度纳税信用等级结果于2017年4月公布，对2016年度被评定为C级、D级的增值税即征即退企业该从何时起取消退税资格？

从评定结果公布为C级或D级的次月起开始取消退税资格。如经税务机关复评后，纳税信用等级恢复为A级或B级的，可继续享受增值税即征即退政策。

第二部分 金融业

8. 证券公司取得的投资者证券账户资金存款利息属于免税收入还是不征税收入？

根据有利于纳税人原则，投资者在证券公司开立证券交易账户并存入资金，证券公司将资金存入银行并取得银行支付的存款利息属于不征税收入。

9. 典当公司的赎金收入如何缴税？

典当公司提供的典当服务属于贷款服务,其收回的赎金超过发放当金的部分属于利息收入,应当缴纳增值税。

10. 集团公司资金实行集中管理,内部使用后产生的利息收入,能否按照统借统还业务免征增值税?若不能免税,该如何缴纳增值税?

集团公司资金实行集中管理,内部使用后产生的利息收入不符合统借统还业务免征增值税的条件,对产生的利息收入应该按照"贷款服务"征收增值税。

第三部分 建筑业

11. BT 项目如何计算缴纳增值税?

BT 即"建设—移交",主要指政府利用非政府资金来进行基础非经营性设施建设项目的一种融资模式。

(1) 以投融资人的名义立项建设(B),工程完工后转让给业主(T)的,在项目的不同阶段,分别按以下方法计税:

在建设阶段,投融资人建设期间发生的支出为取得该项目(一般为不动产)所有权的成本,所取得的进项税额可以抵扣。投融资人将建筑工程承包给其他施工企业的,该施工企业为建筑业增值税纳税人,按"建筑业"税目征收增值税,其销售额为工程承包总额。

在转让阶段,就所取得收入按照"销售不动产"征收增值税,其销售额为取得的全部回购价款(包括工程建设费用、融资费用、管理费用和合理回报等收入,下同)。

(2) 以项目业主的名义立项建设(B),工程完工后交付(T)业主的,在项目的各个阶段,按以下方法计税:

在建设阶段,投融资人建设期间发生的支出工程建设成本,所取得的进项税额可以按规定抵扣。投融资人将建筑工程承包给其他施工企业的,该施工企业为建筑业增值税纳税人,按"建筑业"税目征收增值税,其销售额为工程承包总额。

在交付阶段,就所取得收入按照"提供建筑服务"征收增值税,其销售额为取得的全部回购价款。

按 BT 方式建设的项目,建设方(或投资方)纳税义务发生时间为按 BT 合同确定的分次付款时间。合同未明确付款日期的,其纳税义务发生时间为建设方(或投资方)收讫款项或者取得索取款项凭据以及应税行为完成的当天。

12. BOT 项目如何计算缴纳增值税?

BOT 即建设—经营—转让。主要指私营企业参与基础设施建设,向社会提供公共服务的一种方式。

我国一般称之为"特许权",是指政府部门就某个基础设施项目与私人企业(项目公司)签订特许权协议,授予签约方的私人企业(包括外国企业)来承担该项目的投资、融资、建设和维护,在协议规定的特许期限内,许可其融资建设和经营特定的公用基础设施,并准许其通过向用户收取费用或出售产品以清偿贷款,回收投资并赚取利润。政府对这一基础设施有监督权,调控权,特许期满,签约方的私人企业将该基础设施无偿或有偿移交给政府部门。

(1) 以投融资人的名义立项建设(B),工程完工后经营(O)一段时间,再转让业主(T)的,在项目的各个阶段,按以下方法计税:

在建设阶段,投融资人建设期间发生的支出为取得该项目(一般为不动产)所有权的成本，所取得的进项税额可以抵扣。投融资人将建筑工程承包给其他施工企业的，该施工企业为建筑业增值税纳税人，按"建筑业"税目征收增值税，其销售额为工程承包总额。

在经营阶段，投融资人对所取得的收入按照其销售的货物、服务适用的税率计税。

在转让阶段，就所取得收入按照"销售不动产"税目征收增值税，其销售额为实际取得的全部回购价款（包括工程建设费用、融资费用、管理费用和合理回报等收入）。

（2）以项目业主的名义立项建设（B），工程完工后经营（O）一段时间，再交付业主（T）的，在项目的各个阶段，按以下方法计税：

在建设阶段，投融资人建设期间发生的支出为取得该项目（一般为不动产）经营权的成本，作为"其他权益性无形资产——基础设施资产经营权"核算，所取得的进项税额可以抵扣。投融资人将建筑工程承包给其他施工企业的，该施工企业为建筑业增值税纳税人，按"建筑业"税目征收增值税，其销售额为工程承包总额。

在经营阶段，投融资人对所取得的收入按照其销售的货物、服务适用的税率计税。

在交付阶段，就所取得收入按照"销售无形资产"税目征收增值税，其销售额为实际取得的全部回购价款。

13. EPC工程项目总包方承包工程建设项目的设计、采购、施工、试运行等全过程或若干阶段的，分别约定设计、采购、施工价款，是否可以分别缴纳增值税？如果甲方要求由牵头公司统一开票，其他各方能否开票给牵头公司结算相应款项？

可以分别缴纳增值税。如果甲方要求由牵头公司统一开票，并将所有款项支付给牵头公司，再由牵头公司将款项支付给其他合作各方的，其他各方可以开具增值税专用发票给牵头公司结算相应款项，牵头公司计提进项税额。

14. 建筑工程承包合同中约定以开工令上注明的日期为开工时间的，该开工令可以作为选择简易计税方法计税的依据吗？

建筑工程承包合同中约定以开工令上注明的日期为开工时间的，该开工令与合同具有同等法律效力，开工令上注明开工日期在2016年4月30日前的，可以作为选择简易计税方法计税的依据。

15. 甲供工程的销售额如何确定？

甲供工程的销售额不包含甲供材、甲供动力和甲供设备的价款。

16. 建筑企业选择简易计税的工程项目，在计算缴纳增值税时，可以扣除的分包款项包括哪些？

分包合同中约定的分包款项，可以凭发票在预缴增值税时扣除。如专项工程分包合同，其材料及劳务款均可凭票扣除。

17. 建筑企业在同一市州范围内开展业务，对于选择适用简易计税方法的项目，项目完工后收到的分包款发票，可以在企业其他未完工的简易计税项目中进行扣除吗？

纳税人在同一地级行政区范围内跨县（市、区）提供建筑服务，对于选择适用简易计税方法的项目在完工后收到的分包款发票，可以在同一地级行政区范围内其他未完工的简易计税项目取得的收入中扣除。

18. 发包方代分包方发放的农民工工资，代发的工资从应付分包款中直接扣除，分包方能否将发包方代为发放的农民工工资并入分包款中，向发包方开具增值税专用发票？

发包方代分包方发放的农民工工资，代发的工资从应付分包款中直接扣除，分包方可以将发包方代为发放的农民工工资并入分包款中，向发包方开具增值税专用发票。

19. 甲单位是总包单位，与乙单位签订分包合同，乙单位向甲单位开具发票，并委托甲单位将工程款支付给丙单位。这种委托付款情形下，乙方开给甲方的专票上注明的税额是否可以抵扣？

总局明确，纳税人购进货物、服务，无论是私人账户还是对公账户支付，只要其购买的货物、服务符合现行规定，都可以抵扣进项税额，没有因付款账户不同而对进项税额的抵扣作出限制性规定。因此，企业购进货物或服务，只要其购买的货物、服务符合抵扣政策的，不论款项如何支付，其进项税额均可抵扣。

20. 纳税人提供建筑服务，总公司为所属分公司的建筑项目购买货物、服务支付货款或银行承兑，造成购进货物的实际付款单位与取得增值税专用发票上注明的购货单位名称不一致的，能否抵扣增值税进项税额？

国税函〔2006〕1211号文件规定，对分公司购买货物从供应商取得的增值税专用发票，由总公司统一支付货款，造成购进货物的实际付款单位与发票上注明的购货单位名称不一致的，不属于《国家税务总局关于加强增值税征收管理若干问题的通知》（国税发〔1995〕192号）第一条第（三）款有关规定的情形，允许抵扣增值税进项税额。

因此，分公司购买货物从供应商取得的增值税专用发票，由总公司统一支付货款，造成购进货物的实际付款单位与发票上注明的购货单位名称不一致的，允许抵扣增值税进项税额。

21. 建筑工程项目采用不同计税方法的，在2016年5月1日后竣工的，处置结余的工程物资如何计税？

（1）采取简易计税方法的建筑工程老项目，在2016年5月1日后竣工的，处置结余的4月30日前购入的工程物资，所取得的收入可以按照简易计税方法计算缴纳增值税。

（2）对采取简易计税方法的建筑工程老项目，在5月1日后购进的工程材料，发生转让、变卖和处置等应税行为的，要按照货物的适用税率计算缴纳增值税。

（3）在实际操作上，纳税人取得增值税专用发票先行申报增值税进项税额，后期按照简易计税方法建筑工程项目的工程材料实际投入使用的数量和金额，在当期作进项税额转出。竣工结算后，处置结余的工程物资取得的收入按照货物的适用税率计算缴纳增值税。

22. 为客户提供供电设施带电修复作业，取得的收入应按照什么税目征收增值税？

为客户提供供电设施带电修复作业，属于建筑服务中的不动产修缮服务。

23. 建筑业增值税纳税义务发生时间、销售额如何确认的问题？

纳税人提供建筑服务并收讫销售款项或者取得索取销售款项凭据的当天；其销售额按权责发生制确认。

先开具发票的，为开具发票的当天。

自2017年7月1日起，纳税人提供建筑服务取得预收款的，应在收到预收款时，以取得的预收款扣除支付的分包款后的余额，按照规定的预征率预缴增值税。

适用一般计税方法计税的项目预征率为2%，适用简易计税方法计税的项目预征率为3%。

第四部分 房地产业

24. 纳税人将国有土地使用权交由土地收购储备中心收储，取得的补偿收入能否免征增值税？

纳税人将国有土地使用权交由土地收购储备中心收储，取得的建筑物、构筑物和机器设备的补偿收入征收增值税，取得的其他补偿收入免征增值税。

纳税人享受土地使用权补偿收入免征增值税政策时，需要出具县级（含）以上地方人民政府收回土地使用权的正式文件，包括县级（含）以上地方人民政府出具的收回土地使用权文件以及土地管理部门报经县级以上（含）地方人民政府同意后由该土地管理部门出具的收回土地使用权文件。

25. 一般纳税人的国有土地使用权被政府收回时，其取得的建筑物、构筑物和机器设备的补偿收入如何征收增值税？

（1）根据《财政部 国家税务总局关于全面推开营业税改征增值税试点的通知》（财税〔2016〕36号）和《国家税务总局关于发布〈纳税人转让不动产增值税征收管理暂行办法〉的公告》（国家税务总局公告2016年第14号），一般纳税人的国有土地使用权被政府收回时，其取得的建筑物、构筑物的补偿收入，属于转让不动产的应税行为，应按照以下规定缴纳增值税：

①一般纳税人转让其2016年4月30日前取得（不含自建）的不动产，可以选择适用简易计税方法计税，以取得的全部价款和价外费用扣除不动产购置原价或者取得不动产时的作价后的余额为销售额，按照5%的征收率计算应纳税额。

②一般纳税人转让其2016年4月30日前自建的不动产，可以选择适用简易计税方法计税，以取得的全部价款和价外费用为销售额，按照5%的征收率计算应纳税额。

③一般纳税人转让其2016年4月30日前取得（含自建）的不动产，选择适用一般计税方法计税的，以取得的全部价款和价外费用为销售额计算应纳税额。

④一般纳税人转让其2016年5月1日后取得（含自建）的不动产，适用一般计税方法，以取得的全部价款和价外费用为销售额计算应纳税额。

根据《湖北省地方税务局 湖北省国家税务局关于明确"营改增"后若干业务问题的通知》（鄂地税发〔2016〕117号）的规定："由于随土地收回的建筑物、构筑物不需要办理过户手续，因此，该类不动产的转让由国税部门负责征收。"

（2）根据《财政部 国家税务总局关于全国实施增值税转型改革若干问题的通知》（财税〔2008〕170号）、《国家税务总局关于一般纳税人销售自己使用过的固定资产增值税有关问题的公告》（国家税务总局公告2012年第1号）和《国家税务总局关于营业税改征增值税试点期间有关增值税问题的公告》（国家税务总局公告2015年第90号）等，一般纳税人的国有土地使用权被政府收回时，因不可搬走的机器设备取得的补偿收入，属于销售货物的应税行为，应按照以下规定缴纳增值税：

①一般纳税人销售其按照规定不得抵扣且未抵扣进项税额的固定资产可以选择简易计税办法依3%征收率减按2%征收增值税，同时不得开具增值税专用发票。

②纳税人销售自己使用过的固定资产，适用简易计税办法依照3%征收率减按2%征收增值税政策的，可以放弃减税，按照简易计税办法依照3%征收率缴纳增值税，并可以开具增值税专用发票。

③纳税人销售其按照规定可以抵扣进项税额的固定资产，应按照一般计税方法缴纳增值税。

26. 单位（个人）房屋被征收（拆迁），征收人与被征收人签订的《征收补偿协议》中未区分房屋补偿和土地补偿的，如何区分征税收入与免税收入？

征收人与被征收人签订《征收补偿协议》时，应分别对土地、房屋价值单独评估。未单独评估或房屋评估价值低于房屋、土地价值总额20%的，按20%确定房屋计税依据。

27. 房地产开发企业中的一般纳税人在取得土地时向其他单位或个人支付的拆迁补偿费用，在计算销售额时扣除应提供哪些凭据？

根据《财政部 国家税务总局关于明确金融房地产开发教育辅助服务等增值税政策的通知》（财税〔2016〕140号）规定：房地产开发企业中的一般纳税人销售其开发的房地产项目（选择简易计税方法的房地产老项目除外），在取得土地时向其他单位或个人支付的拆迁补偿费用也允许在计算销售额时扣除。纳税人按上述规定扣除拆迁补偿费用时，应提供拆迁协议、拆迁双方支付和取得拆迁补偿费用凭证等能够证明拆迁补偿费用真实性的材料。

具体为以下资料：

（1）房地产开发企业与被拆迁单位或个人签订的拆迁协议。

（2）房地产开发企业通过银行转账方式向被拆迁单位或个人支付拆迁补偿费用的转账付款凭据。

（3）被拆迁者为单位的，提供收取房地产开发企业拆迁补偿费用的收款凭据；被拆迁者为个人的，提供个人签收的收条。

房地产开发企业未直接进行拆迁还建工作，而是将拆迁还建工作交给城中村的房地产开发企业等其他开发企业来完成，开发企业将拆迁补偿费用支付给其他开发企业，由其他开发企业与被拆迁单位或个人签订拆迁补偿协议，并支付拆迁补偿费用。其他开发企业适用一般计税方法的，开发企业支付给其他开发企业的拆迁补偿费用，由其他开发企业全额开具增值税专用发票，开发企业凭增值税专用发票抵扣进项税额。其他开发企业适用简易计税方法的，开发企业支付给其他开发企业的拆迁补偿费用，其他开发企业已在2016年5月1日前缴纳营业税未开具发票的，开发企业可以凭其他开发企业补开的增值税普通发票（商品和服务税收分类与编码为"603已申报缴纳营业税未开票补开票"）在计算销售额时予以扣除。

28. 房地产开发企业中的一般纳税人如何扣除土地价款？

房地产开发企业为取得土地使用权支付的费用主要包括土地出让金、拆迁补偿费、征收补偿款、开发规费等。

土地出让金通常是指各级政府土地管理部门将土地使用权出让给土地使用者，按规定向买受人收取的土地出让的全部价款。土地出让金根据批租地块的条件，可以分为"熟地价"（即提供"七通一平"的地块价，包括土地使用费和开发费）、"毛地"或"生地"价。其票据由财政部门出具。

拆迁补偿费通常是指拆建单位依照规定标准向被拆迁房屋的所有权人或使用人支付的各种补偿金，主要包括房屋补偿费、周转补偿费和奖励性补偿费三方面。

征收补偿款通常是指政府先将土地拍卖出让，再由政府出面征收拆迁但由房地产开发企业承担、并通过政府向被拆迁房屋的所有权人或使用人支付的款项。其票据为政府财政部门出具的非税收入票据。

开发规费通常是指在房地产开发过程中，房地产开发企业按照项目所在地的收取标准向政府多个部门缴纳若干项的各种规费。其票据为政府部门出具的非税收入票据。

目前，房地产开发企业中的一般纳税人允许扣除土地出让金、拆迁补偿费、征收补偿款。开发规费不得扣除。

房地产开发企业从二级土地市场取得的土地使用权，凭取得的增值税专用发票抵扣进项税额。

29. 房地产开发企业中的一般纳税人一次购地、分期开发的，其支付的土地价款如何分摊？

房地产企业一次性购地，分次开发，可供销售建筑面积无法一次全部确定的，按以下顺序计算当期允许扣除分摊的土地价款：

（1）首先，计算出已开发项目所对应的土地出让金和拆迁补偿款

已开发项目所对应的土地出让金和拆迁补偿款＝（土地出让金＋拆迁补偿款）×（已开发项目占地面积÷开发用地总面积）

（2）然后，再按照以下公式计算当期允许扣除的土地价款：

当期允许扣除的土地价款＝已开发项目所对应的土地出让金和拆迁补偿款×（当期销售房地产项目建筑面积÷房地产项目可供销售建筑面积）

当期销售房地产项目建筑面积，是指当期进行纳税申报的增值税销售额对应的建筑面积。房地产项目可供销售建筑面积，是指房地产项目可以出售的总建筑面积，不包括销售房地产项目时未单独作价结算的配套公共设施的建筑面积。

（3）按上述公式计算出的允许扣除的土地价款要按项目进行清算，且其总额不得超过支付的土地出让金和拆迁补偿款总额。

（4）从政府部门取得的土地出让金和拆迁补偿款的返还，可不从支付的土地价款中扣除。

30. 房地产公司销售自行开发的在建项目，该项目选择一般计税方法的，在计算缴纳增值税时，其对应的土地价款能否差额扣除？

根据《房地产开发企业销售自行开发的房地产项目增值税征收管理暂行办法》（国家税务总局公告2016年第18号）第二条规定，房地产开发企业销售自行开发的房地产项目，适用本办法。该房地产项目包括完工项目与在建项目。因此，房地产公司销售自行开发的在建项目，该项目选择一般计税方法的，在计算缴纳增值税时，其对应的土地价款可以差额扣除。

31. 房地产企业进行土地一级开发，适用一般计税方法的，其销售额能否扣除相应的土地价款？

可以扣除。

32. 房地产开发企业将自行开发的房地产项目转为自有或者自用的，是否需要缴纳增值税？

房地产开发企业将自行开发的房地产项目转为自有或者自用的，虽然按规定以房地产开发企业名义办理了产权登记，但是不属于增值税的应税行为，不需要缴纳增值税，也不需要开具发票。房地产开发企业将自行开发的房地产项目转为自有或者自用以后再对外销售的，按照房地产开发企业销售自行开发的房地产项目缴纳增值税。

33. 房地产开发企业向被拆迁业主交付还建房如何计税？

房地产开发企业向被拆迁业主交付还建房，应以每套还建房为单位，分别计算缴纳增值税。

房地产开发企业向被拆迁业主交付还建房，实际面积大于拆迁还建协议约定的面积的，应以实际收取的超出部分面积的平均单价作为还建房屋的计税价格；实际面积与拆迁还建协议约定的面积相同的，以同楼层相同或者类似房屋的平均单价作为计税价格；实际面积小于

拆迁还建协议约定的面积的，以房地产开发企业向被拆迁业主实际退还的不足部分面积的平均单位作为还建房屋的计税价格。

还建房屋的计税价格不得低于房屋的成本价格。

34. 纳税人将无产权的停车位、地下室、架空层和人防工程等房地产对外出租时，如何计算缴纳增值税？

纳税人将无产权的停车位、地下室、架空层和人防工程等房地产对外出租时，所签订租赁合同约定租期为20年（含）以上，并一次性收取租金的，按转让建筑物永久使用权，依销售不动产的规定征收增值税；否则，按不动产租赁征收增值税。

35. 房地产企业将建设的医院、幼儿园、学校、供水设施、变电站、市政道路等配套设施无偿赠送（移交）给政府的，是否视同销售？

房地产企业将建设的医院、幼儿园、学校、供水设施、变电站、市政道路等配套设施无偿赠送（移交）给政府的，如果上述设施在可售面积之外，作为无偿赠送的服务用于公益事业，不视同销售；如果上述配套设施在可售面积之内，则应视同销售，征收增值税。

36. 房地产企业销售不动产的同时，无偿提供家具、家电等货物如何计税？

房地产企业销售不动产，将不动产与货物一并销售，且货物包含在不动产价格以内的，不单独对货物按照适用税率征收增值税。例如，随精装房一并销售的家具、家电等货物，不单独对货物按17%税率征收增值税。

房地产企业销售不动产时，在房价以外单独无偿提供的货物，应视同销售货物，按货物适用税率征收增值税。例如，房地产企业销售商品房时，为促销举办抽奖活动赠送的家电，应视同销售货物，按货物适用税率征收增值税。

37. 一般纳税人出租在2016年4月30日前开工、2016年5月1日后竣工的不动产，是否可以选择简易计税方法计税？

可以。

38. 转租不动产如何纳税？

总局明确纳税人转租不动产按照出租不动产计算缴纳增值税。

一般纳税人将2016年4月30日之前租入的不动产对外转租的，可选择简易计税方法计税；将5月1日之后租入的不动产对外转租的，不能选择简易计税方法计税。

39. 小规模纳税人转让土地使用权如何计税？

小规模纳税人将取得的土地使用权未经开发直接转让的，为销售土地使用权，以取得的全部价款和价外费用为销售额，按照3%的征收率计算应纳增值税税额。转让2016年4月30日前取得的土地使用权，可以选择适用简易计税方法，以取得的全部价款和价外费用减去取得该土地使用权的原价后的余额为销售额，按照5%的征收率计算缴纳增值税。

小规模纳税人将取得的土地使用权经开发后转让的，为转让建筑物或者构筑物时一并转让其所占土地的使用权，按照销售不动产征收增值税，以取得的全部价款和价外费用为销售额，按照5%的征收率计算应纳增值税税额。

40. 代收的办证等费用是否属于价外费用？

房地产开发企业为不动产买受人办理"两证"时代收转付并以不动产买受人名义取得票据的办证等款项不属于价外费用的范围。

41. 现房销售是否要按3%预缴增值税？

现房销售是指，在不动产达到交付条件后进行的销售。现房销售应按纳税义务发生时间计算缴纳增值税。现房销售收取的销售款项不同于预收款方式销售不动产所收取的预收款，不应按照 3% 的预征率预缴增值税，应按适用税率征税。

42. 房地产开发企业预收款的范围以及对预收款按 3% 预缴增值税是否能用来抵缴当期增值税应纳税额？

房地产开发企业的预收款，为不动产交付业主之前所收到的款项，但不含签订房地产销售合同之前所收取的诚意金、认筹金和订金等。

房地产开发企业收到的预收款按 3% 预缴增值税后，如纳税申报的所属期为预收款的当期或者以后期的，其预缴税款可用来抵缴纳税申报应缴纳增值税。

43. 市州内跨县（市、区）开发房地产项目，是否应在不动产所在地预缴增值税？

房地产开发企业中的一般纳税人销售房地产老项目，适用一般计税方法的，应以取得的全部价款和价外费用，按照 3% 的预征率在不动产所在地预缴税款后，向机构所在地主管税务机关进行纳税申报。

在市州内跨县（市、区）开发房地产的，可不在不动产所在地预缴增值税，在机构所在地申报缴纳增值税。具体情况由市州国税局确定。

44. 增值税一般纳税人经营性租入的不动产在 2016 年 5 月 1 日以后发生改扩建、装饰装修支出的进项税额是否分 2 年抵扣？

增值税一般纳税人 2016 年 5 月 1 日后，对其经营性租入的不动产发生改建、扩建、修缮、装饰支出的进项税额不适用分 2 年抵扣的规定，可以按规定一次性扣除。

45. 在会计制度上按"固定资产"核算的不动产，其进项税额如何抵扣？

2016 年 5 月 1 日后取得并在会计制度上按"固定资产"核算的不动产或者 2016 年 5 月 1 日后取得的不动产在建工程，其进项税额 60% 的部分于取得扣税凭证的当期从销项税额中抵扣；40% 的部分为待抵扣进项税额，于取得扣税凭证的当月起第 13 个月从销项税额中抵扣。

（1）2016 年 5 月 1 日后，纳税人购入的原材料等物资用途明确，直接用于不动产在建工程的，其进项税额的 60% 于取得扣税凭证的当期直接申报抵扣；剩余 40% 的部分为待抵扣进项税额，于取得扣税凭证的当月起第 13 个月申报抵扣。

（2）纳税人购入的原材料用途不明的，可在购入当期按规定直接抵扣进项税额。将已抵扣进项税额的原材料用于不动产在建工程时，应将已抵扣进项税额的 40% 在材料领用当期转出为待抵扣进项税额，并于转出当月起第 13 个月再行抵扣。

（3）2016 年 5 月 1 日后取得并在会计制度上不按"固定资产"核算（如投资性房地产）的不动产或者不动产在建工程，其进项税额可以一次性全额抵扣。

46. 房地产公司销售不动产的纳税义务发生时间如何确定？

根据《营业税改征增值税试点实施办法》第四十五条规定，增值税纳税义务、扣缴义务发生时间为：纳税人发生应税行为并收讫销售款项或者取得索取销售款项凭据的当天；先开具发票的，为开具发票的当天。

纳税人发生应税行为是纳税义务发生的前提。房地产公司销售不动产，以房地产公司将不动产交付给买受人的当天作为应税行为发生的时间。

在具体交房时间的辨别上，以《商品房买卖合同》上约定的交房时间为准；若实际交房时间早于合同约定时间的，以实际交付时间为准。

以交房时间作为房地产公司销售不动产纳税义务发生时间，主要是基于以下几点考虑：

一是可以解决税款预缴时间与纳税义务发生时间不明确的问题；

二是可以解决房地产公司销项税额与进项税额发生时间不一致造成的错配问题（如果按收到房屋价款作为纳税义务发生时间，可能形成前期销项税额大、后期进项税额大、长期留抵甚至到企业注销时进项税额仍然没有抵扣完毕的现象）。

三是可以解决从销售额中扣除的土地价款与实现的收入匹配的问题。

第五部分　其他服务业

47. 无运输工具承运与货运代理的区别是什么？

无运输工具承运业务，是指经营者以承运人身份与托运人签订运输服务合同，收取运费并承担承运人责任，然后委托实际承运人完成运输服务的经营活动。无运输工具承运业务，按照交通运输服务缴纳增值税。

货物运输代理服务，是指接受货物收货人、发货人、船舶所有人、船舶承租人或者船舶经营人的委托，以委托人的名义，为委托人办理货物运输、装卸、仓储和船舶进出港口、引航、靠泊等相关手续的业务活动。货物运输代理服务，按照经纪代理服务缴纳增值税。

上述规定是财税〔2016〕36号文件的规定，与财税〔2013〕106号文件的区别在于：

将原属于"物流辅助服务"项下的"货物运输代理服务"纳入"商务辅助服务——经纪代理服务"范围，并从"货物运输代理服务"中删除了"或者以自己的名义，在不直接提供货物运输服务的情况下，为委托人办理货物运输及相关业务手续的业务活动"的业务内容，而在"交通运输服务"项下增加了"无运输工具承运业务"。

无运输工具承运业务是纳税人以自己的名义与托运人签订运输合同，收取运费并承担承运人责任，然后委托实际承运人完成运输服务的经营活动。

发票的流向：从事无运输工具承运业务的纳税人开具运费发票给托运人；实际承运人开具运费发票给从事无运输工具承运业务的纳税人。

货物运输代理服务是纳税人以委托人的名义，为委托人办理货物运输（包括装卸、仓储和船舶进出港口、引航、靠泊等）相关手续，向委托人单独收取代理费的业务活动。

发票的流向：实际承运人开具运费发票给委托人；货物运输代理服务的纳税人开具货运代理费发票给委托人。

48. 会员卡收入如何计税的问题？

出售会员卡仅给顾客授予会员资格的，属销售其他权益性无形资产，适用6%的税率，其纳税义务发生时间为出售会员卡并取得收入或索取销售款项凭据的当天。

会员卡中既含会员资格费、又含货物或服务的，会员资格费按上述规定处理，货物或服务收入在实际发生时确认。

49. 纳税人销售服务时，提供的各种货物、服务，如何计算缴纳增值税？

纳税人销售服务时，包含在售价中的各种货物、服务，统一按照销售服务计算缴纳增值税。例如，酒店房价中包含的早餐、节令食品、矿泉水等货物或者服务，统一按照住宿服务的价格计算缴纳增值税。

纳税人销售服务时，单独标价收取费用的货物、服务，应当分别计算缴纳增值税。例如，酒店在客房中单独标价销售的饮料、日常用品等，不得并入房价按照住宿服务收入征收增值税，应按照销售货物征收增值税。

50. 酒店业一般纳税人提供的单独收费的货物、服务征税问题

（1）长包房、餐饮、洗衣、商务中心的打印、复印、传真、秘书翻译、快递服务收入，按 6% 的税率计税。

（2）电话费收入按 11% 的税率计税。

（3）酒店商品部、迷你吧的收入按所售商品的适用税率计税。

（4）避孕药品和用具可免征增值税。应向主管国税机关办理备案，免税收入应分开核算，按规定进行申报，且不得开具增值税专用发票。

（5）接送客人取得的收入按 11% 的税率计税。

（6）停车费收入、将场地出租给银行安放 ATM 机、给其他单位或个人做卖场取得的收入，均为不动产租赁服务收入，按 11% 的税率计税。该不动产在 2016 年 4 月 30 日前取得的，可选择简易办法按 5% 征收率计税。

（7）酒店送餐到房间的服务，按照 6% 的税率计税。

51. 酒店业纳税人提供会议服务，如何核算和开票？

酒店业纳税人对提供会议服务中包含的餐饮服务、住宿服务收入，可一并按会议服务核算计税，开具增值税发票。

52. 酒店业纳税人收到客人支付的物品损坏赔款如何计税？

客人支付的物品损坏赔款应作为提供住宿服务取得的价外费用，按住宿服务收入征税。

53. 餐饮业一般纳税人在客人用餐时收取的烟酒饮料费，按什么税率计税？

餐饮企业在提供餐饮服务的同时，提供现场消费的烟酒饮料取得的收入，按 6% 的税率计税。

54. 物业公司取得的物业管理费、停车费、广告费及水电费等收入，如何计算缴纳增值税？

（1）物业管理费适用 6% 的税率。

（2）若将小区的墙面、电梯作为广告位出租用于广告发布，应按照不动产经营租赁服务缴纳增值税，适用 11% 的税率。一般纳税人出租 2016 年 4 月 30 日前取得的不动产，可以选择简易计税方法，按照 5% 的征收率计算缴纳增值税。

（3）停车费按照不动产经营租赁服务缴纳增值税，适用 11% 的税率。一般纳税人出租 2016 年 4 月 30 日前取得的不动产，可以选择简易计税方法，按照 5% 的征收率计算缴纳增值税。

（4）根据《国家税务总局关于物业管理服务中收取的自来水水费增值税问题的公告》（国家税务总局公告 2016 年第 54 号）的规定，提供物业管理服务的纳税人，向服务接受方收取的自来水水费，以扣除其对外支付的自来水水费后的余额为销售额，按照简易计税方法依 3% 的征收率计算缴纳增值税。

（5）提供物业管理服务的一般纳税人，向服务接受方收取的电费，按 17% 的适用税率计算缴纳增值税，其相应的进项税额可以按规定抵扣。

提供物业管理服务的小规模纳税人，向服务接受方收取的电费，按 3% 的征收率计算缴纳增值税。

55. 提供物业管理服务的纳税人向服务接受方收取的自来水水费如何开具增值税专用发票？

（1）提供物业管理服务的一般纳税人向服务接受方收取的自来水水费，按照简易计税方法依 3% 的征收率，对收取的自来水水费可全额开具增值税专用发票。

（2）提供物业管理服务的小规模纳税人向服务接受方收取的自来水水费，可按照简易计税方法依3%的征收率，对收取的自来水水费向主管国税机关申请全额开具增值税专用发票。

56. 物业公司将代开发商管理的房屋出租，房屋产权不属于物业公司的，如何计税？

若由物业公司给承租方开具增值税发票，应按照不动产租赁适用税率开具增值税发票。其中，一般纳税人适用税率为11%，小规模纳税人适用的征收率为5%。一般纳税人出租的不动产在2016年4月30日之前取得的，可以选择简易办法征税，征收率为5%。

57. 物业公司承接其他行政机关、企事业单位的保洁、保安等业务，派员工为上述单位提供保洁、保安服务的，能否比照劳务派遣服务来计算缴纳增值税？

此类业务实质上是劳务派遣服务，可以按照劳务派遣服务来计算缴纳增值税。

58. 提供旅游服务、劳务派遣服务能否按项目（对象）选择差额征税？

提供旅游服务、劳务派遣服务可以按项目（对象）选择差额征税。

59. 对景区门票按什么税目征收增值税？对景区提供的观光电梯、索道运输按什么税目征收增值税？

对景区门票按"文化服务"征收增值税。

对景区提供索道、观光电梯、观光车等项目取得的收入，统一按"文化服务"征收增值税。

60. 提供票务代理服务如何计税？

票务代理公司为旅客安排行程、住宿的行为，可按旅游业征税。票务代理公司的其他业务，按照经纪代理服务征税。

61. 供电公司取得的高可靠性供电服务收入，按什么税目计算缴纳增值税？

供电公司取得的高可靠性供电服务收入，按现代服务业中的"其他现代服务业"征收增值税。

62. 某广播电视信息网络股份有限公司将购买的机顶盒等终端设备计入"长期待摊费用"，税务上是否作视同销售？

该机顶盒不视同销售，其取得的进项税额应列入无法划分的进项税额，按免税收入占全部收入的比重作进项税额转出处理。

63. 企业代扣代缴各税取得的手续费是否缴纳增值税？

根据《财政部 国家税务总局关于全面推开营业税改征增值税试点的通知》（财税〔2016〕36号）规定，企业代扣代缴各税取得的手续费应按照"经纪代理服务"缴纳增值税。